中原油田年鉴

2003

中原油田史志编纂委员会 编

中国石化出版社

图书在版编目(CIP)数据

中原油田年鉴.2003/中原油田史志编纂委员会编.
—北京:中国石化出版社,2004
ISBN 7-80164-684-3

Ⅰ.中… Ⅱ.中… Ⅲ.油田-河南省-2003-年鉴
Ⅳ.F426.22-54

中国版本图书馆CIP数据核字(2004)第124595号

中国石化出版社出版发行
地址:北京市东城区安定门外大街58号
邮编:100011　电话:(010)84271850
http://www.sinopec-press.com
E-mail:press@sinopec.com.cn
北京精美实华图文制作中心排版
河北天普润印刷厂印刷
*
787×1092毫米 16开本 22.5印张 14彩页 571千字
2004年11月第1版　2004年11月第1次印刷
定价:120.00元

中原油田协调委员会主任、局党委书记、分公司经理、中原油气董事长刘恩学

（胡庆明）

中原油田协调委员会委员、局党委常委、勘探局局长李春第

（胡庆明）

2002年10月14日，中共中央企业工作委员会副书记王瑞祥（右三）一行在中原油田领导刘恩学（右二）等陪同下到采油厂、天然气处理厂调研

（任松峰　崔士霆）

2002年2月3–4日，中国石化集团公司总经理、党组书记，中国石化股份公司董事长李毅中（中）在中原油田钻井一公司50116钻井队调研

（贺德良）

2002年6月6日，中共河南省委书记陈奎元（右一）来中原油田听取国有企业的工作汇报。图为在会场观看成品油样品

（胡庆明）

2002年5月26日，中国石化集团公司副总经理、石化股份公司副总裁牟书令（中）在中原油田调研

（贺德良）

2002年10月24日，中国石化集团公司副总经理、中国石化股份公司副总裁、中国工程院院士曹湘洪（右二）在中原油田天然气处理厂调研

（胡庆明）

2002年3月18—19日，中国石化集团公司副总经理张耀仓（右二）率调研组在中原油田特种车辆修造总厂调研

（贺德良）

2002年10月11日，中国石化集团公司党组成员、纪检组组长王作然（右三）一行在中原油田调研

（贺德良）

2002年4月29日，中原油田与石油大学（北京）在中原油田宾馆签订合作研究暨聘任兼职教授协议

（胡庆明）

2002年5月29日，刘恩学（中）代表中原油田分公司与俄罗斯天然气研究设计院副院长留索夫（前排右一）、中介公司美国GCC公司代表（前排右三）签订合作开发中原油田凝析气田协议

（胡庆明）

2002年1月10日，中原油田并行计算机处理解释系统和2000型压裂车组等2套重大装备投产，刘恩学（左二）、李春第（右二）出席剪彩仪式

（胡庆明）

2002年2月6日，局党委书记王献安（左二）到科探1井慰问钻井三公司70101钻井队职工

（沈青霞）

2002年11月，勘探局局长李春第（右一）看望在塔里木库1井施工的中原油田钻井队伍

（胡庆明）

2002年7月20日，钻井工程技术研究院高分子材料实验车间投产，李春第（前排右二）等油田领导出席投产剪彩仪式

（沈青霞）

钻井三公司70101钻井队职工在安装绳索取心工具

（周生荣）

中国科学院院士许志琴（右一）和钻井队职工用最后一桶取心向中国大陆科探中心报捷

（周生荣）

2002年4月6日，中国科学院院士许志琴（右三）与中原油田钻井队职工一起为科探1井2000米先导孔顺利完工祝贺

（周生荣）

2002年3月1日，满载修井设备的20辆汽车开赴沙特阿拉伯石油市场

（胡庆明）

2002年7月3日，中原油田轻烃产品首次销往台湾

（胡庆明）

中原油田山东天然气输气管道建设工程施工现场

（马洪山）

外闯市场的钻井工人

（马洪山）

2002年2月3日，井下特种作业处16台2000型新压裂车对文东油田重点滚动开发井13-177井进行大型压裂

（贺德良）

2002年4月8日，采油二厂作业一队在文90-63井冒喷作业

（马洪山）

石油化工总厂生产区场景

（王富兵）

“四基”
工作基础资料
录取现场
（胡庆明）

2002年1月2日，勘探局投资585万元购置的13台豪华“黄海”、“金龙”牌大客车投入运营
（贺德良）

2002年5月18日，中原油田总医院门诊楼工程开工
（马洪山）

2002年10月11-13日，首届中国职工艺术节"中原油田杯"全国职工舞蹈展演在中原油田文化宫广场举行

（胡庆明）

2002年10月，中原油田"十一"花卉展

（贺德良）

编 辑 说 明

一、《中原油田年鉴》(以下简称《年鉴》)是一部专业性年鉴，由中国石化集团中原石油勘探局和中国石油化工股份有限公司中原油田分公司主办，中原油田史志编纂委员会办公室负责编辑出版。该书以油气田勘探开发生产建设为主线，全面、客观、真实地记录了中原油田物质文明和精神文明建设取得的新成果，反映了中原油田在企业发展中出现的新事物、新经验、新问题和基本情况。

二、《年鉴》于1992年创刊，先后出版了1992卷、1993·1994卷、1995·1996卷、1997·1998卷、1999卷、2000卷、2001卷、2002卷，既有双年卷，也有单年卷，已出版8卷。

三、《年鉴》2003卷为单年编纂本，采用“板块式”结构，按篇目、分目、条目三个层次编纂，共分为20个篇目。即：特载、概况、油气勘探、油气开发、油气加工与销售、企业管理、生产建设、经营管理、科学技术、教育、党群工作、公安·保卫、文化·卫生、社会生活、企事业单位选介、油田人物、大事记、文件选编、统计资料、附录。为便于读者查阅，卷首附有“目录”，书末附有“索引”。

四、为精简文字，各单位名称首次出现时一律使用规范全称，之后采用规范简称。如“中国石油化工集团公司和中国石油化工股份有限公司”分别记述为“石化集团公司”、“石化股份公司”，两者合称“中石化”；“中原石油勘探局”为“勘探局”，“中原油田分公司”为“分公司”，“中原油气高新股份有限公司”为“中原油气”，三者合称“中原油田”；“地球物理测井公司”为“测井公司”、“石油化工总厂”为“石化总厂”、“特种车辆修造总厂”为“特车总厂”等。

五、《年鉴》2003卷，全面记述了中原油田2002年度的工作情况及所发生的主要事件，并由编辑部进行了必要的编辑整理，统一了全书体例，规范了专业术语，计量单位采用中华人民共和国法定计量单位名称(汉字)表示，篇目、分目设置与2002卷基本一致。将原“油气加工与销售”篇中“多种经营”分目撤销，其内容分别划入“油气加工与销售”篇“油气加工”分目和“企业管理”篇“财务管理”分目中。

六、《年鉴》2003卷所用稿件，由中原油田各机关处(部)室及所属各单位提供，并经过供稿单位领导审阅；主要数据以中原油田《统计年鉴》2002年版本为依据，其他数据由各相关部门提供；彩页照片主要由中原石油报社提供。本《年鉴》编纂成稿后，由《年鉴》编委会成员对稿件进行了审核、修订。在此，谨向对《年鉴》编纂、出版工作给予支持和帮助的油田各级领导和有关人士表示诚挚的谢意。

《中原油田年鉴》编辑部

二〇〇三年十二月

撰稿及提供材料人员名单

（按文中出现先后为序）

张明功　张喜亭　李　平　崔红伟　马志建　沈中锋　孙垂胜　曹延军　申梅英
高秀田　苏颂成　宋福喜　光兴毅　马建民　张国军　夏启禹　严　艳　宗元国
冯师勇　郭　勇　钟　伟　林毕安　王翃宇　孙志华　张盛文　王喜祥　王胜忠
宗德信　贾庆国　陈保轩　郝增森　李树林　马自法　姚光明　刘长松　张文昌
刘香敏　曹国英　李青海　马敬朝　周　琦　何留学　孟国兵　任松峰　孙海燕
崔士霆　孟凡珍　李恒军　刘昌俭　李　刚　孙景华　吴方敏　张大庆　昊红旗
江　涌　王明礼　王保平　李　龙　陈书庆　张　新　毛芙蓉　李　伟　柴　珍
华静宇　田海霞　张玉红　付　刚　王　刚　李　锋　魏忠昕　王钟晓　侯朝轩
刘鲁生　胡　亮　李　平　刘　勤　侯念忠　丁　涛　娄　美　张新军　魏玉鑫
范素芳　刘宗儒　高　俊　徐向东　毕毅文　孙顺敏　李少勇　王　发　张玉兰
陈志坚　姚　胜　施志华　汪中华　游海滨　张丙华　梁国杰　周继安　赵　成
孙丽萍　易小华　蔡闻捷　韩　光　张永刚　康永华　苏照林　郭红卫　鲁隆祥
高　辉　于志杰　赵金太　喻洪春　邵志山　黄　琥　宋怀保　李云志　李炳文
袁仁峰　马凡勤　郭文峰　刘世方　王善本　王雨点　田恒建　汪迎艳　李晓军
明全岭　赵冬明　刘晓辉　陈　泓　荣新福　范士剑　韩红星　李　杰　吕圣仕
黄刚强　方正民　董本才　曹遵海　张联合　刘　俊　齐志敏　徐　曼　乔　齐
朱世田　司向丽　李文进　孙志群　李亚辉　李国春　佘　博　刘永生　范青玉
黄　强　尤　英　王纪宏　李殿峰　万卫东　邢永华　鲁利民　马仁生　靳国伟
密德英　赵荣峰　昝淑军　吴思锋　李向阳　王艳莅　孙青春　路廷武　孙　林
郭　彬　徐振良　朱世方　陶　红　陈玉国　马庆文　魏刚跃　陈　辉　孙翼环
师发祥　李长庆　万　涛　张景智　菅明华　王玉建　黄　志　李孝成　刘景河
马德英　申秀生　曹文庆　刘晓峰　杨继超　张连峰　赵　东　刘青山　刘献功
冉怀英　侯兆卫　李志刚　马进峰　王文东　郭艳秋　刘立才　申传高　范长建
周游清　张柏林　马文岭　束绍俊　李　东　黄雪梅　贺志刚　王志军　邓继民
郝振海　赵新莉　程辉华　胡胜春　张天云　章大庆　陈坤鹏　刘　勤　洪振贤
唐　燕　廖代平　熊　伟　代万波　郭亚东　孙安业

照片摄影：

胡庆明　任松峰　崔士霆　贺德良　沈青霞　周生荣　马洪山　王富兵

目　　录

特　　载

概　　况

企 业 员 工

组织机构及领导成员

油气勘探

综　　述

物　　探

测　　井

录　　井

钻　井

油气开发

综 述

采 油

采 气

井 下 作 业

井况防治

中原油气

油气加工与销售

油气加工

油 气 集 输

油 气 销 售

用 气 管 理

企业管理

综　　述

规　　划

财 务 管 理

人事·劳资

技能鉴定

信息工作

档案·史志

生产建设

综　　述

基 本 建 设

工 程 设 计

建 筑 施 工

生 产 服 务

运 输 管 理

机 械 修 造

经营管理

资 产 装 备

物 资 管 理

技术监督

安全·环保

节能工作

审 计 工 作

法 律 事 务

经 济 贸 易

油 地 工 作

科学技术

科 学 研 究

知识产权与保护

学术交流

教 育

基础教育

职工培训

党群工作

综 述

组 织 工 作

宣 传·统 战

精神文明建设

“四基”建设

信访·保密

纪检·监察

党校工作

工会工作

残疾人工作

共青团工作

公安·保卫

公 安 工 作

人民武装

消防工作

文化·卫生

文化·体育

报　纸

电　视

医疗卫生

社会生活

综述

计 划 生 育

保 险 统 筹

离退休职工管理

公 共 事 业

房产管理

矿区管理

接待服务

企事业单位选介

油田人物

大 事 记

文件选编

统计资料

附 录

中原油田 2002 年成立、调整的专业委员会及领导小组

索 引

特　　载

李毅中在中原油田调研结束时的讲话

（根据录音整理，未经本人审阅）

（2002 年 2 月 3 日）

同志们：

春节前集团公司党组成员分别带队深入企业调查研究，慰问职工，帮助、督促企业分解落实今年的奋斗目标，检查节前安全和稳定工作。我和总部有关部门的同志到河南，先来了中原油田。今天上午，我们参观了采油五厂、井下特种作业处和采油一厂，感受颇深。

采油五厂的经验是实行油藏经营网络化目标管理。我感到这个经验不仅在中原油田，而且在集团公司都有推广价值。他们把降本增效的各项工作整合为操作成本、产量、措施效益和作业后勤等四个分目标，再层层细化分解落实到每个岗位和个人，特别是抓住了成本这个核心，把总成本细分为 36 项要素成本，逐级分解到矿、队、站、岗，合起来有 200 多个子项指标，实行全员、全过程、全方位的量化考核和网络化管理，确有成效。因此，我在现场看了之后说了几条意见：第一，指标体系分解到每个岗位和个人，降本责任落实了。第二，指标水平比较先进，经过努力是可以达到的，实施效果是显著的。2001 年的吨油成本比 2000 年的下降了 9%。如果中原油田各采油厂都能这样，那么今年的效益就会进一步提高。第三，有一个好的考核和激励机制。虽然倒数四名同志也很勤奋，工作也不错，但相比之下有差距，仍要按规定被罚，从而促进整体工作水平不断提高。第四，有一套管理信息网络。我们许多企业过去 20 多年也搞成本目标分解管理，但往往坚持不下来，主要原因就是有时过于繁琐，人工登记、计算等工作量过大，搞不好成为一种负担。现在有了管理信息网络，再复杂的表格，再多的数据，都能快速、准确地统计出来，这就为坚持下去创造了条件。我觉得这四点是采油五厂的主要经验。

看过井下特种作业处的压裂现场后，我感到中原油田的干部职工尤其是一线职工坚守岗位，为了多产石油、多拿储量而艰苦奋斗、艰苦创业的精神十分感人。从这个处、这个现场，我感到中原油田非常重视科技进步。现场的同志们给我介绍了压裂的组成、压裂沙粒的均匀程度和强度、压裂方案和过程，我觉得技术含量很高。我还感到，中原油田在坚持国产化和扩大对外开放方面处理得比较好，很多设备是国内制造的，但关键设备该引进的就引进。总的感到，井下特种作业处的工作是很有成效的。

采油一厂的主要经验是油藏精细管理。他们提出要做到“四个到层”，即认识到层、措施到层、管理到层、产量到层，而且首先是认识要到层，要不断地解放思想，实事求是。他们通过油藏精细管理，绘制地下油水分布图，把大量数据汇集上来，不仅使技术人员和领导同志，而且使一线采油工，都对地下情况了如指掌，确实把采油管理大大提升了一步，增加了管理的技术含量。

这次调研，虽然时间很短，但从上述三个参观点，可对中原油田的工作略见一斑。刚才，恩学、建辉、一江、春第、献安等同志，从勘探到开发，从上市到非上市，从物质文明到精神文明，作了全面的汇报。有些内容专业性很强。生厚、刘岩、汝山、新华同志讲了一些具体意见。下面，我讲四个方面意见。

一、中原油田去年所取得的成绩

1. 油气探明储量和产量出现突破，扭转了持续下降的被动局面。去年你们探明原油储量 2600 万吨、探明天然气储量 35 亿立方米，还拿到了相当数量的控制储量，资源序列有所改善。形成了 6 个有千万吨级背景的油气田，为今后拿到更多的储量打下了基础。每吨油气当量勘探成本 19.32 元，比上年大幅度下降。去年你们生产原油 380 万吨、天然气 15 亿立方米，都比上年有了提高。通过去年的工作，中原油田的同志们对增储上产、降本增效增强了信心，总部机关的同志也增强了信心。

2. 全面实现了集团公司、股份公司下达的效益指标。在中国石化的四个板块中，上游的贡献最大，中原油田做得是很好的。你们分公司实现利润5.35亿元,中原油气实现利润5.97亿元,存续部分亏损控制在下达指标之内,模拟合并报表,中原油田总体实现利润1.7亿元。应该说,在去年那样严峻的形势下实现这样的效益指标是难能可贵、来之不易的。

3.天然气市场开拓起了表率作用。天然气是未来的清洁能源,也是"十五"期间油气并举、调整能源结构很重要的一个方面。我们把开拓山东天然气市场的任务交给中原油田后,你们从领导到职工都非常重视这方面工作。到目前为止,你们不仅把天然气送到了济南、泰安,而且济南—齐鲁的天然气管线也将建成。在激烈的竞争中,你们与山东省达成了协议,成立了两个合资公司,下一步把管线修到青岛。我看如果没有紧迫感、没有市场意识是很难做到这一点的。你们这一步走得很好。

4."走出去"到西部、尤其是到国外开展油气勘探开发成效显著。你们在这方面是有基础的,目前在苏丹、也门、沙特、卡塔尔、印尼等国家都有石油工程技术和劳务承包,加上在西部地区的工程项目,去年合计创收12.67亿元,取得了进一步的成效。

5.内部改革、特别是减员增效做得比较好。去年你们认真贯彻中央、国务院关于国有企业减员增效的精神,贯彻集团公司减员增效的部署和要求,冒着风险,顶着压力,做了大量的思想工作和稳定工作,得到了广大干部职工的理解和支持,减员增效取得了较好的成效。全年协议解除劳动合同9300人(上市部分2300人、存续部分约7000人),为今后效益的提高创造了条件。

6.精神文明建设取得丰硕成果。刚才献安同志用多媒体介绍精神文明建设,工作、事例很生动、不枯燥,我看这是不多见的。你们在开展形势任务教育、理想信念教育、创新创效活动、树立学习榜样、加强基层组织建设、发挥党员的模范带头作用、实行厂务公开等方面的工作,有创新,见实效。尤其是在与"法轮功"的斗争中,你们确实做了大量、艰苦、耐心的思想政治工作,而且创造了经验,得到了中央领导同志的肯定。

以上六个方面,简要总结了中原油田去年工作的显著成绩。这是在中原油田历届领导班子特别是以恩学、献安、春第为核心的领导班子的领导下,广大干部职工共同努力、拼搏奋进的结果,说明中原油田的领导班子是一个团结、进取、务实的班子,中原油田的职工队伍是一支特别能战斗的队伍。在这里,我代表党组,代表集团公司和股份公司,向中原油田的全体职工、离退休老同志和家属同志们表示衷心的感谢!

二、充分把握今年生产经营的有利和不利条件

最近一段时间,各单位都在传达贯彻集团公司暨股份公司工作会议精神,同志们对今年的严峻形势、不利条件认识比较到位、比较深入,体现了中央经济工作会议的精神和江泽民总书记的要求,即把困难估计得严重一点,把影响时间预想得长一点,把应对措施准备得充分一点。客观分析,今年我们面临的生产经营形势确实十分严峻,不确定因素也很多。

一是世界经济步入萧条,还看不到好转的迹象。从1975年以来,尽管世界经济时好时差,但从未出现过占世界经济总量70%的美、日、欧三大经济体同时减速的现象。1997年亚洲金融危机时,世界经济还增长了4.3%,去年只增长2.4%;1997年仅是东南亚、日本、韩国等经济下滑,美、欧经济还相当好,现在美国、欧洲经济也掉头向下,美国经济三季度负增长、四季度只增长0.2%。尤其是"9·11事件"对人们的消费、投资心理影响太大,现在消费低迷、投资缩减,经济复苏十分艰难。许多机构估计,世界经济要到今年三季度才会好转,有人估计要到年底。我们希望世界经济能尽快好转。

二是国际油价持续走低,还看不到回升的迹象。去年中国石化原油平均价格为24.8美元/桶。今年我们按米纳斯原油21美元/桶测算效益,可目前只有19美元/桶左右,希望二季度、下半年能够回升,全年平均达到21美元/桶。即使这样,每桶21美元比上年24.8美元还低了3.8美元,折每吨210元。集团公司上游生产3800万吨原油,将减少收入近80亿元。中原油田生产400万吨原油,也要减收8亿多元。这是不以人的意志为转移的。原油价格低,不仅油田的收入少了,而且成品油价格随之降低,原油与成品油的价差越来越小,炼油的毛利空间也随之缩小。所以说,低油价对上中下游都没有好处。我们希望油价保持在中位偏高的水平。

三是入世的挑战更加严峻。对油田来说,最直接的挑战是原油进口关税降为零,每吨油价相应降低16元,每年近4000万吨原油,减收6.4亿元。中原油田生产400万吨原油,也少了6000多万元收入。对炼油来说,由于我们外购原油占70%左右,虽然成本低了,但由于汽油关税从9%降到5%,按去年平均价格折算每吨汽油价格降了90多元,每年2000万吨汽油减收18亿元,总体算账,原油成本的降低和汽油收入的降低基本持平还有不足。对化工来说,主要化工化纤产品平均关税从去年的17%降到2008年的6.5%,今年降低3.7个百分点,化工板块减收13亿元。四个板块相加，净减收19亿元。可见，关税减让对我们的挑战是严峻的。还有市场准入，今年汽柴油将恢复进口。国家有关部门对我们很支持，在遵守入世协议的前提下，尽可能减少汽柴油进口量，最终确定今年成品油进口配额为2200万吨，其中大部分为燃料油，还有一些航煤，汽柴油进口配额为200万吨。考虑到成品油市场缺口主要在南方，国家把进口配额尽量都给了中国石化。但是不管怎样，今年汽柴油将要进口了。如果我们出口不能相应增长，国内市场份额就会丢掉，原油加工量就要下降。此外，今年化肥、尿素也要恢复进口。更长远的影响是，三年后开放零售，外商可以经营加油站，五年后开放批发，外商可以建油库、建码头、建管线等，对我们的挑战会更大。

不利条件可以讲很多，但主要有以上三条，这是往年所没有遇到的。在分析不利条件的同时，我们更要看到有利条件，进一步增强信心。结合中国石化的实际，我觉得有利条件至少有以下几个方面。

首先是国民经济今年将增长7%左右。现在预测，不管是美、日、欧等发达国家，还是其他发展中国家，没有一个国家的GDP增长超过7%。我国GDP如能增长7%，将是世界上增长最快的国家。只要GDP有7%左右的增长，原油、成品油需求就会有4%的增长，化工产品需求就会有8%～9%的增长。我们中国石化就有可能继续把“蛋糕”做大。原油生产多少就加工多少，不存在卖不出去的问题；成品油只要质量、品种对路，就可以保持4%的增长；化工产品只要能顶替进口，也可以保持8%以上的增长。可以说，全世界没有哪个石油石化公司有我们中国石化这样有利的市场条件。

第二是去年大量的投入今年将发挥作用。去年集团公司总投入是527亿元。我们的油田，去年新增了2.1亿吨探明石油储量、540亿立方米探明天然气储量，为今年的增产奠定了基础，中原油田也是这样。我们的炼油、化工一批改造项目陆续完成，今年也将发挥效益。上周，江泽民总书记视察燕山乙烯时，问我们改造的水平怎么样，我说接近国际水平，我还说扬子、上海乙烯改造正在进行，齐鲁、茂名乙烯改造也在准备，总书记听后很高兴。我们的加油站去年增加了4000多座。这么多的投入今年要有大产出。

第三是去年减员分流今年将大大节省人工成本。去年集团公司减员分流21.37万人，花了大量资金，进入成本的费用约75亿元。今年不会花这么多钱了，而且主要是改制分流，把资产盘活，现金支出就少多了。另外，21万多人是从去年7月解除劳动关系的，去年节省5个月的人工成本，而今年是全年，还可节省约28亿元的人工成本。这些都为今年的降本增效创造了有利的条件。

第四是去年进入市场的经验教训有利于避免损失。在进入市场中，我们有成功的经验，也有失利的教训。我在集团公司工作会议报告中都讲了。这些都是我们今后工作的宝贵财富，有利于提高驾驭市场、应对市场的能力，避免不应有的损失。

第五是入世的机遇也是实实在在的。比如，入世后，我国汽车平均关税将从目前的80%左右逐步降到2006年7月的25%，今年轿车平均关税降到47%左右。进口车价格下跌了，国产车价格也大幅下跌，现在一辆夏利车最低不到4万元，刺激了老百姓的消费。据有关资料，目前全国汽车保有量约1600万辆，每百人只有1.3辆，而美国是75辆，泰国也有7.5辆。汽车价格的大幅降低有利于促进汽车进入家庭。如果汽车保有量翻一番，平均每辆车一年消费两吨油，全国的汽油消费量将达到6400万吨，市场就更大了。这就是入世带来的好处。再比如，入世后，纺织品进入美国、欧洲市场不再有配额限制，只要质量好、品种对路，纺织品出口就会进一步增加。按一般规律，纺织、服装市场一好，两个月后化纤价格肯定回升。另外，入世后，我们“走出去”到国外获得油气资源也更为有利，国际融资也更加便利了。

综合分析上述有利和不利条件，集团公司党组提出当前尤其要鼓劲、顺气、抓实，鼓舞全体职工的士气，增强搞好国有企业的信心，进一步理顺情绪，少一点抱怨，多一点实干，把降本增效的各项措施落到实处。

三、努力保障国家的石油安全

在去年初的全国人代会上，朱镕基总理在政府工作报告中关于保障石油安全问题讲了很多，主要措施有六条：一是加大国内的勘探开发力度；二是加大天然气的开发利用；三是搞好国家战略储备；四是进口多元化；五是“走出去”到国外获得资源；六是节能和替代能源。在去年底的中央经济工作会议上，江泽民总书记提出“稳定、安全、灵活、多元”的工作思路，要求确保粮食和石油等重要战略物资的安全，重要战略物资进口要多元化。我这里有一些数据，世界探明石油地质储量约4500亿吨，我国只有135亿吨，约占3%；世界可采储量约1400亿吨，储采比是40，我国只有25亿吨，储采比14～15。世界探明天然气储量约300万亿立方米，我国只有3万亿立方米，约占1%。我国原油产量并不少，每年1.6亿多吨，但需求量更大，生产的原油扣去自用和出口，只能满足需求的70%左右，进口依存度达30%左右。党中央、国务院把石油安全问题提到国家安全的高度来认识，对我们寄予了殷切期望。我们要在具体工作中切实肩负起维护石油安全的重任。怎么保障石油安全？我们已在"十五"计划中确定了明确的目标，即到2005年剩余可采储量原油增加到5.2亿～5.3亿吨、天然气增加到2000亿立方米，当年生产原油4000万～4100万吨、天然气100亿立方米，还要拿到200万～300万吨份额油。我们要千方百计努力实现这一目标。具体到中原油田，根据你们的汇报，我提几点意见。

首先，努力实现"十五"计划目标。你们提出，"十五"期间每年新增探明石油储量2500万～3000万吨，探明天然气储量50亿～80亿立方米；五年拿到1.5亿吨探明石油储量，300亿立方米探明天然气储量；2005年原油产量达到400万～450万吨，天然气产量达到20亿立方米。这样算下来，你们的原油剩余可采储量现在是3100万吨，2005年至少是3600万吨，天然气剩余可采储量现在是84亿立方米，2005年应该翻一倍。这个目标是鼓舞人心的。靠什么实现这个目标？一靠科技进步，二靠适度投入，三靠科学管理。至于今年的指标，我完全赞成。恩学同志汇报了两个思路，最后选了一个，还是要把蛋糕做大，从发展中求生存，同时抓好成本的降低。398万吨的原油，16亿立方米的天然气，投入大约是27亿元，争取拿到2000万吨的石油探明储量、80亿立方米的天然气探明储量，原油产能是66万吨，天然气的产能是增加2亿立方米。由于油价比去年大幅度下跌，今年分公司的盈利指标是4000万元（其中小炼油是2000万元），中原油气是3.6亿元，非上市部分亏损不超过5.9亿元。我相信，通过大家扎实的工作，通过鼓劲、顺气、抓实，这些指标一定可以完成，甚至完成得更好。

关于投入问题，总部考虑上游"高风险、高科技、高投入、高回报"的特点，在大幅压缩投资规模的情况下，把上游投资比例从去年的37%提高到今年的47.8%，接近国外大公司的比例。这个调整是完全正确的。但同时也要量入为出、量力而行，保持稳健的资本结构，防止投资风险和资金风险。我感到，一个企业最大的危机是没有充足的现金流，是资金"贫血症"。经多次研究，集团公司今年计划投资404亿元，比去年压缩了近四分之一。就这样，股份公司投资占销售收入的比例仍高于国外大公司10%的平均水平。希望同志们全面理解，进一步提高认识。对中原油田来说，今年的资金平衡情况远远承受不了27亿元的投入，是集团公司拿钱支持中原油田发展。要千方百计提高投入效率，降低投入成本，包括勘探成本、开发成本。

第二，进一步恢复、改善井况。从前年开始，集团公司每年对上游企业有20亿元的"补欠账"投入，中原油田是一个重点。去年一季度你们的产量下降较大，后来采取措施，把注水井、管网修好、维护好，慢慢恢复起来。刚才汇报说，你们需要修的井还有1438口，比例不小，影响了注水效率，本来可以拿到的可采储量没有拿到。还是要先把欠账补上，不断改善井况。

第三，大力降低原油完全成本。去年你们的吨油完全成本是1186元，确实太高了。据剑桥能源研究所介绍，世界上的原油边际成本是15美元/桶，平均成本不到10美元/桶，因此1999年油价最低时也低不过10美元/桶，但今后低于15美元/桶是有可能的。我们不希望油价低于15美元/桶，但低至16～19美元/桶是有可能的，如果那样中原油田就要大亏，因为你们的吨油完全成本大约是20美元。你们可以找出好多理由，如地质条件不好，丰度差，井太深，人太多，等等。但市场不相信眼泪，国际油价下降时不会考虑中原油田的成本太高了，降到21美元/桶就不降了。所以，形势十分严峻，这也是入世的挑战、经济全球化的挑战。怎么办？你们要推广采油五厂、采油一厂的经验，我完全赞成。采油五厂去年的完全成本比上年降低了9%，大约每吨90元，而中原油田今年的吨油完全成本目标还要比去年上升7元，我希望你们再努力一下，至少不再升高。这不仅关系到资源问题，也关系到中原油田的生存问题。存续企业要"跨过生死线、闯过存亡关"，我看中原油田分公司也有这个问题。如果你们的成本总是降不下来，确实会被市场所淘汰。降低成本要有大动作。你们通过加强油藏管理，不仅降低了成本，而且增加了可采储量和产量，这个思路比单纯降低成本更加开阔了。希望你们还要考虑一下扁平化管理问题。你们现在是局、厂、矿、队、站，五级管理。我没做深入调研，上午参观采油一厂听他们介绍，采油一厂把矿和队合并为区，少了一级。一厂能做到，其他厂能不能做到。管理机构减少一级，人员精简了，管理费用就会降低一大块，工作效率也会提高。这个课题提出来，请你们研究。

第四，认真落实天然气资源。你们在开拓山东天然气市场、扩大本地及陕北等地天然气资源方面做了很多工作。但要好好研究一下资源问题，务必把主要注意力放在气源的落实上，包括中原本地、塔里木、鄂尔多斯、西气东输焦作开口等，争取拿到更多的天然气资源。天然气管线要整体规划，你们提出的北线、南线计划，花钱不少，请总部发展计划部统一考虑。焦作开口的管径多大也要进一步研究，太少了不经济，太大了不可能。此外，对于青岛进口LNG项目、中海油渤海伴生气上岸项目,我们要本着积极的态度,与有关方面密切合作。

第五,进一步规范中原油气的管理。中原油气是优质资产,成本很低,效益很好,股价也比较高。当初中原油气上市时,你们承诺它不承担勘探风险,这也是可以理解的。但随着改革的深入,各方面管理都要进一步规范化,如关联交易要规范,投资要规范,运作要规范等。希望你们进一步做好工作,促进中原油气的管理更加规范化。

四、存续部分尽快扭亏脱困,实现自立生存和发展

存续部分大多数是低效资产或无效资产。存续部分"十五"能否扭亏脱困、自立生存,是关系中国石化重组改革成败的大事。党组提出,到2005年,要在国家政策的支持下,在企业这个层面力争整体基本不亏损。我看你们也是这个目标。你们的存续部分去年亏了9.6亿元,今年限亏目标是5.9亿元,算大账,去年减员花去的费用和今年节省的人工成本,就有2.68亿元,再加上其他降本减费措施,经过努力是完全可以达到的。不仅今年要达到,而且经过几年努力,到2005年要做到不亏损,或基本不亏损。国家给我们最大的政策——超基数所得税返回政策到2005年肯定没有了。如果这五年存续企业还不能扭亏脱困,到2006年就更糟糕了。关于这个问题,你们讲了很多措施,我想要抓好以下几点:

首先,要落实责任。就是要充分调动总部和企业这两个积极性。集团公司是两级法人,要采取不同于股份公司的一些管理方法。你们提的意见,有的是正确的,要给企业一定的经营权、自主权,同时要加大企业扭亏脱困的责任。刚才春第介绍的改革与发展的思路,我看很好,要把扭亏责任进一步下沉。

第二,要深化体制机制改革。过去没有分开的时候,你们的主要注意力肯定是放在主业——勘探开发上,对辅业确实重视不够。现在分开了,存续部分就不能用过去勘探局的管理模式来管了。因为存续部分的业务构成发生了重大变化,所以体制要变,机制要变,考核指标体系和考核办法也要变。

第三,要关停一批,重组一批,做强做精一批。对落后 的生产能力,包括小炼油、小化工,以及亏损的多种经营等,实行"关停并转撤"。重组一批,如你们进行的钻井队重组、测井队重组,以及今后集团公司层面钻井公司、测井公司的重组等。做强做精一批,对确实是非上市部分的效益支撑点,要把它做强做精。这里提醒一点,你们要搞油气开采,只能是对在上市公司是高成本、没法经营、进不了管网的业务,一定要注意避免同业竞争。

第四,石油工程技术和服务要走向国内外市场。这是你们的强项,是你们的特点。你们的钻井、测井等工程技术和服务实力很强,在国内国际市场都有一定声誉。因此,不仅要走向国内市场,还要进一步"走出去"扩大国际市场,增效益,拿资源。

第五,要继续推进减员增效。今后减员增效主要是靠改制分流、移交社会职能、改变用工方式等措施。去年协议解除劳动合同的政策已经没有了,将来结合"关停并转撤"进行的协解,补偿标准也要降下来。因此今后主要是改制分流。初步想法是,对一些低效国有资产,经过评估"缩水"后,由这个单位的职工用改制分流的补偿来购买这个单位的资产,职工既是股东,又是雇员,然后重新注册一个独立的法人,走向社会。请你们考虑一下,中原油田有哪些国有资产可以盘活。上市部分的减员,主要是靠持续重组,改革用工方式等。尽管去年减员分流迈了一大步,但是中国石化的职工总数还是太多了,股份公司职工人数比埃克森、BP、壳牌三大公司的总和还多。不减员,劳动生产率上不去,怎样与国外大公司竞争?我们要进一步解放思想,从实际出发,制定规范的政策,进一步推进减员增效。

今天,没做深入的调查研究,我就宏观形势,并结合中原油田的工作,讲这么几点意见。借此机会,我代表党组,代表集团公司和股份公司,向中原油田的同志们拜年,祝你们在马年能够万马奔腾、平平安安、顺顺利利地完成今年的奋斗目标,祝全体干部职工、离退休老同志和职工家属同志们春节愉快,阖家欢乐,万事如意!

(集团公司办公厅提供)

坚定信心 奋发有为 为全面完成各项生产经营任务而奋斗

——刘恩学在中原油田2002年工作会议上的报告

（2002年2月20日）

同志们：

这次工作会议，主要是深入贯彻集团公司2001年工作会议和李毅中总经理来中原油田调研时的重要讲话精神，总结油田2001年工作，部署2002年任务，表彰先进，动员全体干部职工认清形势，统一思想，坚定信心，奋发有为，全力打好油田发展攻坚仗，努力实现新的奋斗目标。

一、决战决胜之年成果显著，为油田新世纪新发展奠定了基础

2001年，是中原油田实现新世纪新发展的开局年。过去的一年，在集团公司领导下，在当地政府和广大人民群众的关心支持下，我们取得了决战决胜之年工作的新成就。去年初，围绕油田下步发展方向和目标，我们进行了广泛深入地调查研究和反复论证，对东濮凹陷油气资源潜力、努力的方向等一系列重大问题，进一步统一了思想。在此基础上，油田决定实施工作重心的战略转移，确立了"十五"期间和2001年的具体发展目标，明确了实施资源扩充、科技兴业、市场开拓、人才开发四大战略，重点搞好油气主业、油气精细化工和天然气综合利用、技术劳务输出、机械制造、第三产业五大经济板块的发展思路。这些目标和战略措施的确立，有力地鼓舞了队伍的士气，激发了广大干部职工为油田发展壮大而奋发努力的工作热情。一年来，油田上下紧紧围绕总体工作部署，团结一致，自加压力，创造性地开展工作，打开了生产经营的新局面，各项工作都取得了新的成绩。

（一）油气勘探取得了重大突破

按照油田整体勘探部署要求，勘探系统积极解放思想，大胆创新，调整工作思路和目标，集中精力大干东濮；敢于向低洼进军，向深层宣战；从小断块、小圈闭、单井单点中跳出来，以整体评价、区带研究为主，狠抓老区的滚动勘探，积极探索新的勘探领域和新的油气藏类型，努力寻找规模储量，有效地促进了勘探成果和效益的提高。物探、钻井、测井、录井、试油试气等工程施工单位，牢固树立大局观念，集中优良装备、优秀队伍，全力以赴投入东濮勘探开发，积极采用新技术、新工艺，高效优质施工，保证了油气勘探的需要。经过努力，打破了近年来油气勘探徘徊不前的沉闷局面，东濮凹陷从南到北、由浅到深，新区新带有突破，老区获得新成果。无论在中央隆起带、斜坡带，还是在低洼带，都有新的重要发现。西北新区勘探取得新的进展。全年新增探明石油地质储量2618万吨、天然气地质储量35.51亿立方米，新增控制石油地质储量2150万吨、天然气地质储量83.68亿立方米，新增预测石油地质储量561万吨、天然气地质储量84.85亿立方米，适应油田发展需要的储量序列初步建立起来。特别是发现了濮卫环洼、河岸—刘庄沙一段和沙二上、胡状深层沙三下、前8块、桥口沙三段、马厂等6个千万吨级以上的油气场面，为实现"十五"目标提供了条件。

（二）油田开发实现了重要转折

在年初稳产基础薄弱、上产压力大的情况下，油田开发战线努力摆脱只有不断新建产能才能稳产增产、局部的自然递减一定带来全油田综合递减、靠减少工作量维持所谓的效益目标等思想认识上的障碍，立足老区、立足现有储量、立足现有的技术条件，大打滚动增储硬仗、注水开发硬仗和老区能力恢复硬仗，逐步实现开发重点由一类油藏向二、三类油藏转移，扭转了年初原油生产的被动局面。不仅圆满完成了原油生产任务，而且开发形势逐步向好的方向转化，主要开发指标出现了"四升、一稳、两减缓"的好局面：与上年相比，注水量增加133.52万立方米，地层压力上升1.16兆帕，产液量增加150.2万吨、产油量增加3.1万吨，全年生产原油380.17万吨；综合含水基本稳定在87%左右；自然递减控制在24.35%、下降了1.7个百分点，综合递减控制在11.93%、下降了1.69个百分点。

为确保生产任务的完成，各油气生产单位做了大量艰苦细致的工作。采油六厂从调整两个剖面入手，狠抓稳产基础，精选上产措施，全面完成了产量、成本指标，全年超产1288吨。采油三厂一手抓上产、一手抓增储，实现产量、储量的双增长，全年超产原油1.26万吨。采油五厂在滚动勘探上大胆探索，在新区、新领域、新层位获得突破，新增探明石油地质储量300多万吨，全年超产5000吨。采油一厂深入抓好油藏管理，积极完善和推广"老三块"稳产高效的经验，全年超产 2600 吨。李毅中总经理在中原油田调研时，对"四到层"管理经验给予了高度评价。采油四厂狠抓注水管理，改善油水关系，优化措施结构，全年超产1600 吨。采油二厂认真开展各种上产活动，努力提高油气储量和储量动用程度，全年生产原油 109.68 万吨。试采二处、一处狠抓老井挖潜改造，加强"五小"措施管理，为完成全年产量任务做出了积极努力，试采二处超产原油 638 吨。钻井系统强化组织运行，努力提高钻速，缩短建井周期，满足了上产需要。测井、录井、井下作业、运输、油建、建工、物资供应、对外关系、公安等单位，加强计划调度，服从统一指挥，为油气生产提供了优质高效服务。输油管理处加强管道防护巡检和计量管理，管线打孔有所减少，计量误差同比下降了 0.5 个千分点，有效地保证了原油生产任务的完成。

（三）天然气走上了产供销一体化的路子

2001 年天然气的工作，是中原油田发展史上崭新的一页，其主要标志就是实现了多年期盼的产供销一体化，使中原油田天然气的勘探开发发展到了市场经营，而且不仅经营自己的天然气资源，还要经营西北天然气资源。这一工作目标的实现，将为中原油田提供新的生存发展空间，具有长远的战略意义。

天然气开发实现了稳中有升。天然气开发生产系统狠抓地质综合研究和滚动增储，加快产能建设，新增产能 1.3 亿立方米。强化老气田科学管理，通过部署调整井、侧钻井等措施，保证了老区的持续稳产能力。全年生产天然气 15.02 亿立方米，完成年计划的 107%，同比增加 1 亿立方米。

天然气营销取得良好效益。在确保老用户供气的同时，积极开拓新市场，努力增加天然气外销量，全年外销天然气 10.46 亿立方米，完成计划的 111.3%。优化配置商品气资源，实行动态管理，超产自销气向供气效益好的用户倾斜；加强供销合同管理，促进气价到位和气款及时回收，提高了销售效益。同时，采取多种手段，治理非法用气，严厉打击窃气，减少了气量流失。

山东天然气管道建设进展顺利。在接到"济南—齐鲁石化天然气管道工程"建设任务之后，我们成立了"山东天然气管道建设指挥部"，克服困难，全面展开了管道建设、市场开发和管网规划工作。在油建、建工等各参战单位的共同努力下，工程施工进展顺利。按照目前进度，可以在 2002 年 3 月 20 日前完成管线干燥、试运投产工作。

（四）科技进步成效显著

科研部门和广大科技工作者，紧紧围绕勘探开发技术难点进行攻关，敢于打深层、攻低渗、挑战复杂小断块，攻克了一批制约生产的"瓶颈"技术，为勘探突破、油增气升提供了有力的技术支撑。

重点勘探技术攻关取得突破性进展。根据东濮凹陷油气藏埋藏深、资源丰富的特点，先后开展了深层三维地震勘探技术攻关，深层油气成藏条件与富集规律研究，深层油气测井、钻井、录井、测试等配套技术攻关，均取得重要突破，加快了深层勘探和评价进程，为发现前 8 构造和黄河南地区（桥口、马厂、唐庄）深层多个千万吨级勘探场面、杜桥白地区深层连片含气区等提供了技术保证。隐蔽油气藏评价和勘探技术，先后在濮卫环洼带、胡 96、前 8 等地区获得重大突破。

提高采收率配套技术有新的发展。油藏精细描述等六项特高含水期提高采收率的关键技术研究取得新认识和新成果，先后在濮城油田 16 个单元推广应用，增产效果良好。该技术现已成为老油田开发稳产的核心技术。针对高含水、高采出程度油藏，研究并推广了低度交联聚合物调驱、预交联聚合物调驱等深部调驱技术和微生物吞吐技术，现场实施均获得成功。积极开展分层注水上艺技术攻关，分层注水率由去年的 30.5% 提高到 44.5%，为解放二三类油藏、提高水驱动用程度起到了重要作用。

钻开工艺技术水平有了较大幅度的提高。紧紧围绕提高钻速、降低成本，大力推广水平井技术，积极开展钻头优选方法、复合钻井、高压喷射等项技术研究与应用，在平均井深增加 127.8 米、多数为定向井和小位移井的情况下，单井平均机械钻速达到 7.51 米/时，创出历史最好水平。

机械制造工艺技术创出新水平。我局与国内外三家企业合作成立的上海三高公司研制的 50D 钻机成功投产，经专家评审，性能达到国际先进水平；自行研制开发的自搬家车、系列化的修井机等产品，也具有较高的科技含量。这表明中原油田机械制造工艺技术上升到一个新的阶段。

技术装备水平得到提高。在集团公司的关心支持下，经过积极努力的工作，制约油田发展的关键技术装备得到了解决，整体装备水平有了提高，增强了我们依靠技术进步、加快油田发展的能力。

（五）油田整体经济效益出现好转

围绕油田经济效益的提高，我们一方面狠抓增产增收，一方面努力降本节支。遵循油田经济运行规律和特点，坚持储量、产量、效益三统一的原则，追求规模效益。优化勘探开发方案和地质工程设计，提高勘探成功率和新井单井产量；加强老油田综合治理，减缓自然递减；实施油水井增产措施效果评价制度，提高措施有效率；狠抓油区的窃油、窃气、窃电的治理，最大限度地减少油田损失；加强全面预算管理，大力压缩非生产性支出。通过以上措施，油田综合经济效益明显提高。分公司实现利润5.35亿元，完成年度计划的100.07%；勘探局主营业务收入45.76亿元，总成本费用55.35亿元，亏损9.59亿元，控制在了集团公司下达的限亏指标之内。加上中原油气，全油田合并计算实现利润1.73亿元。分公司单位油气完全成本1185.61元/吨，比股份公司核定指标低0.39元/吨；油气生产单位现金操作成本75.92元/桶，比股份公司核定指标低0.08元/桶。特别是勘探效益创近年来最好水平，全年探明单位油气当量投资19.32元/吨，比上年的30.24元/吨降低10.92元/吨，比集团公司要求的25元/吨低5.68元/吨；每口探井探明储量60.91万吨，每米进尺探明储量175.3吨，分别比“九五”平均提高35%和11.4%。由于企业的发展和经济效益的提高，职工收入稳定增长，全年工资水平提高了6.9%；职工生活中长期积累的一些矛盾初步得到解决，受到了广大职工群众的拥护和支持。

物资、质量、安全、环保管理的加强，促进了效益的提高。物资管理上，适应重组改制要求，对物资管理体制进行调整，减少了中间环节。通过厂家直购、招标采购、网上采购等，整体采购成本同比下降3.16个百分点。加强仓储管理，物资周转7.1次，同比加快1.7次。质量管理上，加大了产品质量、计量器具、能耗设备及环保等质量技术监测检验力度，尤其是对于勘探开发急需的重点化工产品，加大监测覆盖面，有效遏止了不合格产品的流入，避免了重大经济损失。加强工程质量监督，前移监督关口，搞好现场监控，及时对违章违规施工行为进行处罚，提高了工程质量。安全、环保管理上，牢固树立安全第一的思想，坚持抓生产首先抓安全，层层落实安全责任制，查隐患、抓治理，开展多种形式的安全无事故竞赛活动，有效地杜绝了各类特、重大安全事故和环境污染事故的发生，安全生产出现了近年来少有的平稳形势，被集团公司评为安全生产先进单位。

（六）市场领域进一步拓宽

技术劳务输出稳步发展。各专业化公司在确保油气主业生产需要的同时，充分发挥自身优势，大力开拓国内外市场，市场占有份额不断扩大。有25支专业化施工队伍进入国际石油工程市场，经受住了自然环境恶劣、地区不稳定等考验，多次创造新记录，赢得了业主的广泛赞誉。全年完成投标项目55个，中标29个，新签合同额1.02亿美元。投标项目和信息跟踪遍布亚洲、欧洲、非洲、美洲等20多个国家，涉及地球物理勘探、钻井、完井作业、修井、录井、固井、泥浆技术服务、道桥建筑和炼厂建设等专业范围。有48台钻机、26个测录井队进入国内18个油田市场，老市场得以巩固，新市场不断拓展。去年3月，中原钻井以较强的实力和技术优势中标了国家重大科学工程项目——第一口大陆科学钻探井。油建、建工还承揽到新疆、河北、山东、内蒙、河南、北京等省（市、区）地面工程、高速公路、桥梁等16个项目。

产品市场营销和新产品开发迈上新台阶。充分利用外贸进出口自营权，以工程带动贸易、以贸易促进对外工程承包，产生了良好的联动效应，拓宽了油田产品的出口渠道。全年共完成进出口贸易额2065万美元，其中出口贸易达941万美元。特车修造总厂研制生产的25K钻机、三机双泵水泥车等13种产品通过国家定型鉴定和强检，“中油牌”动力机组中标了南极长城考察站发电机组配套及热油联供项目；机械制造总厂生产的“三抽”产品远销美国、阿根廷、印尼等国家。这些产品的研制和开发，为今后机械制造板块的发展奠定了基础。销售公司努力提高终端销售能力，成品油和液化气对外零售量分别较去年增长63.5%和20.3%。天然气化工厂自行研制开发的系列高效发泡剂10多种系列产品，销往全国20多个省市，出口伊朗、巴基斯坦等国家，外销化工产品8.22万吨，实现利润1943万元，同比增长219.8万元。

（七）油田内部改革不断深化

有针对性地进行了内部机构整合。根据集团公司企业体制变化的要求，针对油田管理层次多、机构过散和部分单位职责交叉、权责不清、规模较小等问题，在组织结构和管理体制上进行了适度调整。勘探局减少单位37个，分公司减少单位13个，压缩了管理幅度，减少了工作环节，堵塞了管理漏洞，提高了生产组织效率。

内部生产经营运作方式初步理顺。按照“外部市场化、内部紧密化”的要求，实行内部集中统一管理，增强经营的计划性，合理的配制企业资源，初步形成高效有序的生产组织衔接秩序，降低了交易和监督成本，促进了油田综合效益的提高。对于事业单位提供的服务，取消内部收费制度，进一步规范了内部经营管理秩序。

积极稳妥地进行减员增效工作。按照集团公司要求，规范劳动合同管理，对577名长期离岗挂编人员进行了彻底清理；根据“个人自愿、组织审批”的原则，开展协议解除劳动合同工作，有9744人办理了协议解除劳动合同手续；油田职工退养1622人。同时，对进入油田内部市场的90多家改制企业、420家个体私营企业进行重组整合，组建了化工、机电、建材、劳保、防腐工程施工五大行业公司，拥有成员企业103家，安置员工3602人。

（八）社会化服务水平有新的提高

教育系统把基础教育作为新世纪的人才工程来抓，取得了较好的成果，尤其是普通高考成绩斐然，上省划专科线2432人，上线率达93.8%，较上年增加912人。物业系统不断拓宽服务经营领域，打造中原物业品牌。物业五处等单位在搞好油田内部物业管理与服务的前提下，还走出油田，进入地方物业市场，承揽了濮阳市颐和花园等4个小区的物业管理服务，赢得了较好的信誉。供水、供热、供电、生活天然气、液化气等系统，增强服务意识，提高服务质量，科学管理，降本增效，职工家属的满意率普遍提高。通信、矿区、武装保卫、消防、医疗卫生、计划生育等系统，积极推行“承诺制”和“公示制”，诚实守信，工作水平和服务质量又有新的提高。

（九）精神文明建设取得新的成果

油田保持了稳定的政治局面。各级党政工团组织和思想政治工作者，围绕油田改革发展的中心任务，广泛开展形势任务教育，认真做好油气增储上产、机构调整和减员增效中的思想政治工作，起到了鼓舞士气、凝聚人心、稳定队伍的作用。报社、电视台充分发挥宣传舆论作用，弘扬油田新世纪新发展的主旋律，针对不同时期职工关注的热难点问题宣传政策，增进了职工对上级有关政策的理解和支持。尽管去年油田发展任务重，改革力度比较大，但职工士气高涨，队伍基本保持了稳定。积极实施“送温暖”工程，先后对1000余户特困家庭进行了救助，安排了100多名特困家庭子女就业或升大学深造。坚持用发展的办法解决长期积累的矛盾和问题，调整劳动用工结构，积极创造条件，妥善安置了部分下岗职工、退伍军人，妥善解决了油田部分待业子女、职工家属中的历史遗留问题，及时处理群众的来信来访，理顺情绪，化解矛盾，维护了稳定的局面。

队伍整体素质普遍提高。加强干部队伍的思想政治建设和作风建设，各级领导干部严于律己，勤政廉政，开拓创新，埋头苦干，在各项工作中，发挥了骨干带头作用。为了适应油田发展的需要，提高干部职工队伍的技术业务素质，与高校协商联合，成功地举办了油田高层管理人员MBA硕士研究生班；组织了工商管理、计算机网络、石油高级英语及油田其他专业技术培训班，适应了不同工作岗位的需要。工作中，油田党校、培训中心、信息中心等单位，配合机关有关部门搞好组织运作，严格管理，保证了培训质量和工作的顺利进行。加强职业技能鉴定，认真组织开展升级考核和岗位资格考核，提高了工人的技术素质和岗位规范操作意识。广泛开展社会主义思想道德教育活动，培养健康向上、美好向善的道德情操，增强了干部职工拒腐防变能力和爱岗敬业精神。

职工生活质量得到提高。集中有限资金加强公用基础设施建设，搞好绿化美化和“亮点”工程建设，落实了万户职工家庭搬迁新居的工作，矿容矿貌、职工居住条件和教育、医疗卫生条件等得到较大幅度的改善。公共事业管理加强监督考核，环境质量保持了较高水平。油田已有10个国家级、19个省部级优秀住宅小区，盟城小区还被评为全国“百个文明示范社区”。狠抓文明督察、治安防范及严打工作，建立派出所、居委会、物业保安和离退休人员义务值勤四位一体联防体系，为职工家属创造了稳定的生活环境。积极开展送文化下基层、全民健身等丰富多彩、健康向上的文体娱乐活动，举办大型国庆花展、春节社火表演和元宵灯展，活跃了职工群众文化生活。

同志们，2001年是油田实现重要转折和新发展的一年，油田各项工作都取得了新的成果。这些成绩，是油田各级领导干部解放思想、开拓进取、扎实工作，带领广大职工群众奋发努力、艰苦奋斗的结果，是油田21万职工家属用心血和汗水换来的，成果确实来之不易。在此，我代表局党委、勘探局和分公司，向全油田广大干部职工、家属以及一直关心支持油田工作的离退休老同志，表示衷心的感谢！

回顾过去一年，经过艰苦的探索和实践，我们在以下几个问题上有了更加深刻的认识。第一，东濮凹陷有着丰富的油气资源基础，仍然是今后相当长时期内增储上产的主战场。只要我们有一个正确的指导思想，尊重实践——认识——再实践——再认识的认识规律，依靠科技的进步，始终坚持把勘探放在首位，搞好油田开发工作，以坚韧不拔的毅力和锲而不舍的精神，执着追求，就一定会不断取得新突破，实现新发展。第二，无论在什么情况下，都要坚持发展不动摇。作为资源性企业，有规模才会有效益。在油价高的时候，要尽可能地多产油气；在油价低的时候，更需要一定的产量规模。否则，主业的萎缩会带来整个油田经济的萎缩，加剧油少人多的矛盾。第三，要立足于改革创新求发展。只要我们坚持解放思想和实事求是的思想路线，敢于在思想观念上创新，在管理方式上创新，在技术进步上创新，就能冲破阻力，战胜困难，推动我们的事业不断前进。第四，发挥思想政治工作优势，建设一支过硬队伍，是我们事业成功的有力保证。实践证明,油田职工队伍经过多年的培养教育和市场经济的锻炼考验,是一支具有较高觉悟和文化业务素质、不怕困难、特别能战斗的队伍。只要我们正确处理好国家、企业和职工三者之间的利益关系,坚定不移求发展,遵循民意办实事,我们的事业就一定能赢得广大职工群众的拥护和支持,就会激发出职工群众无穷的智慧和力量。这是推动企业进步的强大动力。

二、迎接挑战、乘势前进,努力完成2002年生产经营任务

根据集团公司计划要求和中原油田发展实际,2002年油田主要工作目标是:

1. 新增探明石油地质储量2000万~3000万吨、天然气地质储量80亿~100亿立方米。

2. 生产原油398万~400万吨、天然气16亿立方米。

3. 按油气商品量计算,分公司油气现金操作成本80.76元/桶,油气单位完全成本1193元/吨;中原油气现金操作成本58.59元/桶,油气单位完全成本708元/吨。

4. 勘探局专业化公司外部市场收入比上年有较大幅度增长;具有较强经营能力的行业和单位要扭亏为盈,上交内部利润;社区服务和机关事业单位减少补贴,降低费用。

5. 分公司税前利润4000万元,中原油气税前利润3.6亿元,勘探局亏损额控制在5.9亿元。油田总体亏损控制在1.9亿元以内、力争不亏。

实现上述目标,各方面工作的难度都很大,因为我们面临着不少现实的困难和矛盾。可以说,2002年中原油田面临最严峻的形势就是要成为亏损企业,最严重的挑战是国际原油价格的低迷,最突出的矛盾是成本高效益差。具体讲,一是投资严重不足。今年油田投资总量与完成油气生产任务的需求严重不匹配,要完成398万吨原油生产任务,资金缺口很大。二是降成本的压力大。由于地质条件异常复杂,自然递减虽有下降,但仍高达24%,油水井损坏严重,难动用储量多,开发工艺复杂,2001年现金操作成本和完全成本都高于集团公司平均值。三是国际油价的不确定因素对油田整体经济效益的提高十分不利。据专家预测,油价仍将在较长一段时间内低位徘徊,欧佩克及其他重要产油国减产保价前途未卜。同时,由于世界经济不振导致的有效需求下降也将使国际油价总体持续走低。另外,今年我们将要继续推进减员增效、改制重组、分配制度改革等,工作的难度会更大。

在充分估计困难的同时,我们还要看到自身的优势和有利条件。一是2001年决战决胜取得的成果为下步发展打下了良好基础。经过一年的实践,取得了明显的成效。统一了对东濮凹陷资源潜力的认识,油气勘探的场面越来越大,天然气还形成了独特优势;通过狠抓油藏管理,弥补历史欠账,三分之二的开发单元已具备稳产上产的基础;一批高精尖装备已经到位,解决制约油田发展的关键技术难题有了条件。二是市场的进一步开放将有利于我们拓展生存与发展空间。中原油田先行一步进入市场、尤其是进入了国际市场,经过几年的艰苦努力,已经形成了一定的经验优势、队伍优势、技术优势、信誉优势。同时,我国加入WTO以后,将更加有利于我们加快技术进步和在更多的领域内参与国际市场竞争。可以说,市场越开放,我们的优势越明显。三是人心思上、共谋发展的氛围越来越浓。广大干部职工从去年的胜利中看到了中原油田发展的希望,油田上下充满了发展的渴望和信心,这是我们完成今年各项任务的力量源泉和可靠保证。此外,国民经济今年将继续保持7%的增长速度,宏观经济环境对石油经济发展仍十分有利;集团公司在总体投资规模压缩23.4%的情况下,对油田板块勘探开发的投资占总投资比例却提高了11.4个百分点,接近国际大公司投资水平。集团公司实施油气资源战略的坚强决心,将为我们油田企业的发展提供有利的环境和条件。

在当前机遇与挑战同在、希望与困难并存的条件下,中原油田的发展又处在一个重要的十字路口。是上,还是下,这一代表着不同方向、关系着人心向背的历史性选择摆在我们面前。一条路是适度缩小规模,减少一些产量,等量降低成本费用。这样投资紧张的局面将得到缓解,今年的成本、利润指标也可能完成,但中原油田人多油少、储采失衡、存续部分工作量严重不足等一系列矛盾,在今后一个时期将会更加突出,老区开发状况会进一步恶化,油田可能重新陷入困境。另一条路是适当扩大规模,增加一些产量。由于中原油田勘探开发、生产经营尚处于恢复阶段,在当前经济形势严峻的情况下,这样做有一定风险。但是我们认为,经过去年一年的努力,油田的储量开始增长,产量开始箭头朝上,为中原油田2002年及今后的持续发展奠定了一定的基础。只要我们咬紧牙关,战胜困难,调整部署,合理安排,节省投资,降低成本,适度扩大规模,完成今年的经营目标很有希望。在两种完全不同的选择面前,我们毅然决然地选择了有着严峻挑战但同时充满希望的发展之路,因为中原石油人一向具有自我加压、甘挑重担的勇气和大无畏精神,具有依靠改革和科技进步求发展的能力。当然,实现发展目标的任务十分艰巨。因此,我们把2002年作为中原油田的攻坚之年,不管困难有多大、任务有多重,我们都要团结带领干部职工万众一心,迎难而上,发挥优势,奋发进取,坚决打好打胜2002年这场攻坚仗。

2002年油田工作的总体思路是:以邓小平理论和"三个代表"重要思想为指导,深入贯彻十五届五中、六中全会和中央经济工作会议精神,坚持发展不动摇。大力实施油气资源扩充战略,打好主业发展攻坚仗;加大市场开拓力度,不断扩大市场领域;积极推动科技创新和技术进步,增强企业参与竞争、加快发展的能力;进一步深化内部改革,加强企业管理,严格控制成本,提高经济效益;坚持一盘棋思想,搞好组织协作,努力推进主业与存续协调发展。

按照这一思路,我们要坚定不移地抓好以下几个方面的工作:

(一)坚定不移地抓好油气勘探开发,实现主业持续发展

资源决定规模,规模决定效益,这是油田经济的一般规律。不管形势发生什么变化,我们都要遵循这一客观规律,始终不渝地坚持扩充资源、扩大油气产量规模不动摇,通过科技进步,确保油气储量有较大幅度增长,油气产量稳步攀升。

1. 打好勘探进攻仗。要把油气勘探摆在油田各项工作的首位,以进攻的姿态展开油气勘探工作。利用目前成熟的勘探理论,采用适合油田复杂地质条件的先进技术,打好四个勘探硬仗。一是东濮凹陷北部采用饱和勘探模式,打好整体勘探硬仗。根据新的认识重新进行整体评价、整体部署,科学分类,逐个解剖,实现多类型成藏单元含油连片。二是确立深浅结合的勘探思路,打好一深一浅的勘探硬仗。强化油气藏成藏条件、成藏类型、储量背景的综合研究,制定切合实际的勘探对策和技术措施。把浅层作为有利目的层,加快滚动勘探开发节奏;要加快深层天然气勘探步伐,使中原油田天然气出现一个古生界气藏接替沙河街气藏的战略接替局面。三是树立大东濮、大中原概念,打好开拓"三新"和东濮外围勘探新局面的硬仗。立足东濮,进一步深化对东濮凹陷地质规律的认识,不断开拓视野,扩大勘探范围,增加新的资源量。放眼外围,在东濮外围38个中、新生代凹陷中,我们登记了成藏条件比较好的16个凹陷,三次资源评价初步预测石油资源量2.74亿吨、天然气4437亿立方米。对这些凹陷要进行分类研究,以古生界目的层为勘探重点,兼顾中新生界,把整个外围看作是我们海相勘探的一部分,力争早日实现勘探突破。四是立足长远,打好三个层次接替的勘探硬仗。"十五"期间形成中原油田勘探上三个层次的有序接替,主要是东濮凹陷内部不同区块、不同构造、不同层系、不同领域的接替,东濮凹陷与周围凹陷的接替,中原油气区和西部油气区的接替。

要根据勘探认识程度和油田形势任务的需要,积极寻找油气储量大场面,在东濮凹陷濮卫环洼带等6个千万吨级以上的储量背景上做工作,确保取得实质性突破。最终要形成刘庄一桥口、文明寨一庆祖、桥口一新霍、徐集一马厂一唐庄四个含油连片区,马厂、杜桥白、文卫三个天然气增长区;培育濮卫环洼、海通集凹陷、环马寨一海通集凹陷三个油气接替区。要把古潜山列入战略接替领域,扎实工作,争取有新的发现。

当前,要集中力量,尽快找到一批可供现实开发动用的优质高效储量,缓解开发成本居高不下的压力。油气勘探要和油气生产紧密结合起来,当年新增储量当年要投入开发,尽快形成一定规模的产能和产量,确保2002年产量任务的完成。努力实现陕北富县油气勘探突破,在中生界要探明一定的储量,控制一定的面积,进行一定规模的试验开发;在古生界要突破工业气流关,为陕北天然气进山东、进河南提供资源条件。

2. 打好开发攻坚仗。在投资和成本双重压力下,要完成今年的产量任务,要求我们必须实现油田开发方式的战略转移,由过去的依靠加大投入、堆工作量完成任务,转移到依靠加强油藏管理,实现稳产增产上来。要从思想、工作、管理上积极主动地适应这一转变,努力提高油田开发管理水平。

狠抓油藏目标化管理,全面提高开发水平。按照油藏管理的一系列标准管理油藏,对现有开发单元实行分类管理,扎扎实实做好基础工作。采取主动性措施,狠抓注水,提高水驱动用程度,充分挖掘二、三类油层潜力,重组注采井网,重组地下油水关系,降低自然递减。突出综合治理重点,制定科学合理的调整措施方案,加大区块调整力度,合理分配投资,建立起区块治理后评估和考核体系,确保治理一块、成功一块。搞好油藏精细描述,深化剩余油分布研究,进一步提高措施有效率;实施动态管理,提高油藏分析的准确性和预见性,挖掘资源潜力。进一步加强技术管理,建立健全科学的开发生产管理制度,使油藏研究、开发方案和生产管理有机地统一起来,充分发挥油藏管理的整体效应。通过油藏管理,今年要使油田开发水平有明显提高。分注率提高10个百分点,自然递减控制在22.46%,较上年下降1.89个百分点,综合递减控

制在10.42%，较上年下降1.51个百分点，地层压力保持上升趋势，综合含水得到有效控制。

加快天然气产供销一体化的工作进度。精选储层，搞好优质高效产能建设，新建天然气产能1.5亿~2亿立方米/年；调整挖潜气源，夯实老区稳产基础；引进推广新工艺新技术，增加产气量。落实中原—济南新建管线的交接工作，加快济南—青岛天然气管线的建设，实现年底向青岛送气的目标。同时，要积极配合股份公司落实西部天然气的资源，搞好与安玻公司的天然气应用合作，使西气进入中原油田的目标早日实现，建立起开拓天然气大市场的资源基础。

3. 打好科技攻关仗。今年由于投资减少，必然带来工作量的变化。要实现油田稳产上产，就更加需要科技的支撑。要进一步加大科技攻关的力度，充分发挥科技在油田勘探开发中的作用。

转换科技开发运行机制，建立“一个整体、两个层次”的科技管理体系。“一个整体”就是发挥油田整体优势，统筹科技进步规划，对具有全局性的、影响深远的重大科技项目实行集中决策，统一部署，优化配置科技资源，促进整体技术水平的提高。“两个层次”就是将科技项目分为两个层面进行管理，分公司、勘探局重点解决制约油田生产的关键技术，解决油田勘探开发中的重大技术难题，集中人力物力，加大攻关力度，加快研究进度，力争在今年内有大的突破；二级单位要结合自身生产特点，开展周期短、见效快、效益好的科研项目，加快新技术、新工艺的推广应用，提高科技含量、提高本单位的技术开发水平，逐步建立一个分工协作、具有一定实力的科技创新体系。工作中，要建立严格的项目负责制，重大项目成立领导小组；健全有效的科技进步保证体系，提高科技开发的质量和速度。

努力攻克制约油田发展的瓶颈技术。攻克超高压喷射技术、涡轮低速变速器加高效钻头钻井技术、新型钻井液、完井液等技术，推广应用压力预测、油气屏蔽保护、防漏堵漏等技术，提高钻井速度，缩短钻井周期，降低钻井成本，使油层“由深变浅”。攻克深层低渗油藏压裂改造、深层低渗油藏难动用储量开发配套、高压分层注水工艺、细分层酸化解堵、分层调剖堵水、低渗透油藏防污染保护等技术，启动差层，有效地开发二、三类油藏，使油气层由差变好。攻克高精度三维地震勘探技术、东濮凹陷深层和隐蔽油气藏勘探开发技术，深化滚动勘探开发一体化、老油田油藏精细描述与剩余油分布挖潜技术研究，解放思想，开阔视野，新区早突破，老区新发现，使油气储量“由少变多”。

在科技攻关中，今年要进一步加大工作力度，充分发挥科技人才作用。除油田层面之外，研究单位和生产单位内部也要引入竞争机制，激励技术人员多出成果、出好成果。不断健全完善对优秀人才的考评和使用办法，逐步培育和形成能够担当中原油田科技兴业大任的人才群。以建设博士后工作站为契机，抓好运作与管理，使工作站成为中原油田解决技术难题、吸纳优秀人才、促进人才开发的重要阵地。

（二）坚定不移地推进以成本管理为核心的管理创新，努力提高经济效益

根据集团公司“外部市场化、内部紧密化”的要求，要积极探索新形势、新条件下企业管理的新方式、新方法，通过管理创新，进一步落实经营管理责任，提高组织运行效率，调动各方面积极性，充分挖掘管理潜力，开源节流，降本增效。

1. 采取切实有效的措施，大力降低成本费用。要全面推广采油一厂、采油五厂的经验，细化工作措施，切实把油藏管理和降本增效工作目标落到实处，缓解成本高、效益差的矛盾。

实现降本增效，首要的是搞好“四个优化”。一是优化资源。对探明储量梳理排队，优先投入浅层、高丰度优质储量，降低采油成本，提高开发效益。要把工作重点放在东濮凹陷，深挖老区资源潜力，多找低成本可供开发动用的优质储量，对新发现的、储量品质高的整装区块，提前做好油藏前期描述和开发概念设计，进行滚动开发。搞好探明未动用储量的地质评价和经济评价，优选有利区块，提高滚动开发效益。二是优化方案。按照储量落实情况、产能和经济指标的好坏，对新区进行合理分类，针对不同类型，优化产能建设方案。搞好勘探及滚动勘探新发现区块的地质和经济评价，优选优质储量的区块，及时进行开发的前期研究和准备，条件成熟的及时投入开发。优化老油田开发方案，深入地下，摸清油水规律，大规模应用现代计算机技术进行数值模拟，提高方案准确率，减少设计变更，从源头节约成本。优化钻井设计，多打水平井、分枝井，调整优化井身结构。井下作业、地面工程也必须突出优化设计，减少支出。三是优化措施。进一步加强措施的优选论证，严格执行措施方案责任制和专家论证制度，围绕降低措施费用，建立起措施运行的有效监控体系，减少无效、低效作业，提高措施有效率。优化措施结构，所有油水井措施必须建立在精细油藏构造和剩余油分布研究的基础上，保证措施的针对性和科学性。要充分应用新技术、新工艺，提高措施的科技含量，依靠先进的技术实现增产增效。四是优化组织。进一步理顺管理体系，充分挖

掘工作潜力，通过优化组织协调，减少环节浪费；通过提高组织效率，减少时间浪费。强化生产组织运行，切实加强生产组织的计划性，保证运行合理，衔接得当；明确生产指挥责任，对各种生产施工进行全方位、全天候、全过程的组织和监督，避免因工作滞后带来的成本浪费。

实现降本增效，必须在成本管理上狠下功夫，深挖潜力。一是实施全面计划管理。加强集中决策，认真严肃地执行企业内部经营计划。要努力提高油气商品量，增加收入。规范生产经营秩序，严格设备购置报批制度，禁止计划外采购。二是堵塞成本漏洞。加强预算管理，加大资金监督力度，对企业的生产经营活动进行全面、及时、有效的监控，杜绝账外循环，防止现金流失。严格资质管理，把好基建劳务、主业劳务和其他技术劳务三个关口，杜绝不合理开支。全面降低财务费用，化解财务风险。逐步减少管理费用，严格控制"五费"，压缩非生产性开支，做到管理增效。三是实施滚动成本管理。按产量构成分别下达新井、措施和自然产量成本，把生产组织和成本管理有效结合起来，推行单井单站核算，培养优质高效井，提高开井时率和措施有效率，增加单井产量，降低油气生产成本。

2. 完善经营承包责任制，确保全年生产经营目标的实现。为完成集团公司下达的生产经营任务，今年在经营承包政策上做了较大调整。一是鼓励油气生产单位在计划成本总额内多产油气，即完成产量和成本指标，全额兑现工资、奖金，改变了过去依据成本降低额给采油厂兑现奖金的做法。二是正确处理完成当年考核指标和油田长期稳定发展的关系，设立了油藏管理、经营管理、增储上产优胜和厂长综合效益优胜四个专项奖。加大对油藏管理和经营管理的奖励力度。对成本不超、增储上产幅度前三名的领导班子予以重奖；对完成油气产量任务，成本下降幅度前三名的领导班子也予以重奖。三是专业化公司既要保增储上产，又要保工程质量和成本控制。四是事业单位在最低费用条件下，完成各自的工作目标。各系统各单位必须大力降低成本费用，采油单位降幅 13%，专业化公司降本增效 20%，事业单位降费 23%。上述指标，是在油价 21 美元/桶条件下测算分解的，而目前油价在 18～19 美元/桶波动。因此在近期内，要严格控制费用支出。除了保职工工资、正常生产和办公开支外，其余项目一律不安排。

3. 加大监督管理力度，全面提高质量水平。一是紧紧围绕勘探开发，切实提高油水井工程质量。健全责权利相对应的监督管理体系，资产管理者要发挥好监督监理职能，工程质量的好坏要与施工和监督单位及个人的利益挂钩，确保油水井工程质量。其他工程项目也要如此。二是狠抓基础管理，提高工作质量。取全取准第一手资料，坚决杜绝假资料，为企业决策提供全面翔实的科学依据。三是加大物资监管力度，保证材料质量。油田物资供应由供应处负总责，任何材料生产单位不得和油田用户直接发生业务关系。建立甲方供料制度，把好施工重大材料质量关。加大化工、建材等物资质量监测管理力度，严防假冒伪劣产品的流入。

4. 严格安全环保管理，确保安全生产和环保达标。进一步抓好安全宣传教育培训工作，加强安全管理机构和队伍建设，提高广大干部职工的安全意识和安全生产技能。狠抓关键装置、要害部位的安全监控，强化现场管理和施工管理，杜绝重大安全事故发生。全面实施 HSE 管理体系，提高基层队伍的安全、环境管理意识。进一步落实环保目标责任制，推广无污染作业法，完善技术监测手段，加大监管力度，杜绝重大污染事故发生。

5. 不断完善物资采购的方式方法，努力降低采购成本。建立科学的采购新体系，减少采购程序和环节，实现物资集中采购管理。充分利用目前买方市场的有利形势，认真推行物资比价购销制度，扩大网上采购规模，货比千家，公开透明，大幅降低物资采购成本。强化采购的监督和制约，严肃采购纪律，做到有据可查，账实相符，责任到人。加强"三代"管理，杜绝以此为由而逃避网上采购和比价采购现象。继续抓好降库利库，提高周转率，防止增加新的库存。合理界定二级单位零星采购范围、数量和资金额度，做到统而不死、放而不乱。

6. 加强设备管理，提高设备的技术性能和利用率。要抓好各项设备管理制度的落实，保证设备日常管理到位。健全油水润滑监督网络，防止油水管理不到位对设备造成损害。搞好日常维护保养，确保设备正常运转，延长使用寿命。加强技术改造，提高设备的技术性能，缓解更新压力。加强设备维修的计划控制，实行内部修理紧密化管理，降低维修费用。

（三）坚定不移地深化企业改革，为油田发展提供动力支持

进一步搞好重组整合和结构调整。油气主业要以勘探开发生产单位为中心，进行规范整合，完善适应油气主业发展的组织结构。存续企业要以经济效益为中心，建立与市场经济相适应的企业制度、经营理念、组织框架及资源配置方式，调整结构，培育优势产业和主导产品，提高综合实力和竞争能力。

积极稳妥地进行分配制度改革。要下决心打破旧的分配制度,引入社会劳动力市场价格机制,克服平均主义,兼顾效率与公平,逐步拉开分配差距。继续完善“特岗特薪”办法,分配向一线倾斜,向重要岗位倾斜,向科技人员倾斜,对取得重大科技成果、效益显著的科技人员进行重奖。继续探索经营者年薪制分配方法,把经营者的责任落实到位。根据效益原则,适度拉开不同行业的分配差距,促进人力资源的优化配置和合理流动。

继续做好减员增效工作。今年的减员增效任务指标已经确定,其中净减员目标分公司 1668 人,勘探局 4619 人。其途径主要是通过产权制度改革,实施改制分流;改变用工方式,持续重组整合,带资分流。要认真做好减员分流中的宣传教育工作,引导职工树立起就业新观念;切实做好减员分流中的队伍稳定工作,做到人心不乱、工作不停。要把减员分流节省的相关费用落到实处,降低人工成本,严格控制用工总量,真正做到减员增效。

(四) 统一思想,振奋精神,把各方面力量凝聚到油田发展上来

当前,油田的生存与发展面临着严重困难。在这样一个关键时期,各级领导班子和职工队伍能否统一思想认识、坚定发展信心,能否保持迎难而上、奋发有为的精神状态,对于完成今年生产经营任务至关重要。

领导干部一定要保持良好的精神状态。江泽民总书记讲:“艰苦奋斗,不仅要求生活上勤俭朴素,而且要求有一种奋发向上的创业精神。”在目前油田异常困难的条件下,各级领导干部要增强事业心和责任感,时刻想着国家能源安全,国家发展对石油工业的要求;时刻想着中国石化发展对中原油田的要求;时刻想着 21 万职工家属对油田发展的企盼与渴望,始终保持坚忍不拔、奋发有为的精神状态,扑下身子干事业,充分发挥主观能动性,战胜前进道路上的各种困难。要有艰苦奋斗的决心和信心,自省自励,廉洁自律,带头勤俭节约,反对奢侈浪费。这绝不是生活小事,而是关系民心的大事。各级领导干部一定要以自己的实际行动,为职工群众作出表率。

树立一盘棋思想,切实搞好生产经营组织协作。油田的整体经济效益是上市和存续部分共同努力创造的,油田生产是一个完整的工艺系统和运行链条,必须环环紧扣。去年我们坚持一盘棋思想,在提高工作效率上下功夫,主业获得了发展,存续获得了效益,实现了决战决胜的目标。今年在主业投资严重不足、存续限亏额减少的情况下,牢固树立一盘棋思想,搞好前后的配合协作,显得尤为重要。我们要善于从油田发展的大局出发考虑问题、安排工作,主业上要千方百计在油气勘探开发上大做文章,努力扩充资源,扩大生产规模,并切实采取措施保护好内部市场,为存续提供稳定的市场和更多的生存与发展机会;存续部分要通过技术进步和优质服务,为主业发展提供强有力的后续支持,确保勘探开发生产的需要。在这个特殊的历史阶段,协调委员会要承担起油田地区稳定与发展的责任,不辜负集团公司党组的重托;充分发挥好生产联席会议制度的作用,使前后的工作衔接有续,配合密切,运行高效;每个部门、每个单位都要从油田大局和整体利益出发,不折不扣地执行落实油田整体部署和各项工作安排。这样,上市与存续既独立核算经营、分立运作,又互为依存、密切配合,共同推进中原油田的繁荣与发展。

大力倡导实干精神。空谈误国,实干兴邦。是否真抓实干,反映了领导干部的品格和作风。各级领导干部要抓住当前我们有资源、有市场、有技术,广大职工群众迫切要求发展的有利时机,带领大家真抓实干,抓出实效。只有实干,我们的目标与理想才能变为现实;只有实干,职工群众才能信服,才能上下同心,一起奋斗;只有实干,才能不断地克服困难,增强信心,凝聚力量。每一个领导干部都要身体力行,从上到下形成实干的风气,狠抓各项工作的落实,一步一个脚印地实现我们的奋斗目标。

加强形势任务教育,全面提高职工队伍素质。要贴紧生产经营工作的实际,认真开展形势任务教育,把职工的思想统一到完成油田生产经营任务上来,统一到群策群力、万众一心求发展上来。宣传教育要深入基层、深入一线,贯穿到生产经营的每一个环节,把职工群众中蕴藏的巨大热情和创造力焕发出来。要从生产经营的实际需要出发,采取灵活多样的方式,加强对职工的业务技术培训,提高业务技能和岗位工作水平,努力建设一支政治强、业务精、作风正,能够适应市场竞争需要的职工队伍。

同志们,我们以优异的成绩送走了 2001 年,又迎来了充满挑战和发展机遇的 2002 年。全体干部职工要团结起来,在上级的正确领导下,万众一心,迎接挑战,乘势前进,全面完成今年各项生产经营任务,以良好的成绩向党的十六大献礼。

迎难而上　开拓进取　奋发有为
夺取油田两个文明建设的新胜利

——王献安在油田2002年思想政治工作会议上的报告

（2002年3月22日）

同志们：

这次油田思想政治工作会议，是在广大职工按照油田工作会议部署，迎难而上，积极进取，为完成全年生产经营任务奋力拼搏之际，召开的一次重要会议。会议的主要内容是，总结局党委去年的工作，部署今年党建、思想政治工作和精神文明建设的主要任务，进一步动员广大职工认清形势，坚定信心，奋发有为，促进全年各项工作任务的完成，夺取两个文明建设的双丰收。

下面，我代表局党委作工作报告。

一、2001年工作回顾

2001年，我们认真贯彻集团公司党组的一系列指示精神，发挥党组织的政治核心作用，坚持贴近改革、发展和稳定，不断加强和改进思想政治工作、党建工作和精神文明建设，促进了两个文明建设的协调发展。油田连续4年保持了河南省文明单位称号，局党委被评为全国同“法轮功”邪教组织斗争先进集体，油田被评为河南省思想政治工作优秀企业。

（一）深入开展“转观念、增信心、比贡献、促发展”主题活动，进一步调动了广大职工的积极性和创造性

去年初，油田作出了实施“四大战略”、发展“五个经济板块”的工作部署，确定了勘探突破、油增气升的目标。为了统一职工思想，振奋职工精神，局党委开展了“转观念、增信心、比贡献、促发展”主题活动。先后编发《形势任务宣传教育材料》8期15000多份；机关政工部门组成了6个促上产小组，深入油气生产单位的180个基层队、站，向一线职工面对面地讲形势、讲任务；油田报社、电视台推出系列专题报道，强化舆论引导；各级党组织采用形势任务报告会、巡回教育宣讲团以及班前教育等形式，不断加大宣传力度，使广大职工坚定了战胜困难的必胜信心，形成了万众一心求发展的局面。各级工团组织以经济技术创新创效活动为载体，分系统、分层次开展了多种形式的劳动竞赛、提合理化建议、争创青年文明号等活动，去年取得创新创效成果400余项，职工提合理化建议31000多条，组织实施8200多条，取得了可观的经济效益。局工会荣获全国“模范职工之家”称号，并被中国能源工会评为经济技术创新活动优秀组织单位。通过深入扎实的主题活动，广大职工人心思进，士气高涨，掀起了决战决胜2001年的热潮，促进了全年各项任务的完成。

（二）转变机关工作作风，在干实事、求实效上下功夫

我们按照“三个代表”的要求，认真贯彻党的十五届六中全会精神，切实抓好油田机关和领导干部作风的转变。去年4月份召开了油田机关转变工作作风动员会，印发了《关于转变机关作风、提高办事效率的意见》，促使机关努力为基层提供优质服务。

增强服务意识，转变干部作风。针对油增气升的繁重任务，局党委要求各级领导干部增强学习、发展、合作、创新、廉洁五种意识，发扬雷厉风行、严细认真、脚踏实地三种作风，以良好的精神风貌，真抓实干，锐意进取。广大干部努力转变工作作风，集中精力谋发展，扑下身子抓落实，在职工群众中发挥了较好的表率作用。油田机关政工部门不断强化服务意识，每季度集中听取勘探开发、经营管理、国际市场等方面的情况，每月主动了解生产经营部门需要配合的工作，变被动配合为主动配合。2001年，共主动配合生产经营的工作400多项，收到了明显的效果。

减轻基层负担，提高工作效率。严格控制会议、检查和评比，使基层干部集中精力抓好生产经营。去年4月份召开油田机关转变工作作风动员会后，机关处室压缩各种会议48%，减少检查、评比54%，减少文件8.6%。积极调整机关处室管理职能，减少中间环节，简化办事程序，推行限时答复、全天办事、集中办事和电话预约办事制度，提高了机关工作效率。

建立基层联系点，密切机关与基层的联系。油田机关34个处（部）室分别建立了基层队联系点，每月有2～3人深入联系点一次。他们到基层宣传油田形势，了解生产经营情况和职工思想动态，总结基层经验，跟班参加劳动，帮助基层解决实际问题，进一步密切

了干群关系。2001年,油田机关下基层联系点450人次,协调解决实际问题400多个。在基层对机关的考核中,油田所属单位的满意率为88.7%,基层联系点的满意率为100%。

(三)广泛开展思想道德教育活动,提高了职工的思想道德素质

按照江泽民同志“七一”重要讲话精神和以德治国重要思想,从去年8月份开始,集中5个多月时间,局党委在油田职工家属中广泛开展了思想道德教育活动,收到了良好的教育效果。

结合油田实际和职工思想状况,局党委编写了以“三观”、“三爱四德”教育为主要内容的《社会主义思想道德教育材料》,制定了油田职工群众职业道德和行为规范。印刷28000多份教育材料,发到每一个班组和离退休职工党支部,并制作了8讲思想道德教育录像片,在油田有线电视台进行播放。油田报纸、电视开辟了思想道德教育专栏,局党委网站制作了专题。各单位普遍利用政治学习日、座谈会、学习问答、知识竞赛等形式开展教育,有的还组织宣讲团到外闯市场队伍中巡回宣讲,有的建立了职业道德教育示范基地,方式灵活多样,活动深入扎实。

在教育过程中,我们坚持做到“四个结合”。一是把学习教材与对照整改相结合。每学习一讲内容,各单位都组织职工认真讨论,查找职工队伍在思想作风、道德行为等方面的突出问题,一一对照整改。二是把正面教育与管理约束相结合。各单位根据职业道德和行为规范的要求,进一步完善各项规章制度,把加强思想道德建设的要求渗透到企业管理的有关环节中去。组织城建监察、公安交警、离退休干部成立34个公民道德教育督察组,对不文明、不道德行为进行检查。把思想道德教育作为精神文明建设的重要内容进行考核,同文明单位、文明家庭、文明员工的评选挂钩,使职工群众的思想道德建设有了制度保证。三是把树立正面典型与曝光不文明行为相结合。我们选树了敬业爱岗、21年扎根一线钻研油藏的“土地神”范冠元,十年如一日利用业余时间为大家义务服务的“油城徐虎”芦城,捐献14万元为家乡修建文体活动站、打水井的退休老干部苏宗元等一批先进典型。同时,各单位先后曝光了100多个不文明、不道德事例。四是把思想教育与道德实践相结合。各单位积极开展道德实践活动,引导职工家属在实践中把道德规范变为自觉行动。生产经营单位加强职业道德建设,开展了“争创文明示范岗”活动;物业系统以创造优美环境为重点,开展了“我为油城添光彩”活动;教育系统组织中小学生开展了“爱绿护绿”活动,均见到了良好效果。

通过开展思想道德教育,在油田营造了文明礼貌、乐于奉献、积极向上、遵纪守法的良好风气,增强了队伍的凝聚力和战斗力。今年1月下旬,局党委召开了思想道德教育活动总结表彰会,表彰了20个思想道德教育活动先进单位、50个思想道德教育活动先进基层单位、100名思想道德建设标兵,并正在把百名标兵的事迹汇编成册,以供职工家属学习。

(四)以“三个代表”重要思想为指导,切实加强党建工作

加强领导班子建设。局、处两级党委(党总支)认真落实中心组学习制度,深入系统地学习“三个代表”重要思想、党的十五届六中全会精神,以及市场经济和现代企业管理知识,提高了干部的政治业务素质。特别是江泽民同志“七一”重要讲话发表后,各级领导班子和领导干部通过学习全文、专题讨论、举办培训班、撰写体会文章等形式,深刻领会精神实质。去年9月份,油田领导班子及成员按照集团公司党组的统一部署,开展了“三讲”学习教育活动,使班子成员受到了一次严格的党性锻炼。坚持用好的作风选作风好的人,推行领导干部任前公示制,加大对优秀年轻干部的选拔力度,进一步优化了领导班子的年龄、文化和知识结构。

加强基层党组织建设。及时调整充实领导班子,设立党委的所属单位基本上设立了专职党委书记,党组织健全率达到了98%以上。开展基层党支部“达标创先”活动,油田达标党支部2406个、达标率在97%以上,并评出先进党支部615个。组织编写《党课参考》4期20800多份,油田各级党组织开展专题党课2300多场次。深入开展党员责任目标管理,40000多名党员与党支部签订了目标责任书,签认率达99%。认真开展民主评议党员工作,有31名基本不合格和不合格党员受到了组织处理。

加强党风廉政建设。坚持每季度组织各单位领导干部学习一次党纪政纪条规,加强了对科级及以下干部和管人、财、物岗位人员的法纪教育。举办3期“廉内助”学习班,有495名领导干部的配偶参加了学习。查处违法违纪案件24起,挽回直接经济损失187万元。开展了专项执法执纪监察,清理清退各类挂靠车辆1140台,查出账外车辆447台、资产原值6014万元,查出其他账外资产90台(套)、价值2275万元。对党风廉政建设责任制落实情况进行了检查考核,局党委对47个执行党风廉政建设责任制的优秀单位进行了通报表扬。

广泛开展庆祝建党80周年系列活动。组织了“颂

歌献给党”群众性歌咏比赛、“学党史、知党情”读书竞赛、中国革命教育影片展映月以及广场文化等活动，编发《在党的关怀下征文集》3000多册，有关部门还在局域网上开设了“庆祝建党80周年”专题。广泛开展“立功竞赛”活动，组织义务奉献活动2700多次，参加40000多人次。广大党员以实际行动向建党80周年献礼，涌现出了一大批先进集体和先进个人。局党委隆重召开庆祝中国共产党成立80周年大会，表彰了50个先进基层党组织、50名优秀党务工作者和100名优秀共产党员。

（五）进一步深化“四大工程”，提高了精神文明创建水平

按照“巩固、完善、提高”的方针，深入实施“四大工程”，巩固和发展了精神文明建设成果。在素质工程方面，举办领导干部、专业技术人员、操作服务人员、基层队长、涉外人员等培训班345个，共培训11000人次，外送培训1500人次。开展了第五届工人技术比武、名师带徒等活动，培养了一批青年技术工人。在环境工程方面，对部分公共场所进行了改造，启动了夜景亮化工程，更换老化树种3900多棵，铺砌修整人行步砖20余万平方米，改造、建设小区广场52个，配备健身活动器材320余套，使矿容矿貌有了新的改观。在平安工程方面，认真落实群防群治措施，开展了“创建安全文明小区”活动；以全国“严打”整治斗争为契机，严厉打击盗窃油气、电力和哄抢油田生产物资等违法犯罪活动，侦破各类刑事案件606起，抓获犯罪嫌疑人914人，维护了油田的生产和生活秩序。在繁荣工程方面，组织优秀文艺节目到基层演出70多场，组织优秀影片到基层巡回放映450多场；开展全民健身运动，举办了油田第三届职工运动会，进行了22个项目的比赛，有17000多人参赛。举办了第四届国庆花展和第七届社火表演、元宵灯展，每次活动观众都达20多万人。2001年，油田被评为全国群众体育工作先进单位。

坚持对精神文明建设严考核硬兑现。组织专兼职执法队伍对不文明行为进行监督管理。去年，油田青年志愿者文明督察队被团中央评为“中国十大杰出青年志愿者服务集体”。最近，油田83个单位被评为2001年度油田文明单位，3个综合得分在80分以下的单位被取消了油田文明单位称号。

（六）坚持跟踪帮教，巩固对原“法轮功”练习者的教育转化成果

在同“法轮功”邪教组织的政治斗争中，我们加强跟踪帮教工作，对原“法轮功”练习者，坚持每月进行一次回访、每半月组织一次政治学习、让每人参加一项文体活动。举办了6期巩固教育学习班，对思想不够稳定的原“法轮功”练习者继续进行教育。组织由转化典型参加的反邪教报告团到各矿区巡回报告10场，观众达2600人次。举办了“崇尚科学，反对邪教”讲座和图片展览，使原“法轮功”练习者普遍受到了一次系统教育。安排33名转化人员，分片做思想巩固工作，他们先后谈心4500多人次。开展“奉献真情，回报社会”系列活动，先后组织82名原“法轮功”练习者到钻井队、采油队和油田敬托院献爱心。组织50名原“法轮功”练习者到孔繁森纪念馆参观学习。在进行思想教育的同时，还切实关心原“法轮功”练习者的工作和生活。目前，因练习“法轮功”导致破裂的9个家庭中，已有6家重归于好。

经过耐心细致地跟踪帮教，油田原“法轮功”练习者保持了思想稳定。我们的做法，得到了党中央和上级党组织的充分肯定。去年初以来，在江总书记亲自听取局党委工作汇报、中央工作会议播放我们集中帮教的录像片后，局党委又作为全国同“法轮功”邪教组织斗争先进事迹报告团的成员，在11个省市作了事迹报告，还在河南省教育转化“法轮功”练习者经验交流会上介绍了进行巩固教育的做法。

（七）做好维护稳定工作，确保了油田改革发展的顺利进行

切实做好减员分流过程中的思想政治工作。我们将集团公司减员分流的有关政策汇编成册，发到每一个基层队；编发了3500多份宣传教育材料和宣传通告；在报纸、电视上开辟了减员增效专栏；有关部门设立了热线电话，随时回答职工提出的疑问。油田党政领导和机关处室长还实行分片负责的办法，和各单位一起协调处理有关问题。针对运行过程中出现的集体上访，我们采取果断措施，层层落实维护稳定责任制，加强对职工的思想教育和严格管理，很快使集体上访得以息访，确保了减员分流积极稳妥地运行。油田共有9744人协议解除了劳动合同。

维护职工利益，及时化解各类矛盾。积极推行厂务公开工作，油田18个厂务公开专门工作小组，对职工关心的60多个方面的热点问题，按期进行公开。继续推行平等协商和签订集体合同制度，所属单位集体合同签约率达97%，油田被评为河南省集体合同工作先进企业。及时处理劳动争议，维护了职工正当的合法权益。妥善解决群众反映的各类信访问题，油田信访结案率达95%。大力实施送温暖工程，2001年救助特困职工家庭1921户（次），救助特困学生710人，为636名学生免除了学杂费，安排了146名特困职工家庭子女就业。

局党委在做好上述工作的同时,还加大对外宣传力度,大力宣传油田油增气升的新局面和在国内外市场取得的突出业绩,提高了油田的知名度;认真做好油田民主党派、宗教、少数民族、非党知识分子、海外侨胞眷属等人员的统战工作;积极做好民兵预备役部队建设、全民国防教育、人民防空和年度征兵等工作;坚持做好离退休职工的思想工作,专门召开了油田离退休职工思想政治工作会议,使老同志的“六个老有”进一步得到了落实,离退休职工管理中心被评为集团公司先进集体。

同志们,2001年,油田思想政治工作、党建工作和精神文明建设取得了丰硕成果,集团公司党组领导、河南省委领导给予了充分肯定。但是,我们在工作中还有不足之处。一是少数单位思想政治工作抓得不够得力,成效不明显;二是个别干部的工作作风不够深入扎实,需要进一步转变;三是个别单位对配合生产经营开展思想政治工作缺乏有效的手段,工作方法需要创新;四是部分政工干部的自身素质与新形势的要求还不适应,有待进一步提高。以上这些问题,都需要我们在今后的工作中,认真加以解决。

二、2002年工作安排

今年是油田的攻坚之年,改革、发展和稳定的任务十分艰巨。各级党组织要充分认识思想政治工作在油田发展中的重要作用,进一步发挥党组织的政治优势,开拓创新,奋发有为,为油田改革和发展提供强大的精神动力和思想保证。

今年油田思想政治工作的指导思想是:以邓小平理论为指导,认真贯彻江泽民同志“三个代表”重要思想和党的十五届六中全会精神,紧紧围绕油田的中心工作,以“抢抓机遇,应对挑战,团结一致求发展”主题教育活动为主线深入开展形势任务教育,以加强“四基”建设为载体努力提高基层工作水平,以转变领导干部作风为重点加强党建工作,以提高职工素质为主要目标深化精神文明创建活动,以做好改革过程中的思想引导为着力点努力做好维护稳定工作,确保油田各项工作目标的顺利实现,以两个文明建设的优异成绩向党的十六大献礼。重点要抓好五项工作:

(一)以“抢抓机遇,应对挑战,团结一致求发展”主题教育活动为主线,深入开展形势任务教育

今年,分公司油气产量要迈上新的台阶,勘探局限亏指标要大幅度压缩,加上“入世”带来的一系列挑战,油田的发展形势相当严峻,工作任务十分繁重。为了进一步统一职工思想,坚定加快发展的必胜信心,充分调动职工的积极性和创造性,我们要在职工中广泛开展“抢抓机遇,应对挑战,团结一致求发展”主题教育活动。抢抓机遇,就是树立强烈的使命感和责任感,抓住各种机遇,利用一切有利条件,大力实施分公司的资源扩充战略和勘探局的市场开拓战略,千方百计提高油田的综合竞争实力;应对挑战,就是采取有力措施,趋利避害,开拓创新,克服一切困难,跨过“生死线”,闯过“存亡关”,经受住各种严峻的考验;团结一致求发展,就是勘探局、分公司广大职工要拧成一股绳,互相支持,密切协作,在激烈的市场竞争中赢得主动,开创各项工作的新局面,为实现分公司油增气升的目标和勘探局跨越式发展而努力拼搏。

一是广泛开展增强发展信心的教育。油田工作会议确定了勘探局、分公司今年的奋斗目标,这些目标令人鼓舞、催人奋进,同时实现这些目标又有很大的压力。从油田内部看,存在投资严重不足、油气生产成本较高、施工能力过剩等诸多困难;从外部环境看,随着中国入世,我们面对的政策法规、市场格局、竞争对手都在发生重大变化,市场竞争、人才竞争、技术竞争会相当激烈,而职工的思想观念、思维方式、竞争意识、价值取向、诚信意识等,与加入WTO的要求还不相适应;同时,由于国际油价上下波动,油田增收存在较大的不确定性。我们要将困难和压力的信号向职工传递,教育职工越是在困难的时候越要看到希望,越是有压力的时候越要增强信心,充分发挥主观能动性,压倒一切困难,战胜一切挑战。同时,我们更要让职工看到加快油田发展的巨大潜力和明显优势。国家高度重视石油石化行业的发展,集团公司进一步加大勘探开发的投入,为我们加快油气主业发展提供了良好机遇;东濮凹陷巨大的资源潜力为实现油增气升目标奠定了坚实基础;2001年勘探开发的实践以及取得的显著成果,为油田持续发展、提高综合实力创造了有利条件;油田新技术、新工艺和新装备的应用,为我们提供了有力的技术支撑;专业化公司外闯市场力度的不断加大和国内外市场的进一步开放,扩大了我们的生存与发展空间。在机遇与挑战同在的形势面前,各单位要加大形势任务教育力度,多讲发展的优势和有利条件,多讲克服困难的办法和具体措施,引导职工进一步统一认识,坚定信心,坚持以搞好油气主业带动其他各业发展的指导思想不动摇,坚持扩充油气资源、扩大产量规模不动摇,坚持增强竞争实力、拓展国内外市场不动摇,按照油田发展的思路,以饱满的热情和旺盛的斗志投入生产建设之中,努力把油田发展的目标变为现实。

二是广泛开展团结协作的教育。分公司、勘探局已经分立运行。各级党组织要教育干部职工充分认识到,二者仍然是一个相互依存、俱损俱荣的利益共

同体，是一个环环相扣、密不可分的运行链条，必须牢固树立油田“一盘棋”的思想，做到体制上分、思想上合，职责上分、目标上合，实现协调发展。当前，既要引导职工认识到上市部分与存续部分搞好团结的重要意义，树立整体观念和大局意识，更要引导职工在行动上进行协作，确保生产经营的顺利进行。油气主业持续增长将为存续部分发展提供更加可靠的依托，存续部分要切实搞好优质服务，全力以赴支持主业的发展，尽最大努力满足勘探开发的需要。存续部分是实现勘探突破、油增气升的坚强后盾，其整体实力对油气主业的发展具有很大的影响，上市部分要积极创造条件和机会，促进存续部分的发展壮大。要通过宣传教育，引导广大职工密切协作配合，搞好组织协调，使各项工作高效运行，确保油增气升目标的实现，并以此带动其他各业的共同发展。

三是广泛开展降本增效的教育。今年油田的资金投入和成本形势十分紧张，我们必须树立降本增效的思想，千方百计降低成本，这是企业在严峻形势下立于不败之地的重要措施之一。只要广大干部职工艰苦奋斗，勤俭节约，降本增效，就能推进油田在困境中发展，在艰难中奋起，实现油田的发展目标。否则，我们就会在激烈的市场竞争中被淘汰，更无法保障广大职工的根本利益和长远利益。因此，要引导职工树立节约意识，做到克勤克俭，坚决反对铺张浪费。要把低成本发展战略的思想灌输到每个职工的头脑中，充分发挥职工的积极性和创造力，严格管理制度，堵塞各种漏洞，实行全方位、全过程地控制成本。要通过优化资源、优化方案、优化措施、优化组织和优化管理，进一步挖掘潜力，最大限度地降本增效。科技进步是大幅度降低成本的有效措施。我们要引导职工大力开展科技攻关，积极推广应用新技术新工艺，向科技进步要效益。

各单位党组织要把“抢抓机遇，应对挑战，团结一致求发展”主题教育活动，与河南省委宣传部开展的“双比双争”活动紧密结合起来，增强思想政治工作的针对性和有效性。“双比双争”活动的主要内容是“比学习、比贡献，争当先进工作者、争当思想政治工作先进企业”。开展“双比双争”活动的主要目的是，激励广大职工加强学习、提高素质，拼搏奉献、建功立业，争当先进工作者；激励各单位党组织努力加强和改进思想政治工作，研究新情况，解决新问题，取得新成效，争当思想政治工作先进企业。通过“双比双争”，落实思想政治工作的各项任务，进一步形成你追我赶、争先恐后的局面，促进企业的改革和发展。各级党组织要加强对主题教育活动和“双比双争”活动的领导，制定活动方案，做到有目标、有步骤、有措施、有效果。党政工团组织要分工协作，密切配合，齐抓共管，认真抓好落实，切实抓出成效。

（二）以加强“四基’’建设为载体，努力提高基层工作水平

面对繁重的生产经营任务和激烈的市场竞争，切实抓好基层建设，是确保油田各项工作任务落到实处的有力保证。各级党组织要把抓基层建设作为今年的一项重点工作，将思想政治工作融入基层建设之中，进一步加强基层班子建设、基础资料建设、基础设施建设和基本功训练，力争使每一个基层队都成为思想过硬，技术精湛、作风顽强、纪律严明的战斗集体。

一要加强基层班子建设。按照德才兼备的原则，配齐配强基层领导班子，切实加强基层的领导力量。通过推行干部聘任制，实行竞争上岗，选拔那些思想素质高、懂经营、会管理的青年干部，充实到基层班子中去。搞好制度建设，建立健全基层班子的议事制度和运行规则，使各项工作有章可循、规范有序。基层班子成员要把加强思想道德修养与提高业务水平结合起来，认真学习政治理论、现代科技、经营管理、政策法规等知识，努力提高实际工作能力，成为生产经营管理、职工队伍建设的行家里手。

二要加强基础资料建设。基础资料是强化管理的重要依据。要根据不同行业的特点，按照切合实际、方便操作的原则，健全基础资料管理责任制，对取全取准基础资料的内容、时限、标准、责任，作出明确具体的规定。进一步严格资料的录取、填写、整理、交接和保存等方面的要求，采取定期检查和不定期抽查的方式，加强过程管理，严格进行考核，对造假资料者要追究责任。要通过制度的落实，让工作人员自觉地对录取、填报的资料负责，确保第一手资料的真实、及时、全面，促进基础资料质量有一个明显的提高。同时，各单位还要搞好基础资料的整理和分析，提高利用率，让基础资料为油田生产建设发挥应有的作用。

三要加强基础设施建设。随着油田的不断发展，我们要逐步改善职工的生产和生活条件，使职工能够安心一线工作。严格按照安全生产有关规定，认真执行 HSE 健康安全环保标准，加强基础设施的标准化建设，配备和完善安全环保设施。抓好“两堂一舍”的管理，使职工吃上可口饭，洗上热水澡，睡上舒服觉。“两堂一舍”不能满足实际需要的，要通过新建或改造等方法进行建设，逐步改善一线职工的生活环境。要力所能及地为一线单位配备文化体育用品，不断丰富职工的业余文化生活。要通过加强基础设施建设，为职工创造安全、文明、舒适的环境，促使职工身心舒畅

地投入工作之中。

四要强化基本功训练。油田的发展对工人技能水平的要求越来越高，对复合型、高技能人才的需求越来越迫切。根据国家新颁布的《职业技能鉴定规范》和油田的实际，技术工人应做到“六懂六会”：懂基础知识、懂专业知识、懂相关知识、懂管理知识、懂操作规程、懂安全生产；会本岗操作、会兼岗操作、会设备维护、会成本核算、会质量控制、会事故处理。各单位要按照“六懂六会”的内容，结合各个岗位的实际，本着“缺什么补什么”的原则，通过业务培训、岗位练兵、知识竞赛、名师带徒等形式，强化应知应会训练，使职工成为智能型的劳动者。特别是对素质比较高、发展潜力比较大的青工，开展一人多岗、一专多能的兼岗培训及复合型技能操作培训，增强对未来岗位变化的适应能力。各单位要加大对基层班组长的培训力度，力争今年对基层班组长培训一遍。要强化业务知识考核和技能鉴定工作，将职工的技能等级同岗位安排和收入分配紧密挂钩。尤其是对那些技术等级不达标、基本功不扎实的职工，要提出限期达标的措施和要求，对限期内仍不达标的要实行待岗培训或转岗。各单位每年要组织一次技术比武，对优胜者予以表彰奖励。连续两次在油田技术比武中取得名次的，可以破格推荐晋升高一级技术等级。要积极营造学技术、练本领的浓厚氛围，引导职工苦练内功，努力做到人人出手过得硬。

在加强基础工作中，我们要积极总结和推广基层的先进经验，让基层单位在质量控制、成本管理、安全生产、队伍建设等方面的先进做法，在更大范围内开花结果。在油藏管理方面，要大力推广采油一厂“文中老三块”认识到层、措施到层、管理到层、产量到层的“四到层”管理经验。在成本管理方面，要大力推广采油五厂成本目标明细化、成本管理全员化、成本控制制度化、评价考核数量化的油藏经营网络目标化管理模式。各单位要积极学习和借鉴他们的管理经验，把他们先进的管理思想、科学的管理手段有机地融入本单位的实际工作之中，进一步提高企业的管理水平。

抓基层建设是油田今年的一项重点工作。工作运行方案要按行业特点，集中研究，分头实施，先进行试点，再全面推开。各单位要按照油田的总体要求，加强组织领导，制定实施方案，明确基层建设的目标、内容和标准，分阶段开展工作。加强督促指导，组织基层单位认真查找“四基”建设工作中存在的薄弱环节，积极进行整改。开展基层单位“达标升级”活动，进一步调动基层单位加强内部管理的积极性，争取通过一年多的努力，使油田大多数基层队的管理水平、职工素质有明显提高。局党委将在适当时候召开油田加强基层建设经验交流会，选树典型，总结经验，提出要求，促进基层建设工作的深入进行。

（三）以转变领导干部作风为重点，进一步加强党建工作

中央决定把今年作为“转变作风年”、“调查研究年”。我们要以“三个代表”重要思想和党的十五届六中全会精神为指针，按照“八个坚持、八个反对”的要求，切实抓好领导干部作风的转变，努力建设一支政治坚定、管理高效、团结进取、勤政廉洁的干部队伍，以新的风貌、新的姿态、新的作风迎接党的十六大的召开。

一要保持奋发有为的精神状态。今年是油田改革发展任务十分艰巨的一年，将会有一系列挑战摆在我们面前。能否克服重重困难，带领职工群众全面实现今年的各项工作目标，领导干部的精神状态至关重要。面对新的形势和前进道路上的各种困难，各级领导干部必须迎难而上，百折不挠，以坚忍不拔、无坚不摧的斗志，推动油田的持续发展。第一，要解放思想，开动脑筋，以开阔的工作思路、创新的工作方法，研究新情况，解决新问题。无论工作任务多么繁重，无论市场竞争多么激烈，都必须坚持开拓创新，积极迎接挑战，主动向困难出击，直至取得最后的胜利。第二，要抓好各项工作的落实。各级领导干部要把油田的工作部署同本单位的实际紧密结合起来，层层分解任务目标，严格督促检查，把布置的工作一件一件地落到实处。目前，勘探局、分公司已同各单位行政正职签订了生产经营承包合同，明确了责任和义务，加大了奖惩力度。党委（党总支）书记要和行政领导一起，责任共负，风险共担，千方百计完成经营承包指标。第三，要大力倡导领导干部下基层调查研究。采取建立联系点、专题调研、蹲点调查等形式，经常深入一线了解情况，及时解决生产中的实际困难，进一步密切党群、干群关系。第四，要以积极的态度推进企业深化改革。面对今年的减员分流、机构整合、分配制度改革等一系列任务，各级领导干部要顾全大局，勇挑重担，不折不扣地执行集团公司的政策，积极稳妥地做好各项工作。对可能遇到的问题，要未雨绸缪，早作安排，确保改革的顺利进行。

二要牢固树立正确的权力观。领导干部如何对待手中的权力，是作风建设的重要方面。江泽民同志在中纪委第七次全会上指出，要牢固树立正确的权力观，最根本的是要解决好始终保持党同人民群众血肉联系问题。油田各级领导干部要按照江泽民总书记

的要求，做到“三个正确对待”。一是正确对待职务。职务意味着责任。每个领导干部都要强化群众观念，增强公仆意识，自觉摆正同职工群众的关系，把服务基层、服务职工群众作为重要职责，勤政为民，扎实工作，尽职尽责地干出一番成绩，做一名具有高尚追求的干部，做一名职工群众信赖的干部，不能无所作为、得过且过，更不能利用职务之便，贪污腐化，损害党的形象。二是正确对待权力。领导干部能不能过好权力关，是检验党性强弱的试金石。正确对待和使用权力，关键是要认识到权力是组织和职工群众赋予的，一分权力，十分责任，权力越重，责任越大。要运用手中的权力为油田加快发展服务，为提高职工群众的物质文化生活水平服务，绝不能把它变成谋取个人或少数人私利的工具。领导干部要自觉接受组织和群众对自己行使权力的监督，坚持做到以身作则，廉洁自律，一心为公。三是正确对待名位。领导干部要以客观、积极、平静的心态看待名位。名位是暂时的，事业是永恒的。要视名利淡如水，看事业重如山，不要斤斤计较个人得失，无论岗位怎么变化都要尽心尽力地工作，无论名位高低都要坦然接受组织和群众的选择，立志做大事、作奉献，不要把升官、发财、享受作为人生追求。树立正确的权力观，各级领导干部必须加强学习和党性锻炼，提高思想道德境界和党性修养，把精力最大限度地用在工作上，用自己的实际行动把广大职工群众团结在党组织周围。

三要做好新一轮干部聘任工作。我们要利用油田所属单位领导班子今年大都任期届满的机会，对部分单位和机关处级干部进行重新聘任。各单位也要根据机构调整和岗位设置对科级及以下干部进行新的聘任。第一，要搞好干部的考核工作。进行任期届满考核，既是对领导干部思想、工作、作风等方面的全面评价，又是开展新一轮干部聘任的重要依据。要树立对组织负责、对被考核干部负责、对油田发展负责的精神，坚持定量考核与定性考核相结合，注重群众公论，确保考核结果客观公正和真实准确。第二，要适度进行干部交流。为了加强干部多岗位锻炼，培养复合型人才，促进领导干部开创工作新局面，需要坚持和完善干部交流制度。本着“专业相近、有利工作”的原则，领导干部在一个单位或部门任职时间比较长的，可以在相关专业之间进行交流，机关部门负责人可以到基层单位任职，基层单位的领导干部也可以到机关部门任职，也可以在机关部门之间、基层单位之间进行交流，给干部增长才干、健康成长创造有利条件。第三，搞好干部的选拔任用。坚持干部“四化”方针和德才兼备的标准，采取领导提名、组织推荐、群众推荐、个人自荐等多种方式，把那些政绩突出、群众拥护和想干事、肯干事、干成事的优秀干部充实到各级领导班子。坚持干部任前公示制，凡新提拔的领导干部一律实行任前公示，扩大干部选拔任用中的民主程度。要根据干部考核结果和推荐情况，调整和充实后备干部队伍，并通过轮岗锻炼、系统培训、到重点岗位压担子等措施，做好后备干部的培养工作。

四要进一步减少会议、文件和检查评比。要严格会议审批制度，凡要求油田所属单位党政主要领导参加的会议，必须经油田主要领导同意。对能合并召开的会议，不单独召开；凡属部门召开的会议，不以局党委、勘探局、分公司的名义召开；在基层最忙的一段时间实行封会制度。严格控制会议的规模和时间，少开会、开短会、开小会，提倡开电视电话会。减少领导同志陪会现象，根据需要请油田领导参加的专业会议、系统会议，要由承办单位通过局党委办公室、局长办公室、经理办公室，报请领导同意后统一安排。进一步减少文件数量，凡属部门职权范围内的工作，不以局党委、勘探局、分公司名义发文；凡以电报、电话、公开见报可以解决的问题，不另行文。严格检查评比审批制度，凡未列入油田全年检查评比计划的，原则上不再进行。进一步改进和完善检查评比办法，提倡随机抽查和“暗访”的办法，直接到基层查看工作的实际情况，到群众中听取对工作的评价。

在加强干部队伍建设的同时，还要进一步加强基层党组织建设，抓好广大党员的教育和管理。深化“达标创先”活动，提高基层党支部的工作水平。在全体党员中大力开展以“觉悟高于群众、技能高于群众、业绩高于群众，争当优秀共产党员”的“三高一争”活动，并以此作为推进落实党员责任目标管理工作的有效载体。统一规范《党员目标管理责任书》及考核办法，突出党员个性目标，加大考核力度，确保党员责任目标管理工作取得新成效。各单位党组织要采取多种方式，强化以“三个代表”重要思想为主要内容的先进性教育，增强全体党员的党性意识，发挥好党员的先锋模范作用。

（四）以提高职工素质为主要目标，深化精神文明创建活动

“四大工程”是加强精神文明建设的有效载体。按照河南省文明委的要求，结合油田加快发展的新形势，我们要以提高职工队伍素质、创造人才优势为重点，推动“四大工程”向纵深发展，争创全国文明单位。

建设“四有”职工队伍，是加强精神文明建设的重要任务。我们要把深入开展思想道德教育活动，作为实施素质工程的有效途径，继续认真贯彻《公民道德

建设实施纲要》，进一步促进职工思想道德素质的提高。一是贴近实际，开展形式多样的道德实践活动。依托创建文明单位、文明家庭、文明员工为主要内容的群众性精神文明创建活动，推动思想道德教育的深入开展。各行各业要结合实际，开展岗位立功、义务奉献等道德实践活动，使职工家属的思想品质在实践中得到熏陶，道德境界在实践中得到升华。二是加强引导，积极营造有利于职工群众思想道德建设的良好氛围。油田报社、电视台要加强对思想道德建设的报道，宣传先进典型，批评不道德行为。要充分运用网络阵地，宣传公民基本道德规范，倡导良好的道德风尚。坚持寓教于乐，组织读书演讲、文艺演出、广场文化、艺术展览等活动，不断培养职工群众的高尚情操。三是典型引路，充分发挥先进典型的示范带动作用。局党委选树的100名思想道德建设标兵，是全油田职工家属学习的榜样。有关部门和新闻单位要大力宣传他们的先进事迹，各单位要利用多种形式组织职工学习，进一步形成学先进、赶先进、当先进的良好风气。四是多办实事，切实解决职工群众普遍关心的难点热点问题。积极引导职工群众向不文明行为告别，努力解决言行不文明、服务不规范等突出问题。各单位党政工团组织要从有利于职工道德建设的角度，办几件影响大、效果好、得民心的实事。五是建章立制，为职工群众思想道德建设提供有效的制度保证。要把教育与约束结合起来，建立健全有关规章制度，将思想道德建设纳入精神文明建设考核之中，通过加强专兼职执法队伍的工作力度，加强管理，强化监督，严格奖惩，培养职工家属的文明行为，确保各项规章制度和道德守则得到落实。特别是要加强职业道德建设，激励广大职工热爱自己的岗位，尽心尽责地做好本职工作。在外闯市场队伍中要突出“诚实守信”的职业道德教育，引导职工重承诺、守信用，保质保量、优质高效地完成各项工作，树立中原油田良好的市场信誉和社会形象，为进一步扩大市场占有份额创造有利的条件。

强化业务技术培训，搞好人才队伍建设。要开展全方位、多层次、多种形式的员工培训，全面提高职工整体素质。一是加强企业经营者的培训。对处级领导干部及后备人才，加强政治理论学习与工商管理、生产经营等知识的培训，开展《国有大中型企业建设现代企业制度规则和加强管理的基本规范》与世界贸易组织基本规则为重点内容的“双基”培训，使领导干部树立新的经营理念、开拓管理思路、增强创新能力、提高决策水平，努力适应入世和企业改制的要求。二是加强管理人员的培训。在以前开展管理干部公共课程培训的基础上，开展管理干部岗位资格专业课培训和考核，力争用两年时间，使主要岗位的管理干部都持证上岗。同时，有针对性地开展生产管理、经营管理、成本管理、安全管理等人员的适应性和提高性培训，提高管理人员的业务水平和创新能力。三是加强专业技术人员的继续教育。在专业技术人员中开展外语、计算机、法律等知识培训和专业新理论、新知识、新技术培训，培养一批具有较高理论水平和解决实际问题能力的高层次、复合型人才。四是加强涉外人员的培训。重点强化外语、跨国经营、国际商务、石油工程国际法、涉外经贸法规和专业技术培训，培养一批精通国际语言和事务的项目负责人，培养一批熟悉国际施工标准、掌握过硬技术本领的职工，特别是要按照建设国际钻井队的目标，强化到国外市场施工的钻井人员的培训，为巩固和扩大市场奠定基础。五是加强操作服务人员的培训。大力开展高技能人才培训，创造条件促使他们岗位成才，尽快为油田培养一批技能专家。抓好特殊工种人员的安全操作培训，全部做到持证上岗。以油田第六届工人技术比武为契机，通过赛前培训、预赛、决赛，选拔一批技术能手，进一步掀起学技术、学技能的热潮。六是抓好党务干部的培训。强化政工干部的业务知识和生产经营管理知识的培训，提高政工干部的理论修养和业务水平，增强党建和思想政治工作的针对性、实效性。

加强企业文化建设，提升企业形象。企业文化是企业生产力发展的催化剂，是凝聚职工队伍的内在动力。我们要在弘扬集团公司企业文化的基础上，积极探索与市场经济相适应的经营理念、发展战略、企业精神和激励机制等，培育和打造具有中原油田鲜明特色的企业文化。当前，要注意提升油田的企业形象。加大对外宣传力度，通过报纸、电视、杂志等国内各大新闻宣传媒体，积极宣传油田的名牌产品、名优工程，展现油田的技术实力和市场信誉，为开拓国内外市场创造良好的舆论环境；要利用内部刊物、宣传画册、宣传橱窗、灯箱广告和艺术展览等形式，大力宣传油田加快发展的良好态势，宣传职工奋发向上、积极进取的精神风貌，增强职工对油田发展的信心和决心；要利用电视纪录片、报告文学、纪实散文、巡回演讲等形式，讴歌在油田生产建设中涌现出来的先进典型，使他们的崇高精神成为广大职工发展油田的动力。要通过加强企业文化建设，树立中原油田开拓进取、与时俱进的良好形象。

我们要以争创全国文明单位为契机，在认真抓好素质工程的同时，继续深入开展群众性精神文明创建活动。在实施环境工程过程中，坚持“少花钱、多办事”的原则，搞好绿化规划，量力而行，分步实施，努力提高绿化美化档次。集中有限资金，抓好“亮点工程”的建设及改造；坚持做好补绿和空地植绿工作，逐步更换老化树种；把厂区、办公区绿化作为一项重点工作，突出绿化的文化品味，加强环境污染控制。搞好平安工程，推动“严打”整治斗争的深入开展，严厉打击杀人抢劫、重大盗窃、破坏油田生产设施等危害严重、影响恶劣的重大刑事犯罪，大力整治盗油窃气活动猖獗的乱区乱点，力争使油区发案率比去年降低10%；健全治安防范网络，加强流动人员、暂住人口的清查管理，对公共娱乐场所和特种行业进行清理整顿，创造安居乐业的治安环境；坚持法制教育经常化，增强职工遵纪守法意识，降低职工违法犯罪率。实施繁荣工程，开展形式多样、广泛参与的群众性文化活动。搞好油田第十四届职工文艺汇演，组织好中国企业艺术节舞蹈展演大奖赛，以庆祝党的十六大召开为主题，举办艺术作品展览和群众性文艺活动；坚持送文化下基层，全年完成下基层文艺演出120场、放映电影3000场；抓好群众性体育活动，举办5项全局性体育比赛；树立精品意识，创作一批宣传油田的优秀作品，参加国内外文化艺术比赛，展现油田的良好形象。同时，要不断完善精神文明建设考核办法，坚持严考核硬兑现，实现精神文明建设的制度化、规范化。

（五）以做好改革过程中的思想引导为着力点，努力做好维护稳定工作

1. 做好改制分流过程中的稳定工作。按照集团公司的要求，今年勘探局要分流4619人，分公司要分流1668人，主要方式是进行产权制度改革，实施改制分流。这是盘活国有资产，推进企业改革的有效作法，不仅有利于国家、企业，也有利于职工个人。通过改制分流，可以调整产业结构，提高企业竞争能力，促进自立生存；同时也可引导改制企业建立适应市场竞争、高效灵活的经营机制和运作方式，充分调动改制企业职工的积极性，保障改制企业职工的长远利益。各级党组织要利用多种形式，宣传改制分流的重要意义和集团公司的有关政策，创造良好的舆论环境，吸引广大职工积极参与改制分流。要充分发扬民主，广泛征求意见，制定规范严谨、切实可行、易于操作的改革方案。改制分流单位的领导干部首先要统一思想，和上级组织保持高度一致，主动发挥作用，做好职工的稳定工作。机关有关处室和重点单位领导干部要注意深入基层，深入职工，切实掌握职工的思想动态，积极化解各类矛盾，确保职工队伍的稳定。

2. 做好分配制度改革过程的思想工作。今年集团公司将在分配制度改革方面迈出较大的步伐，主要是引入社会劳动力市场价格机制，继续推行“特岗特薪”，逐步拉开分配差距，努力建设有利于吸引、稳定人才的激励约束机制。凡目前已经高于社会劳动力价格的将不再增加工资，逐步与社会接轨；低于社会劳动力价格的，将逐步上调到位。这一改革措施涉及职工的切身利益，必将对职工的思想产生一定的冲击。只有真正拉开分配档次，才能使贡献与报酬更加紧密地结合起来，才能真正建立“拴心留人”的机制，调动人才的积极性。要引导广大职工认识分配制度改革的重要性和必要性，不断提高工作能力，通过为企业作出更大的贡献获得更多的报酬。要注意总结和推广进行工资制度改革的好做法、好经验，进一步使职工的人均收入与单位效益挂钩，个人收入与劳动付出挂钩，逐步把工资固定部分减少到30%～40%，浮动部分提高到60%～70%，发挥好分配制度的激励作用。

3. 做好内部机构整合过程中的引导工作。今年，我们要按照集团公司的要求，结合油田的实际，进一步搞好机构整合。主要是对部分单位和机关部门按工作需要进行撤并；完善矿区职能，实行集中统一管理；压扁管理层次，减少三级单位等。在机构整合过程中，必然涉及部分职工的归属问题。要让职工认识到，机构整合是理顺企业管理体制和运行机制的需要，是进一步提高工作效率和经济效益的需要，从而引导职工树立大局意识，以平静的心态对待单位的变动，以立足本职、扎实工作的实际行动支持改革。在机构整合过程中，领导干部要顾全大局，坚决执行油田的各项政策，按照实施方案搞好各项工作，确保改革的顺利进行。

4. 搞好特殊人群的稳定工作。做好离退休职工、家属、协议解除劳动合同人员和待业职工子女的教育和管理，是维护油田稳定的需要。我们要充分发挥矿区、离退休职工管理等部门的作用，有效地把他们组织起来，加强思想教育和正面引导，进一步提高矿区居民的素质；开展丰富多彩的文化体育活动，倡导楼院文化、家庭文化建设，用健康向上的文化占领他们的思想阵地；引导离退休职工、家属积极参与小区文明创建，反对封建迷信活动及社会丑恶现象，倡导文明健康的生活方式。同时，有关部门要积极主动地搞好服务，可以组织离退休职工、矿区居民等开展互助性服务。要做好信教群众的团结、教育和引导工作。目前，油田职工家属中佛教、基督教等宗教信徒增长过快，部分信教群众不能依法开展宗教活动，影响了濮阳市的宗教稳定工作。要团结信教群众，调动他们

的积极性，让他们为油田改革和发展作出应有的贡献。同时，要搞好信教群众的引导和管理。河南省宗教管理条例规定，未经县级以上政府批准和企业同意，不得在国有企业内利用公有房屋开设宗教活动场所。中原油田是国有特大型企业，要遵照有关法律法规，教育信教群众依法开展宗教活动。为了加强对宗教工作的管理，今年5月份局党委还要召开宗教工作会议专门进行安排。要继续抓好原“法轮功”练习者的思想巩固工作，加强敏感时期的监控防范，确保油田的政治稳定。

5. 切实关心职工的生活。职工的思想问题有一部分是由于实际问题没有得到很好地解决而引起的。为群众排忧解难，是最直接、最生动、最有说服力的思想政治工作。我们要坚持解决思想问题与解决实际问题相结合，倾听群众呼声，了解群众疾苦，努力为职工办实事办好事，提高职工群众的物质文化生活水平。要加大厂务公开力度，对职工关心的热点问题按期进行公开。认真落实信访工作领导责任制，对职工反映的合理要求，要按照政策规定尽力予以解决。继续实施送温暖工程，关心困难职工家庭的生活。各级工团组织要进一步开展好“送温暖献爱心”、“青年志愿者”等活动，解决特困家庭的实际困难，并努力创造条件，帮助特困职工家庭通过自立摆脱困境。要通过办实事办好事，使职工群众感受到组织的温暖，增强发展的信心，满腔热情地投入工作之中。

同志们，我们面临的形势是严峻的，肩负的任务是艰巨的。在困难面前，各级党组织要充分发挥战斗堡垒作用，动员和带领广大职工知难而进，开拓进取，真抓实干，全面完成今年的各项工作任务，以油田加快发展的优异成绩迎接党的十六大召开！

坚持改革开放　坚持开拓创新
为勘探局加快发展而努力奋斗

——李春第在油田2002年工作会议上的报告

（2002年2月20日）

同志们：

根据集团公司2001年度工作会议和李毅中总经理来油田调研时的重要讲话精神，结合勘探局的实际，我代表勘探局就“十五”期间改革与发展的思路和2002年工作部署作工作报告。

一、勘探局面临的形势

随着石化集团重组改制、上市与非上市部分的分立运作，我局由一个以油气勘探开发为主的企业，变为一个以石油工程技术服务为主营业务的经济实体，经营内容和生存环境发生了重大、深刻的变化，进入了一个新的发展时期。正确分析我局面临的形势，对于我们把握发展方向、制定前瞻性的战略规划，具有重要意义。

（一）清醒认识我局面临的严峻挑战

勘探局与分公司分立运作后，我局赖以生存的油气资源和部分优良资产都在国内外上市，全面进入了市场。勘探局背着非优良资产和办社会的沉重包袱，由资源性企业的配属单位变为经济实体，也被推向了市场。要实现自立生存，必须进行脱胎换骨的改造，建立与市场经济相适应的企业制度、经营理念、组织框架及资源配置方式。这种重塑再造的过程，是一个经受巨大痛苦的过程，也是一个凤凰涅槃、实现新生的过程。面对这一重大的变革，我们还存在诸多不适应的方面。

思想观念滞后。企业走向市场，就要按市场要求构架管理模式，配置资源。但在计划经济下形成的观念仍然根深蒂固，还在支配着我们的行为。

体制机制缺乏活力。在改革过程中，勘探局原有体制机制虽有了一定进步，但由于没有真正与市场经济和国际惯例接轨，仅限于内部暂时的“理顺”，所以仍然没有脱离计划经济的窠臼。

管理方式落后。多年来，石油企业的管理一直在“集中”和“管住”上下功夫，而没有在“分权”和“管好”上作文章，束缚住了自己的思想和手脚。这种管理方式与现代企业要求分权授权，追求“管好”的目标相差甚远，已成为生产力发展的阻碍。

科技进步差距明显。油田三年科技攻关会战，使我局的科技有了较大发展，但由于“八五”、“九五”期间油田发展陷入十分困难的境地，科技投入严重不足，我们的科技水平不仅与国际水平相差甚远，而且与国内同行的差距也日渐拉大。

市场应变能力较弱。随着经济全球化和中国入世，我们面临的市场环境、运行规则、竞争对手等发生了一系列重大变化，迫使我们将直接与资金、技术实力雄厚的国外大公司较量，直面优胜劣汰的结果。但我们对国际市场规则还普遍生疏，对市场格局还不十分清晰，对竞争对手的情况还知之甚少。

如果我们不能尽快改变上述现状，就会在激烈的市场竞争中陷入被动。

（二）准确把握我局面临的发展机遇

在看到困难的同时，还要看到内外环境为我们加快发展提供了良好的机遇。

油田主业发展提供了巩固的依托阵地。进入新的世纪，中原油田新一届领导班子审时度势，制定了工作重心战略转移、实现油增气升的发展思路。经过一年的努力，勘探实现了重大突破，油气产量实现恢复性增长。“十五”期间，油田主业保持增长势头，为我局的发展提供了现实、可靠的依托。

集团公司扩大资源提供了新的战场。去年以来，集团公司加大了对上游的投入，今年国内油气勘探开发的投资比重由上年的36.4%提高到47.8%，在“十五”期间还将积极扩大境外油气资源合作开发，建立海外石油、天然气供应基地。这一产业结构的重大调整，为我局扩大国内外市场提供了难得的机遇。

国家高度重视能源提供了有力的政策支持。石油是国家的重要战略资源，党和国家领导人十分关心和重视石油工业，国家有关部委还对石油石化工业制定了特殊的支持政策，使我们有3～5年的缓冲期，为今后的发展创造了条件。

加入世贸组织提供了新的发展平台。加入WTO后，进口关税降低和技术壁垒的减少，有利于降低成本引进国外的先进技术装备，加快我们的技术改造和技术进步。国民待遇和非歧视性原则的实施，有利于我们在更广泛的领域内和更深的程度上参与市场竞争，进一步开辟进入国际市场的渠道。

（三）充分利用我局具备的发展优势

我局经过多年的积累和近几年的努力，也具有了许多加快发展的优势。

ZPEB的品牌优势。我局是一个特大型国有企业，在国内外有较高的知名度。特别是在近几年开拓市场和对外合作的过程中，从勘探开发工程到进出口贸易，从技术服务到产品开发，都形成了一定优势。中原钻井成功地和几十家国际跨国公司进行合作，赢得了广泛的赞誉，已成为国内名牌钻井公司。机械制造研发了系列石油专用工程设备，畅销国内，有的还远销国外，开发的50D钻机已达到国际先进水平，为该产业今后的发展奠定了坚实的基础。ZPEB的品牌在国内外市场上已经叫响，成为我局加快发展的无形资产。

市场多元占有的优势。在国内市场上，除进入石油勘探开发行业市场外，还开辟了煤层气井、地热井、道桥建设等社会市场；在国际市场上，从钻井、固井到测井、录井，从地面工程建设到管道铺设，从技术服务到地质资料的处理解释等，市场呈不断扩展的态势，目前有25支队伍、500多人在亚、非、欧十多个国家施工和服务。我局进入国际国内市场的队伍，取得的效益，在中石化存续公司中处于领先地位。

员工队伍素质的优势。几十年来，石油工业培养和锻炼了一支专业技术熟练、吃苦耐劳、敢打硬仗的职工队伍，尤其是在近几年闯市场的过程中，树立了强烈的竞争意识和效益意识，我们开拓的工程技术服务市场，环境都非常恶劣，但我们的队伍经受住了严峻的考验，多家国际大公司都给予了很好评价。在外闯市场的过程中，不仅培养了一批我们自己的复合型跨国经营骨干，而且还使用和汇集了一批国内外的管理和技术人员，实现了人才使用的国际化。

技术及装备的优势。我局经过20多年的积累和锻炼，特别是在东濮凹陷这个复杂地质构造上的实践，形成了一系列独具特色的勘探开发技术。近几年，我局为适应闯市场的需要，更新改造了一批关键装备，尽管有些技术手段还不完善，但随着企业的发展，实力还将进一步增强。

分析形势，我们可以清醒地看到，尽管前进的道路有许多困难，但更多的是发展的机遇和优势。我们能否在机遇中受益，在挑战中取胜，乘势而上，今年开局是关键，“十五”期间最重要。我们一定要增强紧迫感和忧患意识，抓住机遇，深化改革，发挥优势，加快发展。

二、发展的指导思想、原则和目标

企业的发展必须有一个正确的指导思想，坚持科学的工作原则，制定切实可行的奋斗目标，以引导企业健康持续地发展。

（一）“十五”期间我局发展的指导思想

根据集团公司工作会议精神，结合我局的实际，“十五”期间发展的指导思想是：以邓小平理论和十五大精神为指导，以经济效益为中心，按照“三个代表”重要思想的要求，深化改革，建立开放型、市场化的管理体制和经营机制；调整结构，壮大培育优势产业和主导产品；推进管理创新和科技进步，提高综合竞争能力，力争三年内自立生存，实现跨越式发展。

（二）贯彻上述指导思想必须坚持的原则

坚持开放的原则。在市场经济条件下，我局的所有活动必须是开放的。一是思想观念必须是开放的，要突破一切思想禁锢，打破一切条条框框的束缚，自觉地、主动地置身于市场经济的海洋之中。二是产业发展必须是开放的，不仅发展石油工程技术服务业，还要发展其他相关产业。三是经营活动必须是开放的,不仅进行生产经营,还要进行资本经营,实现低成本扩张。四是生存空间必须是开放的,不仅服务好中原油田这个市场,还要走向国内外,到经济发达地区和国际市场上,裂变衍生、滚动发展,使企业走出去,把职工带出去。五是资源配置必须是开放的,不仅要挖掘内部资源潜力,还要逐步实现人财物及信息资源配置的社会化。

坚持效益的原则。勘探局要以提高经济效益为中心,实现快速发展,必须对现有结构进行战略性调整。从我局的现状看,已经到了必须以结构调整促进经济发展的阶段,不调整就不能继续前进,不调整就不能健康发展。这种调整,是对产业结构、产品结构、队伍结构、组织结构的全面调整,是以提高经济效益和竞争力、实现可持续发展为目标的调整。

坚持市场的原则。企业的行为必须遵循市场规律和经济规律,各项决策、管理、改革必须以提高市场竞争力为出发点和落脚点。要在思想上牢固树立为油气主业服务必须依靠市场化运作的观念,以高技术、高效率、高质量的服务,主动去占领市场;同时,还必须到国内外市场寻找生存发展的更大空间。企业的机构设置、产品开发、技术进步、分配方式都必须以市场为导向,一切服从市场的需要。

坚持创新的原则。要坚持体制机制创新,建立符合市场经济要求和国际惯例的管理体制和经营机制;要坚持技术创新,不断推进技术进步,形成自己的技术优势,增强市场竞争能力;要坚持管理创新,破除一切陈规陋习,建立与国际接轨、与市场接轨的管理理念和管理制度,向管理创新要增长质量、发展速度和经济效益。要通过不断创新,使企业出现一个生机勃勃的局面。

(三)发展的主要目标

"十五"期间勘探局改革和发展的主要目标是:基本完成产业结构、队伍结构的战略调整,实现优势产业和主导产品的优化升级,营造几个市场竞争能力较强的专业化服务公司;基本完成勘探局的公司制改造,建立市场应变能力强的管理体制和经营机制;基本实现整体扭亏为盈、自立生存,走上自我积累、自我发展的道路。

上述目标的提出,是我局生存与发展的客观需要。只要我们坚定信心,团结奋斗,扎实工作,改革发展的目标就一定能够实现。

三、创建适应市场经济要求的管理体制和运行机制

为在"十五"期间正确有效地贯彻集团公司关于"改革、调整、创新、发展"的战略方针,我们要解放思想,,突破传统的思维定势,对勘探局的定位和改革发展方向有一个总体的把握,对体制机制进行改造,以此营造体制优势和竞争优势。

明确勘探局的定位。根据集团公司的政策,勘探局的基本定位是:中原石油勘探局是中国石化集团公司领导的并授权投资的机构,是由集团公司出资设立、从事石油工程技术服务和社会化服务的独资企业,是一个经济实体,应建立规范、高效的国有资产运营、管理体系,对国有资产保值增值负责,最终成为集团公司控股的子公司。

根据这个定位,勘探局与分公司虽然分立运作,但仍然是一个唇齿相依、血脉相连的利益共同体和产业共同体。这就要求勘探局必须提高自身的技术实力和市场竞争能力,在促进主业油增气升的过程中,实现自立生存。

明确勘探局的管理体制和职能。中原油田诞生于计划经济年代,设立了适应高度计划、高度集中的管理体制,并产生了相应的运行机制。随着社会主义市场经济体制的建立,这种传统的组织结构和运行机制已远远不能适应生产力发展的需要,必须进行一次彻底的重组改造。

勘探局的体制模式是:建成一个中国石化集团公司控股,产权多元化、市场多元化、资源配置多元化,以石油工程技术服务为核心竞争力、相关产业协调发展,人财物信息等资源管理开放有序,多种管理方式相并存,开放化、集成化、国际化的独立的经济实体。

勘探局的职能应是:负责全局发展战略规划、投资融资、机构设置、制度建设、资本运营、结构调整、科技管理、装备更新、安全环保、矿区建设、人力资源开发等重大问题的决策,并组织实施;按照程序规定,负责对下一级行政领导班子的任免、考核和奖惩;协调解决事关全局的重大问题;实施决策管理。

明确局机关的设置与职能。依据勘探局的定位和职能,局机关的机构与职能设置须遵循以下原则:

强化综合职能和决策职能,弱化专项管理职能。实行小机关大服务,将单一专业管理职能分解到相关的经营层,保留必要的综合部门和决策研究部门,为局领导决策发挥咨询、参谋作用,保证决策实施快捷、高效。

变行政管理为经营管理。行政管理运作的是权力,追求的是稳定;经营管理运作的是经济关系,靠的是市场原则和经济杠杆,追求的是企业的活力与效益。勘探局是市场主体,就应采用经营管理的方式设置机关,确定职能。

变单一按生产要素设置为按效益设置，兼顾按生产要素和生产过程设置。

变刚性设置为柔性设置。市场需要是机构设置变化的前提，效率高低是检验机关工作的标准。

从这些原则出发，局机关要减少和弱化对生产要素和生产过程的控制，将相应的权力划归经营层，改变目前事事都管，但事事都难管好；控制与制约基层有余，服务、指导基层不足的局面。变对生产经营的全过程控制为全过程服务，变行政审批型管理为服务型管理，传达行政命令与接收、传递市场信号相结合，使机关真正发挥规划、协调、服务、监督职能，当好领导的参谋和助手，成为领导联系基层和群众的纽带和桥梁，成为企业开拓市场、提高效益的推进器。

明确经营管理层的责权利关系。勘探局逐步按经济板块设立专业化集团，建立适应市场竞争和产业发展需要、有利于提高效益的运行机制，使其真正成为经营管理层和市场经营决策的主体。勘探局与经营管理层是决策与实施的关系。经营管理层能够管好的事，勘探局一律不管；经营管理层能决定的事，勘探局一般不干预，充分授权，使其放开手脚搏击市场。各专业集团之下，按不同的产业类别设置不同的管理运行模式。工程技术服务业按市场区域设置管理单元，突破固定的行政单位框架，按市场组织生产和管理，快捷灵敏地接收市场信息，市场在则单位在，市场转移则单位随之转移或撤并。产品生产企业按主导产品设置管理单元，增强专业性的科研能力和综合实力。对公共服务单位，重组整合，减少环节，压扁层次，按照精干高效、有利于降低成本、有利于提高管理水平的原则，设置管理单元。

按照上述思路，通过深化改革、专业重组、调整结构、减员分流、降本增效等措施，增强各业务板块的生存能力和核心竞争实力，使其成为市场竞争主体和经营责任承担主体，实现管理体制、经营机制的根本转变。

四、推进技术进步和装备升级，全面提高企业竞争能力

我局要实现自立生存，必须拥有较强的科技创新能力，掌握先进的核心技术，推进装备更新，全面提高竞争实力和服务质量。

努力增强技术创新能力。要集中科研力量，围绕制约中原油田勘探开发的瓶颈，力争攻克和掌握一批关系油田持续发展的关键技术。以高效找出油气资源、及时发现油气储层为目标，着力研究和发展成像测井、核磁共振测井、特殊结构井（大斜度井、水平井）测井技术以及与之相关的信息处理、解释一体化集成技术，为油气主业提高认识地下水平提供可靠依据。以优质、快速、高效钻井完井为目标，推广应用分枝水平井、欠平衡钻井以及新型钻井液体系、屏蔽暂堵等保护油气层技术；继续开展超高压喷射钻井、减速涡轮钻具配合高效钻头技术攻关，降低钻井成本，提高钻井速度、质量和勘探开发效益。机械及仪器仪表制造行业，要勇于创新，尽快形成自己的核心技术，增强竞争实力。

建立开放式科研新机制。充分利用社会上的科技资源，瞄准国内外高精尖技术，运用嫁接方式，迅速引进，消化吸收，及时推广。实施“借脑工程”，通过建立外来专家工作站、委托开发、联合开发、成果转让、合作交流等多种方式，缩短科研及技术成果转化的周期。采用外部专家与局内科研骨干相结合的方式，共同进行重点项目科研攻关，根据不同的课题设置不同的研发中心，有的可以设在中原，有的可以设在发达地区或发达国家。加大科技投入，勘探局和各单位每年的科技投入不低于销售收入的2%。我们不仅要赶上行业先进技术水平，而且要拥有一批具有自主知识产权、国内一流、国际先进的特色技术。

着力提高装备水平。要按照更新、改造和租赁三结合的原则，进一步提高装备水平。更新，就是对生产必需的关键装备，或集中资金购置，或自行投入研制。改造，就是发挥我局机械制造业熟悉石油生产业务，与生产单位联系密切的优势，对引进和现有的装备进行技术改造，提高装备性能和实用性。租赁，即能从国外公司租用的设备都可实行租赁。我们可以与国外公司优势互补，租用他们的设备，提升我们的装备水平，合作占领市场，实现双赢。发挥局和二级单位两个积极性，对计提的折旧，除上交集团公司15%外，35%返还二级单位，统一计划，专款专用，用于装备更新改造；剩余的50%由勘探局集中使用，统筹平衡，重点购置具有国际先进水平的设备。

五、开发人力资源，形成结构合理的人才优势

人力资源是第一资源，人才是企业发展的资本。在现代市场经济下，企业之间竞争的重点已转到人力资本的竞争和培育上。我们要承认人力资本的地位和作用，按照开放型原则，努力建立一套符合市场经济要求的选人、用人、激励人的机制，使人力资源得到合理的开发利用。

建立实现人力资本价值的机制。人力资本包括经营者和技术创新者。要加快产权改革步伐，使人力资本既取得工资等劳动报酬，又获得产权收益等资本报酬，通过产权这个载体，实现人力资本股权化，让作出贡献的人才，成为技术创新的受益者和财富、资本的拥有者。要积极探索建立人力资本占重要位置的治理结构，充分体现人力资本在企业经营活动中的权利和地位，通过人力资本的推动，实现货币资本的保值增值。

建立人才脱颖而出的选人用人机制。要按照德才兼备原则，确立科学的选人机制。重点选择那些精通某一领域的专业，具有多元化的知识结构，终身学习的观念，市场化的经营能力，良好的综合管理素质，强烈的市场意识和创新思维的适用人才。变封闭型选人为开放型选人，变相马式选人为赛马式选人，变行政化选人为市场化选人。坚持专业考核与全面考察相结合，重在能力；业务能力与工作业绩相结合，重在业绩。要突出选人的广泛性、针对性和实用性。要打破所有制、地域界限，不拘一格用人才。不讲学历高低，不比年龄大小，不分国籍肤色，不论宗教信仰，只要人品才学兼优，技术水平拔尖，管理经验丰富，工作业绩突出，都可以大胆聘用。对引进的各类人才，要使他们有职有权，为其提供施展抱负的舞台。

建立人才的激励机制。按市场机制选择的人才，其报酬就要与市场接轨；按企业内部办法选拔的人才，也要相应提高其待遇，做到一流的人才，一流的贡献，一流的待遇。要给人才提供学习、培训的机会，让他们不断更新知识。同时营造大胆探索、追求真理、鼓励竞争、崇尚合作、淡泊名利的良好风尚，为人才创造求真务实、干事创业的宽松环境，让人才放手、放心、放胆工作，最大限度地发挥他们的聪明才智。

建立与市场需求相适应的培训机制。要以适应岗位需要、符合市场需求为目标，增强培训的有效性和针对性，由过去的级别达标培训，拓展为提高管理者素质和项目管理培训、高科技和新技术、新工艺的培训。对职工的培训，既要立足当前，又要着眼长远，结合员工实际和社会发展趋势，开发和培养员工为达到事业目标所必备的能力，创造实现事业目标的环境和条件，使员工的成长发展不断得到明确的目标激励，为企业作出更大的贡献。

大力推进劳动、人事、分配制度改革。在控制用工总量、降低人工成本的基础上，坚持引入社会劳动力、人力资本市场价格机制，进一步发挥好分配杠杆作用。

通过人力资源开发，使我局引进和涌现出一批高素质的经营人才，一批具有科研攻关能力的技术人才，一大批具有解决实际问题能力的操作人才，使我们的事业生机勃勃，不断发展壮大。

六、壮大培育优势产业和主导产品，带动各业持续快速发展

我们要明确产业定位和主营业务发展方向，有效利用现有资源，去枝强干，择优扶强，积极壮大培育优势产业和主导产品，对与主业关联度不高的业务，逐步退出，放开发展。总的方向是，石油工程做强做大、公用工程创收增效、社会服务开源节支、多种经营改制分流。

（一）发挥优势，壮大工程技术服务业

要以钻井为龙头，以测录井和油田地面建设为两翼，综合配套，形成规模，带动更多行业进入国内外市场。

一是站稳中原市场，与油气主业共同发展。钻井、测录井、运输、油建和建工等单位，要牢固树立服务意识和大局观念，集中优良装备和精干队伍，积极为主业的发展提供优质高效服务，在促进分公司勘探开发目标实现的过程中，发展特色技术，提升竞争能力。

二是发挥装备及队伍优势，积极抢占国内市场。抓住集团公司实施西部勘探进攻战和南方海相勘探攻坚战的机遇，精心准备、积极参与塔里木、准噶尔、鄂尔多斯、川西等资源接替区勘探的投标，争取承揽更多的工作量。抓住南北方公司开放市场的机遇，周密筹划，提前渗透，开辟中石化和中石油的行业市场，力争国内市场份额有较大幅度增长。

三是积极实施“走出去”战略，不断提高国际市场占有率。近几年，我局在海外已形成市场连片、规模发展之势，中东市场初具规模，苏丹市场更加成熟，印尼市场进一步扩大，中标项目和经济效益同步增长。我们要乘胜前进，高效率、快节奏工作，建立稳定的战略阵地，拓展国际市场。在进出口贸易方面，利用加入 WTO 的机遇，以服务国际石油工程项目为突破口，实现以工程带动贸易、工程贸易联动发展的目标。

（二）突出特色，发展机械及仪器仪表制造业

经过近几年的努力，我局的机械制造业已具备了加快发展的基础和优势。要加快技术引进和产品研发，进一步突出特色技术，壮大竞争实力，依靠产品的技术先进性、质量可靠性、品种多样性，扩大国内外市场。

大力实施名牌带动战略。以钻机、特车、三抽主导产品为基础，加强技术创新，尽快形成自己的核心技术，努力打造成国内和国际名牌，以此为龙头，吸引资金、聚集人才，扩大规模，开拓市场，带动全行业快速发展。对现有产品重新进行结构调整，不断推出适应油田和市场需要的更新换代产品，使机械制造上档

次。抓好50D钻机的技术配套完善,并与兰州石油机械厂合作,开发生产钻机部件,形成生产规模。抓好石油机械仪器仪表的开发和生产,统一筹划、统一部署、统一品牌,使这个行业和产品迅速上档次、上规模、出效益。

发展机械及仪器仪表制造业,要坚持走技术嫁接、合作开发的路子,使机械制造业不断向高科技方向发展,成为我局的支柱产业之一。

(三)抓住机遇,发展清洁燃料业

我局的CNG产业已初具规模,市场需求旺盛,具有良好的发展前景。我们要充分利用国家的环保政策和大力推广应用清洁燃料的要求,抓住分公司天然气管网进入山东市场的机遇,在巩固和扩大河南市场的基础上,大力开发山东CNG市场,采用与山东省石油公司合作等多种形式,建站布网,力争在"十五"期间形成规模。当前要立即着手市场调研和效益论证,加大CNG产品的宣传力度,积极争取地方政府的支持,尽快把山东市场启动起来。

(四)理顺产权关系,规范发展多种经营业

对我局现有的独资、参股控股、合资合作多种经营企业,要深化产权改革,吸纳社会资金,形成多元投资主体,国有股逐步退出,实现民营化、公司化。对国有独资有市场、有发展潜力的企业,吸收外资,改造为有限责任公司,实现自主经营、自负盈亏。对现已改制的、勘探局控股参股的企业,实行优惠政策,进行产权改造,国有股逐步减持直到完全退出,使其完全独立生存发展。对合资合作企业,建立经济责任制,派驻产权代表,确保国有股的收益。要盘活闲置资产,采用拍卖、出售、租赁、配送、合资合作等多种形式,鼓励职工兴办民营多种经营企业。

(五)采用多种形式,发展社会服务业

对我局社会服务业,要采用多种形式,进行彻底改造,使其最终实现社会化、企业化和产业化发展。

兴办物流产业。要充分利用现有的市场资源和网络系统,与国内外物流企业合作,建成民营化的物流公司,改变传统的层层设库设站做法,建立配送中心,使物资流与企业的商流、信息流、资金流、工作流同步运行。一方面最大限度地满足生产的需要,促进成本降低,效益提高;另一方面扩展社会物资供应领域,使其成为新的利润源。

兴办房地产业。房地产是勘探局的重要资源,发展潜力大。我们要在改善职工居住条件的同时,抓紧运作,把油田的优质地段商品化,根据油田和社会不同收入群体的需求,开发建设不同档次的商品房。对我局在威海等城市已购置的土地,要加快住宅的开发和建设速度,既可以面向社会出售,又可以使部分职工进入城市居住。加大沿街商业房的开发和管理力度,加快盘活南方经济开发公司的房地产,最大限度地提高房地产收益。

发展信息、设计业。信息业要统一规划,避免重复建设,大力吸引社会资金,推进油田通信、计算机、有线电视三网融合,加快建设宽带信息网,满足企业发展对信息化的要求;开辟油田与社会两个市场,开发网络与通信新项目,增强网络服务功能,逐步实现产业化经营。设计院要抓住国内基本建设规模扩大的机遇,发挥现有的资质优势,积极参与市场投标,承揽更多的设计业务;加强同行业的联合与协作,扩大发展领域。

经营性服务业要转向企业化。供水、供热在收费价格到位的基础上,不再给予补贴;南方经济开发公司、郑州办事处等驻外机构,要上交利润;对物业系统按30%的幅度,逐年压缩补贴;对居民用液化气,勘探局按市场价格提高职工的补贴,液化气服务中心按市场价格出售。上述行业都要实行社会化经营,企业化运作。

探索文教卫生产业化发展的路子。对这些行业,集团公司已提出产业化的思路,很符合我局的实际。我局的学校、医院在当地具有明显优势,要在继续提高服务水平的基础上,组建教育、卫生产业集团,探索合作合资办学、办医道路,在为职工家属和业主单位提供服务、收取费用的同时,为当地的城乡居民提供服务,增加社会创收,减少企业补贴,逐步实现面向社会,自主经营,自负盈亏。

事业性服务单位要努力提高服务水平。离退休管理、统筹、矿建工程部、培训中心、技能鉴定中心等事业单位,要转变观念、加强管理、节约开支,逐年减少事业费补贴。报社、电视台要紧贴企业实际和市场要求,展示企业的品牌和形象,弘扬企业文化,不断提高为企业改革发展和员工服务的水平;坚持社会效益和经济效益相统一,建立文化产品生产经营机制,积极探索产业化发展的路子,实现自身的发展壮大。

今后,凡是国家要求具备独立法人资格的单位,一律进行改制,取得相应的资质,走向企业化、正规化;凡是能够经营的资产都要进入经营领域;凡是使用经营性资产的单位,都要变为经营主体;凡是经营性的企业,都要实现经营盈利,最大限度地发挥资产的效能。否则或经营者走人,或企业消亡。绝不允许使用经营性资产的企业靠吃补贴过日子,更不允许亏损造成资产流失。

企业由小到大、由弱到强、由亏到盈是发展;一种旧的事物消亡并由此产生新事物是发展；丧失原有的生存条件，依据新的组织方式求得新生是发展；推动优势产业不断壮大是发展；建立退出机制，使劣势企业退出经营是发展；把按计划经济设立的事业单位变为市场经济条件下的经营单位也是发展。这需要方方面面、行行业业丢掉拐棍、丢掉幻想、开动机器，去追求发展。

企业的发展需要积累和投入。今后勘探局加快发展的筹资渠道要多元化。通过努力，形成良好的发展态势，创造良好的成绩，争取集团公司投入一块；大力发展优势产业，多创利润积累一块；发展新兴产业，培育新的经济增长点增收一块；进行产权改革，国有股退出不相关的多种经营领域，置换一块。要在国家法律和政策允许的范围内，按照“利益共享，风险共担”的原则，建立员工入股的民营投资公司，既为有发展潜力项目扩大投资来源，也为职工提供一条投资的渠道。

纵观当今中外企业，仅靠单一的资产经营是难以实现快速发展的。搞好资本运营，改善资源要素质量，优化资本结构，是企业发展的必然选择。我们要以现有的国际项目为基础，由勘探局、有关上市公司、工会社团法人等参股，组建“中原国际石油工程股份有限公司”，经集团公司批准后在发达地区注册，择机上市，实现低成本扩张，成为石油工程技术服务、石油设备研制、人员培训“三位一体”的专业化、综合化、规模化的跨国公司。组建这个投资主体多元化、产权清晰、体制和机制与市场接轨、充满活力的公司，一方面可以培育新的经济增长点，另一方面可以盘活富余、低效资产，为企业的发展和结构调整开辟更大空间，同时，为人力资本的价值实现创造基本条件，解决现有体制下解决不了和解决不好的问题。

在加快产业发展的同时，要不断满足职工日益增长的物质文化需要。我们要把矿区的城市化功能发挥出来，着重抓好环境建设、治安管理、物业管理、普通教育等，保证职工家属安居乐业。今明两年要积极为职工办好几件实事：加快世纪景苑等住宅小区的建设进度，建设一批质量较高、设计新颖的住宅楼，改善职工的居住条件；扩建污水处理工程，提高治污能力和环保水平；对水暖管网进行改造，保证居民的生活需要；为离退休管理系统购置 15 辆面包车，为老职工重病救治提供方便；继续抓好特困职工、特困家庭的帮扶工作，确保其子女就学，并使其生活条件有所改善；高考升学率要继续保持河南省先进水平，使更多的子女接受高等教育。各级领导班子和工会组织，要关心职工生活，把实事办好，把好事办快，保护和调动广大职工的积极性。

七、构筑效率与效益相统一、责权利相对应的经营管理体系

根据勘探局实现自立生存的目标，我们必须以开放办企业、竞争求发展为管理思想，坚持放权搞活、责权利相对应、激励约束到位、管过程与管结果相结合等原则，落实经营责任、强化经营管理，全面提高管理水平和经济效益。

（一）加强规划计划管理。要高度重视企业战略规划研究，增强超前性和预见性，指导企业的发展，据此制定科学的经营计划，有效调配企业内外人财物及信息资源。搞好重大投资、重要项目、基本建设规划的可行性研究论证，避免决策失误，防止盲目投资和重复建设。搞好市场和产品开发论证，防止无效、无序竞争。通过科学的规划计划，保证资源的有效利用和企业的有序运行。

（二）严格制度管理。勘探局和各单位都要认真研究生产经营中存在的问题，建立和完善针对性、实用性强的制度。要通过制度的实施，堵塞管理中的漏洞，做到事事有标准，事事有人管，工作有考核，奖罚有依据，推动生产经营走上规范化的轨道。任何单位和个人都不能凌驾于规章制度之上，都无权做情大于法，认人情、顾私利、毁大局的事情，尤其是经营者更要做遵章守制的模范。对违规违纪现象，都要严肃处理，以保证规章制度真正成为规范企业经营行为的准绳。

（三）完善绩效管理。根据勘探局的实际和各行业的经营情况，必须强化对每个单位和经营者的绩效考核，进一步细化经营承包方案，层层传递经营压力。承包指标要先进可行，有综合性指标还要有具体的量化指标，有收益性指标还要有成长性指标。在考核盈亏结果的同时，还要考核材料消耗、库存、应收账款回收率等指标，并明确履行的义务和相应的承诺。承包合同一经签订，任何部门和单位都无权擅自变更，切实做到严格执行、严格考核、严格兑现，确保承包合同的严肃性。

多年的实践证明，经营者对企业成败起着至关重要的作用。但由于种种原因，我们对经营者的激励约束机制还没有完全到位，一方面在一定程度上挫伤了经营者的事业心，限制了经营者主观能动性的发挥；一方面又存在出现巨额潜亏或完不成承包指标，无法落实和追究责任的问题。为此，要完善激励机制，建立完备的“动力系统”。对专业化公司的经营者，勘探局要给予机构设置权、科级干部及专业职称聘用权、零星物资采购权、增人用工权和物质激励与精神激励,既要有年薪、保险等短期激励,还要有连续任职、将来还要有股权期权等长期激励。勘探局与经营者签订"3+3"合同,即任期三年内,实现合同条款规定的目标和要求,可续签下一个三年任期合同;第一个任期内的物质激励每年兑现30%,剩余部分经审计无潜亏后,在第二个任职期内逐年兑现。建立约束机制,形成完备的"制动系统"。将现行的总会计师制改为派出财务总监制,勘探局与其签订责任合同,直接对局长负责。财务总监与单位经营者共同承担成本责任,改变成本指标对二级单位软约束、控制乏力的现象。对履行合同不力者,根据合同条款予以处理。一是发挥经济手段的约束作用,沉没年薪等;二是发挥纪检监察组织的作用,对违反财经纪律的给予政纪处分;三是发挥新闻媒介的监督作用,对弄虚作假、欺上瞒下的人和事进行曝光,给予信誉上的处罚,使其难以再从事本职业;四是依法追究,使严重损害企业利益的人得到应有的法律惩处。

要实行所有权与经营权分离的管理方式。在一定条件下,对社会通用行业,改变国有资产管理形式,逐步引进管理公司进行委托管理,或在社会上公开招标决定经营指标和经营者,用市场机制、国有民营的形式来实现国有资产的保值增值。

(四)强化监督管理。审计、会计和监察等部门的工作人员,要不徇私情、不谋私利,严格行使监督职能,保证监督结果的真实和公正,为企业决策提供详实、可靠的信息。监督部门的一把手是监督工作的第一责任人,实行年薪制,勘探局与其签订责任合同,对监督结果负有领导责任;同时,签订"1+2"合同,即在一年的任职期间,实现合同条款规定的目标和要求,可续签后两年的任职合同。监督人员伙同被监督单位弄虚作假,一经发现就要首先追究一把手的责任,轻则沉没年薪、撤销职务,重则解除劳动合同,触犯法律者,移交司法部门惩处;对负有直接责任的工作人员,除按企业损失的比例进行处罚外,视情节轻重,还要给予解聘、下岗、解除劳动合同等处理,直至追究法律责任。设立监督奖励基金,对及时发现和制止违纪行为、为企业避免损失的监督人员给予奖励。

(五)加强基层管理。一是加强基层建设。要在班组中大力开展合理化建议和群众性创新增效活动,建立竞争上岗、奖罚分明的班组管理制度,从技能熟练、一专多能的优秀工人中选拔培养班组长,制定《班组长管理条例》,适当提高班组长待遇,增强班组的独立作战能力。二是抓好基本功的训练。岗位练兵要坚持高标准、严要求、讲实效,使工人都成为素质过硬、技术娴熟的岗位能手。三是强化基础工作。逐步建立健全和推行符合国际惯例的管理、技术、质量、计量和标准化体系,制定有利于考核岗位工作充实度、落实成本责任制的劳动定额和消耗定额,为企业提高管理水平奠定基础。

(六)强化资金管理。鉴于勘探局当前贷款数额大、应收账款和呆死坏账多等实际,必须强化资金管理。完善全面预算管理制度,以现金流量为重点,对生产经营各个环节实行预算编制、执行、分析、考核,严格限制无预算支出,最大限度减少资金占用,预算内资金支出,实行责任人限额审批制。加强资金的监督和控制,严格按财务制度结算,严禁截留收入、变通走账、私设小金库等现象。加大应收账款的回收力度,切实克服重产值、轻效益,重账面收入、轻资金回笼的倾向,凡在油田内部实现的收入,可按权责发生制原则,以挂账金额确定收入,凡在油田以外实现的收入,一律以实际回收的资金确定收入。对因追款不力造成亏损和坏账损失的,按年末应收账款余额计提坏账准备金,全面降低财务费用,化解财务风险。

(七)狠抓成本管理。要重视优化设计,精心组织施工设计,在分析吃透设计的基础上,优质高效施工,并建立项目法人制、工程监理制、招投标制、合同管理制,从源头上为降低成本打好基础。建立目标成本考核体系,突出成本控制的节点,进行重点控制,严格奖惩兑现。严格控制保险费用支出,除国家明文规定必须参保的险种外,各单位一律不准自行投保,要发挥勘探局的整体优势,统筹考虑,统一投保。严格控制"五费"等非生产性支出,降低管理费用。

(八)加强营销管理。要牢固树立现代市场营销观念,重视市场调查研究和市场预测,了解用户需求,进行科学的市场细分,选准目标市场,明确市场定位,制定切实可行的营销战略,采取灵活规范的营销手段,提高国内外市场占有率。建立健全营销网络,重视营销人员的选拔和培养,建立一支高素质、复合型的营销队伍,为勘探局开拓市场提供人才保证。

(九)抓好安全、环保管理。要严格落实安全生产责任,加强安全培训和宣传教育,增强全员安全意识,做到警钟长鸣、常抓不懈。加大安全技措投入,通过技术进步实现工业安全、交通安全和生活安全。全面推行和完善HSE管理体系,加快ISO 14000认证,以适应国际市场日益严格的环保要求,巩固和提升企业的良好形象。

(十)抓好信息管理。信息就是资源。要运用先进手段,多渠道、全方位收集市场、技术、政策、金融等信息,搞好信息的加工、存储、传递和反馈,为产品研制、市场开发、物资流通、项目建设、技术改造等提供决策依据。当前,要搞好数据库和传输网络的建设,把已有的硬件设施充分利用起来,提高信息利用率。通过信息的开发利用,促进管理创新和管理增效,促进企业的开放化、市场化进程。

八、转变作风、狠抓落实,开创勘探局发展新局面

勘探局战略发展思路已经形成,发展目标已经明确。全局上下要齐心协力,狠抓落实,特别是各级领导班子和领导干部要真抓实干,把各项工作部署落实到具体行动中。

(一)要以崭新的精神面貌,投入到新的工作中

坚定信心,迎难而上,保持奋发有为的精神状态。要认真学习贯彻十五届六中全会精神,以"八个坚持、八个反对"为指针,以实事求是的作风和崭新的精神面貌,带领职工群众去实施和实现发展目标。面对严峻的市场压力,我们要迎难而上,敢打必胜;面对深化改革的矛盾,我们不能退缩回避,要做好深入细致的思想政治工作,及时化解。各级领导干部都要讲政治、讲大局、讲发展,把全部精力集中到发展上来。

艰苦创业,埋头实干,保持求真务实的工作作风。企业越是在困难的时候,越需要领导干部发挥才能,重实际、干实事、求实效,带头攻坚啃硬、带头承担风险,为职工作出表率。要牢固树立过紧日子的思想,艰苦奋斗,勤俭节约,坚决停止一切不切实际、不计效果的做法,把有限的资金用在企业发展上,用在培育新的经济增长点上,用在改善困难职工的生活上。对待任何工作,都要搞好调查研究和分析论证,力戒主观主义和形式主义。勘探局要进一步加大工作检查、督察力度,对于作风飘浮、工作不力,给企业造成损失的干部,随时予以处理。各级领导干部要廉政勤政,正确对待和用好手中的权力,经得起灯红酒绿的诱惑和名利考验,防止沉湎于吃喝玩乐甚至腐化堕落等违法违纪现象的发生,养成清正廉洁、艰苦奋斗的良好作风和自律意识。

解放思想,勇于实践,保持开拓进取的创新精神。应对激烈的市场竞争,我们的思想观念、政策措施和工作方法必须不断创新。要具备创新思维。新形势下,老经验不可能完全适用,必须研究市场经济的规律和资本运作的规则,在实践中实现由经验性思维向科学性思维的转变。要具备奉富的知识。创新涉及到体制、机制、技术、管理、市场等方方面面,领导干部必须不断学习,不断更新知识,才能带动企业的创新。要具备创新的胆略和魄力。在前进的道路上要科学论证,敢想敢干,大胆实践,充分利用前人创造的科学成果,扬弃旧义,创立新知,指导和推动各项工作的开展。

(二)要真抓实干,坚定不移地完成今年的各项经营任务

今年,集团公司下达我局限亏指标为5.9亿元,同比减少2.3亿元,社区服务关联交易减少0.32亿元,合计减少2.62亿元,减幅达31.95%,任务非常艰巨,这是集团公司、股份公司适应国际经济大环境的战略举措,是存续企业实现自立生存的必经过程,是对我局越过生死线、闯过存亡关的重大考验。尽管千难万难,我们也要千方百计,尽最大努力,不仅要确保今年经营目标的完成,还要为明后年的发展打下好的基础。

2002年的经营目标是,实现收入52亿元,其中外部市场收入18亿元,同比增长42%;总成本费用控制在57.9亿元以内,亏损控制在5.9亿元。为了实现上述总目标,勘探局要求:凡是具有较强经营能力的行业及单位必须上缴内部利润,凡是去年亏损的经营单位必须扭亏增效,社区服务和机关事业单位的费用必须较上年降低20%~30%。据此,各板块的分解指标是:

石油工程板块。实现收入38.54亿元,同比增长14%,其中外部市场收入14.5亿元,同比增长33.64%;成本费用控制在36.78亿元以内。各单位必须完成承包合同规定的利润指标。

公用工程板块。全年收入5.35亿元,其中外部市场收入2亿元;成本费用5.31亿元,收支相抵,盈利0.04亿元,实现扭亏增盈0.24亿元。

社会服务板块。预算经营总收入4.93亿元,预算总成本费用10.04亿元;亏损补贴控制在5.11亿元以内,同比降低37%。

多种经营板块。要实现收支平衡,略有盈利。

除完成今年各项经营目标外,要尽快实施勘探局改革与发展思路所提出的各项工作任务。同时,按照集团公司的政策和统一部署,搞好改制分流、减员增效工作。

在去年勘探突破、油增气升的基础上,今年分公司又提出了生产原油400万吨、天然气16亿立方米的更高目标。这个目标鼓舞人心、令人振奋。实现这一目标,不仅仅是分公司的任务,也是勘探局的责任;实现这一目标,事关全油田21万职工家属的切身利益,事关全油田的生存与发展,具有重大而深远的意义。希望油气生产单位要坚定信心、克服困难、加强管理,打好勘探进攻仗和开发攻坚仗;勘探局各专业化公司要周密组织、搞好配合、提高效率,全力以赴保上产;各矿委会和社会化服务单位都要急上产之所急,想上产之所想,做好各项服务工作,为油气主业分忧解难。

全油田上下要共同努力，确保勘探开发目标的实现。

同志们，中原油田是我们21万职工家属生存的载体，中国石化集团的重组改制，我国加入WTO，又一次把我们推向了生死存亡的历史关头。在前进的道路上，今年的困难将比任何一年都大，我们肩上的责任无比沉重。勘探局成立20多年来已经走过了不少坎坎坷坷，经历了不少艰难的风风雨雨。今天只要我们前后、上下万众一心，同舟共济，励精图治，就一定能越过这条生死线，跨过这道死亡关。再过数年，回过头来看，可以自豪地说：我们无愧于组织的重托，无愧于职工的信任，无愧于后人！

概　　况

2002 年中原油田总体概况

中原油田为中国石化集团中原石油勘探局、中国石油化工股份有限公司中原油田分公司和中国石油化工股份有限公司中原油气高新股份有限公司的总称。地处冀、鲁、豫三省交界处,在地质构造上属于渤海湾沉降带的南部,由于凹陷主体位于河南省濮阳县和山东省东明县一带,故称“东濮凹陷”。东濮凹陷为中原油田的主要开发区域,横跨河南、山东两省的 6 个地市 12 个县区,面积 5300 平方千米;此外,中原油田在国内还有陕北富县、新疆伊犁、内蒙古白音查干、青海民和盆地等探区,登记地质调查面积 6.99 万平方千米,登记探矿面积 1.76 万平方千米,并在国外也取得了一个区块的风险勘探开发权。中原油田基地位于河南省濮阳市市区,占地面积 12.6 平方千米,地理位置优越,交通便利,气候宜人。

中原油田发现于 1975 年 9 月 7 日,时称“东濮油田”,隶属胜利油田。1982 年 3 月 31 日正式独立,更名为中原石油勘探局。1998 年 6 月 1 日,石油、石化重组后,由中国石油天然气总公司划归中国石油化工总公司,后归属中国石化集团公司管理。2000 年 1 月,中原油田整体重组改制基本完成,形成新的管理机构:即由中国石化集团中原石油勘探局(以下简称勘探局)、中国石油化工股份有限公司中原油田分公司(以下简称分公司)、中国石油化工股份有限公司中原油气田股份有限公司(后更名为中原油气高新股份有限公司,以下简称中原油气)三部分组成。按照石化集团公司党组一个地区企业建立一个领导核心的体制要求,中原油田重大问题统一决策、保持一个整体:三个部分在经营上分立运作,一个党委,行政上设立协调委员会,勘探局和分公司重新调整、配备了党政领导班子成员,行政领导不再交叉兼职。至 2002 年,中原油田领导体制未变。

截至 2002 年年底,中原油田用工总量 93284 人,其中勘探局 53682 人、分公司 33249 人、中原油气 6353 人。正式职工 73595 人,其中勘探局 41358 人、分公司 26885 人、中原油气 5352 人;劳务用工 19428 人,其中勘探局 12168 人、分公司 7260 人;其他从业人员 261 人,其中勘探局 156 人、分公司 105 人。专业技术干部 24990 人(勘探局 15414 人、分公司 9576 人),其中高级技术职称 2408 人(勘探局 1448 人、分公司 960 人)、中级技术职称 10350 人(勘探局 6788 人、分公司 3562 人)。全油田共有直属单位 98 个,其中勘探局 53 个、分公司 45 个(含中原油气 4 个)、股份制企业 7 个。中原油田总资产 257.55 亿元,固定资产原值 362.45 亿元、净值 140.39 亿元。其中,勘探局总资产 102.61 亿元,固定资产原值 65.24 亿元、净值 40.15 亿元;分公司总资产 114.78 亿元,固定资产原值 238.07 亿元、净值 72.29 亿元;中原油气总资产 40.16 亿元,固定资产原值 59.14 亿元、净值 27.95 亿元。年末企业总占地面积 70.46 平方千米,油田总人口 222086 人。

2002 年,中原油田完成工业增加值 52.02 亿元,实现销售收入 132.19 亿元,实现利税 6.94 亿元。其中,勘探局完成工业总产值 37.75 亿元(现价)、工业增加值 11.86 亿元,实现销售收入 50.72 亿元,实现利税 -3.77亿元;分公司完成工业总产值 11.46 亿元(1990 年不变价)、工业增加值 28.15 亿元,实现销售收入 63.53 亿元,实现利税 3.94 亿元;中原油气完成工业总产值 3.12 亿元(1990 年不变价)、工业增加值 12.01 亿元,实现销售收入 17.94 亿元,实现利税 6.77 亿元。

油气主业实现增储稳产。新增探明石油地质储量 2116 万吨、天然气地质储量 71.8 亿立方米,探明凝析油地质储量 259.5 万吨、溶解气地质储量 14.53 亿立方米,探明油气当量 3238.8 万吨;新增原油生产能力 80.6 万吨/年、天然气生产能力 3.51 亿立方米/年;生产原油 380.04 万吨,生产天然气 16.21 亿立方米;完成二维地震 314 千米、三维地震 310 平方千米;完成钻井(不含侧钻)1366 口,钻井进尺 385.83 万米。外销天然气 10.01 亿立方米,完成年计划的 105.26%,同比增加销售 2829 万立方米,增加收入 9400 万元;承担的山东天然气管道建设中的济南—淄博—青岛管线如期投产;油气化工催化裂化烟道气回收二氧化碳等三个项目建成投产,实现利润 2000 万元,并完成了中国首座 LNG(液化天然气)汽车加气站的建设,成功改装了中国首辆 LNG 汽车;成品油销售量同比增长 40%,利润增长 30%。

非主业同比减亏3.28亿元。打响ZPEB(中原油田)品牌,外部市场实现收入20.80亿元。其中,在国内市场上,承钻的西部重点探井均获得重大油气发现,中标的一批油田地面建设工程、沙漠公路、长输管道等项目市场收入同比增长70%,特种车辆修造总厂在全国石油装备订货会上获订货额1亿元,7种产品通过API标准审核;在国际市场上,有30支专业队伍在国外施工,项目投标新签合同额8991万美元,总收入6400万美元,完成进出口贸易额2200万美元。专业化公司2002年无一亏损,其中钻井系统国内外市场收入分别比2001年增长23.8%和48.2%。

关键技术有了新突破。年内,中原油田共承担石化集团公司级项目30项,开展局级科研项目224项、新技术推广项目130项。其中,勘探专业科研项目43项、开发专业科研项目39项、钻井工程科研项目36项。"深层三维地震勘探技术研究"、"中原油田复杂断块油藏提高采收率技术"、"低渗低产油气井复合压裂改造技术"应用效果显著;"提高钻速工艺技术研究"取得重大进展,在平均井深增加62米的情况下,机械钻速同比提高0.5米/时,钻机月速度增加64.8米/台·月。同时,引进先进技术装备,更新了2000型压裂机组、地震资料采集系统、成像测井系统、中途测试设备、电动钻机等一批关键装备。

企业经营水平不断提高。创建新的经营承包体系,对经营者实行"3+3"年聘任制(前三年考核合格,自动延续后三年聘期),对审计、会计和监察等监督部门的一把手,实行"1+2"年聘任制(第一年考核合格后,续聘后两年,否则解聘),改总会计师为派出财务总监制;对机关进行调整,加强综合管理职能和决策研究职能,初步实现了变行政化管理为经营化管理;对专业化公司和社会化服务单位进行整合,组建了新的矿区,减少了管理机构。全面加强企业日常管理,对137个改制企业及合作合资企业逐一进行了遗留问题清查;按照市场化运作方式经营房产租赁,租金收入比2001年增长30%;年内油田职工购调房20195户;债权债务清理工作挽回损失1000万元;完成了10亿元高息贷款的置换,减少了财务费用。

精神文明创建活动效果显著。开展"四基"建设(基层班子建设、基础资料建设、基础设施建设、基本功训练),达标基层单位880个,占基层单位总数的61%;推进党建工作,开展"达标吹先"和"三高一争"(觉悟高于群众、技能高于群众、业绩高于群众、争当优秀共产党员)活动;持续实施"四大工程"(素质工程、环境工程、平安工程、繁荣工程)建设,涌现出以郭世国为代表的英雄模范人物,油区发案率同比下降11%。年内用于职工救急解困资金达176万元。2002年,中原油田获石化集团公司职业技能竞赛团体第一名,并连续五年保持河南省文明单位称号。

(崔红伟)

2002年中原油田主要生产经营指标完成情况公报

一、油田勘探

新增探明石油:含油面积28.9平方千米,地质储量2116万吨;

新增探明天然气:含气面积14.4平方千米,地质储量71.8亿立方米。

二维地震工作量:314千米;

三维地震工作量:310平方千米。

二、钻井工程

钻井总进尺258.38万米,开井964口,其中探井123口。

三、工业生产

工业增加值:52.02亿元;

原油产量:380.04万吨;

天然气产量:16.21亿立方米;

注水总量:4017万立方米;

油气田开发:油井3897口,气井163口,注水井2159口;综合含水88.15%,综合油气比156立方米/吨,注采比1.21;采油时率93.87%,注水时率87.06%;

新增原油生产能力:72.60万吨/年;

新增气层气综合配套能力:3.22亿立方米/年;

注水能力:17.28万立方米/日;

试油层数:80层,折合434井次;

井下作业:3800.2标准井次;

总供电量:21.69亿千瓦·时。

四、炼油生产

原油加工量:54.33万吨,其中,汽油13.90万吨、柴油22.87万吨、燃料油1.55万吨、液化气4.70万吨;

汽、柴油收率:67.68%;

轻烃产量:21.27万吨。

五、油气销售

原油:统一配置销售量353.57万吨,其他销售量

8.13 万吨，企业自用量 7.60 万吨；

天然气：外供量 11.46 亿立方米，企业自用量 4.06 亿立方米。

（崔红伟）

企业员工

【概述】 截至 2002 年年底，中原油田共有正式职工 73595 人。其中：在岗职工 65734 人，包括管理人员 11043 人、工程技术人员 8061 人、工人 32496 人、服务人员 14448 人、其他人员 7547 人，女职工 22732 人。文化结构：博士、硕士研究生 153 人，大学生 19280 人，中专生 10135 人，技校、高中生 31791 人，初中及以下文化程度 12236 人。年龄结构：20 岁及以下 73 人，21～35 岁 37865 人，36～50 岁 29185 人，51 岁及以上 6490 人。全油田共有技术工人 35486 人，其中经鉴定或考核的技术工人 33910 人，包括高级技师 119 人（实聘 53 人）、技师 1443 人（实聘 519 人）、高级工 11746 人、中级工 14627 人、初级工 5975 人。

2002 年，中原油田用工总量 93284 人，单位从业人员 65995 人（含在岗职工 65734 人、其他从业人员 261 人），劳务用工 19428 人。年内，已签定劳动合同职工 73594 人，其中无固定期限 7546 人、有固定期限 66048 人，劳动合同到期 1499 人，续签劳动合同 1499 人。新增和调入正式职工 2430 人，其中从城镇招聘人员 4 人、录用复员转业军人 2 人、录用大中专毕业生 114 人（含硕士研究生 1 人、大学本科生 113 人）、从石化集团公司内部其他单位调入 2310 人；减少和调出正式职工 2851 人，其中离退休 197 人、终止或解除劳动合同（开除除名辞退辞职）224 人、死亡 70 人、调出 2360 人。

（崔红伟）

【勘探局员工基本情况】 截至 2002 年年底，中原石油勘探局共有正式职工 41358 人（在岗职工 34109 人、保留劳动关系职工 7249 人）。其中，管理人员 5042 人、工程技术人员 3119 人、工人 12211 人、服务人员 14118 人、其他人员 6868 人；女职工 14226 人。文化结构：博士、硕士研究生 52 人，大学生 12101 人，中专生 5848 人，技校、高中生 15629 人，初中及以下文化程度 7728 人。年龄结构：20 岁及以下 47 人，21～35 岁 18856 人，36～50 岁 17423 人，51 岁及以上 5032 人。勘探局共有技术工人 17500 人，其中经鉴定或考核的技术工人 16272 人，包括高级技师 46 人（实聘 29 人）、技师 1047 人（实聘 290 人）、高级工 6581 人、中级工 6293 人、初级工2305 人。

2002 年，勘探局用工总量 53682 人，单位从业人员 34265 人（含在岗职工 34109 人、其他从业人员 156 人），劳务用工 12168 人。年内，已签定劳动合同职工 41358 人。其中，无固定期限 6749 人、有固定期限 34609 人，劳动合同到期 1207 人，续签劳动合同 1207 人。新增和调入正式职工 1312 人，其中从城镇招聘人员 1 人、录用大学毕业生 45 人（均为本科生）、从石化集团公司内部其他单位调入 1266 人；减少和调出正式职工 727 人，其中离退休 190 人、终止或解除劳动合同（开除除名辞退辞职）194 人、死亡 47 人、调出 296 人。

（马志建）

【分公司员工基本情况】 截至 2002 年年底，中原油田分公司（含中原油气股份）共有正式职工 32237 人（在岗职工 31625 人、保留劳动关系职工 612 人）。其中，管理人员 6001 人、工程技术人员 4942 人、工人 20285 人、服务人员 330 人、其他人员 679 人，女职工 8506 人。文化结构：博士、硕士研究生 101 人，大学生 7179 人，中专生 4287 人，技校、高中生 16162 人，初中及以下文化程度 4508 人。年龄结构：20 岁及以下 26 人，21～35 岁 19009 人，36～50 岁 11762 人，51 岁以上 1440 人。分公司共有技术工人 17986 人，其中经鉴定或考核的技术工人 17638 人，包括高级技师 73 人（实聘 24 人）、技师 396 人（实聘 229 人）、高级工 5165 人、中级工 8334 人、初级工 3670 人。

2002 年，分公司用工总量 39602 人，单位从业人员 31730 人（含在岗职工 31625 人、其他从业人员 105 人），劳务用工 7260 人。年内，已签订劳动合同职工 32236 人。其中，无固定期限 797 人、有固定期限 31439 人，劳动合同到期 292 人，续签劳动合同 292 人。新增和调入正式职工 1118 人，其中从城镇招聘人员 3 人、录用复员军人 2 人、录用大学毕业生 69 人（含硕士研究生 1 人、本科生 68 人）、从石化集团公司内部其他单位调入 1044 人；减少和调出正式职工 2124 人，其中离退休 7 人、终止或解除劳动合同（开除除名辞退辞职）30 人、死亡 23 人、调出 2064 人。

（崔红伟）

中原油田正式职工年龄构成情况(2002年度)

单位＼年龄	职工人数	20岁及以下	21～25岁	26～30岁	31～35岁	36～40岁	41～45岁	46～50岁	51～55岁	56～60岁	61岁及以上
勘探局	41358	47	2267	7553	9036	9265	3632	4526	4047	985	0
分公司	32237	26	1746	7948	9315	7353	2031	2378	1274	161	5
合　计	73595	73	4013	15501	18351	16618	5663	6904	5321	1164	5

中原油田正式职工文化程度情况(2002年度)

单位＼类别	职工人数	博士研究生	硕士研究生	大　学	大　专	中　专	技　校	高　中	初中及以下
勘探局	41358	1	51	5161	6940	5848	5652	9977	7728
分公司	32237	1	100	3126	4053	4287	8783	7379	4508
合　计	73595	2	151	8287	10993	10135	14435	17356	12236

(崔红伟)

组织机构及领导成员

中原石油勘探局 中原油田分公司 协调委员会

主　　任:刘恩学

委　　员:王献安　李春第

中原石油勘探局

局　　长:李春第

副 局 长:张　勤　佗文汉　孙清德　杜广义

总会计师:佗文汉(兼)

调 研 员:张同冉　田庆鲁　涂人祥　孔繁文

副 总 师:姚盛亚　贾文玉　熊有全　刘谦峰　姜福耀　王光兴　杜　君　李　健　邵万钦

局长助理:黄艾华

中原油田分公司

经　　理:刘恩学

副 经 理:王春江　刘一江　冯建辉

总会计师:蒋永富

副 总 师:潘生秦　王法轩　李学忠　聂向东　陈元华　乜从凤　王寿平　吕延仓　刘月臣　曹文忠　高爱华　赵伟卫

经理助理:滕和福

中原油气高新股份有限公司

董事长:刘恩学

董事长助理:李洪海

中国共产党中原石油勘探局委员会

书　　记:王献安

副 书 记:刘恩学　张召平　沙启军

常　　委:王献安　刘恩学　李春第　张召平　沙启军　王春江　张　勤

工作部门

局党委办公室

主　任:张明功

副主任:王德仁

局党委组织部

部　长:王亚钧

副部长:李智信

局党委宣传部(统战部、精神文明建设指导委员会办公室)

部　长:解建国

副部长:王　俭

局党委610办公室

主任:段崇礼

勘探局直属机关党委

书　　记:沙启军(兼)

副 书 记:高树理

纪委书记:高树理(兼)

工会主席:陶金成

分公司直属机关党委

书　　记:沙启军(兼)

副 书 记:陈辉才

纪委书记:陈辉才(兼)

工会主席:陈辉才(兼)

中国共产党中原石油勘探局纪律检查委员会(监察处)

书　记:张召平(兼)

副书记:李恩洲　孔存柱

常　委:张召平　李恩洲　孔存柱　王亚钧　李寿军　陈绍华　王来喜　陈炳河　高大鸣

监察处处长:李恩洲(兼)

工作部门

纪检监察一室　主任:陈炳河

纪检监察二室　主任:王彦龙

纪检监察三室　主任:王道明

纪检监察四室　主任:刘智焕

案件审理室　主任:高大鸣

办　公　室　主任:王来喜

副处级纪检　监察员:吕昭峰

中原石油勘探局群众团体

局工会

主　席:沙启军(兼)

副主席:吕　杰　王心锋　王明亮

经费审查委员会主任:李成文

女职工委员会主任:韩　青

工作部门

办公室　**主任:王明亮(兼)**

组织部　部长:王世泉

劳保部　部长:龚元学

宣教部　部长:王加山

女工部　部长:韩　青(兼)

局团委

副书记:范　锐

(沈中锋)

中原石油勘探局机关处室及领导

序号	处室名称	处长(主任)	副处长(副主任)	调研员	备注
1	局长办公室(政策研究室)	黄艾华(兼)	魏国良　牟海勇　张喜亭		合并办公
2	企业发展处	邵万钦(兼)			
3	规划计划处(招标管理办公室)	刘谦峰(兼)	庄　铭　刘丁林		
4	财务资产处	杨祥彬	崔红月(副处级干部)		
5	装备处	茹　军			
6	人力资源处	王光兴(兼)	薛儒明　蔡东清		
7	技术安全监督处	肖永庆	徐海珍　周松景		合并办公
8	对外关系处(土地管理办公室)	刘代臣	孙培民		合并办公
9	总调度室	陈景志	李　铎　明柱平	沈万福	合并办公

续表

序号	处室名称	处长(主任)	副处长(副主任)	调研员	备注
10	钻井处	李占英	刘子春　王德良	吴南平　张文波　展宝真	
11	基建处	王广瑞	侯玉江		
12	法律事务处 (法律事务中心)	沈树成	王德志		
13	审计处	陈绍华	曹厚全		合并办公
14	卫生处 (爱卫会办公室、计划生育办公室)	张保才	郗庆国	刘继田(正处级干部)	

(沈中锋)

中原石油勘探局机关所属单位及领导

序号	单位	行政干部				党群干部				调研员	单位级别	备注
		正职	副职	总工程师	财务总监	书记	副书记	纪委书记	工会主席			
1	生产物资调剂中心	熊仁定	高春祥			熊仁定					正处	
2	文化体育活动管理中心	王心锋(兼)	付朝绪　杜继平　李　伟			孙现勤	王心锋	孙现勤	孙现勤		正处	
3	社会保险统筹中心	蔺义洲				蔺义洲					正处	
4	会计核算中心	孙德县(负责人)				孙德县(负责人)	史庆福	史庆福	史庆福	高洪魁	正处	
5	西部市场工作委员会	张召平(兼)				张召平					正处	
		1. 市场工作部经理:李　健(兼) 副经理:时德兴 2. 综合办公室副主任:王荣亭										
6	审计中心	陈绍华(兼)	曹厚全(兼)			陈绍华				朱家岱	正处	合并办公
		下属单位:一分处处长:王晓阳　二分处处长:毛庆江　三分处处长:张荣才　四分处:　五分处处长:胡祖春　六分处处长:郭西建　七分处处长:闫振明									副处	
7	人才交流中心	栾殿涛	韦来平			栾殿涛					副处	
8	企业管理协会办公室	刘学勤									副处	
9	矿区建设工程部	李明彦	贾祥生　梁伟民 杨建森	梁伟民		白学贤(正科)					副处	
10	中原油田宾馆	蔡克贤	张心学　张树文　刘　杰			蔡克贤	张心学				副处	
11	中国石化报中原记者站	张明功(兼)	仇国强								副处	

续表

序号	单　位	行政干部				党群干部				调研员	单位级别	备注
		正职	副　职	总工程师	财务总监	书记	副书记	纪委书记	工会主席			
12	债权债务清查处	孙长水				孙长水					副处	
13	文印服务站	唐昭显				唐昭显					正科	
14	机关车队	刘　华	黄亚平　孟宪泉		谢光霞	黄亚平	刘　华				正科	
15	残疾人联合办公室										正科	新成立
16	安阳接待站										正科	新成立

（沈中锋）

中原石油勘探局局属单位及领导

序号	单　位	行政干部					党群干部				调研员	单位级别	备注
		正职	副　职	总工程师	总地质师	财务总监	书记	副书记	纪委书记	工会主席			
1	钻井一公司	高绍智	黄松伟　魏风勇	张建华			胡玉忠	高绍智	崔希友	崔希友		正处	
2	钻井二公司	王希民	王坤明　蔡　元　赵全民	尹洪生		陈光普	许作平	王希民	许作平	于存芳		正处	
3	钻井三公司	秦强运	孙文臣　王秉胜　胡群爱　宋秀兴　刘春文	刘春文			李东祥	秦强运 卢沂伦	卢沂伦	卢沂伦		正处	
4	钻井四公司	范智海	郭宝玉　刘乐善　张　君				韩苏宁	范智海	田立华	田立华		正处	
5	塔里木中原钻井公司	陈学仁	滕树中　闫光庆　林家贺　张超平　周祥林	闫光庆 张克勤		蔡光学	滕树中	陈学仁 余金能	余金能	吴庆忠		正处	
6	钻井管具工程处	韩天英	李　飞　沈伯卿　王胜保			王胜保	孙集民	韩天英	孙集民	孙集民		正处	
7	固井工程处	石凤岐	张启运　徐相欣　韩宗文			韩宗文	李金乃	石凤岐	李金乃	李金乃	周延寿	正处	
8	钻井工程技术研究院	李作宾	张世同　舒尚文	王中华			张世同	李作宾	鞠德泉	鞠德泉	张会欣	正处	
9	地球物理测井公司	国庆忠	陈家阔　沈道和　黄宏才　田素月	黄宏才	田素月	孟凡忠	陈家阔	国庆忠 吴云峰	林铭升	林铭升	杨国斌	正处	
10	地质录井处	华学理	李匡时　王佑宁　李江陵　贾世亮		王佑宁	周立保	刘海清	华学理	葛慎荣	葛慎荣	李金平	正处	
11	建筑集团公司	刘大昶	宗照峰　李金林　刘广顺	杨德景		何茹霞	宗照峰	刘大昶	孔令奇	孔令奇		正处	
12	工程建设总公司	朱跃武	杨志华(兼总经济师)　徐永生　郭　忠　李文庆			李光荣	李中明	朱跃武		马少锋		正处	
13	供水管理处	吴海宁	王宗民　李　惠　付效东			李夜明	王宗民	吴海宁	王延年	王延年		正处	
14	供热管理处	樊启春	尹才发　冯瑞生　吴胜利	尹才发			张新民	樊启春 张永为	王杰新	王杰新		正处	

续表

序号	单　位	行 政 干 部					党 群 干 部				调研员	单位级别	备注
		正职	副　职	总工程师	总地质师	财务总监	书记	副书记	纪委书记	工会主席			
15	通信管理处	李元江	刘育江 赵 允 张水堂 张立华	张水堂		刘乃启	栾爱玲	李元江 赵子安	栾爱玲	赵子安		正处	
16	特种车辆修造总厂	戴相富	周德如　闫金斗 冯玉平			周德如	赵本升	戴相富	赵本升	张庆人	侯荣臣	正处	
17	机械制造总厂	国建军	郭绪欣　邓卫东 吴玉新	邓卫东		汪天峰	汪　法	国建军	张军辉	张军辉		正处	
18	运输处	柴继锋	乔建秋 余 非 高旺义 魏树全			张德成	乔建秋	柴继锋	韩新平	韩新平	何立夫	正处	
19	勘察设计研究院	杨志毅	郭晓明				郭晓明	杨志毅	宋立国	宋立国		正处	
20	天然气应用技术开发处	张孔明	谢　昕				傅长顺	张孔明 魏广荣	魏广荣	魏广荣		正处	
21	中原油田金桥宾馆	朱伯才	龚明清				朱伯才				孙晓兰	正处	
22	投资管理中心	渠继铎	贺俊峰				王国忠	渠继铎	王国忠	王国忠		正处	
23	对外经济贸易总公司	孙清德（兼）	张永杰 王光伦 史学东 杨 波(副处)			薛学辉	张永杰				许文茂	正处	
		1. 外事办公室副主任:李乐中　2. 贸易一部经理:陈和金											
24	舒普凡化纤厂	谢延龙	梁新虎　宗纪鸿 赵世文				谢延龙	侯朝轩				副处	
25	第一矿区	祁守文	解玉林　耿生梅				李兆申	祁守文	李兆申	李兆申		正处	
26	第二矿区	刘玉增	黄文森　聂兴斌				王彦华	刘玉增	王彦华	王彦华		正处	
27	第三矿区	武希玉	张福生				葛国建	武希玉	葛国建	葛国建		正处	
28	第四矿区	李　强	王天寿				王香增	李　强	王香增	王香增		正处	
29	第五矿区	齐先恕	刘　建　盖　峰				韩万吉	齐先恕	韩万吉	韩万吉		正处	
30	第六矿区	董明顺					董明顺	张文生	张文生	张文生		正处	
31	第七矿区	王金德	周作成　赵吉汉 武模贤				徐洪兴	王金德	徐洪兴	徐洪兴		正处	
32	第八矿区	张恒军	邱兆银　冯培广 魏吉祥			邱兆银	张恒军					正处	
33	第九矿区	陈凤华	李子山				王志成	陈凤华	王志成	王志成		正处	
34	第十矿区	梁宝祥	张同山				李大华	梁宝祥	吕家民	吕家民		正处	
35	第十一矿区	岳学孟	唐学文　刘秋平 胡廷金　许学民			陈文校	刘正达	岳学孟	安利庆	安利庆		正处	
36	第十二矿区	周长歧	滕光明　韩春田 任钦贡			孔祥增	郭金龙	周长歧	马开友	马开友	胡子勋	正处	
37	第十三矿区	杨　业	管恩甫　吴克明				李月华	郝志华	杨　业	李敏光	李敏光		正处

续表

序号	单位	行政干部					党群干部				调研员	单位级别	备注
		正职	副职	总工程师	总地质师	财务总监	书记	副书记	纪委书记	工会主席			
38	公共事业管理处	齐秀芳	武希宝　王光来 邓战强				齐秀芳				何明杰（副处级干部）	正处	
39	离退休职工管理处	左效爱	张玉瑰				左效爱				吴建伦	正处	
40	驻北京联络处	徐彦武	魏国良（兼）陈　伟				徐彦武				武三民	正处	
41	威海职工教育培训中心	邢明福	肖学海				邢明福				正处		
42	中原石油报社	李忠良	田崇亮　苏同生				田崇亮		田崇亮	田崇亮	徐胜贤	正处	
43	濮阳中原电视台	张兴华	林　滨　李华新（总编辑）	李才猛			林　滨	张兴华	林　滨	林　滨		正处	
44	中原油田党校	王献安（兼）	程兆民（正处）田思忠 张慧英				王献安	程兆民			刘　欣	正处	
45	培训中心	刘怀忠	刘德云　丁福良 陈增明				李　正	刘怀忠 牛茂林	牛茂林	牛茂林		正处	
46	教育中心	孙培山	陶祖强　罗光远　冯　勇 任家俐				陶祖强	孙培山 周冠华	褚衍席	褚衍席		正处	
	下属单位　第一中学	赵进峰	崔美林				姚启中	崔美林				正处	
	下属单位	第二高级中学：吴克祥（校长）　刘　庆（书记）　第三高级中学：国洪伦（校长）　胡耀桢（书记） 第四高级中学：刘　奎（校长）　肖保全（书记）　艺术中学：尹燕坤（校长）　邓　莉（书记）										副处	
47	中原油田总医院	石庆泉	穆永臣				朱自忠	石庆泉	刘建英	刘建英	陈海彦	正处	
		药品管理处处长：穆永臣（兼）										副处	
48	公安处	崔洪琦 刘鹏云（政委）	任庆安　周来春 王念平（副处级干部）				崔洪琦	刘鹏云 刘延山	刘延山	刘延山		正处	
		1. 刑警支队：杨景亮　2. 交警支队：郭泰然　3. 第一警察支队：王　勇　4. 第二警察支队：王宪周　5. 第三警察支队：赵　琦　6. 第四警察支队：滕照冕										副处	
49	房产管理处	李本昌	王自力　张环清　林　荷	林　荷		王自力	李本昌		杜林昌	杜林昌	李滨建	正处	
		内部房产交易中心主任：张环清（兼）										副处	
50	房产租赁中心	吴焕军	高月亭　杨树成 贾广英				吴焕军	张长江		张长江		副处	
51	勘探开发项目经理部	李　健（负责人）										正处	
52	南方经济开发中心	沈树成（兼）	王　杰				沈树成					副处	

（沈中锋）

中原石油勘探局在合资、控股企业工作的单位及领导

序号	企业名称	董事会成员			监事会成员		经营班子			党组织班子			类型
		董事长	副董事长	董事	主席	监事	正职	财务总监	副职	书记	副书记	委员	
1	河南中原绿能高科有限责任公司	傅长顺	张孔明	刘谦峰　于吉永　韩万吉　蒋永富　黄泽贵　刘月臣　李洪海　刘成林　姜秀君	魏广荣	吴全顺　徐国安　刘兆亮	张孔明		谢　昕	傅长顺	魏广荣　张孔明	谢　昕	有限公司
2	河南中原化工集团股份有限公司	杨敬杰		李洪珍　刘生会　于西任　毕殿峰　李安喜　王宗立（濮阳市）		李　珉　李永哲　王灵清（濮阳市）	毕殿峰	刘生会	朱成银　朱廷珍　李安喜　王宗立（濮阳市）　总工程师：刘金付（濮阳市）	杨敬杰			有限公司
	上海中原油田石油实业有限公司						赵伟卫	韩玉柱	刘谦峰　李　健				子公司
3	山东天源化学工业公司	陈绍华	贺俊峰	付甲华　田江勇　赵　刚		黄江海　杨　琼	赵　刚						合资
4	濮阳中原石油华苑实业有限公司	吕　杰		勘探局：毕以森　刘双喜　孙永平　中原油气：沈桂彩	刘智焕	中原油气：张吉恩	毕以森	孙丽君	刘双喜　孙永平				有限公司
5	濮阳中原凯美克石化有限公司	姜福耀		卢秀军　于西任　周立保　刘训忠　薄其成　刘　钢　何福林　卢玉东　贺新民　刘希辉　蔡　智　焦新良	周玉才	李永哲　花照德　李文生　李德军	于西任			薄其成	姜福耀	周玉才　徐勤友　于西任　李洪斌　邢卫民	有限公司
6	濮阳中原迈新机械电子有限公司	姜福耀		陈绍华　李洪斌　程宏伟　刘长亭　孙连成　杜振宇　赵天元　姚广义	周玉才	李永哲　李大成　常显军　贾爱京	李洪斌	程宏伟					有限公司
7	濮阳中原美特力建材有限公司	姜福耀		李明彦　邢卫民　王称意　叶　磊　李建国　巫增杰	周玉才	李永哲　方传亚	邢卫民	王称意					有限公司
8	濮阳中原克劳士劳保有限公司	姜福耀		肖永庆　王秀玲　唐俊峰　张清川　陈　隆　李海田	周玉才	李永哲　时俊祥　宋新梅　蔡玉成	王秀玲	唐俊峰					有限公司
9	濮阳中原康珅工程技术有限公司	姜福耀	徐勤友	高爱华　李成华　韩方勇　乔家波　刘友国　马　林　吴春雷　宫玉勇　贾荣涛	周玉才	李永哲　刘德喜　王　静　张振亚　徐效华　沈家忠	徐勤友	李成华					有限公司

（沈中锋）

中原油田分公司机关部室及领导

序号	处室名称	处长(主任)	副处长(副主任)	调研员	备注
1	勘探处(勘探事业部)	郑鸿稳	王生朗　陶国强　陈　玲(总会计师)黄桂雄		
2	开发处(油田开发事业部)	史云清	王熙华　杨世刚　李铁成　马改正(总地质师)陈　昊		
3	科技部(知识产权保护办公室)	刘月臣(兼)	徐卫东		
4	人力资源部	李寿军	郝景喜		独立运行部室
5	财务资产部	向谷峰	栾灿根		
6	计划经营部	顾顺元	李洪珍　唐远华		
7	专家办公室	黄艾华(兼)	肖　斌		
8	分公司直属机关党委机关	沙启军(兼)	陈辉才		
9	采油工程事业部	王法轩(兼)	贾连璧　阚庆山　张强德　侯天江(总工程师)		
10	天然气管理事业部	曾大乾	张世民　唐远洋	申汉才	处室职能部门
11	规划事业部	高爱华(兼)	王兴增(正处级)　方　浩		
12	经理办公室	黄艾华			
13	生产管理部	陈景志			
14	技术安全环保部	肖永庆			
15	油地工作部	刘代臣			合并办公部室
16	审计部	陈绍华			
17	监察部	李恩洲			

(孙垂胜)

中原油田分公司直属单位及党政领导

序号	单位	行政干部						党群干部					单位级别	备注
		正职	副职	总工程师	总地质师	总会计师(财务总监)	调研员	书记	副书记	纪委书记	工会主席	调研员		
1	采油一厂	刘三威	盛海棠　杨灵信　王　海　李兴明　莫言起	王　海	熊良淦	邹昌平		陈钦明	刘三威			王庆印	正处	
2	采油二厂	陈景志	王西平　刘地渊　王家印　王　斌　王春浦	王家印	刘地渊	秦　波		谢德林	陈景志				正处	
3	采油三厂	杨焕文	张敬武　杨福成　李丰英　赵化廷	张敬武		王振水		张振华	杨焕文	盛春鹏	盛春鹏		正处	
4	采油四厂	王合芬	母育泸　陈金良　温佐元　宋清明　李存贵	母育泸	李存贵			付大成	王合芬　徐业华	徐业华	张立杰		正处	

续表

序号	单位	行政干部						党群干部					单位级别	备注
		正职	副职	总工程师	总地质师	总会计师（财务总监）	调研员	书记	副书记	纪委书记	工会主席	调研员		
5	采油五厂	甄维胜	于　卫　杜树林 李振智　仲维平 苏凯元　吕新华 朱德智	林伟民	吕新华	陈　鸣		李随山	甄维胜 杜树林	陈　力	陈　力	王建华	正处	
6	采油六厂	刘明立	陈路原　呼舜兴 张学昌　王铁林	张学昌	呼舜兴	王召江		陈路原	刘明立 邱洪明	邱洪明	邱洪明		正处	
7	西北勘探开发处（煤层气事业部）	吴佩芳	王明献　刘荣法										正处	
8	天然气管输处	王维顺	张吉华　孙建国					冷　潜	王维顺	冷　潜	冷　潜		正处	
9	试采一处	丰尹忠	周根先　陈永军					丰尹忠	刘昌俭	刘昌俭	刘昌俭		正科	
10	试采二处	刘合义	刘国彦　乔治清					刘合义	崔明伟		崔明伟		正科	
11	试采三处	蔡　有	许世锋					蔡　有					一般	
12	石油化工总厂	王西超	刘玉凡　赵　勃			赵乃芬		白建东	王西超	李本祯	李本祯		正处	
13	天然气产销厂	刘成林	郝春山　吴全顺 张中伟　梁新义	杨发平		吴全顺		徐国安	刘成林	刘树清	刘树清	常保江	正处	
14	天然气处理厂	盛兆顺	陶常青　朱德华 邵友信　伍玉法	朱德华				陈仕杰	盛兆顺	袁守民	袁守民		正处	
15	输油管理处	王承来	贾宗贤　任忠杰 王乃欣	贾宗贤				王承来	陈润苗	陈润苗	陈润苗		正处	
16	销售分公司	王锦明	王　彬　陈　超 吴刚强			王　彬		白福民	王锦明			李德贞 潘希军	正处	
17	井下特种作业处	张文宗	杜卫平　欧阳站 （兼总机械师） 林　涛　杨立志 刘让杰　倪崇科 张光平　陈惟国	陈惟国	林　涛			杜卫平	张文宗 倪崇科	娄焕荣	娄焕荣		正处	
18	供电管理处	李永德	吴维德　张承林 史增洪	史增洪		张庭金	秦玉江	刘贤武	李永德 常洪才	常洪才	常洪才		正处	
19	勘探开发科学研究院	吕延仓	邓瑞健　谈玉明 赵　蔚		马维民	赵　蔚		酒尚利	吕延仓 董焕中	董焕中	董焕中	王雨善	正处	

续表

序号	单位	行政干部						党群干部					单位级别	备注
		正职	副　职	总工程师	总地质师	总会计师（财务总监）	调研员	书记	副书记	纪委书记	工会主席	调研员		
20	采油工程技术研究院	李宗田	吴信荣 于连俊 姜春河 苏建政	李明志 李宜坤				王　东	李宗田	张金声	张金声		正处	
21	物探研究院	陈业全	王立新 蔡其新					王立新	陈业全	王立新	王立新		正处	
22	国际合作部	徐爱行	江焕彬										正处	
23	概预算中心	唐立永	周翔传 马焕民 郭建民 王　品										正处	
24	技术监测中心	余泓江	周志尧 秦平安	周志尧				余泓江	许庆文	许庆文	许庆文		正处	
25	井况防治中心	宋　明	路树举										正处	
26	工程监督中心	陈光明	谢慧华 朱德兴 孙玉生	钻井总监：张兆盈 作业总监：杜如诗 地质总监：刘国宏									正处	
27	信息中心	左新华	赵建平（兼经济研究所所长） 叶传中 杨德林 王景富 李中强（正处咨询员）					赵建平	左新华				正处	
28	装备监测总站	霍惟刚	茹　军（兼）										正处	
29	转供电管理处（转供电办公室）	白建义											正处	
30	西部勘探经理部	韩保清	黄学锋 赵培兰 （2人均为正处级）										正处	
31	消防支队（武装部）	支队长：周　振 政委： 部长：段崇礼 政委：周　振	孙承保 陆林瑞				聂兴柱	周　振		卢次贵	卢次贵		正处	
32	天然气管理中心	陈延进	曹再强　李学峰 杨林祥					周　冀	陈延进 王民福	王民福	王民福	吕金刚	副处	
33	小汽车管理处	张文广	李朋利　张永生					张文广	张景堂		张景堂		正科	

续表

序号	单位	行政干部						党群干部					单位级别	备注
		正职	副职	总工程师	总地质师	总会计师（财务总监）	调研员	书记	副书记	纪委书记	工会主席	调研员		
34	档案管理处（档案馆）	李士竹	黄祥勋　石立铭					李士竹	车　杰		车　杰		正处	
35	油田建设工程部	马延俊	张诒慧　李学富					马延俊	李学富				副处	
36	公路管理处	宫德林	郭金舵					宫德林	王泉祥		王泉祥		副处	
37	会计核算中心	许广森	栾灿根(兼) 邹本国					许广森	谭群升	谭群升	谭群升		正处	
	下属会计核算处	1. 邹昌平　2. 秦　波　3. 王振水　4. 付双有　5. 陈　鸣　6. 王召江　7. 潘振基　8. 财务结算处：孙华荣											副处	
38	物资供应处	卢秀军	王忠胜　李　卫 王崇石　王建利 杨鹤林　李树全			李学民		王忠胜	卢秀军	杨万如	杨万如		正处	
39	审计中心	陈绍华	曹厚全				朱家岱	陈绍华					正处	
	下属审计分处	一分处：王晓阳　二分处：毛庆江　三分处：张荣才　四分处：五分处：胡祖春　六分处：郭西建　七分处：闫振明											副处	

（孙垂胜）

中原油气高新股份有限公司及高级管理人员

董事会成员(13人)		监事会成员（7人）		经营班子			董事会证券事务代表	机关部室	机关党总支班子		
董事长	董　　事	主席	监事	正职	副职	财务总监			书记	副书记	工会主席
刘恩学	刘　岩（总部董事） 王春江　佗文汉 刘一江　冯建辉 蒋永富　李洪海（兼董事长助理、董事会秘书） 独立董事：郭尚平 金毓荪　杨沛霆 曾凡焯　文宗瑜	张召平	向谷峰 李恩洲 陈绍华 张立杰 刘树清 袁守民	黄泽贵	李洪海 母育泸 吴全顺	吴全顺	张东方	1. 董事会办公室：陈助军 2. 经理办公室：张海青 3. 证　券　部：常　军 4. 计划财务部：吴玉玲 5. 人力资源部：李炳坤 6. 经营销售部：段文胜 7. 生产技术部：母育泸（兼） 8. 党群工作部：张海青（兼） 9. 监事会办公室：王复林 10. 研究发展中心：李双泉	李洪海	张海青	张海青

（孙垂胜）

山东实华天然气有限公司和山东天然气管道有限责任公司及高级管理人员

单　位	董事会成员			监事会成员		经营班子			
	董事长	副董事长	董事	监事长	监事	正职	副职	总工程师	总会计师
山东实华天然气有限公司	张雪峰	**高爱华**	**付长顺** **王维顺** **刘成林** 杜吉良 毕韵丽	**顾顺元**	**胡志勇（职工监事）** 王　真　杨传刚	**付长顺**	**吴灿奇** 毕韵丽		乔国建
山东天然气管道有限责任公司	**高爱华**	张雪峰	**王维顺** **付长顺** **刘成林** **顾顺元** 杜吉良 毕韵丽 黄宝伟	冯兰水	**王红晨** **冷　潜** 王　真 **李禄才**（职工监事）	**王维顺**	**张吉华** **孙建国** 许临晖	**孙建国**	王继伟

注："黑体"为中原油田高级管理人员

（孙垂胜）

油气勘探

综　　述

【勘探工作概述】 2002年，中原油田勘探工作继续贯彻落实石化集团公司“储量、产量、效益三统一”的原则，坚持“立足东濮　突破富县　探索新区”的勘探方针，按照“战略展开、战略突破、战略准备”三个层次开展工作。东濮凹陷老区勘探以13个千万吨级有利油气区带为依托，确立了寻找接替领域、精细勘探实现挖潜增储目标的工作思路，并对马厂、刘庄等重点地区实施了滚动勘探开发一体化部署；富县探区针对中、古生界两套勘探层系，确立了上下兼顾、油气并重、加大储量接替力度、提高整体勘探效益的总体部署思路，并对有利目标区实施了重点解剖，实现了以点带面、滚动发展的长远发展目标；新区勘探在充分论证的基础上，优选伊宁、白音查干凹陷分别进行了预探和滚动勘探。2002年计划工作量：二维地震采集260千米（陕北富县），三维地震采集350平方千米（东濮凹陷）；部署各类探井59口，进尺19.84万米（其中东濮石油勘探井12口，东濮天然气勘探井12口，新区探井5口，滚动井位30口），勘探总投资6.1亿元。储量目标：新增探明石油地质储量2000万吨，新增探明天然气地质储量80亿立方米；控制石油地质储量1000万吨，天然气地质储量200亿立方米；预测石油地质储量3000万吨，天然气地质储量100亿立方米。实际完成二维地震采集287.56千米（陕北富县），完成年计划的110.6%；三维地震采集350.15平方千米（白庙152.42平方千米、桥口南—徐集118.8平方千米、卫城38.93平方千米、文西40平方千米），完成年计划的100.04%；三维老资料目标处理1027.2平方千米，完成年计划的109.3%。开钻30口，完钻31口，完井32口，完成钻井进尺9.26万米，完成年计划进尺的86.87%。录井见油气显示井29口，电测解释有油气层井27口，钻井取心井17口，取心进尺457.01米，心长451.75米，收获率99%，显示心长135米。完成试油井31口43层，完成年计划试油井数的124%、试油层数的107.5%；压裂25口30层，完成年计划压裂井数的147.06%、压裂层数的130.43%；地层测试16口20层，获工业油气流井11口。完成物探、钻井、录井、测井、试油等各类工程136项，合格率100%，优良率97.1%，其中优质工程112项、占总数的82.4%，优良工程20项、占总数的14.7%。新增探明石油地质储量2116万吨、新增探明天然气地质储量71.8亿立方米，探明凝析油地质储量259.5万吨、溶解气地质储量14.53亿立方米，折算油气当量3238.8万吨。

（曹延军）

【勘探成果】 2002年，中原油田共发放探井井位30口，完井32口，勘探工作取得7项成果：(1)复杂断块群勘探获得重要突破。河岸—刘庄地区按照滚动勘探开发一体化工作思路，先后部署了6口探井和3口滚动评价井，录井显示良好，电测解释均有油气层。其中刘29井沙二下电测解释油、气层13层27.6米，压裂后用6毫米油嘴放喷，日生产原油23.6吨、天然气4400立方米。刘24井、刘31井、刘30井、刘33井、刘32井均钻遇较厚油层，试油获低产油气流。该区沙二下、沙一段探明石油地质储量357万吨，成为2002年东濮老区探明储量比较整装的区块。(2)杜寨断层下降盘沙三段发现新的天然气富集区块。白庙构造杜寨断层下降盘白55断鼻作为2002年天然气增储上产的主要地区，对该区实施滚动勘探开发一体化部署，并获重要进展。白58井沙三段钻遇气层25层58.9米，沙三下试油，获日生产天然气1.2万立方米、凝析油26立方米，沙三中进行大型压裂试气，日生产天然气1.5万立方米、原油40立方米；白59井、白70井、白61井均钻遇较厚气层。该区新增探明天然气地质储量39.67亿立方米、凝析油195.7万吨，是2002年探明的最大整装区块。(3)马厂构造翼部探明含油范围不断扩大。根据马厂翼部油气藏分布特点，为了实现控制储量升级，在对该区实施滚动勘探开发一体化部署的同时，加大了定向钻井技术的应用力度，取得了明显成效。2002年，在马厂地区部署实施了3口探井和4口滚动评价井。其中，构造东翼的马73井电测解释沙三$^{3-4}$油层6层23.1米，油水同层1层2米，日生产原油9.4吨、水5.2立方米；马72井沙三^{4}电测解释油层2层2.5米，试油获低产油流；东北翼以滚动评价井钻探为主，马65井、马66井、马67井三口滚动评价井均钻遇油气层，进一步证实马厂构造东北翼有获整体突破的勘探前景。马 26 块上报探明石油地质储量 362 万吨。(4)桥口构造主体沙三中呈现连片含油趋势。桥口构造总体是在基底隆起背景上受黄河断层主控的继承性背斜构造,已发现六套含油气组合,探明石油地质储量 1078 万吨、天然气地质储量 45.08 亿立方米。(5)马寨—柳屯地区环洼勘探成效明显。马寨次洼位于西部洼陷带北端,夹持于马寨、邢庄和文西断层之间。洼陷周边主要勘探目的层为沙三^{3}至沙三^4,发育断鼻、断垒等圈闭类型,目的层埋藏相对较浅,具备形成构造、岩性油气藏的有利条件,该区新增探明石油地质储量 324 万吨;柳屯洼陷邢庄断层下降盘已发现胡 96 含油富集块,探明石油地质储量 253 万吨、溶解气地质储量 7.97 亿立方米。(6)桥东—新东地区基本实现含气连片。桥东—新东地区位于桥口、新霍构造东翼,紧邻葛岗集洼陷,成藏条件优越。2002 年,在该区钻探的滚动评价井桥 70 井、桥 71 井、桥 72 井、桥 73 井均在目的层段发现厚气层;桥 69 井电测解释气层 14 层 38.9 米,压后用 5 毫米油嘴放喷,日生产原油 2.31 吨、天然气 1.06 万立方米、水 4.45 立方米;桥 64 井在沙三下钻遇气层 4 层 20 米(沙三下地层未钻穿);新 12 井和新 14 井也都钻遇较厚油气层。该区新增探明天然气地质储量 27.75 亿立方米。(7)新区勘探取得重大发现。陕北富县古生界天然气勘探方向进一步明确,富古 4 井、富古 5 井在中生界均发现油气层,试气获低产气流,并对老井富古 2 井进行系统试气,用 4 毫米油嘴放喷,日生产天然气基本稳定在 8000 立方米左右;白音查干凹陷 2 口老井试油获得高产油气流,部署的达 14－4 井试油获日产 15 立方米的高产工业油流,展现了白音查干凹陷良好的勘探前景。

（曹延军）

【2002 年新增探明储量特点】　2002 年中原油田新增探明储量的特点:一是储量分布集中,以断块群为主。新增石油储量分布在文南—刘庄、马寨、马厂、文留、濮卫环洼、桥口和胡庆地区,天然气储量集中分布在白庙、桥口东翼,油气藏类型以复杂断块群为主。二是新增探明区块的储量落实程度高。从新增探明储量区块分布看,多数处于老油田周边,勘探程度较高,对油气富集规律、油气层分布和油气藏类型认识清楚,并进行过整体地质规律研究和储量参数研究。三是储量品质较好,部分区块已开始进行产能建设或列为 2003 年度新建产能地区。卫 360 沙三中、文 234 块、文 179 东块、胡 91 块、庆 19 块等区块由于储量品位好,产能较高,已投入开发或正在进行产能建设;刘庄、马厂东北翼已被列为 2003 年度新建产能地区。四是成本低,每吨探明储量的勘探投资与 2001 年持平,低于石化集团公司平均成本。

（曹延军）

【东濮凹陷老井复查】　2002 年,中原油田对复查区块及重点复查目标进行综合分析选取,根据复查区块及重点复查目标开展了油气层综合解释技术的研究,研制出适用于东濮凹陷的录井油气层专家解释系统,形成了一套较为成熟的浅层气气测解释方法。通过研究,建立了胡状集低阻油层解释标准和马寨、文留、马厂、白庙、徐集、三春集等油气田的测井二次解释标准,对 785 口老井进行复查,优选 39 口重点井综合评价并提出上措施建议。其中 16 口井重上措施,有 12 口井获商业油气流,重上措施出油率 75.0%,日增产原油 60.21 吨、天然气 8.08 万立方米。经过复查,发现了濮城下降盘沙三^3 亚段疑难油气层、明化镇组浅层天然气、胡状低阻油层马寨疑难油气层及白庙、桥口、三春集疑难油气层等有价值的油气层,探明天然气地质储量 34.44 亿立方米,合计探明含油气面积 8.6 平方千米,油气当量 558.4 万吨。

（曹延军）

【运用新装备、新技术提高勘探综合效益】　2002 年,中原油田在地质勘探、钻探工程技术、试采工艺方面采用了新装备、新理论、新技术、新工艺,大大提高了勘探综合效益。(1)地质勘探方面。陆续应用了 Image System 地震资料采集系统、2000 型大型压裂设备、并行地震处理系统、综合录井仪器、成像测井系统等新装备和新技术。在 2001—2002 年白庙地区三维地震重新采集上,设计了 8 线 26 炮可变面元观测系统,提高了纵向和横向覆盖次数;采用 6 串 2 并的检波器串联连结方式,提高了接收灵敏度,增强了接收能量。针对白庙地区地质构造复杂,断裂系统发育的特点,采用 25 米 × 50 米的资料处理网格,使覆盖次数达到 96 次,并应用三维叠前时间偏移等新技术,提高了成像精度,使得断面波清晰,断层归位准确,剖面信噪比和分辨率较高,有利于进行岩性预测。(2)钻探工程方面。应用大斜度定向钻井技术、钻具输送测井技术、复杂钻井条件下的综合录井、快速色谱、定量荧光录井技术,在刘 29 井、刘 32 井、刘 35 井、马 73 井、桥 69 井等井获得成功;对 6 口井实施大斜度定向井、双靶定向井技术,井斜 38°～63°,水平位移 1077～550 米,平均钻探周期 56 天。钻探证实,采用定向井技术能够深化油藏成藏规律认识,较好地揭示油气层,为储量参数的选取提供更加全面的资料。(3)试油工艺方面。引进国外先进的压裂设计软件和2000型大型压裂机组及特优级压裂材料，探索不同地质特点的储层改造技术方法，初步形成深层压裂配套技术。对新12井、白58井、白61井等井实施大型压裂施工，均见到良好的压裂效果。新12井加砂41立方米；白58井采用低砂比、造长缝的思路，加砂70立方米，单翼支撑缝长500米，初期日生产原油25吨、天然气1.5万立方米；白61井、桥69井加砂规模70立方米，压后均获得工业油气流。文古2井150立方米大型酸化压裂工艺获得成功，射孔测试联作、屏蔽暂堵油气层保护技术得到很好的应用。多级注入酸压—闭合酸化技术在富古4井得到应用，摸清了下古生界的含气性和地层真实产能。成像测井在富古4井、富古5井应用，客观地评价了富县探区上古生界低孔、低渗、低压气层及下古生界碳酸盐岩缝洞型气层，对气层的识别和地层参数计算提供了更可靠的手段。

(曹延军)

【勘探数据库投入运行】 2000—2001年，中原油田组织相关单位完成了勘探历史数据库的建设工作，2002年重点对数据库的结构、数据单元划分、当年资料入库展开工作，使勘探数据库投入了生产和管理运行。截至2002年底，数据库静态库总容量9G，动态库自2001年5月正式运行以来容量达260M。数据库内容包括数据表和地质图件两大类。数据表包括钻井数据表、录井数据表、测井数据表、试油数据表、分析化验数据表、储量数据表等；地质图件包括井位图、测井图、录井剖面图、气测图、井身结构图、四性关系图等。数据表与地质图之间相互生成和查询，并与计算机常用的Word、Excel、PowerPoint等系统完全兼容，加快了数字化勘探的进程。在数据库应用上，除了继续推广石化集团公司勘探生产信息系统2.0外，还开发了勘探动态WEB发布系统，在生产组织和管理工作中发挥了显著的作用。

(曹延军)

【勘探理论技术项目取得进展】 2002年，中原油田勘探理论、技术研究围绕工艺技术、资料处理、老井复查开展了东濮凹陷下第三系沙三段高精度层序地层学研究及岩性油气藏勘探、陕北古生界低渗透气层储层改造提高产能攻关、陕北富县探区上古生界储层预测方法研究、东濮凹陷深层储层预测与储层改造技术研究、东濮凹陷东部含气区深层凝析气藏评价及储层改造攻关、东濮凹陷老井复查、低阻油层识别与评价技术、地震老资料精细处理8项先导研究项目。

石油地质方面。(1)对东濮凹陷低电阻油层的成因机理进行详细分析，认为造成储层电阻率低的原因主要有地层水矿化度高、岩性细、孔隙喉道半径小、微孔隙发育，形成束缚水含量相对较高、地层亲水、油藏圈闭幅度低等。(2)在分析了历年来东濮凹陷大型压裂测井资料的基础上，研究了深层油气藏孔隙度、渗透率、有效厚度、电阻率、含烃饱和度、产层指数等7个测井解释地质参数与大型压裂有效层的对应关系，提出了东濮凹陷压裂有效层参数选择下限值。(3)通过对富县目的层段单井沉积相的研究，首次指明了目的层段盒8、山1、山2段的主、次物源方向。(4)针对中原凝析气藏的特点，重点研究了凝析气藏的测试资料的分析方法与产能评价，包括储层评价的理论研究、不稳定试井资料分析的理论研究、产能试井资料分析的理论研究、异常产能试井资料的理论研究等。

勘探技术方面。(1)研制出一套适用于东濮凹陷的录井油气层专家解释系统。该系统针对不同区块和油气藏，选取不同的参数，运用钻井压差比校正方法对部分参数进行校正，建立专家系统和神经网络模型专家系统和人工神经网络，利用两者的互补性，开展油气层解释神经网络专家系统的研究。经检验，使用该系统油气层综合解释符合率提高6%，资料解释回判符合率均大于90%，平均94.44%。(2)用油水相对渗透率为核心的低阻油层定量评价方法，研究油水相对渗透率的计算方法，并处理了20口井实际资料，通过与试油资料对比，由油水相对渗透率确定油水层的符合率为89.7%，达到预期的效果。(3)探索出一套适合东濮凹陷深层的地震资料采集与处理系统，采集方法向全三维采集靠拢。(4)针对深层低渗油气藏储层特点和压裂施工工艺要求，研制出了低残渣成胶剂、高温延缓交联剂、高活性液体表面活性剂、低伤害压裂预前置液与交联冻胶压裂液等技术。

(曹延军)

【低阻油层识别与评价技术研究】 2002年，中原油田为进一步挖掘油田的勘探开发潜力，开展了低阻油层识别与评价技术研究，主要完成了濮城、胡状集、文南—刘庄、文东等油田的低阻油层复查，复查老井2612口，并对各油田低阻油层的成因及岩性、物性、电性特征以及分布状况取得了新的认识，新增油(气)层1212层3120.8米、油(气)水同层640层2022米。通过对典型井例的详细分析，提高了对低阻油层和致密储层的地质认识和分辨能力，结合井间地层对比和综合解释评价,对不同油田、不同区块、不同层位的低阻油层作了重新解释评价,已陆续试油投产74井次,试油投产218层607.2米,其中试油投产结果与复查结论符合的62井次、不符合的12井次,符合率83.2%。通过补孔前后本井产液量对比,日净增产原油累计354.8吨(不包括按复查认识指导新井低阻油层解释试油产量)。按照东濮凹陷措施稳产平均45天计算,累计增产原油1.6万吨。

(曹延军　申梅英)

【勘探开发研究工作概述】 勘探开发科学研究院是中原油田从事勘探开发中长期规划及年度部署、方案的编制,担负储备性、超前性科研项目及基础研究,承担钻井工程设计和钻井液设计任务的正处级科研单位,隶属分公司。截至2002年底,勘探开发科学研究院共有员工698人,其中,教授级高工3人、高级工程师212人、工程师234人,博士及在读博士26人、硕士及在读硕士56人、大学本科324人。下设机关科室6个、研究室37个、综合服务部门2个、车队1个。主要从事勘探项目、开发项目、分析化验和开发试验、三次采油、钻井工程和钻井液设计5个方面的研究。拥有仪器设备1500台(套),资产原值7741万元。主要设备分为两大类:一类是具有20世纪90年代先进水平的地质化验、开发实验仪器300多台(套),如德国莱兹厂生产的电子显微镜、美国麦克公司生产的自动孔隙结构分析仪等;另一类是以工作站为主的计算机网络体系。拥有工作站39台(套),主要以SGI和SUN工作站为主,其中较为先进的有27台(套)。Origin2000、Sun5000服务器最高运算能力每秒浮点运算达30亿次和12亿次。计算机应用技术方面,拥有地质构造解释、测井解释、储层预测、油藏描述、目标处理、三维可视化地质建模、油藏数值描述、目标处理、三维可视化地质建模、油藏数值模拟,覆盖勘探、开发各阶段应用软件4类23套。形成了油气勘探开发研究8大特色技术:复杂断块油藏精细勘探技术、储层预测技术、三维资料连片解释处理技术、煤层气选区评价技术、油藏精细描述技术、剩余油分布研究及挖潜技术、砂岩气藏开发技术、勘探开发经济评价技术。

2002年,勘探开发科学研究院围绕油田资源接替和科技进步,以实现增储稳产为目标,开展技术创新,有4项成果获石化集团公司科技进步奖,30项成果获中原油田分公司科技进步奖,120篇学术论文在国内外刊物上发表,其中20余篇在核心期刊上发表。《特高含水主力油田提高采收率技术研究与应用》获石化集团公司科技进步一等奖;《中原油田勘探开发数据仓研究与应用》获石化集团公司科技进步二等奖;《前梨园洼陷西坡异常高压低渗油藏开发综合配套技术研究与应用》、《测井综合解释成果图跨网络测监系统》获石化集团公司科技进步三等奖。该院获国家甲级工程咨询资格单位认证,石油地质分析测试中心整体通过国家计量认证,钻井工程设计通过ISO 9000质量体系认证。

(高秀田　苏颂成)

【西北勘探开发工作概述】 中原油田在内蒙古白音查干探区、陕北富县探区的勘探开发生产经营管理及煤层气技术储备工作主要由西北勘探开发处负责。西北勘探开发处于2002年4月15日由原陕北勘探开发处、川井勘探开发处、煤层气事业部3个单位整合而成(加挂"中原油田分公司煤层气事业部"牌子),为分公司正处级单位。截至2002年底,西北勘探开发处共有员工52人,下设川井工区、陕北工区、地质(工程)研究所3个三级单位,机关设经理办公室、计划经营科、财务资产科3个科室。固定资产净值120.75万元。2002年,西北勘探开发处在生产管理的实践中探索出一套适合白音查干探区试采生产的"间歇式开井"方法,保证了达14井、达16井、达16-1井、达2-2井等12口井的正常运行。主要工作:经油田有关部门批准,通过外雇小钻井(内蒙古煤炭建设工程总公司所属钻井队伍),实施并完成了白音查干探区达14-4井、达16-2井、达21井、达22井、达7-1井5口滚动评价井的钻探施工任务;对白音查干探区的老井进行复查,提出了对8口井进行补孔试油措施,其中查5井复查补孔求产,获初期日产原油10吨的高产油流,这是首次在白音查干探区北部桑合构造发现都一段Ⅱ砂组油藏;完成了陕北富县探区钻探前期准备、钻前工程施工和对外关系协调任务,为油田在陕北富县探区勘探营造了良好的外部环境。年内,西北勘探开发处共生产原油2105吨,销售原油2030吨,完成了分公司下达的生产建设投资624.36万元的指标,实现收入642.07万元、内部利润91.09万元,并承担了白音查干凹陷达尔其浅层勘探目标评价和提高富县探区中生界油井产能技术研究两项局级科研项目。

(宋福喜)

【白音查干凹陷试采产量首次突破2000吨】 2002年,白音查干凹陷投入试采开发的有达2块、达14块、达14-1块、达14-2块、达14-4块、达16块、查2块、查3块、查5块9个区块,试采井12口。因上返试油、高含水等原因关井4口(查2井、达2井、达2-2井、达2－3井)，开井8口(达14井、达14－1井、达14－2井、达14－4井、达16井、达16－1井、查3井、查5井)，平均产液20吨/日，产油10吨/日，综合含水49%，开井时率210日/年，产油2120吨/年，产水2009吨/年，试采产量首次突破2000吨，创该区历史最高纪录。

(宋福喜)

【白音查干滚动勘探再次发现高产富集区块】 2002年，西北勘探开发处按照“以油养油、滚动发展(即边试采边滚动扩大)”的指导思想，通过试采、老井复查试油以及对有利区块进行滚动勘探钻井等工作，在滚动勘探方面取得了新的突破，进一步展示了该区所具有的资源潜力和滚动勘探开发前景。对白音查干凹陷达尔其地区浅层油藏进行了滚动评价勘探，目的层为都一段Ⅱ砂组，以落实构造、解剖油藏类型和落实储量参数、追踪Ⅱ砂组向达尔其构造南部浅层的展布情况为目的，部署钻探滚动评价井5口，获得工业油流井2口，滚动勘探成功率40%。新增探明加控制储量约200万吨。(1)再次发现断块富集油藏(达14－4块)。达14－4井于6月24日开钻，在钻至井深485～494米井段时油气显示异常活跃，槽面见油花占20%，7月15日完井，7月22日射孔试油，层位都一段Ⅱ砂组、井段485.6～494.4米、2层5.3米，日生产原油12.6吨，不含水，是一个高产富集区块。(2)在南部更浅层构造发现都一段油藏，进一步扩大了含油范围，证实都一段油藏在达尔其构造具有较稳定的分布。达22井是部署钻探在达14断块区南部构造脊高部位更浅层断块构造的一口滚动评价井，目的是追踪都一段Ⅱ砂组油层向浅层构造部位的变化情况，8月20日开钻，29日完井，9月3—8日射孔试油，层位都一段Ⅱ砂组、井段292.3～361.5米、7层7.4米，因油层埋藏浅地温太低，未获得工业油流，通过应用热洗锅炉车注入95吨热水后，装机投产，获日生产原油0.5吨工业油流，证实为油层。(3)成果认识：油藏原油性质与埋藏深度有很大关系，埋深大于400米基本上为普通稀原油类，利用普通方法即可开采，埋深小于400米的原油性质变稠，并随着深度的变浅原油性质变的更稠，需采取有效措施才能开采；都一段具有梳状电阻特征之泥页岩盖层发育广泛，是进行地层对比和寻找都一段油藏的指示性标志特征；油藏成因进一步明确，该区反向断层控油明显，油藏多为反向断鼻、反向断块圈闭。

(光兴毅)

【白音查干老井复查获突破】 2002年，西北勘探开发处重点复查、评价了白音查干凹陷北部桑合油田和南部达尔其油田的油气显示井，累计复查44口井，提出电测二次解释重新进行资料处理2口井，新解释增加油层18层38.4米。在复查工作中，除使用常规的电测资料、岩屑录井、地化、气测显示等技术手段来判别油气层外，还进行了大量的区域地层对比工作，并将凹陷南部达尔其油田达14断块区都一段Ⅱ砂组成熟的油藏成因机制应用到对北部桑合油田老井复查和评价工作中，以电性特征、录井显示来判断可疑层的储层物性和含油特性，以三维地震解释所落实的构造来评价可疑层的圈闭和油藏特征，通过全面的综合分析论证，提出老井新层试油意见3口井，实施3口井，获工业油流井2口(查5井、查3井)，成功率67%。查5井于2002年8月17日对都一段Ⅱ砂组未解层、油水同层进行补孔试油，井段877.8～890.4米、3层4.7米，射孔后井口套管自溢日产原油10吨，不含水，这是继南部达尔其达14断块之后首次在北部桑合油田发现都一段Ⅱ砂组油藏。9月16日，又对处于同一构造上的查3井同一层位的未解层进行了射孔试油，井段972.4～976.1米、2层2.5米，装机投产，初期日生产原油2.5吨。通过复查补孔进一步证实都一段Ⅱ砂组油层在凹陷南、北部分布广泛，在构造圈闭、储层、盖层条件合适的情况下即有可能成为油藏；目的层都一段T_5构造显示，查5断块区为低缓的断鼻构造，在桑合构造区整体处于高部位，圈闭面积约3.5平方千米，预测控制地质储量约300万～500万吨。

(光兴毅)

【煤层气勘探】 2002年，西北勘探开发处(煤层气事业部)围绕沁水盆地，从解决中原油田在山西和顺煤层气探区地质评价和勘探技术的实际问题，取得了新的认识，为该地区下步勘探开发奠定了基础。(1)开展相关资料收集和勘探开发技术调研。煤层气事业部先后走访了阳泉煤业集团、晋城煤业集团、石油天然气股份有限公司煤层气经理部等单位，参观了晋丹公司潘庄井组和中联煤公司樊庄井组，调研煤层气勘探开发生产情况，重点考察了中联煤层气有限责任公司在山西沁水盆地枣园地区煤层气井组(9口)试采现场，先后接待了晋城煤业集团煤层气LNG项目成员和东北煤田地质勘探公司煤层气钻井技术考察团。根据调研情况编写了《和顺地区煤层气贮存特征及勘探目标选择》、《中国煤层气勘探开发试验回顾与思考》。(2)煤层气工作取得新认识。通过对慢泉矿区陷落柱发育分布规律的调查研究，进一步解决了中原油田在山西和顺煤层气探区陷落柱发育规律及其分布预测的问题;通过对中国煤炭地质工程技术总公司引进的空气泡沫钻井设备及工艺技术调研,认识到使用空气泡沫钻井技术防止煤储层污染的特点及其发展的趋势,解决了使用清水钻井对煤储层的污染及对后期产能的影响问题,弄清了使用清水、胶液对煤储层压裂改造及对煤层气井产能的影响因素;通过对阳泉矿区瓦斯富集规律的调研,进一步提高了中原油田对山西和顺探区煤层气富集规律的认识。

(马建民)

物　探

【地球物理勘探工作概述】　地质调查处是中原油田从事石油天然气地震勘探资料采集、现场处理和科研技术服务于一体的工程专业化公司,属分公司正处级单位。截至2002年底,地质调查处共有员工862人,其中高级技术职称25人、中级技术职称161人,中专以上学历的284人、占员工总数的32.95%,各类工程技术人员273人,40岁以下员工699人、占员工总数的81.09%,工人566人,其中高级技师2人、工人技师14人、高级工289人、中级工220人、初级工41人。下设机关科室13个,基层单位10个(国际工程项目部、采集方法研究所、仪器修理厂、设备管理站、测绘中心、物资供应站、培训站、综合服务队、综合车队、民警中队),地震队8个(国内地震队5个、国外地震队3个)。资产总值25179.83万元,其中流动资产8109.39万元、固定资产1.47亿元、递延资产2351.19元、负债1.79亿元、所有者权益7298.64万元。各类生产勘探设备575台(套),新度系数74.24%。主要装备有24位模数转换地震仪8套,其中408UL地震仪1套、SYSTEM IMAGE地震仪1套、SYSTEM 2000地震仪2套、SN－388地震仪3套、TELSEIS STAR地震仪1套,地震仪器生产总道数18000道;各类测量仪器95台,其中Trimble5700定位仪23台、Trimble4700定位仪12台、Trimble4800定位仪6台;各类钻机42台、车辆246台。地震仪器和测量仪器整体水平达到世界20世纪90年代水平。2002年,地质调查处共有7支地震队工作在国内外16个区块施工,共完成二维地震资料采集5880.99千米,三维地震资料采集651.96平方千米,VSP测井2口,野外采集资料优级品率91.98%,合格品率100%,资料优级品率比2001年提高2.76个百分点。年内实现内外部收入2.52亿元,实现利润1455.86万元,产值和利润连续5年持续增长,创建处18年以来最好水平。

(张国军)

【地震勘探市场取得新进展】　2002年,地质调查处把巩固和开拓国内外市场作为企业生存与发展的主要工作来抓,专门设立了国际项目工程部和西部勘探项目经理部,对国内外市场信息收集、项目实施等进行全过程管理、指导和监控。先后参与了尼日利亚、伊朗、苏丹6区、新疆、滇黔桂等国内外项目的考察、谈判、投标等工作,先后4次中标新疆塔里木和准噶尔二维地震勘探工程、2次中标苏丹6区二维地震勘探工程、1次中标苏丹6区三维地震勘探工程,并于2002年10月,中标厄瓜多尔亚马逊地区热带丛林629平方千米三维地震勘探工程。年内,外部市场收入1.85亿元,占总收入的73.45%,呈现出油田内部市场、国内市场、国际市场各占三分之一的市场格局;与2001年相比,外部市场收入增加8317.46万元。

(张国军)

【中标厄瓜多尔三维地震采集工程】　2002年6月,中原油田地质调查处经过与包括CGG在内的5家国外勘探公司的竞争,中标厄瓜多尔亚马逊地区三维地震采集服务项目,合同计划工作量为满覆盖三维地震629平方千米,合同金额1.2亿元人民币。这是中原油田自1996年开辟苏丹国际市场之后进入的第二个勘探领域。

(张国军)

【物探研究工作概述】　物探研究院是中原油田从事地震资料处理与解释、综合地质研究、地震采集方法设计、计算机软件、信息网络工程建设等方面的理论研究、技术开发及技术服务工作的科研生产单位,属分公司正处级单位。截至2002年底,物探研究院(原计算中心)共有员工227人,其中高级工程师51人;研究生及以上学历18人,本科生学历118人;平均年龄33岁。下设院长办公室、党群办公室、科技生产科、计划财务科、处理中心、计算中心、物探方法研究所、综合地质研究所8个科室。拥有32CPU SGI Origin 3400并行机、SUN Blade 1000高性能工作站、64CPU PC机群、15TB带库存系统等设备38台(套)。配备有Geovecteur Plus、Views、Focus/Disco、Grisys Geodepth、Green Mountain、Promax等采集设计软件,Landmark、Tason、Integral plus、Gristation、MDI等解释软件,并长期与美国、法国、以色列等地球物理公司合作。物探研究院具有年处理二维16万千米、三维1万平方千米,解释2000平方千米的实力,并形成了大面积三维连片处理、三维叠前时间偏移、三维叠前深度偏移、三维高分辨率处理技术。年内,物探研究院共承担科研生产项目45项,先后完成了东濮凹陷马厂、白庙、桥口南—徐集、三春集等地区三维地震资料处理,陕北富县、塔里木中原探区及苏丹1、2、3、4、6区二维地震资料处理工作;开展了东濮凹陷白庙、桥口、刘庄等地区和塔里木、陕北富县探区地质研究工作以及计算机应用软件开发、网络技术研究工作;承担了野外采集软件开发、塔里木地震远程数据管理、物资供应管理系统、勘探开发宽带网技术等多项研究工作和物探数据库的设计任务。实现总收入4504万元、利润521万元,全面完成经营承包指标。

（夏启禹）

【地震勘探技术及成果】 2002年,物探研究院主要开展了三维叠前时间偏移技术、复杂地表静校正技术、深层三维地震勘探技术、储层地球物理技术研究等项目,使地震勘探水平进一步提高。(1)叠前时间偏移技术。利用新引进的并行计算机和先进的处理软件,开展了叠前时间偏移处理技术攻关,探索出一套叠前时间偏移及配套处理技术,即三维地表一致性处理技术、子波处理技术、高精度速度场建立技术和叠前时间偏移技术。在白庙、马厂地区三维地震资料处理中见到明显的效果,大大地提高了偏移成像精度,为解决复杂断块油气田的勘探问题提供了新的方法。(2)复杂地表静校正技术。针对陕北富县探区地表条件复杂、静校正问题突出的实际,开展了该区新一轮静校正方法攻关。利用基于模型的折射波静校正方法获得了较为准确的近地表模型,求取了较准确的静校正量,地震剖面质量明显提高,有效解决了长期困扰该区的静校正问题,使制约该区勘探的瓶颈技术取得了突破性进展。(3)深层三维地震勘探技术。“深层三维地震勘探技术”是2002年物探研究院承担的石化集团公司重大科研项目。通过对层状介质非线性模型、非均匀介质弹性波波动方程等地震勘探理论研究,在地震波的吸收衰减规律、深层速度提取、高精度速度分析、深层速度场的建立、薄互层响应特征等方面取得了进展,创立了统计量板拟井速度分析新方法。(4)储层地球物理技术。主要开展了多井岩性特征分析技术、精细储层标定技术、地震属性分析技术、多参数地质模型建立、高分辨率地震反演等技术攻关,在前梨园、邢庄、塔里木等地区的油气勘探中见到初步效果,以白庙、富县为目标进行了VSP、弹性反演、AVO等地球物理处理新技术的研究。

（夏启禹）

【东濮凹陷有利勘探目标评价】 2002年,物探研究院在《东濮凹陷有利勘探目标评价》项目研究中,利用高分辨率层序地层学、相干体、三维可视化、地震反演等新理论、新方法,开展了刘庄、邢庄、文西及前梨园环洼带等地区的地震地质综合研究工作,提供井位28口,被分公司采纳11口,发现了新的含油区块,为刘庄地区新增探明石油地质储量418万吨。

（夏启禹）

【塔中中原探区区域构造研究和火成岩识别与预测】 2002年,物探研究院针对塔中中原探区主要目的层埋藏深、地震速度横向变化较大、火成岩发育等复杂的地震地质条件,开展了闭合差校正、速度场建立、正演模型计算和火成岩识别与预测等技术攻关,落实了塔中5号等32个圈闭,基本搞清了火成岩的分布、活动期次及其对构造、油气的影响,完成了中1井的井位部署,使该井钻探成果成为2002年西部新区勘探的2个重要油气发现之一。

（夏启禹）

测　　井

【地球物理测井工作概述】 地球物理测井公司(以下简称“测井公司”)是一个集测井、射孔、取心、资料解释与评价、技术研究与仪器制造为一体的专业化公司,属勘探局正处级单位。截至2002年底,测井公司共有员工1128人,其中高级技术职称76人、中级技术职称204人、初级技术职称234人;高级技师3人、技师21人。下设经理办公室、党委办公室、人力资源部、计划财务部、市场经营部、物资装备部、工种技术部、HSE管理部、生产作业部、工团工作部和引进测井中心、数控测井中心、开发测井中心、射孔压裂中心、解释计算中心。共有施工作业队58个,其中国产数控队20个、开发测井队9个、引进测井中心队14个、射孔队15个。固定资产原值2.79亿元、净值1.43亿元。拥有EXCEL－2000成像测井装备和CSU－D、DDL－Ⅲ、AT＋、C/O等进口数控测井装备13套以及RFT、DF－Ⅰ、DF－Ⅴ、SKH－2000、SKD－3000A、SL－3000、521等国产数控测井装备30多套和DF－Ⅳ数控射孔装备15套。拥有SGI、Autro60、Sun Sparc等图形工作站及计算机硬件处理平台和多种先进的资料解释处理软件包。能够提供成像测井系列、数控测井、射孔系列服务，进行大斜度井、水平井、高温小井眼、开窗侧钻井等高难度井测井服务，能提供各种测井资料的处理和解释服务。2002年，完成测井6812井次，其中国产数控2248井次、CSU 405井次、RFT 645井次、国产生产测井1048井次、数控生产测井332井次、射孔2132井次，资料优等品率78.5%，开发井、调整井的解释符合率分别达到93.3%和91.3%，同比提高1.8%和13.8%。生产经营指标突破2.3亿元，同比增长28 %，上缴利润1600万元。

（申梅英　严　艳）

【测井解释成果】 2002年，地球物理测井公司在确保勘探开发的前提下，测井解释技术取得新突破。(1)发现含油气区块6块。共完成探井18口，电测解释有油气层井16口，解释油层37层78.2米、气层42层96.7米，其中获得工业油气流井8口。发现含油区块4个（河岸地区郎中集构造、刘海构造刘16东构造区、马厂构造东翼马19东反向断块、柳屯洼陷西翼），含气区块2个（白庙构造西翼白55断鼻和桥口构造东翼桥14西反向断块）。(2)解释开发区块2块。文234块解释油层6层12.0米、油水同层4层6.9米，低产油层1层1.0米；濮97块解释气层4层8.4米。测井解释调查表明：个别大斜度井由于造斜过快，测井施工艰难，测井曲线质量差，出现曲线变形、失真，曲线之间对应性差，使解释结果偏高；且由于储层泥质含量高、层薄，或低孔低渗，使得利用常规测井曲线对储层内所含流体以及生产能力进行分析判断存在较大困难。卫338井解释油层4层5.3米、干层1层0.7米，但试油后见油花，日产水2.26立方米；刘35井（黄河南测井、解释评价）在3819.1～35.9米解释油层3层5.7米、干层1层0.9米，压裂后日产水35立方米。

（申梅英）

【测井技术研究】 2002年，地球物理测井公司共开展局级科研及新技术推广项目17个（含7个2001年的接转项目），公司级项目20多个，其中“吸水剖面测井系列及解释方法研究”获石化集团公司科技成果二等奖。“中原油田不同类型剩余油测井系列优选及处理软件的研究”“文25东块剩余油综合研究”“油田开发中后期高精度碳氧比测井资料解释方法研究”和“硼中子寿命测井技术推广应用”等研究项目，为寻找中原油田的剩余油分布规律、提高中原油田的采出程度，提供了新的方法和思路；“东濮凹陷潜山油气藏测井技术评价研究”“东濮凹陷有效储层下限测井评价方法研究”和“中原油田天然气盖层测井解释评价技术研究”等项目的开展和落实，为确定中原油田深层油气藏的盖层性质、储层条件、测井解释方法，寻找深层油气，提供了有效的技术手段；“成像测井技术在中原油田的应用研究”“核磁共振测井评价与应用研究”和“复杂岩性裂缝性储层处理软件”等项目的应用，为充分开发、合理应用成像技术、解决水淹层、深层储层、复杂岩性裂缝性储层、剩余油分布、产能预测等技术难题提供了新方法、新手段；“东濮凹陷低电阻率油层形成机理”“解释方法研究及复查成果”等项目通过石化集团公司验收，这对在勘探中寻找新的油气藏及在开发油田中后期寻找剩余油的潜力层起到了重要作用。

（申梅英）

【开拓外部测井市场】 2002年，地球物理测井公司为了加强对市场的管理，采取了三方面的措施：一是整合外部市场，调整管理机构。按照“区域划片、方便管理、统筹兼顾、利于发展”的原则，对10多个外部项目组进行了整合，先后成立了西部、陕北、南部、环海、东北、东部、南阳、国际8个作业区，根据“德、能、勤、绩”的标准，打破学历、资历和干部界线，将懂技术、会管理、善交际的优秀人才调整到管理岗位上，实行无级别管理；二是明确任务，传递压力，实现产值指标的层层分解，落实产值指标与承包人个人利益紧密结合的考核政策；三是相继建成新疆、陕北、东北和环海的后勤服务基地，实现了强有力的后勤支持保障。陕北作业区：开辟了富县、庆阳、吴旗、靖边等地市场，完成各类测井330口，射孔309口，创产值1150万元；环海作业区：在辽河油田产量逐年下降的情况下，完成RFT 52井次，创产值312万元；东北作业区：连续签订了头台、冀铁、亿丰、莫里青等4个项目合同，合同金额300万元。同时，抓好东部、南阳、西部、环海等作业区RFT项目的开发，完成测井130口，创产值881万元。RFT测井小队的工作区域以中原基地为中心，辐射了辽河油田、冀东地区、胜利油田、南阳等地，南北跨域近3000千米。

（申梅英）

【EXCEL2000成像测井系统引进投产】 2002年6月，地球物理测井公司从美国哈里伯顿公司引进了EXCEL2000成像测井系统。该系统具有先进的综合性测井平台，能快速准确地采集数据、提供多种井眼成像，并具有强大的后处理工作站功能；主要应用于裸眼井、套管井和生产井的测井服务，可以在水平井、大斜度井和高温小井眼环境中进行测井施工。该系统的特点:(1)适用范围广。不仅可以在直井中进行施工,而且可以借助于水平井工具在大斜度井、水平井中采集测井资料;利用外径仅有69.8毫米(2.75″)的高温小井眼测井仪器,可以在高温高压井中进行测井,仪器耐温达260℃(500℉),耐压达172.3千帕(25000psi)。(2)功能强、速度快。可以在数据采集和处理期间提供更多的功能和更快的速度。(3)灵活的仪器组合。DITS下井仪可以全部组合在一起,极大地减少下井次数,提高测井时效,节省钻井时间。(4)先进的成像功能。EMI(微电阻率测井仪)和CAST－V(环形声波成像测井仪)对井周地层和井眼可以提供直观的成像。(5)直接获取油藏数值。MRIL－P(核磁共振成像测井仪)对储层流体具有独特的识别能力。

(申梅英)

录　　井

【地质录井工作概述】　地质录井处是中原油田负责油气勘探开发过程中的地质、气测、地化、定量荧光、工程参数、煤层气等录井以及地质设计、工程测量、地质综合研究、录井数据处理、录井新技术开发应用和设备研制与维修的主要生产单位,隶属勘探局。截至2002年底,地质录井处共有员工701人,其中专业技术人员292个(高级技术职称24人、中级技术职称103人、初级技术职称165人)。拥有固定资产原值7592万元、净值5872万元。装备美国产DLS综合录井仪5台,加拿大产DATALOG综合录井仪3台,美国产ADVANTAGE综合录井仪1台,信息产业部第22所产SLZ综合录井仪16台,自行开发研制的ZLJ－960型综合录井仪14台、地化录井仪10台、定量荧光录井仪6台、P·K分析仪3台、热解色谱仪2台、残余炭分析仪1台、车载色谱仪1台。年内,地质录井处共开钻458口井,完钻457口井,完井456口井,完成录井进尺190.6万米;初测量井位548口井,井位复测量470口井;地质设计500口井,录井工作量创历史最高纪录。上交完井资料410口井,其中一类资料井372口、一类率90.7%,二类资料井38口、二类率9.3%,优良率100%。油层符合率100%,剖面符合率91%,取心层位符合率100%,数据差错率0.6‰,录井质量指标均高于石油行业标准要求。完成工业产值7450万元,实现成本6420万元,实现利润1030万元,工业产值同比增加1145万元,增长18%。

(宗元国)

【东濮凹陷油气勘探录井】　2002年,地质录井处在东濮凹陷油气勘探录井中取得4项成果:(1)新14井沙三^{4}亚段录井发现良好油气显示。新14井是新霍构造上的一口天然气评价井,设计井深4490米,钻探目的是追踪新12井气层向南延伸情况,落实新霍东翼深层气储量规模。2002年4月10日开钻,录井在沙三^{4}段4293～4449米发现油气显示14层30.0米,槽面油气显示异常活跃,综合解释气层9层23.5米。(2)河岸地区刘29井喜获高产工业油流。刘29井录井在井段2732～4017米发现油斑1层2米、油迹4层9米、荧光10层21米,油气显示异常活跃,其中在井深3865.31米静止12.5小时测量后,钻井液密度由1.47下降至1.20,黏度由82秒上升到103秒,油气上窜速度70.2米/时。2002年7月13日对3932.9～3938.6米井段1层5.7米油层射孔压裂改造后,用6毫米油嘴放喷求产,日产原油23.6立方米、天然气4400立方米。(3)白61井录井发现良好气层。白61井是布署在白庙构造西翼白55断鼻上的一口评价井,钻探目的是探明白庙构造西翼白55断鼻南部沙三$^{2-3}$含油气性,追踪白16井油气层,获得储层变化和储量参数,设计井深4200米,录井在沙三$^{2-3}$井段3636～4136米见油气显示9层15米,综合解释气层7层17米,完井对4000.5～4015.1米井段油气层进行压裂改造,获日产原油2.4立方米、天然气1.88万立方米的工业油气流。(4)胡114井录井发现新的含油层系。胡114井钻至设计井深3500米,在井段3446～3481米录井发现油迹4层8米、荧光2层2米;根据油气显示特点和层位对比分析,认为主力油气段未钻穿,采纳加深建议,在加深井段3500～3599米录井又发现油迹6层12米、荧光6层15米,完井解释油层2层1.9米、低产油层2层3.9米。经过对比分析,认为该段为沙三^{4}亚段上部一套新的含油层系。

(冯师勇)

【开拓国内外录井市场】　2002年,地质录井处针对国内外录井市场的新形势和新特点,确立了"立足油田、服务全国、走向世界"的发展战略,通过抓质量管理,树"中原录井"形象,赢得了甲方的信任,为扩大市场奠定了基础。国际市场:积极参与国际合作,接待了苏丹、也门等国家5批11人次的考察访问,参与了尼日利亚、伊拉克等国家的12个国际录井项目的投标,续签了苏丹6区1＋1年合同,中标苏丹6区4521钻井队大包项目录井工程。年内,在苏丹的3个录井队共完成施工任务25口,创产值789万元。国内市场:进一步巩固和发展了塔里木、陕北、东北、南方海相和西部新区市场，特别是西部新区录井市场取得了重大突破。在塔里木，613录井队等3个小队相继中标5口井的录井施工权；在陕北，10个录井队共完成50口井的录井施工；在西部新区，中标了固2井和中4井的施工任务，其中中4井是西部新区最深的一口探井，设计井深6500米，预计施工周期一年左右，可创产值200余万元。

（郭 勇）

【录井综合地质研究与录井技术开发应用】 2002年，地质录井处开展了东濮凹陷北部中生界油气层特征及分布规律、文留地区泥岩裂缝油气层特征等6项综合地质研究，寻找油气层的分布规律，为勘探部署提供准备。年内共完成探井完井评价报告15份，均通过了甲方组织的评价验收。在录井技术研究与新技术推广方面，开展了低阻油气层录井识别技术、应用P·K仪快速评价储层等录井技术研究，取得了初步成果；完成了ADVANTAGE综合录井仪推广应用、显微荧光技术在录井现场中的应用等科研项目，进一步提高了录井技术的整体服务实力。

（钟 伟）

【ADVANTAGE综合录井仪投入使用】 2002年6月，地质录井处从美国引进了ADVANTAGE综合录井仪。该录井仪的特点：(1)硬件集成程度高，结构简单，便于维护。(2)具有符合国际认证的增压防爆系统。(3)独立的操作系统，安全稳定。(4)系统除提供常规综合录井仪所具有的钻井参数优化、水力学优化等后台软件外，还提供了套管设计、钻具震动分析、钻具设计、卡钻计算与分析、最大钻时计算、压漏实验、抽吸、激动压力设计、钻井液流变性能计算后台软件。(5)系统采用的快速色谱仪具有稳定性高、体积小、重复性好的特点，在30秒内能够分析出从C_1到nC_5的所有烃值。

（郭 勇）

钻 井

【钻井工作概述】 中原油田的钻井工作主要由钻井一公司、钻井二公司、钻井三公司、钻井四公司、塔里木中原钻井公司、钻井管具工程处、固井工程处、钻井工程技术研究院等8个二级单位负责，隶属勘探局。截至2002年底，各钻井单位共有员工11164人，其中专业技术人员2694人、大专以上学历的1164人、中专及以下学历的988人。拥有钻机122台，其中9000米带顶驱电动钻机1台、7000米电动钻机9台、机械钻机3台、6000米机械钻机10台、5000米电动钻机3台、4000～4500米机械钻机41台、3200米机械钻机51台、2000米撬装1台、车载1台、修井机2台，能承钻9000米以下的直井、定向井、水平井及各种高难度的石油天然气井及煤层气井、地热水井、盐井等其他类型的井。2002年，油田内部有钻井队72个，开钻486口，交井519口，进尺149.5万米；国内外部市场有钻井队40个，分别在东北、新疆、陕北、江苏、四川等14个地区施工，开钻545口，交井535口，进尺89.9万米。国际市场：在苏丹、也门、沙特阿拉伯等国家，开钻54口，交井50口，进尺10.41万米；与2001年相比开钻增加10口，交井增加6口，进尺增加1.73万米。年内，国内外钻井市场共开钻1085口，交井1104口，进尺250.03万米；开展科研项目60项，其中石化集团公司科研项目7项、完成3项；勘探局科研项目53项、完成26项。

（林毕安）

【提高内部钻井质量和速度】 2002年，中原油田内部钻井质量和速度大幅度提高：平均钻机月速2248.92米，同比增加137.24米；取心进尺1358.52米，同比增加351.88米；取心收获率95.93%，同比降低0.29%；生产时效97.32%，同比提高1.25百分点；非生产时效2.68%，同比降低1.06%；新钻井平均井深3321米，同比增加62米；建井周期48.10天，同比减少3.18天；迁装周期2天，同比减少0.11天；钻井周期36.33天，同比减少3.05天；完井周期9.79天，同比减少0.04天；钻机月速2136米/台·月，同比增加64.8米/台·月；平均机械钻速8.46米/时，同比增加0.50米/时；事故复杂时效降低0.12%。其中，完成4000米以上的深井42口，平均井深4272米，平均机械钻速6.14米，平均钻井周期61天，平均建井周期76天；比2001年多完井9口，机械钻速提高1.89米/时，钻井周期和建井周期均减少31天。

（林毕安）

【中1井获重大油气突破】 中1井是中原油田于2002年5月部署在塔里木盆地中原探区的一口预探井，也是石化集团公司部署在卡塔克1区块的第一口预探井。中1井位于塔中隆起卡塔克1区块塔中10构造带西段5号断背斜构造高点，距塔中10井约24千米，设计井深5500米，目的层为石炭系、志留系和奥陶系；钻探主要目的是查明5号构造含油气情况，了解石炭、志留系和奥陶系的油藏特征，探索塔中10号构造带西段油气成藏条件，为地震勘探提供参数。中1井由塔里木中原钻井公司7011钻井队承担钻井任务，西南石油局138录井队负责录井。2002年9月5日一开，井深503.16米；9月10日二开，钻遇第三系、白垩系、三叠系、二叠系、石炭系；10月22日完钻，井深3917米，钻达层位石炭系小海子组；11月2日三开，井深5179米。钻探中二叠系、石炭系、志留系见到良好油气显示。2003年2月15日，中1井在下奥陶系5148～5438米之间的5.81米小层进行了中途测试，获日产天然气3万立方米。

（王翙宇）

【科探1井实现“双孔合一”】 中国大陆科探1井是中国科学院钻探工程中心设计的国家“九五”重大科学工程项目，位于江苏东海县安峰乡毛北村，由钻井三公司70101钻井队中标并施工，设计井深5000米，全井取心。科探1井（CCSD－1）自2001年6月25日开钻以来，顺利完成了2000米先导孔的取心钻进、先导孔扩空两个阶段的施工任务，实现了先导孔、主孔二孔合一的目标，并于2002年10月5日开始主孔取心钻进。

中国大陆科学钻探工程科探1井是利用现代深部钻探高新技术，在具有全球地学意义的大别山苏鲁超高压、变质带实施的中国第一口5000米的科学钻探井，也是世界上首次在坚硬的超高压变质岩中实施科学钻探。在先导孔钻进施工中，70101钻井队克服地层坚硬和岩石破碎等困难，采用了国内外首创的“螺杆马达＋液动锤＋金刚石取心钻进”工艺技术，提高了硬岩钻进的机械钻速，使先导孔的井斜始终控制在3.3°以内，大大低于井斜不超过14°的设计要求，先导孔共取心650次，心长1898.64米，取心收获率88.5%以上，远远高于大陆科探中心预期80%的目标。中国大陆科探井先导孔的顺利完钻，充分展示了中原钻井的实力，二孔合一，不仅为地球科学研究赢得了宝贵的时间，而且也为中国大陆科探中心节约了大量的投资经费，标志着中国的地学研究和钻探技术已达到了世界先进水平，大陆科钻井工程被评为2002年度中国公众关注十大科技事件之一。

（孙志华）

【库1井创6项中国陆上钻井纪录】 库1井位于塔里木盆地沙雅隆起亚肯北1号构造高点，是石化集团公司新星公司西北石油局为“西气东输”部署的一口重点气源井。其钻探目的是探索该构造的含气性，实现油气新突破。库1井设计井深6959米，由塔里木中原钻井公司7013钻井队施工，2000年7月2日开钻，10月10日完井，完钻井深6941米。在钻进过程中，7013钻井队先后采用强化钻井参数、优选高效钻头、优化钻井液体系、优化钻具组合、采取欠平衡钻进、实行屏蔽暂堵、严格井控管理、严格操作规程等措施。7013钻井队施工的库1井，在发现重大油气显示、取全取准各种地质资料、摸索出一整套山前高陡构造超深超高压探井钻井经验的同时，创出26英寸大钻头一开井段最长、20英寸表层套管下深最深、复合套管下深最深、套管悬重量最大、超深井取心收获率最高、发现油气层最深等6项中国陆上钻井最高纪录。这口井也成为迄今为止塔里木盆地打成功最深的一口井。

（王翙宇）

【庄1井发现油气显示】 庄1井位于准噶尔盆地腹部中央凹陷马桥凸起莫西庄背斜的西部，是江苏油田区块上的第一口预探井，由塔里木中原钻井公司7012钻井队承担钻井任务。庄1井于2001年12月25日开钻，2002年5月22日完钻，完钻井深4906米。经电测解释，全井发现油气显示581米，其中在4550～4780米侏罗系八道湾组发现13层101米油气显示，预测含气面积23平方千米，油气储量2000万吨以上。2002年6月4日，石化集团公司副总经理、石化股份有限公司总裁王基铭一行专程到庄1井检查指导工作，并题词“西部勘探钻井先锋”。

（林毕安）

【海参1井报废】 海参1井位于宁夏回族自治区海原县双桥乡樊家堡，是石化集团公司西部勘探指挥部在该区部署的第一批重点探井。勘探目的是落实六盘山盆地地层层序发育及沉积特征，建立完整的地层柱状剖面，进一步了解该构造中生界、上古生界的生储油含油气性，重点查明盆地内三叠系、侏罗系的沉积、储层变化及圈闭的含油性。海参1井由钻井四公司70113钻井队施工，设计井深5600米，其中取心200米，在钻至井深3119.95米时，由于井身结构不合理，发生严重的井下事故，老井眼报废。

（林毕安）

【定向井水平井技术进一步完善】 2002年，钻井部门利用地层自然漂移规律，优选地面井口位置、优选剖面，加强井眼监测和实钻轨迹控制，定向井、水平井技术进一步完善。年内，在油田内部完成定向井308口，占完成井的77.19％，其中50°以上的定向井43口、水平位移大于1000米的井4口、三靶定向井11口。文266－9井完钻井深3188米、水平位移1178.73米、最大井斜 73.9°,卫气 3 井完钻井深 3550 米、最大水平位移 1454.69 米、井斜 67.92°。(见表 1、表 2)

表 1　2002 年完成定向井技术指标统计

单位名称	完成井总数(口)	定向井数(口)	定向井所占比例(%)	三靶定向井(口)	平均井斜(°)	平均位移(米)	井斜大于 50°的井数	水平位移大于1000 米的井数
钻井一公司	107	91	85.05	2	32.18	365.22	15	2
钻井二公司	82	59	71.95	2	34.16	348.71	8	
钻井三公司	109	73	66.97	7	38.41	464.87	12	
钻井四公司	101	85	84.16	0	33.31	377.12	8	2
总　计	399	308	77.19	11	34.34	388.96	43	4

表 2　2002 年完成水平井技术指标统计

序号	井 号	开钻日期	钻井周期(日)	建井周期(日)	水平位移(米)	水平段长(米)	完钻井深(米)	完钻垂深(米)
1	文 92 - 平 1 井	2001.10.22	175.89	210.5	606.2	376.5	3680	3177.7
2	HD1 - 14H 井	2002.1.20	112.88	126.00	573.63	AB:155 CD:150	5507.00	5016.14
3	TZ16 - 13 井	2002.3.21	114.12	129.24	503.01	300.19	4253.25	3854.40
4	LG171C 井	2002.9.26	21.67	24.13	169.98	105.00	5631.00	5495.32

(注:LG171C 井数据为 5447 米处侧钻施工水平井井段资料。4 口水平井中,油田内部井 1 口、塔里木地区 3 口。)

(林毕安)

【深井钻井技术】　2002 年,中原油田内部完成 4000 米以上深井 42 口,平均井深 4272 米,平均机械钻速 6.02 米/时,平均钻井周期 61 天,平均建井周期 76 天;外部市场完成 5000 米以上的深井 15 口,主要集中在塔里木地区,平均井深 5542 米,平均机械钻速 4.6 米/时,平均钻井周期 138.7 天,平均建井周期 121.34 天。在深井钻井施工中采用的主要技术有:合理确定井身结构;根据地层岩性及可钻性优选钻头;在不同地区采用相应的钻具组合及使用 PDC + 螺杆复合钻进;根据深井对钻井液的特殊要求,采用有效的深井钻井液体系,确定合理的钻井液密度;优选固井添加剂,提高顶替效率,采用平衡压力法固井等提高固井质量;固相控制达到四级净化,震动筛筛布达到 120 目;进一步完善和应用防塌技术、快速堵漏技术、安全防卡技术等一系列事故、复杂情况预防技术和措施。

(林毕安)

【固井质量提高 3 个百分点】　2002 年,钻井部门针对油田地层压力复杂、封固段长、漏失井多、水泥第二界面胶结质量差和深井、大斜度井、水平井、调整井增加的特点,推广应用了低密度水泥浆固油层技术、提高第二界面固井质量技术、深层气固井技术、水平井固井技术、复杂压力系统条件下固井技术,油田内部新钻井共完成油层固井 393 口。根据质量标准对固井质量进行重新评定,优质井 266 口,合格井 384 口,不合格井 9 口,平均固井合格率 97.71%,固井优质率 81.17%,与 2001 年同期相比固井合格率提高了 3 个百分点。

(林毕安)

【完善钻井液体系】　2002 年,钻井部门在对大量现场原始资料的分析,特别是对各区块的优质、安全、高效完成井和各区块典型复杂井、事故井的钻井液资料分析的基础上,完善了聚合物钻井液、聚磺钻井液、饱和盐水钻井液、盐水钻井液、聚合醇钻井液、正电胶钻井液、黑色正电胶钻井液、聚磺钾盐钻井液、两性离子磺酸盐聚合物钻井液等 9 种钻井液体系,规范了不同区块、不同井型所使用的钻井液体系。(1)优选体系配方,提高钻井液与地质条件的适应性。在胡状集、庆祖集、黄河南地区,使用正电胶 + 聚合物体系和两性离子磺酸盐聚合物钻井液体系;在卫城下盐、沙二上盐、文九盐、文 23 盐的井使用饱和盐水钻井液体系;在井斜超过 40°、位移大于 500 米的井使用黑色正电胶混油钻井液体系;在滚动评价井、探井、滚动开发井采用聚合醇钻井液体系；对井壁不稳定、易掉块区块的滚动开发井采用聚磺钾盐钻井液体系和两性离子磺酸盐聚合物钻井液体系。(2)随着深井数量增加，制定了适合深井安全施工的钻井液技术措施。文13块深井钻井：井深达到3000米时，选用抗高温抗污染能力强的高分子聚合物PAMS－900，抑制粘土分散；上部地层严格控制低密度固相含量小于10%；用三开处理剂胶液置换部分二开钻井液；下部地层钻进时用好的钻井液净化设备；钻井液加重后，间断使用离心机；保持钻井液中的坂土含量不大于40克/升；中途起下钻时，清理地面循环罐中沉砂；钻井液维护处理以补充处理剂胶液为主，减少FCLS用量；井深超过3000米后，抗温处理剂加量要足。(3)适用于黄河南区块的钻井液技术得到逐步完善。针对黄河南地区易垮塌掉块、井壁不稳定、井下复杂情况多、井深大部分在4000米以上的特点，采用了相适应的钻井液体系，从而保证了钻井作业的顺利进行。

（林毕安）

【钻井参数仪投入使用】 2002年7月13日，地质录井处研制生产的ZLJ－2000钻井参数仪通过勘探局组织的技术鉴定，经中国社会科学院信息中心查新结果表明：该参数仪在整体隔爆技术、钻具震动监测技术、井眼轨迹跟踪技术方面达到了国内同类型设备的领先水平，首批8台钻井参数仪已交付各钻井公司使用。该参数仪采用WINDOWS可视化标准界面，提供了司钻人机对话接口，操作简单方便。其特点：采用隔离防爆设计，适用于钻井现场；采用远程自动化管理技术，可通过局域网配置多台计算机，并可实现远程控制；采用系统钻具震动监测系统，能自动对有害的钻具震动报警；具有硫化氢防护和报警功能及起下钻复杂井段预告功能；采用防腐、防震设计及宽工作温度范围设计。

（林毕安）

【中原钻井获得中石化2口重点探井施工权】 2002年，在石化集团公司西部勘探指挥部部署的3口重点探井投标中，中原油田中标沙1井和海参1井2口探井的施工权。沙1井位于新疆维吾尔自治区沙湾县准噶尔盆地中央坳陷，是一口预探井，设计井深5500米，目的层系是侏罗系和三叠系；海参1井位于宁夏回族自治区海原县双桥乡樊家堡，是部署在六盘山盆地海原凹陷的一口重点参数井，设计井深5600米，钻探目的是落实六盘山盆地地层层序发育及沉积特征。

（林毕安）

【塔里木盆地中原探区勘探】 为进一步发展中国西部资源战略接替区，石化集团公司在塔里木盆地、准噶尔盆地和河西走廊等地区申请登记了42个新的勘探区块，总面积22万平方千米。中原油田分公司获得了塔里木盆地新登记的22个区块中5个区块，即顺托果勒西区块3817.16平方千米、阿东区块6076.69平方千米、卡塔克1区块5406.29平方千米、和田河东区块2657.44平方千米、和田河西区块5053.78平方千米，合计面积23011.35平方千米。塔里木盆地中原探区构造位于塔里木盆地塔中隆起的西北倾没端和巴楚隆起东部，南北以斜坡与西南坳陷、满加尔坳陷、阿瓦提断陷相连；地理位置位于新疆维吾尔族自治区阿克苏、和田两个地区和巴音郭楞蒙古自治州内，处于塔克拉玛干沙漠中北部，距沙漠公路150千米。区内平均海拔1000～1200米，地表为第四纪松散沙层覆盖，沙层厚度变化大，形成条带状、蜂窝状沙丘、沙垄，高约10～100米，沙梁、沙川间隔分布，一般宽为500～1000米；表层结构为两层，无降速层，潜水面最大埋深70米；区内除去贯穿阿东区块和和田河西区块近南北流向的和田河岸有胡杨林带和少量红柳树外，无其他植被。中原探区环境恶劣，自然经济条件差，交通不便，施工条件恶劣。

中原探区的勘探工作由中原油田分公司2001年3月1日成立的西部勘探经理部负责。2001—2002年，塔里木盆地中原探区部署地震勘探4期，完成二维地震84条5994.74千米；完成了“塔里木盆地中原油田区块油气成藏条件及勘探目标研究”、“塔里木盆地中原油田勘探区块圈闭评价与钻探目标优选”、“塔里木盆地中原油田区块油气成藏条件及勘探目标研究”、“塔中地区中上奥陶系地质异常体识别与综合评价”、“塔中地区火成岩体识别与预测技术”、“塔里木盆地塔中探区深井钻井技术研究”等项目。2002年5月，西部勘探经理部部署了预探井中1井，并获重大油气突破。

（王翙宇）

【塔里木中原钻井公司工作概述】 塔里木中原钻井公司是中原油田在塔里木盆地石油勘探开发会战中设立的一个专业化公司。1988年7月，中原油田按照原中国石油天然气总公司的要求，派遣钻井二公司7012钻井队代表中原油田参加塔里木石油勘探开发会战，成立了塔里木中原钻井公司；1989年10月、1990年12月，中原油田又派遣钻井二公司7011钻井队，钻井一公司7013、7014钻井队和钻井三公司120人、钻井四公司60人到塔里木探区承接罗马F400机械钻井，组建了60701、60702、60703钻井队参加勘探开发会战；1991年4—6月，中原油田再次派遣钻井四公司、钻井三公司、钻井一公司各60人到塔里木探区，并组建了60704、60705、60706钻井队；1992年7月，钻井一公司派60人到塔里木探区承接美国CIII2型9000米电动钻机，并组建了全国陆上钻探能力最大的9001钻井队。1997年12月19日，塔里木中原钻井公司在塔里木探区先后通过ISO 9002质量体系认证，取得了国家质量体系认证机构颁发的《质量体系认证证书》，其中5个钻井队通过“长城钻井队”资质认证，成为全国石油钻井公司拥有大型钻机最多、长城钻井队最多的钻井公司。

截至2002年底，塔里木中原钻井公司共有员工776人，其中教授级高级工程师1人，各类高级专业技术职称30人，中级专业技术职称70人。下设经理办公室、生产调度室、党群办公室、财务科、企管科、人事劳资科、机动科、技术安全科、行政科、泥浆科10个职能科室和供应站、车队2个后勤单位。共有钻井队11个，其中拥有F400型6000机械钻机的钻井队6个、E2100型7000米电动钻机的钻井队4个、CIII2型9000米电动钻机的钻井队1个。9001钻井队、7014钻井队、60701钻井队、60702钻井队、60704钻井队、60705钻井队、60706钻井队7个钻井队在塔里木油田施工，60703钻井队、7013钻井队2个钻井队在新星石油公司西北石油局施工，7011钻井队、7012钻井队2个钻井队在石化西部新区施工。2002年，塔里木中原钻井公司在油气勘探中动用钻机11台，开钻16口，交井18口，钻井总进尺9.45万米，取心420米，心长402米，收获率95.5%，井身和固井质量全优。全年创产值2.1亿元，全员劳动生产率27万元/人·年。

（张盛文）

【固井工程处完成年度经营指标】 2002年，固井工程处累计完成油层固井370口，同比增长6.87%；完成产值1.7亿元、实现利润620万元，同比分别增加51%和16.3%。(1)以科技为先导，提高固井质量。先后开展了中原油田水平井固井、深层气固井、复杂地层压力开发井固井技术推广应用等多项技术研究，综合应用裸眼封隔器、多凝水泥浆等配套工艺技术，使卫城、濮城、胡状集等老油区复杂压力系统的固井问题得到进一步解决，固井质量合格率97.84%、优良率81.35%，同比分别提高2.84和4.65个百分点。(2)外部市场成为新的经济增长点。东北、陕北、南阳市场稳步增长，特别是中原油田轮台固井工程处的成立，进一步稳固了西部市场；苏丹5区、6区施工工作量顺利完成。(3)加强生产管理，提高经济效益。积极理顺生产关系，对内部机构进行合理调整，将原固井公司整合为2个固井分公司；修订完善了《外出项目管理办法》等市场管理规章制度，实行上交费用包干、实现利润与处分成的承包形式。(4)更新外部市场设备。筹措资金2300余万元，购置了双机双泵、单机单泵混浆车等设备30台(套)。(5)加强物资管理。改针线笸箩库为三级库管理，压缩库存集中采购，减少中间环节，将水泥、添加剂归口管理，进一步理顺了物资管理程序，堵塞了管理漏洞，满足了生产需要。

（王喜祥　王胜忠）

【散装水泥混拌工艺改造项目正式投产】 为解决油田在用水泥混拌系统工艺落后、自动化程度低、操作劳动强度大、粉尘污染严重等问题，固井工程处于2001年底投资760万元对混拌系统进行改造。经过10个月的紧张施工，改造项目顺利完成，并于2002年11月21日一次性通过勘探局验收。改造后的混拌系统，外加剂干混能力提高50%以上，外加剂或外掺料添入量在0.1%～100%之间均可准确配比；水泥罐储能力达4000余吨，可储存7个品种的添加剂300余吨。该系统操作性好、可靠性高、密闭性好，可有效降低劳动强度，防止环境污染。散灰混拌系统工艺改造的正式投产，日供成品水泥500～700吨，可同时满足3～5口井固井需要。

（王喜祥　王胜忠）

【中原油田轮台固井工程处成立】 2002年8月，固井工程处在新疆维吾尔自治区库尔勒市轮台县注册成立了中原油田轮台固井工程处。9月19日正式剪彩成立。轮台固井工程处占地面积1万平方米，注册资金2160万元，拥有国内各类固井施工设备21台(套)，其中三机双泵固井设备1台；下辖年生产能力3万吨的散装重晶石粉厂，可承揽各类深井、超深井的固井设计、施工及重晶石粉的加工、送井任务。中原油田轮台固井工程处的成立，是固井工程处“十五”期间外部市场重要的战略部署，对不断增加固井工程处外部固井市场的占有份额，培育新的经济增长点，实现长期、可持续发展有着重要的意义。

（王喜祥　王胜忠）

【钻井管具工程处工作概述】 钻井管具工程处于2001年12月20日由原钻井管具工程一处、钻井管具工程二处整合成立，基地位于河南省清丰县马庄桥镇，主要承担钻具、工具、井控装备的租赁与检修，防喷器安装度压,欠平衡钻井设备租赁与技术服务,全新钻杆加工制造和钻具大修,井下工具制造等业务。截至2002年底,钻井管具工程处共有员工638人,其中专业技术人员134人;下设12个直属单位和10个业务科室。拥有各类技术装备400余台(套),其中具有国际先进水平的技术装备60余台(套)。资产总值2.7亿元。2002年,钻井管具工程处共完成科研项目11项,新技术推广项目46项,其中"钻杆摩擦焊工艺研究与应用"等3项成果通过勘探局鉴定,科技增效1000万元以上;年内创产值1.86亿元。

(宗德信)

【钻井管具工程处开展表层套管加工新业务】 套管是油田勘探开发的重要材料,每年中原油田都要动用大量资金用于套管采购。2002年,钻井管具工程处从节约采购资金、提高经济效益的目的出发,与物资供应处合作,购进套管光管,自行加工接箍,开展13⅜″表层套管加工制造业务。为保证产品质量,钻井管具工程处建立了从管体及接箍原材料的进货到螺纹加工、套管接箍机紧扭矩及圈数控制的全过程质量保证体系,套管质量完全达到API标准,并通过局级鉴定。年内,共加工生产套管406根。10月26—31日,将75根表层套管分别在70566钻井队施工的新13井、4520钻井队施工的文23-22井、32861钻井队施工的新卫2-1井使用,现场表明:套管的螺纹连接容易、下套管作业顺利、套管试压合格。

(宗德信)

【钻杆摩擦对焊项目投产】 钻杆摩擦对焊项目于2001年9月立项,2002年被勘探局列为科研攻关项目。该项目通过摩擦对焊技术除能使管体完好而接头报废的钻杆再次得到修复利用外,还可进行全新钻杆制造,年创产值1800万元。2002年,钻井管具工程处开展了对长春产C120-A型摩擦焊机的技术改造,运用计算机对焊接参数进行自动控制,并采用形变热处理工艺,增强了钻杆焊区的韧性,提高了焊接的可靠性和抗疲劳度。焊样经天津、西安管材研究所鉴定,各项焊接技术指标均达到API标准。7月2日钻杆摩擦对焊项目投产。至年底,钻井管具工程处运用该技术焊接钻杆744根,每根节约资金2000多元,创产值150多万元。

(宗德信)

【加工制造"中原新速通"牌PDC钻头】 2002年,钻井管具工程处根据管具行业发展的趋势,制定了由简单租赁型向技术加工服务型、由简单维修型向加工制造型转变的发展思路,通过开发新产品进一步调整了产业结构。2002年5月,钻井管具工程处在分析中原油田地层特点的基础上,与深圳兴沃公司通过技术合作的方式,确定了联合开发PDC钻头的项目。11月6日,双方合作开发的PDC钻头加工制造项目通过勘探局鉴定。至年底,钻井管具工程处共生产4个系列PDC钻头45只,其中SN207001号钻头在32414钻井队承钻的4口定向井上使用,累计进尺3902米,机械钻速10.3米/时,创同类钻头单只进尺最高指标。

(宗德信)

【中原油田轮台管具工程处成立】 2002年,钻井管具工程处为贯彻勘探局"走出去"的发展战略,调整发展思路,确立了"立足中原,面向国内,走向国际"的经营发展方向,经勘探局批准,投资200多万元在新疆维吾尔自治区轮台县虹桥开发区组建了中原油田轮台管具工程处,并于2002年9月19日投产开业。轮台管具工程处共有员工20人,厂区占地面积1.05万平方米,资产总值5000多万元,拥有各类专用管材检修设备和井控装备26台(套),能够提供钻具、工具、井控装备的供井技术服务和维修检测服务。截至2002年底,轮台管具工程处共组建服务队9个,服务延伸到塔里木、克拉玛依、青海、吐哈等油田,年创产值800多万元。在塔里木探区中1井欠平衡钻井技术服务过程中,工程技术人员有效地解决了火成岩垮塌等技术难题,发现油气显示219米。

(宗德信)

【胡状集油田首口定向井胡5-208井完钻】 2002年1月,由钻井二公司32938钻井队施工的胡状集油田首口定向井——胡5-208井完钻。胡5-208井是一口井深2650米的定向井,位于西斜坡胡状集油田胡5断块,钻探目的是为了挖潜该区块沙三下剩余油。2001年11月1日,钻井二公司32938钻井队承担了胡5-208井的施工任务,于11月12日完钻后,因地质要求,12月20日又对该井进行地质侧钻。由于胡5断块地层常年受注水的影响,井下压力系数紊乱,井深2354米时,钻遇罕见的高压油气层。针对井下生产条件复杂的情况,钻井二公司把原钻井液密度由1.27克/立方米提高到了1.58克/立方米,接近地层抗破压力系数,同时采取了严密的防漏、防涌措施,顺利完成了地质侧钻。在完井作业中,采用了"膨胀水泥浆体系和双凝水泥浆+管外封隔器"技术、堵漏技术、裸眼封隔器技术,并使用1.58克/立方米的高密度钻井液，既保证不发生井漏，又确保钻井和固井质量优质，这在胡状集油田钻井施工井中尚属首次。

（贾国庆）

【中原油田第一口超深超薄油层水平井完井】 2002年，由钻井二公司50113钻井队承钻的中原油田第一口超深、超薄油层水平井——文92－平1井顺利交井。该井完钻井深3680米，最大井斜95°，实际水平段长374米，横穿油层100米，井身质量和固井质量优良。文92－平1井位于文东地区文92断块，原设计井深4073.14米，设计水平位移1002.27米，水平段长700米。钻探目的是利用水平井技术高效开发文110东块沙三上8砂组Ⅰ小层油层，改善油藏开发效果，提高产能及采收率。施工中，50113钻井队采用MWD无线随钻技术、正电胶和聚合醇泥浆体系、双级固井、钻杆硬连接测井等技术，全部数据用计算机处理。文92－平1井第一次开钻为导眼寻找油层位置，钻至3205米完钻；第二次开钻把导眼回填2860米，侧钻至3467米完钻，水平段为3306～3467米；第三次开钻从3306米开始侧钻，钻至3680米完井，然后从3306米挂尾管、固井一次完成。

（陈保轩　贾国庆）

【钻井二公司通过ISO 9001—2000质量体系认证】 2002年10月18日，经过中国新时代质量体系认证中心5名专家组成的评审组审核，钻井二公司通过了ISO 9001—2000质量体系认证，成为中原油田率先通过中国新时代质量体系认证中心ISO 9001—2000质量体系认证的钻井公司。2002年6月，钻井二公司为提高市场竞争力，巩固和发展国内外钻井市场，向中国新时代质量体系认证中心提出了ISO 9001—2000质量体系认证申请。10月16日，认证中心专家按照ISO 9001—2000国际标准对钻井二公司15个部门、单位进行了认真检查和正式审核。专家认为，钻井二公司所建立起的质量体系既符合实际，又反映了钻井行业的特点，并在保证钻井工程质量，提高公司整体管理水平，增强市场竞争力方面取得了很大的成绩，一次通过了钻井二公司ISO 9001—2000质量体系认证终审。

（贾国庆）

【钻井三公司内外部市场开钻338口】 2002年，钻井三公司不仅巩固了吐哈、青海、陕北等老市场，而且开辟了南阳、西部新区、西北及厄瓜多尔等新市场，外部市场钻机总数达到24台，首次超过了中原内部市场钻机的台数，实现了勘探局提出的内外部钻井市场各占二分之一的目标。内外部市场共开钻338口，交井341口，进尺76万米，实现产值8.2亿元。其中，外部市场开钻196口，交井188口，进尺31.7万米。

（孙志华）

【钻井三公司依靠科技提高钻速】 2002年，钻井三公司完善科技管理，建立了从公司科技开发部、技术管理部到基层技术小组的技术管理网络，成立了科技专家领导小组，投入科研经费480余万元。年内，在油田内部完成井平均井深3111米，钻机月速度2352米/台·月，机械钻速9.23米/时，建井周期42天1小时，完井周期平均8天4小时，事故时效2.36%，其中钻机月速度比勘探局平均高99米/台·月、建井周期少4.7天；开展石化集团公司级科研项目1项、局级科研攻关项目6项、局级新技术推广项目13项、局级科研现场实验项目2项、与石油院校合作项目3项，其中动力钻具＋高效钻头、水力加压器、防漏堵漏等技术得到广泛应用，促进了生产技术水平的提高。

（孙志华）

【定位式钻杆输送电缆测井技术通过鉴定】 2002年，钻井三公司开发研制的“定位式钻杆输送电缆测井技术”通过了石化集团公司科技成果鉴定。该技术的特点：旁通接头密封好、下井后可随时开泵循环、安全系数高、操作简便、成本低；用直径70毫米系列井下仪器，对一般钻具即可进行钻杆输送电缆测井，不必换大水眼钻具；加辅助深度系统，可彻底解放钻杆输送测井中由于绞车电缆与起钻不同步造成的深度不准问题；挂接了磁定位测井仪，便于判断仪器串的运动状态和仪器的定位情况；采用国产数控测井仪配接3700系列测井仪器，可节约数百万元的地面仪器费用；采用PCM编码传送技术，一次下井可取全标准9条测井曲线和2条井斜、方位曲线。定位式钻杆输送电缆测井技术解决了钻具输送测井中钻具与测井不同步造成的深度不准、国产小数控与3700系列小口径仪器配接和钻具输送工艺中的技术难点，适用于依靠常规测井方法不能施工的大斜度定向井、水平井和复杂井的测井施工。

（孙志华）

【春9－43井创钻井新指标】 春9－43井位于黄河南油区春8东块，设计井深3450米，是一口滚动开发井。2002年4月15日，钻井三公司32856钻井队在春9－43井施工中，运用大功率螺杆加PDC钻头钻进等技术，仅用12天23小时钻完设计井深3450米，创出生产时效100%、纯钻时效56%、平均机械钻速19.34米/时的勘探局钻井新指标。施工中，32856钻井队合理调整钻井液密度，采用无萤光润滑剂，最大限度地保护和发现油气层。在井深3140～3396米，发现油迹1层4米，萤光15层43米。

（孙志华）

【钻井四公司拓宽外部市场】 2002年，钻井四公司制定了“立足中原市场，巩固拓宽国内市场，加快发展国际市场”的市场战略，在积极参与油田内部市场竞争的同时，大力开拓国内外部市场和国际市场，努力构建中原、国内、国际三大市场格局，外部市场的规模由原来的6支钻井队增加到13支钻井队，国际市场实现了“零”的突破，中国7号钻井队年初进入沙特阿拉伯市场，下半年接管中国1号钻井队。至2002年底，钻井四公司已形成了中原、陕北、东北、新疆、四川、冀东、沙特七大市场板块，基本实现了内外部市场各二分之一的市场格局。

（郝增森）

钻井队选介

【70566钻井队】 截至2002年底，钻井一公司70566钻井队共有员工41人，其中党员14人。平台经理王学英，党支部书记李瑞红。2002年，70566钻井队开钻5口，交井5口，进尺2.13万米，电测一次成功率100%，井身质量和固井质量合格率100%，全年事故复杂井为零。承钻的刘35井，设计井深4149米，最大井斜43.3°，最大位移555.11米，建井周期55天10小时，钻井周期41天11小时；承钻的马68井，设计井深4149米，最大井斜55.6°，最大位移946米，仅用24天完钻井深3400米。2002年，70566钻井队获勘探局“金牌钻井队”称号。

（李树林）

【32815钻井队】 截至2002年底，钻井一公司32815钻井队共有员工41人，其中党员12人。平台经理周建军，党支部书记许现军。2002年，32815钻井队开钻5口井，交井5口，进尺1.64万米，电测一次成功率100%，井身质量和固井质量合格率100%，生产时效97%，纯钻时效39%，全年事故复杂井为零。3月，承钻的文266－9井是一口高难度双靶心定向井，完钻井深3188米，最大井斜72.9°，最大位移1178.73米，机械钻速13.39米/时。施工中，32815钻井队坚持科学施工，推广应用复合钻井新工艺，以39天完成设计要求，油气显示良好，各项指标全优，创出了机械钻速高、位移最大的成绩。2002年，32518钻井队获勘探局“金牌钻井队”称号 。

（李树林）

【32978钻井队】 截至2002年底，钻井一公司32978钻井队共有员工40人，其中党员11人。平台经理于国利，党支部书记周玉华。2002年，32978钻井队开钻10口井，交10口井，进尺2.98万米，电测一次成功率100%，井身质量和固井质量合格率100%，生产时效98%，纯钻时效38%，全年事故复杂井为零。承钻的卫360－73井，完钻井深3420米，机械钻速13.28米/时；承钻的文侧33－131井，完钻井深3211米，机械钻速19.31米/时，建井周期29天14小时，钻井周期14天8小时。2002年，32978钻井队获勘探局“金牌钻井队”称号。

（李树林）

【4515钻井队】 截至2002年底，钻井二公司4515钻井队有员工42人，其中党员9人，团员27人。平台经理温振伟，党支部书记徐希贞。2002年，4515钻井队开钻5口，交井5口，累计进尺1.81万米，节约钻井成本65.4万元，井身质量优质率、固井质量优质率、甲方指令执行率、资料齐全率、环保达标率均达100%，复杂事故时效0.54%，全年安全无事故。承钻的卫360－8井、刘24井、胡114井被钻井二公司评为“优质工程井”，并获勘探局“金牌钻井队”称号。

（马自法）

【4519钻井队】 截至2002年底，钻井二公司4519钻井队共有员工45人，其中党员10人，团员20人。平台经理杨红光，党支部书记黄保明。2002年，4519钻井队开钻4口，交井5口，累计进尺1.83万米，节约钻井成本123.8万元，井身质量优质率、固井质量优质率、甲方指令执行率、资料齐全率、环保达标率均达100%，复杂事故时效0.8%，全年安全无事故。承钻的刘29井、文72－323井、桥77井被钻井二公司评为“优质工程井”，并获钻井二公司“双文明建设先进单位”和勘探局“金牌钻井队”称号。

（马自法）

【32938钻井队】 截至2002年底，钻井二公司32938钻井队共有员工42人，其中党员9人，团员18人。平台经理王卫平，党支部书记刘白银。2002年，32938钻井队在油田内部和陕北市场共开钻14口，交井15口，

累计进尺1.97万米，节约钻井成本58万元，井身质量优质率、固井质量优质率、甲方指令落实率、资料齐全率、环保达标率均达100%，复杂事故时效0.47%，全年安全无事故。承钻的文209-60井、文侧25-96井被钻井二公司评为"优质工程井"，并获勘探局"金牌钻井队"称号。

（马自法）

【45113钻井队】 截至2002年底，钻井三公司45113钻井队共有员工46人，其中党员5人。平台经理马国平。2002年，45113钻井队以打造名牌钻井队为目标，抓实基础，创新管理，积极推广应用新工艺、新技术，全年安全生产无事故，井身质量优质率、固井质量优质率、标准化管理达标率、环保达标率均为100%。承钻的马71井是勘探局2002年部署在马厂油区的一口重点探井，设计井深3600米，完井井身3600米，钻井周期39天，建井周期46天，取心进尺3.5米，取心收获率100%，1月9日开钻，2月21日交井，井身质量和固井质量全优。2002年，45113钻井队获勘探局"金牌钻井队"称号。

（孙志华）

【45146钻井队】 截至2002年底，钻井三公司45146钻井队共有员工44人，其中党员6人。平台经理孙委。2002年，45146钻井队以"强化生产组织、完善技术管理、提高钻井时效"为工作目标，优质高效地完成了刘33井、文179-33井等勘探局重点项目的钻探施工任务。承钻的刘33井是勘探局2002年部署的一口重点评价井，设计井深4100米，完井井深4110米，4月2日开钻，6月2日交井，钻井周期41天，建井周期63天，钻井总时间1467小时，井身质量和固井质量全优。施工中，45146钻井队采用螺杆钻具加高效PDC钻头技术，仅用28天就完成进尺3960米。2002年，45146钻井队获勘探局"金牌钻井队"称号。

（孙志华）

【45156钻井队】 截至2002年底，钻井三公司45156钻井队共有员工43人，其中党员7人。平台经理伏天明。2002年，45156钻井队加强生产组织和安全技术管理，优质高效地完成了富古5井等勘探局重点项目的钻探施工任务。在勘探局重点勘探评价井——富古5井的施工中，对上部井段采用PDC钻头+螺杆复合钻进，提高机械钻速；复杂层段使用特殊扣型钻铤、坚持定期检查探伤等措施，仅用83天完成设计井深3100米（完井井深3170米），设计建井周期115天的深层探井，取心进尺90米，取心收获率97.48%，井身质量和固井质量全优。2002年，45156钻井队获勘探局"金牌钻井队"称号。

（孙志华）

【45152钻井队】 截至2002年底，钻井四公司45152钻井队共有员工43人，其中党员7人。平台经理陈建新，党支部书记刘学文。2002年，45152钻井队开钻3口，交井4口，进尺1.24万米，井身质量和固井质量合格率100%，取心收获率100%。承钻的马26-4井，井深4282米，是一口双靶定向井，最大井斜56.99°，井底位移713.03米，全井施工平均机械钻速11.42米/时，全年安全生产无事故。2002年，45152钻井队获勘探局"金牌钻井队"称号。

（郝增森）

【70135钻井队】 截至2002年底，钻井四公司70135钻井队共有员工41人，其中党员9人。平台经理兼党支部书记刘自广。2002年，70135钻井队共开钻4口，交井3口，进尺1.50万米，生产时效95%，纯钻时效37%，事故复杂井为零，井身质量100%，实现产值2000多万元，实现利润200多万元。承钻的桥64井是一口双靶定向井，设计井深4100米，最大井斜48°，最大位移904米，钻井周期46天，建井周期60天，机械钻速8.7米/时；施工的卫气3井是一口高难度的双靶定向井，设计井深3550米，最大井斜67°，最大位移1480米，钻井周期36天，建井周期49天，机械钻速9.44米/时。2002年，70135钻井队获勘探局"金牌钻井队"称号。

（郝增森）

【7012钻井队】 7012钻井队于1988年7月参加塔里木石油勘探会战，1996年7月获中国石油天然气总公司"长城钻井队"资格。截至2002年底，7012钻井队共钻探井17口，平均井深5413米，累计进尺8.96万米，其中为塔里木油田钻探13口井、为大庆油田在塔里木风险勘探区块钻探1口井、为石化集团公司西部新区钻探3口井，两次获石油天然气总公司"金牌队"称号、1次获石油天然气总公司"银牌队"称号，被塔里木油田评为十大标杆队之一和"超深井英雄钻井队"，并多次被勘探局和勘探局党委评为先进集体和先进党支部。2002年，被石化集团公司西部新区勘探指挥部评为"名牌钻井队"。2001、2002年，石化集团公司总经理李毅中、石化股份有限公司总裁王基铭到7012钻井队视察并题词：李毅中的题词是"战严寒，斗风雪，保

安全,保质量,讲科学,创业绩,为西部突破再立新功”;王基铭的题词是“西部勘探钻井先锋”。

（张盛文）

【7014钻井队】 7014钻井队于1989年11月参加塔里木石油勘探开发会战,1996年7月获中国石油天然气总公司“长城钻井队”资格。截至2002年底,7014钻井队共钻探井15口,平均井深5020米,累计进尺7.23万米,其中为塔里木油田钻探12口井、为美国埃索石油公司钻探2口井、为日本石油公团钻探1口井。承钻的东秋5井是集世界难题之最的井,被塔里木油田称赞为“攻克山前高陡构造难关的功勋钻井队”;完成的埃索项目的且北一井、古城一井、玛东一井,受到了美国埃索石油公司副总裁和日本石油公团高层领导的高度评价。

（张盛文）

油气开发

综　　述

【开发工作概述】 中原油田的开发工作由油田开发事业部(开发处)负责。作为勘探局、分公司开发地质的管理部门,主要负责滚动勘探开发、新老区产能建设、钻井实施、老油田综合治理、油田注采管理、地质基础研究、油藏监测、矿场资源管理、油田开发生产管理及油田开发数据库建设等工作。截至2002年底,油田开发事业部共有员工32人,其中高级工程师25人、占78%,工程师7人、占22%。机关下设油藏工程、产能建设、钻井生产、采油注水、油藏监测、矿场资源、经营财务、信息管理8个科室。

2002年,中原油田的开发思路是:加强滚动勘探开发,努力寻找后备资源;以油藏地质研究为基础,加大老区调整挖潜力度,扩大三次采油应用范围,全面提高原油采收率和开发效益,创油田开发新水平。主要工作目标是:生产原油380万吨;含水上升率控制在1%以内;自然递减控制在22.46%、综合递减控制在10.42%;探明石油地质储量1000万吨以上。2002年,中原油田新增探明石油地质储量2116万吨、天然气地质储量71.8亿立方米;新增原油生产能力80.6万吨/年、天然气生产能力3.51亿立方米/年;生产原油380.04万吨、生产天然气16.21亿立方米。截至2002年底,累计探明含油面积403.0平方千米,探明石油地质储量5.41亿吨;累计动用含油面积273.2平方千米,动用石油地质储量4.24亿吨;石油可采储量1.39亿吨,标定采收率32.83%;剩余可采储量3496万吨,年生产能力365.5万吨。共有油水井5215口(不包括报废井),其中油井3265口、注水井1950口,注采井数比1:1.67。油井开井2737口,日生产原油1.05万吨,平均单井日生产原油3.8吨,年生产原油380.04万吨,累计生产原油1.04亿吨,采油速度0.91%,剩余可采储量采油速度10.78%,储采比9.28,地质采出程度25.02%,可采储量采出程度76.80%,综合含水88.15%;注水井开井1323口,日注水10.79万立方米,平均单井日注水81.5立方米,年注水4020万立方米,累计注水6.06亿立方米,累计注采比1.21。

(姚光明)

【滚动勘探开发探明储量1413万吨】 2002年,中原油田坚持滚动勘探一体化部署,立足区带整体评价,优选有利目标,共实施滚动勘探开发井44口,完成进尺15.68万米,其中42口井钻遇油层,钻探成功率95.45%,滚动勘探探明石油地质储量1413万吨,落实石油地质储量503万吨。滚动勘探取得8项成果,即"三个发现、四个进展、一个深化":(1)马寨次洼西侧环洼带发现油藏。实施的3口滚动评价井在沙三下均钻遇油层,探明石油地质储量268万吨。(2)文留西部发现含油富集小断块。在沙二下和沙三中探明石油地质储量177万吨。(3)环濮卫次洼带发现优质储量。实施的3口滚动评价井在沙三段均钻遇油层,其中卫360-21井在沙三中发现储量,探明石油地质储量304万吨,探明天然气地质储量4.38亿立方米。(4)桥口地区沙三中油藏连片,沙三下气藏滚动勘探取得进展,沙三中探明石油地质储量108万吨。(5)文南地区滚动扩边取得进展。以老油田滚动扩边为主要目的,实施完钻2口滚动评价井,钻遇沙二下、沙三上、沙三中油层;滚动开发井文179-10井在文179东块沙三上至沙三中,探明石油地质储量132万吨。(6)刘庄地区滚动勘探取得进展。实施了3口滚动评价井,刘30井、刘31井分别钻遇沙一段和沙二下段油层,均获工业油流,探明石油地质储量48万吨。(7)马厂翼部滚动勘探取得进展。评价了沙三下至沙四的6个目标,实施了3口双靶定向井和1口直井,探明石油地质储量207万吨。(8)胡状-庆祖地区滚动勘探进一步深化。针对断块小、油层顺断层分布的特点,实施完钻了3口双靶定向井,均在沙三段钻遇油层,探明石油地质储量169万吨。

(姚光明)

【滚动勘探开发见成效】 2002年是中原油田油气勘探的关键年,油田坚持滚动勘探一体化部署,立足区带整体评价,优选有利目标,实施滚动钻探,在马厂东北翼、文西地区、桥口地区实现了三个突破:在马厂东北翼部署的滚动评价井均钻遇较厚的油气层,获得了整体突破;在文西地区发现了富集断块群,部署的文234、文274、文279等井均钻遇优质油层并获得高产油气流;在桥口地区玉皇庙断层上、下盘部署的两口滚动评价井钻遇较厚油气层,实现了玉皇庙断层上、下盘沙三中的含油气叠加连片。滚动勘探在5个区带取得重要进展，一是马寨次洼西侧环洼带发现构造岩性油藏；二是环濮卫次洼带发现了优质储量；三是文南地区滚动扩边见成效；四是刘庄地区滚动勘探取得新进展；五是胡庆地区滚动勘探进一步深化。

（高秀田　苏颂成）

【实施新老区产能建设井326口】　2002年，中原油田共实施新老区产能建设井326口，进尺102.42万米，投入生产井326口，其中投(转)注井36口。建成和恢复生产能力72.6万吨/年。(1)中原油田分公司实施新老区产能建设井266口，完成进尺82.69万米，平均井深3109米。投入生产井266口(其中投、转注29口)，初期平均单井日生产原油12吨，有47口井单井日生产原油大于20吨，有2口井单井日生产原油大于50吨。新井产量较高的主要为物性好的新区新井和挖掘断块边部剩余油井，如卫360块平均单井日生产原油21.5吨，文90－42井日生产原油75.9吨，建成生产能力56万吨/年。(2)中原油气高新技术股份有限公司采油四厂实施新老区产能建设井60口，完成进尺19.72万米；投入生产井60口(其中投、转注7口)井，平均单井日生产原油17.9吨，有14口井初期单井日生产原油大于20吨，有2口井初期单井日生产原油大于50吨，新井产量较高的主要为挖掘断块边部剩余油井，如新文33－113井初期产量61.6吨/日。建成生产能力16.6万吨/年。

（姚光明）

【老油田开发管理】　2002年，中原油田老油田开发管理以增加水驱动用储量为中心，以加强油藏管理为手段，强化注水工作，调整注采结构，加强低渗油藏改造。主要体现在四个方面：(1)以增加水驱动用储量为中心，狠抓注水工作，增强稳产基础。年内共完成注水井措施工作量1362井次，年注水4020万立方米，同比增加237万立方米。实施注水结构调整工作量2532井次，有效2397井次，有效率94.7%，累计增加注水量738万立方米；增加水驱控制储量1630万吨，水驱动用储量1210万吨；对应油井4336井次，有效731井次，增产原油16.59万吨。(2)调整措施结构，加强低渗油藏改造和长停井措施恢复力度。以改造低渗透油藏和恢复完善井网为主线，依靠压裂、大修、提液等工艺技术的进步，在改造油层、放大生产压差、动用二三类油层等方面加大工作力度，调整措施结构，不断挖掘生产潜力。年内实施油井措施1782井次，措施增油53.18万吨，同比工作量减少138井次、措施有效率增加4.2%、平均单井年增加原油36吨、措施增油增加4.02万吨。其中补孔措施产量15.66万吨，同比下降4.02万吨，补孔措施产量比例下降10.6个百分点，措施结构有所调整。(3)精细编制方案，强化综合调整治理，单元开发效果有所改善。2002年，重点综合调整治理文13东、文13北等15个单元，石油地质储量1.08亿吨，占全油田的26.0%。实施油井措施826井次，其中新井164井次、配套油井措施374井次、注水井措施288井次。与2001年相比，日注水量增加5095立方米、年注水量增加115.4万立方米，日产原油增加61吨、年产原油增加5.71万吨，采油速度上升到0.05%，水驱控制和动用程度分别提高9.8和6.2个百分点。(4)细化管理目标，强化动态分析，油藏管理工作进一步深化。2002年，把细化油藏管理工作作为一项重点，全面细化了油藏分类体系和管理单元，将油藏类型由原来的6类70个油藏管理单元细化为9类112个，并将2002年油藏管理指标落实到了112个单元，成立了油藏管理小组，把责任落实到人，实施精细管理。通过这些措施的实施，涌现出了一批油藏管理好的做法和典型。2002年3月，中原油田分公司的文中油田、文明寨油田、马寨油田、桥口油田和中原油气高新股份有限公司的文23气田被石化股份有限公司命名为"'九五'期间高效开发油气田"；户部寨气田高效产能建设项目被命名为"'九五'期间高效产能建设项目"；濮城油田、文东油田被命名为"'九五'期间老区新增可采储量优秀项目"；中原油田分公司采油三厂、中原油田分公司采油五厂、中原油田分公司开发事业部被授予"'九五'期间先进采油厂和开发管理先进单位"。

（姚光明）

【开发地质基础工作取得5项成果】　2002年是中原油田的基础工作年，油田开发部门从油藏基础标准制度抓起，重点加强了基础资料、基础设施、基础研究、基本功的建设，主要取得了5项成果：(1)狠抓标准制度的完善配套，推行了《复杂断块油藏开发调整方案编制规范》、《复杂断块油气田油砂体小层数据表编制规范》、《砂岩油藏初步开发方案设计规范》、《中原油田油水井资料录取规定》、《采油队基础资料建设及管理规范》、《采油矿(区)基础资料建设及管理规范》、《地质大队基础资料建设及管理规范》、《勘探开发科学研究院基础资料建设及管理规范》8项基础规范制度建设。(2)抓好基础调查和基础研究。按照"用三年时间把全油区主力油藏重新精细研究一遍、调整治理一遍”的思路，对文13西等17个单元进行油藏精细研究，10月完成了5个新区、8个综合调整治理和技术改造方案的编制，11月通过了石化集团公司的审定。完成了井况、分注状况、水驱状况三项油藏调查和长停井、低产井潜力调查。(3)组织召开了油田开发技术座谈会，总结了油田的开发状况、存在问题，明确了需要攻关的8项技术难题(包括找堵水技术、提液技术、滚动勘探技术、浅层的勘探技术、油藏监测技术、开窗侧钻技术、油气藏排液排气技术和固井技术)，理清了开发思路以及下步改善开发状况的对策。

(姚光明)

【开发数据库建设】 根据石化集团公司开发数据库建设工作部署，2002年，中原油田分公司在开发数据库建设和应用上主要抓了3项工作。一是加强中心数据库的建设，配备了中心数据库服务器，将分散在各建库单位的数据库统一规范并进行逻辑检查加载到中心库，并将检查好的数据库分别反馈到各建库单位，形成了以中心数据库为中心，各建库单位为辅助的中原油田的开发数据库网络体系。二是研制开发了开发数据库浏览查询系统。三是加强1996年以前老井测井资料的数字化工作。全局需数字化井共有4926口，2002年完成数字化井1700口。

(姚光明)

【矿产资源管理】 2002年，中原油田分公司完成了中原油田油气资源勘探开采区块矿权登记和管理工作。中原油田分公司国内油气资源勘探开采登记勘查开采项目区块共计29个，累计面积约3.01万平方千米。其中探矿权登记项目13个，面积2.95万平方千米；采矿权登记项目16个，面积605.98平方千米。在矿权管理上，一是完成了6个到期的探矿权延续登记申报和东濮凹陷探矿权面积扩大变更工作；二是完成了13个探矿权、16个采矿权的矿权使用费缴纳及减免工作，申请减免金额2456.6万元。

(姚光明)

采　　油

【采油工作概述】 截至2002年底，中原油田的采油工作主要由采油一厂、采油二厂、采油三厂、采油四厂、采油五厂、采油六厂、试采一处、试采二处、井下特种作业处、采油工程技术研究院、井况防治中心、输油管理处12个单位负责；拥有采油队84个、作业队102个、大修队22个、注水队11个、测试队14个、联合站(含中转站)14座、污水处理站12座、油库1个。采油作业及配套设备386台(套)，其中履带通井机178台、联合作业机91台、大修作业机40台、作业配套的泥浆泵11台、立放井架车26台、地锚车17台、抓管机23台。资产原值2.61亿元、现值1.50亿元，设备平均新度系数0.57。各种特种车辆502台(套)，其中压裂车组4套40台、运送压裂液罐车17台、运砂罐车14台、水泥车(包括300型、400型和700型)89台、热洗车(包括300型、400型)25台、锅炉车43台、油水罐车208台、试井车66台。建成抽油杆、油管检测线各5条，抽油杆检测线年修复能力167万米，油管检测线年修复能力425万米，抽油泵(含电泵)年修复能力2400套。2002年，全油田计划生产原油380.03万吨，实际生产原油380.04万吨，完成计划的100%；计划注水4159.95万立方米，实际注水4020.14万立方米，完成计划的96.8%。

(刘长松　张文昌)

【采油生产状况】 截至2002年底，全油田共有油井3265口，开井2739口，开井率83.9%，利用率98.9%，平均单井日产液32.5吨，平均单井日产原油3.8吨。其中：自喷井82口，占总井数的2.5%，产量占4.0%；抽油机井2686口，占总井数的82.3%，产量占75.2%；电泵井299口，占总井数的9.2%，产量占14.3%；气举井112口，占总井数的3.4%，产量占6.3%；其他井86口，占总井数的2.6%，产量占0.2%。抽油机井、电泵井平均动液面1360米，泵挂深度1931.9米，沉没度572米，泵效56.2%，检泵周期450天。其中，抽油机井平均动液面1398米，泵挂深度1935.8米，沉没度538米，泵效42.3%，检泵周期460天；电泵井平均动液面1078米，平均泵挂深度1902.9米，沉没度825米，泵效96.5%，检泵周期384天。

(刘长松　张文昌)

【注水生产状况】 截至2002年底，全油田共有注水井1950口，开井1323口，开井率67.8%，利用率98.2%，平均日注水量11.01万立方米，平均单井日注水56.5立方米。其中，分层注水井693口、开井554口，注水量占31.8%，总分注率44.9%；笼统注水井1257口，开井769口，注水量占68.2%。

(刘长松　张文昌)

【井下作业重点措施量及效果】 2002年，采油工程部门对井下作业实施了大修侧钻、压裂、分注、降压增注、堵水等措施，取得了明显效果。(1)大修侧钻：大修油水井470口(其中普通大修308口、侧钻162口)，成功率93.4%，同比提高3.1个百分点。投产油水井415口，累计增产原油11.46万吨。其中，普通大修投产油井170口，累计增产原油4.59万吨；侧钻投产121口，累计增产原油6.68万吨；水井124口，累计增加注水量89.33万立方米，对应油井增产原油1800吨。(2)压裂：油气水井水力压裂663井次，一次成功633井次，施工成功率95.5%。生产井实施压裂370井次，其中，老井压裂252井次、有效233井次，有效率92.5%，累计增产原油12.38万吨，平均单井累计增产原油491.3吨；新井压裂118井次，有效率93.2%，累计增产原油5.89万吨；水井压裂5井次。(3)分注：水井分注210井次、总分注井693口，总分注率44.9%，同比提高0.9个百分点，分注合格率87%，增加水驱控制储量230.1万吨。(4)降压增注：实施降压增注203井次，有效率83.7%，累计增加注水74.68万立方米，平均单井增加注水3679立方米，平均单井注水压力降低6.14兆帕，累计注水量增加33.21万立方米，平均单井注水量增加1003立方米。对应油井281口，有效175口，累计增产原油1.79万吨。(5)堵水：实施机油井械卡堵水89井次，有效70井次，有效率78.7%，累计增产原油1.04万吨，平均有效期113天。实施化堵100井次，有效80井次，有效率80%，累计增产原油2.44万吨，平均有效期123天。

(刘香敏　曹国英)

【**采油工程技术发展及应用**】　2002年，采油系统推广应用了10项采油新技术：(1)水力压裂工艺技术。优化压裂设计，推广应用高砂比压裂、裂缝强制闭合与快速排液、大型压裂技术，完善压裂液体系，优选压裂支撑剂，特别是复合压裂和卡双封分层压裂工艺技术有所突破。全油田共完成各类压裂663井次(油井525口、气井96口、探井37口、水井5口)，一次成功633井次，一次成功率95.5%。其中生产油井实施压裂370井次(老井252井次、新井118井次)，有效343井次，有效率92.7%，压后累计增产原油18.27万吨，平均单井累计增产原油494吨。(2)水质达标工艺技术。开展二氧化氯杀菌工艺试验，使pH值保持在6.5～7.0左右，腐蚀速率控制在部颁标准内，污泥量减少50%左右，污水处理成本0.66元/立方米，实现了水质稳定达标。(3)高压分注工艺技术。应用Y341－114封隔器＋双向锚高压分注、油套高压分注、小直径封隔器分注、注水井套管保护等技术，完善高压顶封、一级两段油套分注工艺管柱，新下封隔器分注井210口，分注后平均单井注水压力提高2.6兆帕，注水量下降18立方米，对应油井265口，日增产原油137吨，年累计增产原油2.52万吨；分层注水井693口，其中下封隔器分注井557口、注单层井136口，总分注率45.0%。(4)降压增注技术。通过调查地层堵塞因素，研究配套降压增注工艺技术，发展应用了层内生气复合降压增注、纳米粉体复合降压增注、强氧化类复合降压增注、深穿透缓速酸降压增注、多元复合酸降压增注、大型复合酸化降压增注等工艺技术，共实施降压增注191井次，措施有效率82.8%，平均有效期114天。对应油井281口，见效175口，累计增加注水7.21万立方米，累计增产原油1.72万吨；注水井平均注水压力下降6.12兆帕，平均单井日增加注水40.0立方米，年增加注水3201立方米，累计增加注水61.14万米。(5)机采工艺技术。在特种杆深抽方面，采用的直径32毫米抽油泵最大下深3000米、直径38毫米抽油泵最大下深2700米、直径44毫米抽油泵最大下深2500米、直径56毫米抽油泵最大下深2000米；在电泵井深抽方面，应用电压保护装置、电泵防垢技术、电泵井工况无线监测技术、电泵防气等技术，采用30立方米、50立方米小电泵进行深抽。(6)堵水工艺技术。重点完善和应用了机械找堵水一体化管柱、无卡瓦支撑管柱卡堵水，研究出了凝胶和树脂颗粒两种类型的复合封堵工艺技术，广泛应用高压卡封、桥塞分层挤堵工艺技术，并尝试了先挤堵后分层酸化工艺技术。全油田共实施机油井械卡堵水89井次，有效70井次，有效率78.7%，累计增产原油1.04万吨，平均有效期113天；实施化学堵水100井次，有效80井次，有效率80%，累计增产原油2.44万吨，平均有效期123天。(7)大修侧钻工艺技术。拥有了下4″套管加固技术、震击器打捞解卡技术、高强度套铣工具、连续整形器、桥塞捕捞工具、标准化打捞管柱等大修工艺技术，基本上能够解决各种井下事故及套管损坏问题。全油田共大修油水井308口(油井185口、水井123口)，修复277口(油井170口、水井107口)，油水井大修成功率90%。侧钻162口(拔套侧钻157口、开窗侧钻5口)，侧钻成功率100%。修复油井170口，年增产原油4.59万吨，增加天然气932万立方米，平均单井增产原油335.6吨。修复水井107口，年增加注水77万立方米，平均单井增加注水726立方米。侧钻井投产121口，增产原油6.68万吨，增加天然气356万立方米，平均单井增产原油581.9吨。(8)提高采收率技术。实施交联聚合物驱、预交联颗粒调驱、弱凝胶(CDG)调驱、S－2000颗粒调驱、二元复合驱及微生物单井吞吐等工作量194井组(次),投入材料费4587万元,年内项目累计增产原油4.57万吨,跨年项目累计增产原油2.65万吨,合计增产原油7.22万吨,超额完成了全年增产4.7万吨的工作目标。(9)油气集输技术。应用电脑脉冲式原油脱水装置、油气混输泵、160万千瓦超导加热炉、三相分离器阴极保护技术、油溶性破乳剂、温压管装置进行单井管线的保护,联合站安装投用了可视监控系统。全年各联合站累计进油328.43万吨,进站原油综合含水86.8%,累计外输原油329.34万吨,其中,管道输送原油290.48万吨,罐车拉运32.93万吨;外输原油平均含水0.13%,累计稳定原油311.77万吨,原油稳定率94.93%;累计原油密闭量310.29万吨,原油密闭率94.48%。累计原油稳定生产轻烃5.85万吨,原油稳定轻烃收率2.05%。(10)油田防腐工艺技术。推广应用了高效水溶性缓蚀剂、固体缓蚀剂、计量站区域阴极保护等防腐新工艺、新技术,生产系统腐蚀速率继续保持在0.076毫米/年以下,腐蚀穿孔1278次,比2001年减少109次,减少了7.86%;生产系统因腐蚀造成的经济损失2885.93万元,比2001年减少1105.22万元,减少了27.69%。

(刘长松　张文昌　刘香敏　曹国英)

【交联聚合调驱先导试验取得阶段性成果】 交联聚合物调驱技术是一种适应性广泛的改善水驱采收率的技术。交联聚合物具有注入液耐温、抗盐性能较好,适应油藏范围宽、价格低廉,且兼备调剖和驱油作用的特点。2002年,中原油田根据油田各单元的油藏条件和流体特性开展了交联聚合物调驱技术研究,并陆续在胡19块、文101块、明一东块进行了先导试验,取得了阶段性成果。胡19块先导试验,井组油井最高日增产油量11吨,含水下降11%,累计增产原油5600吨;文101块交联聚合物调驱现场试验,10口油井累计增产原油5356.1吨。

(苏颂成)

【《户部寨气田整体开发方案》通过石化集团公司验收】 2002年11月25日,天然气产销厂研究、编制的《户部寨气田整体开发方案》通过了石化集团公司验收。户部寨气田处于东濮凹陷中央隆起带北部文卫结合部,原开发方案设计年生产天然气1.3亿立方米,截至2002年5月底,户部寨气田日生产天然气19万立方米,年生产天然气0.8亿立方米左右,一直未达到原方案设计要求。为缓解天然气供需矛盾,高效开发户部寨气田,2002年5—10月底,天然气产销厂开展了《户部寨气田整体开发方案》的研究、编制工作。通过应用国内外技术和方法,研究了户部寨气田的裂缝分布规律和开发动态特征,对气藏进行了精细描述,按小层计算出了户部寨气田迭合含气面积9.56平方千米、天然气地质储量38.8亿立方米,论证了气藏开发层系、井网部署、采气速度、气井生产合理压差、合理产量、气藏废弃压力及采收率等气藏工程问题,完成了《户部寨气田整体开发方案》。根据新方案先后部署新井16口,实施15口,投产10口,其中部1-12井射孔后直接投产,实现了低渗气藏气井不压裂投产的突破,投产后日产量稳定在8万立方米,成为户部寨气田的又一高产气井;户部寨气田日生产天然气量由原来的19万立方米提高到2002年底的35万立方米以上,储量控制程度由74.2%提高到91%,储量动用程度由34.3%提高到61.4%。

(李青海　马敬朝)

【中原油田第一口双封分层压裂井成功】 2002年12月5日,采油工程技术研究院压裂设计的胡侧7-268井,卡双封分层压裂施工成功,加砂量42立方米,日增产原油12吨,标志着中原油田油层分层改造工艺又有了新进展。胡侧7-268井是油田进行卡双封分层压裂的一口试验井,在未实施措施前日生产原油2.9吨(该区块单井产油量2吨左右)。5月,采油工程技术研究院经过与采油工程处、井下特种作业处、采油五厂技术人员的讨论研究,确定了胡侧7-268井卡双封分层压裂方案。卡双封分层压裂主要是从压裂管柱上进行改进,利用封隔器和滑套喷砂器组合对地层实施分层压裂。胡侧7-268井的压裂成功,对如何改造、动用中低渗油藏,解决中原油田生产井射孔井段长、跨度大、层间物性差异大具有重大意义。

(周　琦)

【中原油田首座大型注聚站建成投注】 2002年5月20日,中原油田第一座高标准大型注聚站——明一东注聚站建成投注。明一东注聚整体装置由喂入、分散溶解、熟化、配注、增注5个单元组成,日配液能力220立方米,具有配液质量高、粘度高、自动化程度高的特点。明一东注聚站的建成,标志着中原油田的三次采油项目实现了从单井实施到整体实施的重大转变。截至2002年底,明一东注聚站累计注入前段塞、主段塞14.85万立方米,注入孔隙体积0.51PV,占设计注入总量的33.74%,有7口油井见效,累计增产原油1384吨,降水4917立方米。

(何留学)

【国内首家气举阀动态特性研究实验室建成投产】 为了加强对文东油田气举井所使用的中原油田自行研制开发的ZB系列国产气举阀的动态特性测试，采油一厂经过8个月的攻关研究，于2002年5月建成投产了国内首家气举阀动态特性研究实验室。该实验室占地面积80平方米，可进行调试台打开压力、波纹管总承载率及阀杆行程、气举阀性能、流量系数、气举阀漏失量和单流阀漏失量6项实验，最高实验压力11兆帕。截至2002年底，该实验室共测试气举阀398支，录取动态性参数数据3.06万点。

（孟国兵）

【刘庄地区进入实质性滚动开发阶段】 刘庄地区位于河南省濮阳市坝头集乡境内，区域构造位于东濮凹陷中央隆起带中部，是文留构造向南倾没端，北起文191—文175一线，东临前犁园洼陷，西靠海通集洼陷，西南与南湖地区相连，勘探面积约120平方千米。2002年，随着刘庄500平方千米、过河800平方千米三维地震资料的连片处理，相继部署了刘29井、刘31井、刘32井等一批滚动井，并取得了良好的滚动开发效果。刘庄地区探明石油地质储量467万吨，可采储量62.9万吨，共有油井43口，日产原油40吨、天然气7484立方米，初步形成了刘20、刘16两个开采并网。

（任松峰）

【文10块连续4年实现稳产】 文10块是中原油田最早投入开发的"文中老三块"之一，隶属采油一厂采油一区管辖。文10块于1979年7月投产，含油面积2.71平方千米，地质储量732万吨，属典型的复杂断块层状油藏。2002年，经过22年的开发，文10块已进入高含水开发阶段，为实现该区块的稳产，采油一厂推广完善了"四个到层"（即认识到层、措施到层、管理到层、产量到层）地下管理经验，并通过开展油水井地下分析活动，加强油藏精细注采管理，连续4年实现了稳产。"四个到层"管理方法得到了石化集团公司和中原油田分公司领导的肯定。2002年1月14日，分公司"油藏管理现场会"在采油一厂召开，2月3日，石化集团公司总经理李毅中到中原油田调研，并听取了"四个到层"油藏管理经验的介绍。截至2002年底，文10块共有油水井88口（油井47口、水井41口），年生产原油5.93万吨，累计生产原油276.78万吨；年注水118万立方米；累计注水19.35亿立方米；年生产天然气516.15万立方米，累计生产天然气1.73亿立方米；探明地质储量采油速度0.81%，采出程度37.81%；探明可采储量采油速度1.81%，采出程度84.64%。

（孟国兵）

【采油一厂推广应用采油新技术】 2002年，采油一厂针对油田特点，不断推广应用和完善新工艺、新技术，取得了显著成效。(1)抽油井杆管防偏磨及深抽综合配套技术。文留油田具有埋藏深、井温和地层水矿化度高、原始气液比高、个别层胶结疏松易出砂等特点，共有杆管偏磨井101口。年内，采油一厂应用偏磨抽油井下油杆扶正器，安装"具旋转可调整式悬挂器"防偏磨采油井口装置、自动间歇旋转式悬绳器装置及其他配套技术（偏心+深抽+防砂+阳极+减振+防气）135井次，减少油管损失2100多根，减少抽油杆损失2500多根，减少油井作业28井次，增产原油1878.4吨，28口可对比井延长检泵周期127天，投入产出比1:4.21。(2)交联和预交联调驱先导试验。交联和预交联调驱先导试验是首先在地层中注入预交联调驱体系，使其对主力吸水层及层内主水道进行封堵，启动新层，尔后注入交联体系，使其在油层深部产生液流转向，以提高水驱波及体积和驱油效率。2002年，采油一厂在文101块6个井组开展了交联聚合物驱，在文25西块、文25东块10个井组开展了"交联+预交联"复合驱，在文10块、文92南块18个井组开展了预交联聚合物二次调驱试验，累计增产原油1.07万吨，降水3.77万立方米。

（孟国兵）

【采油三厂实施预警调控链条式管理法】 2002年，采油三厂为加强对油井的全面管理，实施了预警调控链条式管理，主要包括4个方面：一是预警地下动态，及时调整油田开发。根据油田开发状况，实施PCS调驱、调剖，改善水井吸水剖面，增加水驱动用储量，缓解油田层间矛盾，实施超前调水，控制含水上升。二是预警井筒状况，及时调整控躺工艺。经过实践，制定了油井大泵径、大冲程、大泵挂、小冲次工作制度，使泵效由37.7%提高到42.5%。同时，加强井筒防腐，建立了油田第一家铁离子浓度库，指导确定最佳的加药周期，延缓井筒的腐蚀速率。检泵周期由364天延长到现在的551天，年躺井数由19井次下降到8井次。三是预警地面状况，调整生产组织形式和油区治安方式。根据生产现场远离基地及油区的状况，实施"采油治安合二为一"的新管理模式，将采油队部前移，缩短处理生产问题的时间和巡查周期。四是预警生产经营，调整成本控制重点。对油井安装双配套补偿电容、节能配电柜，使系统功率因数由0.7上升到

0.94。对农用电采取专线管理,安装计量装置,禁止私拉乱接,使用电量呈现负增长。

(何留学)

【研究应用S-2000球型颗粒微观流向改变剂进行深部调剖】 S-2000新型球型颗粒微观流向改变剂是国外应用最为广泛的调剖堵水剂之一,其可变性好、可驱动性强,并且兼具聚合物凝胶和CD胶的优点,粘弹性比聚合物凝胶和CD胶更好。2002年,采油五厂为提高I类储层采收率,提高注入水的波及系数,缓解井组层内矛盾,引进了S-2000球形颗粒流变改进剂,共试验实施4个井组,对应油井累计增产原油2500吨,实现了高含水I类储层挖潜技术的突破。

(任松峰 孙海燕)

【新型不停井光杆密封器首装成功】 新型不停井光杆密封器在设计上摆脱了传统的密封方式,在构造上设有主副工作室两套密封系统,取代了抽油机胶皮闸阀和井口盘根盒,在功效上不仅能够达到井口密封的效果,而且能够实现不停井加盘根,提高抽油机井采油时率,对稠油井或高产井效果更为显著。使用过程中,密封件磨损后能够自动补偿,有效地杜绝了井口渗漏跑冒原油的现象,实现了清洁无污染生产,同时可安全、方便的调节井口与光杆的偏移量,保证光杆在抽油机与井口的中心运动,避免了在驴头上调整中心的高空作业,大大降低了工人的劳动强度。2002年,采油五厂在12-72稠油井首次安装了新型不停井光杆密封器,解决了稠油井更换盘根后2~3天井口冒油的问题。

(任松峰 孙海燕)

【采油五厂井筒防偏磨技术取得突破】 针对生产中斜井不断增多的实际情况,采油五厂制定了抽油机井"减少偏磨次数、减少偏磨程度、实现节能降耗"防偏磨技术三原则,应用斜井受力分析软件,合理选择用量和布置抽油杆扶正器安装位置,使抽油杆柱和油管间所受阻力最小,最终达到降低悬点载荷和降低能耗,形成了"两旋、两扶、一软件"的从地面设计到井下杆、管、泵整体配套防偏磨工艺。通过斜井防偏磨技术整体实施,偏磨井检泵周期由1996年的233天延长到2002年的412天。

(任松峰 崔士霆)

【空心杆热洗节能降耗保护地层】 空心杆热洗清蜡工艺是通过热洗车加热水,经高压水龙带泵入空心光杆,经单流阀流入油管并向上流动,同时溶解抽油杆和油管内结蜡携至地面的管网。该工艺与常规清防蜡工艺相比,具有热效率高、洗井用液少、洗井时不停抽、不影响开井时率等优点,且洗井液在油管内循环,不与地层接触,杜绝了对地层的伤害。2002年,采油五厂在庆41井和庆25-6井两口井上试验应用后取得了良好的效果。

(任松峰)

【泵上电加热器试验成功】 油井结蜡是影响抽油井正常生产的主要因素之一,解决的主要方法是定期热洗井或采用强磁防蜡器等辅助措施。但这种方式对低产低能井,存在容易污染地层,排水期长的缺点,严重时甚至会压死油层,造成减产甚至停产。2002年,采油五厂在总结以往泵下电加热器试验效果不理想的基础上,进行了泵上电加热器试验。这种电加热器一般下在油井结蜡点以下100~200米,电缆随管柱同步下井。由于电缆下入深度较浅,减少了因电加热器下入深度过大而造成电缆易击穿的现象,同时电加热器能够使原油温度升高,从而改变原油的流动性,达到了增产效果。通过在胡侧19-9井进行试验,电流由29安上升到40安,平均日增产原油1.5吨,井口温度由22℃上升到32℃。

(崔士霆)

【采油五厂水井分注工艺实现突破】 2002年,为有效地挖掘层间层内潜力,增加水驱动用储量,采油五厂引进应用高压顶封工艺管柱,实现了水井分注工艺的突破。该工艺管柱由防沉积水力锚、Y341-114封隔器、配水装置、球座等组成,耐压35兆帕、耐温130℃,钢体最大外径114毫米,最小内径50毫米,座封最小压差4兆帕,适用井深3500米,适用套管内径118~124毫米,具有安全性能可靠、耐高压能力强、密封有效期长等优点。年内,共应用高压顶封工艺管柱43口47井次,平均有效期226天,恢复因套损而损失的地质控制储量147.6万吨,增加水驱动用储量79.8万吨,减少无效注水23万立方米,对应油井增产原油7054.4吨。同时,自行设计并试验应用的新型井口高压单流阀、直腔悬挂式高压井口,降低了压力波动和油管挂刺漏对封隔器有效期的影响。

(崔士霆)

【采油六厂实施复合压裂改造技术】 采油六厂马厂、桥口、徐集三个老油田剩余油主要集中在水驱动用程度及采出程度较低的Ⅱ、Ⅲ类储层中。为挖掘这部分剩余油潜力，提高低渗层水驱动用程度，采油六厂实施了储层压裂改造，以改善储层渗流条件，达到老油田增储稳产的目的。截至2002年底，共实施压裂技术22口井，有效22口，平均单井日增产原油6.0吨；22口压裂井措施前后对比，日产液能力由67.6吨增加到391.2吨，增加323.6吨，平均单井日增加液量14.7吨，日产油能力由20.2吨增加到151.2吨，增加131.0吨，平均单井日增加原油能力6.0吨，累计增加原油8079吨，占措施增产的45.72%，平均单井年增加原油367吨。

（孟凡珍）

【最长取心气井桥75井完成取心】 中原油田深层凝析气藏资源丰富，为开发此类气藏，2002年，勘探开发科学研究院开展了深层凝析气藏研究，部署了深层凝析气藏重点取心井——桥75井。桥75井构造位于桥口构造东翼桥14断块，2002年7月29日开钻，8月28日定层位，8月29日开始取心，9月22日完成取心任务。设计取心进尺95米，总跨度400米，分5次取心，实际取心进尺92.57米，心长91.98米，收获率99.4%。其中砂岩岩心长45.7米，荧光粉砂岩和含气粉砂岩岩心长31.36米。桥75井取心、取样工作的顺利完成，为桥口沙三^3—沙三^{4}气藏开展储层评价、编制开发方案提供了重要的开发试验依据，对中原油田深层凝析气藏高水平开发具有重要的意义。这也是中原油田近10年来取心最长的一口气井。

（苏颂成）

【文13－341井压裂成功】 2002年6月，由采油工程技术研究院设计的大型压裂井——文13－341井，经压裂施工后日增产原油100吨。文13－341井地处采油一厂文13西块，断层发育、地下情况复杂，最大井斜42°，压裂目的层井斜40°。采油工程技术研究院与采油一厂紧密结合，在充分认识地层的基础上，经软件模拟分析，确定该井设计加砂为74立方米、平均砂比30.2%。方案确定后，在井下特种作业处、采油一厂的组织和配合下，完成了施工任务，达到了设计要求。

（周　琦）

【部9井获高产油气流】 部9井位于东濮凹陷中央隆起带文卫结合部，钻探目的是落实该区的含油气性，为下步滚动勘探提供有利目标区，落实油气储量及产能。该井于2002年11月14日完钻，钻遇沙二下油气层4层8.3米，12月3日射开沙二下$^{1-2}$砂组气干层7层12米、2531.3～2578.0米井段，用4毫米油嘴求产，油压7.0兆帕、套压18.5兆帕，获日产原油35吨、天然气0.8万立方米的高产油气流，展示了文卫结合部较大的滚动增储潜力。

（苏颂成）

【文279井获高产商业油气流】 文279井位于文西地垒带文234块，钻探目的是落实该区构造及沙二下、沙三段含油气性。在钻探过程中，该井油气显示良好，发现油斑6层16米、油迹9层27米、荧光11层25米，经电测解释油层8层26.6米，油水同层10层14.3米，射开井段2620～2656.6米，在沙二下^{2}砂层组5层15.5米试油，获日产原油90立方米。用6毫米油嘴求产，日生产原油48立方米，且原油密度和粘度低，原油品质好。文279井试油获得高产商业油流，为该区的储量计算、方案编制提供了依据，而且展示了文西地垒带良好的滚动勘探前景。

（李恒军）

【文72块采用压裂工艺优化设计技术】 2002年，采油工程技术研究院针对富含500万吨储量、采出程度仅6%的文72块沙三中地层复杂断块挥发性油藏的特点，通过加深对地层状况的认识、优化压裂设计方案，采用三维压裂设计软件优化设计施工参数和分层压裂、压裂射孔等新工艺启动了二三类层。在优化设计上，通过降低前置液用量、优化砂堤分布，减少压裂液对低渗储层的伤害，建立合理的导流能力分布曲线；依据井网布置及构造，采用高砂比、优化缝长，提高裂缝的导流能力。在压裂液方面，采用分段破胶和强化破胶技术、液体降滤措施，缩短液体在储层的污染时间，减少液体进入储层的量，进一步降低伤害。经压裂优化设计施工的文72块202井、423井、443井、425井平均单井日增产原油近20吨。其中，文72－443井原油日产量由压裂前的1吨上升到了13.9吨，日产天然气1.7万立方米；文72－202井采油套分注合压技术压裂后日增产原油29.4吨；文72－423井是1口停产井，压裂后日产原油8吨、天然气1万立方米。

（周　琦）

【试采一处工作概述】 试采一处基地位于河南省兰考县城北关中原油田第八矿区院内，主要负责黄河南20口（油井18口、注水井2口）边缘零散井的油气开发任务。截至2002年底，试采一处共有员工129人，其中正式职工108人、劳务合同工21人，年承包指标为生产原油1万吨。2002年，试采一处针对“含水增高、管杆老化、躺井多、治安状况复杂”等困难，主要采取了三项有力措施：一是在油井管理方面，采取“处领导住井、机关人员巡井、技术干部包井、治安保卫蹲井”等方法，确保了采油生产顺利运行；二是在科技兴油方面，对18口采油井分别采取了“补孔、压裂、卡水、投放微生物、化学解堵”等治理措施，依靠老井挖潜，使原油产量一直呈阶梯式增长；三是在劳动竞赛方面，制定了十星级文明井站达标竞赛标准和考核办法。年内，生产原油1.1万吨，超产1000吨。

（刘昌俭）

【试采二处工作概述】 试采二处基地位于河南省濮阳市中原路东段，成立于1994年12月，其前身为中原油田大鹏集团油气开发公司，1996年2月更名为试采二处。试采二处主要承担采油一厂、采油二厂、采油三厂、采油四厂和采油五厂共68口边缘、零散的油水井开采任务。截至2002年底，试采二处共有员工201人，其中全民工131人、劳务工70人，具有高、中级技术职称的24人。下设机关科室3个，基层生产单位6个。拥有生产设备132台(套)，设备完好率97.4%。固定资产原值9328.6万元、净值1728.6万元。2002年生产原油9064吨，超计划64吨，完成计划任务的100.7%。累计生产原油6.9万吨、天然气2046万立方米，节约油气生产成本298万元。

2002年，试采二处依靠试采发展，抓好老井稳产，推动技术进步，采取了一系列有效措施：(1)进行试采攻坚，夺取原油生产的主动权。与井况防治中心合作大修试采井3口，实施“五小”措施217井次，调参5次，加药180井次，控制套管气10井次，热洗32井次，累计增产原油1200吨，油井免修期达300天以上。(2)精细成本目标，实行切块承包，挖掘成本潜力。节奖超罚，实现五个优化(优化资源、优化方案、优化措施、优化组织、优化管理)；建立可变成本管理制度，坚决杜绝跑、冒、滴、漏，堵塞各种流失漏洞。(3)依靠科技进步，鼓励创新增效，推动新技术、新工艺的应用。完善《经济技术创新增效办法》，共有6个项目受到勘探局表彰，创经济效益10余万元；开展各种修旧利废活动，修理各种旧配件1200余件，节约设备维修费128万元；开展科技创新活动，完成各类成果82项，实施挖潜措施16井次，累计增产原油1600余吨，创经济效益80余万元。

（李　刚）

油气田选介

【文中油田】 文中油田位于河南省濮阳县文留乡境内，隶属采油一厂管辖。构造位置在东濮凹陷中央隆起带文留构造中部，南北长10千米，东西宽8千米，呈东北西南向分布，主要由文10断块、文15断块、文25东断块、文25西断块、文101断块、文209断块、文38断块等断块组成，含油层位沙二下—沙三段，属低渗透性油藏，地层水为氯化钙型。1977年5月文10井首获工业油流，发现了文中油田，1979年7月投入开发。截至2002年底，文中油田共有油井323口，年生产原油37.57万吨，综合含水89.89%，累计生产原油1242.42万吨；注水井208口，年注水470.14万立方米，累计注水7064.84万立方米，注采比1.26；工业采油速度2.50%，工业采出程度82.55%，综合递减5.12%，自然递减21.49%。2002年3月，文中油田被石化股份有限公司命名为“‘九五’期间高效开发油气田”。

（孟国兵）

【文东油田】 文东油田位于河南省濮阳县文留乡境内，隶属采油一厂管辖。构造位置在东濮凹陷中央隆起带文留构造东部，南北长约20千米，东西宽2000~4000米，自西向东分为文西大断层、文东大断层、徐楼断层三条发育带，自北而南划分为文16断块区、文13断块区、文203断块区、文88断块区、文200断块区5个断块区，含油层位沙二段—沙三段，属断块岩性油藏，具有高温、高压、高油气比、低渗透的特点，地层水为氯化钙型。油田含油面积26.4平方千米，地质储量4879万吨，可采储量1415万吨。1976年9月文2井钻喷获得天然气，发现了文东油田，1987年投入开发。截至2002年底，文东油田共有油井256口，年产原油40.62万吨，综合含水83.86%，累计生产原油1023.22万吨；注水井152口，年注水366.27万立方米，累计注水4729.03万立方米，注采比1.21；工业采油速度2.87%，工业采出程度72.31%，综合递减17.21%，自然递减32.18%。2002年3月，文东油田被石化股份有限公司命名为“‘九五’期间老区新增可采储量优秀项目”。

（孟国兵）

【濮城油田】 濮城油田位于河南省范县濮城乡、王楼乡、濮阳县户部寨乡境内，隶属采油二厂管辖。构造位置在东濮凹陷中央隆起带北部濮城构造上，长约15千米，宽4.5千米，呈东北西南向分布，共划分为东、南、西3个开发区、9个断块区和53个小断块，含油层为沙一段至沙三段，属断块油藏。1979年3月文35井钻井喷油，发现了濮城油田，1980年4月投入开发。濮城油田是一个埋藏深、含油层系多、油藏类型多、非均质性严重的断块油气藏，共发现沙一下、沙二上、沙二下、沙三上、沙三中、沙三下、沙四上 7 套含油气层系，正式投入开发的有濮城背斜构造的东、西、南区，文 51 块和文卫濮结合部断块区，纵向上划分为 11 套开发层系，33 个开发单元。上报探明含油面积 86.2 平方千米，探明石油地质储量 1.59 亿吨，动用含油面积 73.7 平方千米，地质储量 1.40 亿吨，可采储量 4889 万吨，标定采收率 34.92%。截至 2002 年 12 月，濮城油田共有油井 1524 口，年产原油 100.3 万吨，综合含水 92.37%，累计生产原油 3981.21 万吨；注水井 619 口，年注水 1481.79 万立方米，累计注水 2.83 亿立方米，注采比 1.23；工业采油速度 2.03%，工业采出程度 81.43%，综合递减 18.74%，自然递减 27.36%。2002 年 3 月，濮城油田被石化股份有限公司命名为"'九五'期间老区新增可采储量优秀项目"。

（孙景华　吴方敏）

【文明寨油田】　文明寨油田位于山东省莘县西部与河南省清丰县交界处，隶属采油三厂管辖。构造位置在东濮凹陷中央隆起带北端的一个穹窿构造上，东西长 4.5 千米，南北宽 3 千米，面积 12.5 平方千米，呈北东倾向西南，为全国著名的极复杂断块油田，含油面积 6.84 平方千米，石油地质储量 2234 万吨，具有断层多、断块小、构造极复杂、油层多、含油井段长、储量丰度高的特点。1979 年 10 月卫 7 井获得工业油流，发现了文明寨油田，1982 年 5 月投入开发。经过"井间找连通，块间找对应"的注采完善和主力块建立专注专采差层井网，实现"八五"高效开发。"八五"末，油田进入高含水开发后期，由于地质认识局限、井况恶化和非均质矛盾加剧，水驱储量下降、地层压力下降、含水上升速度加快，产量大幅度递减，油田含水上升率达 5.50%，自然递减加大 8 个百分点。进入"九五"后，通过深入贯彻"储量、产量、效益三统一"的原则，油田实现了高含水开发期产量稳定、含水下降、自然递减逐年减缓、可采储量逐年增加的良好开发形势，达到极复杂断块油田一类先进开发水平，开创了极复杂断块油田特高含水期增储稳产的新局面，为同类型油田高速开发提供了可供借鉴的典范。截至 2002 年底，文明寨油田共有油井 174 口，年产原油 24.58 万吨，综合含水 87.59%，累计生产原油 717.39 万吨；注水井 111 口，年注水 187.73 万立方米，累计注水 3323.36 万立方米，注采比 0.85；工业采油速度 2.64%，工业采出程度 76.97%，综合递减 8.29%，自然递减 20.38%。2002 年 3 月，文明寨油田被石化股份有限公司命名为"'九五'期间高效开发油气田"。

（何留学）

【卫城油田】　卫城油田位于河南省清丰县与山东省莘县的交界处，隶属于采油三厂管辖。构造位置在东濮凹陷中央隆起带北段、濮城凹陷西侧，南北长 11 千米，东西宽 3.5 千米，面积 38.5 平方千米，呈东北西南向分布，主要由卫 18 块、卫 58 块、卫 37 块、卫 10 块、卫 11 块、卫 22 块、卫 2 块、卫 81 块、卫 4 块 9 个断块组成，含油层为沙一段至沙四段，属断块砂岩油藏，地层水为氯化钙型。1976 年 7 月卫 1 井完钻试油获得工业油流，发现了卫城油田，1982 年 5 月投入开发。截至 2002 年底，卫城油田共有油井 289 口，年生产原油 37.60 万吨，综合含水 81.17%，累计生产原油 780.29 万吨，注水井 176 口，年注水 280.77 万立方米，累计注水 4101.62 万立方米，注采比 1.37；工业采油速度 3.51%，工业采出程度 72.86%，综合递减 2.32%，自然递减 19.04%。

（何留学）

【马寨油田】　马寨油田位于河南省濮阳市市区岳村乡境内，隶属于采油三厂管辖。构造位置在东濮凹陷西斜坡带的北端，南北长 11 千米，东西宽 3.5 千米，面积 38.5 平方千米，呈东北西南向分布，含油面积 6.7 平方千米，石油地质储量 849 万吨，标定采收率 35.57%，划分为卫 95 块、卫 94 块、卫 305 块、卫 305－18 块 4 个含油断块，并具有埋藏较浅、渗透率低、砂体发育、含油层位单一、储层物性变化大的特点。1988 年 8 月卫 95 井完钻试油获得工业油流，发现了马寨油田，1989 年 8 月全面投入开发。到"八五"末期，受井况恶化加剧和没有新储量接替的影响，储采严重失衡，平面及层间矛盾突出，产量以 3.0 万吨/年的速度下降，自然递减加大到 21%，开发效益变差。进入"九五"后，一方面通过加强地质基础研究工作，在搞清剩余油分布的基础上，加快了老区井网恢复和调整步伐，运用分注、增注技术，改善两个剖面，全面提高Ⅰ、Ⅱ、Ⅲ类储层的水驱动用程度。另一方面加强注采基础管理，充分利用井浅、注采井网比较完善的优势，确定了"实施多井点、多方向注水，弱化点上注水强度"和"控制高渗透层注水强度，加强低渗透层注水强度"的配注原则，达到减慢水线推进速度，控制含水上升速度，延长稳产期的目的。这些措施的实施，实现了高含水开发后期连续 7 年增储稳产，自然递减和综合递减减缓，逐年减缓到 18.2% 和 15.6%。截至 2002 年底，马寨油田共有油井 91 口，年生产原油 11.91 万吨，综合含水 89.21%，累计生产原油 237.55 万吨；注水井 72 口，年注水 121.67 万立方米，累计注水 1205.96 万立方米，累计注采比 1.06；工业采油速度 3.46%，工业采出程度69.06%，综合递减6.56%，自然递减14.88%。2002年3月，马寨油田被石化股份有限公司命名为"'九五'期间高效开发油气田"。

（何留学）

【古云集油田】 古云集油田位于河南省范县和山东省莘县交界处，隶属采油三厂管辖。构造位置在东濮凹陷中央隆起带北端，由卫城垒块和卫东断裂带两个构造单元组成，含油层为沙一段、沙三中亚段和沙三下亚段，属断块油藏，地层水为氯化钙型。该油田于1979年投入勘探，在沙三中试油获工业油流，发现了古云集油田，1980年试采，1998年正式投入开发。截至2002年底，古云集油田共有油井20口(其中试采井6口)，年生产原油4.40万吨，综合含水73.73%，累计生产原油21.93万吨；注水井6口，年注水9.54万立方米，累计注水28.52万立方米，注采比0.80；工业采油速度11.28%，工业采出程度56.25%，综合递减7.26%，自然递减26.89%。

（何留学）

【文南油田】 文南油田位于河南省濮阳县梁庄乡和徐镇境内，隶属中原油气高新股份有限公司采油四厂管辖。构造位置在东濮凹陷中央隆起带文留构造南部，呈北东走向，南北长12.5千米，东西宽5千米，面积62.5平方千米，主要发育有文西断层、文东断层和徐楼断裂，形成了文33断块区、文72断块区、文79断块区等八个断块区，含油层位沙二下段至沙三段，属断块层状油藏，地层水为氯化钙型。1976年8月文5井钻遇下第三系沙河街组高压油气层，发现了文南油田。1983年投入开发。截至2002年底，文南油田共有油井516口，年生产原油65.65万吨，累计生产原油1145.1万吨；注水井235口，年注水492.83万立方米，累计注水5383.21万立方米，综合含水75.96%，注采比1.31；地质储量采油速度0.99%，地质储量采出程度18.60%，综合递减17.2%，自然递减34.33%。

（张大庆）

【胡状集油田】 胡状集油田位于河南省濮阳县胡状集乡境内，隶属采油五厂管辖。构造位置在东濮凹陷西部斜坡带中部，呈东北西向分布，主要由胡12块、胡7块、胡5块、胡2块等四个断块组成，含油层位沙三段，属严重非均质复杂断块构造油藏，地层水为氯化钙型。1976年开始钻探，1983年胡7井见到油层，发现了胡状集油田，1986年3月投入开发。截至2002年底，胡状集油田共有油井404口，年生产原油33.24万吨，综合含水90.36%，累计生产原油698.66万吨；注水井251口，年注水319.85万立方米，累计注水4393.86万立方米，注采比1.13；工业采油速度3.39%，工业采出程度71.29%，综合递减4.93%，自然递减24.63%。

（崔士霆）

【庆祖集油田】 庆祖集油田位于河南省濮阳县庆祖镇境内，隶属采油五厂管辖。构造位置在东濮凹陷西部斜坡带南部，呈东北西南带状分布，主要有庆85断块区、庆25断块区、庆6断块区三个断块区，含油层为沙三段，属断块油藏，地层水为氯化钙型。1986年11月庆6井试油自喷，发现了庆祖集油田，1987年2月投入滚动勘探开发。截至2002年底，庆祖集油田共有油井57口，年生产原油3.42万吨，综合含水76.16%，累计生产原油63.70万吨；注水井30口，年注水17.8万立方米，累计注水295.53万立方米，注采比1.44；工业采油速度3.75%，工业采出程度69.99%，综合递减8.73%，自然递减23.35%。

（崔士霆）

【桥口油田】 桥口油田位于山东省东明县境内，隶属采油六厂管辖。构造位置在东濮凹陷中央隆起带南部，桥口—徐集构造带北端，主要由桥29断块、桥66断块、桥18断块、桥21断块、桥58断块组成。主要含油层位沙二下亚段至沙三上亚段，属复杂断块油藏。1978年开10井钻探首获工业油流，发现了桥口油田，1987年10月投入开发。截至2002年底，桥口油田共有油井94口，年生产原油9.42万吨，综合含水61.53%，累计生产原油135.49万吨；注水井34口，年注水46.79万立方米，累计注水590.26万立方米，注采比1.31；工业采油速度4.81%，工业采出程度69.13%，综合递减5.68%，自然递减23.01%。2002年3月，桥口油田被石化股份有限公司命名为"'九五'期间高效开发油气田"。

（孟凡珍）

【马厂油田】 马厂油田位于山东省东明县境内，隶属采油六厂管辖。构造位置在东濮凹陷中央隆起带南部，主要由马1断块、马10断块、马11断块、马12断块、马19断块等五个断块组成，主要含油层位沙三中至沙三下，属复杂断块油藏。1981年7月马11井首获工业油流，发现了马厂油田，1987年9月29日投入开发。截至2002年底，马厂油田共有油井78口，年生产原油6.6万吨，累计生产原油216.52万吨；注水井46

口,年注水 93.54 万立方米,累计注水 1110.83 万立方米,注采比 1.11;工业采油速度 2.43%,工业采出程度 79.60%,综合递减 -0.62%,自然递减 16.55%。

（孟凡珍）

【徐集油田】 徐集油田位于山东省东明县境内,隶属采油六厂管辖。构造位置在东濮凹陷中央隆起带南部桥口—徐集构造带南端,南北长 10 千米,东西宽 5 千米,呈北东南西向分布,主要含油层位沙三中至沙三下,属复杂断块油藏。1992 年 9 月徐 14 断块第一口井出油并投入开发。截至 2002 年底,徐集油田共有油井 18 口,年生产原油 1.33 万吨,综合含水 73.59%,累计生产原油 23.47 万吨;注水井 8 口,年注水 9.71 万立方米,累计注水 76.94 万立方米,注采比 1.30;工业采油速度 3.92%,工业采出程度 69.04%,综合递减 16.91%,自然递减 24.03%。

（孟凡珍）

【三春集油田】 三春集油田位于山东省东明县和河南省兰考县境内,隶属试采一处管辖。构造位置在固阳凹陷和葛岗集洼陷之间的一个鼻状构造,主体构造被三春断层和春 11 断层分割成中央滚动背斜带、东翼、西翼三个部分,南北长约 24 千米,东西宽 3000~6000 米,勘探面积 120 平方千米。该油田分为春 8 东块和春 8 西块两个断块,主要含油层位沙三段至沙四段,地层水为氯化钙型。1988 年春 8 井钻遇良好油气层,发现了三春集油田,1990 年 8 月投入开发。截至 2002 年底,三春集油田共有油井 15 口,年产油 1.14 万吨,累计生产原油 17.30 万吨;注水井 2 口,注水 1.55 万立方米,累计注水 15.63 万立方米,综合含水 80.50%。

（苏颂成）

【文 23 气田】 文 23 气田位于河南省濮阳县文留乡境内,是中国东部地区目前探明规模最大的整装砂岩干气田,含气面积 12.2 平方千米,天然气地质储量 149.4 亿立方米,隶属天然气产销厂管辖。构造位置在东濮凹陷中央隆起带北部文留构造的高部位,是受文西、文东两条大断层所夹持具有两个高点的背斜构造,内部被断层复杂化,分割为主、东、西、南四个互不连通的开发单元。1977 年 10 月,文 23 井钻遇下第三系沙河街组沙四段地层发生强烈井喷,发现了文 23 气田,从而揭开了该气田勘探开发的序幕。1978 年投入试采,1986 年上报探明含气面积 12.2 平方千米、天然气地质储量 149.4 亿立方米,探明储量规模居中国东部气田之首。文 23 气田含气层位于沙四段 3~4 层,气层原高约 400 米,气藏埋深 3000 米,储层具有低孔、低渗、高压、干气、底水等特点,具有良好的成藏条件,1990 年正式投入开发,20 世纪 90 年代中期逐渐暴露出气井见水、压差下降等问题。为保持该气田稳产,中原油田先后找出了影响天然气稳产腐蚀严重造成气井套管穿孔、地层压力下降等 10 多个问题,并建立起完整的开发监测系统和防气田污染系统,推广应用排水采气工艺,实施作业 40 多井次,累计增气 1000 万立方米,从而有效地保持了气田的长期稳产。截至 2002 年底,文 23 气田累计投产气井 38 口。其中 ES_4^{3-8} 气藏开发井 31 口,日产气能力 186 万立方米,年产气 5.99 亿立方米,采气速度 5.33%,地质储量采出程度 53.9%;ES_4^{1-2}气井 7 口,日产气能力 9.64 万立方米,年产气 2869.96 万立方米,采气速度 2.1%,地质储量采出程度 7.8%。1996 年,文 23 气田被中国石油天然气总公司评为“全国高效开发气田”;2002 年 3 月被石化股份有限公司命名为“‘九五’期间高效开发油气田”。

（吴红旗　马敬朝）

【白庙气田】 白庙气田位于山东省菏泽县与东明县交界,隶属采油六厂管辖。构造位置在基底隆起背景上受兰聊断层和杜寨断层控制继承性发育的半背斜构造上,被杜寨断层切割分为下降盘、上升盘两部分,并被一组近东西向的断层切割复杂化。白庙构造 1976 年开始地震勘探,主要含气层系为沙二下、沙三上、沙三中、沙三下四个层系,1987 年投入试采。为探明白 13 断块 ES_3 中含气边界,滚动评价白 13 块 ES_3 上、ES_3 下含油气情况,2002 年部署了白 58、白 59 井两口滚动评价井。结合近年对该块钻井、地震、试油、试采、PVT 等资料,认为杜寨断层下降盘的半背斜构造应是一个完整的气藏,展示了白庙气田周边天然气滚动的新局面,初步计算白 13 块沙三中叠合含气面积 10 平方千米、天然气地质储量 48.76 亿立方米、凝析油地质储量 200.0 万吨,与 1983 年上报储量相比净增含气面积 6.3 平方千米、天然气地质储量 39.67 亿立方米、凝析油地质储量 195.7 万吨。为加快该块开发步伐,又部署了滚动开发井——白 70 井。截至 2002 年底,白庙气田动用天然气地质储量 27.08 亿立方米,可采储量 14.23 亿立方米。年生产天然气 0.64 亿立方米,累计生产天然气 3.28 亿立方米,地质采气速度 2.34%、采出程度 12.11%,工业采气速度 4.46%、采出程度 23.04%,剩余可采储量 10.95 亿立方米。年内白庙气田进行产能建设新投产 10 口井,新增产能 0.5 亿立方米/年,弥补了部分老井产量的递减。但由于气田砂体相变快,有效供气半径小,新投产井产量和压力下降快,气井较深,易出现反凝析现象,导致气井难以形成较长的稳产期。

(江 涌)

【户部寨气田】 户部寨气田位于河南省濮阳县户部寨乡,隶属天然气产销厂管辖。构造位置在东濮凹陷中央隆起带北部文卫结合部,含气层段为沙河街组四段,沙四段构造为卫西、卫东断层控制下的地垒带,东西两侧以卫西、卫东断层为界,南部通过濮深1断层与文23气田相连,北部通过卫85断层一低鞍部与卫城油气田相接,南北长约1万米,东西宽约2000~4000米,构造面积约32平方千米,天然气地质储量37.17亿立方米。户部寨气藏类型属低渗裂缝砂岩气田,储层埋藏深,物性差,非均质严重,为断块层状低渗致密裂缝型砂岩湿气藏,埋藏深大于3200米,低渗致密(孔隙度6.4%~11.32%,渗透率 0.18×10^{-3} ~ 0.76×10^{-3} 平方微米),具有严重的非均质性。1992年2月,卫79-9井射开沙四段3358.1~3431.1米,投球压裂发生井喷,用4毫米油嘴求产,平均日产气3.5万~4.0万立方米,从而发现了户部寨气田。户部寨气田的勘探开发大致经历1992年以前的早期勘探阶段、1993—1996年的试采阶段、1997—2002年的产能建设三个阶段。根据试采动态,1996年底编制了《卫79-9块初步开发方案》,部署开发井5口,打新井2口,1999年逐渐完善井网,2002年5—10月底,又开展了《户部寨气田整体开发方案》的研究、编制工作。根据新方案气藏精细描述及裂缝规律的研究,先后部署新井16口,实施井15口,投产井10口,使户部寨气田生产井数达到19口,开井数达到17口,日产气量32.91亿立方米,采气速度2.98%,年产气量0.96亿立方米,累计产气4.68亿立方米,凝析油3.05亿立方米,地层水1.65亿立方米,采出程度11.95%。2002年3月,户部寨气田高效产能建设项目被石化股份有限公司评为"'九五'期间高效产能建设项目"。

(李青海 吴红旗)

采 气

【天然气生产管理体系】 随着中原油田天然气生产能力的提高和外销市场的拓展,天然气工作日益受到重视。截至2002年底,中原油田天然气生产在管理、科研、生产和营销网络上已基本形成了一个完整系统,为储量、产量、效益的统一提供了组织保障。(1)管理系统:天然气管理事业部是分公司主管天然气的业务部门,主要负责全油田天然气滚动勘探开发、地面集输、气体处理、轻烃生产和天然气营销等工作。(2)科研系统:勘探开发科学研究院下设天然气勘探、开发两个研究室,是分公司天然气勘探、开发、年度部署的研究部门;采油工程技术研究院下设采气工艺研究所,主要承担采气工艺技术研究;各生产单位设有天然气研究室,属生产性科研机构。(3)生产系统:天然气产销厂和各采油厂是分公司的天然气生产单位,各单位设有主管副厂长,下设天然气科和采输气矿(大队)。气井钻井、作业试气施工成立天然气专业化施工队伍。(4)营销系统:天然气产销厂、天然气管输处、山东实华天然气有限公司和采油六厂受分公司委托负责年度外销天然气任务的实施;天然气管理中心负责油田内部职工生活、采暖用气、油区内乡镇企业供用气和管理。

(江 涌)

【天然气产供销基本情况】 截至2002年底,中原油田共探明气田3个、气藏9个、气顶7个,探明天然气地质储量1254.88亿立方米,动用地质储量909.41亿立方米,年生产能力16亿立方米。自1990年文23气田和一些小气藏投入开发后,天然气产量基本稳定在12亿~14亿立方米。2000年以来,随着天然气市场的开拓,中原油田加大了天然气勘探开发力度,天然气产量逐年上升,至2002年底年产气量达到16.2亿立方米。在天然气生产能力增加的同时,天然气集输和综合利用能力也不断加强。建成了集气站22座,集气能力300万立方米/日;天然气配气站12座,配气能力400万立方米/日;伴生气增压站6座,增压能力255万立方米/日;天然气生产集输干线26条,管线总长度265千米;外销商品气管线18条,管线总长度963.4千米,输气能力450万立方米/日;气体处理装置4套,处理能力270万立方米/日。建成CNG汽车加气站8座;LNG装置1座,处理能力30万立方米/日;轻烃利用及后加工装置4套,年加工能力8.85万吨。随着天然气勘探、开发力度的加大及管理工作的加强,相继开拓了河南、河北、山东三省15个地市的天然气市场,商品气外部用户42个,外销气量10.62亿立方米,平均销售价格0.803元/立方米。

(江 涌)

【工作量及生产指标完成情况】 2002年,中原油田采气工作完成情况:滚动探明天然气地质储量44.67亿立方米，凝析油地质储量195.7万吨，完成年计划的198%；新建天然气生产能力1.1亿立方米/年，老区调整新增生产能力2.05亿立方米/年；井口产气量16.21亿立方米，完成年计划的101.3%，同比增加1.71亿立方米，增幅11.7%；上交勘探局气量13.37亿立方米，完成年计划的107.3%，同比增加0.83亿立方米，增幅6.6%；外销气量11.69亿立方米，完成年计划的107.3%，同比增加1.55亿立方米，增幅15.3%；轻烃生产21.42万吨，完成年计划的109.6%，同比增加1.33万吨，增幅6.5%。

（江 涌）

【天然气滚动增储研究】 2002年，天然气管理部门通过认真研究成藏和富集规律，优选评价目标，按照年度滚动勘探部署，对白庙气田及文卫结合部等地区的构造、储层、沉积相、流体分布等进行了深入综合研究。实施滚动评价井3口（白58井、白59井、部9井），滚动开发井2口（桥77井、白70井），新增探明天然气地质储量44.67亿立方米，其中白庙白13块沙三中新增含气面积6.3平方千米、天然气地质储量39.67亿立方米、凝析油地质储量195.7万吨；文卫结合部可探明天然气地质储量5亿立方米。（1）杜寨断层下降盘白13块滚动勘探成果显著。结合近年来对白13块钻井、地震、试油、试采、PVT等资料的研究，认为杜寨断层下降盘的半背斜构造应是一个完整的气藏。为探明白13断块沙三中含气边界，滚动评价白13块沙三上、沙三下含油气情况，2002年部署了2口滚动评价井，其中白58井获日产天然气1.6万立方米、日产凝析油22吨。经计算白13块沙三中叠合含气面积10平方千米、天然气地质储量48.76亿立方米、凝析油地质储量200万吨，与1983年上报储量相比，净增含气面积6.3平方千米、天然气地质储量39.67亿立方米、凝析油地质储量195.7万吨，使白庙气田天然气储量整体达到146亿立方米，凝析油354万吨，成为中原油田第一大气田。（2）文卫濮结合部濮97块部9井沙二下获高产气流。为评价文卫濮结合部沙二下天然气分布情况，2002年部署了1口滚动评价井——部9井。部9井于2002年11月3日开钻，11月14日完钻，完钻层位在沙二下，完钻井深2681米；12月1日对层位沙二下、井段2531.3～2578米、7层12.3米进行试气投产，油压18兆帕，套压19.5兆帕，日生产天然气3.5万立方米，日生产原油20立方米；12月19日进站投产，油压14兆帕，套压15兆帕，日生产天然气5.4万立方米，日生产原油15立方米。

（江 涌）

【气田产能建设】 2002年，天然气产能建设的重点是白庙气田、濮67气藏的产能续建和桥口油气田的桥14－桥58块、马62气藏以及卫351块等5个区块，计划动用储量52.93亿立方米，部署开发井23口，新建生产能力1.53亿立方米/年。年内，实际实施产能建设井23口，并全部完钻，其中投产19口（正进行施工4口），新增天然气生产能力1.1亿立方米/年。（1）白庙气田产能续建。白庙气田是石化集团公司天然气产能建设重点区块，2002年计划部署产能建设井5口，新建生产能力0.27亿立方米。实际完钻开发井6口（白38井、白39井、白40井、白42井、白43井、白44井），进尺2.29万米，钻遇气层99层219.1米，投产后初期日生产天然气16万立方米，后日生产天然气13万立方米。同时，在白庙气田进行了稳产技术攻关，通过层位归位、重复压裂、小油管补孔等措施，实施9口井，初期日增天然气19万立方米，后日生产天然气9.7万立方米。（2）濮67气藏。上半年完成了对濮67气藏包括气藏工程、钻采工程、地面集输、经济评价等内容的开发方案编制工作，并于6月底通过石化集团股份公司审查。开发方案设计动用储量25.55亿立方米，新钻井14口，利用老井4口，新建生产能力0.76亿立方米/年。实际部署新井7口，完钻7口（濮8－4井、濮8－5井、濮8－7井、濮8－8井、濮8－12井、濮8－14井、濮8－16井），进尺2.67万立方米，钻遇气层91层256.2米，投产7口。（3）桥口气藏。通过分析桥口气藏储量分布特点，以动用桥14块为主，兼顾桥58块，计划年部署新井6口，新建生产能力0.40亿立方米/年。实际实施6口（桥71井、桥72井、桥73井、桥74井、桥75井、桥76井），进尺2.69万立方米，钻遇气层180层456.3米；投产3口（桥73井、桥74井、桥76井），增产气量8.9亿立方米。桥76井获高产油气流标志着桥口深层天然气开发取得了突破进展。（4）马62气藏。年计划钻新井3口，新建生产能力0.25亿立方米/年；利用井2口（马62井、马64井），老井建设生产能力0.15亿立方米/年。实际实施2口（马62－10井、马62－11井），进尺7440米，钻遇气层44层79米，投产后仅获低产气流。其中，马62－10井试气产原油5～8立方米，油质较差，富含蜡和胶质成分，凝固点46℃，与开33井流体性质相似。（5）卫351气藏。年计划部署产能建设动用储量5亿立方米，钻新井2口，进尺0.72万米，新建生产能力0.13亿立方米/年。实际钻井2口（卫351－2井、卫351－3井），进尺0.73万米，钻遇气层15层28.1米，投产1口。

（江 涌）

【白庙气田日产能力达到34万立方米】 2002年5月，制定了白庙气田增产稳产措施方案：优化新井投产方案，按照开发方案设计要求，对主力层段射孔一次完成，保证有足够的气层厚度和稳产的资源基础；对射孔完井工艺进一步优选，采用FB-3气井保护液和102枪1米弹负压射孔工艺，减少储层的伤害，提高气层的打开完善程度；在气井压裂技术方面，采用预前置液预处理、直接加砂和快速返排技术，减少压裂液对地层的伤害，提高压裂效率，并推广实施了环空注入压裂新工艺，避免了反复作业给地层造成的伤害；采用气井节点分析技术，对气井生产管柱进行优化设计，采用2″小油管或组合管柱提高气井的携液量以减少井底积液；使用泡排和撬装式气举等排液工艺技术，定期清除井筒积液，保持气井的正常生产，并把此项技术作为日常生产的维护性措施。通过对白庙气田配套增产方案的实施，新老井产能得到进一步恢复与提高，日产水平由年初的15万立方米，提高到6月份的20万立方米，年底日产能力达到34.4万立方米以上。

（江　涌）

【老区调整挖潜】 2002年，中原油田对文23气田、户部寨气田、卫11气藏、文13西气顶等进行了重点调整挖潜，对其他气藏（顶）进行了零星挖潜，通过加密井网和改采、补孔等措施，增加动用储量。年内完钻调整井20口，侧钻井5口，改采气井29口，初期日生产天然气能力98万立方米，后日生产天然气能力63万立方米。(1)文23气田。2002年，文23气田实施6口(文108-5井、文108-7井、文23-20井、文23-21井、文23-22井、文69-6井)，已投产5口井，日生产天然气20.24万立方米。(2)户部寨气田卫79-9块。卫79-9块储层渗透率低、非均质性强、连通程度差，储量动用程度较低，全气藏压降储量为11.8亿立方米，储量动用程度45.02%。为提高卫79-9块储量动用程度，2002年共部署调整井7口，完钻7口，进尺2.61万立方米，投产6口(部1-11井、部12井、部13井、部14井、部15井、部16井)，日生产天然气18.6万立方米。新部1-1井因储层较差，未投成功。(3)文13西气顶。分别在文气13-1井北部的文13-258井、文13-54井附近新钻井2口(文气13-2井、文气13-3井)，上返改采气井6口，除文13-66井仍正在施工外，其他井均已投产，日增产天然气13万立方米，其中文13-262井、文13-293井，分别日生产天然气3.6万立方米、4.3万立方米。改采井产能差异大，文气13-2井、文气13-3井分别钻遇气层2层4.5米、3层4.9米，RFT测试结果显示，地层压力系数下降至0.51~0.7，说明该井区气层连通性较好，采出程度较高，挖潜的难度增大。(4)卫11气藏。在研究构造和储量动用状况的基础上，钻调整井1口(卫气3井)、侧钻井1口(卫侧27井)、改采井2口(卫11井、卫11-33井)，初期日生产气量22万立方米。在文186块、濮65块、文96块等气藏也实施了调整挖潜。其中濮65块濮侧3-71井获日生产天然气2万立方米；卫2块卫侧2-42井和改采井卫50井分获日产气量4万立方米和4.5万立方米；文213块利用报废井文213-2井改采气井获日生产天然气1.2万立方米。小断块气藏的调整挖潜效果表明，在动用程度低、采出程度小的局部复杂区域，存在着一定的挖潜区，是下步提高气藏产量的有利目标。

（江　涌）

【推广采气新工艺】 2002年，针对气田开发中存在的储层埋藏深、低渗含凝析油和气井低产、产水两大生产难题，在采气工艺方面开展了以压裂改造、排液采气和低压采输气三项技术为主的前期攻关研究和现场试验工作，共实施压裂、气举、泡排、小油管、化堵等工艺措施138口井，年累计增产气量2500万立方米。(1)重点气藏采气工艺前期研究、工程方案得到加强。在采气工艺方面开展了以深层气压裂、气井生产管理优化、排液采气、储层保护为主要内容的前期研究工作，确定了白庙气田采气工程方案、气井压裂优化设计等11个生产项目，通过室内研究和前期方案的编制，为采气工艺的现场实施，提供了技术保障。(2)深层气压裂试验初见成效。以压裂为主的储层改造技术是深层气井投产的必要手段，通过实验攻关，形成了一套以优化方案设计，预前置液预处理，压裂液、支撑剂优选，卡封护套，裂缝、井温、压降监测，压裂液快排和强排，现场压裂跟踪及全过程专业监督为主的适用于深层气压裂的配套工艺技术。实施压裂井54口70井次，加砂强度每米4.5立方米，平均砂比30.5%以上，工艺成功率95%。其中在桥76井压裂中，应用深层复合压裂技术，压后获日产凝析油17立方米、天然气5.8万立方米。(3)排液采气工艺技术的现场推广应用取得效果。在已开发的9个气田(藏)、5个气顶中，大多已进入开发的中后期，井口油压低于5兆帕的井占总井数的近70%，低压低产、井筒积液等一系列问题渐渐暴露，开采难度加大，为了加大排液采气技术的现场推广力度，实施小油管井13口，气举井30口36次、机抽井9口、泡排井10口25次，柱塞气举试验井6口，这些措施的实施有力地保证了气井的正常生产。

（江　涌）

【断块砂岩气藏开发技术】 文23气田为东濮凹陷一整装砂岩气田，自1990年投入开发以来，应用新技术、新方法，加强了气田地质精细研究和动态跟踪分析，建成年生产能力4.9亿立方米，连续10年稳产，实现了气田高效开发。通过开展构造精细描述和储层描述，建立气藏开发监测系统，跟踪数值模拟、预测气藏动态，整体压裂改造、完善井网和实行高低压分输技术的实施，文23气田ES_4^{3-8}气藏方案指标符合率高，23口生产井免修期均大于6年。由于采取了合理的工作制度和科学的增产措施，保证了气井的正常生产，基本上没有躺井发生。统计气井开井率为100%，气井平均生产时率为96.0%，措施有效率93.9%，保证了文23气田的高效开发。

（江　涌）

【深层低渗凝析气藏有效开发技术】 2002年，随着天然气产能建设向深层凝析气藏转移，中原油田加强了深层凝析气藏开发技术的攻关，在储层预测、采气工艺及开发技术政策等方面已初步形成了一套有效的开发技术。(1)应用储层预测技术，研究砂体展布规律。针对凝析气藏埋藏深，储层相变快，流体性质复杂等难题，应用随机建模等储层预测技术，对单一物源方向沉积的储层，采用序贯指示方法预测储层砂体的厚度分布；对于存在多方向物源的储层沉积，采用序贯指示模拟和序贯高斯模拟相结合的方法。年内，在白庙气田滚动开发井位部署中，实施的新井钻遇气层厚，砂体预测符合率达90%以上，投产后新井日产气量2万~6万立方米。(2)评价经济可动用储量，优化开发方案。结合气井试采情况，白庙、濮67、桥口气藏在制定开发方案前均细分层系，开展可动用储量评价和经济产量研究，为气田开发提供可靠的储量基础。根据这一指导思想，白庙气田在优先开发沙二下—沙三中层系的同时，在沙三下又滚动探明天然气地质储量29.16亿立方米。(3)注重气层保护，减轻气层污染。注重钻井及完井作业对气层的保护，采用近平衡和快速钻井技术，优化射孔工艺，利用气井保护液和深穿透负压射孔，减少储层的伤害，提高气层打开完善程度。(4)应用复合压裂新工艺，提高气井产能。引进复合压裂工艺，采用预前置液预处理、直接加砂和快速返排技术，减少压裂液对地层的伤害，提高压裂效率。由于深层低渗气藏具有含气井段长，气层薄、分布分散的特点，开展了双封分层压裂工艺试验研究，并在白庙气田白41井、白34井两口井开展试验。同时推广环空注入压裂新工艺，避免反复作业给地层造成的伤害。(5)优化排液采气，提高气井产能及稳产期。针对积液气井，利用节点分析技术，对每口生产井进行携液能力计算，摸索积液规律，指导气井生产管柱的优化设计。采用2″小油管或组合管柱提高气井的携液能力，并使用气举阀和撬装式气举等排液工艺技术，定期清除井筒积液，减少井底积液，以保持气井的稳产。通过深层凝析气藏有效开发技术的应用及实施，白庙气田日产气量由1999年底的5万立方米，上升到2002年年底的30万立方米；桥口气藏6口井也获得高产气流，为深层凝析气藏有效开发及规模产能建设奠定了基础。

（江　涌）

【文东气举站日外输天然气150万立方米】 文东气举站始建于1989年10月，1990年3月正式投产。全站拥有大型气举压缩机组11台，装备有天然气三甘醇脱水、氨冷脱烃及工艺气进站过滤分离、润滑油、能冷却液密闭补充等完善的配套装置，日外输供天然气能力150.99万立方米，是国内工艺较完善、规模最大、运行时间最长的气举增压站。全站进气压力0.2兆帕左右、外输压力10兆帕左右，主要担负文东油田124口气举井所用天然气的净化处理与增压外供任务，日生产原油700吨、平均单井产液31吨、产油7.5吨。截至2002年底，机组单机已平均运行7万小时以上，最高单机运行时间89063小时。在设备管理上，文东气举站推行封闭式、机长制管理，严格各项操作规程与维护保养规范，自行组织大修机组35台次，平均设备完好率91.22%、利用率88.27%。在压缩机国产化配套改造上，先后对涡轮马达、空冷器、燃气发动机起动电机、燃气机组改电驱动机组及盘根、气阀、缸套等易损件进行了国产化研制与应用，共实现配件国产化75种2050余件，与进口配件相比，累计节约直接成本1800多万元，装机运行考核技术指标均达到或超过原进口配件，并填补了两项国内空白。

（孟国兵　王明礼）

井下作业

【井下特种作业工作概述】 井下特种作业处是负责中原油田井下作业施工的专业化队伍，隶属中原石油勘探局。截至2002年底，井下特种作业处共有员工2494人，其中全民职工1864人、劳务合同工611人、集体工 19 人;专业技术人员 539 人,其中高级职称 42 人、中级职称 198 人、初级职称 299 人。下属基层单位 89 个,其中一线生产单位有压裂事业部及下属压裂队 5 个、修井工程部及大修队 19 个、试油事业部及试油队 8 个、侧钻工程部及侧钻队 2 个、煤层气工程部 1 个、酸化工程部 1 个、特殊作业队 1 个、油水井大修监督站和试油监督站 3 个、外部项目部 4 个、辅助生产单位 12 个、后勤服务单位 8 个、事业单位 15 个、科研单位 4 个、处机关所属部 7 个科室 17 个。拥有各类设备 986 台(套),固定资产原值 3.75 亿元、净值 1.50 亿元,新度系数 0.40。其中,配套压裂机组 5 套、修井机 33 台、试油作业设备 17 台(套)、卡车 28 台、罐车 44 台。年内主要引进了美国哈里伯顿公司生产的 CO_2 泡沫压裂设备 1 套。2002 年,井下特种作业处共完成压裂井 866 口(其中油田外部压裂 210 口),油水井大修侧钻井 241 口(其中侧钻井 18 口),试油 80 层,测试 30 层,酸化 7 井次。压裂累计增产原油 25 万吨,修井侧钻日增产原油 628 吨,日增加注水 800 立方米。全年完成产值 5.8 亿元,上交利润 2328 万元。

(王保平)

【井下作业工作量及效果】 截至 2002 年底,全油田共完成井下作业工作量 7875 井次,同比增加 754 井次。其中,维护作业 3390 井次,同比增加 453 井次;措施 3686 井次,同比增加 198 井次;新投产井 527 口(含侧钻 121 口井),同比增加 68 口;投转注 272 口,同比增加 35 口。完成油井作业 5688 井次,同比增加 436 井次。其中,油井维护 2299 井次,同比增加 297 井次;油井措施 2862 井次,同比增加 71 井次;新投井(含侧钻)527 口,同比增加 68 井次。完成水井作业 2187 井次,同比增加 318 井次。其中,水井维护 1091 井次,同比增加 156 井次;水井增注、封堵、调剖措施 824 井次,同比增加 127 井次;投转注 272 口井,同比增加 35 口。油水井措施 3686 井次,有效率 84.8%,增油 78.62 万吨。其中,油井老井措施 2491 井次,有效率 83.1%,增油 58.34 万吨;油井新井措施 371 井次,有效率 83.8%,增油 12.36 万吨;注水井措施 824 井次(不包括分注、转注),有效率 90.5%,对应油井增油 7.92 万吨。

(刘长松 张文昌)

【井下压裂】 2002 年,井下特种作业处在胜利油田、陕北地区等 10 多个国内油田和地区进行压裂施工,创造了年压裂井 656 次、月压裂井 74 口、单机组日压裂井 6 口和大规模井日压裂 2 口(而且为黄河南的深层高压气井)、瞬时砂比和平均砂比最高(瞬时砂比 80%、平均砂比 39.2%)、施工井斜最大(马 67 井最大井斜 67°)等 7 项油田最高纪录。(1)配套完善连续输砂装置、废液处理再利用装置、50 立方米自装卸罐、胶囊破胶剂添加装置、酸罐加工等系列配套装置,为压裂施工提供配套支持。(2)开展油气井复合压裂稳产技术研究与攻关,在桥口油田、白庙油田、马厂油田、濮城油田、刘庄油区进行新工艺试验,对 26 口油井进行新工艺改造试验,有产量对比的井 22 口,压后单井平均日增产原油 8.3 吨,最高单井日增产原油 16 吨(马 11-141 井)。对 13 口气井进行新工艺试验,压后白 33 井最高日增产天然气 3.6 万立方米,桥 76 井压后用 4 毫米油嘴控制放喷,油压 21.5 兆帕,套压 19.5 兆帕,日生产天然气 6.6 万立方米。(3)开展分层压裂技术的研究与攻关,解决油气井层系多、油层薄,投球分压目的性不强等问题,为解放二、三类油气藏提供技术支持,先后在新卫 76 井、新濮 48 井和濮侧 2-157 井等 8 口井进行新工艺试验,平均单井日增产原油 8 吨,降低生产成本 13 万元。其中濮 7-78 井压后日增产原油 7.6 吨,文 153-2 井压后日增产原油由 1 吨增加到了 12 吨,文 88-5 井压后日生产原油由 2 吨增加到了 29.7 吨。(4)开展斜井压裂技术的研究与攻关,完善斜井压裂理论。全年施工井斜大于 20°的井共 316 口,占压裂井总数的 48%。其中井斜大于 40°的井 41 口,占压裂井总数的 6%,斜井压裂成功率 94.9%。(5)开展大型酸压技术的研究与攻关,通过应用胶凝酸和乳化酸施工技术,探索古生界碳酸盐岩地层酸化压裂改造的难题,在富古 3 井、富古 4 井、文古 2 井和毛 4 井等 4 口井进行现场试验,工艺上均获成功。

(王保平)

【试油测试】 2002 年,井下特种作业处共完成试油 80 层 48 口井。其中,探井 31 层 21 口井,有 8 层 8 口井获工业油气流;开发井 47 层 25 口井,有 11 层 9 口井获工业油气流;测试井 43 层 25 口井;作业井 40 口;组织试油气井压裂 63 井次。加强新工艺新技术的引进和应用,提高排液速度,采用了潜油电泵深抽求产技术,经现场应用其排液深度在 2800~3200 米,日排液量在 9~20 立方米,排液过程中全密封无污染;加强现场管理工作,实行现场驻井监督制度;加强与开发事业部、勘探事业部的工作协调;应用新的 DST 全压力解释方法和压前评估方法,研究不同区域不同地层物性条件下油气水的标准,开展深层凝析气藏试气技术、试油井压力分析、户部寨气藏压裂增产技术研究与攻关。

(王保平)

【油水井大修】 2002年，井下特种作业处共完成各类大修井228口，队月速度1.0，实现产值1亿元，比2001年增长51%。进一步完善了驻井监督制度，加强修井监督人员的素质教育、职业道德教育，采用修井打通道下4″套管加固工艺技术施工11井次，应用震击器综合解卡技术30井次，高强度套铣工具、连续整形器25井次。

（王保平）

【侧钻施工】 2002年，井下特种作业处共完成侧钻井18口，实现产值3014万元，比2001年增长102%。对侧钻队实行标准化、模块化装备配套，提高了队伍装备技术水平；开展侧钻新工艺、新技术的研究和运用，与西南石油学院合作研究小井眼侧钻工艺和拔套侧钻工艺，在泥浆体系和井眼轨迹控制、井壁稳定等技术上逐步形成了一套适合老区换井底的侧钻技术；加强对生产现场的管理工作，劳动效率得到提高。

（王保平）

【煤层气作业】 2002年，井下特种作业处加强了与美国德士古、菲利普斯等国际公司的联系，完成了3个国际反承包项目的作业施工，油田内部完成了3口试油井的施工任务，煤层气作业全年实现产值956万元。

（王保平）

【中原油田第一口大型酸化压裂井获成功】 2002年8月15日，中原油田第一口大型酸化压裂井——文古2井酸化压裂施工获成功。对高温深井进行大规模的酸压改造，在中原油田尚属首次，这也是中原油田在压裂工艺技术上取得的重要突破。文古2井是中原油田部署在东濮凹陷中央隆起带古潜山构造的一口预探井，以前采用酸化的方式打通古潜山碳酸盐孔－缝性储层的出油通道，注酸液量一般不超过10立方米，而这次由井下特种作业处与酸化压裂专家对文古2井4480.1～4495.5米储层进行的大型酸化压裂施工，共泵注液体250立方米，其中酸液150立方米，最高泵压70兆帕。

（李恒军）

井况防治

【井况防治工作概述】 2002年，中原油田井况防治部门面对井况恶化的局面，按照勘探局、分公司的部署要求，建立了防治网络，将工作目标分解到各生产单位，采取“以防为主、防治结合”的策略，推动井况防治工作的发展。(1)继续保持“一降两个超平衡”的目标。全油田共发生各类油水事故井134口，同比增加8口，上升率5.3%；与年度计划事故井200口相比，减少66口，下降率33.0%；大修修复井数367口(含拔套侧钻井)，修复井数与事故井数持平率274.0%，修复井恢复控制储量与事故井损失控制储量持平率为445.7%。(2)加强井况防治工作。中原油田与天津钢管公司合作开发的TP130TT高抗挤毁套管，广泛应用于新钻井的盐膏层段和深井生产层。全年共下入高抗挤毁套管199口，占新钻井总数的58.2%。(3)推广应用高压注水井降压增注技术。采用多种降压增注工艺技术，高压注水井启动压力有较大幅度的下降。实施降压增注技术183井次，平均降压6.1兆帕，单井日增注30立方米。(4)油水井大修工艺技术进一步发展。取换套、侧钻、下4″套管、复杂落物打捞等油水井大修技术得到推广应用。全油田油水井大修403口(含拔套侧钻)，修复367口，修井成功率91.1%。恢复控制储量1743.4万吨，增产原油12.63万吨，增加注水量129.32万立方米。

（李　龙　陈书庆）

【油水井井况】 截至2002年底，全油田累计发现事故井3162口，其中落物1413口、套损1749口。2002年仍有事故井1485口，其中油井833口、气井14口、水井638口。按类型划分：小件落物井135口(油井88口、气井11口、水井36口)，一般事故井152口(油井99口、水井53口)，需大修落物井295口(油井187口、水井108口)，套损井613口(油井315口、气井2口、水井296口)，套损＋落物井290口(油井146口、气井1口、水井143口)，分别占事故井总数的9.1%、10.3%、19.9%、41.2%和19.5%。2002年，新发现事故井144口(油井79口、水井65口)，停产44口(油井19口、水井25口)，损失控制储量722.4万吨，损失可采储量104.3万吨。

（刘长松　张文昌）

【新钻井井况质量合格率98.53%】 2002年，井况防治工作从源头抓起，新钻井的井况质量不断提高。(1)加强钻井施工过程质量管理与质量监督，制定了《固井施工程序化管理办法》、《关于完井试压标准及下套管操作规程的补充规定》、《关于TP130TT高抗挤毁套管管理与使用规定》等一系列管理规定，确保了各项施工有章可循，固井质量不合格井数比2001年减少12口井，合格率同比提高了2.6个百分点。(2)开发出了 TP130TT 高抗挤毁套管,并进行 TP130TT 高抗挤毁套管正常固井质量与射孔质量评价。应用 TP130TT 高抗挤毁套管,以提高深井、盐层、盐膏层、泥岩层及套管易损段套管抗外挤强度,年内共实施 199 口,累计应用 423 口。(3)严把固井工艺流程关,提高固井质量,对灰库及混拌装备进行改造,提高混拌效率。(4)继续推广新钻井自由段水泥封固,采用高密度水泥浆封固下部地层(油层)、低密度水泥浆返至井口技术,年内在濮 92-9 井等 51 口井采用 MTC 施工,在胡 7-103 井等 424 口井采用微硅低密度水泥浆对自由段固井,井况防治效果较好。(5)在新钻井施工过程中,各钻井施工单位采用声幅-变密度测固井,严格按标准进行质量评价。(6)严把下井套管质量关,全年 342 口井套管质量合格率达 100%。(7)各油气生产单位均设立了相应的井况监督机构,对新钻井、侧钻井进行了全方位、全过程的跟踪监督。年内各钻井公司共完井 342 口,井身质量合格率 99.4 %、优良率 97.4%,固井质量合格率 96.2 %、优良率 77.8%,套管质量合格率 100%。与 2001 年同期相比,井身质量优良率提高 1.2 个百分点,固井质量合格率提高 2.6 个百分点,套管质量合格率持平。

(李　龙　陈书庆)

【落物事故井同比下降 0.4%】 2002 年,井况防治部门采取技术措施,加强油气水井日常管理,减少了落物事故,延缓了套管损坏。(1)采用加药防腐、深抽配套、管杆防偏磨、压裂卡封保护、水井维护检管、高压注水降压增注、作业施工现场跟踪监督等日常管理措施,减少了事故井。(2)开展防腐和水质达标工作,减缓管柱腐蚀,依据区块、单井井况实际,确定加药周期、浓度和用量,共实施油井加药 27234 井次,累计加药 1492.2 吨。(3)采取牺牲阳极的阴极保护技术。(4)采取降压增注技术,延缓套管损坏。针对高压低渗、断块复杂、有效吸水厚度逐年减少、注水压力逐年上升的实际,采用接力式酸化,深穿透低伤害缓速酸,多元复合酸、压裂酸化、高压注水缩膨降压技术、电脉冲+酸化等酸化工艺技术,降低井口注水压力,实现保护套管和水井增注的目的。全油田共实施酸化降压技术 207 口,单井平均注水压力下降 6.05 兆帕,单井日增注水量 30 立方米。(5)优化油水井增产增注措施,防止井况事故发生。实施压裂下封隔器保护套管 136 井次、水井卡顶封保护套管 75 口井,保护了油层套管。(6)加大出砂井的治理力度,防止砂卡管柱和套管变形。(7)加强作业质量监督,防止人为事故井发生。各采油厂通过加强工具质量和作业现场监督的力度,使年内落物井占事故井的 40.3%,同比下降 0.4%。(8)加强水井检管,预防管柱卡落事故的发生。各采油厂加大水井检管与大修力度,改善注水井况,缓解长期以来在水井上形成的欠账问题。年内共检管 276 井次,注水井开井率上升 0.2 个百分点。(9)加强油水井井况检测。推广应用了以井下鹰眼电视为主,以八臂井径和磁测井为辅的井况检测技术。年内进行鹰眼电视测井 32 井次,鹰眼电视、八臂井径、磁重量等组合测井 18 井次。(10)根据油田各区块的开发状况、生产潜力、井下套管状况以及修井工艺,开展了区块井况综合治理工作。

(李　龙　陈书庆)

【井况防治技术研究与应用】 2002 年,井况防治部门为提高井况防治质量,开展了一系列井况防治技术的研究与应用工作。(1)完成了石化集团公司《常规开发井套管损坏因素分析与机理研究》。(2)根据高压注水井套损机理,制定了《关于超高压注水管理暂行规定的通知》,规范了高压注水井选井原则及注水压力界定。(3)油井套管保护技术得到广泛应用。一是优化射孔段套管钢级保护套管技术,依据套管损坏机理,在文东、文中、文南、濮城等油田优化射孔参数、提高新井生产层段套管钢级,共实施 115 井次,有效地保护了射孔段套管;二是应用桶式卡瓦锚定及低伤害锚定堵水管柱,年内现场应用 22 井次,累计降液 2.81 万立方米,增产原油 1.01 万吨,起到了减小套管伤害,延长使用寿命的作用。(4)应用封堵高渗层、套管串槽及套管漏失技术,共实施 29 井次,措施有效率 75%,增产原油 7313 吨,降水 5.72 万立方米。(5)推广应用油水井破损套管化学堵漏修复技术。应用 YLD-1 化学堵剂对套管破损段、管窜、出水层及炮眼进行封堵,共实施 44 井次,施工有效率 93.2%,累计增产原油 1.31 万吨,降水 4.29 万立方米。

(李　龙　陈书庆)

【采油五厂推广应用高压顶封工艺实现增油 5000 吨】 2002 年,为有效防止高压注入水危害注水井上段套管,恢复上部套漏井的注水,减少无效注水,避免水驱动用储量的损失,达到井况防治的目的,采油五厂引进了高压顶封工艺。年内共推广应用高压顶封 36 井次,恢复因套损而损失的地质控制储量 147.6 万吨,水驱动用储量 62 万吨,累计减少无效注水 23 万立方米,对应油井累计增产原油 5454.6 吨,封隔器平均有效期达到 186 天,最长达 540 天。

(崔士霆)

【采油六厂天然气日外供量突破 30 万立方米】 2002 年,采油六厂日外供天然气由年初的 13 万立方米上升到年底的 30 万立方米以上,实现了天然气产量的稳步增长。(1)对白庙采气区通过老井补孔和低渗层压裂改造,实现了层间、井间产量接替,提高了储量动用程度,实施气井措施工作量 15 井次,增产天然气 1270 万立方米。同时,采用复合压裂工艺技术实施压裂改造,共实施气井复合压裂 9 口,有效率 100%,平均单井日增产天然气 2.24 立方米。(2)对桥口凝析气田采用复合压裂工艺技术实施压裂改造,实现了桥口深层低渗凝析气田开发的突破。通过对桥 76 井、桥 74 井实施复合压裂工艺技术,单井日增气能力分别为 6 万立方米和 3 万立方米。(3)在坚持实施"激动式"排液的同时,通过实施小油管、氮举和柱塞等排液工作,保证了老井的正常生产。实施各种排液措施 138 井次,累计增加天然气 50 万立方米,老井自然递减与 2001 年相比减缓 8.99%。(4)开展滚动勘探开发研究,不断增加天然气地质储量。白庙和桥口气田新增探明含气面积 13.5 平方千米,天然气地质储量 67.42 亿立方米,凝析油地质储量 259.7 万吨。

(孟凡珍)

中 原 油 气

【中原油气高新股份有限公司工作概述】 中原油气高新股份有限公司是经国家经贸委批准,由原中原石油勘探局作为独家发起人,采用募集方式设立的股份有限公司。1999 年 11 月 10 日,"中原油气"股票(证券代码 0956)在深圳证券交易所挂牌交易。2000 年 2 月 28 日,经国家经贸委、财政部、中国证监会批准,中原石油勘探局将持有公司的国有法人股份转让给中国石油化工股份有限公司。公司总股本 8.16 亿股。其中,国有法人股 6.12 亿股,占总股本的 75%;社会公众股 2.04 亿股,占总股本的 25%。经营范围包括:石油、天然气资源勘查、开采、综合利用和产品销售;天然气管道运输、轻烃产品、石油天然气精细化工产品的生产与销售。截至 2002 年底,中原油气高新股份有限公司共有员工 5352 人,其中生产人员 3773 人、销售人员 54 人、技术人员 980 人、财务人员 82 人、行政人员 463 人;具有本科以上学历的 690 人、专科学历的 1100 人、中专及以下学历的 3562 人。机关下设董事会办公室、监事会办公室、经理办公室以及证券部、财务部、生产部、技术部、人事部、营销部 3 室 7 部。公司所属 3 个分公司,即采油四厂、天然气产销厂、天然气化工厂。资产总额 40.16 亿元,其中流动资产 10.13 亿元、长期投资 0.98 亿元、固定资产 29.05 亿元。2002 年,在国际原油价格波动大、油气田开发形势严峻、成本控制难度加大的情况下,中原油气高新股份有限公司圆满完成了各项生产经营任务。通过加强滚动开发研究力度,立足老区滚动扩边,狠抓外围地区滚动开发,油气田外围拓展、周边滚动、老区挖潜调整均有新的突破。年内,生产原油 65.65 万吨、天然气 9.51 亿立方米、轻烃 14.24 万吨、轻烃深加工产品 9.29 万吨。完成投资 8.04 亿元,其中油气开发投资 6.65 亿元、其他投资 1.39 亿元。实现销售收入 17.94 亿元,同比增加 5398 万元。实现利润总额 5.56 亿元,交纳税金 2.07 亿元。截至 2002 年年底,公司资产总额 40.16 亿元,比年初增加 3.42 亿元。流动比率 1.36,资产负债率 18.49%,每股净资产 3.99 元,每股收益 0.57 元。

(张　新)

【股东大会】 2002 年,中原油气高新股份有限公司共召开两次股东大会,审议并通过了多项议案,所有会议决议公告均刊登在《中国证券报》《证券时报》和《上海证券报》上。

2001 年度股东年会。2002 年 4 月 5 日,中原油气高新股份有限公司董事会在中原油田宾馆召开了公司 2001 年度股东年会,到会股东及股东代表共 4 名,占公司总股本的 76.41%,会议审议并通过了以下议案:2001 年度董事会工作报告;2001 年度监事会工作报告;2001 年度财务决算报告;2001 年度利润分配预案及预计 2002 年利润分配政策的议案;关于关联交易的议案;关于续聘北京中洲光华会计师事务所的议案;审议否决了关于聘任毕马威会计师事务所为公司补充审计机构的议案。

第一次临时股东大会。2002 年 9 月 16 日,中原油气高新股份有限公司在中原油田宾馆召开 2002 年度第一次临时股东大会,到会股东及股东代表共 1 名,占公司总股本的 75%,会议审议并通过了以下议案:关于修改 2001 年度配股方案的议案;关于确定独立董事津贴的议案;关于董事会换届选举的议案;关于监事会换届选举的议案。

(张　新　毛芙蓉)

【第一届董事会会议】 2002 年,中原油气高新股份有限公司第一届董事会共召开会议 5 次,审议并通过了多项议案,所有会议决议公告均刊登在《中国证券报》《证券时报》和《上海证券报》上。

第二十次会议。2002 年 1 月 26 日,中原油气高新股份有限公司在中原油田宾馆召开第一届董事会第二十次会议，公司董事会13名董事11名出席会议，监事会7名监事5名列席会议。会议审议通过了11项决议：2001年度报告及摘要；2001年度董事会工作报告；2001年度经理工作报告；2001年度财务决算报告；2001年度利润分配预案及预计2002年利润分配政策；关于2001年度公司投资完成情况的报告；关于关联交易的议案；关于计提资产减值准备的报告；关于核销资产减值准备的报告；关于续聘会计师事务所的议案；关于修改公司《会计管理制度》的议案。

第二十一次会议。2002年2月8日，中原油气高新股份有限公司以传真方式召开第一届董事会第二十一次会议，公司董事会13名董事全部参与了表决，公司监事会7名监事以传真方式参与了本次会议。会议审议通过了关于聘任毕马威会计师事务所为公司补充审计机构和关于召开2001年度股东年会的议案。

第二十二次会议。2002年4月14日，中原油气高新股份有限公司在中原油田宾馆召开第一届董事会第二十二次会议，会议由公司董事长刘恩学主持，公司董事会13名董事9名出席会议，公司监事会7名监事5名列席会议。会议审议通过了4项决议：2002年第一季度报告；关于天然气化工厂更名的议案，公司下属的天然气化工厂更名为天然气处理厂；2002年投资计划；2002年经营承包办法。

第二十三次会议决议。2002年6月27日，中原油气高新股份有限公司在中原油田宾馆召开第一届董事会第二十三次会议。会议由公司董事长刘恩学主持。公司董事会13名董事全部参加了会议；公司监事会7名监事全部列席了会议。会议审议并通过了关于《中国石化中原油气高新股份有限公司建立现代企业制度自查报告》的议案。

第二十四次会议。2002年8月8日，中原油气高新股份有限公司在中原油田宾馆召开第一届董事会第二十四次会议。会议由公司董事长刘恩学主持。公司董事会13名董事12名出席会议，公司监事会7名监事有6名列席了会议。会议审议通过了5项决议：2002年半年度报告及其摘要；关于修改2001年度配股方案的议案；关于确定独立董事津贴的议案；关于董事会换届选举的议案；关于召开2002年度第一次临时股东大会的议案，会议决定于2002年9月16日在河南省濮阳市中原油田宾馆召开2002年度第一次临时股东大会。上述第二、三、四项议案需提交2002年度第一次临时股东大会审议通过。

（张　新　毛芙蓉）

【第二届董事会会议】　2002年，中原油气高新股份有限公司第二届董事会共召开会议2次，审议并通过了多项议案，所有会议决议公告均刊登在《中国证券报》《证券时报》和《上海证券报》上。

第一次会议　2002年9月16日，中原油气高新股份有限公司在中原油田宾馆召开第二届董事会第一次会议。会议由公司董事刘恩学主持。公司董事会共13名董事9名出席会议，公司监事会7名监事6名列席会议。会议审议通过了选举刘恩学为公司第二届董事会董事长的决议。

第二次会议　2002年10月27日，中原油气高新股份有限公司以传真方式召开第二届董事会第二次会议，公司董事会13名董事全部参与了表决，公司监事会7名监事以传真方式参与了本次会议。会议审议了2002年第三季度报告、《关联交易管理办法》2项决议。第二项需提交下次股东大会审议通过。

（张　新　毛芙蓉）

【完善财务控制体系】　2002年，中原油气高新股份有限公司修订完善了财务管理制度，形成了资金预算、财务结算、资金管理等一套较为完善的财务控制体系。(1)加强对资金的集中统一管理，加大货款的回收力度，提高了资金的使用效率；在保证资金安全和不影响正常生产经营的前提下，全年创造直接效益243万元。(2)加强成本目标管理，严格切块资金控制。以预算管理为主线，通过实施“事前预算计划、事中监督控制、事后考核奖惩”三位一体成本监控体系，建立起对生产经营活动进行全过程跟踪控制的预算系统。通过对单井成本费用进行核算分析，编制了单井核算成本、地质区块单井成本、行政区块单井核算成本、产量构成单井核算成本等四套单井报表，为地质部门分析低效井、无效井及下一步项目决策提供了依据。

（张　新　李　伟）

油气加工与销售

油 气 加 工

【原油加工工作概述】 中原油田的原油加工任务由分公司石油化工总厂负责。2002年，石油化工总厂面对成品油价格低、市场疲软、竞争日趋激烈的严峻形势，加强生产经营管理，及时调整产品结构，全面完成了生产经营承包任务。年内共加工原油54.33万吨，实现上缴利润2050.38万元，超利润指标50.38万元，比2001年增长了近1500万元，成为石化集团公司的盈利炼油企业之一。

2002年，石油化工总厂针对成品油市场200#溶剂油、蜡油和液化气紧俏、赋税较轻的情况，研制开发了200#溶剂油，提高了石蜡油原料的拔出率和液化气的收率，创经济效益近300万元。同时，将装置达标作为生产管理的工作重点，开展技术创新。综合商品率90.98%，与达标指标相比提高了0.73%；加工损失率1.19%，同比降低了0.01%；综合能耗91.87千克/吨，同比下降了1.13千克/吨；轻油收率79.01%，达到石化集团公司的要求。其中，吨油利润指标在石化集团公司上半年炼油工作评比中位居第四，"三率"（加工损失率、综合商品率、轻油收率）达标成为石化集团公司仅有的6家达标企业之一。

（柴　珍　华静宇）

【炼油技术攻关】 2002年，石油化工总厂在产品分布、设备改良上加大攻关力度，优化流程，提高产品收率，使装置能耗明显下降。常压蒸馏、催化裂化装置采用了高效JF复合浮阀塔盘，增加了生产操作弹性，使装置处理能力提高了20%~30%，装置开工时间缩短了2~4小时。催化裂化装置柴油产品采用石油大学非加氢精制工艺，成功解决了柴油色度和氧化安定性问题，达到国家新标准要求；实施MGD工艺技术改造，降低了生焦量，使汽油的各项质量指标全部达到国家新颁布的标准要求。年内，石油化工总厂共引进推广科技项目16项，创直接经济效益700余万元。

（田海霞　华静宇）

【炼油装置技术改造】 2002年，石油化工总厂结合生产实际，充分利用现有闲置资源，积极推行技术改造，先后建设了二氧化碳和特种油处理装置。二氧化碳处理装置由四川省成都市华西化工科技股份有限公司设计，建筑集团公司第三工程处负责施工，处理能力2万吨/年；特种油处理装置由南京京陵设计院设计，建筑集团公司第三工程处负责施工，处理能力5万吨/年 。这两个项目均于2002年1月委托设计，4月建设开工，10月建成投产。它的投产不仅使石油化工总厂催化裂化装置产生的尾气资源得到了有效利用，还解决了常压石脑油芳烃含量高、质量不合格问题。同时，此装置生产的二氧化碳产品还可为中原油田的三采攻关提供气驱资源，除去芳烃后的石脑油产品可作为中原乙烯的优质裂解原料，解决中原乙烯的原料供应问题。

（张玉红　华静宇）

【石油化工总厂亚硫酸铵项目实验成功】 石油化工总厂自1989年建成投产以来，生产装置产生的酸性气体一直是放火炬烧掉，既浪费资源，又对周围的环境造成一定的影响。2002年，石油化工总厂组织成立了消灭"火炬"项目组，研究讨论项目方案。通过深入细致地市场调研和反复的项目实验，决定采取无水亚硫酸铵工艺技术。9月，亚硫酸铵项目实验通过了实际检验，并由实验室转入实际试验、收集生产数据阶段。亚硫酸铵项目是中原油田分公司的一个环境保护项目，一方面可以消灭火炬，另一方面利用酸性气中的含硫组分可生产出亚硫酸铵产品，产生一定的经济效益。

（张玉红　华静宇）

【天然气处理工作概述】 中原油田的天然气处理工作主要由中原油气高新股份有限公司天然气处理厂承担。中原油气高新股份有限公司天然气处理厂原为中原油气高新股份有限公司天然气化工厂，2002年4月14日更名。截至2002年底，天然气处理厂共有员工1109人，其中高级职称20人、中级职称126人、初级职称331人，生产技术、经营管理人员360人。下设生产、辅助单位18个，管理着3套大型气体处理厂和4个轻烃深加工厂。拥有从美国、德国、英国、意大利、日本等国家成套引进的天然气深加工处理装置。固定资产原值 7.01 亿元、净值 3.36 亿元。下属的第三气体处理厂和第四气体处理厂日处理石油伴生气总量 200 余万立方米，是全国最大的以回收乙烷等单体烃为主要目的的天然气处理装置；第二气体处理厂年轻烃深加工能力 5 万吨，为国内最大的戊烷发泡剂生产基地；丁烷厂年产 5 万吨的气雾剂级烃类抛射剂装置，为亚洲最大、中国首家。全厂伴生气日处理能力 300 万立方米，年生产轻烃 13 万吨，年生产轻烃深加工产品百余种、产量 8 万～9 万吨。主导产品主要分为两大类：一是石油伴生气经加工处理后回收的液态乙烷、商品丙烷、商品丁烷、特种丙烷、特种丁烷、液化石油气和稳定轻烃；二是轻烃深加工产品，主要有系列高效发泡剂（共 11 种型号）、系列溶剂油（植物油抽提溶剂油、高纯正己烷、120# 溶剂油、200# 溶剂油、260# 溶剂油）、系列烃类抛射剂（气雾剂级丙烷、气雾剂级异丁烷、气雾剂级正丁烷）、系列制冷剂（R－290、R－600a）以及天然苯、高纯正戊烷、高纯环戊烷等。特种丙烷、特种丁烷、气雾剂级丙烷、气雾剂级异丁烷、气雾剂级正丁烷、戊烷发泡剂、植物油抽提溶剂油等 7 种产品，其中"华大利"牌轻烃深加工产品畅销全国 20 多个省市，并批量出口伊朗、巴基斯坦等国家，远销到台湾地区。2002 年，天然气处理厂生产轻烃 13.05 万吨，完成年计划的 103.6%，超产 4524 吨，同比增加 4062 吨；生产轻烃深加工产品 9.25 万吨，外销 9.28 万吨，产销率 100.3%，外销产品资金回收率达 100%；实现利润 2835.4 万元，同比增加 892 万元。

（付　刚　王　刚）

【天然气化工厂更名天然气处理厂】 2002 年 4 月 14 日，中原油气高新股份有限公司第一届董事会第二十二次会议研究决定，下属的"中国石化中原油气高新股份有限公司天然气化工厂"更名为"中国石化中原油气高新股份有限公司天然气处理厂"。该厂主要由第一气体处理厂、第二气体处理厂、第三气体处理厂、第四气体处理厂、丁烷厂、溶剂油厂、胶乳厂、轻烃站、项目部、油气经销部、资产站、物资供应站、后勤服务站、精细化工研究所、计量化验中心、维修队、治保大队、车队和 13 个机关科室组成，是中原油田专门从事石油伴生气处理、轻烃深加工产品生产的正处级单位。

（付　刚　王　刚）

【气体处理轻烃回收技术】 截至 2002 年底，中原油田共有气体处理装置 4 套，设计日处理能力 270 万立方米。其中天然气处理厂下属的第三气体处理厂和第四气体处理厂日处理能力均为 100 万立方米。全套设备引进国外技术，生产工艺采用丙烷预冷＋膨胀制冷技术，制冷温度－99℃，装置设计 C_2 组分收率 82%，C_3^+ 收率 95%，产品纯度 99%，具备回收乙烷、丙烷、丁烷等高纯度单体烃的深冷分离技术。（1）实现能量的综合利用。天然气处理厂实现了原料气压缩机动力采用燃气轮机替代电动机，加热炉利用燃气轮机烟气的余热，冷却水采用乙二醇防冻液进行循环使用，实现了增压动力不用电、加热不用炉、冷却不用水，共计回收和节约能量 8676 千瓦。（2）开展"优化工艺参数"的技术攻关提高轻烃回收率。根据原料气流量、组分及装置工况的变化情况，天然气处理厂编制了气体处理调整参数软件系统，使第三气体处理厂和第四气体处理厂两套装置的轻烃收率均超过设计指标，乙烷收率达到了 84%，C_3^+ 收率达到了 98%，日增产轻烃 16 吨，年增效 1100 万元。（3）开展"六清一衡算"活动，降低装置损耗。为减少装置损耗，天然气体处理厂开展了"六清一衡算"活动。"六清"即装置原料气量清、转换气量清、燃料气量清、消耗气量清、外输气量清、损耗气量清；"一衡算"即每小时一统计、每天一次质量流量平衡计算。通过对装置物料平衡分析，提出了工艺参数调整及工艺改造方案，达到了节能降耗的目的，装置损耗率由 3% 下降到了 1.5%。（4）采用先进的控制系统增加装置运行的安全可靠性。2002 年，天然气处理厂采用国际上最先进的 DCS 监控系统和 ESD 紧急停车系统对第三气体处理厂原控制系统进行了改造，同时对工厂燃气轮机、压缩机及膨胀机等关键设备的主要控制点采用了在线监测控制。

（江　涌）

【轻烃罐区整体标准化改造项目竣工】 2001 年 4 月，为解决轻烃储罐进出口过多，无远程控制切断阀、无高位报警装置、消防用水非稳高压系统等问题，天然气处理厂投资 2400 余万元，分阶段对所属的轻烃站、第三气体处理厂、第二气体处理厂的轻烃罐区进行了改造。2002 年 7 月 31 日现场施工全部竣工，8 月 7 日顺利通过工程验收专家组整体验收。轻烃罐区整体标准化改造项目的建成投产，实现了天然气处理厂轻烃罐区的远程自动化控制，提高了大型罐群的安全系数和应对紧急情况的速度。

（付　刚　王　刚）

【正己烷改造项目建成投用】 天然气处理厂 2.5

万吨/年轻烃深加工装置建成投产以来，生产的高标6#抽提溶剂油因馏程窄(65℃～69℃)、芳烃含量低(0.01%)，广泛应用于植物油抽提加工。2002年，天然气处理厂为进一步提高6#抽提溶剂油产品的质量档次，增加产品附加值，根据植物油生产企业的要求(产品中正己烷含量在70%以上)，与天津大学化学工程研究所合作，开展了提高6#溶植物抽提溶剂油中正己烷含量的研究，并最终确定利用现有塔组、采取互换填料的方式，对原有产品进一步提纯。7月19—29日，完成了对原装置的局部改建。经试运行，装置生产的正己烷含量在70%～80%的高标6#抽提溶剂油产品，其芳烃含量仍然保持微量，且馏程温度范围由原来的5℃缩短为2℃(即馏程为66℃～68℃)。

(付　刚　王　刚)

【异戊烷降酸值技术改造项目建成投产】　2002年，天然气处理厂为提高轻烃深加工产品的经济效益，生产出酸值低于5×10^{-6}、用于乙烯工业的异戊烷，抽调专业技术人员，成立了异戊烷降酸值技术改造攻关项目组。通过进行异戊烷产品与碱片(NaOH)反应的对比实验，确定了在异戊烷产品冷凝器后，以旁通形式增加一台碱反应器、两台吸水过滤器的技术改造方案。该技术改造项目投资6万余元，5月完成施工设计，6月19日动工，7月11日并入装置联运，生产的异戊烷产品酸值由原来30×10^{-6}降至5×10^{-6}以下，满足了乙烯工业对该产品的要求，并顺利销往天津乙烯、大庆乙烯等单位，年创经济效益100余万元。

(付　刚　李　锋)

【天然气处理厂利用IT平台建立安全监控系统】　2002年7月，天然气处理厂按照HSE标准要求，开展了利用IT平台在其下属的第三气体处理厂、第四气体处理厂建立全自动安全监控系统的可行性研究。通过可行性研究和招标工作，9月确定了利用IT网络平台，加强现场监控和生产管理的建设目标。工程于12月开工建设，总投资200余万元，由成都宏利建筑智能系统集成有限责任公司承揽设计并负责施工。安全监控系统由DCS数据传输和二次组态系统、消防广播系统、门禁管理系统和防爆监控系统等四个子系统构成，可利用网络实现事故广播、厂区电视监控、主要生产数据和电视监视图像远程传输，以及利用门卫磁卡数据读取、记忆设施，实现生产装置区的封闭化管理。

(王　刚　魏忠昕)

【LNG和CNG技术应用】　为发挥天然气资源优势，中原油田提出了发展天然气深加工产业的总体思路，积极开发天然气应用新技术、新领域，先后完成了国家重点技术创新项目及石化集团公司重点工程——天然气液化工程，北京市和石化集团公司重点科技示范项目——北京LNG(液化天然气)汽车加气站项目，承担了国家节能环保项目——CNG(压缩天然气)加气站网络一期、二期工程，初步开发了产、供、销一体化的产业链，形成了一个新的产业——L-CNG产业。(1)LNG工厂。中原油田LNG工厂是中国第一个商业化LNG工厂，于2001年9月投产，设计能力为处理原料天然气30万立方米/日，生产规模为15万立方米/日(107吨/日)，天然气液化率50%，储存能力1200立方米，总投资1.2亿元。LNG工厂利用文23块气田的气井自身高压特点，以气体压力为能量，采用分离、脱水、脱CO_2、脱重烃、脱苯等预处理后，经过丙烷预冷+乙烯制冷+节流制冷的分级制冷、部分液化工艺，对天然气进行液化处理，使天然气在0.3兆帕、-145℃条件下成为液体。截至2002年底，已开发了北京、淄博、潍坊、青岛、济宁、商丘等LNG应用市场，LNG用量为6万立方米/日。(2)CNG加气站。截至2002年底，相继开发了濮阳、开封、济南等地的CNG市场，累计发展CNG汽车4100余辆，建成投产CNG加气站10座。同时与菏泽、聊城、德州、安阳等地有关部门，达成了多个开发燃气汽车项目的意向。CNG年销售量由1998年的40万立方米增长到2002年的1230万立方米，增长了29倍；CNG汽车保有量由1998年的249辆增长到4100辆，其中濮阳市2500辆、开封市830余辆、济南市770辆，增长了15倍。濮阳市、开封市CNG汽车保有量和CNG销售量均已进入到“营运阶段”，濮阳市1号、开封市1号加气站，年创利润均达150万元以上。

CNG市场开发及历年主要生产经营指标表

项目＼年份	1998	1999	2000	2001	2002
在用CNG加气站(座)	1	1	2	4	10
CNG汽车保有量(台)	249	350	1326	2445	3902
CNG年销售量(万立方米)	40	127	371	908	1230

(江　涌)

【LNG工厂脱苯工艺改造成功】　2002年，中原绿能高科有限责任公司LNG工厂针对LNG(液化天然气)生产中出现苯堵，致使LNG工厂无法连续生产的实际，积极与天津大学等科研单位和法国索菲公司联系，寻求脱除天然气中苯的工艺技术，但均因报价昂贵、工程投资大而无法操作。后经过反复调研，提出了全国首创的利用异戊烷吸附天然气中苯的技术方案。经过6个月的设计、建设，中原绿能高科有限责任公司于2002年11月投资300万元，建成了脱苯装置。11月22日—12月6日，经过连续生产考核，LNG工厂脱苯单元一次投产成功，从根本上消除了LNG生产中的苯堵问题。年内，共生产LNG7204.6吨、销售7518吨。

（王钟晓）

【CNG市场开发取得新突破】 2002年，中原绿能高科有限责任公司坚持"立足濮阳，拓宽周边，形成网络，实现规模"的发展思路，组建成立了营销中心，大力开拓L－CNG市场。通过CNG(压缩天然气)汽车燃料的推广和CNG民用燃料、CNG酒店燃料等新领域的开发，取得了显著成效。(1)CNG燃料汽车的推广。在濮阳市，针对不同用户的经济承受能力，设计了租赁、买断、优惠改车、加气奖励等四种促销手段，使改装车辆工作保持了较好的发展，年内改装CNG汽车448台；在开封市，改装CNG汽车167台，日售气量9500立方米；在济南市，改装CNG汽车340台，CNG汽车总量805台，日售气由年初的3000立方米上升到了8000立方米，最高达到9200立方米，整个CNG汽车市场呈稳步发展的态势。(2)CNG民用燃料、酒店燃料等新领域的开发。在濮阳市，新开发酒店CNG用户9家，月售气量5000立方米；在林州市，新开发民用CNG燃料，日售气量最高达1万立方米，且售价高达2.1元/立方米。年内中原绿能高科有限责任公司共销售CNG 1217万立方米，创产值2301.9万元，实现内部利润433万余元，整个加气站网络全面实现盈利。

（王钟晓）

【全国首座LNG汽车加气站顺利建成并试投产】 北京LNG(液化天然气)汽车加气站是北京市和石化集团公司重点科技示范项目，也是2008年北京奥运会工程之一。项目于2000年立项，经中原绿能高科有限责任公司北京项目对LNG汽车加气站设计方案的充分论证，通过了北京市市政规划委员会、北京市政府管理委员会、环境保护管理局、消防管理局、技术监督局等10多个主管部门的审批。2002年9月4日，北京市市政规划委员会对该项目颁发了规划许可证，使LNG汽车加气站项目进入了工程建设阶段。9月25日项目开工建设，11月10日完成了加气站土建施工、设备安装和设备调试及LNG样车改装工作。12月16日，北京LNG汽车加气站建成并试投产。LNG汽车加气站项目的建成投产，特别是可使LNG方便的转化为CNG，实现给CNG汽车加气，将解决北京市CNG汽车发展缓慢的技术难题，促进北京清洁汽车的推广。

（王钟晓）

【全国首辆LNG汽车改装成功】 2002年11月15日，全国首辆LNG(液化天然气)汽车——东南得利卡"汽油－LNG"电控两用燃料面包车，在中原绿能高科有限责任公司改装成功，标志着LNG汽车改装在中国实现了"零"的突破。研究过程中，先后攻克了车用LNG储罐、汽化器、燃器电子控制技术等关键技术，使LNG作为汽车燃料终成现实。LNG作为汽车燃料所具有的优点：(1)环保性能优良。燃烧后，汽车排放的尾气无污染物。(2)动力性能优良。改装后的LNG汽车每次只需加50升即可行驶320千米，与CNG汽车相比，持续行驶的里程大幅度增加。(3)经济实用。根据路试测试表明，东南得利卡"汽油－LNG"电控两用燃料面包车与燃烧汽油相比，同样行驶100千米，燃料费用节省15.2元。

（王钟晓）

【LNG应用项目全面建成投产】 2002年，中原绿能高科有限责任公司加强对合资公司的管理，加快了外部合作项目的建设。(1)商丘LNG民用项目于2001年11月18日开工，总投资4300万元，2002年11月23日顺利点火投产，节约投资1300万元，至年底发展用户200户。(2)青岛市金家岭汽化站2002年4月23日顺利点火投产，至年底发展居民用户1万户，日用气量2万立方米，成为青岛市的亮点工程。(3)潍坊绿能燃气有限责任公司在坊子区、青州区建成两个汽化站，已利用CNG开始向用户供气。至2002年底，中原绿能高科有限责任公司合资建设的LNG应用项目已达6个。

（王钟晓）

【舒普凡化纤厂工作概述】 舒普凡化纤厂位于河南省濮阳市大庆路南段油田建设小区院内，前身是中国石油天然气总公司、中原油田共同投资兴建的细旦丙纶项目，1999年7月建成投产，2000年改称舒普凡化纤厂，隶属勘探局。舒普凡化纤厂总投资近1.2亿元，设计规模年产丙纶长丝4000吨。其主要设备从德国巴马格公司和法国ICBT公司进口，是集科研、开发、生产差别化、功能化纤维细旦丙纶长丝的专业生产厂。截至2002年底，舒普凡化纤厂共有员工159人，其中高级职称5人、中级职称20人、初级职称53人,专业技术人员占职工总数的36.5%。下设机关科室8个、生产单位5个、科研单位1个,年生产丙纶长丝2000吨。1999—2001年连续三年实现盈利。舒普凡化纤厂成立以来,在抓好生产销售的同时,实施“科技兴厂”战略,重点开发差异化、功能化、高品位纤维新产品。先后与天津工业大学、华东理工大学等院校建立合作关系,承担了河南省科技厅、石化集团公司、濮阳市科技局及中原石油勘探局11项科研课题,已成功开发出远红外细旦丙纶长丝、超细旦丙纶长丝、异形细旦仿真丝等多个品种的功能纤维。其中,远红外细旦丙纶长丝被国家科技部评为2001年度国家重点新产品。2002年,完成了与石化集团公司签定的“防紫外线细旦丙纶长丝的研究”、“灭菌复合功能性纤维”2个项目的研制开发工作,并通过了石化集团公司组织的技术鉴定。

(侯朝轩　刘鲁生)

【舒普凡化纤厂2个项目通过石化集团公司技术鉴定】 2002年12月7日,在石化集团公司组织召开的科研项目鉴定会上,由中原石油勘探局舒普凡化纤厂承担的石化集团公司科研项目“防紫外线细旦丙纶长丝的研究”和“灭菌复合功能性纤维成品及开发”通过了石化集团公司组织的技术鉴定。这两个项目均采用全造粒纺丝生产技术,其中“防紫外线细旦丙纶长丝”通过对紫外线遮蔽材料及防紫外线母粒配方的筛选、处理,优化了纺丝及后加工工艺,在纺丝生产线上生产了紫外线遮挡率大于99%的防紫外线细旦丙纶长丝,防紫外线效果显著;“灭菌复合功能性纤维”以无机银系化合物及金属氧化物作为添加剂,经多道工序加工而成,24小时抗菌率达到99.99%,洗涤60次后抗菌率保持不变,远红外发射率达到92%。经检测,两项产品的外观、手感以及各项技术性能指标均达到标准要求,且生产工艺合理、产品质量稳定、一等品率高,达到了国内领先水平。

(侯朝轩　刘鲁生)

化工产品选介

【戊烷发泡剂系列产品】 戊烷发泡剂系列产品是天然气气处理厂自行研制开发的轻烃深加工产品,主要成分为正戊烷、异戊烷,戊烷总含量98%(摩尔)以上。根据用户需要,天然气处理厂可按正戊烷、异戊烷比例调配成11种不同型号的产品,具有发泡过程易于控制、发泡效果均匀、发泡倍率高等优点,主要应用于塑料发泡剂、工业溶剂、萃取剂和化工原料等领域。戊烷发泡剂系列产品被河南省经贸委评定为“优秀新产品”,被河南省科委认定为“A类高新技术产品”,远销伊朗、巴基斯坦、韩国等国家。2002年,天然气处理厂生产戊烷发泡剂系列产品1.75万吨,掌握了国内1/3的市场份额。

(付　刚　王　刚　李　锋)

【气雾剂级烃类抛射剂系列产品】 气雾剂级烃类抛射剂系列产品是天然气处理厂利用中原油田的优质天然气,采用从德国全套引进的大型深冷分离装置,经压缩、深度脱水、脱硫、脱烯烃、深度制冷、高效分离精制而成,包括气雾剂级丙烷、气雾剂级正丁烷、气雾剂级异丁烷,纯度高达99%以上,主要用于气雾剂领域,作为抛射剂替代氟里昂,是理想的环保产品。本产品硫和烯烃含量低于国际同类产品标准,具有非活泼性和非腐蚀性,贝壳松丁醇值较低,表面张力小,雾化性能好,蒸汽压力适宜等特点,被河南省经贸委评定为“优秀新产品”,被河南省科委认定为“A类高新技术产品”。天然气处理厂作为亚洲最大、全国首家气雾剂级烃类抛射剂生产基地,2002年生产气雾剂级烃类抛射剂系列产品2.79万吨,畅销国内20多个省、市、自治区。

(付　刚　王　刚　李　锋)

【溶剂油系列产品】 天然气处理厂生产的溶剂油系列产品主要包括植物油抽提溶剂油、6#溶剂油、橡胶工业用溶剂油(120#溶剂油)、油漆工业用溶剂油(200#溶剂油)、H-1溶剂油5种:(1)植物油抽提溶剂油:产品主要用作植物油萃取工艺中的抽提溶剂、合成橡胶溶剂、化学试剂、医药溶剂等。产品中芳烃含量小于0.3%,不含重金属,馏程窄(60℃~75℃),深受客户的青睐,历次被国家抽检为一级品,被中国油脂学会推荐为指定使用产品,被河南省经贸委评定为“优秀新产品”,被河南省科委认定为“A类高新技术产品”。(2)6#溶剂油:产品主要用作植物油萃取工艺中的抽提溶剂及合成橡胶溶剂、化学试剂、医药溶剂等。产品中芳烃含量小于0.3%,馏程窄(60℃~90℃),不含烯烃和重金属,具有优异的化学稳定性和热稳定性。2002年天然气处理厂生产6#溶剂油7359吨。(3)橡胶工业用溶剂油(120#溶剂油):产品主要用作生产橡胶工业中的溶剂和无致癌性油漆稀释剂,主要成分是80℃~120℃的石油馏分,硫含量小于0.02×10^{-6},芳烃含量小于0.3%,不含苯,具有纯度高、馏程范围小、稳定性好等特点。2002年,天然气处理厂生产橡胶工业用溶剂油1439吨。(4)油漆工业用溶剂油($200^{\#}$溶剂油):产品可用于油漆行业作为油漆的稀释剂,而且可进一步加工生产出无味煤油产品,作为气雾剂行业中杀虫剂的有机溶剂,还可用于化妆行业面油、头油的配制溶剂。主要成分是140~200℃的石油馏分,产品中不含烯烃,硫含量低于10×10^{-6},具有无色透明、稳定性好的特点,质量优于国家标准。2002年,天然气处理厂生产油漆工业用溶剂油1422吨。(5)H-1溶剂油:产品主要用于油漆行业,作为油漆稀释剂进一步加工处理后生产的无味煤油,可作为气雾剂行业中杀虫剂的有机溶剂,也可作为铝型材、铝箔行业的轧制剂。主要成分是175℃~280℃的石油馏分油,产品中烯烃含量极低,芳烃含量小于5%,无色透明,粘度低,稳定性好。2002年,天然气处理厂生产H-1溶剂油2856吨。

(付　刚　王　刚　李　锋)

【特种丁烷】 特种丁烷是利用中原油田的优质天然气,采用从德国全套引进的大型深冷分离装置,经压缩、深度脱水、脱硫、脱烯烃、深度制冷、高效分离精制而成的化工产品。产品纯度99.5%,总硫含量小于10×10^{-6},蒸发残留物为零,无游离水,臭氧损耗潜能(ODP)和地球暖化潜能(GWP)值均为零,主要用于塑料发泡、特种溶剂、萃取等领域,替代氟里昂,是一种理想的绿色环保产品,被河南省经贸委评定为“优秀新产品”,被河南省科委认定为“A类高新技术产品”。另外,天然气处理厂的化工产品还有特种丙烷、高纯度正戊烷、环戊烷、R-290(高纯度丙烷)、R-600a(高纯度异丁烷)、天然苯等。

(付　刚　王　刚　李　锋)

油气集输

【油气集输工作量】 2002年,中原油田各联合站累计进原油328.43万吨,进站原油综合含水86.8%;累计外输原油329.34万吨,其中管道输送原油290.48万吨、罐车拉运38.86万吨,外输原油含水0.12%;累计稳定原油311.77万吨,原油稳定率94.2%;累计原油稳定生产轻烃5.85万吨,原油稳定轻烃收率2.05%;累计原油密闭310.29万吨,原油密闭率93.8%;年处理原油能力1400万吨,各类储罐105座、总容积56.7万立方米。

(刘长松)

【输油管理工作概述】 输油管理处组建于1997年4月25日,属原油储运专业化管理单位,主要承担柳屯油库及采油一厂、采油二厂、采油三厂、采油四厂、采油五厂的6座计量站及分布在百里油区的8条总长118千米的输油干线(2条管线部分停用)的管理及中原油田85%以上原油的内接、外销任务,隶属分公司。截至2002年底,输油管理处共有员工476人,其中各类专业技术人员96人。机构下设护线、计量运销、辅助生产、后勤保障和机关5大系统共15个下属单位(部门)。年内平稳外输原油293.57万吨,其中中洛线240.65万吨、石油化工总厂52.92万吨,完成了石化集团公司原油外销计划,未发生原油外销参数超标现象。

(胡　亮　李　平)

【天然气管输处成立】 根据石化集团公司气化山东的战略部署,2002年4月,中原油田分公司组建成立了天然气管输处,全面负责山东天然气管道建设、管网维护和天然气管输营运管理工作。截至2002年底,天然气管输处共有员工490人,其中专业技术人员79人(正高级职称1人、副高级职称15人、中级职称31人、初级职称32人);下设机关科室9个,直属单位9个。建成并拥有天然气长输管道658千米,其中中原油田-济南管线274千米、济南-淄博管线136千米、淄博-青岛管线248千米。沿线设有5个输气工区(聊城、济南、淄博、潍坊、青岛)、1个巡线大队、12个分输站、24个阀室,固定资产总值6.2亿元。2002年,天然气管输处共建成天然气长输管道248千米(淄博-青岛管线),向禹城、泰安、济南、青岛、齐鲁石化等地市和企业供气4184万立方米,年输差控制在-1.5%以下。

(刘　勤)

【山东省天然气管道有限责任公司注册成立】 2001年9月5日,石化集团公司和山东省政府签订了《关于山东省天然气管网规划建设的合作协议》。为了实现勘探开发、储运、销售一体化管理,石化集团公司对天然气管道归属和管理体制进行了调整,明确由中原油田统一负责东部天然气管网的规划、建设、管理和天然气销售,并决定与山东省18家重点骨干企业之一的鲁信投资控股有限公司共同出资成立山东省天然气管道有限责任公司。2002年12月28日,由中国石油化工股份有限公司与山东鲁信投资控股有限公司共同出资成立的山东省天然气管道有限责任公司,经山东省人民政府、山东省工商行政管理局批准,取得企业法人营业执照,将全面负责山东省内的天然气管道建设、营运、维护及配套业务。

（刘　勤）

【中—济输气管线接收工作完成】 2002年5月13—15日，天然气管输处完成了与徐州管道储运公司和中原油田天然气产销厂对中原油田—济南天然气管道的对接工作，6月1日，正式对中—济管线进行全面管理。为了进行顺利交接，天然气管输处组织有关人员对中济管线进行了现场勘察，详细了解所有输气站、阀室及重要穿越地段施工情况，并多次与徐州管道储运公司各输气工区负责人座谈，圆满完成了交接任务。

（刘　勤）

【中原油田开始向齐鲁石化供气】 济南—齐鲁石化天然气管道是石化集团公司暨中原油田在山东天然气市场管网建设工程的一部分，主要是解决齐鲁石化天然气供应不足问题。管道于2002年6月11日竣工投产，全长136千米，沿线有5座分输站和5个阀室组，日均供天然气10万立方米。2002年8月17日22时，中原油田的天然气通过山东省淄博市临淄区齐鲁石化末站的管道，开始向齐鲁石化供气。

（刘　勤）

【济—青输气管线竣工投产】 济南—青岛天然气管道建设工程是国家“西气东输”工程的重要组成部分，是石化集团公司解决齐鲁石化天然气短缺，满足沿途市县工业和居民用气重大的基础设施建设工程。管道全长405千米，途经淄博、潍坊、青岛等18个市县。其中三分之一的管线要经过山地，穿越中小河流66条、铁路17条、等级公路280处。一期工程，济南—齐鲁石化管道工程于2001年11月9日正式开工，由中原油田工程建设总公司、胜利油田油建公司等5个单位施工，管道全长139.2千米，年输气量28.6亿立方米，2002年6月11日竣工投产；二期工程，齐鲁—青岛管道工程于2002年7月10日开工，由中国石化集团第十建设公司、河南油田建设公司和中原油田建筑集团公司、中原油田工程建设总公司4家单位分4个标段施工，管道全长243千米，西起淄博市赵家毛托首站，东至青岛市上王埠末站，年输气量13亿立方米。2002年12月30日，济—青天然气管道点火投产。

（刘　勤）

【黄河南天然气北输工程投产】 2002年，中原油田黄河南油区天然气勘探开发工作力度不断加大，白庙气田、桥口油田、马厂油田天然气产量由开发初期的日产2万立方米，发展到日产30万立方米，原有的天然气集输管网已不适应新的生产形势，致使大量的凝析油流失。为了解决天然气的输送与处理问题，中原油田提出了利用现有管网与处理设施，增设一条管线，即把黄河南的天然气送到黄河北采油四厂的“南气北输”工程。工程由建筑集团公司第一工程处、建筑集团公司第三工程处和建筑集团公司综合工程处施工，南起山东东明采油六厂武胜桥，北至天然气产销厂文二联增压站，全长36.8千米，途经东明增压站，在东明县菜园集乡东1500米处和濮阳县刁城乡东1000米处分别跨越黄河南北大堤。黄河南北岸设阀室2座，跨黄河南北大堤2处，设自动计量装置4套，自动调压阀2套，收发球装置4套，分离器1台，汇管2套，管线直径377毫米，于2002年7月28日开工，9月12日正式投产。黄河南天然气北输工程的投产，实现了中原油田黄河南北天然气产销输送联网，改善了黄河南气井井口和管线憋压的状况，使黄河南油区25万立方米天然气进入油田管网，每天可回收轻烃40吨。

（李青海　吴红旗）

【马厂、桥口伴生气实现外输】 马厂、桥口两个联合站的伴生气因多方面的原因长时期不能外输，2002年2月，中原油田提出了修复马厂联合站至黄河大堤备用注水管线及利用桥口联合站和马厂联合站原小轻烃装置闲置的P40压缩机对天然气增压外输的技术改造方案。两个增压站分别于3月和4月投产，从而打通了马厂、桥口两个油区天然气外输通道，日外输天然气2.5万～3万立方米。截至2002年底，马厂、桥口两个联合站已累计外输天然气650万立方米，创产值550万元。

（江　涌）

【濮城、文留油区干气实现返输】 为保证第三气体处理厂、第四气体处理厂两套装置的正常运行，解决原料气不足问题，2002年2月和4月，中原油田分别组织实施了对濮城和文留油区使用伴生气的油气生产及乡镇企业供气进行干气返输的技术改造方案。改造后每天可将10万～12万立方米的伴生气替换出供给第三气体处理厂和第四气体处理厂，日增加轻烃产量20吨。截至2002年底，共增加轻烃产量3500吨，创经济效益520万元。

（江　涌）

【天然气地面产能配套建设】 2002年，中原油田组织完成了白庙气田3号、4号,户部寨4号,桥口1号集气站的建设投产和濮城2号、文留1号集气站扩建工程,提高了天然气的生产集气能力;完成了卫11气田、文23气田高低压分输改造项目和中开直径427毫米 、濮柳直径630毫米、文柳直径529毫米输气管网、柳屯配气站的大修及改造工程。

（江　涌）

【东明增压站建成投运】 2002年2月6日,天然气产销厂东明增压站建成并一次投运成功,实现了向开封、郑州两市增压供气。中－开－郑输气管线建成投产于1985年2月,全长224.4千米。随着郑州、开封两市经济的发展,对天然气需求量逐年增加,原管线输气能力明显偏低。2002年初,受郑州市燃气公司委托,天然气产销厂在东明清管站内建设了一座增压站,新站采用2RDSB－1/G3516LE－130进口机组,微电脑控制,液晶显示屏,所有操作数据均可在显示屏上显示,全自动诊断机组存在的问题。增压站经过半年的平稳运行,2002年8月17日,一次性通过了郑州市燃气公司等单位验收团对中—开—郑输气管线东明增压站总体工程的全面检查、验收。

（李青海　吴红旗）

【文柳直径630毫米管线工程竣工】 2002年2月18日,天然气产销厂文柳直径630毫米输气管线竣工投产。文柳管线从文留工业配气站至柳屯工业配气站,全长15.34千米,设计日输气能力180万立方米,由建筑集团公司第三工程处和建筑集团公司第六工程处施工。管线的竣工投运,替代了腐蚀漏气严重的原文柳直径720毫米管线,确保了文二联合站、文三联合站增压站伴生气和文96块凝析气平稳输送到柳屯工业配气站,日输气量140万立方米,成为文留至柳屯地区天然气输送的生命线。

（李青海　吴红旗）

【柳屯工业配气站实施大修改造】 2002年9月,天然气产销厂对中原油田最大的集输气枢纽——柳屯工业配气站实施了大修改造,工程共包括15个小项目,涉及地面、地下流程、照明用电、计量装置等方面。大修改造过程共查出腐蚀点200余处、渗漏点1处,更换腐蚀严重的管线160米,清除废旧管线210米,下沉管线480米,实现了柳屯工业配气站作为集输气枢纽的标准化、安全化目标。

（李青海　吴红旗　马敬朝）

【采油六厂两座天然气增压站投入运行】 2002年,为解决桥口油田、马厂油田和徐集油田伴生气压力低、无法进入管网、外输困难的矛盾,采油六厂本着“系统完善、流程简单、质量过硬、投资节约”的原则,利用现有的闲置设备,在对原工艺流程、增压设备、电力系统、安全设施进行全面检查和改造的基础上,相继建成了桥口增压站、马厂增压站,分别于2002年3月8日、3月28日投入运行。两座增压站的运行,使桥口油田、马厂油田和徐集油田3个油田的伴生气和桥口东翼深层气以及马26块伴生气、马62块气井气正式汇入天然气外输管网系统,从而增加了天然气商品量。两座增压站的投入运行,标志着采油六厂天然气集输网络建设已逐步配套完善。

（孟凡珍）

【天然气大流量站顺利通过国家实验室认可】 2002年8月28日,在国家实验室评定专家组会审中,天然气产销厂大流量站校准实验室和检测实验室校准项目八大项、检测项目三大类14项全部通过评审,正式获得国家实验室认可委员会颁发的认可证书(实验室编号:CNACL/LR－2002－728－A),标志着中原油田从此拥有了首家通过国家实验室认可的实验室,具备了按实验室认可的有关国际准则开展校准和检测服务的技术能力。

（李青海　吴红旗）

输油(气)管线选介

【中开输气管线】 中(中原油田)—开(开封)输气管线(以下简称中开线)是中原油田向开封、郑州输送天然气的惟一管道,全长148.7千米,设计压力4兆帕,年输气量1.5亿立方米,管线规格直径377×7(8)毫米,管线材质为A3镇静钢、16Mn钢。中开线起点是中原油田天然气产销厂文留工业配气站(又称中开首站),终点位于开封市东郊乡边村的中原油田开封输气站,途经河南省濮阳县、山东省东明县、河南省兰考县、开封县,穿越黄河等4条中型河流、44条小型河流干渠、27条公路、3条铁路。全线共设6座截断阀室,5座数字微波通信站,4座阴极保护电流防腐站,3座工艺计量站。中开线工程是原石油工业部重点工程之一,总投资5676.5万元,1984年4月开始施工,1985年2月竣工,1985年3月14日正式输气,建成后由管道局管理,1987年移交中原油田天然气公司,2000年9月由中原油气高新股份有限公司天然气产销厂管理。中开管线投产之初,日输气量10万～20万立方米,

2002 年日最高输气量达 60 万～70 万立方米，年输气量超过 1 亿立方米。同时，为了确保中开线的安全、平稳运行，1992 年、1994 年分别对跨越黄河南岸大堤的管线和塔架进行刷漆防腐，1993 年 10 月实施黄河南四处河流跨越加固工程，2000 年 11 月对吴娘庄段、兰考段裸露管线实施不停气下沉改造，2002 年 12 月对东明县春亭段裸露管线进行下沉，并采用不停气带压开口技术更换变形管线 186 米；对兰考县侯寨段裸露管线进行下沉，下沉管线 600 米。2002 年，中开线日输气量 40 万～70 万立方米，年输气量 1.13 亿立方米。

（李青海）

【文一联—柳屯油库输油管线】 中原油田采油一厂文一联合站至柳屯油库原油外输管线（简称一厂线）位于濮阳县东北部，是采油一厂文一联合站至输油管理处柳屯油库惟一的一条输油管道。管线全长 11.81 千米，设计年输油量 300 万吨，管线规格直径 426 毫米×7 毫米，沥青防腐，未保温，管线材质为螺纹钢，途经濮阳县柳屯镇七娘寨、韩村、高村、安什八郎村，鲁河乡季什八郎村、前白露村，文留镇白露村、王成庄、简刘庄、王明屯、前草场村、后草场村、盛庄村等 1 县 3 乡 13 村，穿越濮范公路、金堤、金堤河、濮清南河、文留一号公路等主要公路和河流。管线 1987 年 3 月建成投产后由采油一厂负责管理，1997 年移交输油管理处，年平均输油量 68 万吨。由于管道自投产运行至 2002 年已有 16 年，管线腐蚀穿孔严重，1998 年 11 月输油管理处对文一联合站出口至后草场段 3280 米管线进行了更换，更换后的管线规格直径 325 毫米×7 毫米，沥青防腐，泡沫保温。2002 年，输油管理处共治理管线补漏 41 个，其中明孔 4 个、腐蚀穿孔 29 个、暗孔 8 个，年输油量 69.15 万吨。

（胡　亮　李　平）

【文二联—文一联输油管线】 中原油田采油四厂文二联合站至文一联合站至柳屯油库原油外输管线（简称四厂线）位于濮阳县东北部，是采油四厂文二联合站至文一联合站至柳屯油库惟一的一条输油管道。管线全长 20.94 千米，设计年输油量 200 万吨，管线规格直径 325 毫米×7 毫米，沥青防腐，泡沫保温（1996 年实施外保温），管线材质为螺纹钢（其中从文一联合站至柳屯油库段已停用），途经濮阳县柳屯镇七娘寨、韩村、高村、安什八郎村，鲁河乡季什八郎村、前白露村，文留镇白露村、王成庄、简刘庄、王明屯、前草场村、后草场村、盛庄村、丁庄、王庄、文留村、新庄、田庄、刘庄、寺台、崔庄，梁庄乡原庄、化庄、芽豆屯、兰庄、肖固堆等 1 县 4 乡 26 村，穿越濮范公路、金堤、金堤河、濮清南河、文留一号公路、文留南环路、梁白路、莱豆沟等主要公路和河流。四厂管线文二联合站至文一联合站段 1983 年 6 月建成投产，长度 10.48 千米；文一联合站至柳屯油库段 1980 年 9 月建成投产，长度 10.46 千米。由于管线输油量小，1997 年 8 月对采油一厂文一联合站至柳屯油库原油外输管线进行了合输改造，采油四厂原油进入文一联合站后与采油一厂原油合并，利用采油一厂至柳屯油库的管线进行输油，停用了采油四厂文一联合站至柳屯油库段管线。管线建成投产后由采油四厂负责管理，1997 年移交输油管理处，年平均输油量 60 万吨。由于管道自投产运行至 2002 年已有 20 年，管线腐蚀穿孔严重，1998 年 11 月输油管理处对文二联至文一联段更换了三段管线，文二联北至文南前线段（直径 273 毫米×7 毫米）2350 米、文南前线往北（直径 273 毫米×7 毫米）690 米、文一联往南（直径 325 毫米×7 毫米）540 米，更换后的管线沥青防腐，泡沫保温。2002 年，输油管理处共治理管线补漏 39 个，其中明孔 5 个、腐蚀穿孔 25 个、暗孔 9 个，年输油量 59.43 万吨。

（胡　亮　李　平）

【明一联—柳屯油库输油管线】 中原油田采油三厂明一联合站至柳屯油库原油外输管线（简称三厂线）位于山东省莘县西南部，是采油三厂明一联合站至输油管理处柳屯油库惟一的一条输油管道。管线全长 16.15 千米，设计年输油量 150 万吨，管线规格为直径 273 毫米×7 毫米，沥青防腐，泡沫保温，管线材质为螺纹钢，途经濮阳县柳屯镇七娘寨、韩村、高村、柳屯村、吉塘村、吉洼村、黄庙村、虎山寨、毛小寨，清丰县瓦屋头乡佃南村、卫城、里固村、段村，山东省莘县古云镇严庄、潘庄等 2 省 3 县 3 乡 15 村，穿越濮台铁路、濮台公路、金堤、徒骇河等主要道路和河流。管线 1982 年 6 月建成投产后由采油三厂负责管理，1997 年移交输油管理处，年平均输油量 58 万吨。三厂线为油田第一条泡沫保温管线，自投产运行至 2002 年已有 21 年。由于当时的泡沫保温工艺不完善，致使管线泡沫层与管线外壁有空隙，空隙进水加剧了管线腐蚀。1998 年 10 月输油管理处对明一联合站北围墙至采油三厂注水队东边 460 米、采油三厂家属院南围墙至里固窑厂 710 米、虎山寨小拱跨东 50 米至大拱跨 290 米、黄庙窑厂西北角往南 570 米等 4 段管线进行了更换，更换后的管线规格为直径 273 毫米×7 毫米，沥青防腐，泡沫保温。1999 年 1 月，对采油三厂注水队西边至采油三厂家属院南围墙段管线进行了更换，更换的新管线从采油三厂注水队西边往西至采油三厂家属院西围墙，延西围墙往南铺设，全长2.27千米，沥青防腐，泡沫保温。2002年，输油管理处共治理管线补漏42个，其中明孔3个、腐蚀穿孔31个、暗孔8个，年输油量57.54万吨。

（胡　亮　李　平）

【胡状联—柳屯油库输油管线】 中原油田采油五厂胡状联合站至柳屯油库原油外输管线（简称五厂线）位于濮阳县东南部，是采油五厂胡状联合站至输油管理处柳屯油库惟一的一条输油管道。管线全长17.17千米，设计年输油量50万吨，管线规格直径159毫米×6毫米，沥青防腐，泡沫保温，管线材质为螺纹钢，途经濮阳县柳屯镇七娘寨、陈村、韩村、单什八郎村，鲁河乡季什八郎村、西什八郎村、官仁店、刘庄、水杨家村、柘桑树村、李家庄，胡状乡孟庄、东牛庄、牛大庄村、五合村、石槽等1省3乡16村，穿越濮范公路、金堤、金堤河、文留一号公路、胡状沟、胡状北环路等主要公路和河流。管线1986年11月建成投产后由采油五厂负责管理，1997年移交输油管理处，年平均输油量29万吨。管道自投产运行至2002年已有17年。由于管线实际输油量少，维持不了管线正常生产，采油五厂于1995年12月将胡状联合站至金堤河南段15千米管线更换为直径159毫米×6毫米（原管线直径325毫米×7毫米），沥青防腐，泡沫保温。2002年，输油管理处共治理管线补漏18个，其中明孔1个、腐蚀穿孔12个、暗孔5个，年输油量28.92万吨。

（胡　亮　侯念忠　李　平）

【马寨联—柳屯油库输油管线】 中原油田采油三厂马寨联合站至柳屯油库原油外输管线（简称马寨线）位于濮阳县东北部，是采油三厂马寨联合站至输油管理处柳屯油库惟一的一条输油管道。管线全长5023米，设计年输油量100万吨，管线规格直径219毫米×6毫米，沥青防腐，泡沫保温，管线材质为螺纹钢，途经濮阳县柳屯镇七娘寨、韩村、高村、柳屯村、刘拐村、曹寨村、曲六村、浮沱村等1县1乡8村，穿越濮台铁路。管线1990年8月建成投产后由采油三厂负责管理，1997年移交输油管理处，年平均输油量12.5万吨。管道自投产运行至2002年已有13年。原设计马寨联合站至柳屯油库管线到柳屯油库大门路东后与明一联合站至柳屯油库管线合输进入柳屯油库，1997年8月，进行了分输改造，马寨联合站至柳屯油库管线在柳屯油库东南角路东与采油四厂停用管线连头，利用采油四厂停用管线单独进入柳屯油库。由于管线腐蚀穿孔严重，2001年9月初对马寨联合站内计量间东至马寨联合站外东南1000米管线进行了更换，并对穿越柳屯至井下公路的400米管段进行了更换改造，由穿越改为跨越，改造后的管线规格为直径159毫米×6毫米，沥青防腐，泡沫保温。2002年，该处共治理管线腐蚀穿孔1个，年输油量11.14万吨。

（胡　亮　侯念忠　李　平）

【濮一联—柳屯油库输油管线】 中原油田采油二厂濮一联合站至柳屯油库原油外输管线（简称二厂线）位于濮阳县东部、范县西部，是采油二厂濮一联合站至输油管理处柳屯油库惟一的一条输油管线。管线全长15.77千米，设计年输量150万吨，管线规格直径273毫米×7毫米，沥青防腐，泡沫保温，管线材质为螺纹钢，途经濮阳县柳屯镇七娘寨、韩村、高村、柳屯、沙滩、张郭村，户部寨乡董老寨、新老寨、大李庄、施庄、户部寨、前郭庄、王张村，范县濮城镇大张村、军寨、何庄、翟庄、裕张村等2县3乡18村，穿越濮范公路、金堤、金堤河等主要公路和河流。管线1985年10月建成投产后由采油二厂负责管理，1997年移交输油管理处，年平均输油量68.4万吨。由于管道腐蚀穿孔严重、长期处于不饱和运行状态，1998年2月对濮一联合站北围墙至造纸厂西边段860米管线进行了更换，更换后的管线规格为直径325毫米×7毫米（原管线规格直径426毫米×7毫米），沥青防腐，泡沫保温；2002年1月对11.63千米管线进行了更换，更换后的管线规格直径273毫米×7毫米，沥青防腐，泡沫保温。2002年，该处共治理管线补漏8个，其中明孔2个、腐蚀穿孔1个、暗孔5个，年输油量68.4万吨。

（胡　亮　侯念忠　李　平）

油气销售

【油气销售工作概述】 中原油田的油气销售工作，主要由销售公司和天然气产销厂负责。（1）中原油田销售公司是中原油田分公司下属的专业化营销单位，是集油气产品的储、运、销为一体的专业化营销企业，主要担负中原油田原油、成品油、液化气、轻质油、石脑油、溶剂油等油气产品的对外销售及油田内部生产用油的供应工作，是一个以成品油销售（加油站连锁发展）为主导，以液化气批零（液化气站、小瓶门市连锁发展）为补充，以石化产品贸易为接替的现代销售企业。截至2002年底，销售公司共有员工1568人，其中具有大专以上学历的383人、中高级专业技术职称的

160人，分别占员工总数的44%和18%；下设燃料供应处、液化气经销处、郑州分公司、豫东分公司、汤阴分公司、配送中心、成品油运销处等12个经营实体。拥有固定资产原值1.8亿元、净值0.9亿元。油罐库容2.5万立方米，自备火运槽车39节，火车一次运送能力1410吨，自备油气配送车辆56台，一次运送能力377.5吨。加油站销售终端形成以濮阳市区为主阵地，以郑州、焦作、安阳、商丘、新乡、荷泽、聊城等地为区域主战场，以106国道、220国道、310国道为主战线的网络布点，形成了“稳占一市、辐射两省、控制三线、扎根周边”的市场格局，54个站点分布在以濮阳为中心200千米范围内的河南、山东两省。2002年，销售各类油气产品112.72万吨（原油47.65万吨、成品油36.68万吨、液化气4.72万吨、其他23.67万吨），实现销售收入22.2亿元；自主经营油气产品24.73万吨，实现销售收入5.51亿元，同比增长了18.1%；在上缴内部生产供油毛利1709万元的情况下，销售实现利润41.59万元。(2)天然气产销厂是中原油田集天然气勘探开发、石油伴生气集输、商品气外销为一体的专业化单位。截至2002年底，天然气产销厂共有员工1353人，其中全民工1088人、劳务工265人；下设机关科室14个，基层单位28个。管理气田5个(文23气田、文24气田、文96气田、户部寨气田、濮城气田)、气井70口、集气站11座、增压站6座、配气站14座及集输管线450千米。天然气市场横跨冀、鲁、豫三省，担负着中原大化、中原乙烯、沧州大化、安阳彩色显像管玻壳有限公司等20多家大中型企业和郑州、济南、开封、安阳、濮阳、德州、聊城等10个大中城市的工业和民用天然气供输任务。2002年，天然气产销厂完成了《户部寨气田整体开发方案》，使户部寨气田日产量达到了30万立方米；文23气田继续保持稳产，文23南块、西块、文户结合部的滚动挖潜、增储拓边工作有了新进展，新增动用石油地质储量8亿立方米，新增生产能力15万立方米/日，使全厂气层气日产量首次突破230万立方米；大修了柳特线、中开线、柳屯工业配气站，建成、投产了东明增压站、濮城4号集气站、文柳直径630毫米管线、南气北输管线，天然气流通状况得到明显改善。年内，气层气生产7.48亿立方米，比计划超产9733万立方米；伴生气接收5.76亿立方米；凝析油1.19万吨，比计划超产892吨；外销气量10.18亿立方米，比计划超销6716万立方米；实现销售收入8.52亿元，比计划超8117万元；外销天然气资金回收率99.84%，比计划超1.34个百分点。

（丁　涛　李青海）

【天然气市场开发】　截至2002年底，中原油田已累计外销天然气133.85亿立方米。其中河南市场84.74亿立方米、河北市场43.81亿立方米、山东市场5.3亿立方米。外销天然气中，城市居民生活用气13.2亿立方米、大型化肥厂用气83.87亿立方米、中小化肥厂用气14.1亿立方米、其他工业用气22.68亿立方米。中原油田自1978年底开始对外供气以来，正式供气用户已发展到39个(包括油田LNG、CNG、燃气发电及油区乡镇企业)，市场最大需求23.85亿立方米/年，主要分布在河南、河北、山东的三省十五地市。其中上级审批安排供气用户(包括中原化肥厂、沧州化肥厂、济南市、郑州市等)19个，市场最大需求15.15亿立方米/年；“九五”以来开发的市场(包括安阳彩色显像管玻壳有限公司二期、安阳彩色显像管玻壳有限公司三期、安阳彩色显像管玻壳有限公司四期、德州市、聊城市、荷泽市等市场)11个，市场最大需求3.3亿立方米/年；为油区内乡镇企业提供用气2.4亿立方米/年(65万立方米/天)；新开发的淄博(包括齐鲁石化)、潍坊、章丘、莱芜、青岛、胶州等地市天然气市场用气量3亿立方米/年。2002年中原油田天然气外供量达到了10.62亿立方米。

（江　涌）

【开拓山东天然气市场】　2002年，中原油田在稳定河南省重点用户供气的基础上，充分利用“九五”初期开发的德州、高唐、聊城天然气市场及“九五”末石化集团公司开发济南天然气市场的政策，积极与山东省地方政府部门协商，代表石化集团公司与山东省政府达成了“山东天然气管道建设协议”，合资组建了“山东天然气管道公司”及“山东实华天然气公司”。2002年初建成济—淄输气管道、2002年底建成淄—青输气管道，成功地开发了济—淄—青输气管道沿线天然气市场，并于2002年12月30日将天然气供输到青岛市民居家中。

（江　涌）

【营销经营管理】　2002年，销售公司提出“企业不发展就是过错，单位不盈利就是无能，员工不创效就是多余”的理念，确定了面向市场以效益论英雄的经营管理思路，整体经营情况发生了变化。一是建立以利润指标为核心的承包指标新体系，克服了各经营实体以销量增费用，增量不增效的弊端，全年吨油毛利244.1元，同比增加了37%。二是公司变以往的季度考核为月度考核，按照“实目标，严考核，硬兑现”的原则，一月一考核，一月一公布，一月一兑现。三是完善了单站绩效考评体系。公司制定《加油(气)站调整因素明细表》,运用数理统计分析理论,完善了销售、库存、价格、市场、盈利等零售分析评价体系,建立了进、销、存、价格、市场、综合评价等零售分析动、静态量化指标体系,使加油(气)站的经营业绩和发展状况一目了然。四是制定了《市场调查和客户管理办法》,编制并实施了《加油(气)站营销日志》和《经营单位营销日志》,初步实现了经营网点由生产管理型向市场营销型转变。加油站销量出现大幅增长,全年零售量较2001年增加2.18万吨,增长了44.35%。

(丁　涛)

【推行7S创新管理】　2002年,应对逐步开放的成品油零售市场,销售公司开展了管理创新工作。通过对创新成果建立科学、公正的评审办法及程序,使优秀成果得到共享,实现了创新创效。在实践中,销售公司借鉴海尔6S现场管理,形成了适合加油站的"7S现场管理法"。7S是指SEIRI(整理)——使现场通畅、物品归类,也就是将有用、常用、无用的分开;SEITON(整顿)——对整理后的现场物品统一标准摆放,并加以标识,使现场管理统一化、规范化;SEISO(清扫)——对现场的场地、设备设施保养维护、改进完善各项措施;SEIKTESU(清洁)——在前三条的基础上维持整理、保持亮丽;SHITSUKE(素养)——要求每位员工遵守规则,树立良好形象,在外貌和精神上有美誉度;SAFETY(安全)——一切以安全为前提,对现场的隐患及时排除、保障安全上岗;SERVE(服务)——对顾客要立足本岗、提高服务标准,动态的为客户服务,提高客户满意度。"7S现场管理法"获2002年团中央、石化集团公司青工创新创效比赛优秀成果奖。

(丁　涛)

【加油(气)站星级达标率83%】　2002年,销售公司按照"星级式管理、宾馆式服务"的目标,针对管理中存在的不足和工作发展需要,进一步修订了《加油站、液化气站星级达标量化考核细则》,突出了"公平、公正、择优"原则,"定性与定量相结合"原则,"四个一票否决"原则(站领导有贪污腐败行为、出现安全问题、职工队伍出现违法犯罪行为、效益出现亏损)。通过开展"三不定"(不定时、不定人、不定点)检查和年终考核,在公司内部进行了加油站创星达标评审活动。年内共对54座加油(液化气)站进行了达标评审,共评选出星级站19座,其中一星级站5座、二星级站4座、三星级站8座、四星级站2座,达标率83%。

(丁　涛)

【中原油田组团参加中国国际石油石化展览会】　2002年11月13—16日,中国国际石油石化展览会在北京展览馆举行。中原油田作为中国石油石化行业参加展览的两个大油田之一参加了此次展览。本届展览会是中国加入WTO后举办的首次国际石油石化展览会,由世界石油大会和中国石油天然气集团公司、中国石油化工集团公司和中国海洋石油公司共同承办。其宗旨是以加入WTO后中国石油石化工业面临的机遇和挑战为主题,更加全面深入地介绍国际国内最新石油石化技术、设备与管理经验,促进中外双方在资金、技术、贸易、设备、管理和人才等方面的交流合作。中国、韩国、俄罗斯、法国、美国、澳大利亚等14个国家和地区的近200家展商参加展览,展出内容有油气勘探开发与生产、石油炼制工艺等50多项。中原油田的近百种施工工艺技术、装备、设备及油气产品参加展览,油田展台共接待参观者6000多人次,达成业务商谈的国内外展商、厂商100多家。中原油田天然气处理厂生产的戊烷发泡剂、气雾剂级类抛射剂、溶剂油高纯度正戊烷、环戊烷和制冷剂等系列产品以及特种车辆修造总厂、机械制造总厂生产的清蜡车、修井机等钻井、采油、作业机械设备备受关注。

(娄　美)

【天然气处理厂戊烷发泡剂系列产品批量销往台湾地区】　"华大利"牌戊烷发泡剂是天然气处理厂自行研制开发的轻烃深加工产品,主要应用于EPS(可发性聚苯乙烯)和PV塑料发泡领域,可替代氟里昂。产品经国家标准物质研究中心检测,纯度达99.1%,馏程30℃~50℃,硫含量$\leqslant 2\times10^{-6}$,戊烷总含量、蒸发残余物等主要技术指标达到或超过了美国ICI公司的产品指标,填补国内空白。2002年,天然气处理厂实施"立足国内市场、开拓国际市场"营销战略,积极与台商在大陆投资的企业进行合作,并通过这些企业开发台湾市场,6月3日将戊烷发泡剂销往台湾明谛集团股份有限公司;8月13日通过中山某化工有限公司推荐,与台湾台达化学工业股份有限公司达成供货协议,使戊烷发泡剂产品陆续远销台湾地区。2002年,天然气处理厂累计销售戊烷发泡剂500余吨,创汇近30万美元。

(付　刚　王　刚)

【销售公司获河南省"十佳营销企业"称号】　2002年6月23日,在河南省营销协会举办的2002年度"十佳营销企业"、"十佳营销策划人"公开评比活动中,中原油田销售公司因在企业文化建设、企业发展策划、现代学习型团队建设、市场营销等方面成绩突出，被评为“十佳营销企业”；公司经理王锦明获“十佳营销策划人”称号。

（丁　涛）

优秀加油站选介

【中原油田第24号加油站】　中原油田第24号加油站位于河南省兰考县北关220国道，1991年投资筹建，1992年8月18日投产使用，1998年12月从豫兰物资站整体划归销售公司，是中原油田最早的加油站之一。第24号加气站占地面积2666.68平方米，加油棚160平方米，单车道加油，加油机6台，营业面积260平方米，库容量116立方米，资产总值60万元。2002年，第24号加油站实施“一对一”营销，先后根据客户的需求开展了提供行车信息服务、轮胎检查服务、晨送热豆奶、设立司机休息室等内容丰富的超值服务，与客户建立起良好的亲情关系，回头客不断增多，品牌美誉度不断提升。全年共销成品油5427.62吨，日均销量14.8吨，实现纯利润64.31万元。2002年，第24号加气站晋升为销售公司“四星级加油站”。

（丁　涛）

【中原油田第21号加油站】　中原油田第21号加油站位于河南省濮阳市胜利路与长庆路交叉口南68米处，隶属销售公司燃料供应处，占地面积5000平方米，共有员工32人。2002年，销售公司对第21号加油站进行了投资改造，5月改造结束。重新投入运营的第21号加油站采用了电脑管理系统，集便利超市、汽车美容等超值服务于一体，是一座内外兼营的大型城市加油站，日销量由开业初期的6吨上升至年底的28吨。从投入运营至2002年底共销售成品油4748吨，日均销售量22吨。2002年，第21号加油站获勘探局“青年文明号”称号。

（丁　涛）

用 气 管 理

【天然气管理工作概述】　中原油田分公司天然气管理中心担负着中原油田油区内第一矿区、第二矿区、第三矿区、第四矿区、第五矿区、第十矿区6个矿区、2.3万户居民生活用气和黄河以北油区内130家乡镇企业用气的集输、计量和管理工作，并承担分布在豫、鲁两省3个县12个乡镇的269千米输气管线的巡查、堵漏和治理窃气等工作。截至2002年底，天然气管理中心用工总量630人，其中职工总数543人、其他用工87人；下设机关科室8个、供气大队7个和治安保卫大队、物资供应站、综合服务站等11个基层单位。2002年，供气总量1.4万立方米，其中居民生活用气3390.97万立方米、乡镇企业用气1.07亿立方米；实现用气收入7555万元，其中居民生活用气收入2831万元、乡镇企业用气收入4724万元。2002年，天然气管理中心获“家用膜式煤气表”、“普通压力表”、“差压计”省级校验授权资质，并被评为河南省“省级治安模范单位”。

（张新军　魏玉鑫）

【乡镇企业用气管理】　中原油田黄河以北油区内的乡镇企业用气全部由天然气管理中心负责。2002年，天然气管理中心采取了有效措施，使乡镇企业用气管理工作有了新突破。(1)加强供用气合同管理，严格执行“三项制度”。进一步完善供用气合同，明确供用气双方的权利、义务和责任，将装表计量、用气许可证、先交款后供气作为供气的基本原则和制度，确保计量准确率、气款回收率达到100%。(2)规范企业用气行为，按照《油区乡镇企业进一步规范管理的补充办法》对老用户进行规范管理。年内，共开展大规模的天然气用气调查和规范整治工作4次，对企业用气情况进行详细调查、治理和整顿，维护了油田的利益。截至2002年底，油区已签订供用气协议的乡镇企业135家，协议供气65万立方米/日。实际运行的乡镇企业104家，累计供气1.07亿立方米，用气收入4724万元，平均气价0.45元/立方米。(3)压缩乡镇企业用气。进入冬季，油田天然气供需矛盾突出，根据油田的统一部署，天然气管理中心稳妥地进行降大停小、限量压气，在较短的时间内使用气企业个数由85家下降为32家，日供气量压缩了20万立方米。

（张新军　魏玉鑫）

【居民生活用气管理】　中原油田油区内第一矿区、第二矿区、第三矿区、第四矿区、第五矿区、第十矿区6个矿区、2.3万户居民生活用气的管理工作主要由天然气管理中心负责。2002年，天然气管理中心为了做好用气管理，采取了以下几种措施：(1)做好计量收费和巡线维修工作。加强气量签认力度，确保居民气款签认率达到100%；加大巡查力度，及时发现并整改存在问题，确保安全平稳供气。(2)加强供气设施的维护保养力度，实行24小时供气。对第一矿区、第二矿区、第三矿区、第五矿区的供气设施进行检查，整改事故隐患,顺利实现全天候供气。(3)对第四矿区、第十矿区进行低压气改造,共改造用气户7800余户,更换及安装管线7.7万米。改造后每户居民的平均日用气量下降了60%,年节约用气600万立方米,创经济效益630余万元。截至2002年底,天然气管理中心已全面完成所辖矿区的低压气改造,顺利实现了油田部署的三年内对油区居民生活用气全面实现低压气改造的任务,年节约气量1500万立方米,创经济效益1600余万元。

(张新军　魏玉鑫)

【工程建设和技术改造】 2002年,天然气管理中心共完成工程建设和技术改造项目49项,总投资1103.78万元。其中,完成分公司工程4项、投资411.9万元,代中原油气高新股份有限公司管理工程项目4项、投资338万元,完成天然气管理中心内部工程项目41项、投资353.88万元。为严把质量关,施工中建立了《工程项目进展日志》,编写规划方案、项目建议书15项,编制工程预算46项。特别是在配气站建设方面,根据各站的投资、地点等不同情况,以最小的投资,继在文留、濮城、卫城、柳屯建设了14座乡镇企业配气站后,2002年又建成了文企7号、濮企2号、濮企4号、卫企3号和柳企3号5座乡镇企业配气站,使乡镇企业配气站总数达到了20座;新建和改建居民用气配气站2座。至2002年底,天然气管理中心共有配气站31座(居民生活配气站11座、乡镇企业配气站20座),其中有10座配气站已达到了油田样板站的硬件和软件标准。

(张新军　魏玉鑫)

企业管理

综　　述

【企业管理工作概述】　2002年4月，在勘探局机关处室和部分单位设置调整中，撤销了企业管理办公室和产权改制办公室，成立了企业发展处，隶属于勘探局。主要负责勘探局产业发展战略研究和重要制度研究，对勘探局生产经营、改革管理、队伍建设、重大改革方案、重大经营管理决策研究和论证，负责经营承包政策研究、制定、考核、社会化服务单位的业务考核、资本运营、产权改革方案的制定及实施等管理工作。截至2002年底，企业发展处有员工20人，机构下设战略规划部、经营考核部、资本运营部、市场管理部、经济评价部和信息管理部6个部室。2002年，勘探局实现总收入52.04亿元，其中外部市场实现收入20.8亿元，占总收入的40%，比2001年增长6.28亿元，收支相抵亏损5.89亿元，亏损额控制在石化集团公司下达的5.9亿元限亏指标之内。其中：在国内市场上，中原钻井承钻的西部重点探井库1井、庄1井、沙1井、中1井均获重大油气发现，中国第一口大陆科学钻探井施工进展顺利，取心收获率高出预期指标10个百分点。连续几年亏损的工程建设总公司和建筑集团公司，在2001年亏损3600多万元的情况下扭亏为盈，中标国内各大油田地面工程、长输管道、公路建设等项目，外部市场收入同比增长70%。机械制造业在全国石油装备订货会上，签订特种车辆销售合同金额1亿元，位居石油石化同行业前三名，石油机械等产品出口持续增长，完成对外进出口贸易额2200万美元。供水管理处、供热管理处扭转了吃补贴的状况；通信管理处通过拓展市场和节支降耗，效益有了显著提高；社区服务单位补贴较2001年减少19.7%。同时，有30支专业队伍进入苏丹、中东、印度尼西亚等国际石油市场，年内新签合同额8991万美元。

（范素芳）

【经营承包考核】　2002年，勘探局制定了《二OO二年专业化生产经营单位经营承包考核办法》、《二OO二年事业单位和经济实体经营承包考核办法》，并分别进行了年终考核。其中，列入考核的专业化生产经营单位，95%以上完成了承包指标，累计超缴利润2648.47万元；列入考核的事业单位和经济实体，90%以上完成了承包指标，综合考核经费累计超支1309.34万元；机关处室经费控制在预算之内。年内，兑现职工业绩工资1.21亿元，其中专业化生产经营单位兑现职工业绩工资8586.74万元、事业单位和经济实体兑现职工业绩工资3522.64万元，比2001年增长6.3%。

（刘宗儒　高　俊）

【承包政策执行情况】　2002年，企业发展处按照承包政策的要求，对专业化生产经营单位上缴利润、事业单位经费节约和超支情况，每月进行预考核、预兑现，完成承包指标的兑现基本业绩工资，完不成承包指标的扣减业绩工资，对专业化生产经营单位累计扣减基本业绩工资以50%为限额，事业单位以30%为限额，年内累计发布考核兑现公报10期。同时，进行季度分析，由企业发展处每季度撰写经营考核情况及分析报告，内容包括承包指标完成情况、职工业绩工资兑现情况、行业情况分析、效益较好单位原因分析、亏损单位原因分析及扭亏增盈对策等，并有针对性地对有关单位进行调研，撰写调研报告，推广先进管理经验，先后召开经营考核经验交流会4次。年底，实施激励措施，对专业化生产经营单位超缴利润情况和事业单位对外创收情况进行了预兑现，兑现业绩工资1585.14万元，并下发了《承包人经营业绩听证会暂行规定》（中油局企发[2002]483号）文件，明确听证程序，严考核、硬兑现。

（刘宗儒　高　俊）

【经营承包考核特点】　2002年，勘探局经营承包考核有7个特点：(1)对专业化公司上缴的固定资金占用费和管理费实行统一标准；对亏损单位不再实行补贴，按照单位盈利水平上缴利润；原亏损单位要做到收支平衡，盈利多的单位要多交利润。(2)专业化公司不再按行业划分业绩工资等级，职工收入和经营者年薪与单位上交利润指标挂钩，以单位贡献大小、上交利润的多少核定专业化公司的工资、业绩工资和经营者的年薪。(3)明确经营者的8项权力和9项义务(略)，加大了激励约束力度。(4)强调经营者的相关责任，因主观努力不够完不成承包指标，原则上解聘职务，月度领取生活费1800～2100元，不得在单位另外获取报酬;物资采购损失20万元以上的解聘职务;不准进行豪华装修、不准变相购买高级轿车等。(5)公正评价经营者,因不可抗力、市场发生重大变化等客观原因造成承包指标无法完成的,经营者有向勘探局申诉的权力,由勘探局听证会裁决。(6)实行审计人员目标责任制和总会计师委派制,总会计师和勘探局签订合同,具有工作的独立性。(7)加大对专业化公司应收账款和库存的考核力度。

(刘宗儒　高　俊)

【建立新的经营承包体系】　2002年,勘探局将往年单一考核盈亏指标的承包责任书,细化为11条98款经营责任合同书。合同书规定:凡具有经营能力的单位都要上缴内部利润,社会化服务单位和机关事业单位费用较2001年要降低20%~30%,在逐月考核盈亏结果的同时,考核材料消耗、库存、应收账款回收率等指标,提高各单位盈利能力和创造力;对完不成承包指标的经营者,由听证会公正判断其经营业绩。同时,对经营者实行"3+3"年聘任制,对审计、会计和监察等监督部门的一把手,实行"1+2"年聘任制,改总会计师制为派出财务总监制,引进中介机构进行审计抽查,落实经营责任,保证经营结果的真实性。在此基础上,加大放权力度,为各单位自主经营、自负盈亏、自我约束、自我发展排除了体制障碍。

(刘宗儒　高　俊)

【社会化服务质量考核】　2002年,企业发展处为进一步提高社会化服务单位的服务质量和管理水平,制定了《2002年社会化服务单位服务质量考核办法》,成立了社会化服务质量考核委员会,考核委员会下设考核办公室(企业发展处)。服务质量考核实行季度考核、年终总评的办法,并采取用户代表、用户单位领导无记名投票评价、日常督查及各二级社会化服务单位对所属分支机构自查评价相结合的考核形式。年内,考核办公室发放票卡45000张,回收42750张,回收率95%,发布考核结果公报3期。年底,对31个社会化服务单位(第二季度至第四季度)的社会化服务质量进行了考核,第七矿区获用户满意率第一名、第一矿区和离退休职工管理中心获用户满意率第二名,离退休职工管理与服务、绿化带管理、自行车棚服务用户满意率最高,电视信号清晰度、供热温度、居民楼道灯管理用户满意率较低。

(刘宗儒　高　俊)

【内部市场管理工作概述】　2002年4月,勘探局对部分机关处室的职能进行了调整。原企业管理办公室的内部市场管理工作中的招投标管理职能划归规划计划处,市场营销管理、市场资质管理、企业策划、广告管理等职能划归企业发展处。2002年,企业发展处制定了《中原石油勘探局市场准入资质管理办法》、《规范改制企业及相关企业进入油田市场管理办法》和《委托代理合同签订暂行办法》,严格按程序审查进入勘探局市场的企业资质,维护了勘探局内部市场的正常秩序。至年底,企业发展处办理市场准入86家,整理了52个拟进入石化集团公司南方勘探开发公司市场队伍的申报资料,对21个专业化公司的119支外闯市场队伍进行了资质登记,资质办理与审查合格率100%。同时,对113家行业公司成员企业和其他10家合资、合作企业进行了资质审查,坚持办证与清理同步;对侵害中原油田利益的631个企业和个人,不再与其发生商业往来,为防止其重新变更注册,一律不再办理新公司准入手续;对车辆维修市场,实行集中统一管理;建立健全营销管理网络,起草了《中原石油勘探局营销管理办法》,组织部分单位参加郑州商品交易会、海峡两岸商品交易会、乌鲁木齐经济贸易洽谈会、北京中国国际石油石化展览会。举办营销经理拓展培训班和市场开发人员培训班4期120人、营销员培训班和中外管理培训班6期136人次。

(徐向东　毕毅文)

【经济评价】　经济评价工作是企业发展处2002年新增的一项工作职能,主要是负责勘探局重大生产经营决策论证、重大项目与对外投资项目论证审查、筹建项目库和运营项目网等工作。(1)经营决策论证。2002年6月18日,勘探局在上海注册成立了上海中原油田国际石油实业有限公司(以下简称上海中原国际公司),企业发展处通过相关资料收集、基础数据预测、运营方案设计、测算评价参数、财务风险和运营方案评价等工作,论证了上海中原国际公司进行生产经营的可行性。(2)重大项目论证审查。勘探局拟与上海同济金外滩生物制品有限公司合作开发生物花粉化妆品项目,经济评价部门针对全国化妆品行业1300多家生产厂商的开发、生产、经营现状,通过收集各种资料,撰写了《生物绿色花粉化妆品项目前期可行性研究报告》、《生物绿色花粉化妆品可行性研究报告之产权购并方案》,认为花粉经营与勘探局相关性小、风险大、竞争激烈,建议先由集体组织或民营资本尝试生产运营。(3)撰写了3个研究报告。《城市民用天然气项目可行性研究报告》从介绍天然气的各种用途出发,从中优选了城市燃气终端销售和LNG汽车应用2个潜力行业进行了行业资源、目标市场、效益等方面的阐述;《仪器仪表项目可行性研究报告》提出了中原油田仪器仪表可以借助国际公司平台生产经营的建议;《液化电池项目可行性研究报告》从技术角度上论证了液化电池作为电动钻机电源的可能性,得出了中国液化电池技术尚处于最后研究阶段、液化电池在中国还未实现产业化和民用化的结论。(4)建立项目库,筹建项目网。对项目库和项目网站总体框架进行了规划,并通过因特网和各种报刊杂志,分国内外重大建设项目、对外投资项目、投资环境、项目建议、项目跟踪和项目咨询服务6个方面进行内容收集、整理、优选、评价、建议、上网发布等工作。

(孙顺敏)

【资本运营】 2002年,资本运营管理部门的主要工作:(1)为组建上海中原油田国际石油实业有限公司(以下简称上海中原国际公司)做前期筹备及注册工作。5月28日,召开了上海中原国际公司第一届第一次股东大会、第一届第一次董事会、监事会会议,申请办理了公司进出口经营权等相关事宜;6月18日,在上海浦东注册成立了上海中原国际公司,注册资金1亿元。上海中原国际公司主要从事物流及国际贸易、石油钻机及部件制造、仪器仪表制造、电子通信等产业。(2)对多种经营企业遗留问题进行清理。勘探局成立专项调查小组和8个工作小组,历时70天对84家改制企业、9家合作合资企业集中进行调查,对遗留问题开展清理。先后督促濮阳中原开宇服装鞋帽厂、濮阳中蕾劳保制品厂按照法律程序转让股份或减少注册资本,解决了注册资金不到位的问题;纠正和清查了38家企业的不规范经营行为;清理13家企业与油田存在的历史债权债务关系,对存在严重问题的企业和个人依法进行了处理,使诉讼案件与2001年相比下降了43%,避免了国有资产流失。

(李少勇)

【企业管理协会工作概述】 中原油田企业管理协会成立于1985年,原名中原石油勘探局企业管理协会,2001年5月更名为中原油田企业管理协会,隶属于勘探局,是中原油田区域内石油、石化企事业单位自愿参加、并经濮阳市民政局核准注册登记的社会团体法人组织。企业管理协会主要负责中原油田企业改革、经营管理方面的理论研讨和软科学课题研究;对企业的热点、难点和重点问题,组织调查研究,向有关领导和部门反映问题,提出建议;协调企事业单位之间的横向沟通及企业管理方面的各种评优活动;组织编印协会刊物、资料、书籍;加强与兄弟单位企业管理协会与学术团体的联系和行业之间、企业之间的交流与考察活动等工作。2002年,企业管理协会有团体会员单位48个,专职工作人员3人。年内,企业管理协会对《中原石油经济》杂志进行了改版,由小16开本改为大16开本,由季刊改为双月刊,编辑出版6期72万字;自行编辑,由企业出版社出版了《石油企业管理创新案例》、《中原石油勘探局企业发展理论研讨会优秀论文集》;召开石油经济理论研讨会3次,收到论文236篇,评出优秀论文66篇;召开第四届管理创新成果发布会,发布管理创新成果44项,评出优秀成果一等奖4项、二等奖7项、三等奖13项,获中国石油企业管理协会优秀著作二等奖1部,优秀论文二等奖2篇、三等奖1篇,优秀管理创新成果二等奖1项、三等奖4项。

(王　发)

规　　划

【规划管理工作概述】 规划事业部隶属于分公司,主要负责中原油田中长期发展规划的编制工作和中原油田重大项目和矿区建设项目前期工作,管理中原油田设计市场并制定管理办法、组织设计招标及石化集团公司审批项目的上报等工作。截至2002年底,规划事业部有员工17人,机构下设设计审查科、项目科、规划科和综合科4个科室。2002年,规划事业部根据油气生产开发特点,组织有关部门,从油气生产、集输、供电、注水、污水、通讯到地面厂(站)建设进行系统考虑,统筹平衡,配套编制了产能建设规划方案。对白庙气田开发建设和濮67气藏天然气产能建设2个重点项目,作出了初步设计方案和施工图设计方案,加快了2个气田的产能建设步伐;根据石化集团公司要求,组织天然气产销厂、天然气化工厂、采油四厂等生产单位和勘探开发科学研究院进行研究讨论,提前完成了中原油气股份有限公司"十五"发展规划的编制,并通过了石化集团公司的审查;结合分公司"十五"发展计划,针对影响油气勘探开发的瓶颈问题,组织勘探开发科学研究院开展了《中原油田"十五"后三年油气田勘探滚动规划研究》、《中原油田"十五"后三年油气田开发滚动规划研究》、《中原油田"十五"后三年天然气开发滚动规划研究》、《中原油田2001—2015年天然气勘探规划》等课题研究,为中原油田的油气藏开发提供了理论依据。

(张玉兰)

【控制项目投资】 2002年,规划事业部按照《局建设项目前期工作管理实施细则》规定,规范程序、超前考虑、统筹安排,组织各采油厂、输油管理处、供电管理处等单位编制项目建议书169项,经初审和筛选,有56个项目进行了项目建议书的批复,按照建议书批复要求,编写了有关单位的地面工程可行性研究方案35个,进行初审合格后提交专家论证会。年内,组织各种论证会9次,审议工程项目32个,对17个项目进行了及时批复。其中经专家论证会后被否定的项目9项、暂缓建设的项目6项。

(张玉兰)

【齐鲁石化—青岛天然气管道工程项目可行性研究】 2002年,规划事业部完成了齐鲁石化—青岛天然气管道工程项目可行性研究报告的预评估和初步设计预评审,并上报石化集团公司。3月16日,完成该工程项目可行性研究报告的评估和立项工作;4月3日上报石化集团公司;4月24日,石化集团公司下达《关于齐鲁石化—青岛天然气管道工程可行性研究报告的批复》文件(石化股份[2002]96号)。根据批文,规划事业部委托勘察设计研究院编制项目初步设计,4月21—22日,组织有关专家对项目初步设计中的工艺部分、材料设备部分以及经济评价分别进行预审查,对项目工作量、管线穿越方式、设备选型、概算逐一进行审查,均提出了建设性意见,4月30日上报石化集团公司;6月12日,石化集团公司下达《关于齐鲁石化—青岛天然气管道工程初步设计的批复》文件(石化股份计项[2002]41号)。年内,与山东省人民政府及沿线城市规划管理部门、计划管理部门、土地管理部门进行商谈,办理了《建设用地规划许可证》、《建设工程规划许可证》和《建设项目选址意见书》。

(张玉兰)

【开展3个工程项目可行性研究】 2002年,规划事业部根据石化集团公司、山东省人民政府、青岛市人民政府《关于合作建设山东液化天然气接收站的意向书》和山东省发展计划委员会《山东省天然气市场需求调研报告》以及石化集团公司与山东省发展计划委员会签订的《山东省天然气管网合作协议》,委托勘察设计研究院对3个工程项目进行了可行性研究。8月,开展了山东LNG预可行性研究(兼项目建议书)的编制工作,报告于10月上报国家发展计划委员会;塔巴庙—山东天然气管道工程的可行性研究报告的编制工作于12月完成;淄博—莱芜天然气管道工程项目可行性研究报告的编制工作于11月1日完成,并进行了审查,11月8日上报石化集团公司。

(张玉兰)

【炼油化工发展战略研究】 2002年,规划事业部开展了石油化工发展战略研究,对石油化工总厂资源状况、闲置装置、产品市场进行调研和预测,组织专家对催化裂化烟道气回收二氧化碳项目,气体分馏、聚丙烯联合装置项目,轻油分离装置项目方案进行评估论证,就采用的工艺技术、市场预测以及财务评价提出意见和建议,节省了投资。11月,3套项目装置建成投产,并投料生产出合格产品,创造了建设速度、联运投产时间、节省投资等新纪录。

(张玉兰)

【矿区重大建设项目论证】 为搞好矿区内重大建设项目的论证工作,规划事业部于2001年年初,委托勘察设计研究院编制基地污水处理厂扩建项目可行性研究报告和初步设计工作,可行性研究报告于2001年7月2月上报河南省计划委员会,2001年7月23日,河南省计划委员会下达《关于濮阳市中原油田矿区污水处理扩建工程可行性研究报告的批复》文件(豫计投字[2001]935号);初步设计报告于2001年11月30日上报河南省计划委员会,2002年6月10日,河南省计划委员会下达《关于濮阳市中原油田矿区污水处理扩建工程初步设计的批复》文件(豫计设字[2002]663号),使1400万元国债专项资金按时到位。2002年,规划事业部先后组织编制、审查中原油田基地用地调整规划方案、马庄桥106国道(中原油田)段规划方案、井下压裂配液站工程规划方案、世纪景苑和林海花园初步设计、采油二厂井下作业二大队基地规划等中原油田矿区重大建设项目方案设计的论证工作。

(张玉兰)

财务管理

【勘探局财务管理工作概述】 2002年,勘探局财务资产处加强全面预算管理,实施全员成本控制,积极开拓筹资渠道,提高降本压费、创收增效意识,完成了年度各项经营指标。(1)建章立制。先后制定了《收入管理办法》、《成本管理办法》、《预算管理办法》、《资金管理办法》、《税务管理办法》、《财务结算管理办法》、《外部项目资金管理办法》等规章制度,下发了《债权管理与追债管理办法》等文件。(2)完善全面预算管理。以现金流预算为核心,及时预测整体资金形势,根据各单位资金收付状况,合理调控资金流向,严格执行预算外支出的有关规定,不擅自批准预算外支出,保证经营任务的完成。(3)推行目标成本管理。

区分专业经营单位和社区服务单位的不同情况，逐级建立成本控制目标责任制，做到应收尽收，应省尽省，以科学的方法，确保目标成本的实现。(4)加强营运资金管理。不断压缩存货资金占用，年内压缩存货资金占用2.88亿元；利用国家优惠政策，完成以新借抵息贷款置换原有较高利息贷款10亿元，争取国家出口信贷贴息返还367万元，降低了短期货款增加的风险，财务费用较预算减少29.5%；降低筹资成本，年内统筹利用专项资金4.14亿元。(5)为贴近生产经营实际，加强财务监督，推行并落实了财务总监委派制。(6)加强资产管理，促进资产合理流动。根据机构重组和单位整合后的实际情况，重新修订下发了《固定资产管理暂行办法》、《闲置报废资产和废旧物资调剂管理办法》、《存货管理办法》，对资产的购置、使用、核算、调剂作了明确规定，并组织全局性固定资产盘点清查，推广石化集团公司固定资产管理软件工作，加大报废闲置资产回收力度，加快调剂变现。(7)规范税务管理。年内，实现应交税金3.12亿元，上交税金2.52亿元。

（陈志坚）

【勘探局财务指标】 截至2002年底，勘探局拥有资产总额101.41亿元，其中固定资产原值65.11亿元、净值39.95亿元，负债总额58.28亿元，少数股东权益0.45亿元，所有者权益42.68亿元。2002年，勘探局实现主营业务收入50.71亿元，其他业务利润0.16亿元，投资收益0.4亿元，补贴收入5.88亿元，营业外收入0.07亿元，主营业务成本50.57亿元，主营业务税金及附加0.65亿元，期间费用5.31亿元，营业外支出0.69亿元。财务指标控制在石化集团公司下达的年度限亏指标以内。

（陈志坚）

【勘探局建立财务资产管理信息网】 2002年，勘探局财务资产处为提高财务资产电算化管理水平，实现财务资产信息网络化，促进财务信息资源的共享，在勘探局财务系统建立了财务资产管理信息网。通过在线通知、文件传输、财务论坛、专用技术、文件制度等专栏，实时保持与各二级单位财务部门的联系，提高了工作效率和信息反馈速度，加快了财务管理知识更新，促进了财务管理及信息技术水平的提高。

（陈志坚）

【分公司财务管理工作概述】 分公司财务资产部隶属于分公司，主要负责分公司资金、资产、税务以及会计核算等管理工作。截至2002年底，财务资产部有员工26人，机构下设成本会计科、资金预算管理科、销售税务科、资产装备科和综合科5个科室。2002年，财务资产部先后制定了《成本管理办法》、《资产管理暂行办法》、《资金管理办法》、《预算管理办法》、《财务结算管理办法》等规章制度，并在推广采油五厂油藏经营网络化目标管理、细化深化成本管理的基础上，会同会计核算中心、采油一厂等单位，对评价每口油井的效益进行调查研究，先后召开10次单井核算专题座谈会，形成了《油、气、水井单井核算暂行办法》，5月在分公司范围内全面推行，改变了原仅依据产量来评价油井产出效果的“粗放”模式，使成本核算的结构更加明晰。同时，加强资金的过程控制，针对分公司勘探开发投入强度大、资金需求量大而货币资金相对不足的情况，财务资产部坚持按照月计划、旬安排和根据轻重缓急进行资金调度，通过核定银行存款限额、加快资金周转、盘活存量资金、合理利用票据融资等措施，减轻了偿债压力，新增票据业务2亿元，节约财务费用1000万元。年内，处理积压、闲置、报废物资及设备1.6亿元，实现了库存降低、结构优化、资金盘活的目的。

（姚　胜）

【分公司财务指标】 截至2002年底，分公司资产总计114.77万元，其中固定资产原值238.08万元、净值72.30万元，负债总额70.45万元，所有者权益合计44.33万元，资产负债率61.38%，资本负债率85.36%。2002年，分公司完成原油产量314.39万吨、原油统销量301.7万吨、天然气产量6.7亿立方米、天然气销量4.79亿立方米、原油加工量54.33万吨，实现主营业务收入63.53万元，其他业务利润－3529万元，营业外收入4389万元，发生主营业务成本49.53万元，产品销售税金及附加9822万元，营业费用8317万元，期间费用91928万元，营业外支出8660万元，实现利润22125万元，超额完成石化集团公司下达的利润指标。

（姚　胜）

【分公司加强全面预算管理】 2002年，分公司财务资产部以销售预算为起点，以成本费用控制为重点，以现金收支安排为核心，组织了全面预算管理活动。一是确定了以现金流量表和产品成本计算表为核心的预算报表体系，把现金收支纳入计划，加强对成本费用的控制。财务资产部要求各单位在编报预算报表时，要由会计核算部门、计划财务部门共同参与，并根据分公司提出的目标利润，制定销售预算，再根据各项定额资料制定生产成本预算和销售成本预算，把预算审核的内容由原来的以资金预算为主，变成了以成本费用控制为主，把财务管理的各项内容全部纳入了预算管理。二是在横向和纵向两个方面加强对预算的控制。横向上，要求各单位把审核签字、加盖分公司预算审核章的预算报表，交给会计核算中心各业务科室以及各单位财务、会计核算科，使各级财务、会计部门明确预算内容和责任；纵向上，要求各单位在层层分解预算指标时，会计核算部门主动参与并实施监督，对现金收支和成本费用分别按预算指标进行核算，发挥从公司、单位、班组、个人四级预算管理网络作用，形成自上而下层层控制、自下而上的层层保证预算控制体系，保证各单位的预算执行情况能得到及时反馈，对超预算的单位能够通过采取停止报销费用或发出黄牌警告等措施，控制资金缺口扩大。三是建立月度预算分析制度和预算挂钩的考核、奖惩制度，保证预算处在一定程度上控制成本费用。

（姚　胜）

【分公司税务管理】 2002 年，分公司税价工作围绕分公司增储上产、降本增效的工作中心，坚持规范管理，开展纳税筹划，在销售、税务会计核算、税务规范化运作、业务培训、依法纳税、价格管理、矿产资源费减免等方面做了大量工作。年内，共组织油、气、烃销售收入 45.59 亿元，比 2001 年同期 47.78 亿元减少 2.19 亿元；应收货款 36.76 亿元，实收 36.76 亿元，货款回收率 100%；实现各种应交税费 3.49 亿元，比 2001 年同期减少 2.55 亿元。

（姚　胜）

【会计核算中心工作概述】 会计核算中心隶属于分公司，主要负责分公司所属 36 个单位的现金收支、成本会计核算及会计报表的编制、分析工作。截至 2002 年底，会计核算中心有员工 256 人，机构下设 7 个会计核算处和 1 个财务结算处。会计核算处负责被核算单位的会计核算、会计报表的编制、财务收支审查与监督、财务制度、费用开支标准的检查、各项报销业务的审查、财务印鉴的保管与使用等管理工作。财务结算处负责分公司所属单位的财务结算工作。2002 年，会计核算中心实行业务科长审核、稽核人员复核、处领导审核签字、机关行业科室把关审核的四级审核制度。按照责任目标承包考核办法，每月对核算资料进行全面考核，考核结果直接与各单位的奖金挂钩；落实定人、定岗、定核算单位、定责任的“四定”责任制，实行谁核算谁负责，责任大小与个人奖金挂钩，提高了会计核算质量。修订、完善《财务结算管理办法》、《财务结算审核制度》等规章制度，进一步理顺了结算程序，每笔结算业务都要经过原始凭证、资金预算、付款单位有支付能力等环节的审核把关，并对 11 个岗位的职责范围和工作权限进行了界定和规范。同时，加强税务知识的宣传与学习，编印了《税务动态》内部刊物，并在会计核算中心网页上开辟了《税务园地》专栏，增加了会计人员学习税务管理知识的新途径。配合上级部门做好税务稽查工作，3 月，在迎接河南省国税局税务稽查工作中，提前对部分单位的纳税情况进行检查，查出问题 68 个，并督促整改。

（施志华）

【全面推行单井核算】 2002 年，会计核算中心在油气生产单位全面推行了单井核算制，利用石化集团公司财务软件辅助管理模块中的部门、专项核算等功能，结合各油气生产单位实际情况，设计了统一的单井核算流程，按行政单元、地质区块、产量结构和采油方式等设置单井核算账套，及时报送单井核算报表。同时，制定了《井号规范化处理》、《单井核算资料交接制度》等管理制度，开发了“单井工资自动分配”、“间接部门费用自动分配”、“水井费用按对应油井自动结转”、“单井产量注水量自动取数”、“自动生成单井分析报表”等功能，提高了单井核算工作效率和工作水平。

（施志华）

【规范会计核算管理】 2002 年，会计核算中心进一步规范会计核算管理，配合财务资产部完成了《单井核算办法》讨论稿、《中原油田油气水井单井核算办法》、《财务管理办法》、《会计核算中心岗位职责》、《会计基础工作标准》等 11 项内部管理制度，加强了会计人员在工作中知法、懂法、守法和按章办事的思想意识。同时，根据财务资产部《关于加强会计基础工作的通知》要求，成立了专门的检查领导机构，制定了运行大表和承包指标、会计制度、会计核算、会计凭证账簿、税务核算、会计管理等 6 大项 146 小项检查内容，各单位会计科对照标准采取内部自查、科与科互查、会计业务审核和现场提问的形式，以 1000 分为检查评比标准，分 5 个单项检查验收小组，8—9 月，对所核算单位 2001 年下半年至 2002 年上半年的会计核算资料进行“拉网”式检查，共检查会计凭证 6043 册 6.66 万份、账簿 201 本、报表和分析资料 621 份、设备 189 台。

（施志华）

【财产保险资金管理】　2002年,会计核算中心严格执行财产保险资金管理的各项制度,正确处理监督与服务的关系,加强保险资金工作的制度化、规范化、程序化,保障了分公司正常生产经营秩序。至年底,分公司保险费支出1655.48万元,获事故理赔款670.92万元;协助南方经济开发中心做好保险代理工作,共向保险公司收取代理费72.95万元。

（施志华）

【举办企业会计准则会计制度讲座】　2002年6月29—30日,中原油田举办了企业会计准则、会计制度讲座,刘恩学、张同冉、蒋永富及油田副总师以上领导、机关处室负责人等400人听取了讲座。讲座由中央财经大学教授谢贵荣授课。本次讲座主要内容:中国会计面临的问题和发展方向;会计准则、会计制度的颁布及实施有何重大的现实意义;会计准则、会计制度的实施对沪、深两市上市公司的生产经营有哪些影响;新会计准则、会计制度的主要内容;上市公司财务包装分析;会计人员的诚信教育等。

（汪中华）

【债权债务工作概述】　中原油田债权债务清理办公室成立于1997年,2001年3月更名为债权债务清理处,隶属于勘探局。主要负责中原油田债权债务管理工作,协助财务资产处督促债权债务单位及时清理,预防债权债务积压,并对各单位时间长、资料缺损、金额巨大的疑难债权债务督办其尽快移交,及时提出清理意见,采取措施,力争挽回损失。截至2002年底,债权债务清理处有员工14人,下设清理一科、清理二科和综合办公室。2002年,债权债务清理处明确依法清欠工作主线,完成了债权债务清理工作,起诉案件17起,诉讼金额2000万元,法院已判决14起,胜诉率100%。至2002年底,债权债务清理处累计清理债权1200笔、金额9.55亿元,上报作账务处理1.12亿元,收回现金、实物8500万元,拒付不合理债务450万元,累计挽回经济损失9000万元。

（游海滨）

【为疑难债权赢得诉讼时效】　2002年,债权债务清理处加大疑难债权清理力度,对长期呆死坏账进行全方位的调查取证,为疑难债权赢得诉讼时效,恢复债权形成的本来面目。宁波海联电动工具有限责任公司一案,勘探局挂账金额44万元,经核查,原单位在解体之前已用商品抵账23万元,债权金额21万元,但宁波海联电动工具有限责任公司以商品抵账为借口,拒付21万元债务。清理人员逐一找该公司主管领导写出情况说明,取得了合同、欠条、证人证言等相关凭据,最后中原油田起诉宁波海联电动工具有限责任公司债务标的20余万元。

（游海滨）

【债务财产保全】　2002年,建筑集团公司委托债权债务清理处追讨广东惠州公路建设总公司河南项目经理部拖欠120万元施工款。债权债务清理处为减少"白条"判决,在诉讼之前作法律相关技术处理,进行有效的财产保全,在调查取证时,获知商丘—开封高速公路建设指挥部有部分质量保证金130万元未返还广东惠州公路建设总公司河南项目经理部,中原油田立即起诉广东惠州公路建设总公司河南项目经理部,并配合法院对其中的130万元进行了诉前保全,为最终收回这笔欠款取得了法律效力。

（游海滨）

【追回货款280万元】　2002年1月21日,无锡市中级人民法院判决:无锡化学工业有限公司、锡山市中原液化气公司给付中原油气高新股份有限公司天然气产销总厂货款271万元,并支付逾期付款利息10万元。2000年10月1日和8日,中原油田天然气产销总厂分别与无锡市中原化学工业有限公司、锡山市中原液化气公司签订了在业务往来过程中累计欠款271万元的两份对账单,但无锡市中原化学工业有限公司以种种理由拒付货款。2001年8月10日,债权债务清理处受天然气产销总厂委托,对无锡市中原化学工业有限公司及锡山市中原液化气公司提起诉讼,同时申请财产保全,法院查封了对方的房屋、液化气储罐、发电机组、土地等450万元的资产。2001年8月27日和11月7日,江苏省无锡市中级人民法院先后2次开庭审理此案,庭审期间,由于中原油田机构变革与更名(原中原石油勘探局天然气产销总厂,后更名中原油气高新股份有限公司天然气产销总厂),起诉主体有问题,致使2次开庭无结果。为了维护中原油田的合法权益,债权债务清理处多次到河南省工商局等有关部门查找资料,理清中原石油勘探局、中国石化集团公司、中原石油勘探局天然气产销总厂、中原油气高新股份有限公司天然气产销总厂机构变革和更名等错综复杂的法律关系,取得了证据,追回了拖欠多年的货款280万元。

（游海滨）

【概预算管理工作概述】　概预算中心隶属于分公司,

主要负责中原油田石油基本建设工程和石油专业定额管理专业与编制；石油工程限下建设项目的概算、预算、结算的审查与招投标标底的审定；石油工程定额主要材料和劳务预算价格的管理；石油工程造价管理人员的从业资格培训和概预算资格证书的管理等工作。截至2002年底，概预算中心有员工31人，下设钻探工程定额科、采油工程定额科、油建工程预算科、矿建工程预算科、价格管理科和综合科6个科室。2002年，概预算中心围绕中原油田生产建设、经营管理和石油工程造价管理的实际，推广应用新编行业定额，制定、调整和发布工程定额与材料价格信息，做好石油工程概预结算审定工作，核减工程投资6799.13万元。(1)钻探工程。完成投资计划145口井单井工程预算，审定钻井结算212口，核减790.99万元；审定录井262口，审定测井250口，核减308.22万元。(2)地面建设工程。完成了2000年度安居工程113栋住宅楼结算审查、LNG工程项目结算审查、郑州办事处金桥宾馆消防改造工程第一阶段的结算审查，审定工程结算2676项，核减工程投资5613.41万元。(3)价格管理。历时2个月，完成了中原油田物资挂牌价格编制工作。(4)采油工程。对2001年、2002年实际施工的567口试油、压裂及酸化井，进行新老定额费用的测算对比；对中原油田内部机修行业进行摸底调查，掌握了内部机修行业的基本情况和经营现状，中原油田机具设备大修理384项，核减16.09万元。

（张丙华）

【投资管理工作概述】 2002年4月，勘探局将多元开发处与投资管理中心合并，将其多种经营管理的职能划入投资管理中心。投资管理中心是勘探局经济实体单位，主要负责中原油田重大外联项目的管理和效益回收工作；对现有合资企业行使股权代表职能；规范改制企业国有资产产权代表管理和代理服务费的收取；勘探局授权管理的对外投资项目的管理、清理、清算工作；科技开发项目、各专业化公司投资项目、多元开发项目的论证、贷款发放及本息的回收工作；制定勘探局多种经营发展规划、审查发放多种经营产品生产许可证等管理工作。截至2002年底，投资管理中心有员工47人，其中高级职称10人、中级职称36人、初级职称1人；勘探局授权投资管理中心管理企业8家，员工218人，其中全民职工135人、劳务合同工72人、集体工11人。机构下设7科2室。2002年，投资管理中心加强对外投资项目管理，收回投融资款及收益3662万元，超额完成经营考核指标26.3%；收回到期贷款本金3655万元、利息99.3万元。组织信德综合服务中心等3种类型16家企业的清算工作，8家企业完成清算；对勘探局多种经营企业进行了拉网式调查，清理遗留问题10大类，涉及企业137家。

（梁国杰　周继安）

【重大外联项目管理】 2002年，勘探局授权投资管理中心管理的重大外联项目有6个：鹤壁万和发电有限责任公司、东明黄河公路大桥、深圳美视发电有限公司、安阳彩色玻璃集团公司供气补偿项目、深圳实业公司和上海石油大厦。根据各项目的组织形式、经营规模、合作方式，采取了项目分类管理，对股权投资项目，按照《公司法》，通过国有产权代表人参与企业的决策和管理，研究新情况，解决新问题，通过合法途径加强项目的财务监督。对鹤壁万和发电有限责任公司，加强成本控制管理和内部基础管理，克服了电价长期不到位、煤价上涨等因素，使公司的经济效益有所增长；对于非股权投资的项目，促使合作方严格履行合作合同，加大收账力度，年内收取深圳美视发电有限公司设备租赁费1300万元。

（梁国杰　周继安）

【合资企业管理】 2002年，勘探局授权投资管理中心进行股权管理的合资企业7家：濮阳中大汽车修理有限公司、濮阳泉源勘探设备维修有限公司、濮阳台原化工有限公司、濮阳永辉机械修配有限公司、濮阳中原贝德弗化学建材有限公司、中友劳务公司和中原劳务公司，7家企业的产品市场主要是中原油田。年内，完成了企业员工的技能鉴定、技术培训、技师评审等工作，全年未发生一起安全责任事故。2002年4月，勘探局进行了机构改革，濮阳中大汽车修理有限公司等3家汽车维修企业在维修市场准入方面受到了影响，投资管理中心及时将各企业的情况和意见汇总上报，得到有关部门的重视。濮阳中原贝德弗化学建材有限公司、濮阳台原化工有限公司由于外方资本金长期不到位，影响公司的发展，经调查分析、咨询地方政府的有关部门，提出了切实可行的解决方案。

（梁国杰　周继安）

【规范改制企业管理】 2002年，勘探局授权投资管理中心管理规范改制企业44家。6月，为了加强规范改制企业国有资产产权管理，确保国有资产保值增值，对含有国有股的44家规范改制企业实施统一的股权管理。为此，设立了专门的组织管理机构，配套制定了“一个条例，五个制度”，即《中原石油勘探局对规范改制企业国有资产产权代表管理的实施条例》；产权代表重大事项请示报告制度、产权代表生产经营情况和财务状况定期报告制度、国有资产收益收缴制度、对产权代表的考核与奖惩制度、对产权代表的档案管理制度。至年底,有34家规范改制企业产权代表的行政关系和劳资关系转入投资管理中心。

（梁国杰　周继安）

【企业清算工作】 2002年,投资管理中心本着“速度可以加快,程序不可逾越”的原则,严格清算工作程序,明确清算工作职责,最大限度地维护中原油田合法权益。解决了山东天源化学工业公司和烟台台原实业公司两个对外长期投资项目存在的问题,将勘探局在天源化学工业公司的资产委托山东省东明县国资局管理;以高出对方报价50余万元的价格转让了烟台台原实业公司的资产,已收回转让款100万元。至年底,组织实施3类16家企业的清算工作,其中8家企业清算完毕。

（梁国杰　周继安）

【多种经营管理工作概述】 2002年,中原油田多种经营管理工作由勘探局投资管理中心(多元开发处)负责。截至2002年底,勘探局多种经营企事业主要有非油化工、天然气深加工、化学建材、电子电器、机械加工与修理、高档化纤、劳保服装、日用化工、印刷、商饮服务等10个行业54家企业。其中,局属全民企业1家,中外合资企业5家,国内合资企业4家,勘探局参股、控股改制企业44家。勘探局投资总额234亿元,资产总额9.08亿元,流动资产6.06亿元。从业人员5253人,其中全民职工770人、集体工1491人、劳务工2992人、专业技术人员70人。2002年,投资管理中心深化产权改革,对勘探局参股的改制企业,按照专业类别进行合并、调整,撤销了以服务为主的16家企业,清算后转让矿区管理。至年底,多种经营专利产品申报12项,钻井、采油化学助剂、钻采设备配件销往国内各大油田,防腐产品、日用化工、劳保建材、机械配件、仪器仪表等产品销往国内20个省市,多种经营企业实现销售收入7.31亿元,实现利润97.21万元。

（梁国杰　周继安）

【多种经营企业改制情况】 2002年,多种经营企业从性质上分为全资多种经营企业、中外合资企业、国内合资企业、以5个行业公司为主的规范改制企业,企业管理工作日趋完善。(1)全资多种经营企业2家:舒普凡化纤厂和南方经济开发公司。舒普凡化纤厂主要生产细旦丙纶长丝等产品;南方经济开发公司负责原劳动服务公司在外地开发的房地产业务管理、租赁经营,是经济实体。(2)中外合资企业5家:中原贝德弗化学建材有限公司、台源化工有限公司、泉源勘探设备维修有限公司、中大汽车修理有限公司、永辉机械修配有限公司。5家中外合资企业主要从事化学建材、机械维修、工程技术服务等。(3)国内合资企业4家:中原绿能高科有限责任公司、濮阳中友劳务技术有限公司、濮阳中原劳务技术有限公司、华苑实业有限公司。4家国内合资企业主要从事清洁燃料生产、加工、销售、劳务输出、安置残疾人就业等。(4)以5个行业公司为主的规范改制企业34家:5月,按照石化集团公司减员增效、整合分流的要求,对改制的多种经营企业按产业、产品结构进行整合,组建了石油化学助剂、机械电子、建材、劳保、工程技术服务5个行业公司。

（梁国杰　周继安）

【五大行业公司工作概述】 2001年10月29日,原企业管理办公室、产权改制办公室按照勘探局《关于进一步加强油田生产经营管理有关问题的通知》(中油局企管[2001]234号)和《关于印发行业公司重组整合实施细则的通知》(中油局产权[2001]397号)文件精神,注册成立了化工、机电、建材、劳保4个公司,2002年1月5日又注册成立了施工行业公司。截至2002年底,五大行业公司注册资金累计3800万元,拥有成员企业110家,员工4684人。(1)化工行业——濮阳中原凯美克石化有限公司,有规范改制企业17家,从业人员826人,勘探局投资金额738万元,股比占45.01%。主要生产采油、钻井化学助剂、消防器材和消防化学剂。(2)机械电子行业——濮阳中原迈新机械电子有限公司,有规范改制企业10家,从业人员663人,勘探局投资金额407万元,股比占44.49%。主要生产机械产品和采油钻井配件、井下工具、电子电器等产品。(3)建材行业——濮阳中原美特力建材有限公司,有规范改制企业3家,从业人员219人,勘探局投资金额213万元,股比占45.03%。主要生产建材、PVC异型材、门窗、水泥构件及从事市政工程服务等。(4)劳保服饰行业——濮阳中原克劳士服饰有限公司,有规范改制企业2家,从业人员58人,勘探局投资金额123.25万元,股比占43.71%。主要加工生产服装、鞋帽等劳保用品。(5)工程施工行业——濮阳中原康坤工程技术有限公司,有规范改制企业2家,从业人员252人,勘探局投资金额200万元,股比占40%。主要从事防腐工程施工、玻璃钢管道制品、电子工程服务等。

（赵　成）

【濮阳华油防腐集团公司跻身“全国二十强防腐企业”】 2002年11月5—8日，在中国石油和化学工业协会、中国化工学会、中国化工防腐技术协会主办召开新世纪首届中国国际防腐大会，中国、美国、加拿大、德国、法国、日本等十几个国家和地区的防腐领域著名企业、科研机构、国际组织的与会专家对中国243家有资质的防腐企业进行了评选，濮阳华油防腐集团有限公司(油田改制企业)，跻身“全国二十强防腐企业”，位居全国第三，成为石油、石化系统惟一获此殊荣的企业。同时，由该公司施工的山东临沂恒源热电有限公司热网改造工程，获“全国十大防腐优质工程”称号；该公司董事长兼总经理徐勤友获“全国十大防腐优秀企业家”称号。

(孙丽萍)

人事·劳资

【勘探局人力资源工作概述】 人力资源处隶属于勘探局，主要负责建立完善人力资源市场配置和能上能下的用人机制、确定合理科学的劳动组织形式、根据市场变化和企业效益情况合理调控工资总额、制定员工培训计划和职业技能鉴定政策、管理员工合同及劳务工管理等工作。截至2002年底，人力资源处有员工24人，下设人力规划与组织考核科、薪酬与保险科、人力资源开发科、员工管理科、机关人力资源科和综合管理科6个科室。2002年，人力资源处完成的主要工作：(1)开展了人力资源现状、人力资源培训开发需求调查，制定出勘探局“十五”后三年人力资源调整规划和培训规划。对163个技术工种344个操作岗位，制定下发《操作岗位技术等级标准和兼岗技术等级标准》。(2)对钻井、固井等涉外施工行业9个专业化队伍66个岗位，制定下发《涉外施工队伍岗位标准》，对22个处室478个岗位进行职位分析，编写了管理人员和专业技术人员职位说明书；对机关各处室职能进行了重新调整，采取“撤、并、分、建”措施，使机关职能处室由2001年的25个减少到22个，人员由669人减少到465人。开展定岗位、定职责、定人员的“三定”工作，所属单位的定员减少到9407人，较2001年减少1207人，减幅11%，局属单位由75个减少到52个。(3)加强劳动合同管理，查出自行使用计划外用工单位9个，用工人数1627人，对154名长期不在岗人员进行清理，并下发了《限期回单位通知书》，至年底，已回单位上岗62人，解除劳动合同92人。年内，发生各类劳动争议案件26起，结案13起，其中胜诉12起、维持原判1起。(4)规范劳务用工管理，审查《劳动手册》申办人员资格，对已上岗子女的劳动手册进行集中管理，根据单位生产需要，对部分单位新增劳务用工计划本着“从严控制，内部调剂”的原则进行审批。年内接待原集体工、家属工、协议解除劳动合同职工等人员来访2400人(次)，制定下发《规范各类人员水电气补贴发放办法》，保持了特殊人群的稳定。(5)及时征集各种保险基金，年内共征集各项社会保险费6.28亿元，征集率99.68%。

(马志建)

【勘探局建立薪酬分配体系】 2002年，勘探局人力资源处建立与现代企业制度相适应，遵循市场规则的薪酬分配体系。(1)制定下发了《关于改进工资总额管理办法的通知》，变工资总额控制性管理为服务指导性管理，工资总额控制在石化集团公司下达的额度范围内，由各单位根据生产经营实际需要，自主确定每月工资发放计划。(2)通过对407个岗位平均工资水平模拟测算和部分城市发布的劳动力市场价位对比、分析，对关键岗位、人才易于流失岗位的薪酬标准，与劳动力市场价位接轨，对高于市场价位的一般简单劳动岗位薪酬标准，不增资或小幅度增资。(3)建立了以劳动力市场价位为参考，以单位经济效益和个人工作业绩挂钩考核的新型薪酬分配制度，由个人劳动技能决定劳动岗位，劳动岗位决定薪酬等级标准，个人劳动业绩和单位的效益决定个人收入的多少。由原岗位技能工资制19个单元改为岗位工资、业绩工资、保留工资和加班工资4个单元，形成了以岗位工资为主的薪酬分配体系。(4)提高重要技术、管理、营销及生产岗位的浮动工资和业绩工资分配系数，拉大与非关键技术岗位差距；对掌握高新技术的优秀人才、引进和外聘人才实行协商工资，对科研、技术优秀人才给予重奖；实行项目工资制，按技术成果效益和产品销售收入提成等分配办法；各单位内部设立经理(厂长)奖励基金，重点奖励有突出贡献的人才和吸引、稳定生产骨干。(5)建立动态岗位分析、评价制度，明确岗位职责、权限、上岗条件、目标任务、薪酬标准和考核办法，对每位员工进行考核，以考核结果作为工资的分配依据，发挥工资的激励作用。(6)对取得相应兼岗技能、一专多能、一人多证的复合型技术工人，实行兼岗工资标准，增加薪酬待遇，年内有3809名工人达到兼岗标准。至年底，有25个单位，实行新的薪酬分配制度，涉及2万人。

(马志建)

【勘探局技师评审工作】 2002年6月，勘探局技师评审工作正式开始，分为健全组织与初评推荐、报名汇总、培训考核、综合评审4个步骤进行，有38个单位申报54个工种的技师、高级技师任职资格。经审核，503人符合申报条件，其中申报技师409人、申报高级技师94人；再经理论知识考试和实际操作技能鉴定，有371人理论、实际双合格，获综合评审资格，其中技师309人、高级技师62人；后经综合评审，有344人获技师、高级技师任职资格，占申报人数的60.8%。对符合直接授予任职资格条件的42人，勘探局直接授予技师任职资格。

（马志建）

【勘探局专业技术职称评审】 2002年，勘探局的专业技术职称评审工作，主要是：(1)认真做好职称评审前期准备工作，组织2665人参加晋升高、中级职称外语考试工作，其中高级722人、中级1943人。(2)严格审查参评人员提供的评审材料，清理出8名申报人员提供的虚假材料。(3)根据石化集团公司要求，对1999年石化集团公司批复的工程技术、政工、经会统和教育系列4个高级职称评审委员会进行了换届调整：经会统系列高级评审委员会下设的专业评议组由2个调整为4个；撤销卫生系列中级评审委员会，成立卫生系列高级职称推荐组，负责推荐卫生系列高级职称评审人员。对部分中级评审委员会也进行了调整：政工专业中级评审委员会增设基层党支部专业评议组，负责评审一线政工专业人员；新闻出版中级评审委员会下设新闻、出版、广播电视、播音专业评议组；大中专技校教师中级评审委员会下设培训考核专业评议组。(4)改进评审方法和程序。高级职称评审采取直属单位推荐、勘探局集中评审的方法；中级职称评审实行由勘探局向具备成立初级评审委员会的单位下达工程师差额推荐指标、勘探局集中评审的方法。(5)调整评审政策。正常晋升高级职称的人员要求提交在正式刊物上公开发表的论文1篇；破格晋升高级职称的人员对业绩成果特别突出的，可以破格两个学历层次晋升。年内，勘探局共申报高、中级职称1727人，确定晋升人员1200人，其中教授级职称10人、高级职称338人、中级职称852人。

（易小华）

【勘探局大学毕业生就业分配】 2002年，勘探局开展了大学毕业生需求调查，编制了接收计划，并选派工作组赴8所高等院校参加毕业生就业“双选”洽谈会，共录用本科生46人。对新分配的大学毕业生进行了集中入厂教育，并按照《大中专毕业生见习管理办法》，以专业对口、学用一致为原则，安排毕业生到基层一线岗位见习。同时，经各单位推荐、考核，对2001年录用的49名大中专毕业生进行了提前转正定级和确定初始职务任职资格工作。

（易小华）

【调整退休(养)职工生活费】 2002年，勘探局人力资源处根据河南省劳动厅和社会保障厅《关于特殊工种提前退休问题的答复意见》和石化集团公司《关于特殊工种职工内部退养的批复》(中国石化[2001]人劳函字001号)文件精神，结合勘探局工作实际，起草印发了《关于调整退养职工中符合特殊工种提前退休条件人员生活费标准的通知》，明确调整生活费范围及办理程序。年内，有758名退养职工报名申请调整生活费，经初审，合格440人，经河南省劳动厅和社会保障厅复审合格261人。受河南省劳动厅和社会保障厅委托，对中原油田分公司初审合格的274人进行复审，合格179人。至年底，中原油田按规定为符合特殊工种提前退休的440名职工调整了生活费，并按照石化集团公司要求，参照退休职工养老金调整标准，为6678名退养职工调整了生活费。

（马志建）

【勘探局劳务用工管理】 2002年，勘探局人力资源处严格审查《劳动手册》申办人员资格，保护中原油田职工亲生待业子女的就业权利，共为中原油田职工亲生子女办理劳动手册1655本。对部分单位新增劳务用工计划本着“从严控制，内部调剂”的原则进行审批，按照劳务用工管理程序对新增、终止(解除)或替换人员进行管理，及时收缴和替换《劳动手册》，维护在岗人员信息数据库2449人(次)，起草劳务用工管理文件和便函52个，其中以勘探局下发文件2个、以处室下发文件3个、便函47个。采取数据库对接的方式，严格控制劳务费用结算人数和结算标准，按月及时结算劳务费用1.5亿元。对勘探局新招收1092名子女劳务用工和行业公司部分成员企业新招收1800名员工办理了录用审批手续。

（马志建）

【勘探局制定劳动定员定额标准】 2002年，勘探局人力资源处根据石化集团公司《关于印发<制定集团公司暨股份公司劳动定员标准工作实施意见>的通知》(中国石化人劳[2002]198号)文件要求，承担了石化集团公司钻井、测井、录井定员行业标准的制定工作，胜利油田、河南油田、江汉油田、江苏油田和新星石油有限责任公司协助标准的制定。至年底,提出了标准制定工作初步意见,在征求各油田意见的基础上,上报石化集团公司审批,并组织实施。同时,根据国家经济贸易委员会《关于下达2002年石油天然气行业标准制修订项目计划的通知》(国经贸[2001]1383号)文件要求,由勘探局人力资源处负责石油行业《测井工程劳动定额》(计划编号SY2002-51)标准的修订工作,辽河油田、华北油田、胜利油田和河南油田劳动工资处参加修订工作,在进行大量调研、分析、论证和测算的基础上完成了标准征求意见稿。

(马志建)

【勘探局举办企业发展战略人才招聘答辩会】 2002年2月24日,勘探局举办企业发展战略人才招聘答辩会,来自中原油田内外的23名应聘者参加了答辩。勘探局局长李春第出席答辩会并作重要讲话,局党委组织部、人才交流中心、计划财务处、法律事务处、企业管理处等单位的有关领导作为考官参加了答辩会。通过应聘资格审查、基本知识和写作考试,有2人应聘到岗,其中万成芳应聘调研岗位、李瑛应聘政研岗位。

(孙丽萍)

【中原劳务公司工作概述】 濮阳中原劳务技术服务有限公司(简称中原劳务公司)是分公司控股企业,成立于1999年,由分公司华油物资公司、金盾消防器材有限公司、中原绿能高科有限公司、恒美油脂化工总厂、中艺文化公司共同投资组建,注册资本金380万元,主要负责分公司劳务工管理工作。截至2002年底,中原劳务公司有员工20人,下设4部1室1个中心。2002年,中原劳务公司输出劳务用工6778人,其中男劳务工4590人、占务工总量的67.7%,女劳务工2188人,占务工总量的32.3%。输出的劳务工主要从事采油、作业、输气、汽驾、服务等生产岗位。年内,中原劳务公司完成财务指标资产负债率88%,资本金收益率3‰,成本利润率0.08‰;开发多种经营项目1个,经营注册资金由年初的235万元,扩股到380万元;投资扩建了中泰钻采技术科技公司、新浪科技有限公司,年累计创收500万元。按照中原油田《关于采油厂调驱工作实行劳务承包》([2002]79号会议纪要)精神,承包了采油一厂、采油二厂、采油三厂和采油五厂270口井三次采油调驱技术,招聘油田待业子女230人,完成调驱井216口,实现劳务收入155万元。同时,加强员工岗位资格培训和专业技能训练,委托重庆石油高等专科学校培训专业技术骨干25人,委托中原石油学校职业中专培训职业中专生125人。

(蔡闻捷　韩　光)

【人才交流中心工作概述】 人才交流中心隶属于勘探局,主要负责勘探局下岗职工管理、帮助下岗职工提高就业技能和实现再就业、组织集市性人才交流会等工作。截至2002年底,人才交流中心有员工7人,机构下设下岗职工管理科、市场科和综合科。2002年,人才交流中心为勘探局、分公司所属26个单位组织招聘工作,为待业子女提供52个工种1228个就业岗位,有3270名待业子女报名,通过12场面试、8场文化考试,有1038人被录用。组织集市性人才交流会49场,有253家社会企业参加招聘,提供就业岗位4438个,待业子女和失业人员报名8954人,有2216人实现社会就业,比2001年增长60%。为了提高待业子女的竞争能力,对待业子女就业培训进行了摸底调查,有6475名待业子女提出31个工种的培训需求,从9月份开始,人才交流中心先后举办了电气焊、烹饪、汽车驾驶、英语、市场营销、美容和计算机7个专业的培训班,培训人员298人。

(张永刚)

【分公司人力资源工作概述】 人力资源部隶属于分公司,主要负责分公司干部队伍和专业技术干部队伍建设,对所属单位行政领导干部、后备干部的管理,人才规划、引进与使用、专家选拔与管理、职称评审与专业技术职务聘任工作,组织机构、队伍结构调整及劳动力管理、劳动合同管理、劳务用工管理、工资管理、定员定额管理、员工培训及技师、高级技师评聘等工作。截至2002年底,人力资源部有员工15人,机构下设干部管理科、劳动管理科、工资保险科、培训科和综合科5个科室。2002年,人力资源部完成领导干部的全面考核和第三次聘任;申报并获国家批准建立了博士后科研工作站;实现重组分流,二级机关职能部门压缩了28个,减少人员56人,三级单位压缩13个,减少了管理幅度;清理长期离岗职工25人,处理劳动争议案件14起,结案10起;发布中原油田劳动定员标准12项,新制定定员标准9项,定员标准覆盖面和直属单位定员实施面100%;实施培训项目211个,举办油藏管理、石油地质、基层队长、各专业技能人才培训班101期,培训各类人员4835人;建立758人的高技能工人队伍,其中中华技能大奖获得者1人、全国技术能手2人、石化集团公司技术能手7人、分公司技术能手14人、高技能工人133人、高级技师和技师601人;组织参加全国石油石化行业职业技能竞赛,分公司获全国采油工第2名、电工第5名、团体第4名。年内,分公司人事统计工作受到了石化集团公司通报表彰,劳动工资统计工作获石化集团公司先进单位;3人获国家级人才奖。

(康永华　苏照林)

【分公司领导班子和领导干部队伍建设】　截至2002年底,分公司共有处级干部258人,平均年龄44.5岁。其中博士研究生2人、硕士研究生11人、大学166人、大专61人、中专以下文化程度18人,正高级职称16人、副高级职称180人、中级职称60人、初级职称2人。2002年,人力资源部完成了分公司24名机关处级干部和35个直属单位156名领导班子成员的考核工作,推荐为后备干部。年内,共考核处级干部158人、科级以下干部22人;重新聘任副总师3名、机关处室长和直属单位行政正职领导58名,并对21个机构整合单位40名领导班子成员进行了补充和调整,其中新提拔干部11人;将29个单位的2002年度后备干部民主推荐结果反馈给单位,指导各单位做好后备干部队伍的补充与调整,后备干部队伍196人,平均年龄37.98岁。同时,对23个单位171名拟提拔科级干部办理了预审和备案手续,调整了岗位工资,建立科级干部信息库。完成了中原油气高新股份有限公司第二届董事会、监事会、经营班子换届工作。

(康永华　苏照林)

【分公司专业技术人才队伍建设】　2002年,分公司以引进和培养高层次人才为重点,加强了专业技术人才队伍建设。做好博士后科研工作站的建设和博士后研究人员引进工作,成立博士后管理工作领导小组,建立博士后科研工作站各项规章制度,申请博士后建设的硬件设施,研究确定了23个博士后研究课题。建立了211人(其中国家级后备专家31人、省部级后备专家180人)的后备人才队伍和434人(分公司级)优秀人才队伍。建立和完善《优秀人才动态管理试行办法》,在采油五厂、采油工程技术研究院等单位试点运行的基础上,明确了优秀人才目标责任书签订的工作方法、程序和关键环节,与24个单位194名分公司优秀人才签订了目标责任书。开展学历学位清查工作,年内共清查学历学位6820人次,按国家有关规定除非学历教育(实用人才、结业证书、专业证书、研究生课程进修班等)外,确认学历学位5555人。重点进行综合勘探开发、开发工程培训和新技术新方法技术骨干培训,先后选派112名技术骨干参加了培训。至年底,推荐并被国务院批准享受政府特殊津贴1人,曾大乾获青年地质科技银锤奖、刘一江获"孙越琦"优秀中青年奖,向石化集团公司推荐学术技术带头人60人、突出贡献专家4人、优秀青年知识分子6人。

(康永华　苏照林)

【分公司出台人才薪酬新政策】　2002年,分公司为了吸引更多的人才到中原油田建功立业,对引进的普通高等院校毕业生实行新的人才薪酬政策。新的人才薪酬政策规定:对急需紧缺专业来分公司工作的普通高等院校毕业生,在3年内,博士生每月发给不少于2000元的补贴、硕士生(含双学士)每月发给不少于1000元的补贴、大学本科生每月发给不少于500元的补贴,并按规定享受相应职工奖金待遇。普通高等院校大学本科毕业生、研究生来分公司工作,见习期间享受定级后的工资、奖金待遇。

(孙丽萍)

【分公司工资保险工作】　2002年,人力资源部以加大岗位工资分配和绩效考核力度为重点,稳步推进了分配制度改革。(1)进行多种分配形式的改革试点,在物探研究院进行了项目工资制试点,在采油工程技术研究院实行了科技发明成果创收提成,在采油二厂现行工资制度基础上,实施增发岗位补贴的办法,在采油四厂、采油五厂进一步深化岗位薪点工资制,在井下特种作业处实行技术津贴办法。(2)完善了《中原油田分公司深化工资分配制度改革的总体意见》,制定了《调整改革基本工资制度实施方案》,提出具有分公司特点的薪酬框架体系。同时,进一步完善和加强工资发放等基础管理工作。(3)完善工资和劳务费管理的计算机管理程序,实现报表、台账、工资发放表、结算单的自动生成打印,规范工资、劳务费的发放和结算程序,实现劳务工工资网上查询,增加了工资管理的透明度。(4)开展统筹保险管理工作调研,提出了规范统筹保险工作建议。同时,为协议解除劳动合同人员及无业人员的配偶8057人,办理了享受水电气补贴的有关发放手续。

(康永华　苏照林)

【分公司劳动管理工作】　2002年,分公司全面推行了定岗位、定职责、定人员的"三定"管理工作,直属单位和机关部室"三定"方案编制率和覆盖面100%。根据管理需要,对会计核算体制进行了优化和调整,撤销了川井、陕北勘探开发处和煤层气事业部。为优化作业一线人员配置，将年龄大、身体不适应前线生产的职工，从作业一线调整到采油厂，将辅助和管理岗位人员调整到一线操作岗位，通过调整，一线队伍结构不断壮大。加强用工总量控制，严把入口、敞开出口，及时清退长期离岗职工，解除劳动合同54人。开展工作分析和岗位技能调查工作，采油工程技术研究院、会计核算中心、采油五厂和人力资源部4个试点单位工作分析覆盖面100%，非试点单位的工作分析覆盖面20%以上，对23个系列159个工种234个操作服务岗位确认了上岗条件，操作服务岗位人员覆盖面85%以上。修订完善了22项劳动定员标准，定员标准覆盖面100%，定额覆盖面45.2%。

（康永华　苏照林）

【分公司专业技术职务评聘】　2002年，分公司人力资源部在专业技术职务评聘工作中，组织了高、中级职称外语考试和专业技术资格考试工作，有1287人参加了外语职称考试，其中高级343人、中级927人，及格率分别为69.7%、68.3%。组织676人参加全国经济专业技术资格统一考试，其中中级403人、初级263人，及格249人，其中中级86人、初级163人，及格率36.8%。下放工程技术中级职称评审权，使具有中级评审权的单位达到18个，同时对勘察设计研究院、采油工程技术研究院、钻井工程技术研究院下达高级职称等额推荐指标。年内，共评定正高级职称7人、副高级职称123人，工程技术系列中级职称449人。

（康永华　苏照林）

【分公司依法向违约员工索赔】　2002年7月26日，分公司就员工违约一案，向濮阳市劳动争议仲裁委员会提起劳动争议仲裁申诉。1995年12月1日由于工作的需要，分公司与1名员工签订了劳动合同，1998年8月7日又与其签订了委托培养博士研究生合同，并送往高校进行博士培训。按合同规定，该员工在取得博士学位后，应回中原油田工作8年，其员工在2001年毕业后离开中原油田，另找工作。2002年6月，分公司催促该员工返回中原油田工作，其员工拒绝履行合同，在分公司提出赔偿事宜不予答复的情况下，请示濮阳市劳动争议仲裁委员会对此进行仲裁，并要求追究对方违约责任，承担违约金，返还培训费、学习期间所得工资、差旅费等。2002年9月18日，濮阳市劳动争议仲裁委员会仲裁庭查明，双方签订的劳动合同是有效的，并根据《违反＜劳动法＞有关劳动合同规定的赔偿办法》，裁定该名员工向分公司赔付违约金及其在学习期间由分公司所支付的培训费、差旅费、工资，同时终止双方劳动关系。

（康永华　苏照林）

【博士后科研工作站工作情况】　2002年1月24日，中原油田被国家人事部批准设立博士后科研工作站。中原油田是中国重要的石油天然气生产基地，但由于地质状况异常复杂，其研究项目多为国家级技术难题，破解这些科研难题对中原油田乃至中国石油工业都非常重要。为此，中原油田于2001年6月向国家人事部申请设立博士后科研工作站。至2002年底，吴明荣、尹太举两位博士与中原油田签订了进站工作合同，中原油田在康乐居民住宅小区为其各分配了1套114平方米住房，并配备了电脑，除享受国家规定的优惠待遇和中原油田在职职工的待遇外，工资标准不足副高级的，按副高级技术职务工资等级执行，每月增发3000元津贴。博士留站一般为2年，期满后，根据企业需要，博士可自愿选择是否留企业工作。

（康永华　苏照林）

【中友劳务公司工作概述】　濮阳中友劳务技术服务有限公司（简称中友劳务公司）是勘探局控股企业，成立于2000年5月，注册资本金50万元。其中，勘探局投资25万元，占股权比例的50%；中原绿能高科有限公司投资20万元，占股权比例的40%；开封众成综合加工总厂投资5万元，占股权比例的10%。截至2002年底，中友劳务公司有员工25人，管理劳务工8667人，机构下设计划财务科、人事劳资科、培训科、市场开发科和综合管理科5个科室。主要负责向勘探局输出劳务用工的管理工作。2002年，中友劳务公司向勘探局所属56个单位及12个改制单位输出劳务用工8816人，实现主营业务收入1.48亿元，主营业务成本1.37亿元，实现利润15.38万元。加强员工技能培训，并与用工单位签订培训协议，采取“订单培训”模式，共举办职业钻工、钳工、车工、铆工等9个培训班，培训员工1300人。

（郭红卫）

技能鉴定

【职业技能鉴定工作概述】　2002年，中原油田撤销了原技能鉴定中心，将职业技能鉴定工作划归培训中心管理。（1）按照中原油田职业技能鉴定工作年度计划，完成91个工种18106人次的鉴定考核，办理了9563人的职业资格证书和岗位合格证，其中特殊工种职业资格证书7174人、社会准入工种职业资格证书

373人、岗位合格证书1169人、补办职业技术学习合格证书847人。(2)组织中原油田100个工种(分公司40个、勘探局60个)试题库修订和技能鉴定试题库录入系统的安装调试。(3)组织完成了石油石化行业职业技能竞赛选拔暨中原油田第六届工人技术比赛工作,有26个工种1533名选手参加理论考试和实际操作考评,选拔出技术能手96名。(4)配合勘探局、分公司完成技师、高级技师评聘前期培训工作,对符合评聘条件的813人进行理论考试和实际操作考核,有617人被评为技师,其中勘探局309人、分公司308人,有87人被评为高级技师,其中勘探局62人、分公司25人。(5)办理了电焊工等10个工种社会准入工种的《职业资格证书》,举办技能鉴定考核员培训班2期,培训人员104人。

(鲁隆祥　高　辉)

【第六届工人技术比赛】 2002年4月,中原油田下发了《关于举办第六届工人技术比赛活动的通知》(中油局劳资[2002]152号)文件,对40个主要工种的技术比赛进行了安排部署。本次工人技术比赛分4个阶段进行,第一阶段(4月)各单位进行了宣传、安排部署,第二阶段(5—6月)各单位组织了赛前培训和岗位练兵,第三阶段(7—8月)各单位开展预赛选拔、选手集训和报名等工作,第四阶段(9月)统一组织决赛,并进行总结表彰。参加本次比赛的单位64个、选手1549人,比赛工种56个。其中,勘探局41个单位、672名选手,比赛工种27个;分公司23个单位、选手877人,比赛工种29个。9月10—12日,第六届工人技术比赛的决赛共评出获奖选手138名,双及格选手1023名,占参赛选手的69.36%,评选出优胜单位10个和优秀组织单位10个。

(马志建　苏照林)

【参加全国石油石化行业职业技能竞赛】 2002年6月,中原油田根据石化集团公司人事教育部等部门《关于开展全国石油石化行业技能竞赛活动的通知》(中国石化人劳[2002]42号)文件精神,6月,开展了全国石油石化行业职业技能竞赛选拔赛。本次比赛有石油钻井工、采油工、电焊工、电工、钳工、催化裂化装置操作工6个工种,共有37个单位297名选手报名参加。7月5日—8月20日,对选拔出来的优秀选手进行了为期45天的集中强化培训和淘汰,并按照石化集团公司分配的名额报名参加了9月10—12日石化集团公司举行的比赛,分获石油钻井工个人第1名、采油工个人第2名、电工个人第5名、团体第4名等19个奖次。

(马志建　苏照林)

【勘探局职业技能鉴定工作】 2002年,勘探局人力资源处先后下发了《关于上报2002年职业技能鉴定计划的通知》(中油局劳资[2002]38号)、《关于印发2002年职业技能鉴定计划》(中油局劳资[2002]253号)、《关于开展2002年职业技能鉴定前培训的通知》(中油局人资[2002]13号)文件,对职业技能鉴定从计划上报、技能鉴定前培训和技能鉴定的实施进行了全面的安排。至年底,共组织对65个工种11412名(含分公司)工人进行技能鉴定,其中鉴定初级工3620人、中级工3957人、高级工3865人,并对27个非技术工种1643名工人进了岗位资格考核。10月,又对职业技能鉴定不及格的人员进行了补考。根据勘探局的鉴定工作和油田生产实际,修订了65个工种715个题库鉴定项目。开展技术能手评比活动,杨文杰等50名员工获局级技术能手,并推荐赵厚民等5名员工为石化集团公司技术能手候选人。

(马志建)

【分公司职业技能鉴定工作】 2002年,分公司人力资源部为加强和规范技能鉴定工作,印发了《职业技能鉴定管理暂行办法》,分2次组织了30个单位、9176人次参加了职业技能鉴定考核,有6014人获职业技能资格证,其中高级工1912人、中级工1954人、初级工2149人,职工特殊工种持证上岗率100%,同时组织开发了40个工种的试题库,满足了职业技能鉴定考核的需要。

(康永华　苏照林)

信 息 工 作

【信息工作概述】 经济信息中心隶属于分公司,主要负责中原油田企业信息化、计算机网络建设、数据库管理工作,承担中原油田勘探开发、生产建设所需各类信息的收集、加工与研究,开展技术情报调研、项目咨询论证和科技期刊编辑工作,负责中原油田中长期经济课题研究、近期政策性方案调研、中原油田勘探开发技术经济研究,负责《断块油气田》杂志的出版、发行、技术图书、报刊、资料的管理、借阅,并代理分公司所属单位订购图书任务。截至2002年底,经济信息中心有员工130人,机构下设科室13个。2002年,在中原油田企业信息化建设上,经济信息中心完成了油田骨干网(八点三线环网)的升级改造,推广实施了中原油田综合业务办公系统,建立中原油田生产系统数据库,承担《中原油田办公自动化可行性研究》和《中原油田网络安全架结构项目研究》2个科研项目。在信息调研工作上,完成经济、技术信息调研课题15项,其中技术信息调研7项、经济信息调研8项。在经营管理上,实现经营创收486万元,比计划多创收206万元,费用总支出1053万元,费用支出控制在分公司经营承包指标之内,并实现节余6万元。科技期刊编辑出版工作:主办的《断块油气田》(双月刊),编辑出版正刊6期,刊登科技论文160篇,科技报道120万字;《油气勘探开发信息》(季刊),出版4期,刊载科技论文60篇;《领导决策信息》(周刊)编辑出版50期,每期发行216份;新创办的《石油科技信息》(季刊),完成3期的编辑出版工作;完成了《连续油管技术服务手册》、《实用水平井钻井技术》、《领导决策文萃》3部书的编辑出版工作。图书馆管理工作,年内接待读者12万人次、新办借书证500个、装订图书期刊650册、修补破损图书700册、录入图书信息452种。

(于志杰)

【企业信息化建设和计算机网络管理】 2002年,经济信息中心编制了《中原油田2002年度信息工程建设投资计划》,组织实施了中原油田综合业务系统配套硬件SUN服务器和ORACLE9I数据库软件工作。完成系统服务器平台安装、软件配制、系统组织结构、系统流程定制;完成中原油田机关30个处室、100个二级单位系统用户的注册和用户ID号的生成工作,为240台微机进行了软件安装调试及测试工作。进行计算机骨干网的维护,发现骨干网运行故障9起,督促维护部门及时进行整改,落实信道租用费用,对其合同履约情况进行全过程监督管理。实施计算机骨干网络二期改造项目和企业级防病毒系统项目。对采油二厂、运输管理处、钻井二公司、供水管理处等7个单位园区网络方案进行审查、批复,对施工全过程进行监督、验收。完善网上电子公文传输系统,为中原油田11个单位办理了邮件和代理服务业务,督促维护部门对邮件服务器进行整改,启用了新的WEB界面邮件服务系统,保证了邮件正常发送。加强网页管理,对中原油田主页进行监督、检查,调整与生产有关的内容,减少娱乐类内容。加强网络技术培训,与分公司人力资源部和勘探局人力资源处共同研究制定了中原油田计算机系统年度培训计划,并组织承办了网页制作、计算机硬件、办公自动化等25期培训班,培训人员460人。

(于志杰)

【经济技术信息调研和经济研究工作】 2002年,经济技术信息中心承担了中原油田技术信息调研课题7项:《渤海湾盆地、塔里木盆地、鄂尔多斯盆地勘探经验教训及近三年成果调研》、《天然气提高采收率技术调研》、《国内外提高原油采收率技术调研》、《斜井压裂工艺技术调研》、《中原油田储气库建设综合评价》、《油藏管理方法调研》、《国内外低渗透复杂断块油田开采新工艺》。建立了中原油田石油科技文献数据库,完成了信息检索、查新、咨询课题54项及《中原油田科技论文集》的编印工作。立项并完成了石化集团公司调研项目《中石化油气成本构成及成本控制对策研究中原油田分析报告》、《中原油田油气投资和成本分析及控制对策研究》、《中原油田2001年措施效益及新井投入产出数据库系统研究》、《中原油田储量发现成本控制研究》、《中原油田天然气开发效益评估》、《加入WTO对中原油田的影响跟踪分析及对策研究》、《中原油田企业文化建设研究》、《华苑公司彩钢项目论证报告》8项经济研究课题。

(于志杰)

【物资采购供应实现信息化管理】 2002年,物资管理部门建立了一套以网络为纽带,各环节相互配合、相互监督、职责明确的管理模式和运行机制,实现了从物资采购计划编报到物资采购询比价、合同管理、质量检验、仓储管理、供应商管理、物资配送等全过程的计算机网络管理。物资计划实施网上提报;采购合同(协议)实施网上管理;采购物资质量实施网上监控;仓储管理实施网上操作。同时,建立了物资储备报警系统,低储、超储及时报警,做到了适时监控,使库存储备始终控制在合理范围内。

(赵金太)

【中原资讯信息网开通】 2002年,按照勘探局整体部署,中原油田在企业发展处成立了信息管理部,负责勘探局内外部市场信息的收集,进行局网络信息政策研究和统筹规划管理,推进勘探局信息资源的开发利用和信息产业的发展。年内,企业发展处起草了《勘探局信息管理办法》,确定在北京、上海和中东地区建立信息站,广泛搜集国家和政府相关部门政策信息、各行业商务信息、工贸信息。9月11日,在北京建立了勘探局信息站,开通了中原资讯信息网(国际域名:www.zyyt.com),重点搜集并提供国内的最新生产、技术、市场行情、政策和优秀管理经验等信息，为专业化公司服务，同时网站作为勘探局的对外窗口，宣传企业文化、树立企业品牌。

（喻洪春）

档案·史志

【档案管理工作概述】 档案管理处隶属于分公司，主要负责中原油田档案的收集、整理、编目、保管、鉴定、统计、编研、提供利用和安全保密工作；负责中原油田史志编纂和向有关部门提供史志编研材料及中原油田档案学会管理等工作。截至2002年底，档案管理处有员工204人，下设档案管理室38个。2002年，档案管理处学习贯彻《中国石油化工集团公司档案管理办法》、《河南省档案管理条例》，协助中原油田各单位建立完善基础资料，加强档案业务指导和档案资料的收集工作，在矿区、物业、会计核算等单位机构整合中，及时印发《关于加强矿区机构整合中档案管理工作的通知》（局办字[2002]8号）文件，避免了因机构变动造成的档案资料流失。年内，档案管理处累计收集整理纸质档案9.8万卷、2.71万件，录音、录像档案629盘，电子档案1920盘，照片1.24万张，底图4.33万张，资料2.11万册，实物档案3740件；为中原油田生产建设、生产服务和社会提供档案资料28.57万卷次，复制档案资料10.59万页，汇交油气勘探开发档案资料42.23万份。

（邵志山）

【改进文书档案整理方法】 2002年，档案管理处在调研借鉴上海宝钢等单位档案管理经验的基础上，制定了《中原油田归档文件整理细则（试行）》，在档案管理科、第一档案管理室进行了文书档案以“件”为单位整理的试点工作，开发了文档单份文件数据库管理系统。至年底，在档案管理处全面推行了文书档案以“件”为单位整理改进工作，实现了归档文件的录入、统计、检索、借阅等各环节的计算机管理，简化了档案整理程序，降低了整理难度，减少了档案人员手工劳动。此项工作的开展，得到了河南省档案局的肯定，河南省档案局在省所属档案部门专门下发文件转发了《中原油田归档文件整理细则（试行）》。

（邵志山）

【档案计算机网络建设】 档案管理处计算机网络建设始于1995年，计算机网络通过1台PRO16交换机与中原油田计算机中心主干网连接，各基层档案室通过所在单位的网络系统接入中原油田局域网。截至2002年底，档案管理处有服务器1台，局域网站点56个，并在局域网上设立了档案管理处主页，主要是向全油田提供档案目录信息的网上服务、发布档案工作信息。主页设单位简介、档案处通知、档案法规与管理制度、档案查询、档案期刊、中原油田年鉴、学习园地等版块。其中，档案查询版块，以中原油田档案馆库藏档案信息为主，可实现文书、会计、声像、油气田勘探开发、设备等档案目录的网上查询。2002年，在档案管理处主页上设立了中原油田年鉴版块，收录了1997—2000年《中原油田年鉴》（电子版）全文及图片，实现读者网上直接阅览。

（邵志山）

【档案为证免征税款37万元】 2002年1月23日，濮阳市地税局以满江红电子电器厂未交纳1997—1999年税款为由，向满江红电子电器厂追缴税款。为弄清事实真相，满江红电子电器厂派人到档案管理处第十三档案管理室查阅缴税档案，经过先后3次查阅，档案管理处提供满江红电子电器厂1997—1999年的财务账本、凭证47卷，复印凭证16页。最终查明满江红电子电器厂不存在欠税问题，使满江红电子电器厂免征税款37万元。

（孙丽萍）

【档案科研管理工作】 2002年，档案管理处实行了科研量化目标管理制度，有62项优秀成果获奖，其中河南省档案科技成果奖2项、河南省档案学优秀成果奖36项、档案调研课题项目奖17项、河南省地方史志成果奖1项、勘探局优秀QC成果奖6项。

（1）河南省2002年度优秀档案科技成果奖（2项）

二等奖：《文档单份文件数据库管理系统》

完成人员：李士竹　孙安业　石立铭　张永乐　邵志山　王中欣　彭秋燕

二等奖：《工程图档数据库管理系统》

完成人员：李士竹　孙安业　张永乐　董小青　苏　芳　王宝钧　彭秋燕

（2）河南省档案学优秀成果奖（36项）

一等奖（1项）：

论文《也谈档案的经济性》　作者：韩松华

二等奖（12项）：

论文《把档案馆建成爱国主义教育基地》

作者：李玉南　金卫国　孙　晖

论文《试谈档案工作与两个文明建设之间的关系》

作者：李玉南　李　兰　谢贵芳

论文《企业办公自动化环境下的文书档案管理》

作者:王新霞　孙安业

论文《电子档案利用过程中出现的问题与对策》

作者:李　丽　苏　梅

论文《新时期如何做好档案收集工作》

作者:田巧玲

论文《企业采用计算机和光盘技术进行图纸管理的探索》

作者:李效蕊

论文《电子信息时代档案人员的群体结构》

作者:施凤英　苏照林

论文《建设档案工人信誉,促进档案资源开发利用》

作者:徐金选　赵　华

论文《企业重组改制后如何提高档案管理水平》

作者:宋　彦

论文《浅议档案利用方式的拓宽与创新》

作者:祁玉萍　任宪荣

论文《新世纪档案工作创新的思考》

作者:栾维亚　孙丽萍

论文《谈利用者类型对档案编研工作的需求》

作者:唐宪琴

三等奖(23 项):

论文《提高企业档案利用率刍议》

作者:符慧萍

论文《浅谈设计档案的创新类型及开发利用》

作者:宋长丽

论文《档案利用形式的开拓与创新》

作者:毛盛芹

论文《档案网络建设之我见》

作者:段毅华

论文《网络时代档案馆的应对策略》

作者:李　伟

论文《浅谈企业档案与企业形象塑造》

作者:李　伟

论文《论科技档案的经济效益》

作者:田巧玲　刘素红

论文《科技档案管理与企业生产力发展》

作者:刘丽茹

论文《论现代企业制度下的企业档案工作》

作者:蔡海珍　路　卫

论文《浅谈企业档案室(馆)形象建设》

作者:张伟丽

论文《荣誉类档案浅述》

作者:王长艳

论文《现代信息技术下的电子档案管理》

作者:殷秀珍

论文《浅谈如何加强改制企业档案工作的监督和指导》

作者:贾艳芳　袁明霞

论文《网络时代呼唤数字档案馆》

作者:李海珍　齐红玉

论文《关于国有企业档案资产评估的探讨》

作者:齐红玉　李海珍

论文《如何做好企业档案信息资源的开发利用》

作者:孙艳丽　孟秀丽

论文《计算机在档案现代化管理中的作用》

作者:王建玲　何坤玲

论文《做好档案的利用预测与主动服务振兴企业的需要》

作者:刘翠萍　王　辉

论文《电子档案的证据作用》

作者:程　林　王淑云

论文《新世纪企业档案利用特点的比较分析》

作者:高丽华

论文《浅谈档案利用工作中的服务意识》

作者:陈莉萍

论文《企业档案利用工作中应注意的问题》

作者:田　岩

论文《科技档案管理在油田开发中的应用》

作者:李贵平

(3) 河南省档案调研课题项目奖(17 项)

一等奖(2 项):

课题名称:档案信息资源的开发与专利保护问题的研究

主要完成人:李士竹　程　林　邵志山　王淑云　马祥英　王　辉　彭秋燕　蔚爱芳　徐　健

课题名称:网络环境下企业档案信息服务方式的研究

主要完成人:祁玉萍　崔金凤　任宪荣　宋　彦　李　兰　王新霞

二等奖(7 项):

课题名称:当前企业文秘工作与档案工作衔接问题的研究

主要完成人:王中欣　赵占云　高丽华　乔丽芳　陈西玲　郭玉平　刘俊玲　曾华芳

课题名称:在档案专业技术人员中进行科研量化管理的研究

主要完成人:张兆忠　石立铭　顾清华　孙丽萍

门双华　马祥英　栾维亚

课题名称:关于企业档案信息网站建设的研究

主要完成人:彭秋燕　张永乐　段毅华　董小青
苏　芳　孙丽萍　汪中华

课题名称:入世后加大为企业经营者提供相关档案信息服务力度的研究

主要完成人:李士竹　刘丽茹　李效蕊　邓文金
张　玲

课题名称:市场经济条件下私营企业档案管理的研究

主要完成人:孙安业　袁明霞　殷秀珍　周　荣
柏　燕　李小平

课题名称:档案工作服务企业文化建设的调查与分析

主要完成人:邵志山　崔爱民　潘　琼　谢贵芳
李　兰　刘艳萍　田秀芹　余高红

课题名称:企业档案部门为党的建设服务情况的调查与研究

主要完成人:王庆文　乔淑英　李　兰

三等奖(8 项):

课题名称:档案成果的网上编纂与研究

主要完成人:崔红伟　娄　美　汪中华　黄　琥
訾明华　李　伟　袁明霞

课题名称:企业档案专业技术人员继续教育情况的调查与分析

主要完成人:李　伟　程　皓　李玉南　王宝钧
王长艳　田巧玲　乔淑英

课题名称:企业公文格式变化后对文书档案的影响

主要完成人:王新霞　孙安业　康兰川　张晓敏
宋美先　周　敏　杨式建

课题名称:企业档案人员激励机制的建立与完善

主要完成人:邵志山　张晓敏　王宝钧　李　伟
王新霞　何坤玲　刘素红　田巧玲

课题名称:新形势下企业档案利用工作问题的研究

主要完成人:陈莉萍　刘翠萍　符慧萍　田　岩

课题名称:档案工作如何维护企业的合法权益

主要完成人:孙安业　刘春华　王军妮　张　萍
孙艳丽

课题名称:建立完善油田基础教育档案的研究

主要完成人:李士竹　邵志山　王建玲　孙艳丽
刘春华　孟秀丽

课题名称:档案咨询服务问题的研究

主要完成人:蔡海珍　路　卫　李　星

(4) 河南省史志成果奖(1 项)

《中原油田年鉴》2000 卷获河南省地方史志优秀成果一等奖。

(5) 获油田优秀质量管理 QC 成果 6 项

二等奖(2 项):

课题:提高档案利用效益事例编纂质量

完成人:邵志山　张晓敏　何坤玲

课题:提高文件形成质量

完成人:石立铭　孙丽萍　顾清华　栾维亚
门双华

三等奖(4 项):

课题:提高蓝图档案的服务质量

完成人:宋长丽　徐培丽　韩松华　毛盛芹

课题:提高地震胶片档案管理质量

完成人:祁玉萍　任宪荣　崔金凤　刘艳萍
宋　彦　田秀芹　谢贵芳　李　兰
崔爱民

课题:提高地质资料收发准确率

完成人:刘丽茹　邓文金　武建颖　潘之敏
郑玉蓉　刘强军

课题:提高改制企业档案的归档率

完成人:田巧玲　刘素红　邢冬梅　王桂莲

(邵志山)

【勘探局职工人事档案管理工作】 2002 年年初,勘探局人力资源处根据《关于调整勘探局职工档案管理模式的会议纪要》,与档案管理处人事档案管理室进行人事档案交接,以 2001 年年底在册人员 40708 人为准,共接收档案 40134 人。其中:在职职工 33914 人,接收档案 33345 人,确认无档 55 人,未找到档案 39 人;退养职工 6794 人,接收档案 6789 人,确认无档 2 人,未找到档案 3 人。2002 年,勘探局人事档案管理工作,以原档案号排序改为以劳动合同号排序进行管理,按照《企业职工档案管理工作规定》,接收各单位归档材料 9300 份,全部入档;办理档案查阅 6000 卷;按照干部管理权限,将 15 名副处级干部、1 名援藏干部的档案按处级干部建档,并移交组织部干部管理科管理;办理调出中原油田、辞职、除名员工档案 59 卷,办理退休职工借出档案 8 卷;办理失业手续借出档案 8 卷。同时,完成 373 名员工的建档工作,其中分配的大学毕业生和复员军人 291 卷、工伤死亡顶职人员 6 卷、中原油田外调入员工 10 卷,并根据现有资料,为在职无档人员 50 人、2 名无档退养职工和 14 名协议解除劳动合同无档人员建立了档案。

(马志建)

【中原油田档案学会被评为河南省先进单位】 2002年12月20日，在河南省档案学会表彰会上，中原油田档案学会被评为团体会员先进单位，孙安业、邵志山被评为先进学会工作者，并受到表彰。2002年，中原油田档案学会制定了中原油田2002年度档案学术研讨课题，并组织会员和档案工作者开展学术研究和科技创新活动。年内，档案学会完成档案学术论文169篇，其中有10篇论文在国家或省部级杂志书刊上发表，36篇论文获河南省第五次档案学会优秀成果奖，41篇论文参加石化集团公司油气田档案协作组第五届年会、石化集团公司中南华北地区档案协作第三届年会等学术研讨会交流。29篇论文分获石化集团公司档案管理优秀论文一、二、三等奖，17项调研成果获河南省档案学会重点档案调研课题项目奖；中原油田档案学会编印会刊《中原档案》8期、业务学习材料5期。

（邵志山）

【史志工作概述】 中原油田史志编纂工作由中原油田史志编纂委员会办公室负责，机构设在档案管理处。截至2002年底，史志办公室有专职编纂人员5人，兼职撰稿人200余人。2002年，调整了中原油田史志编纂委员会，中原油田史志以“争创一流业绩、争作一流贡献”为目标，完成了各项编纂任务。完成了《中原油田年鉴》2001卷66万字的终校出版任务和2002卷65万字的编纂任务，向《中国石油石化集团公司年鉴》、《河南年鉴》、《濮阳年鉴》等提供稿件5.1万字，为《濮阳市志》石油工业篇和城市建设篇补充撰稿3.5万字。4月，参与编纂的《濮阳名胜古迹》获濮阳市第四届实用社会科学优秀成果二等奖；8月，《中原油田年鉴》2000卷获河南省地方史志优秀成果一等奖，首次获省级一等奖。11月，中原油田史志办公室被中国版协年鉴研究会吸收为团体会员单位；12月，被石化集团公司企业志鉴协作组确定为理事单位；被中国石化出版社评为年鉴发行工作先进单位；史志办公室被勘探局、分公司联合授予“油田模范集体”。

（崔红伟）

【省政府续志质量督察组来中原油田检查指导史志工作】 2002年12月20日，河南省地方史志办公室副主任、河南年鉴社社长王中华率省政府续志质量督察组来中原油田，首次对油田史志工作进行了检查指导，并对中原油田史志编纂工作给予了肯定。中原油田史志编纂工作始于1986年，十几年来，先后编纂出版了《中原油田志》、《中原油田大事记》、《中原油田年鉴》1992—2002卷10部志书。其中，《中原油田年鉴》1999卷获中国档案学会第四次档案学优秀成果三等奖，《中原油田年鉴》2001卷获河南省地方史志优秀成果一等奖。《中原油田年鉴》共获国家奖1次，省部级一等奖1次、二等奖1次、三等奖2次。同时，完成向《濮阳市志》、《中原油田地名词条汇编》、《党和国家领导人在中原油田》等撰稿任务及每年向《中国石油化工集团公司年鉴》、《中国石油天然气工业年鉴》、《中国大中型企业》、《河南年鉴》、《河南省志》、《濮阳年鉴》等年鉴和志书提供有关中原油田情况的供稿工作，累计400万字。

（黄　琥）

【《中原油田年鉴》2001卷出版发行】 2002年12月，由石油工业出版社出版的《中原油田年鉴》(2001)卷在油田范围内发行。全书采用“板块式”结构，按篇目、分目、条目3个层次编纂，分特载、概况、油气勘探、油气开发、油气加工与销售、企业管理、生产管理、经营管理、科学技术、教育、党群工作、公安保卫、文化卫生、社会生活、企事业单位选介、油田人物、大事记、文件选编、统计资料、附录等20个篇目，共66万字，收录图片25幅，印刷1000册。本卷年鉴对部分篇目、分目作了调整，整体框架结构设置更加合理，计量单位首次采用中华人民共和国法定计量单位符号(字母)表示。

（黄　琥）

【《中原油田年鉴》获河南省史志优秀成果一等奖】 2002年8月，在河南省地方史志2001年度61项优秀成果申报评选中，《中原油田年鉴》2000卷获一等奖，是《中原油田年鉴》首次获省级史志优秀成果一等奖。《中原油田年鉴》2000卷以全面、客观、真实的笔触，记录了中原油田在1999年生产建设、企业改革与发展、双文明建设中，出现的新事物、新经验、新问题、新成果，资料翔实，数据准确，具有行业特点和时代气息。

（黄　琥）

【《会濮之路》出版】 2002年6月，采油工程技术研究院志书出版，书名《会濮之路》，由中国石化出版社出版。该书翔实记载了采油工程技术研究院20年的发展历程，记述了采油工程技术研究院在物质文明、精神文明建设中取得的成果、经验和教训。全书16开本，主要分上、中、下3篇，并设有大事记、概述、附录、图片及表格，共15章53节50万字，印刷1000册，在油田范围内发行。

（汪中华）

生产建设

综　　述

【生产管理工作概述】　中原油田的生产管理工作主要由总调度室承担。总调度室为勘探局、分公司机关合署办公处室,主要负责中原油田组织日常生产管理、钻井运行协调、供用电、供水、交通运输业务、通信、防洪排涝、冬防保温、无线电管理委员会等管理工作。截至2002年底,总调度室有员工17人,其中高级职称4人、中级职称9人、初级职称3人,机构下设电信科、协调科、运输科和综合办公室。2002年,总调度室的主要工作:(1)坚持24小时生产值班制,全天候组织日常生产,调度人员坚持重点工作调度到现场、重点措施调度到现场、主要工程调度到现场、突发事件调度到现场、处理疑难问题调度到现场,发挥调度的协调作用,年内处理生产问题7500件(次)。(2)对完钻井及时组织搬迁,加快新井投产步伐;在油水井措施运行方面,严格施工程序,提高增油量,加强作业施工衔接,减少占产时间,增加生产时效。(3)协调电力部门与用电单位对中原油田用电情况进行全面普查,组织有关部门对窃电现象进行综合治理,清理农用电13条、关闭窃电炼钢炉10家、玻璃丝厂16家、掐除窃电点525处、查处窃变压器102台、收缴私拉乱接电线48万米、收缴电炉1837个,年内中原油田供用电量21.6亿千瓦·时。(4)完成工业用水2000万立方米,居民生活用水2200万立方米,组织协调水源井大修20口,每口节资费用360元。因山东省地下水资源价格上调差0.45~1.2元/立方米,较2001年0.1~0.3元/立方米有所提高,供水管理部门经和山东省莘县、东明县水利局多次协商,2002年仍维持原价格收缴水资源费,仅此一项就节约费用100万元。(5)运输管理工作年内完成486口钻井搬家任务,客运车辆75台,9条营运线路,客运能力2718座。

（宋怀保）

【防汛排涝】　2002年,防汛排涝管理部门调整了防汛排涝总指挥部领导成员,健全了各级防洪排涝组织机构,修订完善防汛排涝抗灾工作预案,制定落实了以行政领导为核心的防汛责任制。进行工业生产防洪工程项目建设,投资200万元完成20项防汛工程,工程项目于7月底全部完工。组织物资供应处对库存的防汛物资统计造册,并检查落实。7月4—16日,黄河水利委员会小浪底水库进行调水调沙试验,中原油田防汛管理部门会同采油五厂、采油六厂、试采二处注意黄河来水,做好马厂油区、桥口油区和刘九油区上的油井安全生产。7月7日,濮阳县渠村乡生产堤决口,刘九油区、采油五厂、试采二处有5口油井被淹,防汛管理部门迅速组织采油五厂、试采二处进行抗灾,及时发放救生衣、救生圈等防洪器材。年内,与地方政府签订35万条麻袋、30万个编织袋、200台应急灯、100台卡车、5台推土机、10台装载机、3台挖掘机、500名抢险骨干、1万名抢险队伍等防汛责任书。

（李云志　李炳文）

【冬防保温】　中原油田冬防保温工作分为工业生产保温和居民生活采暖供热工作,其中居民采暖供热分为黄河南和黄河北两部分。黄河南由物业管理六处和物业管理八处负责居民供热工作,物业管理六处负责第六矿区居民生活区18万平方米的供热,物业管理八处负责第八矿区居民生活区33万平方米的供热;黄河北由供热管理处负责油田基地及外围居民生活区540万平方米的供热。2002年,中原油田冬防保温管理部门成立了以副局长王春江、孙清德为组长的冬防保温工作领导小组。至年底,中原油田有锅炉房30座,运行锅炉88台,其中燃煤锅炉47台、燃气锅炉42台、燃油锅炉5台。1个采暖期用电3456万千瓦·时、用水量176.3万立方米、用煤13万吨、用渣油8000吨、用天然气1900万立方米,总供热面积589万平方米。年内工业生产保温工作共完成油水井井口保温554口,过沟管线复土包扎16.7千米,水套炉维修45台,计量站保温110座,低产油井上掺水流程120条(次),更换各类阀门135只,输油管线保温52条35千米,输油管线通过扫线4条23千米,确保340口低产油井(日产2吨以下)的正常生产,累计生产原油4.05万吨。

（李云志　李炳文）

基本建设

【基本建设工作概述】　2002年,基本建设管理部门共完成中原油田集输、油气加工、防腐保温、房屋建筑、市政设施、道路桥梁、供电、供水、供热、通信、防洪排涝、后勤辅助配套及维修等工程项目建设投资11.66亿元。实施矿建重点建设项目168项,工程质量合格率100%,优良率54.6%,重点建设项目工程质量监督面、监理面100%。完成抽油机及井口安装475口,建成投产各类管线1051千米,电力线路353千米,新建和改建计量站、注水站、集气站32座,计量站道路92千米。分6批开工建设的2000年度112栋住宅楼全部完工,并交付使用。柳屯油库消防改造工程、文二联污水处理改造工程、第三高级中学电教楼、第一中学学生食堂、职工医院门诊楼、油田基地污水处理厂扩建工程、长庆路工程、中原油气郑州研究开发中心工程、151栋住宅楼等重点项目年内开工建设。

(袁仁峰)

【整顿建设市场秩序】 2002年,基本建设馆理部门制定印发了《中原油田二〇〇二年整顿和规范油田建设市场秩序实施方案》、《关于强化油田工程建设施工安全管理,制止建设工程无证越级施工、转包、违法分包及挂靠的紧急通知》、《关于清查和审核油田建设建筑企业资质的通知》等文件。开展了以查处工程建设中不执行法定建设程序,不招标,不办理质量监督手续,转包、违法分包、挂靠等行为为主要内容的建设市场整治工作,建设市场以"公开、公平、公正"的形式开展工作,工程建设强制性标准得到贯彻执行,现场文明施工措施落实到位,杜绝了无证勘察设计、施工、监理等现象,遏止了转包、违法分包、挂靠及出卖证照行为,年内清出外部施工单位27家。

(袁仁峰)

【落实基本建设项目"四制"】 2002年,基本建设管理部门落实"项目法人责任制、招标投标制、建设监理制、合同管理制",对淄博—青岛天然气管道工程、采油六厂—采油四厂天然气管道工程、油田基地污水处理厂扩建工程、职工医院门诊楼工程等重点建设项目,实行了项目法人(委托项目经理)责任制和总监理责任制。对淄博—青岛天然气管道工程的建设监理工作、2002年度经济适用房、中原油气郑州研究开发中心、马庄桥沿街开发等建设工程,实行了招标管理制,坚持定标结果公示制度,年内累计招标242项,合理节约投资1500万元。严格勘察设计、施工、监理、咨询合同的签订和资信的审查,加强了对合同履约行为的检查、监督,年内共签订、审查、审批建设合同1700项,合同金额7.1亿元。

(袁仁峰)

【获局级优质样板工程20项】 2002年,基本建设管理部门开展优质工程大检查,共评选出局级优质工程20项。即:户部寨4号集气站;卫360块37号计量注水站;耐温抗盐聚合物中试车间工程;采油五厂42号计量注水站;马厂变电所35千伏2755出线改造工程;23号、79号注水站、80号计量站及站外配套工程;济南—齐鲁石化天然气管道工程;H109道路工程;第十矿区低压气改造工程;卫360块35号计量工程;超越小区37号住宅楼90B-36D;建设小区30号住宅楼90A-46D;添运小区60号住宅楼70B-46D;添运小区57号住宅楼80B-46S;录井小区34号住宅楼100A-35D;添运小区67号住宅楼90A-36D;超越小区41号住宅楼90A-36D;康乐小区15号住宅楼100C-36D;教育中心十八中学教学楼;建设小区20号住宅楼70A-46D。

(袁仁峰)

【基本建设科技成果】 2002年,由建筑集团公司研发的AWG水泥珍珠岩保温板,获第十届中国专利新技术、新产品博览会金奖;由建筑集团公司编写的《大型曲线现浇连续箱梁施工新技术研究》、《高速公路改性沥青混凝土施工工艺技术》、《大口径钢筋混凝土管顶穿越施工工艺技术》在国内推广;工程建设总公司采用的长输管道半自动焊接技术通过局级专家评审论证;勘察设计研究院自行设计的第三气体改扩建工程获部级优秀设计一等奖,通用计量注水站和油田抽油杆修复线工程获部级优秀设计二等奖。

(袁仁峰)

工程设计

【勘察设计工作概述】 勘察设计研究院隶属于勘探局,主要负责中原油田地面建设工程的规划、勘察、设计、科研等管理工作。截至2002年底,勘察设计研究院有员工374人,其中高级工程师79人(含教授级高级工程师)、工程师145人、初级职称61人;持有国家注册建筑师8人、注册结构师10人、压力容器审批人员48人(含压力管道)、监理工程师36人、造价工程师7人,机构下设12个科(部)室、6个设计(研究)所、1个公司、2个大队、1个信息中心、2个驻外办事处。拥有各类勘察、设计、科研装备440台(套),其中计算机

300台,固定资产原值3016万元、净值1773万元。2002年,勘察设计研究院完成各类规划、勘察设计项目485项,完成图纸折1#图1.93万张,实现产值3544万元,与2001年同比增长31.5%。其中,外部收入357万元,同比增长44.5%;实现利润184万元,同比增长72%;上缴勘探局各项费用875.56万元,超额完成勘探局下达的各项任务和经营指标。

(马凡勤)

【重点工程设计】 2002年,勘察设计研究院在对山东齐鲁石化—青岛天然气输气管道工程设计过程中,专门成立了领导小组和项目组,实行项目经理负责制,先后完成了可行性研究、现场踏勘、测量、初步设计和施工图设计工作。在保产能、抢上产的过程中,重点完成了卫360块地面建设工程、濮67块气藏开发工程、白庙气田新增产能建设工程等。在生活建设方面,完成了世纪景苑2002年经济适用房工程、职工医院门诊楼工程、中原文化宫系统完善工程、油田基地民用天然气工程等矿区建设项目的设计工作。在外部市场工程项目设计方面,完成了伊拉克项目的初步设计及石化集团公司鄂尔多斯天然气东输管道工程、山东LNG项目(在青岛市黄岛区)、淄博—莱芜天然气管道工程、胜利油田滨五联合站污水处理工程、安阳—邯郸输气管线工程、开封加气站工程、濮阳—济南天然气管道工程、濮阳市城乡建设集团工程颐和商厦等可行性研究。

(马凡勤)

【加强项目设计管理】 2002年,勘察设计研究院加强项目设计管理,将计算机应用、信息技术、网络建设、工程设计工作进行了有机结合,实现了网上资料提交、设计图纸校审、网络排版和出版工作,提高了工作效率。发挥PKPM软件作用,购置的PKPM软件,在职工医院门诊楼工程、颐和商厦工程、经济适用房工程等建设项目中,经计算后自动生成图形,改变了原来设计时先计算、再手工生成图纸的状况,计算结果可直接使用,将设计周期缩短了1/3。同时,加强标准图集及各种定型图设计,对一些常用的计量站、注水站设计,利用标准图集,节约设计时间。

(马凡勤)

【通过北京中设质量体系认证换版审核】 勘察设计研究院于1996年通过了北京中设质量认证中心的94版ISO 9001质量保证体系认证。2002年1月1日,开始实施2000版ISO 9001质量管理体系,6月,通过北京中设质量体系认证中心的换版审核。

(马凡勤)

【勘察设计研究院被列为河南省免检单位】 2002年,勘察设计研究院坚持图纸季度质量抽查、质量跟踪抽查、对重点项目实行随机抽查的管理办法,以提高设计图纸质量。通过对勘察设计图纸质量和ISO 9000资料的抽查,查出问题48个,并将抽查结果以公报形式发布,督促有关设计人员对出现的设计质量问题进行分析,制定了纠正和预防措施,并查证落实,使设计质量问题最大限度地消灭在施工安装之前。同时,开展设计回访活动,收集设计质量信息和顾客对设计产品的意见和建议,并进行分析,年内共进行设计质量回访302个单位60次,顾客对设计产品提出的意见和建议20条,采纳12条。年底,勘察设计研究院被河南省建设厅列为勘察设计单位年度检查免检单位。

(马凡勤)

【工程设计项目获奖情况】 2002年,在勘察设计研究院完成的工程项目设计中,共有9项获省部级奖励。其中,第三气体处理厂改扩建工程(第四气体处理厂)获石化集团公司优秀工程设计一等奖;通用计量注水站获石化集团公司优秀工程设计二等奖;抽油杆修复线工程获石化集团公司优秀工程设计二等奖;采油二厂采油四矿接转站工程获石化集团公司优秀工程设计三等奖;天然气计算机自动计量管理软件获石化集团公司优秀软件三等奖;水套加热炉热力计算软件获石化工集团公司优秀软件三等;齐鲁石化—青岛输气管线工程可行性研究报告获河南省计划发展委员会优秀咨询三等奖;胜利油田滨五联合站污水处理改造工程可行性研究报告获河南省计划发展委员会优秀咨询三等奖;地面注水系统急需改造完善项目方案获中国工程咨询协会石油天然气委员会优秀咨询三等奖。

(马凡勤)

建筑施工

【建筑集团公司工作概述】 建筑集团公司隶属于勘探局,主要负责中原油田基地市政建设、油区道路、路桥工程及产能建设。截至2002年底,建筑集团公司有员工1257人,各类专业技术人员417人,其中高级职称20人、中级职称157人,持有项目经理证112人。机构下设公路桥梁专业工程处3个、化工石油安装专业处1个、市场与工民建专业工程处1个。公司注册资本1.01亿元,拥有各类设备1124台(套),固定资产原值5.57亿元、净值7585万元,年施工能力6亿元。2002年,建筑集团公司累计承揽工程5.06亿元,与2001年相比增加1.96亿元,其中承揽油田外部工程3.36亿元,同比增加1.86亿元。完成分项工程3048项,其中优良工程2215项、优良率72.7%;完成分部工程624项,其中优良工程508项、优良率81.4%;完成单位工程175项,其中优良工程46项、优良率26.3%;完成产品类75项,其中优良产品40项、优良率53.3%。完成工业总产值4.55亿元,与2001年相比增长1.23亿元,增长率37.1%,实现利税1386万元,职工人均年收入1.98万元。

(郭文峰)

【山东管道建设工程获全优工程】 2002年,由建筑集团公司承担的济南—齐鲁石化天然气管道Ⅲ标段建设工程和齐鲁石化—青岛天然气管道Ⅲ标段建设工程,通过建立和完善管理制度,加强质量管理、安全管理、成本控制,开展劳动竞赛和立功受奖活动,使项目各项工作顺利进行,2项工程通过石化集团公司质量监督总站中原油田分站检查验收,质量全优。

(郭文峰)

【呼包高速公路项目竣工】 2000年7月28日,建筑集团公司中标国家重点交通干线丹东—拉萨国道在内蒙古境内的高速公路工程。该工程为路基N_1合同段,合同总价6400万元,主要工程量包括路基土方120万立方米、258米大桥1座、中桥2座、小桥19座、立交1处、分离立交3处。2002年1月,呼包高速公路项目完成工程验收,进入竣工保修期,工程创内部利润286万元,被内蒙古自治区交通厅呼包高速公路项目办公室评定为优良工程。

(郭文峰)

【丹本高速公路路面工程质量合格率100%】 建筑集团公司于2001年6月分包了铁道部第十八工程局丹东—本溪24千米路面工程的施工任务,承包合同总价4733.59万元。2002年7月27日,该工程通过了辽宁省交通工程质量监理部门书面认定,工程质量合格率100%,优良率80%,安全无事故,提前一个月达到了通车条件。

(郭文峰)

【中标新疆国道314线道路工程】 2002年4月,建筑集团公司中标新疆国道314线喀什—红其拉甫第一合同段、第二合同段道路工程,工程总长54.85千米,合同总价4400万元,加上后期设计变更增加的工程量及防护工程,总工程量8000万元。5月1日工程开工,预计2004年6月主体完工。

(郭文峰)

【建筑集团公司科技项目研究】 2002年,建筑集团公司被勘探局批准科技进步项目5项:高等级公路老路面冷再生新技术;群张群放及拉伸装置技术的应用;冷轧带肋钢筋预应力板新技术的应用;山区超高墩大跨径桥梁施工技术;中、高强耐久自密实混凝土的研究。完成的“高速公路改性沥青砼施工工艺”作为新技术推广项目在高速公路路面施工中应用,攻克了改性沥青砼软化点高、碾压温度要求高的技术难点;开发生产的“AWG水泥珍珠岩保温板”,以重量轻、保温效果好,被国家知识产权局评为“中国专利新技术产品博览会金奖”;开发生产的家庭燃气箱,被河南省建设厅评为“有推广价值”产品,并在中原油田新建楼房中推广应用。

(郭文峰)

【工程建设总公司工作概述】 工程建设总公司隶属于勘探局,主要负责中原油田油气田建设、长输管道、天然气深加工、储罐、送变电及电气自动化工作。截至2002年底,工程建设总公司有员工2323人,各类专业技术人员623人,其中高级职称35人、中级职称189人、初级职称346人、高级技师17人、工人技师36人,持有项目经理证136人,持有美国API、欧共体EN287等国际焊接证182人。机构下设8个生产经营单位、4个公司直属单位、11个外部工程项目部。公司注册资金1.14亿元,拥有各类设备1225台(套),固定资产原值1.38亿元、净值8184.16万元,年施工能力8亿元。2002年,工程建设总公司承揽工程量5.15亿元,其中承揽油田内部工程量2.47亿元、承揽油田外部工程量2.68亿元,分别占承揽工程总量的47.96%和52.04%。与2001年相比,工程量同比增长38.45%,其中外部工程量增加1.5亿元、同比增长126.76%。年内累计完成工业总产值4.09亿元,其中内部产值2.20亿元、外部产值1.88亿元,分别占总产值的54%和46%。与2001年相比总产值增加8299.20万元、同比提高25.49%,其中外部产值增加8276.25万元、同比提高78.37%。完成分部工程536个,其中优良工程469个,优良率87.5%;完成分项工程3900项,其中优良工程3309项,优良率84.8%,分部工程、分项工程合格率100%。

（刘世方）

【工程建设总公司获奖工程】 2002年，工程建设总公司承揽并完成的多项工程连连获奖。其中，中原油田天然气净化液化处理工程、北京—石家庄输气管道工程被中国工程建设焊接协会评为“全国优秀焊接工程”，中原油田第三气体处理厂改扩建工程、天然气净化液化处理工程被石化集团公司工程建设管理部评为“优秀施工奖”，济南—齐鲁石化输气管道、中原油田采油三厂户部寨4号集气站、中原油田采油五厂42号计量注水站等7项工程被中原油田评为优质样板工程。

（刘世方）

【工程建设总公司全面推行项目法施工管理】 2002年，工程建设总公司在对外部工程实施项目法施工管理的同时，对油田内部工程也由点到面全面推行项目法施工管理。主要是建立项目经理竞聘、责权利挂钩、绩效考核、奖罚兑现、评价建档及项目管理人员相对固定、专业技术和操作服务人员择优聘用、动态控制的选人用人机制；完善人才劳动力市场、设备租赁市场、物资供应市场、资金运营市场及协调服务到位的项目保障机制；建立和完善项目经营承包，突出经营盈利，超额利润重奖的激励性机制；建立完善管理制度以及检查考核到位的监督约束机制等。项目法施工管理的推行使工程项目部真正成为成本控制的主体，实现了由人员安置型向经营盈利型转变。

（刘世方）

【承揽的黄河大堤悬索管桥工程跨越成功】 2002年8月，工程建设总公司承担了黄河大堤悬索管桥施工任务。黄河大堤悬索管桥是跨越采油六厂—采油四厂直径377毫米×8毫米天然气集输管道工程，黄河北大堤跨越长度240米、南大堤跨越长度235米，跨越净高度距大堤顶部防洪抢险公路8米，桥塔最高高度41.4米。工程建设总公司运用围堰排水、环形井点降水、电动振动打桩、沉管灌注、机械开挖、基础分层浇灌、塔架(管道)分段预制、现场组对吊装、塔设脚手架作业平台等措施，并严格按照ISO 9002质量体系标准、程序控制文件及施工技术措施实施管理。黄河大堤悬索管桥工程于9月12日投产，12月底正式完工。

（刘世方）

【中标进口原油管道工程2个标段的施工权】 2002年10月28日，工程建设总公司中标宁波—上海、南京进口原油管道工程2个标段的施工权（镇海—杭州湾南岸段、湖州段），标段全长180千米。宁波—上海、南京进口原油管道工程是石化集团公司重点建设项目，由石化集团公司管道储运公司负责项目建设。工程起点浙江宁波大榭岛码头，穿越杭州湾海底，终点到达上海高桥石化和南京扬子石化，管道全长666千米，途经浙江省、江苏省和上海市所辖地区，管道全程采用常温和密闭输送工艺。工程于2003年12月竣工，形成2000万吨/年的进口原油输送能力。

（刘世方）

【中标塔河油田高压线路工程】 2002年8月26日，工程建设总公司中标石化集团公司新星石油有限责任公司西北石油局塔河油田35千伏变电所、36千米35千伏输电线路和10千伏输电线路工程，工程投资1300万元，是塔河油田的一项重点工程。工程共分2个标段，工程建设总公司以技术标2个第一和商务标2个第一夺得双标。因甲方规定“不能同时中标2个标段”，最终，工程建设总公司选择了工作量大的35千伏变电所、36千米35千伏输电线路和10千伏输电线路工程。此次中标，是中原油田首次进入塔河油田供变电工程施工市场。

（刘世方）

【建成塔里木哈得四油田110/10千伏变电工程】 2002年5月20日，由工程建设总公司承建的塔里木哈得四油田110/10千伏变电所工程竣工，5月25日送电投产。哈得四油田110/10千伏变电工程是哈得四油田联合站扩建工程的重要组成部分，也是哈得四油田惟一与外部电网相连接的变电所，主要承担整个哈得四油田电能分配工作。哈得四油田110/10千伏变电工程于2001年12月25日开工建设，工程建设工作量1070万元。

（刘世方）

【中标西气东输豫南支线工程】 西气东输豫南支线工程北起郑州、南至驻马店，穿越河南省6个地市20个县，总投资4.3亿元，设计年输气能力12亿立方米。2002年10月18日，工程建设总公司中标西气东输豫南支线工程的第一、第四标段，负责179.5千米管线主体工程的施工任务。10月31日，西气东输豫南支线工程奠基仪式在河南省驻马店市举行，工程建设总公司代表施工单位出席奠基仪式并讲话。

（刘世方）

【工程建设总公司2项工程通过石化集团公司验收】 2002年11月5日，石化集团公司优质工程复查专家组对工程建设总公司施工的第三气体处理厂改建工程、天然气净化液化(LNG)处理装置工程，进行为期4天的实地考查、资料复查。专家组对2项工程的工艺流程、质量、安全等给予了高度评价，2项工程质量均达到部优标准。

（刘世方）

生活服务

【供电管理工作概述】 供电管理处隶属于分公司，主要负责黄河以北油区生产及居民生活供用电的维护和管理。截至2002年底，供电管理处有员工1361人，其中高级职称24人、中级职称106人、初级职称160人，机构下设20个科级单位和14个职能科室。固定资产原值4.12亿元、净值1.92亿元。负责管理的变电站19座，其中110千伏变电站7座、35千伏变电站12座；输配电线路101条、杆基5036个、总长622.44千米，其中：110千伏输电线路12条、杆基1055个、长215.4千米，35千伏输电线路46条、杆基2128个、长309.9千米，6千伏输电线路43条、杆基1853个、长97.14千米。2002年，供电管理处完成收入7.79亿元，实现内部利润580万元，供电作业成本9825.7万元、同比减少2383万元，支出材料费1657.4万元、同比降低713.8万元，支出修理费817.7万元、同比降低500.3万元，支出运费97万元、同比降低164.7万元。

（王善本　王雨点）

【电网管理由静态管理变动态管理】 2002年，供电管理处加强对电网的统一指挥协调，将"坐等"故障处理的静态管理，改为主动巡查的动态管理，保证了电网缺陷及时发现和处理，减少了故障停电次数，停电作业安排在夜间12:00以后，实施零点工程76次，把停电对生产、生活的影响降低到了最低限度。年内，供电可靠率99.7%，同比提高0.2%；继电保护动作正确率97.6%，同比提高3.9%；功率因数0.97，同比提高0.01；调度命令6.67万项，倒闸操作6.63万次、正确率100%。

（王善本　王雨点）

【减少电量流失】 2002年，供电管理处加大用电管理力度，不断推出用电管理新举措、新办法，有效控制了电量流失。减少转供地方用电量，先后有3个乡35个村的用电转入农网，减少转供电量1165万千瓦·时。其中：瓦屋头乡16个村，减少用电量652万千瓦·时；清河头乡11个村，减少用电量281万千瓦·时；油田基地周围孟轲乡8个村，减少用电量232万千瓦·时。成立了100人的专兼职供电民兵治保队伍，先后治理黄卫线、呼坨线等多条线路，掐除窃电点2100处(次)，抓获窃电分子30人。开展全方位用电监察，严厉查处违章用电、人情用电、关系用电和以电谋私现象，共查处窃电216户，追补电量628万千瓦·时。

（王善本　王雨点）

【控制电费支出】 2002年，供电管理处在研究地方政府电价政策的基础上，同地方用电管理部门结合，年内免征照明基本电费278万元，免征照明电量线损三项基金50万元，返还城市附加费330万元。及时办理主变运行退出手续，年内比计划节约基本电费支出418万元。

（王善本　王雨点）

【推广应用110千伏六氟化硫电流互感器和无油化新式断路器新技术】 2002年，供电管理处为解决电网设备渗漏油导致设备脏污、维护工作量大的问题，推广应用了110千伏六氟化硫电流互感器和无油化新式断路器新技术，确保了电网安全可靠运行。在赵村110千伏等4座变电所推广应用了28组六氟化硫电流互感器68只；在黄庄10个变电所推广应用了六氟化硫断路器51台、真空断路器45台，解决了设备渗漏油导致设备脏污、易闪络等问题。至年底，供电管理处所辖变电所全部采用了无油化新式断路器，不仅提高了电网平稳运行系数，而且节约了维护费用，年节约维修费用50万元；使用新式电流互感器，防污秽等级由原先的Ⅱ级升到了Ⅲ级，降低了由此引起的故障率。

（王善本　王雨点）

【供水管理工作概述】 供水管理处隶属于勘探局，主要负责中原油田黄河以北地区除油田注水以外的11个矿区20万职工家属、4000多个工业场所及生活服务网点的供管水任务。截至2002年底，供水管理处有员工1163人，各类专业技术人员256人，机构下设15个供水厂、9个生产辅助单位和11个机关科室。固定资产原值2.6亿元、净值1.2亿元，拥有地下水和黄河水源2个供水系统，日供水能力16万立方米。2002年，供水管理处实际日供水平均在6万立方米，实现商品水量2283万立方米、与2001年同比节水162万立方米;实施管网改造15500米,补漏3964处,供水管压合格率98.5%;打水源井15口,修井16口,水泵维修52台,电机维修14台,安装更换水表7887块,校验、维修水表8358块,更新改造阀门2574个;水位长观3700井次,全水样分析220个,出厂水质合格率99.5%以上;掐除窃水、窃电点895处,收缴各类管线4800米、电线2600米、水龙头180个,捣毁私自打水井29口。

(田恒建　汪迎艳)

【供水管网改造】 2002年,供水管理处管网改造主要是供水干线的联网对置、互相调节供水改造和居民小区供水管网改造。油田基地水厂、盟城水厂、东区水厂、西区水厂供水主干线的相互联网,并与柳屯水厂、濮城水厂形成了双对置供水。此项改造,改变了油田基地地区水量不均,水压不稳的局面,4个水厂可以相互调节供水,同时,可以向柳屯油区、第二矿区供水,保证了供水的稳定性。根据勘探局计划安排,供水管理处对第九矿区、泥浆生活小区、第二矿区等区域进行了整体或部分管网改造,有效地改变了水压不稳、二次污染等问题。

(田恒建　汪迎艳)

【建立水源井电子防盗与运行监控系统】 2002年,供水管理处建立了水源井电子防盗与运行监控系统。该系统通过水厂调度室的微机系统和安装在各水源井上的监控装置,由微机系统遥控指挥每口水源井,可以实现水源井的运行、停机的自动管理,并能直观地了解水井出水量、电压、水压、监控人员出入、自动防盗等。至年底,油田基地水厂、文明寨水厂的12口水源井,安装使用了水源井电子防盗与运行监控系统。

(田恒建　汪迎艳)

【水费收缴工作】 2002年,商品水费是供水管理处的主要收入。水费收缴工作主要分为工业(行政事业)、居民生活、商业用水三部分。年内,供水管理处加强计量管理,完善收费机制,加大监督检查力度,重点查治跑、冒、滴、漏、窃等失水现象,稳定了工业用水量、降低居民水量漏失,增加了商业水量,商品水费回收率由2001年的91.3%提高到99%以上。

(田恒建　汪迎艳)

【供水管理处实施6项管理创新措施】 2002年,供水管理处实施了6项管理创新措施:(1)按照收支平衡、略有盈利的要求,把收入与成本2个指标逐项分解,逐级承包到人,形成立体化承包格局。(2)把以工作量考核为重点变为以效益考核为重点。(3)对基层水厂实行绩效激励,变级别奖励为目标奖励。(4)机关科室挂钩承包基层单位,实现机关利益与基层利益一体化。(5)搞好项目管理,实行"3线9点"控制。①第一条线:加强项目例会制度、动态信息管理和工期考核,加快施工进度。第一点,协调关系,会诊问题;第二点,加快信息流通速度;第三点,加大工期考核力度。②第二条线:加强材料设备的招标和报验、隐蔽工程管理、设计洽商管理,提高工程质量。第四点,严把质量关;第五点,减少安全隐患;第六点,确保质量决策的正确性。③第三条线:加强图纸设计会审、四算管理(估算、概算、预算、决算)、设计变更管理",严格控制计划投资。第七点,保证施工图质量,减少设计变更;第八点,加强四算管理;第九点,严格控制投资调整的根源。(6)以5星级达标考核为载体,融56项基础工作考核、评价为一体,全面提升企业管理水平。创新措施的实施,实现了全年总收入7429.87万元,总成本控制在7398.04万元,盈利31.8万元。

(田恒建　汪迎艳)

【开展窃水窃电和管网漏失专项治理】 2002年,供水管理处针对窃水窃电和管网漏失的情况,开展了专项治理工作。先后对茂名路、苏北路、五一路等路段和部分生活小区的油地结合部进行了整治,共掐除窃水、窃电点800处,制止私自打水井29口;有针对性地开展管网测漏专项检查,仅在油田基地就检查出漏水、窃水和无计量水点40处;开展管网调查,绘出了各水厂的供水管网布局图。年内,仅油田基地水厂1家,日供水量就由2001年的2.2万立方米降到1.9万立方米,每天节水3000立方米。

(田恒建　汪迎艳)

【饮用水水质通过河南省专家验收】 2002年4月1日,河南省建设厅一行6人专家评审团,对供水管理处饮用水水质和管网压力进行5年一次的评审验收,专家认为:供水管理处饮用水水质和管网压力达到了《河南省城市供水管理规定》的要求,并对黄河供水系统、地下水供水系统,双水源互补、开凿观测井进行水环境污染研究的做法给予了肯定。5年来,供水管理处按照城市供水企业的运营要求,对各操作岗位制定了详细的安全技术操作规程、岗位责任制以及相关的安全制度,对水源采取了保护监测措施,先后投资100万元进行环境水文地质研究,在各水厂泵房配备了二氧化氯消毒装置、臭氧发生器和液氯消毒设备,每月对出厂水、管网水和用户末梢进行一次全分析，各水厂化验室每小时进行一次常规监测，确保居民用上放心水。在各供水泵房全面推广变频调速器和软启动装备，陆续对7万米腐蚀严重的管线进行了改造，使油田基地区域实现了24小时供水。

（田恒建　汪迎艳）

【"龙乡源"牌纯净水通过省级质量检验】 2002年8月14日，在河南省质量监督检验站一年一度的纯净水质量检验中，供水管理处水厂生产的"龙乡源"牌纯净水取得该站颁发的合格证。2002年，供水管理处水厂按照HSE操作规程优化了环境建设，大桶水和小瓶水2条生产线均采用全自动灌装设备，并严格臭氧发生器和紫外线消毒器的使用，采用了先进的二次反渗透技术。同时，该厂每天向供水管理处提供一次水样，每10天向濮阳市防疫站提供一次水样，从而为产品质量上了"双保险"。

（田恒建　汪迎艳）

【供热管理工作概述】 供热管理处隶属于勘探局，主要负责中原油田黄河以北职工家属和公共建筑的供热管理与服务工作。截至2002年底，供热管理处有员工1443人，各类专业技术人员283人，其中高级职称10人、中级职称79人、初级职称194人、高级技师4人、技师25人，机构下设10个供热基层大队、1个工程大队、16个机关科室。固定资产原值2.9亿元、净值1.91亿元，拥有各类专业设备1600台（套），锅炉110台，其中29兆瓦锅炉8台、各类热交换器102台。负责管理锅炉房32座，其中集中供热锅炉房3座、换热站28座，供热面积530万平方米，供热干线400千米。2002年，供热管理处完成自营工程247项，创产值2493万元，人工成本和施工管理费节约904万元。

（李晓军）

【实现降耗指标】 2002年，供热管理处对各项费用定额指标进行调整压缩，逐级进行责任分解，建立年度预算包干、系统归口管理、月度计划控制、单项合同约束、财务决算把关的资金运作管理体系。按照供热面积下达收费任务与核定成本费用，根据度日数完成的供热工作量考核各单位成本，使基层单位把提高供热服务质量与提高经济效益结合起来；机关各科室按归口业务控制单项费用以及办公费用，把实现工作目标与控制费用目标结合起来，形成了基层单位抓单耗、机关科室抓单价、领导干部抓"三费"（福利费、教育费、工会费）的分级管理责任。供热管理处根据各大队供热面积、供热方式和能耗种类，分别制定能耗定额标准，将责、权、利挂钩，实行总量控制、分月下达、季末考核；各基层大队落实责任，逐月下达水、电、燃料、材料等各项费用消耗指标，分解到每一天、每个班，当班计量，日清月结。同时，完善了各种费用定额和消耗定额，规范了招待费、差旅费、福利费的管理使用，各种费用得到了有效控制。年内燃料及动力费用降低3%，制造费用降低5%，管理费用降低10%，上交勘探局资产占用费、管理费和内部利润859.95万元，国有资产综合增值量700万元。

（李晓军）

【完成13项供热改造重点项目】 2002年，供热管理处重点完成了钻井四公司、采油二厂老点锅炉的更新改造，采油四厂燃煤锅炉的燃气改造，采油一厂苹果园供热主管线改造和第七矿区间接供暖改为直接供暖，油田基地高温热网微机监测监控系统和高温热网保温层改造，钻井工程技术研究院、采油工程技术研究院、消防支队供热设施合并调整改造和建工东西供暖站合并调整改造，油田办公大楼区域河西供暖站与测井小区的供热主管网调整改造、循环泵和换热器更新改造，部分楼房供热设施更新改造等13项重点项目。

（李晓军）

【完成供热自营工程247项】 2002年，供热管理处针对供热停炉后，部分管道施工、锅炉维修、设备安装和组装散热器等工程，由外来承包队施工的情况，制定了由自己内部职工承包工程施工的激励政策和管理措施，调动广大职工积极承揽管道施工、锅炉维修、设备安装、散热器组装等项目。年内，完成自营工程247项，创产值2493万元，节约人工成本费和施工管理费904万元，实现自立生存的目标。

（李晓军）

【实现科学供热】 2002年，供热管理处加大技术投入，实现了科学供热。一是自筹资金110万元，建成油田基地高温热网微机监测监控系统，使每个站的供热量根据环境温度变化进行自动调节与控制，为提高供热质量提供了可靠保证。二是对第七矿区的供热系统由间接供热改为直接供热，节约了水、电、人力和设备维护费用，供热质量有所提高。三是在油田基地北区大锅炉房的污水治理中，采用回收、过滤、酸碱中和的联合处理技术，使污水得到重复循环利用，实现了零排放，解决了多年来环境污染的难题，每年可节水8万吨。四是推广应用聚胺脂保温技术，降低管网热损。五是使用冷渣器，炉渣余热得到回收利用，消除了空气的污染。六是利用热力平衡技术，解决了一次网、二次网的热力不平衡问题。七是在油田基地外围12座锅炉房中，全部安装热量流量仪表，实现了供热量的科学计量。

（李晓军）

【取得国家资质证和河南省许可证】 2002年6月26日，供热管理处取得了国家《建筑企业资质证书》（机电设备安装工程专业承包三级、防腐保温工程专业三级），证书编号：B318104090201－4/3。11月7日，又取得《河南省锅炉安装许可证》（五级），证书编号：YGA08－01。

（李晓军）

【通信管理工作概述】 通信管理处隶属于勘探局，主要负责中原油田通信网的运行、维护与管理。截至2002年底，通信管理处有员工673人，各类专业技术人员115人，其中高级职称15人、中级职称34人、初级职称42人、高级技师1人、技师23人。固定资产原值1.6亿元、净值1.2亿元，拥有各类专业设备521台（套）。2002年，通信管理处完成电话新装7278部，BP机新增用户1188个，新业务开户11311个；因特网开户4446个，201卡销售124.25万元，通信费回收率98.9%；实施科技项目3项，完成重大基本建设项目3项；市话本局接通率74%，市话局间接通率73%，长途忙时接通率57.6%；通信设备完好率99.57%。

（明全岭　赵冬明）

【通信网络状况】 2002年，通信网络由石油专用长途电路、公网长途、市话电路、油田内部市话交换系统、油田内部数字数据网（DDN）、800兆模拟集群通信系统和单向无线寻呼系统组成。传输网主要由622兆SDH光环路和34兆数字微波电路组成，光缆线路总长262.3条千米，微波线路总长327波道千米。电话交换网拥有长市合一数字程控交换机15万线，由5个独立局和21个模块局组成，与濮阳电信互联互通，采用濮阳市统一区号（0393）。市话主干电缆1820条千米（50对以上），通信管道232孔千米，实装电话超过11万门。长途电路有濮阳电信、河南联通2个公网出口和石油专网出口，公网中继电路1380条，可方便拨打国内外电话，通过石油专网可与80多家石油石化企业直拨。DDN由13个节点组成，可提供64K至2M的数据传输。800兆模拟集群通信系统主要用于油田生产指挥调度，由2个大区制基站、4个直放站和1个中继直放站组成，系统容量2000户，实有用户700户。无线寻呼共有用户1.8万个。同时，建有油田信息港，为油田用户提供因特网接入服务和ADSL宽带业务，互联网接入服务器容量2450线，出口带宽14兆，各类用户1.2万户。

（明全岭　赵冬明）

【建成城域多业务骨干传输网】 2002年，通信管理处投资608万元，采用高速STM－16 2.5Gb/s SDH光传输设备，建设城域多业务骨干传输网，除保障传统中继电路传输所需外，满足了传输各种数据及多媒体通信业务的需要，增加了滨河小区、建设小区、通信二站、通信三站、通信四站、通信五站的STM－1 155Mb/s SDH支路，提供丰富数据接口，满足宽带接入需要。城域多业务骨干传输网工程建设内容：油田基地站新增252个2兆支路，4个155兆光支路；文留站新增126个2兆支路，2个155兆光支路；柳屯站新增63个2兆支路，2个155兆光支路；辛庄、卫城、濮城、徐镇、通信一站，每站新增63个2兆支路，1个155兆光支路；环网8个站点均配置10/100兆自适应局域网板一块。城域多业务骨干传输网包括1个10吉主环6个节点，1个2.5吉基地环7个节点，2个2.5吉支路2个节点，以及配套的光缆建设605芯千米。

（明全岭　赵冬明）

【完成交换机扩容改造工程】 2002年，通信管理处中心通信站扩容用户1000线，中继1500线，卫星地面站扩容用户8000线，新建配线架1.2万线，并对华为交换机实施扩容改造，包括将原卫星地面站6000线华为设备中的4000线搬迁至建设新村模块局，另2000线搬迁至第五通信站，将第一通信站空出的500线搬迁至徐镇通信站。

（明全岭　赵冬明）

【建立联机指令系统】 2002年，通信管理处将电话的开通、来电显示、新业务新功能的变更、国内国际长权的设置以及欠费停机、交费自动复机等需程控人工完成的日常业务，由计算机系统自动完成：用户申请来电显示、加密等新业务，只需在营业窗口办理相关手续，无需程控室人员操作，立即自动开通；如果电话由于欠费而被停机，只需用户在任何一个通信站或银行交费，电话立即恢复通话，特别是对模块局办理的业务开通，更为高效、快捷。

（明全岭　赵冬明）

【因特网宽带业务的发展】 2002年，通信管理处为满足用户高速宽带上网的需求,采用 LAN、ADSL、VDSL 方式建设宽带信息社区及其配套工程,开发视频点播以及网络游戏业务。同时,对数据网络进行升级改造,对接入服务器进行扩容,建设 ADSL、VDSL 端口 500 个,建设汇聚层网络交换机 2 台,初步建立认证计费管理系统,建设视频点播服务器,接入服务器扩容端口 500 个,通信宽带业务得到发展。

(明全岭　赵冬明)

运输管理

【运输工作概述】 运输处隶属于勘探局,主要负责中原油田钻井搬迁、物资配送、货物运输、城市公共交通运输、机械设备维修以及配合其他行业作业等工作。截至 2002 年底,运输处有员工 687 人,其中高级职称 7 人、中级职称 36 人、初级职称 74 人,机构下设 3 个运输分处、客运总站、修理厂等 6 个基层生产单位。固定资产原值 1.52 亿元、净值 0.68 亿元。拥有车辆 494 台,其中:货运车辆 290 台、货运能力 3961 吨,吊车 95 台、吊装能力 2356 吨,客运车辆 75 台、客运能力 2718 座,车辆新度系数 0.44,设备较 2001 年增值 437 万元。2002 年,运输处更新车辆 60 台,新增货运能力 1281 吨、吊装能力 310 吨,更新集装箱式野营房 8 栋;实现产值 1.02 亿元,利润 170.34 万元,其中外部产值 2200 万元,占总产值的 21.6%。年内,运输处被局党委、勘探局评为“2002 年度优胜单位”、“企业管理先进单位”、“人力资源工作先进单位”、“国际项目先进单位”。

(刘晓辉)

【海外运输】 1997 年 1 月,运输处在苏丹成立了苏丹项目组,负责中原油田在苏丹石油市场的钻井搬迁、物资配送和货物运输工作。截至 2002 年底,苏丹项目组有员工 18 人(不含海外雇员),车辆 46 台,货运能力 1590 吨,吊装能力 456 吨。在 1/2/4 区和 6 区拥有 2 个基地,承担着 1/2/4 区和 6 区的井队搬迁任务以及 5 区和 3/7 区的部分工作量。2002 年,苏丹项目组实现产值 1405.21 万元,利润 611.69 万元,人均产值 78.07 万元。

(刘晓辉)

【GSM/GPS 卫星定位系统投入使用】 2002 年 3 月,运输处投资 60 万元配置了 GSM/GPS 车辆监控调度系统(卫星定位系统),并投入运用。GSM/GPS 卫星定位系统使运输车辆由一个简单的受令执行作业单元变成具有可以实时受理、传达信息,并与总控中心保持双向通讯、交流的实体,总控中心可以随时在电子地图上查询运输车辆的运行轨迹和地理位置,从而提高对未来运输事件的可预测性,降低车辆空载率,提高车辆周转率。至年底,运输处有 100 台车辆安装了 GSM/GPS 车载设备,配备的 GSM/GPS 车载设备全部投入油田外部市场。

(刘晓辉)

【上海快可物流有限公司成立】 2002 年 11 月,上海快可物流有限公司经上海市政府批准正式成立,并与上海捷杰物流有限公司签订了合作协议,5 台集装箱卡车投入运营。上海快可物流有限公司将地理信息(GIS)、卫星定位(GPS)、无线通讯(WAP)和互联网技术(WEB)的先进技术应用于物流和供应链管理领域,是集物资采购、货物运输、仓储、配送、大型设备吊装、集装箱运输于一体的现代化物流企业,注册资金 1000 万元。至年底,该公司在全国设有经营网点,具有仓储服务能力 500 万吨/年、运输服务能力 5000 万吨·千米、配送能力 25 万批次/年以及信息加工能力。

(刘晓辉)

【郑州铁路分局企业运输座谈会在中原油田举行】 2002 年 2 月 27—28 日,郑州铁路分局 2002 年度重点企业运输座谈会在中原油田明珠酒店举行。会议由分公司销售公司承办,郑州铁路局等铁路主管单位及部分企业参加了会议。会议的召开增进了铁路局对中原油田的了解,为缓解油田成品油外运奠定了基础。

(汪中华)

【小汽车管理工作概述】 小汽车管理工作主要由勘探局机关车队和分公司小汽车管理处承担。2002 年 3 月,勘探局小汽车管理处更名为勘探局机关车队,为勘探局直属机关事业单位,主要负责勘探局领导公务、接待、局机关及部分企事业单位的用车任务。截至 2002 年底,勘探局机关车队有员工 212 人,其中有专业技术职称的 15 人,下设 4 个机关科室、3 个小汽车中队,1 个小汽车修理车间和 1 个加油站。拥有 23 种型号的小汽车 146 台,固定资产原值 4041.44 万元、净值 1782.94 万元。2002 年,勘探局机关车队实际行驶 750 万千米,成本支出与勘探局下达的计划相抵,达到了收支平衡,车辆完好率、出勤率分别达 95%以上,全年实现了安全生产无事故。

2002年3月，分公司小汽车管理处原为小汽车管理十七处，为分公司直属机关事业单位，主要负责分公司领导公务、接待、公司机关及部分企事业单位的用车任务。截至2002年底，分公司小汽车管理处有员工94人，车辆70台，固定资产原值2301.29万元、净值989.11万元。2002年，分公司小汽车管理处严把预算关口，加强油材料和修理费用管理，实施了修旧利废等节支降耗措施，年内发生费用1007.69万元，其中材料费135.21万元、油料费145.79万元、差旅费54.5万元、修理费111.21万元，各项费用支出均控制在预算指标之内，年内累计行车243万千米，安全无事故。

（陈　泓　荣新福）

【公路管理工作概述】 公路管理处隶属于分公司，主要负责油区主干公路的管理与养护、油田车辆养路费的减免与征收、东明黄河公路大桥的收费与管理工作。截至2002年底，公路管理处有员工98人，其中中级职称9人、初级职称23人，机构下设3个机关科室和4个基层单位。拥有油区专用公路572千米，固定资产原值1.89亿元、净值0.72亿元。2002年，公路管理处完成油区公路大修工程11.76千米、养护公路390千米，合格率100%；收取东明黄河大桥过桥通行费931万元，超额156万元完成了全年征收任务，过桥车辆按标准收费率100%。养路费征稽工作，即负责中原油田5000台机动车养路费的征收和管理，年内共完成30%留存1682万元的征稽计划，超收82万元，月征车辆漏征率0。

（范士剑）

【公路维修改造】 2002年，公路管理处投入资金848万元，对油区公路进行大中修改造，大修改造公路11.60千米，其中濮卫路（清碱沟—采油三厂供电大队）2500米、明环二路（明一联合站—卫城油矿）900米、一号路（采油一厂北环路—一号路支线）2300米、试白路（一号气站—沿黄路）1600米、采油一厂北环路800米、文南环三路全线3500米，维修改造工程全部达到三级公路标准，部分公路达到了二级公路标准。并投入资金500万元，对油区390千米公路进行了全面养护，使油区内的差等路不断减少。

（范士剑）

【路政管理】 2002年，公路管理处在做好《公路法》宣传工作的同时，加大巡查力度，坚持每星期上路巡查不少于4天，出勤率85%，并在公路沿线散发2000份公路法律、法规、政策方面的宣传资料，查处各类违法侵占专用公路案件30起，维护了油区道路的交通秩序和环境。同时，贯彻落实交通部《超限运输车辆行驶公路管理规定》，在职权范围内加强对超限运输车辆行驶专用公路的管理。

（范士剑）

【长庆路一期工程建设】 长庆路属城市型主干路，是濮阳市规划的一条主要干道，位于油田基地西部，是油田基地南北向第二条主干道（大庆路为第一条主干道），南起建设路、北至北环路。一期工程为长庆路的一部分，全长1721.64千米，工程总投资2000万元。南段南起胜利路，北至江汉路，长774.49米；北段南起五一路北至北环路，长947.15米。路面设计红线宽度35米，其中机动车道宽20米、非机动车道和两侧人行道宽4.5米，路面结构为：细粒式沥青混凝土厚4厘米+中粒式沥青混凝土厚7厘米+水泥稳定石屑厚18厘米+12%石灰土厚20厘米，两侧人行道结构为：C25彩色水泥步砖24.5厘米×24.5厘米×5厘米+1:3水泥砂浆厚2厘米+C15混凝土厚6厘米+12%石灰土厚16厘米。路面两侧地下分别设有污水管线、雨水管线、给水管线、热力管线、电力线路、通信管道等重要系统工程，其中污水系统是油田基地排污的主干线系统（包括污水提升站1座）。工程由勘察设计研究院设计，建筑集团公司道桥工程三处、五处负责施工，2002年8月11日开工，2003年10月31竣工。

（郭文峰）

机械修造

【机械修造工作概述】 2002年，机械制造管理部门从规范汽车修理入手，根据《关于印发车辆修造统一管理暂行办法的通知》（中油局企发[2002]405号）文件精神，分别对28家厂（站）的设备条件、设施条件、质量管理、技术管理等7个方面62项内容进行了资质认证，规范了各修理厂（站）的资质等级，提高修理质量。同时，选择特种车辆修造总厂和运输处进行了汽车定点维修的试点工作，制定了小汽车特约维修站和维修中心的建站方案。结合油田机械制造业的特点，在行业内开展了“出精品、创名牌”活动，制定《机械行业出精品、创名牌战略实施方案》、《中原石油勘探局机械制造业“出精品、创名牌”评价实施细则》，并组织对特种车辆修造总厂、机械制造总厂“出精品、创名牌”活动，进行阶段性检查验收。加大新产品开发和市场开拓力度，确定了新产品开发项目25项，其中石化集团公司项目2项、局级项目8项、厂级项目15项，至年底，新产品开发完成28项，完成计划的112%。为了进一步开拓国外机械产品市场，机械制造企业分别对阿联酋、也门、苏丹等国进行了石油机械产品市场调研，与中东迪拜FAB公司签署了长期合作协议，同时达成年36台钻井泥浆泵和钻机部件的供应合作协议。参加了也门电力能源公司4台40立方米油罐车和4台发电机组的投标，产品出口实现创汇110万美元。

（韩红星）

【机械制造总厂工作概述】 机械制造总厂隶属于勘探局，主要从事钻井、采油、作业等石油机械制造，是石油集团公司、石化集团公司“三抽”（抽油机、抽油泵、抽油杆）设备和中国石油专用设备网络成员，河南省高新技术企业。截至2002年底，机械制造总厂有员工1114人，各类专业技术人员190人，其中高级职称14人、中级职称73人、初级职称103人、高级技师2人、技师39人，机构下设12个基本生产车间、4个辅助生产单位、13个管理部门。拥有各种设备723台（套），专用生产线3条。固定资产原值9875.49万元、净值6413.89万元。2002年，机械制造总厂完成工业总产值31669.21亿元，实现销售收入24975.64亿元，出口产值1499.5万元，销往国内产值5783.46万元。

（李　杰　吕圣仕）

【机械制造总厂严把原材料进货关】 2002年，机械制造总厂加大质量监督措施，将质量关口前移到洛阳、武汉、无锡等厂家。年内对油管、抽油杆各类钢材等原材料、外购外协件检验退货5000台（件），退回不合格钢材100吨，仅油管毛坯管体裂纹退货、降级处理挽回经济损失146万元。

（李　杰　吕圣仕）

【机械制造总厂新产品开发】 2002年，机械制造总厂在50A、50B、65B、65B－1轮式通井机系列产品开发的基础上，又开发了TJ15/80型轮式作业机，进一步推进国内通井、作业机械产品的市场开发。研制开发的防气、防盐、防砂泵等特种泵占抽油泵总销售量的40%；杆式抽油泵已进行了仿真分析及有杆系列优化设计，并签订了杆式抽油泵向埃及出口的合同；研制开发的2台1300钻井泥浆泵，已进行工业性试验；56种常用美国石油学会API抽油机模块化设计合作项目全面启动；钻机部件制造项目中的ZP520转盘年底进入样机试制；ZJ45、32钻机改造工作有序进行；14C型抽油机已完成样机试制；ZJ30钻机经陕北油田工业性试验，全部达到设计要求。

（李　杰　吕圣仕）

【加大机械市场开发力度】 2002年，机械制造总厂在国际市场上，与中东迪拜FAB公司达成年36台1600型钻井泥浆泵制造项目及钻机部件供应合作协议，与美国LS公司就2003年开拓巴西等南美抽油杆、抽油机市场进行了深入谈判，与加拿大北极公司就合作开发不压井轮式通井设备的项目进行研究，美国、英国、印度尼西亚、加拿大、阿联酋等国家10个公司的外商来厂考察、洽谈经贸合作项目。在国内各大油田市场上，参与大庆油田、江汉四机厂、南阳二机厂竞标作业机械市场，一次中标大庆油田25台轮式通井机；参加辽河油田组织的轮式通井机新产品发布及用户座谈会，辽河油田购置轮式通井机15台；与大庆油田合作生产N80高级加厚油管替代日本进口加厚油管项目，由机械制造总厂提供锻造、热处理半成品，由大庆油田进行加工；在西北地区和东北地区分别设立了销售处，年内销售产品200台。在油田内部市场上，通过2次到采油一线、钻井一线进行质量回访，征求一线用户意见，加强了售后服务，扩大油田内部市场，研制成功的P110高级油管、双金属复合耐磨油管投入试用，轮式通井作业机在油田内部市场产销两旺，抽油机、抽油泵产品在油田内部市场销售份额增加，ZJ45、32钻机的改造、1300泥浆泵的开发，拓宽了油田内部市场。

（李　杰　吕圣仕）

【百台轮式通井机销往国内各油田】 轮式通井机是21世纪中国陆上石油作业机械的尖端产品。自1988年起，机械制造总厂就把运移性、越野性好、提升负荷大、作业速度快、操作维修方便，适应各种井况和不同地区、不同工作环境需求的轮式通井机作为研究开发项目。先后开发出5代4系列8种型号的轮式通井机产品，产品形成了系列化、多样化。其中，LTJ－12型轮式通井机获中国石油天然气总公司科研成果二等奖；具有自携井架功能的TJ12/50A（B）型轮式通井机1999年获国家专利，2001年获石化集团公司科技进步三等奖，2002年获河南省高新技术产品称号。至2002年底，中原油田各采油厂已全部换成了该厂生产的轮式通井机，该产品还在胜利、陕北、大庆、辽河等油田销售200台。2002年，轮式通井机订货合同100台，销售产值1亿元。

（李　杰　吕圣仕）

【消失模铸造生产线正式投产】 2002年11月22日，

机械制造总厂消失模铸造生产线正式投产，成为中国首家采用消失模铸造工艺生产石油矿场机械铸件的厂家。消失模铸造工艺20世纪50年代发明于美国，在中国尚处于技术革新期，在大件生产中的应用刚刚起步。消失模铸造生产工艺与原沙型铸造工艺相比，可提高铸件外观质量、降低生产成本和劳动强度，减少后序加工工作量。机械制造总厂为提高产品质量，采用外购设备与自制改造相结合的方法，将原有设备进行技术改造，使消失模铸造生产线于2002年4月底完成改造进入试投产阶段。在试投产过程中，根据消失模铸造工艺特点，对消失模铸造的全部设备进行了工艺调试，先后进行了14型抽油机、640型抽油机、320型抽油机、轮式通井机、1300型钻井泵铸件的生产试验，共生产产品500吨，进行工艺试验200次，解决100多个质量技术问题。

（李　杰　吕圣仕）

【机械制造总厂生产的钻机和修井井架通过API认证】 2002年9月15日，机械制造总厂生产的钻机、修井井架通过了API(美国石油学会)认证，取得了API会标的使用权。标志着该产品质量达到了国际标准。API是世界石油行业公认的石油机械产品质量认证权威部门，它具有对世界石油行业从钻井到采油工程所有设备进行规范化审核验收的职责。1999年，机械制造总厂生产的4种产品首次通过了API认证后，为进一步扩大经营范围和国内外市场占有份额，又按照API标准研究开发了钻井井架、修井井架等新产品，同时已认证的4种产品通过了API换证审核。6个API证书的取得，使中原油田生产的钻井、作业、采油三大系统石油机械产品成套出口拥有了进入国际市场的“通行证”，也为改造中原油田32型钻机、45型钻机取得了资格证。

（李　杰　吕圣仕）

【特种车辆修造总厂工作概述】 特种车辆修造总厂隶属于勘探局，是专用车定点改装厂，是石化集团公司和石油集团公司的定点设备生产厂。截至2002年底，特种车辆修造总厂有员工975人，其中高级职称31人、中级职称83人、初级职称249人、高级技师6人、技师19人，机构下设11个辅助生产单位、1个特车研究所、1个销售处、3个站(物资供应站、质量检测站、生活服务站)、1个汽车队和12个机关科室。拥有各种设备728台(套)，专用生产线3条。固定资产原值6872.37万元、净值2696.91万元。2002年，特种车辆修造总厂销售各类特车(含动力机组)339台，完成工业总产值3.56亿元，实现销售收入426.16万元，其中实现国际外部销售收入974.4万元，出口产值110万美元。

（黄刚强）

【研制开发的21种特车新产品通过国家检测】 2002年，特种车辆修造总厂研究开发的ZYT5142GJY加油车、ZYT5142GYY型运油车、ZYT5480GGS型供水车、ZYT5270TXJ型修井机、ZYT 5283TXJ40型修井机、ZYT5330TSN型固井水泥车、ZYT5100XGC工程车、ZYT5210ZBB型摆臂式自装卸车、ZYT5041XGC型工程车、ZYT5021XJC型检测车、ZYT5140TGL型锅炉车、ZYT5190ZBG型背罐车、ZYT5320ZFL型粉粒物料自卸车、ZYT5090TAZ型井架安装车、ZYT5090JSQ型随车起重运输车、ZYT5030TZM型照明车、ZYT5110XYQ型压裂仪器车、ZYT5220GJY型加油车、ZYT5260GXHW型下灰车、ZYT5101TYC型放射性源车、ZYT5270GSY型油井试压泵车等21种产品，通过汉阳专用汽车新产品鉴定试验站的定型试验和国家汽车质量监督检验中心的强制性检测。

（黄刚强）

【申请42种特车产品的目录转公告】 2002年，特种车辆修造总厂对原已在国家汽车产品目录上的ZYT5060TSJ60型试井车、ZYT5060XGC型工程车、ZYT5140TCY型采油车、ZYT5230TCY型采油车、ZYT5200TXL型洗井清蜡车、ZYT5060TSJ型试井车、ZYT5090ZZZ型自装卸式垃圾车、ZYT5100JSQ型随车起重运输车、ZYT5100TQL型清蜡车(化)、ZYT5140TZJ型钻机车、ZYT5140TXL20型洗井清蜡车、ZYT5142TQL6型清蜡车、ZYT5140TSY型试压车、ZYT5200TSN40型固井水泥车、ZYT5231TYL70型压裂车、ZYT5260GYY型运油车、ZYT5070TZJ型钻机车、ZYT5090TJX型检修车、ZYT5090TQL型清蜡车(化)、ZYT5100TQL6型清蜡车(奥)、ZYT5110TDM型地锚车、ZYT5130TJC35型洗井车、ZYT5140GJY型加油车、ZYT5140TCJ60型测井车、ZYT5201TLF18型立放井架车、ZYT5261TXJ50型修井机(扩展80T井架和WD615.64A发动机)、ZYT5260TXJ50型修井机、ZYT5280TXJ40型修井机、ZYT5040XYQ型压裂仪表车、ZYT5140TJC35型洗井车、ZYT5150TXL20型洗井清蜡车、ZYT5040TSJ60型试井车、ZYT5200TJC35型洗井车、ZYT5020XJC型检测车、ZYT5030XJC型检测车、ZYT5201TJC35型洗井车、ZYT5220TQL6型清蜡车、ZYT5301TZJ型钻机车、ZYT5500TZJ型钻机车、ZYT5200TLF18型立放井架车、ZYT5230TYL70型压裂车

等42种产品，重新按国家颁布的强制性标准进行改进设计，1—11月分批通过国家汽车产品质量监督检验中心的强制性检测，11月28日向国家经济贸易委员会申请目录转公告。

（黄刚强）

【特车总厂通过ISO 9001—2000版换版认证】 2002年12月9—11日，中国质量管理协会质量保证中心审核组，对特种车辆修造总厂生产的专用汽车及其零部件、石油勘探开采设备及其零部件的设计、生产、交付和服务，钻采特车、工程机械及普通车辆的修理，电线、电缆的生产、交付等质量管理体系进行严格审核，认为该厂的质量管理体系符合ISO 9001—2000版要求，同意换版认证。

（黄刚强）

【特车总厂生产的井架通过API认证】 2002年1月28—30日，美国石油学会审核员，对特种车辆修造总厂生产的井架、天车、转盘、法兰、油管头、三通四通滑轮组等七大类产品进行严格审核后，同意授权的七大类产品在生产销售过程中使用证书编号为7K-0068、6A-0604、8A-0062、4F-0068的API会标使用许可证。

（黄刚强）

【"中油"牌特车出口中亚国家】 2002年6月，特种车辆修造总厂研制生产的10台"中油"牌特种车辆出口格鲁吉亚、哈萨克斯坦等中亚国家。其中，250型修井机1台，主要用于油井的修井作业；罐车4台，主要用于油水的运输；斯太尔采油车5台，主要用于油井的采油作业；700型水泥车1台，主要用于固井作业。这也是该厂产品继出口苏丹、蒙古等国后，首次出口中亚国家。

（黄刚强）

【赴南极服务人员凯旋】 2002年3月24日，特种车辆修造总厂2名技术人员完成中国南极长城站发电机组及配套设施的安装、调试运行工作任务回到油田。2001年3月，特种车辆修造总厂中标南极长城站发电设备项目。9月，又与国家海洋局极地考察办公室签订了为期10年的发电机组及配套技术服务协议。12月17日，3名技术人员进入南极后，先后完成了2个热水罐、2个冷水罐、2个油罐、3台发电机组、1个并机柜、1个水控制柜和1个监测台的安装工作；2002年3月6日，设备调试运行一次成功，该套设备于3月8日正式对中国南极长城站供电、供水，成为乔治王岛上25个国家科学考察站中最先进的供电及配套设备。根据协议要求，1人继续留在南极长城站进行设备保养及维修服务工作。

（汪中华）

【中原石油机械有限公司3项产品通过API认证】 2002年12月24日，中原石油机械有限公司生产的抽油机、抽油泵、井口阀门产品，通过了美国石油学会API认证。这标志着中原石油机械有限公司拿到了进军国际市场的"通行证"。至年底，中原石油机械有限公司已有10项产品通过了ISO 9002国际质量体系认证，12项产品获国家专利，10项产品获"河南省高新技术产品"称号。

（汪中华）

【新型燃气轮机运行试验在中原油田进行】 2002年11月，由中国航空工业第一集团公司研制的首批QD128和QD70两款新型燃气轮机，先后在文留油区和濮城油区的示范电站进行运行试验，并上网发电。这两款燃气轮机，是由中国自主设计的两种先进航空发动机改制而成。此次运行试验，将对燃机的寿命、可靠性及其他技术性能进行严格测定试验，从而为燃气轮机的定型生产奠定基础。

（汪中华）

经营管理

资产装备

【装备管理工作概述】 2002 年 5 月,中原油田将原国有资产装备处撤销,成立了装备处,为勘探局机关业务处室,负责勘探局、分公司装备管理工作。至年底,装备处有员工 12 人,其中高级职称 8 人、中级职称 3 人、初级职称 1 人;机构下设 3 个科室。中原油田共有设备 23862 台(套),在用设备 26093 台(套),装备新度系数 0.48,比 2001 年同期增长 0.04,装备综合完好率 98.59%,主要专业装备的故障停机率 0.05%,装备特重大责任事故发生率 0。

(韩红星)

【装备更新】 2002 年,石化集团公司下达中原油田装备投资额 2.45 亿元,其中勘探局装备投资 1.53 亿元、分公司装备投资 0.92 亿元,融资租赁 2.25 亿元,实际实施 5.87 亿元。至年底,中原油田新增主要生产装备 860 台(套),其中重大装备 25 台(套)、其他装备 835 台(套)。

(韩红星)

【装备购置情况】 2002 年,中原油田投资 3.94 亿元,对 39 个项目 136 台(套)装备,实施了招标购置。通过招标,采购价格较计划投资额降低了 3750 万元。在装备购置方面,把好 3 个关口:一是装备购置前期论证选型关。年内先后组织协调了成套钻机、制注氮设备、固井设备配套、大型修井机等重大装备项目的调研论证、技术交流及技术方案的确定。二是装备购置过程监督关。为降低采购成本,装备管理部门对单台 50 万元以上和批量 100 万元以上的装备购置项目,执行招投标采购程序,做到货比三家,保证设备性能好、配置全、价格低、质量高。三是到货验收关。至年底,装备管理部门先后对成套钻机设备、成像测井系统、2000 水马力压裂机组等 762 台(套)主要生产装备执行设备验收制度,针对合同查承诺、针对要求查配置、针对性能查指标,确保了购置装备质量,对个别在验收中出现的产品质量、配置、参数、数量等问题主动与供货商进行交涉和索赔。

(韩红星)

【实施装备效能跟踪评价】 2002 年,装备处为了确保更新改造后的装备能够高效安全运行,对中原油田装备实施了效能跟踪评价制度。重点对电动钻机、成像测井系统、综合录井仪、2000 型压裂机组等 19 项装备 219 台(套)新投产设备进行了阶段性效能跟踪评价,使新投产的装备,实现产值 3.95 亿元,实现内部利润 5754.37 万元。

(韩红星)

【装备基础管理】 2002 年,装备处从抓基础管理入手,针对装备管理中更新改造、基础资料、使用管理、油水润滑、维修保养、闲置与报废等主要管理环节进行了规范和完善。相继出台了《装备更新改造管理规定》、《设备油水润滑管理实施细则》、《设备租赁管理办法》等 8 项规章制度,总结、整理了各单位近几年在装备管理方面的经验和做法汇编成册,下发到基层单位,相互学习交流,使装备管理工作进一步制度化、规范化、科学化。

(韩红星)

【装备使用管理】 2002 年,装备处对中原油田设备的使用,采取了维护、保养、油水润滑和冬季设备整修等措施,使设备综合完好率达到了 98.59%。至年底,投资建设的 20 个 B 级润滑站,可以对设备油品的 6 项常规指标进行化验、分析和监测。同时,装备的用水和油品加注等环节,做到了水质达标、油品加注规范。开展冬季设备整修,根据《关于开展冬季设备维护检修工作的通知》(中油局装备[2002]458 号)文件的有关规定,装备管理部门组织了冬季设备维护检修会战,共整修设备 5917 台(套),查出各类问题和隐患 6848 个,整改 6544 个。

(韩红星)

【装备监督管理】 2002 年,装备处将装备量化评审、装备年度监督评价及装备专项检查进行有机的结合,制定完善了《装备监督评价管理办法》,在中原油田装备管理单位建立了装备使用管理达标评价体系,对装备进行综合技术性能和现场使用管理达标评价。3 月,分别对钻井、采油等 50 个生产经营单位,进行了装备管理工作检查评价;6 月,重点对钻井、采油等 13 个生产经营单位的582台(套)钻机、作业机、专用特车、运输车辆"逾龄"设备进行了专项检查;年底,对中原油田80个单位的主要生产设备进行了装备量化评审考核。

(韩红星)

【闲置报废设备管理】　2002年,中原油田下发了《油田装备闲置报废调剂管理规定》,对闲置、报废、调剂设备的管理程序和管理措施进行了明确规范。对工程建设总公司、建筑集团公司、塔里木中原钻井公司在新疆等外部市场施工队伍的闲置报废设备,进行了现场逐台验收和鉴定;对中原油田38个单位上报的1122台(套)闲置和待报废设备进行了现场验收,设备原值7476.55万元、净值1366.44万元。同时,对各单位上报的闲置设备中,尚有利用价值的235台(套)设备进行了调剂处理,从而进一步盘活了存量资产,提高了设备利用率。

(韩红星)

【中原油田举办设备管理高级培训班】　2002年10月6日,由培训中心举办的设备管理高级培训班在电大开班,各二级单位主管设备的60名负责人参加了本次培训,勘探局副局长张勤出席开班典礼并讲话。本次培训,聘请了西南石油学院、西北工业大学和石油大学的7名教授前来授课,学员们在为期10天的时间里了解了石油机械发展的方向,学习了设备管理的新理念和现代化设备管理的新方法、好经验等。

(汪中华)

【勘探局资产管理情况】　截至2002年底,勘探局拥有资产总额101.42亿元。其中,流动资产50.20亿元,长期投资4.39亿元,固定资产原值65.11亿元、净值39.95亿元,在建工程2.67亿元,长期待摊费用4.10亿元,其他长期资产1135.81万元。按固定资产分类,勘探局固定资产情况:油气资产原值74.10万元、净值69.12万元;房屋建筑物原值19.31亿元、净值11.44亿元;土地原值314.34万元、净值314.34万元;油气集输设施原值40.68万元、净值27.45万元;运输设备原值6.01亿元,净值3.47亿元;机器设备原值30.82亿元、净值19.32亿元;其他设备原值8.93亿元、净值5.69亿元。

(方正民)

【勘探局资产清查】　2002年,勘探局财务资产处根据部分单位重组整合的实际情况,结合资产管理工作中的有关问题,成立了以勘探局领导为组长的固定资产清查盘点领导小组,领导小组下设清查盘点办公室,负责勘探局清查盘点工作的统一部署和安排,并负责起草有关通知,检查、验收、指导各单位清查盘点工作,整理、汇总有关资料,以及向勘探局领导小组提交分析报告与工作总结。固定资产清查盘点领导小组下发了《中原石油勘探局关于开展固定资产清查盘点工作的通知》(中油局计财[2002]223号)文件,对固定资产清查盘点工作时间、进程、范围、步骤和方法作了安排布署,针对清查中的有关问题提出了相应的要求。局属各单位都建立了相应的资产清查组织机构,落实具体工作人员,排出运行计划,按照要求完成了固定资产清查盘点工作。本次清查共有54个局属单位上报了固定资产清查报表及工作总结,清查固定资产原值55.12亿元、净值31.43亿元。财务资产处会同装备处、卫生处和房产管理处等有关人员对清查结果进行了验收,对申请报废的固定资产逐台逐项进行现场鉴定,对盘盈和盘亏的固定资产进行审查,并逐台逐项地进行分析。同时经领导批准后,对符合条件的报废、盘盈、盘亏固定资产进行了批复。

(方正民)

【分公司资产装备情况】　截至2002年底,分公司固定资产原值238.08亿元、净值80.36亿元。其中:油气资产原值205.59亿元、净值55.30亿元;机器设备原值16.52亿元、净值8.57亿元;运输设备原值3.65亿元、净值1.94亿元;房屋及建筑物资产原值7.75亿元、净值3.54亿元;在建工程8.07亿元。2002年,分公司财务资产部按照石化股份公司的要求,加强了资产基础管理工作。分析固定资产现状和结构,清理出由毕马威审计认定的不良资产原值10.48亿元、净值3.22亿元;内部调剂资产装备226台(套),原值5626万元、净值463万元;处理生产废旧物资4976吨,收回占用资金760万元;变现闲置、报废设备274台(套),收回占用资金357万元;销售积压报废物资1367万元,收回占用资金359万元。

(姚　胜)

【装备监测总站工作概述】　装备监测总站是分公司正处级事业单位,主要负责装备管理量化评审考核、石油井架检测与评价、设备诊断技术推广与应用、设备润滑磨损检测、设备修理质量监督检验等工作。截至2002年底,装备监测总站有员工20人,其中高级职称6人、中级职称7人、初级职称1人;机构下设了设备检测站、技术开发站、大修监督站和办公室。2002

年，装备监测总站根据《关于继续开展装备管理量化评审考核工作的通知》（中油局装备［2002］401号）文件，按照评审考核的原理、方法和标准，采取抽样不提前通知、计算机抽样与现场抽样相结合、基础管理情况量化评审、对评审中发现的具体问题以整改通知单的形式通知被评审单位等措施，开展了2002年度装备管理量化评审考核，实际考核单位67个，考核装备原值总额45.20亿元，实现装备使用价值综合增值量1.8亿元，保证了装备资产的保值增值。

（董本才）

【装备管理量化考核】 2002年，装备监测总站就评审考核情况下发了《关于2002年度装备管理量化评审考核结果的通报》（中油局装备［2003］37号）文件，对装备评审考核进行了总结。期初评审单位97个，评审设备34935台，评审设备原值总额46.43亿元，评审设备资产新度系数0.37，评审设备使用价值总额22.33亿元，评审设备实物新度系数0.48。期末评审单位80个，评审设备39631台，评审设备原值总额58.53亿元，评审设备资产新度系数0.43，评审设备使用价值总额33.72亿元，评审设备实物新度系数0.58。年度实际考核单位74个，考核装备33352台，考核装备原值总额44.65亿元，实现装备使用价值综合增值量1.87亿元，实现装备使用价值综合增值率4.19%。

装备管理量化评审考核情况

		勘探局	分公司
期初评审	评审单位（个）	64	33
	评审设备（台）	20015	14920
	评审设备原值总额（亿元）	21.11	25.32
	评审设备新度系数	0.40	0.35
	评审设备使用价值总额（亿元）	10.89	11.44
	评审设备实物新度系数	0.52	0.45
期末评审	评审单位（个）	49	31
	评审设备（台）	23475	16156
	评审设备原值总额（亿元）	27.22	31.31
	评审设备新度系数	0.45	0.41
	评审设备使用价值总额（亿元）	16.56	17.16
	评审设备实物新度系数	0.61	0.55
年度实际考核	考核单位（个）	45	29
	考核设备（台）	19269	14083
	考核设备原值总额（亿元）	20.10	24.55
	实现设备使用价值综合增值量（万元）	8292.80	10401.71
	实现设备使用价值综合增值率（%）	4.13	4.24

（董本才）

【钻机井架实际承载能力检测与评定】 2002年，装备监测总站根据标准SY6150－2000，对24台在役石油井架的实际承载能力进行了检测和评价。评价结果表明：实际承载能力不低于设计额定载荷的A级井架3台，占所检测井架的10.5%；承载能力下降率不低于15%的B级井架15台，占所检测井架的65.8%；承载能力下降率不低于40%的C级井架6台，占所检测井架的23.7%，承载能力下降率最大为21.36%。

（董本才）

【新油质量监测和关键设备磨损监测】 2002年，装备监测总站开展了新油质量监测和关键设备磨损监测工作。根据基层单位的需要，年内监测新油43批（次），共计4318吨，其中不合格油品6批（次），退回不合格润滑油114万元，从源头避免因使用不合格油品而造成的润滑不良、磨损加剧和机械事故。同时，利用理化分析、光谱分析、铁谱分析技术，对油田关键设备的润滑和磨损情况进行了长期监测。

（董本才）

【大修设备质量监督检验】 2002年，装备监测总站根据《关于印发工程概预算管理办法等4个办法的通知》（中油局计财［1998］143号）文件精神和设备大修质量检验的局级标准，逐台核对设备修理内容、更换的总成件以及主要消耗品的数量，并进行质量检查和检验。年内，共监督检验大修设备573台（套），大修费用3426万元。

（董本才）

物 资 管 理

【物资管理工作概述】 中原油田物资供应管理工作主要由物资供应处承担，隶属分公司，主要负责油田生产建设和生活建设的物资供应。截至2003年底，物资供应处有员工973人，其中高级职称17人、中级职称239人、初级职称211人，机构下设物资配送中心、物资销售中心、套管厂、技术质量检测站和机关职能科室10个及21个科级单位。拥有固定资产原值2044.10万元、净值1750.05万元，各种装备259台（套）、库房261栋、仓储面积75万平方米、铁路专用线4条。2002年，中原油田共采购物资40.59亿元，累计消耗42.18亿元，其中物资供应处采购27.17亿元、拨出27.69亿元。年内，中原油田消耗材料44.12亿元，其中勘探局20.02亿元、分公司22.16亿元、中原油气

1.94亿元。

（赵金太）

【成立物资供应配送中心】 2002年，物资管理部门将物资供应处的中心库重组为物资配送中心，从制单、发料、运输、接货验收、单据传递、货款结算等环节整合业务流程，并结合生产单位的实际情况，本着方便管理、降低供应费用的原则，确立了配载、直达、即时3种配送方式。年内共组织配送各类物资1.54万项、30万吨、12.99亿元，占总供应量的47%；物资供应总体费用有所下降，物资配送每吨费用比2001年降低15.97元，节约供应费用400万元。

（赵金太）

【网上物资采购】 2002年，物资管理部门对石化集团公司规定上网采购的物资，依据划定的品种和范围，上网采购物资12.5亿元。对企业自购物资，将批量大、采购金额大的品种，主动向电子商务网提报，自购物资上网采购5.4亿元，网上采购量位居石化集团公司第二名。

（赵金太）

【优化物资资源市场】 2002年，物资管理部门建立了"量化考评、动态管理、优胜劣汰"的供应商管理机制，每季度从供货及时率、产品质量、价格、售后服务、合同履约率等方面，对供应商进行量化考核，对资信度低、产品质量较差的供应商，分别给予警告、督促整改、停止采购、淘汰等处罚。年内，共处罚不遵守市场规则的供应商31家，淘汰8家，优化了物资资源市场。

（赵金太）

【物资储备管理】 2002年，物资管理部门根据中原油田生产实际和物资消耗规律，进行测算，制定合理储备定额，对各单位下达储备定额指标，实行季度检查考核，有效地控制了物资库存的增长。年内，物资库存比2001年同期下降834万元，物资周转7.8次。

（赵金太）

【石化股份有限公司物资采购电子商务工作会暨现场交流会在中原油田召开】 石化股份有限公司物资采购电子商务工作会议暨现场交流会于2002年8月16—17日在中原油田物资供应处召开。石化股份有限公司物资装备部主任蒋振盈作工作报告，石化股份有限公司信息系统管理部副主任李德芳和监察部副主任耿礼民到会并讲话。局党委书记王献安出席会议并致辞，分公司总会计师蒋永富参加了会议。此次会议，是石化集团公司自2000年8月开通物资采购电子商务系统以来第一次电子商务专业性会议。会议总结了近两年来物资采购电子商务工作情况，分析了电子商务网上采购工作面临的形势和网上采购业务管理系统运行中存在的问题，部署了下一步的工作。期间，代表们听取了物资供应处物资采购电子商务的专题介绍，参观了物资供应处材料科、物资交易中心、物资配送中心、物资管理现场以及采油三厂采油十六队和钻井四公司70135钻井队等单位。中原油田分公司、安庆分公司、上海高桥分公司、金陵分公司、济南分公司分别在会上作了经验介绍。

（汪中华）

【生产物资调剂工作概述】 中原油田生产物资调剂工作主要由生产物资调剂中心承担，隶属勘探局，业务归属财务资产处管理，是中原油田惟一合法经营闲置、报废资产和废旧生产物资的经营实体。主要负责闲置设备调剂、报废资产及废旧物资调剂、废旧物资设备的销售与租赁、兼营施工机械、电器、仪表、钢材、木材、油田专用机械设备加工、玻璃钢管制造等。截至2002年底，生产物资调剂中心有员工36人，其中大专学历20人、助理级以上职称26人，机构下设物资库、资产一库和4个机关科室。固定资产原值3228.9万元、净值1131.4万元。2002年，生产物资调剂中心完成报废闲置设备、废旧生产物资销售额6870.47万元，比2001年增加3690.21万元，增长率116.03%；实现收入878.37万元，比2001年增加130.69万元，增长率17.48%；实现利润318.27万元，比2001年增加219.87万元，增长率223.44%。

（曹遵海）

【废旧物资和报废闲置设备调查】 2002年10月，生产物资调剂中心成立了废旧物资和报废闲置设备调查领导小组，对勘探局二级单位进行历时26天的设备调查，调查单位22个，现场落实了实物状况和数量。落实已报废未上交设备500台、铁皮房116栋、废钢铁410吨、废钢丝绳150吨，已闲置报废待审批处理资产原值5000万元，长期积压和待报废的物资4993.04万元。

（曹遵海）

【生产物资调剂理论研讨会】 2002年12月2日，生产物资调剂中心与企业管理协会在中原油田宾馆联合召开了生产物资调剂理论研讨会。油田领导佗文汉、蒋永富、邵万钦等出席会议，共有40多个单位的80多名代表参加会议。会上共有15个单位提交了34篇论文,经专家评审,15篇优秀论文在会上发布,其中获优秀论文一等奖3篇、二等奖5篇、三等奖7篇。

（曹遵海）

技术监督

【技术监督工作概述】 中原油田的技术监督工作由勘探局技术安全处、分公司技术安全环保部承担,一套机构合署办公,统一管理勘探局、分公司的安全生产、环境保护、技术监督和节能4个方面的工作。截至2002年底,技术安全处(技术安全环保部)有员工43人,机构下设11个科室。2002年,技术安全部门采取有效措施,加大安全、环保、质量和节能管理力度,做到责任落实到位、监控管理到位、教育培训到位、检查考核到位、服务到位,全面完成了石化集团公司和中原油田下达的各项指标。

（张联合）

【质量管理】 2002年,质量管理部门落实《产品质量法》和《国务院关于进一步加强产品质量若干问题的决定》等法律法规,宣传贯彻2000版ISO 9000标准,先后举办内审员学习班1期,有39个单位的116名学员参加了培训,经考试全部合格获证;组织15人参加了中国质量认证培训中心举办的国家注册审核员培训班,经考试全部合格获证;30个获国家质量体系认证的单位认证保持率100%。实施产品质量认可证制度,年内共检查中原油田内部183个生产厂家的702种产品,经审查,向符合条件的167个生产厂家的662种产品颁发了产品质量认可证证书;检查中原油田外部生产厂家,向符合条件的91个生产厂家的247种产品颁发了外购产品质量认可证书,遏止了假冒伪劣产品进入油田。在机械修理、基本建设、勘察设计管理部门,开展了“出精品创名牌”活动,中原油田两级主管部门成立了领导小组,编制了活动方案,每月印发1期活动简报,2个月1次督导检查。开展群众性QC小组活动,有31个单位的1213个QC小组进行了注册备案,经逐级评选,评出局级优秀QC小组176个。年内有17种产品获美国石油学会API会标使用权、1项焊接工程获国家优秀焊接工程奖、6项施工设计获石化集团公司优秀设计奖、2项工程获石化集团公司优秀施工奖、2项工程获河南省优质工程奖。

（刘　俊）

【质量监督抽查】 2002年,质量管理部门对中原油田化学剂、阀门、井下工具、电线电缆等17大类产品开展了6次质量监督抽查,发布监督抽查通报6期,共抽样1850个,经检验合格产品1723个,产品综合合格率93.1%,较2001年提高了3.1个百分点,对抽查不合格产品采取“一停二查三落实”(被查单位接到不合格通知后暂停发放、使用或生产,被检单位技术监督部门检查局处罚决定的执行情况,技术安全监督处现场落实最终处理结果)和“四不放过”(问题不明、责任不清、措施不力、整改不实)措施,挽回经济损失2100万元。

（齐志敏）

中原油田2002年度质量监督抽查连续合格产品

序号	产品名称	生产厂家
1	抽油泵 CYB25－150TH6.6－1.2 偏心配水器仿1665－2	机械制造总厂井下工具车间
2	注水泵柱塞 ϕ38	机械制造总厂工程机械车间
3	抽油泵 CYB25－150TH6.6－1.2	特种车辆修造总厂六分厂
4	油气田液化石油气、稳定轻烃	采油三厂液化气站
5	油气田液化石油气、稳定轻烃	天然气处理厂第三、第四气体处理厂
6	抽油泵 CYB25－175TH6.6－1.2、CYB25－150TH6.6－1.2 抽油泵固定凡尔总成27/8″	濮阳中原石油机械有限公司采油设备分公司
7	抑盐剂 SSY－15	濮阳市科润石油工程技术有限公司
8	驱排剂 DF－9	濮阳市东浦科技发展有限公司
9	破乳剂 ZSP9201	濮阳华油防腐集团有限公司二化
10	楔式闸阀 KY－35 DN65	濮阳市双发实业有限责任公司

续表

序号	产品名称	生产厂家
11	抽油机 V 带 D7100、D8000	濮阳中环橡胶总厂
12	90# CL-5 重负荷齿轮油、3# 通用锂基脂	濮阳市恒美油脂化工总厂润滑油厂
13	汽车修理	特种车辆修造总厂八分厂
14	汽车修理	濮阳市信宇石油机械化工有限公司汽车修理厂

【3 项质量管理成果获全国奖】 2002 年 6 月 25 日，在中国石油工业质量管理协会召开的 2002 年度石油工业质量管理小组成果发布会上，中原油田采油四厂抽油杆修复班 QC 小组的“提高抽油杆修复数量项目”、运输大队机修班 QC 小组的“缩短特种车辆轮胎修补时间项目”和建筑集团公司市政工程处 QC 小组的“提高钢筋砼排水管线闭水试验一次合格率项目”3 项 QC 小组成果获全国质量管理成果优秀奖。采油四厂抽油杆修复班 QC 小组同时获“全国质量信得过班组”称号，这是全国石油石化系统惟一获此荣誉的单位。2002 年 5 月 18 日，采油三厂机采 QC 小组、石油化工总厂炼油二厂工艺技术 QC 小组等 28 项 QC 成果被石化集团公司评为优秀质量管理成果奖；刘一江、肖永庆、刘俊香等 3 人获石化集团公司“质量管理活动优秀推进者”称号。此次获奖，是中原油田历年来质量管理成果获奖最多的一次，获奖数量和档次居国内各油田之首。

（刘　俊）

【获省部级以上优秀 QC 小组名单】 2002 年，中原油田共有 31 项优秀 QC 小组成果获得省部级以上奖励，其中国家级 3 项、省部级 28 项。

(1) 国家优秀 QC 小组(3 个)：

四厂运输大队机修班 QC 小组

建筑集团公司市政工程处 QC 小组

采油四厂抽油杆修复班 QC 小组(同时获“全国质量信得过班组”称号)

(2) 石化集团公司优秀 QC 小组一等奖(5 个)：

采油四厂运输大队机修班 QC 小组

建筑集团公司市政工程处 QC 小组

采油四厂抽油杆修复班 QC 小组

石油化工总厂炼油二厂工艺技术 QC 小组

采油三厂采油六队维修班 QC 小组

(3) 石化集团公司优秀 QC 小组二等奖(10 个)：

采油二厂作业十三队 QC 小组

采油三厂抽油杆清洗 QC 小组

采油四厂机械修理厂 QC 小组

采油四厂零散井采油处 QC 小组

采油六厂采油二区 QC 小组

特种车辆修造总厂机械制造厂 QC 小组

地质录井处录井技术研究室 QC 小组

销售公司配送中心 QC 小组

职工总医院七病区 QC 小组

地球物理测井公司 TCP 射孔 QC 小组

(4) 石化集团公司优秀 QC 小组三等奖(13 个)：

采油一厂工艺改造 QC 小组

采油四厂注水一队 QC 小组

采油四厂采油五区 QC 小组

采油五厂计量管理 QC 小组

采油六厂维修大队准备队 QC 小组

钻井管具工程处钻具水眼疏通 QC 小组

机械制造总厂金属构件车间 QC 小组

工程建设总公司金属结构厂一车间 QC 小组

勘察设计研究院地面规划研究 QC 小组

物资供应处调度室 QC 小组

天然气化工厂化工一厂 QC 小组

供电管理处经营计量中心 QC 小组

钻井三公司机加工车间 QC 小组

（刘　俊）

【获省部级基建管理 QC 成果名单】 2002 年，基本建设管理部门获省部级 QC 成果奖 9 项。

1. 建筑集团公司市政工程处 QC 小组《提高钢筋砼排水管线闭水试验一次成功率》QC 成果，获部级一等奖；

2. 工程建设总公司金属结构厂一车间 QC 小组《解决固液处理难题》QC 成果，获部级三等奖；

3. 勘察设计研究院地面规划研究 QC 小组《油区配电系统无功补偿研究与应用》QC 成果，获部级三等奖；

4. 勘察设计研究院地面规划研究 QC 小组《采油三厂油区配电系统无功补偿研究与应用》QC 成果，获省级一等奖；

5. 勘察设计研究院油井 100C 住宅 QC 小组《采用创新技术筑造精品住宅》QC 成果，获省级二等奖；

6. 勘察设计研究院市政所 QC 小组《改进处理技

术实现胡状联合污水站出站水质达标》QC 成果，获省级二等奖；

7. 勘察设计研究院设计管理 QC 小组《运用 QC 方法提高设计管理水平》QC 成果，获省级三等奖；

8. 勘察设计科学研究院工艺室 QC 小组《提高计量精度，减少计量误差》QC 成果，获省级二等奖；

9. 勘察设计研究院全面预算管理 QC 小组《推行全面预算管理提高企业经济效益》QC 成果，获省级三等奖。

（袁仁峰）

【石化总厂 6 种产品被评为河南省免检产品】 2002 年，石油化工总厂坚持“以质量为中心、以标准为依据、以计量为基础”的科学管理思想，加强生产过程质量控制，保证了产品实物质量稳中有升。年内，该厂生产的 90#、93# 车用无铅汽油和 -10#、0#、5#、10# 轻柴油被河南省质量技术监督局评为免检产品。

（华静宇　徐　曼）

【技术监测工作概述】 技术监测中心隶属于分公司，主要负责中原油田产品质量、计量器具、压力容器、能耗设备、环境保护的监测和标准化工作。截至 2002 年底，技术监测中心有员工 254 人，机构下设 9 个机关科室和 1 个站。固定资产原值 1644.24 万元、净值 476.38 万元，拥有技术监测设备 333 台(套)。2002 年，技术监测中心共完成技术监测工作量 2.05 万批(次)。其中，产品质量监督抽查 1027 批(次)，委托检验 639 批(次)，计量器具检定 13642 台(件)，节能监测 510 台(次)，压力容器、安全阀、气瓶检验 3611 台(只)，环境监测 1160 点(次)，监测报告准确率 100%。提供标准查询 480 人次，制定、修订局级标准 4 项，实施局级标准 8 项。

（乔　齐）

【产品质量监督检验】 2002 年，技术监测中心对与油气生产密切相关的化工产品、机电产品、橡胶制品、劳保护具四大类产品，实施监督抽查 1027 批(次)，查出不合格产品 80 批(次)，产品监督抽查合格率 92.2%。在搞好产品质量监督抽查的基础上，协同物资供应部门和有关单位开展委托检验，年内共委托检验 639 批(次)，查出不合格产品 42 批(次)，从进货源头上堵住了假冒伪劣商品进入油田。

（乔　齐）

【计量器具检定】 2002 年，技术监测中心按照计量检定规程，对油气贸易及石油专用计量器具进行了严格的周期检定，对不合格计量器具及时调修或报废，保证了油气生产和外输气交接的准确可靠，避免了由于计量问题给中原油田造成的经济损失。至年底，共检定油气流量计 480 台、热工仪表 10139 台(件)、长度器具 2040 台(件)、电量仪表 986 台(件)，数据准确率 100%。

（乔　齐）

【能耗设备监测】 2002 年，技术监测中心针对中原油田加大节能降耗力度、减少能源消耗的成本支出、加强节能监督检查的要求，严格依照油田下发的《节能检查监督暂行办法》，对重点能耗设备与耗能系统的整体运行水平进行了系统监测，监测各类耗能设备 510 台。同时，完成了抽油机、电潜泵节能专项抽查监测。开展了“采油区块系统能耗规律”项目研究，为中原油田实施节能增效措施提供了保障。

（乔　齐）

【压力容器设备监测】 2002 年，技术监测中心针对中原油田要害部位压力容器分布状况，科学地制定检验方案。至年底，共检定压力容器 633 台、无缝气瓶 1016 只、安全阀 1852 只，通过监测，依法报废压力容器、气瓶、安全阀 277 只，避免了容器安全事故的发生。

（乔　齐）

【标准化工作】 2002 年，质量管理部门编制下发了 2002 年标准化项目计划，完成了 277 项局级企业标准审查确认工作，制定了《钻井井身质量要求》等 84 项局级企业标准，统一了《钻井液用中、低软化点沥青粉》、《钻井液用合成聚合物通用技术条件》和《水基钻井液用润滑剂通用技术条件》等 3 项产品标准，制定了《预交联颗粒调驱剂》产品的局级企业标准和《采油用聚丙烯酰胺通用技术条件》检测标准。同时，完成企业产品执行标准注册工作，年内共审查油田内外部企业标准 305 项，注册发证 247 项，其中 58 项不符合国家有关规定或不适应中原油田生产需要而不予注册发证。

（张联合）

【计量管理工作概述】 2002 年，计量管理部门加强计量标准管理，油田 8 个单位的贸易结算、安全防护、医疗卫生、环境监测 19 项计量标准装置通过濮阳市计量鉴定授权，对 10 项标准装置进行了换证复查，对 15 家计量器具生产厂办理了“外购计量器具质量认可证”。

至年底，中原油田有企业高级计量标准 32 项，次级计量标准 93 项，建计量标准装置 5 项，12 个质量检查机构通过了省级计量认证。其中：2 个质量检查站升为石化集团公司质量检查中心；5 个单位通过 ISO 10012 计量体系认证；11 个实验室通过河南省计量认证，其中 1 个实验室通过国家计量认证、5 个实验室通过局级计量认证、3 个实验室通过局级换证复审。原油、天然气交接计量误差分别为 ±0.2%、±2%，均控制在国家标准规定（±0.35%、±3%～5%）之内。

（朱世田）

【天然气产销厂实验室获国家实验室认可证书】 2002 年 8 月 28 日，国家实验室评定专家组对天然气产销厂大流量站校准实验室和检测实验室校准项目 8 项、检测项目 3 类 14 项进行评审，并一次通过，正式获得了国家实验室认可委员会颁发的认可证书（实验室编号：CNACL/LR－2002－728－A），在中原油田尚属首家。

（李青海）

【天然气处理厂计量化验室通过省级认证】 2002 年，天然气处理厂计量化验室按照《计量认证/审查认证评审准则》要求，组织计量、化验技术人员编写了新的质量手册和程序文件，对员工进行计量认证知识培训，聘请河南省计量协会专家对质量手册进行审核，并对记录和报告的格式进行了规范，确保了检验数据的准确率。8 月 30 日，河南省质量技术监督局 3 位专家对天然气处理厂计量化验室进行了考评，一致认为，计量化验室已达到省级实验室水平。9 月 8 日，又通过了最新的《计量认证/审查认证评审准则》省级实验室计量认证的评审。这是中原油田首家按新标准通过省级实验室认证的单位。

（朱世田）

【机械制造总厂技术监督工作】 2002 年，机械制造总厂完成制定和修订局级标准 5 项，局级标准复审 31 项，并进行了 2000 新版质量管理体系文件的换版修订工作。年内，该厂获石化集团公司 QC 成果三等奖 1 项，局级 QC 成果奖 4 项，局级标准化成果奖 2 项。计量器具送检合格率 98.5%，标准器具及强检仪器、量具送检率 100%，产品出厂合格率 100%，加工类产品一次验交合格率 99.3%。同时，抽油泵、偏心配水器 2 项产品获油田“连续抽查合格产品”，该厂被勘探局评为“技术监督先进单位”。

（李　杰　吕圣仕）

安 全·环 保

【安全事故指标均低于石化集团公司控制标准】 2002 年，安全管理部门按照中原油田的统一部署，坚持“安全第一、预防为主”的方针，采取各种有效措施，遏制各类事故的发生。年内，共发生工业上报事故 15 起，重伤 8 人，死亡 3 人，直接经济损失 27.1 万元，重伤人数为职工总数的 0.086‰，死亡人数为职工总数的 0.032‰，均低于石化集团公司下达的控制指标（事故死亡率 0.07‰、重伤率 0.18‰、直接经济损失为工业总产值的 0.2‰），杜绝了井喷失控事故、火灾、爆炸事故和重大交通事故的发生，保证了中原油田生产建设的安全顺利进行。

（张联合）

【落实隐患治理措施】 2002 年，中原油田投入隐患治理技术措施经费 5066 万元，占企业销售总收入的 5.32‰。对石化集团公司下达的 22 个隐患治理项目，其中勘探局 4 项、分公司 18 项，石化集团公司审核勘探局隐患项目投资额 1275 万元、审核分公司隐患项目投资额 1959 万元。为保证治理项目的按期完成，实行了项目管理责任制，逐项明确项目负责人、联络人、资金渠道和完成时间，加强督促检查。至年底，已完成 9 项隐患治理项目（勘探局 3 项、分公司 6 项），其他项目于 2003 年 3 月底全部完成。

（张联合）

【安全生产监督检查】 2002 年，安全管理部门加强安全监督检查，保证了安全生产。组织开展了 4 次节日安全生产大检查，共检查生产单位 68 个（次），基层单位 265 个（次），整改事故隐患 216 个。开展半年一次的安全生产检查考核，采取“查现场、看资料、现场提问、召开座谈会、当场讲评”的方法，对 146 个二级单位、72 个公共场所、55 个多种经营企业的 858 个基层单位和 1834 个生产现场进行检查考核，查阅资料台账 3952 套（件），发现存在问题和事故隐患 2288 个，当场督促整改 2109 个，未能当场整改的，采取隐患跟踪整改措施，限期进行了整改。结合季节特点和生产经营实际，开展了井控安全检查，要害部位安全检查，雨季安全用电检查，危险化学品生产储存与使用情况检查，外部施工作业队伍安全管理情况检查，油库、加油站、液化气充装站、安全仪表联锁及自动保护装置检查等 12 次，检查单位 357 个（次），基层单位 560 个（次），查出问题 717 个，其中及时整改 691 个、限期整改26个。

（张联合）

【要害部位安全管理】 2002年，安全管理部门落实领导承包要害部位制度，48名承包领导到要害部位检查4次，查出存在问题164个，其中及时帮助整改160个、列计划限期整改问题4个，领导到位检查184人（次），到位率100%。同时，安全管理部门还组织人员对要害部位进行抽查，查出隐患125个，其中落实整改97个，其余18个问题列入2003年隐患治理项目。年内要害部位一级动火10次，杜绝了任何事故的发生。

（张联合）

【全国第一个"安全生产月"活动】 2002年，安全管理部门为贯彻落实全国第一个"安全生产月"活动，成立了活动领导小组，下发了《关于开展2002年安全生产月活动的通知》（中油局技安[2002]236号）文件，对活动方式、内容、目标和要求作了明确部署。各单位相应成立了领导机构，制定活动方案和运行大表，运用各种宣传工具对员工开展安全教育，把安全检查、隐患整改、安全培训等纳入"安全生产月"活动日程。同时，组织员工学习《中华人民共和国安全生产法》，开展了《安全生产法》演讲和安全知识竞赛活动，先后组织预赛12场、决赛2场，有94个单位的72名选手参加了竞赛。

（张联合）

【开展HSE管理体系的试点和推广工作】 2002年，安全管理部门下发了《关于开展HSE管理体系试点工作的通知》，对HSE管理体系的建立工作进行了部署，成立了HSE管理体系领导小组，下设风险评估小组、法律法规小组、HSE文件小组、HSE培训及推广小组，按照建立实施HSE管理体系的4个步骤分步实施。至年底，钻井一公司、采油四厂两个试点单位，完成了初始状态评审、法律法规识别、危害识别和风险评价工作，进入HSE管理体系文件的编写阶段中，2002年6月，在对两个单位进行HSE试点工作的同时，成立钻井、测录井、建筑施工、机械加工等4个安全生产关键点评价工作小组，历时5个月，对钻井等7个系列的831个工序进行了工作危害分析，共查找安全生产关键点202条。其中：系统114个工序进行了工作危害分析，查找安全生产关键点100条；对固井施工73个工序进行了工作危害分析，查找安全生产关键点12条；对测井施工57个工序进行了工作危害分析，查找安全生产关键点38条；对地质录井45个工序进行了工作危害分析，查找安全生产关键点6条；对管具工程施工27个工序进行了工作危害分析，查找安全生产关键点5条；对工程建设250个工序进行了工作危害分析，查找安全生产关键点25条；对机械制造和修理265个工序进行了工作危害分析，查找安全生产关键点16条。

（张联合）

【特种设备管理】 2002年，安全管理部门开展了锅炉、压力容器、管道特种设备普查治理工作，对超期未检设备及时安排检验，对停用设备办理了停用手续，对有问题的设备进行了整改，对安全状况不满三级的采取了监控措施。年内，定期检验锅炉129台、固定式压力容器713台，发现问题120个，强制修理29台，强制报废8台；检验特种设备328台，发现问题并强制整改23台；检验各类气瓶24241只，强制报废2190只，消除了事故隐患，提高了安全状况等级。

（张联合）

【交通安全管理】 2002年6月26日—10月5日，安全管理部门在油田范围内开展了"交通安全百日赛"活动，坚持"周一"安全活动和班前讲话，组织事故案例分析会，开展驾驶员岗位练兵和技术比武，提高了驾驶员的安全意识和技术水平。同时，注重节日期间的车辆管理，落实"三交一封一定"（交行车证、交驾驶证、交车钥匙，封车门，定点存放）制度，先后封存非生产车辆7515台（次）。严格执行长途车审批程序，减少了跑私车，重点对酒后开车、无证驾驶、车辆带病行驶、超速、超载、超员、在生活小区乱停乱放等行为进行查处。年内先后开展路查28次，检查车辆1.37万台（次），处罚违章人员162人，无发生重特大交通事故。

（张联合）

【消防安全管理】 2002年，安全管理部门贯彻落实《消防法》和《机关、团体、企业、事业单位消防安全管理规定》，按照石化集团公司《石化企业消防达标标准》的要求，加强消防管理基础工作。消防管理部门按照《河南省消防安全重点单位界定标准》，核定198个单位（场所）为消防重点单位，并建立起125个单位的电子消防档案。同时，加强对270名防火专职、兼职人员进行消防培训，有46个单位的1150名义务消防队员参加了针对油气着火、井喷着火、库房着火等不同火险类型进行的灭火演练。年内，对中原油田各重点防火部位组织消防安全检查12次、现场整改各类问题3000处；对5400处避雷与静电接地装置进行了检测,发现隐患及时进行了整改;根据石化集团公司《关于认真吸取北京"蓝极速网吧"恶性火灾事故教训,切实加强社区安全管理的通知》精神,开展了以公共场所、学校、市场、车站等人员聚集场所为对象的消防安全专项整治行动,检查各类场所2000家、学校42家、医院12家,取缔网吧1家、停业整顿3家,督促整改隐患846处,保证了公共场所的消防安全。

(张联合)

【安全培训】 2002年,安全管理部门加强了安全管理人员和特殊工种的培训,先后举办特殊工种培训班23期1369人,独立顶岗的特种作业人员持证上岗率达到100%;举办钻井安全监督员培训班2期105人;安全标准宣传贯彻班1期99人。同时,开展HSE教育培训活动,举办三级领导干部培训班2期468人;为HSE试点单位HSE专业小组人员举办培训班5期264人;为钻井、测井、录井、固井、机械修造、建筑安装、炼油、化工、集输、销售等18个单位举办培训班20期420人。

(张联合)

安全事故案例选介

【钻井四公司死亡事故】 2002年5月21日,钻井四公司32958钻井队在濮85-21井钻至井深3165米时出现井漏,3:30开始起钻。钻井二班4:00接班,司钻郭聚显操作刹把继续起钻,钻工吴太全在外钳岗,白银山在内钳岗,副司钻赵言朋、场地工刘红印拉钻杆立柱入钻杆盒。6:00左右起到第7柱下单根时遇卡(井深约2965米),经上下活动钻具,起到第8柱中单根又遇卡,立即用卡瓦活动后将第8柱中单根起出转盘面,卸掉第8柱上、中单根后,马上接方钻杆开泵循环,起出第8柱下单根接方钻杆时,井架工徐晖从井架操作台下到钻台,随后卸掉第8柱下单根,接方钻杆继续起第9柱上单根6米左右遇卡,上提下放活动钻具;6:55第三次活动时,大钩与水龙头提环突然脱开,水龙头倒在塔式井架4号高压立管一侧,躺在立管平台上。此时,第9柱上单根接箍离转盘面1.5米,因钻具偏向转盘井口一边,无法坐卡瓦,队长耿建华立即指挥扣上了一只18°斜坡吊卡。7:00司钻郭聚显带领井架工徐晖、场地工刘红印迅速爬上立管平台准备将水龙头挂在大钩上,3人刚上到立管平台,尚未系上保险带和保险绳,钻具突然解卡,斜躺在立管平台上的水龙头随之下滑,将立管平台从固定螺栓中拉脱(立管平台距钻台面16米),在立管平台上的3人和立管平台一起坠落在钻台上。司钻郭聚显摔在大小鼠洞中间靠近大门坡道的钻台面上;井架工徐晖摔在内钻杆盒靠西边;场地工刘红印摔在绞车与转盘中间。现场人员发现3人头部受伤,立即送往采油二厂医院抢救,经抢救无效,3人分别于5月21日上午8:10、8:40死亡。

(司向丽)

【全面完成环保考核指标】 2002年,安全管理部门加强环境管理,加强监督考核,推行清洁生产,提高环保管理水平,杜绝了重大、特大污染事故。采油(气)污水回注率99%,井下作业无污染作业率99.4%,工业污水外排达标率98%,炼油化工外排废水达标率99.36%,其中吨原油废水排放量0.9吨、万元产值排COD量1.6吨,工业固体废物处置率96%,燃烧废气达标率95.5%,工业废气达标率100%,全面完成了2002年度石化集团公司下达的环保考核指标。

(张联合)

【环境监测】 2002年,技术监测中心对中原油田各污染源开展例行和不定期监测,监测水质、土壤、噪声、废气、泥浆固化1160点(次),出据监测数据5670个,完成年计划的86.2%,监测报告准确率99%,未发生一起监测质量投诉。年内,委托监测15点(次),避免经济损失150万元;参与污染事故监测,避免污染赔偿费290万元,同时通过石化集团公司环境监测员持证上岗考核。

(乔　齐)

【环境保护监督考核】 2002年,安全管理部门按照《石化集团公司企业法人环保责任制》的要求,将环保指标纳入生产单位《生产经营目标责任书》和《生产经营承包合同》之中,把指标分解到了各主要排污单位。同时,完善环境保护考核制度,在《中原油田环境保护考核办法》的基础上,建立了《环保目标责任制考核档案》,将各被考核单位的基本情况、治理设施及运行情况、监测达标情况、污染事故情况按月统计纳入档案,变年终考核为动态考核。开展了采油、钻井等部门的环境保护专项检查和每季度排污费征收检查,年内征收排污费278万元。

(张联合)

【保持清洁生产】 2002年,安全管理部门编制了《中原油田2002—2003年清洁生产计划》,提出了钻井、井下作业、采油生产过程中的清洁生产措施,重点项目治理和环保科研项目,推广应用了6项环保技术:(1)

与石化集团公司安全工程研究院合作开发了“钻井噪声污染防治”项目的研究，至年底，已完成项目的可行性研究，进入现场试验阶段。(2)年内利用开发的废弃泥浆固化技术，对569口钻井井场实行了固化复耕，使36.67万平方米土地变为可耕田。(3)利用注水残渣固化修路技术，用积存残渣5.3万立方米，筑路12千米。(4)采用引进的高浓度有机废水处理技术，处理钻井污水，在采油六厂桥口联合站建成实验处理装置1套，年内处理钻井、压裂作业污水2万立方米，处理后的污水达到了与采油污水配伍的条件，解决了黄河南油区钻井、作业污水对注水系统污染的问题。(5)在输油管理处开展了“管线泄漏定位技术”和“管线防盗技术”研究，2个项目进入攻关阶段。(6)在采油单位推广应用不停产快速带压堵漏技术，可实现快速堵漏，减少原油泄漏污染。

（张联合）

【环境保护宣传教育】 2002年，安全管理部门结合中原油田生产岗位操作实际，分单位组织岗位职工进行环境保护知识考试，全面提高了岗位职工的环境保护意识和技能，并开展了多项环境保护宣传教育工作。聘请国内外著名环境保护专家、教授，进行环境保护、WTO知识、高分子生物降解污染治理技术讲座；组织万名职工参加河南省环境保护局与河南省新闻出版局联合主办的《保护生态环境　共创绿色家园》知识竞赛，中原油田获优秀组织奖，郝峰获个人二等奖；建立了“中原油田环境保护网”网页，丰富了环保宣传渠道；协同教育中心开展“回收废旧电池和消除白色污染”的环境保护活动，回收废旧电池5吨；参加河南省环境保护局组织的“绿色家园”少年儿童书法、绘画、摄影作品评选活动，中原油田选送的218幅作品，有180幅作品入选全国参展评选资格；组织教育管理部门参加河南省、濮阳市环境保护局组织的“绿色学校”创建活动，第二高级中学、第三高级中学被评为省级“绿色学校”，机关第二小学、登月小学、第四高级中学、艺术学校被评为市级“绿色学校”。

（张联合）

【石化总厂连续10年获“安全生产先进单位”】 2002年，石油化工总厂严格执行《中华人民共和国安全生产法》，对关键装置、要害部位，实行专人负责和安全工程师负责制，建立了总厂、车间、班组三级监控管理机制。在作业环节上，按照石化集团公司的要求，建立完善了动火、临时用电、进容器作业、高空作业、动土等工作制度，施工作业中坚持做到“四不准”（不经过领导批准不准施工、没有落实现场安全监护不准施工、没有安全工作措施不准施工、没有领导指挥协调不准施工）。在日常管理工作中，以HSE管理体系为核心，将安全关口前移，采取一个动火点一张动火票，进容器一器一票，一辆机动车一张入厂通行证，避免了一票多点、一票多车的混乱局面，并对使用的票证和安全防护措施进行现场检查，对不符合规定的，收回工作票，限期整改，合格后方可进行施工。同时，加强职工安全教育、培训和考核，强化基层班组安全建设，全员安全防范意识进一步加强，年内未发生一起安全责任事故，并被分公司评为安全生产先进单位。至此，该厂连续10年获“安全生产先进单位”称号。

（张玉红　华静宇）

节能工作

【年综合耗能200万吨标准煤】 2002年，节能管理部门坚持开发与节约并举的能源方针，降本增效，全油田综合耗能200.2万吨标准煤，其中勘探局耗能59.8万吨标准煤、分公司耗能114万吨标准煤、中原油气耗能26.4万吨标准煤。中原油田万元产值综合耗标准煤12.1吨，炼油能量吨因数耗标准油21.25吨，钻井每米进尺耗柴油45.32吨，供水每立方米耗标准煤1.72吨。其中，炼油能量吨因数耗标准油比2001年下降12.6%、钻井每米进尺耗柴油比2001年下降5.9%。年内实施节能技术措施项目205项，技术措施节能7.4万吨标准煤，节约6500万元。

（李文进）

【赛沃尔柴油添加剂的试验与应用】 2002年，节能管理部门为降低中原油田柴油消耗量，决定在钻井四公司70113队对赛沃尔柴油添加剂节油产品进行试验，经试验节油率18.57%。赛沃尔柴油添加剂是将燃油分子分解为微小粒子，使燃油更充分的燃烧。为更好的推广应用赛沃尔柴油添加剂节油产品，油田领导决定由技术安全监督处牵头、装备处配合，在钻井、井下作业、采油3个管理部门的11个单位，对赛沃尔柴油添加剂节油产品的节油效果、使用设备有无损伤等情况，继续进行试验。11月20日，油田领导主持召开了试验总结及推广会议，专门下发了《关于印发柴油添加剂管理规定的通知》（中油局技安[2002]503号）文件，决定在各钻井公司、井下特种作业处全面推广应用赛沃尔柴油添加剂。

（李文进）

【2 项产品被列为“中国节能产品”】 2002 年 2 月 27 日，由河南省经济贸易委员会组织，中国石油公司科技发展部、北方工业大学、中国石油学会、中国计量科学院等单位的专家、学者，对中原油田和清华大学合作开发研制的“地温水源热泵中央空调”和“常压高效节能水套炉”2 项产品进行了技术鉴定。4 月 20 日，2 项产品被中国节能协会列为“中国节能产品”，并挂中国节能协会颁发节能标识。2000 年初，中原油田提出“水源热泵技术的研究应用”课题，2001 年 1 月，研制出“地温水源热泵中央空调”和“常压高效节能水套炉”2 项产品。地温水源热泵中央空调和常压高效节能水套炉项目是由中原油田与清华大学合作开发的。地温水源热泵中央空调，可替代常规锅炉、中央空调，实现办公楼、商场等建筑设施的冬季供暖、夏季及日常生活热水的供应，做到一机多用。其在使用过程中不需要燃料，没有废弃物，不消耗、不破坏、不污染水资源。常压高效节能水套炉是将波纹管和超导热管 2 种新型专用材料引入到加热炉技术中，使水套炉的热效率在原有的基础上提高 14%。9 月在中原油田采油一厂 2 座计量站试运行，现场表明其升温快、热效率高，加热温差完全满足生产需要。

（汪中华）

【4 篇论文获石化集团公司“节能杯”征文一等奖】 2002 年，石化集团公司举办了“节能杯”论文征集评选活动，中原油田提交参评论文 113 篇，其中有 4 篇论文获“节能杯”征文一等奖。即：赵玉强、张继伟的论文《中国入世和中石化在国内外上市后油田节能工作主攻方向》；尚德彬的论文《中原油区配电系统无功补偿研究与应用》；李文进、张继伟的论文《当前石化系统油田节能工作存在的问题及对策浅探》；陈军宁、杨慧、高红欣的论文《抽油机调平衡技术的研究与应用》。

（李文进）

【节能监测】 2002 年，节能管理部门在日常性监测的同时，采取集中时间、抽查的方式，对不同单位、不同区块、不同设备型号的设备进行监测，对效率异常的设备进行复测。一季度，对 55 台锅炉、加热炉进行了监测；三季度，分别对 88 台抽油机、电潜泵进行了监测；12 月，对 62 台增注泵进行了监测。在监测评价的基础上，有针对性地对系统设备进行了投资整改，10 月，投资 310 万元对锅炉、加热炉系统进行炉体保温、选用节能火嘴、节能炉型整改。年内，投资 1100 万元选用节能电机、节能抽油机、节能开关箱，使热效率比 2001 年提高了 0.5%，抽油机井系统效率比 2001 年提高了 1.41%，节约了大量的天然气和电。

（李文进）

【节能宣传周活动】 2002 年，节能宣传周活动的主题是“依法节能，持续发展”。油田成立了由刘恩学任组长的宣传周领导小组，于 10 月 28 日下发了《关于开展 2002 年节能宣传周活动的通知》，对活动的内容和形式进行了布置和安排。宣传周期间的主要活动：一是召开了燃油添加剂应用技术经验交流会，介绍节能新技术产品；二是在濮阳中原电视台的新闻节目设立了节能系列专题；三是在《中原石油报》上开设了节能专栏，对节能成绩和技术推广情况进行报道；四是基层部分单位开展了板报比赛、节能知识竞赛、节能知识演讲、群众提合理化建议等活动。

（李文进）

审 计 工 作

【审计工作概述】 2002 年，中原油田将原审计处调整为勘探局审计处、分公司审计部和审计中心。勘探局审计处和分公司审计部合署办公，主要负责中原油田审计工作的规划、计划、立项、安排以及管理制度的制定和修订，组织开展审计工作，对审计工作进行指导、协调，对审计质量进行检查、考核。审计中心为勘探局直属事业单位，负责勘探局审计工作的实施，审计中心将原 10 个审计分处缩减为 7 个审计处（审计一处至审计七处），并对 7 个审计分处的审计人员进行交流重组，7 个审计分处主要负责各二级单位的审计工作。截至 2002 年底，审计管理部门有员工 119 人。2002 年，审计部门完成了常规审计、专项审计、经济责任审计和建设项目投资审计的各项工作。完成了 87 个单位月度和年度经营承包审计考核；建设项目开工前审计 800 项，审计金额 7.96 亿元；竣工结算审计 603 项，审计金额 3.51 亿元，审减金额 1401.50 万元；其他专项审计 15 项；完成干部离任审计 69 项；先后选派 26 人参加石化集团公司组织的对胜利油田、江汉油田、河南油田的审计稽查。

（孙志群）

【经营承包审计】 2002 年，审计管理部门对被审计单位的经营情况进行全面审计，按照“超越账簿、深入实际”的工作要求，加强调查研究，把握被审计单位的盈亏状况和经营管理出现的问题，对影响中原油田经营管理和经济效益的重大问题提前反映，定期开展经营分析活动，提出审计建议。年内在经营承包审计中，查出有问题金额2.19亿元，整改1.78亿元；对5个单位的严重违纪问题下达了审计处理决定，收缴现金400.8万元。

（孙志群）

【干部离任经济责任审计】 2002年，审计管理部门接受勘探局党委组织部和分公司人力资源部的委托，对69个单位的行政主要领导进行了离任经济责任审计和经营责任审计。对离任者在任期内的各项承包指标或责任目标的完成情况、财务收支的真实性、合法性、效益性，财产物资管理的有效性，债权债务的真实性等方面进行了调查审计。通过审计，共发现问题金额3447.13万元，督促被审单位对能够整改的问题作了整改，对截留、坐支收入、公款私存的严重违纪问题作出审计处理，收缴53万元，整改入账或纳入财务核算55.37万元。

（孙志群）

【专项审计】 2002年，审计管理部门完成了石化集团公司安排的物资采购价格、减员降本、文教卫生和社区服务收费3项专项审计工作。根据油田领导指示和有关部门委托，先后对濮阳中原石油勘探开发技术有限公司、氯化橡胶厂、贝得弗建材有限公司等单位的经营情况进行专项审计；对榆林钻采公司成立以来的财务及资产状况进行专项审计；对54个多种经营企业欠油田款项问题进行专项审计；对中旭包装制品有限公司进行清算审计；对台原实业公司历史遗留问题进行后续审计。同时，对日常审计中发现的经营管理问题，开展了账外设备专项审计、应收账款催收情况专项审计、多种经营单位使用国有房产费用缴纳情况专项审计、住房资金管理使用专项审计、采油厂转供电收费专项审计、外部施工项目专项审计、文教卫生系统收费管理专项审计。

（孙志群）

【修订审计规章制度】 2002年，审计管理部门加强了制度建设，修订了规章制度。先后出台了《经营承包审计办法》、《领导干部离任经济责任审计办法》、《基本建设工程项目审计实施办法》，制定了《钻井行业审计标准》、《建筑施工行业审计标准》、《机修行业审计标准》、《运输行业审计标准》，以及《审计质量控制办法》、《审计工作文书规范》、《审计责任考核办法》。

（孙志群）

【中原油田被评为“全国内部审计先进单位”】 2002年3月27日，在国家审计署召开的全国内部审计工作表彰大会上，中原油田被评为“全国内部审计先进单位”。2000—2001年，中原油田按照“发挥一级审计体制优化，完善主审承包责任制，保证常规审计，突出专项审计，全面提高审计水平”的审计工作思路，加强审计人员的交流，完善主审承包责任制，加强生产经营、基本建设的全过程审计，保证了油田生产经营的正常运行。先后按期完成了油田132个单位的月度承包经营审计考核及对苏丹6区项目联合账簿的现场审计，完成干部离任审计、基本建设审计等5422项，自查清理长期投资总额22.12亿元的项目151个，并配合石化集团公司完成了对中原油田的稽查预审工作。

（孙志群）

法律事务

【法律事务工作概述】 2002年，中原油田对法律事务处职能进行了调整，将原法律事务处勘探局合同管理职能划归规划计划处负责。法律事务处主要负责：中原油田重大决策与行政权制度的法律论证；中原油田重大项目的合同谈判与合同的起草；协调处理中原油田对外、对内合资合作担保与企业合并、分立、资产租赁、转让、清算破产等经济活动中涉及的法律事务；办理中原油田工商登记事；代理中原油田和所属单位参与诉讼与非诉讼活动等工作。截至2002年底，法律事务处有员工11人，机构下设工商管理科、综合办公室和法律顾问室。2002年，法律事务处参加、列席中原油田各项经营决策会议125次，出具法律咨询论证意见89次，主动提出意见和方案47次，参与起草和审核勘探局、分公司各类规范性文件23个，出台了《加强油田法律事务工作有关问题的实施方案》、《案件责任追究制实施办法》等规范性文件。同时，加强合同管理，共立项和结算审查审批各类合同5891份，金额13.8亿元，节约资金5600万元；加大对外争议纠纷处理力度，共处理各类案件67起，避免和挽回经济损失1300万元；严格内部工商管理，办理执照年检125份，注销登记6个，新刻合同印章27枚，收缴印章35枚；妥善处理油地关系、协调各类行政处罚9起，避免经济损失1亿元。

（李亚辉）

【限制失信企业进入油田市场】 2002年，法律事务处统计了自1996年以来由地方部分企业和个体经营者起诉中原油田的案件699起，对诉讼案件处理情况进行了分析,发现有部分地方企业和个体经营者,一方面以种种理由起诉中原油田达到敲诈的目的,另一方面又想长期在中原油田市场承揽业务。为了遏制被动的诉讼局面,维护中原油田的合法权益,法律事务处与勘探局机关10个处室联合下发《关于禁止与起诉油田的单位和个人发生经济业务的通知》,限制部分失信企业和个体经营者进入中原油田市场。年内新接收案件67起,标的1888.65万元,案件数量和标的有所下降,案件胜诉率98%。

(李亚辉)

【治理非法占压管道行为有了法律依据】 2002年,法律事务处针对地方人员在石油、天然气管道上搭建房屋,对中原油田的安全生产构成威胁的实际情况,法律事务处以侵权为由起诉地方非法占压管道人员,要求非法占压方承担责任,但地方法院认为《石油天然气管道保护条例》第二条第二款规定:"输送石油、天然气的城市管网和石油化工企业厂区内部管网的保护不适用本条例",而中原油田输送石油、天然气的野外管道是企业内部管道,不能适用《条例》,因此驳回起诉。对《石油天然气管道保护条例》第二条如何理解,法律事务处委托石化集团公司向国务院法制办作请示。7月11日,国务院法制办作出明确批复《对中国石油化工集团公司〈关于请求对"石油、天然气管道保护条例"有关条款进行解释的函〉的复函》(国务院法制办公室国法密函[2002]118号)中指出:"石油化工的野外管道属于条例的保护范围"。此件的批复对打击非法占压行为及为重要,也为中原油田胜诉此案,提供了法律依据。

(李亚辉)

【处理规范改制企业诉讼案件26起】 1997—1999年,中原油田根据国家体制改革委员会《关于发展城市股份合作制企业的指导意见》,对95家所属多种经营企业进行了以股份合作制为主要形式的产权制度改革。实践证明,股份合作制改造的完成,使中原油田能够投入精力进行油气主业生产,生产经营形势逐年好转,1997年中原油田被中央宣传部、国家经济贸易委员会评为"国有企业扭亏增盈先进单位"。但是,少数改制企业由于经营管理不善,濒临倒闭,债权人以中原油田是改制企业的开办单位为由,起诉中原油田,要求承担连带责任。2002年,法律事务处严格依照相关法律规定,先后处理了涉及天宇化工厂、万邦服务中心、接待服务公司、伊莲制衣有限公司等数家规范改制企业的案件26起,标的总额2000万元。

(李亚辉)

【清理非法侵权企业】 2002年7月,法律事务处针对社会部分企业在其名称前加挂"中原石油勘探局"或是"中原油田"名称、中原油田部分改制企业也想通过此形式搞经营等实际情况,采取向非法侵权企业正式警告、前往工商局查寻、通过媒体及网络发布消息、接受举报等多种形式,对侵害中原油田名誉权的企业进行了整顿清理,共清理非法使用中原油田名称的中原油田中兴实业公司、中原油田物资供销公司等企业20个。

(李亚辉)

经 济 贸 易

【外经外贸工作概述】 对外经济贸易总公司隶属于勘探局,主要负责对中原油田(包括勘探局和分公司)国际项目和进出口贸易进行统一管理。截至2002年底,对外经济贸易总公司有员工221人,机构下设中东、非洲、印尼、南美4个地区石油工程公司和8个机关部室。2002年,对外经济贸易总公司累计投标工程项目40个,中标并签订合同27个,新签合同额8991万美元,与2001年相比,新签合同额增加2767万美元。(1)项目规模不断扩大,国际项目有钻机11台、作业机13台、固井队2个、录井队3个、地震队3个、运输队1个、计算站1个、地面工程队1个,与2001年相比,钻机增加2台、作业机增加2台,地震队增加1个。(2)项目运行安全高效。年内累计钻井50口,进尺10.62万米,与2001年相比,钻井增加6口,进尺增加19413米;完成修井作业459口;完成固井、挤水泥等作业111井(次),录井22口;完成二维地震1429.99千米、三维地震305.4平方千米;并完成运输和地震资料处理以及地面工程建设等工作,实现了全年安全生产。(3)对外贸易稳步发展。年内完成进出口总额2674万美元,其中出口2017万美元。

(李国春)

【沙特钻井市场】 2002年,中原油田在沙特的SINO-1钻井队,打破了沙特阿美公司承包商在同一区块创下的建井周期14.3天的钻井纪录,其施工速度、施工质量和管理水平跃居沙特阿美公司40台钻机的前列,业主主动提出将中原油田的3+1年合同改为3+3年。沙特项目的顺利实施,充分展示了中原油田的实力和形象,为实现中原油田在中东市场连片发展的战略构想奠定了基础。

(李国春)

【也门钻井市场】 2002年，中原油田在也门的RIG905、RIG906钻井队，年累计开钻18口，完井18口，进尺3.65万米，全年安全无事故，共收到业主表扬信10封，获得业主特别奖励32.91万美元。其中：RIG906队创出50D钻机年累计开钻9口，完井9口，年进尺突破2万米的新纪录，连续6次获得甲方特别嘉奖；RIG905队在由A1井向S4井380千米长途搬迁中，仅用4天时间搬完设备，6天达到开钻水平，比业主计划提前了9天，创出区块间搬迁新纪录。

（李国春）

【国际合作工作概述】 国际合作部隶属于分公司，主要负责分公司国内外油气田开发、投资。截至2002年底，国际合作部有员工23人，机构下设科室4个。2002年，国际合作部本着互利、互惠、坚决维护中方利益的原则，处理、解决胡状集—文留区块提高采收率项目执行中发生的问题，接待和联系了菲利普斯公司、美国MI能源公司（中国）和法国道达尔菲纳埃尔夫中国公司，探讨合作开发中原油田深层天然气的可能性。6月9日，美国MI能源公司（中国）及其合作伙伴加拿大油气田开发投资公司——王子公司来中原油田对桥口项目进行了现场考察、地质情况了解和技术座谈，王子公司根据中原油田掌握的资料，对该项目表示了极大的兴趣，与中原油田达成合作开发桥口深层天然气意向，并购买了资料包。同时，与孟加拉Xpronet公司就孟加拉22区块的合作项目进行商谈，至年底，合作项目已经立项。

（余　博）

【中原油田被评为“河南省外经业务完成营业额状元企业”】 2002年2月24日，在河南省外经贸工作会议上，中原油田被评为“河南省外经业务完成营业额状元企业”、“外经工作先进企业”、“实施走出去战略先进企业”，继续保持了出口创汇重点企业地位。2002年，中原油田共投标国际工程项目55个，中标29个，新签合同额9281万美元，实现工程收入6100多万美元。全年共完成进出口贸易额2000万美元，其中出口贸易额900多万美元。

（李国春）

油地工作

【油地工作概述】 中原油田的土地管理工作由勘探局对外关系处（土地管理办公室）和分公司油地工作部承担，具体负责协调处理在原油生产和各类施工建设过程中产生的工农纠纷，管理中原油田土地征、占、管、用等工作。截至2002年底，土地管理部门有员工29人，下设7个科室。2002年，对外关系处（土地管理办公室）办理征地146.67万平方米；根据石化集团公司要求，办理土地资产置换1213.34万平方米；为钻井生产办理临时占地466.67万平方米；办理完成12个生活小区62万平方米计划经济适用住房的土地变更手续；为967.50万平方米土地办理了土地证，占油田基地土地办证1040.01万平方米的93.03%；完善146.67万平方米约5000页土地地籍档案，建立土地属性数据库，将全油田8500宗7333.37万平方米土地300万个数据，全部输入了微机，实现了土地属性的数据上传、互访、查询、打印报表等功能；解决了黄河南直径为377毫米天然气外输工程、淄博—青岛输气管线工程所发生的工农矛盾及土地赔偿等事宜；为中原油田收取土地收益金3000万元。年底，经山东省人事厅批准，山东省油区办公室决定授予中原油田对外关系处“山东省油区工作先进单位”称号；刘代臣、梁保田、李晓倩、郭振明、王波为“山东省油区工作先进个人”。

（刘永生）

【完成土地评估工作】 2002年，土地管理部门根据石化集团公司资产置换、土地评估工作会议的要求，对1999年中原油田重组改制时未完成的土地评估工作进行评估。此次评估土地2127宗116.24平方米，土地涉及山东、河南两省13个县（市）。土地评估工作共完成各类表格2万份、涉及数据40万条、绘制宗图3000张，并对土地权属问题进行了确认。

（刘永生）

【淄青输气管线土地赔偿】 淄博—青岛输气管线工程，于2002年7月10日正式打火焊接施工，中原油田土地管理部门负责276千米管线施工的对外关系协调、补偿及征地工作。此项工程途经3个市、13个县50个乡（镇），穿越大小河流53条，国道、省道、地方公路247条、高速公路6条、铁路6条，穿越拆除各式塑料大棚1000个20千米，工农关系协调工作难度很大。为此，土地管理部门成立了临时对外关系部，负责协调处理管线施工的工农关系、临时占地、地面附着物赔偿等工作，并对人员进行具体工作分工，实行分段管理，根据实际情况制定赔偿制度，从交桩、放线、清点附着物抓起，严格依据土地政策和有关法律执行，坚持统一对外宣传口径、统一对外赔付标准、统一与地方建立协调组织、统一与地方定期召开会议、统一研究解决有关问题的方案的“五个统一”，保证了淄青输气管线工程的顺利施工。

（刘永生）

【妥善处理工农纠纷】 2002年，土地管理部门配合各钻井公司完成钻井492口、交井482口，配合压裂施工616口、大修203口、试油68口、测试43口，累计处理工农纠纷470起；及时协调处理各矿区因污水排放、河道清淤、大堤养护等共性问题50起；处理在生产过程中因青苗欠款等原因导致的村民拦车60起，解决遗留问题30多个；处理油区内各县林业局、水利局、环保局等政府有关部门对中原油田进行处罚等事宜，避免直接损失90万元。

（刘永生）

【依法处理油田违规用地】 2002年，由于中原油田产业结构的不断调整以及油田内部部分单位用地不规范，存在着不同程度的违法违规用地现象，导致地方政府土地管理部门处罚中原油田案件越来越多。土地管理部门为挽回损失，根据土地法律法规，协调地方政府以及各级土地管理部门处罚违规用地案件30起。同时，集中办理世纪景苑、林海花园、濮水花园、建工南区、盟北小区5宗50万平方米国有划拨土地变更手续。

（刘永生）

科学技术

科学研究

【科技工作概述】 2002年,科技工作围绕勘探突破、油气稳产等重大技术难题开展科研攻关。年内共开展局级科研项目224项、新技术推广项目130项;承担石化集团公司项目31项,通过石化集团公司鉴定16项,获石化集团公司级科技进步奖8项;获油田科技进步奖196项。

油气勘探技术研究。在东濮凹陷下第三系地层对比与统层研究上,通过对单井、剖面、平面、时间及构造、微古生物演化分析的有机结合,提出了东濮凹陷南北的演化具有明显的差异性及地层时代的划分意见。在隐蔽油气藏勘探上,通过对形成条件、勘探潜力的分析,明确了岩性油气藏发育的有利地区和勘探方向。在黄河南地区地层构造研究上,提出了"逢油必断,油层分布范围小,垂向分布层段多,空间叠加连片"的新认识,新增探明天然气地质储量24.01亿立方米、石油地质储量596万吨,新增天然气预测储量65.47亿立方米。在河岸地区油气成藏规律研究上,对刘庄地区进行了构造连片、储层展布、沉积特征、油气富集规律研究,年内共完钻6口井,其中5口井获工业油气流、1口井获低产油流,探明石油地质储量361万吨。在东濮外围及新区勘探上,预测了鄂尔多斯盆地富县探区和白音查干凹陷石油地质储量1700万吨,发现和落实塔里木盆地中原探区局部构造圈闭18个,层圈闭52个,圈闭面积1689平方千米。

油田开发技术研究。在东濮凹陷滚动勘探开发研究上,优选文西地区、马寨次洼西侧环洼带、卫东深层、马厂东北翼等有利区块进行滚动勘探开发评价,新增探明石油地质储量986万吨。在东濮凹陷复杂断块油藏提高采收率研究上,对胡12块的储层层内高渗带的分布进行研究,新增可动用地质储量75万吨;对文13北块进行了天然及人工裂缝系统的发育规律研究,现场实施后增产原油4000多吨,综合含水下降2.7个百分点;建立了文209块的精细构造模型。在深层天然气开发技术研究上,重点开展了气藏描述、气层综合识别及可开发储量评价、气藏工程研究、气藏数值模拟研究和采气工艺配套技术等5项研究,确定了濮67、白庙、户部寨气田的开发技术经济政策。在三次采油技术研究上,围绕天然气驱、聚合物驱、二元复合驱3个项目的先导试验开展工作,完成了中原文88块深层低渗透油藏天然气驱技术、高温高盐油藏聚合物驱油技术、高温高盐油藏二元复合驱油田技术等研究项目。

采油工程技术研究。在常规开发井套损机理及防治配套技术研究上,开发了高抗挤套管、桶式卡瓦锚及小直径液压封隔器和管柱,研制了可遏制井况恶化的综合快速解卡系列工具、套管错断复位加固工艺和定向井、深井套磨铣捞工具。在分层注水工艺配套技术上,开发出适应不同分注要求的高压分注管柱。在调剖及调驱工艺新技术上,研制了4种调解综合工艺管柱,使调剖和酸化解堵两种技术可在同一口井中应用。在压裂配套工艺技术上,完善了双封分层压裂管柱技术,实施了砂团段塞技术,一批深层低渗气井压裂获高产气流。

钻井工程技术研究。在提高钻井速度上,开展了地层压力预测与井身结构优化技术研究,完成了文东与濮城30余口井120条组合测井曲线的矢量化工作,及两个区块4口井33块岩心岩样、2大块岩心的室内试验。在保护油气层及钻井液技术上,初步形成了新型表面活性剂、屏蔽暂堵剂复配的完整体系,研制开发的保护油气层有机正电材料钻井液、高钙盐钻井液、两性离子聚合物处理剂及钻井液体系均在现场见到良好效果。特殊工艺井的钻井技术在完善井身剖面设计、套管设计、钻柱受力分析、轨迹控制技术、三维防碰技术及井眼稳定技术上取得突破。

地面工程技术研究。开展了以提高油气集输系统效率、降低损耗为重点的高效油气集输处理及污水处理等配套技术研究,形成了适用于白庙凝析气田开发要求的地面工程技术,高压注水水质净化效果有大幅度提高,污水处理站出站净化水质达到SY/T 5329－94 A3级指标,井口深度净化水质达到SY/T 5329－94 A1级(超低渗)指标。

测录井技术研究。开展了核磁共振测井、高精度碳度氧比测井、不同类型油藏剩余油测井系列优选、低阻油层形成机理及解释方法、PDC钻进录井技术、深井油气层录井技术研究。剩余油饱和度测井水平进一步提高,测井成功率、解释符合率分别达到90%、80%以上。低阻油层研究取得进展,开发了以油水相对渗透率为核心的低阻油层定量评价方法。在PDC录井技术研究上,研制了应用综合录井参数预测砂泥岩岩性的软件,经现场实验预测,符合率达到70%以上。

石油机械技术研究。研制出新型的全自动双燃料热洗车、0.7兆瓦和1.0兆瓦的双燃料全自动加热炉、双燃料分体式燃烧器和自动控制系统;采用三维建模及CAE分析软件进行泵结构的优化设计,研制出能适应不同工况的6种规格的杆式抽油泵。

(范青玉)

【勘探局新技术推广】 2002年,勘探局新技术推广工作围绕勘探开发和外闯市场的需要,组织推广了欠平衡压力钻井技术、优快钻井配套技术、储层保护技术、节能降耗和防窃电技术、综合快速录井和油气层识别技术等八大技术,开展推广项目47项。(1)钻井系统推广应用了提高钻速及保护油气层技术、提高固井质量技术和钻井固控及工具技术三大系列15项技术。通过PDC钻头型号、单弯螺杆型号、合适的钻井参数的优选和相关配套技术措施,提高了钻井速度;推广应用定向组合的单扶单弯+PDC钻头,并加强配套技术研究,在平均井深增加184米的情况下,机械钻速提高了0.63米/时;在11口探井中推广应用了屏蔽暂堵保护油气层技术,抑制了钻屑的水化、分散,使小颗粒钻屑高效絮凝,控制了钻井液固相含量,为安全、优质、快速钻井和保护油气层提供了保障;钻井三公司首次引进找漏仪并在现场应用,实验表明该技术找漏准确,可大范围推广;泥浆泵陶瓷缸套和PT100钻杆耐磨带在现场应用中技术实用性强、效果明显,具有一定的推广价值。(2)测录井系统推广应用了硼—中子寿命测井、集流式环空测井、P-K油气层快速评价仪、DATALOG综合录井仪、ADVANTAG综合录井仪和显微荧光薄片技术6项技术。年内共实施160井次,应用油气储集层的样品2300个,录井2400米。

(范青玉)

【分公司新技术推广】 2002年,分公司重点推广了地震资料处理技术、高含水油藏剩余油挖潜改造及测试技术、恢复产能区块综合治理技术、滚动勘探开发配套技术、机采配套技术、油水井增产增注技术、油水井大修技术、节能降耗技术等八大技术,开展推广项目83项。(1)高含水油藏剩余油挖潜、改造及测试技术。推广应用了高含水油田剩余油分布及挖潜改造技术、储层精细描述及井网优化重组技术、硼中子寿命测井技术、勘探开发可视化技术、地质图文数据库等技术。在文209块高含水期剩余油分布及挖潜技术研究中,共完成油水井工作量65井次(油井36井次、水井29井次),实施后年产量由2000年的2.91万吨增加到2002年的5.02万吨、综合含水由2000年的92.31%下降到2002年的90.2%、自然递减由2000年34.46%下降到2002年的-3.4%、水驱控制程度由2000年的72.2%提高到2002年的83.2%、动用程度由2000年的58.3%提高到2002年的68.5%。(2)恢复产能区块综合治理技术。实施了区块综合治理项目8个,完成了应用油藏精细描述、层系调整、低渗储层分层改造、分层调剖堵水等综合配套技术。年内共在527口油水井中应用,油田开发指标明显好转。(3)机采配套技术。推广应用了抽油井、电泵井、气举井从地面到井筒、地层的综合治理配套技术,共完成工作量2500余井次,增产原油6.02万吨。其中:抽油井完善了机采系统效率技术、抽油杆管防偏磨及深抽综合配套技术;电泵井实现了遥控监测管理和从井筒到地层的清防垢系列技术;气举井采用井口流量控制技术、注入气量控制等技术,实现了变流量测试的全面推广应用。(4)油水井增产增注技术。推广应用了油井堵水解堵综合增产技术、暂堵酸化技术、高压顶封管柱技术、高压注水井二级三段分注技术、低渗透油藏降压增注综合工艺技术等8项技术。高压顶封工艺技术在胡状、庆祖集油田现场应用36井次,恢复因套损而减少的地质控制储量147.6万吨、水驱动用储量62.0万吨,累计减少无效注水23万立方米,对应油井累计增产原油5454.6吨;缩膨降压增注技术在卫城、马寨油田推广应用238井次,平均单井降压6兆帕,累计增加注水1.09万立方米,对应油井增产原油3876吨。(5)节能降耗技术。推广应用了提高注水系统效率的节能增油配套技术,油田电网防止电压波动、防窃电系列技术,超导节能加热器等7项技术。采用"提高注水系统效率专家诊断系统"对文东油田注水系统进行诊断,并编制技术改造方案,推广应用了超高压注水技术、恒流水嘴技术、变频技术、软启技术和泵头技术等。改造完成后,实现了35兆帕和45兆帕双压力系统分压注水,解决了文东油田超注、欠注和无效注水等问题,配注合格率由54.9%提高到90%以上,年累计降低无效注水60.23万立方米,年累计节约电量747.02万千瓦·时,年累计增产原油3.12万吨,创产值6316.2万元。通过综合应用防窃电防护导线、井站防窃电设施、电网防止电压波动技术,增强了电网稳定性,减少了每年因窃电和电网电压波动造成的大小事故100余起,减少电量损失近亿千瓦·时,创直接经济效益4000多万元。

(范青玉)

【科技管理】 2002年，为保证科技工作目标的实现和科研、新技术推广项目的完成，重点在5个方面加强了管理。(1)抓好科研成果的现场试验。当项目的室内研究阶段完成后，由科技处组织中评估会听取项目组提交的室内研究报告和现场试验方案汇报，并提出评审意见；实施现场试验方案需由生产单位的总工程师审查签字，减少了试验的风险性；每季度组织召开现场试验例会，科技处根据科研单位和生产单位介绍的现场试验情况及生产中存在的技术问题，编制出现场试验季度计划，保证现场试验工作按计划运行；对试验效果较好的项目及时召开现场技术交流会，尽量扩大应用范围；根据现场试验难度和风险大小给予生产单位一定比例的经费补贴，中原油田每年从科技经费中列出300万～400万元用于现场示范性试验和扩大试验补贴；组织科技人员到生产一线解决技术问题，提高了现场试验的成功率和科研攻关项目的完成率。(2)分级抓好项目管理。针对各二级单位自行开展的科技项目存在管理不规范、成果质量不稳定的现象，实行了油田级重点项目由科技部(处)全过程管理，指导性项目由二级单位申报、科技部审查，并下达指导性计划的两级管理模式。在项目实施过程中，主要由二级单位的科技科进行管理，项目完成后由科技部(处)组织专家进行验收；未列入计划的项目，科技部(处)不再组织验收和成果评审。(3)试行项目长津贴制度。先后在勘探开发科学研究院、采油工程技术研究院、钻井工程技术研究院、物探研究院等单位试行了项目长津贴制度，各单位也从实际情况出发，制定了不同的奖励措施，对不能按期完成项目进度的项目长和项目组成员给予加倍处罚，提高了科研项目的合同完成率。(4)开发运用科技管理系统。由科技处开发出包括科研项目管理、新技术推广项目管理、专利与知识产权管理、技术合同管理、科技成果管理、科技经费管理、科技信息查询管理、信息上报、信息发布九大模块的科技信息管理系统。系统投入运行后，不同的管理部门、科研单位、生产应用单位可协同进行科技管理，使科技信息得以高效应用。(5)加强集团公司项目管理。一是严格审查石化集团公司项目的立项申报，规定了申报集团公司项目的原则和条件。二是对通过石化集团公司论证的项目，由中原油田项目协调小组负责组织、协调、监督项目的开展及专题间的衔接等，加强了项目的管理与协调。三是建立中评估制度，组织有关专家对提出项目中评估申请的单位进行审查，通过后进入现场试验。四是严格项目鉴定。各专题完成合同内容后，经科技部门验收可参加局级成果评奖；总项目完成后，由科技部门负责向石化集团公司申请鉴定。

（范青玉）

【科技工作会议】 2003年1月16日，中原油田“十五”后三年科技攻关会战动员大会在中原文化宫召开。油田各机关处室、油田所属单位负责人和部分科技工作者近1000人参加了会议，油田领导刘恩学、李春第、王春江、张勤、刘一江、冯建辉、孙清德、杜广义等出席会议。会议宣读了《关于印发中原油田“十五”后三年科技攻关会战管理规定的通知》和《中原油田“十五”后三年科技攻关会战项目任务书》，并与8个科研攻关项目协调组组长签订了项目任务书；宣读了《关于奖励低渗低产油气井复合压裂改造技术研究项目的决定》，为在该项目中作出突出贡献的井下特种作业处、采油六厂颁奖。石化集团公司领导牟书令、曹湘洪给大会发来了致电信。

（范青玉）

【刘一江获孙越崎“青年科技奖”】 2002年11月，分公司副经理刘一江获中国科学技术发展基金会孙越崎科技教育基金第十一届能源科学技术奖青年科技奖。中国科学技术发展基金会孙越崎科技教育基金是为了纪念孙越崎先生多年来为中国工矿事业作出的贡献而设立的，其目的是奖励有突出贡献的科技人员，促进中国能源科技教育事业的繁荣和后备人才的成长。刘一江1984年毕业于江汉石油学院采油工程专业，长期从事油田开发技术研究和生产、科研管理工作，先后主持、参与科技攻关项目157项，其中获部级科技成果奖6项、局级科技进步奖18项。1997年被评为中原油田学术技术带头人，1998年被评为中原油田十大杰出青年，2000年被评为石化集团公司首批学术技术带头人，2001年被国务院批准为享受政府特殊津贴专家。此前的2000年9月，天然气管理事业部经理曾大乾曾获此奖项。

（黄　琥）

2002年度获奖科技成果选介

【中原地震资料处理系统研制与应用】 “中原地震资料处理系统研制与应用”项目由物探研究院完成，研究时间为1996年1月—2001年6月。项目以物探研究院的FOCUS、Geovecteur Plus、GRISYS和PROMAX4套地震资料处理系统为基础，开发出一种数据桥软件，把这4套地震资料处理系统合并成一个大型处理系统集——中原地震资料处理系统。在该系统中，地震数据处理中的不同步骤可在几个系统中分别完成，免去了在每种处理系统中重新定义观测系统的难题。至2001年底，共为该系统研制、移植、改编模块43个，涉及到数据转换、数据显示、地震成图、反褶积、静校正、偏移归位、观测系统、噪音衰减、叠加成像等数据处理过程中的各个方面。

中原地震资料处理系统研制成功后，先后完成了桥口三维目标岩性处理、唐庄徐集三维目标处理、毛岗扇岩性目标处理、文留潜山目标处理、前梨园过河三维资料处理、徐集马厂三维连片处理等资料处理任务，并为苏丹1区、2区、4区的地震资料处理服务，赢得了甲方的认可。物探研究院借助该系统，先后中标克拉玛依油田、吐哈油田、辽河油田、胜利油田、青海油田、中石化西部勘探项目经理部等各大油田的地震资料处理任务，并解决了信噪比低、断块复杂、成像效果差等关键问题。该项目于2003年3月获石化集团公司科技进步二等奖。

（范青玉　黄　强）

【吸水剖面测井系列及解释方法研究】 “吸水剖面测井系列及解释方法研究”项目由地球物理测井公司完成，研究时间为1999年6月—2001年6月。项目主要开发了吸水剖面测井数控地面系统，并在三参数的基础上，引入压力计、流量计，实现了吸水剖面五参数测井系列配套。同时，分析了同位素沾污、衰减、脱附等机理，研究出吸水剖面不同测井系列解释方法和同位素吸水剖面综合校正方法，确定了解释模型；开发出同位素综合校正处理软件及吸水剖面测井SUN工作站综合处理解释软件。项目的主要特点：地面系统功能齐全，下井仪器设计合理，达到国内领先水平；新的吸水剖面放射性载体法示踪测井的脱附校正方法和同位素综合校正方法研究，具有合理性和先进性；将吸水剖面涡轮流量计和放射性同位素示踪测井技术有机融合，形成五参数测井系列，并研究出五参数吸水剖面测井解释方法，具有新颖性和实用性；研制的吸水剖面综合处理解释软件将三参数吸水剖面测井方法、五参数吸水剖面测井方法、同位素曲线综合校正方法等有机融合，提高了吸水剖面测井解释精度；吸水剖面测井处理解释软件包采用积木式结构，功能模块可任意组合，操作方便、适用性强，具有较强的灵活性。

“吸水剖面测井系列及解释方法研究”项目在中原油田450口井的吸水剖面测井中应用，累计新增水驱控制储量408万吨、新增水驱动用储量116万吨，累计增产原油2.40万吨。该项目于2003年3月获石化集团公司科技进步二等奖。

（范青玉　黄　强）

【中原油田勘探开发数据仓研究与应用】 “中原油田勘探开发数据仓研究与应用”项目由勘探开发科学研究院完成，研究时间为1999年1月—2001年10月。项目针对中原油田勘探开发数据资源在勘探开发科研、生产、管理的综合应用方面多年来存在的关键问题，运用世界上先进的数据集成管理技术和信息应用挖掘技术，把分散在中原油田企业内部的重要数据资源高度集成，建立中原油田勘探开发数据仓，形成完整的勘探开发数据资源体系结构，并在此基础上研制开发出数据仓管理和应用系统平台，对各种数据资源进行组织管理、深入挖掘，为勘探开发过程提供了决策依据。

中原油田勘探开发数据仓的项目数据库与国内外大型勘探开发解释、分析、预测、成图软件实行了数据接口（主要包括Earthvision地质建模软件接口、IESX地震构造解释软件接口、WELLPIX软件接口、Geostar地震综合解释软件接口、VIP数值模拟软件接口、Jason地层反演软件接口、Voxelgeo三维可视化解释软件接口），对各种勘探开发数据资源进行挖掘，为实现深层次研究提供了便捷的科学手段。

“中原油田勘探开发数据仓研究与应用”项目的研究成果应用于“前8块储层预测”项目中，获可采储量203万吨，标定采收率20%，溶解气可采储量4.58亿立方米，标定采收率24%。在“文85块油藏精细描述及剩余油挖潜研究”项目中，大量运用勘探开发数据仓提供的信息，项目实施后，区块年产油量由2.89万吨上升到4.21万吨，综合含水由73.6%下降到69.2%，采油速度由0.71%提高到1.37%，自然递减由46.12%下降到12.82%，综合递减由9.5%下降到-29.78%，可采储量增加12.8万吨。该项目于2003年3月获石化集团公司科技进步二等奖。

（范青玉　黄　强）

【油田电网安全防护技术应用研究】 “油田电网安全防护技术应用研究”项目由勘察设计研究院完成，研究时间为1997年7月—2002年3月。项目属企业自备电网技术领域，包括电网防窃电、井站防窃电和防止电压波动三部分内容。该技术以全油田电网作为实施对象，综合利用该项目开发的防窃防护导线、线路分支装置、井站配电装置、弹跌式快速熔断器和互感式电抗器，最大限度地减少了窃电现象的发生及其对油田电网的影响。

中原油田第一条电网防窃电导线于1999年10月投入现场运行，至2001年底已推广应用防窃防护导线26条、126.47千米，线路分支装置10台，井站配电装置26套，弹跌式快熔断器39组，互感式电抗器12台，共减少电量流失5129.4万千瓦·时，减少原油产量损失7070吨，减少事故停电143次，节省工程投资63.68万元，降低电能损耗1301.79万千瓦·时，累计增加经济效益5847.74万元。该项目于2003年3月获石化集团公司科技进步二等奖。

（范青玉　黄　强）

【中原油田注采系统腐蚀评价与预测技术】　“中原油田注采系统腐蚀评价与预测技术”项目由采油工程技术研究院、采油二厂、华中科技大学、北京化工学院联合完成，研究时间为1999年3月—2001年12月。项目针对中原油田注采管网老化，油、气、水混输系统局部腐蚀严重，腐蚀控制难度逐年加大的难题展开研究，共取得5项成果：建立了三相流动态模拟装置，开发出三相流腐蚀预测软件；掌握了碳钢在油田污水环境中点蚀的各项影响因素与规律，建立了局部腐蚀的数学模型；建立了现场防腐措施的快速评价方法；开发出防腐措施优选软件，形成了中原油田注采系统腐蚀评价及预测技术；针对濮城油田的腐蚀问题，进行了高效缓蚀剂、油井连续加药技术、缓蚀剂浓度监测技术、细菌变异规律及控制技术的研究，提高和完善了防腐措施的现场应用效果，形成了濮城油田防腐综合治理配套技术。

“中原油田注采系统腐蚀评价与预测技术”项目研究开发的三相流腐蚀、局部腐蚀预测软件，现场应用符合率达到80%以上。应用于濮城油田的防腐综合治理配套技术，使注采系统腐蚀速率控制在0.013毫米/年以下，与国际标准0.076毫米/年相比，下降了82.9%；腐蚀穿孔率年下降幅度达到23%以上；套管损坏减轻，油管、抽油杆更换大幅度下降。该项目于2003年3月获石化集团公司科技进步三等奖。

（范青玉　黄　强）

【前梨园洼陷西坡异常高压低渗油藏开发综合配套技术研究与应用】　“前梨园洼陷西坡异常高压低渗油藏开发综合配套技术研究与应用”项目由中原油气高新股份有限公司完成，研究时间为1998年1月—2000年底。项目主要开展了微构造研究、沉积微相研究、成岩作用研究、净覆压对储层物性和岩石性能影响研究、储层非均质研究、地震储层横向预测、油气成藏模式研究、难动用储量评价、长岩心多层水驱油实验研究、经济技术界限研究、难动用储量开发模式研究、深层低渗油藏开发技术政策研究、经济评价研究和滚动勘探开发目标评价及优选研究。综合运用地质、地球物理、油藏工程、计算机应用等专业技术，对油藏地质、油藏特征及提高采收率和开发效益进行研究和应用，代表了世界上先进的深层低渗异常高温高压难动用储量油藏开发研究的主流和方向；充分应用异常高压油藏净覆压对储层及岩石性能影响，成岩作用研究，沉积相指导下的地震储层预测技术，难动用储量评价方法，长岩心多层水驱油实验技术，数值模拟技术，灰色评价技术，逐层上返开发，经济评价技术，高压注水技术，大型压裂和重复压裂增产技术，大位移多靶定向钻井、固井技术，油气层保护技术，地应力场和裂缝场分布规律研究等新理论和新方法，取得显著成果。

“前梨园洼陷西坡异常高压低渗油藏开发综合配套技术研究与应用”项目成果在实际应用中，形成了一套适合深层低渗异常高温高压油藏提高采收率及开发效益的配套技术及研究思路，1998—2000年，先后在中原油田文南、文东、濮城、马厂、桥口等地区广泛应用，新增探明石油储量261万吨，累计增产原油72.03万吨。该项目于2003年3月获石化集团公司科技进步三等奖。

（范青玉　黄　强）

【油藏动态数据管理系统开发与应用】　“油藏动态数据管理系统开发与应用”项目由采油四厂完成，研究时间为1997年9月—2001年12月。项目应用Visual FoxPro5.0开发完成，是以油田开发数据为基础，实现油藏动态数据逐级处理、逐级上报的微机网络化管理系统软件。系统的特点：采用集中数据存储方法，方便了数据管理；实现了数据库分类、结构的统一；合理利用参量文件、合计流程数据，增强了软件的适用性；具有数据查询、对比、自动收集等功能；数据的处理及应用灵活方便；实现了数据网络共享、Web数据查询、绘图和Excel接口等技术，彻底解决了应用软件2000年问题。

经石化集团公司油田部和中原油田分公司开发事业部等单位油藏数据处理人员的反复检测和使用，认定该系统可满足石化集团公司油藏动态数据管理要求。石化集团公司油田部、胜利油田、中原油田、河南油田、江汉油田、江苏油田、滇黔桂油田于1999年1月安装该系统，同年4月起正式推广应用。2000—2001年，油藏动态数据管理系统由Rdms1.0版升级到Rdms1.2、Rdms1.5版。1997—2001年间，该系统共出版软件145套。该项目于2003年3月获石化集团公司科技进步三等奖。

(范青玉 黄 强)

【测井综合解释成果图跨网络浏览系统】 “测井综合解释成果图跨网络浏览系统”项目由勘探开发科学研究院完成,研究时间为1999年9月—2000年12月。项目是针对中原油田应用勘探开发数据的迫切需要,研制开发的基于Web的井筒综合数据信息的可视化图形显示及信息查询平台。系统采用Browser/Server(浏览器/服务器)模式、面向对象技术,实现了单井井筒数据的可视化显示和解释数据的实时查询;网络上每一个经过授权的站点,都可通过浏览器获取井筒各种综合测井图形信息以及相关信息,实现了各种井筒信息的高速、无隙、安全跨网络存取;实现了在一幅图上显示测井解释成果、井筒综合信息及相关数据。主要技术性能指标:(1)采用三层客户/服务器体系方式,应用ActiveX和ASP技术,(ActiveX绘图控件采用VC++编制),解决了在IE5.0浏览器上对服务器SQL Server数据库的访问、网络连接、数据存储、客户端硬件资源控制等技术。(2)在服务器端完成了Web服务器设计、Web数据库服务器设计、客户端与数据库接口设计、数据库管理和数据入库模块设计、网页设计等,实现了各类井数据库的动态管理和跨平台数据交换,以及测井716、LAS、LIS等多种数据格式的转换及数据的输入输出。(3)在Web上实现了测井综合数据库查询、单井信息查询、多井综合信息查询等,实现了跨网络生成报表,并能动态形成井筒综合信息报告。(4)实现了井筒综合成果图动态生成与浏览,对井筒信息(包括测井曲线、地质数据等)进行图形化显示,可完成斜井轨迹再现、井位图生成、显示岩心照片、标示岩心剖面、岩心描述、试油射孔等信息,并可打印输出任意组合的测井综合成果图、岩性综合柱状图等多种井筒综合成果图。(5)建立了井筒综合图形对象部件库,为前台图形显示和打印输出提供了统一的绘图支持。

“测井综合解释成果图跨网络浏览系统”项目研究成果先后在采油一厂、采油二厂、采油三厂、采油四厂、采油五厂、采油六厂、采油七厂、勘探开发科学研究院、地球物理测井公司、开发事业部、勘探事业部等18个单位推广使用。应用效果表明:该系统软件可快速得到井筒信息图形化显示,对油田勘探开发生产起到了重要作用。该项目于2003年3月获石化集团公司科技进步三等奖。

(范青玉 黄 强)

【低渗低产油气井复合压裂改造技术】 “低渗低产油气井复合压裂改造技术”项目由井下特种作业处、采油六厂联合完成,研究时间为2002年1—12月。项目是根据马厂油田、桥口油田地质特征进行选井选层和压前评估,寻找具有潜力的井和层,并通过压前地层预处理、优化加砂程序和压裂液体系、变粘度、变支撑剂粒径、变排量、高砂比、强制闭合等工艺技术改善支撑剖面,尽可能消除和减少对地层的伤害,提高裂缝导流能力,实现压后增产和延长有效期。

“低渗低产油气井复合压裂改造技术”项目在马厂油田、桥口油田共实施20口油井,压裂有效率100%,平均单井日增产原油8.1吨,日增产液量20.1立方米,至2002年底,平均单井累计增产原油509.95吨;应用该技术实施的9口气井,压后平均日产气2.2417万立方米,压裂有效率100%。该项目于2003年5月获中原油田分公司科技进步特等奖。

(范青玉 黄 强)

【深层三维地震勘探理论方法及采集技术研究】 “深层三维地震勘探理论方法及采集技术研究”项目由物探研究院完成,研制时间为2000年1月—2002年2月。项目对目标区的深层资料状况进行了调查分析,对精细表层调查方法、深层噪声特征、深层信号的幅频特性以及针对深层目标的激发、接收和三维观测系统设计等技术进行了深入的理论研究和试验验证,形成了一套适合东濮凹陷深层地质特征的地震采集方法。其中,在深层地震信号的衰减规律和可记录性的研究中,进一步加深了对深层地震信号特征的认识,对采集、处理、解释都具有指导意义和理论价值;虚反射调查与子波监测相结合的井深选择技术是对地震激发技术的创新,从源头上提高了地震信号的信噪比和分辨率;以串联为主的检波器组合方式对提高深层能量有显著成效;以可变面元、高覆盖次数、窄方位角为特征的三维观测系统设计技术,为灵活选择面元尺度、覆盖次数,合理调整剖面的信噪比和分辨率创造了条件;卫星照片正演模拟等新技术的应用,使观测系统的设计更加科学合理,且富于针对性。

应用“深层三维地震勘探理论方法及采集技术研究”项目研究成果于2000年初,在东濮凹陷杜—桥—白地区前梨园区块应用,针对深层目标开展了202.3平方千米的三维地震采集工作;2000年底,在该区块前梨园北实施了206.55平方千米的深层三维地震采集工作。2000—2002年,共完成深层三维地震试验和前梨园、前梨园北、白庙三维地震采集工作561.27平方千米。该项目于2003年5月获中原油田分公司科技进步一等奖。

（范青玉　黄　强）

【东濮凹陷下第三系地层对比与统层研究】“东濮凹陷下第三系地层对比与统层研究”项目由勘探开发科学研究院完成，研究时间为 2001 年 3 月—2002 年 6 月。项目确定了以地层对比、地震解释、追踪微古生物分析相结合的综合解释和研究思路，把单井、剖面、平面、时间及构造、微古生物演化的分析有机结合起来，解决了宏观控制与重点解剖，基础研究与科研生产推广应用的关系。在项目研究中，大量应用东濮凹陷内的钻井与地震资料、微古生物资料及重矿分析资料，与渤海湾油气区建立的层型剖面进行对比，结合凹陷沉积构造的演化系统阐述了沙三段与沙四段的界限划分、沙河街组内部的接触关系问题，明确了黄河南北沙河街组一些重要砂组的对比关系，分析了构造、沉积和微古生物在地质史上的演变特点和阶段性，并根据勘探、开发地层界限、砂组的位置，以及油气储量纵向分布的特征，制定了便于推广和生产使用的东濮凹陷沙河街组统层方案。

2002 年，东濮凹陷沙河街组统层方案在中原油田储量计算中首次应用，后在勘探开发科学研究院开发各室推广使用。中原油田各科研院所在承担有关东濮凹陷的石油地质研究中，都应用了该统层方案。该项目于 2003 年 5 月获中原油田分公司科技进步一等奖。

（范青玉　黄　强）

【胡 12 块油藏精细描述与剩余油分布规律研究】“胡 12 块油藏精细描述与剩余油分布规律研究”项目由勘探开发科学研究院、采油五厂联合完成，研究时间为 2002 年 1—12 月。项目针对胡 12 块经过十多年的注水开发，区块产量递减加大、含水上升速度快的特点，应用密闭取心井资料，评价了老油田注水开发中后期油层物性、孔隙结构、非均质特征、储层敏感性以及油层水洗程度、水驱动用状况，建立了精细构造模型、储层参数二次解释模型和储层非均质等模型；在剩余油分布规律研究中，运用小层沉积微相方法、动态分析方法绘制小层水淹图，并应用油藏数值模拟技术宏观了解胡 12 块各小层剩余油分布状况，研究结果表明：影响胡 12 块剩余油分布的主要因素是储层宏观非均质性。根据油藏精细描述及剩余油分布规律研究，提出了胡 12 块油藏剩余油挖潜思路，明确了 I 类层需通过重建流体场、改变水流方向、拉大井距及应用先进的调堵工艺，提高平面及纵向上的波及系数；II、III 类层在笼统开采条件下，储量基数大但水驱动用程度低，具备进一步细分调整的潜力；新增加的滚动及扩边储量具有建立注采井网、实现注水开发的潜力。

“胡 12 块油藏精细描述与剩余油分布规律研究”项目研究成果的应用，使胡 12 块沙三下$^{2-3}$油藏，新增可动用地质储量 59 万吨。利用测井资料精细对比，发现了胡 12 块与庆 85 块结合部沙三中^{9}——新的含油层，新增石油地质储量 40 万吨；利用地层对比技术及井斜复测资料，修正了胡 12 块北区胡 7—7 断层走向，增加了胡 12 块沙三中第 7、第 8、第 9 砂组的含油面积，新增可动用储量 16 万吨；应用剩余油挖潜规律，使该区块 2002 年产油量 7.1 万吨，含水 91.6%，同比增产原油 8000 吨、含水下降 0.9 个百分点。该项目于 2003 年 5 月获中原油田分公司科技进步一等奖。

（范青玉　黄　强）

【文留复杂断块油藏中高含水期提高开发效果技术研究与应用】“文留复杂断块油藏中高含水期提高开发效果技术研究与应用”项目由勘探开发科学研究院完成，研究时间为 1999 年 1 月—2001 年 12 月。项目针对文留复杂断块油藏中高含水期的开发特点，进行了高分辨率层序地层学及沉积时间单元划分、构造精细解释（小断层、微构造研究）、剩余可动油储量丰度定量描述剩余油分布、剩余油挖潜经济评价等研究，形成了适用于提高该类油藏开发效果的技术系列。

“文留复杂断块油藏中高含水期提高开发效果技术研究与应用”项目研究成果，先后在文留油田的文 33 沙二下、文 13 东、文 14 块、文 92 块等复杂断块油藏推广应用，覆盖地质储量 5050 万吨。经过近三年的配套实施，新增水驱控制储量 581 万吨、水驱动用储量 410 万吨、可采储量 256 万吨，累计增产原油 43.4 万吨；减少无效注水 360 万立方米，减少产液量 125 万吨，节约资金 3720 万元；滚动扩边新增探明石油地质储量 287 万吨，节约勘探投资 5740 万元。该项目于 2003 年 5 月获中原油田分公司科技进步一等奖。

（范青玉　黄　强）

【4 英寸套管分层注水和措施配套工艺】“4 英寸（10.16 厘米）套管分层注水和措施配套工艺”项目由采油工程技术研究院完成，研究时间为 1999 年 8 月—2001 年 11 月。项目主要开展了 4 英寸套管一级二段分层注水工艺研究及配套工具的研制、4 英寸套管分层措施工艺研究及配套工具的研制和 4 英寸封隔器配套的密封胶筒研制。达到的主要技术指标：耐压差 35 兆帕，耐温 130℃，管柱工艺成功率 100%；分注管柱

投捞成功率100%。项目特点:(1)分注管柱由扶正式水力锚、液压封隔器与配水器一体化工具、液压卡瓦等组成。管柱采用水力锚和液压卡瓦锚定管柱,防止了管柱失稳弯曲和断脱,锚定安全可靠;上下层分注采用集约式配水,实现了小直径井的可反洗井、可投捞调配和分层测试;采用绝对压力自动座封,施工时免投捞配水芯子,施工工序简单;配水流道设计了单向阀,实现了可全井段反洗井;管柱可上提解封。(2)分层措施管柱由扶正式水力锚、液压封隔器和定泄压滑套等组成。管柱实现了安全锚定;封隔器的双层中心管采用梅花形特殊结构,实现了可反洗井功能,满足了大排量挤注需要,且抗拉、抗内压和抗外挤强度高;封隔器依靠定泄压滑套的节流压差实现初始密封,利用挤注压差继续压缩胶筒实现跟随压力高压密封,挤注后可保压候凝;管柱可上提解封。(3)两类管柱的共同点是:封隔器胶筒均采用肩部钢丝网柔性防凸保护,耐压差高、安全长效;管柱适应全井段4英寸套管井和下段为4英寸的悬挂组合井。

"4英寸(10.16厘米)套管分层注水和措施配套工艺"项目研究成果在现场应用16井次,管柱工艺成功率100%。其中:分注管柱实施10井次,均未因管柱原因失效,最高耐压差38兆帕、最长有效期450天;开展调配16井次,成功率100%;分层措施管柱施工6井次,用于分层酸化和分层调剖。两类管柱满足了现场4英寸井的分层注水和措施工艺需要,措施后累计增产原油4650吨,投入产出比1:6.31。该项目于2003年5月获中原油田分公司科技进步一等奖。

(范青玉　黄　强)

【管线泄漏定位检测系统研究与应用】　"管线泄漏定位监测系统研究与应用"项目由输油管理处完成,研究时间为2002年4—11月。项目是针对中原油田管线打孔窃油严重的情况,结合物质平衡法和负压波法两种检测技术,研制开发的一套适合中原油田排量低、压力小、变径多等复杂工况下的管线监测系统。该系统在压力拐点下降和物质平衡被打破同时出现的情况下做出分析处理,降低了误报率,提高了系统报警的准确性。系统采用全球卫星定位系统(GPS),实现了各监测分站的时间同步和管线两端时间、数据采集的同步,为监控系统提供了经过精确校正的当地标准时间;系统硬件主要由精度高达0.075%的一次仪表进行现场信号采集,然后传送到信号处理器进行滤波、降噪处理和数模转换,数据处理完后通过高速无线通讯系统传至总站上位机进行处理;系统软件使用Visual C++软件开发平台和SQL Server大型数据库平台进行开发,通过采集接口模块与信号处理器进行通讯,从中读取高速采样的数据,并采用先进的小波算法和神经网络智能检测方法来完成对工况的判断,具有高度的非线性逼近能力,可给出报警并对泄漏点进行定位,对管道运行状况进行分类识别,降低了系统的不确定性。

"管线泄漏定位监测系统研究与应用"项目研究成果应用于采油二厂、采油三厂管线的监控。投用后,共报警12次,平均定位精度236米。对系统先后进行了7次定位试验和3次软件的修改完善,使系统定位精度小于±300米;在原油泄漏发生后的60秒内,系统可作出反应;系统可分辨的最小泄漏量为0.03立方米/分;报警准确率100%(无漏报、无误报);漏失量计算误差小于±5%。该项目于2003年5月获中原油田分公司科技进步一等奖。

(范青玉　黄　强)

【无机—有机单体聚合物钻井液与完井液处理剂研究】　"无机—有机单体聚合物钻井液与完井液处理剂研究"项目由钻井工程技术研究院完成,研制时间为2001年7月—2002年12月。项目首次在国内外提出了选择合适的可反应型无机单体作为联结基团,与有机单体共聚合成无机—有机单体聚合物处理剂。其作用效果与传统的有机聚合物有明显区别:具有较强的热温抗盐能力,降滤失、抗温抗盐能力明显优于普通的丙烯酸和丙烯酰胺多元共聚物;作为钻井液处理剂在淡水、盐水、饱和盐水及复合盐水钻井液中具有较强的降失水和提粘切作用,尤其是在含Ca^{2+}、Mg^{2+}离子的钻井液体系中所合成的聚合物性能更优,在普通聚合物无效的情况下仍可较好的控制钻井液的滤失量,其抗钙能力优于磺酸盐聚合物;在研究作用机理方面,打破了传统的钻井液胶体化学理论,可使钻井液体系由传统的稳定胶体逐渐过渡到稳定悬浮体。

"无机—有机单体聚合物钻井液与完井液处理剂研究"项目所合成的无机—有机单体聚合物处理剂经现场应用表明:该处理剂与现场常用处理剂配伍性好,有较好的综合性能,有利于提高钻井速度和较好的保护油气层;能抑制泥页岩的水化分散,抑制地层造浆;稳定井眼,抗温性良好,坍塌掉块得到很好的控制;完井电测及RFT电测均一次成功,避免了替换钻井液,降低了钻井液成本(平均节约15%左右)。该项目于2003年5月获中原石油勘探局科技进步一等奖。

(范青玉　黄　强)

【东濮凹陷低电阻率油层形成机理、解释方法研究及复查成果】 “东濮凹陷低电阻率油层形成机理、解释方法研究及复查成果”项目由地球物理测井公司完成,研究时间为2001年4月—2002年12月。项目针对东濮凹陷低电阻率油层的地质和测井特征,结合岩心实验和理论研究成果,用复合岩性法建模,实现了利用大量测井资料不全的老井重新解释评价低电阻率油层的目标;根据油水液体性质与储层的岩性、物性的关系,使用相渗法和Rwa/Rw比值法,可定性识别储层的含油性;采用最优化方法,实现了地层参数的最优反演,更精确地计算出储层的地质参数,最终利用综合分析技术评价低电阻率油层。项目主要特点:(1)提出用复合岩性法建模,拓展了阿尔奇公式的应用,同时也更加适合低电阻率油层的解释;(2)用相渗法识别和评价低电阻率油层具有较大的创新性;(3)系统地分析了导致东濮凹陷油层低电阻率的4个主要因素,符合实际地质特征。

“东濮凹陷低电阻率油层形成机理、解释方法研究及复查成果”项目研究成果,共总结出4种导致油层低电阻率的主要影响因素,研究了4种识别和解释低电阻率油层的测井解释方法,其中油水相对渗透率为核心的低电阻率油层定量评价方法应用取得突破性进展。研制的LRKRI测井处理软件,共处理20口井的实际资料,符合率89.7%;对东濮凹陷内的10个油田、7个含油层位进行复查解释评价,新增油(气)层1212层、3120.8米,油(气)水同层640层、2022米;试油投产74井次、218层、607.2米,日增产原油354.8吨,解释符合率83.2%。该项目于2003年5月获中原石油勘探局科技进步一等奖。

(范青玉　黄　强)

【ZJ50/3150DZ石油钻机】 ZJ50/3150DZ石油钻机(以下简称ZJ50D钻机)由机械制造总厂完成,研制时间为2000年10月—2002年5月。ZJ50D钻机由电传动系统、主机系统、钻井液净化系统、供气系统、钻井仪表系统、供油、供水、照明等辅助系统组成。整套钻机采用模块化设计,整体布局简洁合理、移运方便。

ZJ50D钻机采用CAT-3512B发电机组作为电动钻机主动力源,应用全数字控制和PLC处理的SCR控制系统、转盘独立电驱动、钻井液净化系统、井架底座低位安装一体起升、转盘扭矩限制调控等先进技术,提高了钻机的传动效率和钻井时效,降低了钻井成本。

ZJ50D钻机自2001年完成工业性试验后,先后在中原油田桥58-2井、桥71井、白60井、濮气8-5井、桥72井、胡115井使用,至年底,总进尺2.5万米以上,最大钻井深度4577米。截至2002年底,累计生产ZJ50D钻机钻机4台,创产值1.5亿元、利税3300万元。该项目于2003年5月获中原石油勘探局科技进步一等奖。

(范青玉　黄　强)

【获奖科技成果】 2002年,中原油田共有204项科研成果获局级以上科技进步奖。其中:石化集团公司科技进步奖8项;勘探局科技进步奖72项,分公司科技进步奖124项。

(范青玉)

(1) 石化集团公司科技进步奖项目(8项):

一等奖(1项):

特高含水主力油田提高采收率技术研究与应用
中国石化胜利油田有限公司
中国石油化工股份有限公司中原油田分公司
中国石油化工股份有限公司河南油田分公司
宋万超　何生厚　才汝成　刘一江　孙焕泉
吕连海　颜捷先　焦方正　周志齐　王友启
李联五　李宗信　樊中海　孙梦茹　曾大乾

二等奖(4项):

中原地震资料处理系统研制与应用
中国石油化工股份有限公司
中原油田分公司物探研究院
潘炳炬　赵伟卫　陈业全　王立新　蔡其新
邓子臣　彭汉明　孟凡冰　龙利平　梁春生
刘联海　万晓兵

中原油田勘探开发数据仓研究与应用
中国石油化工股份有限公司
中原油田分公司勘探开发科学研究院
王生朗　陶国强　龚　奇　康子明　王　胜
杨建文　李新书　代广远　张洪波　魏瑞金
侯晓琴　李丽芳

吸水剖面测井系列及解释方法研究
中国石化集团中原石油勘探局地球物理测井公司
国庆忠　王　祥　黄宏才　田素月　李喜清
张传超　谢　鸿　杨红兵　廖鸿龙　陈　炯
周永新　李峰华

油田电网安全防护技术应用研究
中国石化集团中原石油勘探局勘察设计研究院
张　超　王子重　杨全甫　朱付锁　刘善奎
赵魏军　符国录　刘金亮　郝新领　孟庆森
张文广　崔联广

三等奖(3 项):

中原油田注采系统腐蚀评价与预测技术
中国石油化工股份有限公司
中原油田分公司采油工程技术研究院
中国石油化工股份有限公司
中原油田分公司采油二厂
华中科技大学
徐卫东　王家印　郭学辉　张爱社　黄雪松
毛彦一　汤天遴　唐祖友　王建文

油藏动态数据管理系统开发与应用
中原油气高新股份有限公司采油四厂
黄泽贵　李存贵　王熙华　宁德荣　吕清林
伏　敏　袁英同　李中华　郭兰梅

测井综合解释成果跨网络浏览系统
中国石油化工股份有限公司
中原油田分公司勘探开发科学研究院
苏　超　李　健　曾大乾　黄玉海　王艺景
王　涛　刘志远　张洪波　庞尚明

(2)2002 年度中原石油勘探局科技进步奖项目(72 项):

一等奖(11 项):

2002101　无机—有机单体聚合物钻井液与完井液处理剂研究
钻井工程技术研究院
王中华　杨小华　徐忠新　刘明华
周乐群　何　沛　王依建　吴　健
王华军　王德玉

2002102　减速器涡轮钻具配合高效钻头钻井技术
钻井工程技术研究院
翁行芳　时国林　张志超　王秀东
李俊波　金　波　王爱芳　夏　彬
郭国强　温　川

2002103　东濮凹陷低电阻率油层形成机理、解释方法研究及复查成果
地球物理测井公司
国庆忠　田素月　孙耀庭　布志虹
王荣华　谭海芳　余　丹　闫安宇
孙灵芬　武楗棠

2002104　中原油田不同油藏类型剩余油测井系列优选及处理软件的研究
地球物理测井公司
国庆忠　王　祥　夏竹君　李淑英
赵晨光　刘星普　刘传政　李素芹
赵　莉　陈书堂

2002105　原油深度稳定及其节能改造技术研究
勘察设计研究院
李　晶　杨守国　王修康　聂保京
闫文灿　聂诗军　魏忠昕　赵保才
石立敏　吴海龙

2002106　淄青天然气管道工程工艺设计技术研究
勘察设计研究院
李　晶　薛道才　杨志毅　郭晓明
聂保京　赵振堂　郑志武　刘学勤
王　欣　刘宪伟

2002107　南极长城站热电联供柴油机组
特车修造总厂
闻洪刚　段洪焱

2002108　ZJ50/3150DZ 石油钻机
机械制造总厂
李春第　国建军　周梅谦　于滨武
何毓民　李良青　王宽让　余可全
郭永军　余秀英

2002109　USS 椎弓根钉系统治疗腰椎不稳定的临床研究
中原油田总医院
强晓军　郭宁国　蔡启卿　冯明录
赵良辰　张国亮　陈志学　王景诗
张志超　牛广宪

2002110　井下动力钻具 + 高效钻头钻井工程
钻井一公司　钻井四公司
钻井二公司　钻井三公司
陈本顺　卢运周　尹洪生　孙文臣
卓景军　樊好福　余　庆　刘振宇
朱圣庭　刘　畅　崔立平　刘春文
沈献良　谢双成　张东海　施建国
王爱宽　刘俊方　赵润琦　李伟廷

2002111　单、双弯螺杆、MWD 等特殊定向井工具的应用
钻井二公司　钻井三公司
钻井一公司　钻井四公司
张东海　孙文臣　王爱宽　宋玉太
赵富先　秦强运　张玉战　张　君
杜家祥　路景文

二等奖(25 项):

2002201　中原 105 型取心工具研究
钻井四公司
任　俊　宋玉太　张　君　刘　畅
郭宝玉　徐　泓　刘自广

2002202　提高小井眼机械钻速的研究
钻井工程技术研究院

晁文学　刘明国　孙继明　孙刚宏
舒尚文　王亚勇　孙文博

2002203　钻杆磨擦焊工艺研究
管具工程处
李　飞　胡记生　郭建军　李玉民
王金志　唐　波　王　晓

2002204　两性离子磺酸盐聚合物处理剂及钻井液体系研究
钻井工程技术研究院　钻井四公司
钻井二公司
杨小华　张全明　聂平安　郭明贤
王　荣　王华军　刘明华

2002205　塔里木地区水平井钻井液技术的研究应用
塔里木中原钻井公司
周友元　李子成　陈彦平　陈迎伟
牟承岳　于　峰　张革新

2002206　固相化学清洁技术研究
钻井工程技术研究院
杨小华　徐忠新　琚留柱　宋丰博
胡振宇　王华军　亢青岭

2002207　ZLJ – 2000 钻井参数仪
地质录井处
华学理　王佑宁　李江陵　禹　荣
杨凌照　张德安　王志德

2002208　欠平衡钻井技术应用研究
钻井工程技术研究院
范红康　张高波　刘　红　魏　军
史沛谦　李俊波　夏祖国

2002209　文 25 东块剩余油分布综合研究
地球物理测井公司
钟蕴紫　向素利　李淑英　何汉坤
金波　任广慧　刘俊霞

2002210　钻井及措施井作业污水处理达标技术研究
钻井工程技术研究院、分公司采油一厂
何焕杰　王永红　詹适新　赵治修
牛全印　王中华　彭文明

2002211　济青天然气管道工程施工技术研究
工程建设总公司
徐永生　张龚军　胡培海　潘晓燕
张　华　张锡洲　汪春付

2002212　ZYT5330TSN 型固井水泥车
特种车辆修造总厂
李武幸　仇　寒　戴相富　郑满圈
谭劲松　徐文秀　吴会年

2002213　装备管理量化评审考核理论和方法的研究应用
装备监测总站
张　勤　茹　军　阴振亚　董本才
李廷敏　李国富　朱道庆

2002214　TJ12/65B 型轮式通井机
机械制造总厂
国建军　席　锐　张　波　吴秀娟
郭建华　范铁军　郭　琳

2002215　ZYT5400TXJ60 型修井机
特种车辆修造总厂
张建军　孟庆军　孙祥宝　刘喜林
周忠明　张子胜　杨运强

2002216　白庙地区沉积微相研究
钻井三公司
胡双全　张建民　顾惠新　李展良
邱长华　王耀明　曹克松

2002217　注水井作业屏蔽暂堵技术研究
钻井技术工程技术研究院
分公司采油一厂、采油四厂
李美格　张克明　李现东　甄立杰
梁志红　梁应红　孟爱鲁

2002218 录井数据库网络信息管理技术研究
地质录井处
华学理　冯超英　冯杏芬　付全彬
李庆春　谌鸿慧　褚　强

2002219　DATALOG 综合录井仪
地质录井处
华学理　王佑宁　李江陵　石虹冰
韩性礼　王志德　禹　荣

2002220　五参数吸水剖面测井技术推广应用
地球物理测井公司　分公司采油二厂
李刚生　刘忠兴　杨会才　李峰华
佟学君　郭明安　刘锐熙

2002221　宽带多业务城域光传输网技术
通信管理处
童建斌　张水堂　娄国成　曹　峰
魏　庆　蔡　英　冯　涛

2002222　AXSYM 全自动化学发光分析仪的临床应用
中原油田总医院
李建军　张保才　袁志军　颜秉兴
姜祖光　孟宪君　刘晓东

2002223　前经路中耳乳突根治术加鼓室成开术的临床应用
中原油田总医院
牛广宪　宋喜成　张志超　徐继香

李玉杰　康孝理　王志红

2002224　宫腔镜在妇产科疾病中的临床应用
中原油田总医院
王秀芹　张路梅　陈义芳　郭新霞
张长河　王爱琴　刘淑敏

2002225　中原油田安全监控系统
勘察设计研究院
刘继峰　黄　刚　郭　凌　马其玲
杨志毅　肖永庆　陈正华

三等奖(36 项):

2002301　高效钻井配液加药装置
钻井工程技术研究院
胡春梅　莫文丽　宋保健　田　中
黄进云

2002302　轮古地区灰岩裂缝地层超深井钻井技术
塔里木中原钻井公司
闫光庆　何　平　李子成　马永安
高升奎

2002303　SDR 堵漏技术
钻井工程技术研究院
吴修宾　张　辉　耿玉梅　庄义江
杜明军

2002304　钻井液屏蔽封固技术研究
钻井工程技术研究院
张　辉　杨振杰　吴修宾　宋玉太
王　波

2002305　ZJ50/70 深井钻机钻井液循环净化系统
钻井工程技术研究院
吕宗高　董合建　陈卫国　段力军
马翠林

2002306　多功能随钻接头
钻井四公司
任　俊　范智海　韩天英　张　君
赖艳新

2002307　东濮凹陷潜山油气藏测井评价技术研究
地球物理测井公司
朱圣文　王立新　钟蕴紫　张俊杰
李雅健

2002308　开发井后期高精度碳氧比测井资料解释方法研究
地球物理测井公司
方　影　陈　炯　王勤华　石志峰
裴永胜

2002309　油气井射孔校深方法研究及处理软件开发
地球物理测井公司
廖鸿龙　石志峰　王勤华　刘　艳
陈　炯

2002310　大型曲线现浇连续箱梁施工技术研究
建筑集团公司
韩旭东　姜铁成　孟松啸　王敬霞
纪昌黎

2002311　灭菌复合功能型纤维及成品开发
舒普凡化纤厂
梁新虎　常丽芳　宗纪鸿　蒙玉洪
孔祥刚

2002312　YQ－1000 型液气分离器研究及应用
钻井工程技术研究院
段力军　董合建　吕宗高　聂　军
王忠杰

2002313　ZYT25ZJ－6 型橇装注聚装置
特车修造总厂
颜丛银　侯天江　赵化廷　陈　挺
赵普春

2002314　大庆 II－130 钻机、绞车的改造
钻井三公司
秦强运　张玉甫　李胜忠　雷小红
王圣玉

2002315　ZYT5140TGL 型锅炉车
特车修造总厂
徐文秀　仇　寒　郑满圈　梁德权
胡春梅

2002316　ZJ40L 钻机改造
钻井一公司
牛跃进　刘金峰　董跃臣　张景波
陈绪祥

2002317　ZYT5261TXJ50 型修井机
特车修造总厂
李俊义　孙建荣　戴相富　杨运强
胡春梅

2002318　急性心肌梗死患者血浆 ANP 与心肌酶的相关性研究
中原油田总医院
刘希增　许俊萍　赵开庆　尚守芝
赵玉铁

2002319　开胸术后疼痛综合症的临床研究
中原油田总医院
张保中　杨　涛　时鹏玲　侯　伟
王敬民

2002320　黄土塬直测线地震资料采集技术
地质调查处

李建国　李凌峰　龙利平　苏献勇
陈业杰

2002321　中原油田基地地区环境水文地质研究
供水管理处
段保旭　郭建伟　李　嘉　郭洪波
张　伟

2002322　WTZ-50C 型钻机水改气技术推广应用
地质调查处
张景民　解红军　吕信奎　史青永
商建瓴

2002323　高压分注测试工艺技术
地球物理测井公司
李刚生　杨会才　王荣军　强文明
李喜清

2002324　勘探录井数据库前端采集系统研究
地质录井处
王佑宁　付全彬　冯超英　刘志刚
李令喜

2002325　提高大斜度定向井完井测井及固井质量测井成功率钻井液技术
钻井二公司
琚留柱　黄桂春　靳三江　贾尉平
李辉峰

2002326　大位移大斜度定向井钻井液技术
钻井一公司
孟宪波　郭明贤　庄义江　乔　永
苑守春

2002327　甲酸钾无固相钻井液
钻井三公司
王秉胜　徐忠新　孟小敏　曾　李
王　荣

2002328　应用 P-K 分析技术随钻快速评价储层物性
地质录井处　钻井三公司

2002329　高速公路改性沥青混凝土路面施工工艺
建筑集团公司
张尚民　王向阳　刘宁　晁　华
王敬霞

2002330　大口径钢筋混凝土顶管穿越施工工艺技术
建筑集团公司
张培韬　杨德景　王向阳　郭振军
纪昌黎

2002331　消失模铸造生产线推广应用
机械制造总厂
国建军　秦国治　张文婕　薛庆宇
熊　伟

2002332　腹腔镜小儿腹股沟斜疝高位结扎术的临床应用
中原油田总医院
李　宏　杨西鹏　马荣龙　张　红
刘　霞

2002333　脾动脉部分栓塞术在肝硬化脾功能亢进中的临床应用
中原油田总医院
郭峰坤　杨思福　李振乾　王晓轩
李雪梅

2002334　妙灵散治疗痤疮临床观察
中原油田总医院
倪方利　易顺强　王瑞珍　刘翠平
康孝理

2002335　肝动脉化疗栓塞术治疗肝癌的临床应用
中原油田总医院
杨思福　王晓轩　王　勇　苏亚星
李红伟

2002336　中心静脉置管技术的临床应用
中原油田总医院
张继英　毛喜绒　徐瑞雪　李慧娟
李彦君

(3)2002 年度中原油田分公司科技进步奖项目(124 项):

特等奖(1 项):

T2002001　低渗低产油气井复合压裂改造技术
井下特种作业处　采油六厂
梁军歧　呼舜兴　孙良田　耿师江
刘让杰　刘　华　赵正龙　郭献广
吴亚红　李才学　银本才　侯平舒
张高群　王茂文　黄红梅　苏振亚
杨保军　李发科　刘信党

一等奖(19 项):

2002101　塔里木盆地中原探区成藏条件与目标评价
勘探开发科学研究院
冯建辉　吕延仓　韩保清　焦存礼
何碧竹　陈清棠　苌　衡　解　晨
欧阳睿　尚雅珍

2002102　2002 年度油气勘探部署研究及实施
勘探开发科学研究院
谈玉明　马维民　王生朗　张洪安
向曰忠　马芳侠　刘新刚　熊利平
尹　哲　周保家

2002103　深层三维地震勘探理论方法及采集技术研究

物探研究院
陈业全 蔡其新 张树海 潘文锋
黄桂雄 刘联海 郝加良 秦广胜
张玉祥 蒋先勇

2002104 东濮凹陷下第三系地层对比与统层研究
勘探开发科学研究院
高 平 何建国 王欲晓 王金萍
王志萍 蒋飞虎 苏颂成 王兴武
贺艳梅 王瑞霞

2002105 胡12块剩余油分布规律研究及挖潜调整
勘探开发科学研究院 采油五厂
戴厚柱 张 凯 郑宇霞 贾云超
杜 利 周延军 游小淼 王开秀
李建荣 李 蕾

2002106 文33沙二下注采调整
采油四厂
李存贵 刘云华 吕伯强 陈雪琴
国殿斌 窦焕成 陶 彬 程凤莲
郭金兰 韩小明

2002107 白庙凝析气田开发配套技术研究
勘探开发科学研究院
邓瑞健 毕建霞 姜贻伟 靳秀菊
吴 凡 刘红磊 翟雨阳 刘振兴
蒋森堡 马小原

2002108 文留复杂断块群油藏中高含水期提高开发效果技术研究与应用
勘探开发科学研究院
朱学谦 熊运斌 赵卫华 王胜利
张兴焰 郭鸣黎 游小淼 陈新平
龙雨丰 苏颂成

2002109 严重非均质油藏开发对策研究
勘探开发科学研究院
杜 利 戴胜群 胡晓辉 魏荷花
王文忠 王英华 郑宇霞 李慧莉
范浙璐 黄照文

2002110 4英寸(10.16厘米)套管配套工艺技术研究
采油工程技术研究院
蓝钢华 韩 进 边 江 李洪春
刘国梁 于 鑫 雷 霆 冯 波
许朝旭 李 英

2002111 油水井地应力场及位移场变化导致套损机理研究
采油工程技术研究院
李宗田 吴田忠 向绪金 李俊海
郭 辉 邹峰梅 宋胜利 王木乐
庞 松 白永忠

2002112 固井质量导致套损机理研究
采油工程技术研究院
宋 明 王木乐 杨凤香 张建设
宋胜利 赵国瑜 李俊海 张金成
邹峰梅 庞 松

2002113 气举阀动态特性研究
采油一厂
王 海 陈宗林 李小奇 刘洪海
臧洪河 郭文军 赵西轩 李翠英
李 霖 李颖川

2002114 野外三维地震采集管理系统软件开发
物探研究院
王同锤 魏会君 董树华 党建国
张国庆 季舜昌 王正军 孙源冰
乔守忠

2002115 管线泄漏定位检测系统研究与应用
输油管理处
贾宗贤 王承来 邹 润 张 勇
赵统永 侯念忠 李松梅 王文革
牛耀章 张海舰

2002116 胡7南沙三中油藏描述及井网优化重组
采油五厂 勘探开发科学研究院
朱彦群 王英华 贾云超 胡晓辉
周延军 闫育英 王战胜 苏爱芹
李红涛 代厚柱

2002117 抽油杆、管防偏磨及深抽综合配套工程
采油一厂 采油二厂 采油三厂
采油四厂 采油五厂 采油六厂
王 海 吴庆东 张晓梅 刘留栓
李振智 王肯堂 景朝晖 崔长国
何福祥 祝明华 延建忠 杨荣建
张连明 田国理 唐周怀 王艳领
赵西轩 陈传东 杨顺贵 崔卫冠

2002118 提高机采系统效率配套工程
采油三厂 采油四厂 采油六厂
朱 杰 李现东 宇文双峰 杨顺贵
王绪宽 沈治凯 祝明华 李春燕
刘金堂 吝拥军 康金成 兰 俊
户贵华 张和斌 王晓南 王进勇
陈昊云 李泉美 张科学 徐 涛

2002119 提高油田注水系统效率技术推广应用
采油一厂 采油二厂 勘察设计研究院
彭文明 王建文 张兆彦 何 沛
赵忠贤 张秀琼 陈湘斌 鹿桂华

孙同文　杨　兴

二等奖(40项):

2002201　深层三维地震勘探处理及解释技术
物探研究院
蔡其新　刘联海　刘小喜　王睿祥
杜劲松　杨小波　常正时

2002202　东濮凹陷上古生界烃源岩形成、演化与潜力评价
勘探开发科学研究院
常俊合　王德仁　李新军　张同周
王欲晓　贾斌峰　杨　静

2002203　塔里木盆地塔中隆起构造演化特征
物探研究院
贾随良　钱　利　王道义　樊文杰
张治良　张学良　李洪波

2002204　复杂地区地震采集正演模拟技术研究
物探研究院
秦广胜　蔡其新　张树海　王锡文
禹金营　潘文峰

2002205　黄河南地区地层构造再认识及其与油气的关系
勘探开发科学研究院
任来义　黄国平　金振华　贺艳梅
张丽霞　李　红　张金报

2002206　河岸地区圈闭评价及目标选择
物探研究院
李令喜　刘忠亮　魏生祥　刘盼喜
苗翠芝　范运臣　刘建军

2002207　东濮凹陷隐蔽油气藏精细油藏描述及储层评价技术研究
勘探开发科学研究院　物探研究院
陈发亮　周　杰　韩福民　杨建春
李勤英　肖　玲　张晓庆

2002208　白庙构造西翼油气藏形成特征与目标评价
勘探开发科学研究院
张　韬　张丽华　王敏杰　王凤英
鲁亚萍　张丽霞　程秀申

2002209　文明寨—瓦屋头地区油气滚动勘探开发技术研究
勘探开发科学研究院
邓瑞健　杨广林　任保瑞　李晓平
王　波　杨昌俊　苗国生

2002210　户部寨气田开发方案编制及应用研究
天然气产销厂
苏月琦　郝春山　汪　海　刘书权
栾艳春　张分电　郭海霞

2002211　濮城油田沙三上油藏稳产技术及方案部署研究
采油二厂
张永军　贝远根　丰再坤　李道亮
张建强　高　平　刘平良

2002212　措施技术经济评价方法研究
勘探开发科学研究院
张中华　周跃忠　何　东　单　玲
周　琦　黄盛波　张　颖

2002213　文209块油藏精细描述及剩余油分布规律研究　勘探开发科学研究院

2002214　濮城油田储层非均质性及对注水开发效果的影响研究
勘探开发科学研究院
孙黎娟　乔国安　郝敬华　周风利
邹　兴　程玉群　赵晓林

2002215　中原油田原油产能恢复技术研究
油田开发事业部
张　阳　马改正　刘长利　周文耀
古习伟　周延军　王瑞宇

2002216　白庙气田周边天然气滚动勘探目标评价
勘探开发科学研究院
靳秀菊　毕建霞　刘红磊　刘振兴
崔立平　蒋森堡　潘一览

2002217　桥口深层气藏开发地质研究及可动用储量评价
勘探开发科学研究院
王乐之　张蓬勃　李银花　翟凤云
彭鑫岭　吴　凡　李战良

2002218　濮城油田沙三中$^{6-10}$油藏精细描述及剩余油分布研究
勘探开发科学研究院　采油二厂
范金旺　宋国英　赵　磊　付　洁
贝远根　马春生　陶先高

2002219　东濮凹陷西部斜坡带沙三段至沙四段油气聚集规律及滚动勘探评价
勘探开发科学研究院
杨永林　何　方　黄照文　魏荷花
戴胜群　曹玉珊　许　杰

2002220　地层自生弱酸解堵降压增注应用技术
采油工程技术研究院
吴信荣　肖　良　党丽旻　张国萍
许建华　胡艳霞　王　斌

2002221　防砂、防垢和抗腐蚀系列潜油电泵的开发研

制
采油工程技术研究院
杨立昌　朱友珠　高国良　李　哲
王　辉　宋　衍　郭金增

2002222　两级三段分层注水工艺技术研究
采油工程技术研究院
邓小伟　韩　进　赵奇祥　范锡彦
孙江成　刘岳龙　王恩成

2002223　地应力在油田开发中的研究与应用
采油工程技术研究院
王新声　黄泽贵　赵国瑜　李存贵
杨庆文　袁英同　杜君平

2002224　水井调剖解堵综合工艺技术
采油工程技术研究院
魏明军　王新英　余传谋　朱公顺
黄志华　张洪森　高　鹰

2002225　射孔导致套损机理研究
采油工程技术研究院
苏建政　向绪金　李俊福　白永忠
杨　玲　林觉振　胡广振

2002226　勘探开发综合地质绘图系统
勘探开发科学研究院
吴志高　赵兴涛　陈国俊　王洪斌
何显莉　唐文忠　刘克文

2002227　气举生产管理系统软件开发与应用
采油一厂
蒙玉平　唐佩瑜　许道海　马祥凤
樊　硕　马世防　魏瑞玲

2002228　分公司薪酬管理系统
人力资源部
章　胜　宋先明　董岚峰　李寿军
郝景喜　栗志英　胡彦核

2002229　天然气产销厂信息系统
天然气产销厂
陈武新　刘成林　张中伟　杨发平
贾美胜　李存峰　薛吉明

2002230　文 101 块高含水期剩余油挖潜配套技术应用
采油一厂
孙全元　郑　岩　杨进京　王恩成
王　磊　高　平　范爱霞

2002231　高压顶封管柱的推广应用
采油二厂　采油三厂　采油五厂
王春浦　李振智　童广岩　李秀竹
范锡彦　吕军爱　张　建

2002232　气举不停产试井技术推广应用
采油一厂
彭亚军　陈兆龙　蒋宏涛　王宝军
刘双秀　袁业启　陶利萍

2002233　排液采气技术应用
天然气产销厂
耿新中　刘成林　蒲仁瑞　汪召华
王小彩　李怀庆　秦余福

2002234　分注井直接测试及分析技术的推广应用
采油一厂　采油五厂
耿丽萍　温忍学　王朝可　穆军州
彭亚军　王建文　褚海涛

2002235　缩膨降压增注技术
采油三厂
张学锋　任君武　祝明华　吴　进
杨顺贵　廖泽文　黄海波

2002236　复合预交联颗粒调驱工艺技术
采油三厂
赵普春　杨新明　赵化廷　杨顺贵
许国甫　刘晓彬　曾　玲

2002237　低能井储层保护工艺技术推广应用
采油一厂　采油三厂　采油四厂
陈宗林　王永平　张学锋　程建军
崔卫冠　祝明华　赵伯平

2002238　燃气轮机控制系统在大型天然气处理装置中的应用
天然气处理厂
盛兆顺　朱德华　尹琦岭　兰宦勤
魏忠昕　王　峰　刘胜华

2002239　油田电网防窃电系列技术推广应用
采油一厂　采油二厂
采油三厂　采油五厂
夏晨红　张敬武　王　斌　施锦华
胡慧强　刘善奎　王朝旭

2002240　易燃易爆品罐区安全管理系统智能化
天然气处理厂
盛兆顺　朱德华　陶常青　刘　光
张金坦　罗树江　魏忠昕

三等奖(64 项):

2002301　东濮凹陷容积法储量计算方法研究
勘探开发科学研究院
谈玉明　耿龙祥　陈飞虎　汤兴旺
易志伟

2002302　白音查干凹陷油气成藏规律与勘探目标优选

勘探开发科学研究院
孙宜朴　靳广兴　张亚敏　许书堂
王婧韫

2002303　河岸地区油气成藏条件及勘探开发评价
勘探开发科学研究院
胡玉杰　常振恒　刘小红　李素贞
易志伟

2002304　塔里木盆地中原探区层序地层学研究与非构造圈闭评价
勘探开发科学研究院
朱俊玲　徐俊杰　王亚红　禹金营
白利华

2002305　深层凝析气藏试气技术研究
井下特种作业处
吴亚红　李新春　林　涛　孙　敏
李健萍

2002306　东濮凹陷西斜坡带油气聚集规律及勘探方向研究
勘探开发科学研究院
王立志　苏　惠　韩小琴　曾　探
李金平

2002307　白音查干凹陷构造及演化特征研究
勘探开发科学研究院
库国正　邓已寻　刘　淑　周开义
靳广兴

2002308　濮卫次洼沙三段整体评价及勘探潜力分析
勘探开发科学研究院
常振恒　王兴武　邹森林　周胜利
张东霞

2002309　东濮凹陷中央隆起带北部分层系评价与勘探目标选择
勘探开发科学研究院
常振恒　胡玉杰　周胜利　王兴武
季增本

2002310　前梨园洼陷油气成藏条件研究及潜力分析
物探研究院
陈发亮　杜劲松　刘赵峰　李绪涛
朱登峰

2002311　东濮凹陷胡状集北部沙一段油气分布规律研究
采油五厂
邹　伟　黄龙威　卫拥军　侯秀林
吕久富

2002312　卫城油田卫81块注采结构调整研究
采油三厂
吕兰顺　周文耀　陈俊革　徐仁起
刘　伟

2002313　测井多井解释系统研制
勘探开发科学研究院
邓瑞健　苏　超　黄玉海　赵伟新
王　涛

2002314　文南油田文33块沙三上油藏精细描述与剩余油挖潜研究
勘探开发科学研究院
熊运斌　龙雨丰　洪　宇　张　玲
刘秋杰

2002315　马厂构造精细研究及潜力评价
采油六厂
呼舜兴　程　珑　司尚举　王茂文
杨正友

2002316　新区开发技术经济评价方法研究
勘探开发科学研究院
赵良金　王秀芝　赵玉萍　杨湘龙
宋秋银

2002317　文南油田滚动开发评价
采油四厂
赵习森　薛国刚　周树青　闫志军
王光亮

2002318　庆祖集油田沙三中—沙三下构造精细研究及注采调整
采油五厂
林明华　张加友　鞠秀叶　刘素芹
徐文锋

2002319　文中油田构造精细研究及挖潜
采油一厂
杨启明　郝振献　何汉坤　夏鹏远
尹志华

2002320　卫城极复杂断块低凝析气藏低压开采阶段挖潜稳产技术研究
采油三厂
董国庆　杨焕文　胡文志　张雪松
王登荣

2002321　濮城油田东区沙二下$^{1-8}$油藏降低两个递减配套技术研究及应用
采油二厂
周道泉　李振提　付长春　魏风玲
程红伟

2002322　文中油田文10块油藏精细描述及剩余油挖潜研究
勘探开发科学研究院

郭鸣黎　王中良　卢新莉　王胜利
陈新平

2002323　文 23 气田周边滚动开发研究
天然气产销厂
秦余福　张中伟　孙红伟　蒲仁瑞
赵先进

2002324　中原油田 2002 年油气开发部署研究及实施
勘探开发科学研究院
邓瑞健　赵良金　姜贻伟　田玲钰
张中华

2002325　高温高盐油藏微生物增产技术研究及应用
勘探开发科学研究院
孙　薇　莫　冰　吕茂森　孙全元
张卫艳

2002326　长井段产层改善产气剖面技术
采油工程技术研究院
王俊英　赵金献　郝春山　赵先进
周涵勇

2002327　高压注水与套管损坏关系研究
采油工程技术研究院
王建华　王木乐　贾长贵　赵卫红
孟令祥

2002328　中子能找水技术研究
采油工程技术研究院
罗春明　褚万泉　李宏魁　孟庆业
常孝坤

2002329　化学泡排剂的研制与应用
采油工程技术研究院
张蕴强　刘生福　赵先进　王选奎
余传谋

2002330　中高油气比井长管串井下分离器及尾管举升抽油工艺研究
采油工程技术研究院
孟令祥　吴田忠　成世全　卿华君
赵卫红

2002331　作业条件、强化采油导致套损机理研究
采油工程技术研究院
王禄群　傅建伟　范锡彦　覃方国
陈书庆

2002332　综合快速解卡工具研制与工艺研究
井下特种作业处
胜照平　陈庆民　高鸿斌　戴启栋
秦志勇

2002333　文南低渗油田高压增注选井(层)方法研究
采油工程技术研究院
宋新华　李传乐　鲁章成　顿金婷
王永伟

2002334　调剖堵水优化设计软件
采油工程技术研究院
秦　涛　党丽旻　杜永慧　李科生
南国立

2002335　注水井套管保护技术研究
采油工程技术研究院
王隆慧　刘汝福　李秀竹　刘华杰
张金良

2002336　合注井分层测试工艺技术
采油工程技术研究院
齐庆元　黄志明　王建文　李　涛
王景东

2002337　低能低产井采油管柱
采油工程技术研究院
赵奇祥　邓小伟　李　倩　王　海
周元歧

2002338　一体两级封隔器研究
采油工程技术研究院
李志升　周继斌　时成军　于　斌
李翠萍

2002339　勘探开发数据宽带网技术研究及应用
物探研究院
张美峰　张步军　李中福　胡志勇
王清亮

2002340　勘探数据库统一数据平台构建及查询浏览系统软件开发
勘探事业部
王生朗　张增胜　高协为　陶国强
黄桂雄

2002341　塔里木地震资料远程数据管理及应用
物探研究院
张国庆　杨道仁　邵冬梅　董树华
王同锤

2002342　三相分离器阴极保护技术研究
采油工程技术研究院
陈秀玲　刘　强　关建庆　陈普信
杨守国

2002343　高纯异丁烷产品的开发研究
天然气处理厂
盛兆顺　张月敏　陈国才　曹英斌
李　俊

2002344　油溶性破乳剂研制
采油工程技术研究院

唐祖友　宋继宇　高亚楠　王琦龙
王丽萍

2002345 折射波静校正技术在西部资料处理中的推广应用
物探研究院
凌彩香　李敏杰　彭汉明　龙利平
刘先荣

2002346 文209块高含水期剩余油分布研究及挖潜技术
采油一厂
郭新军　王明春　李　霞　李涤淑
马防修

2002347 卫95块综合治理
采油三厂
兑爱玲　冯　英　左代容　李　蕾
张晓蓉

2002348 防砂综合治理技术
采油二厂
杨建华　高才松　毛书军　屈建平
陈　芳

2002349 新型砂岩酸酸化工艺技术研究应用
采油四厂
李现东　王永平　张广胜　张宗晓
于　斌

2002350 低渗透油田降压增注工艺技术的应用
采油六厂
姜学明　武冬富　魏宏晓　马善柱
张秀芹

2002351 电泵井清防垢技术的推广应用
采油一厂　采油二厂
王永康　刘现江　陈宗林　许彦坤
张林栓

2002352 深抽增效工艺技术在胡庆油田的推广应用
采油五厂
林伟民　范锡彦　史晓贞　崔长国
唐周怀

2002353 防气综合治理技术
采油二厂
王卫国　许少永　董文轩　宗进旗
张雪峰

2002354 暂堵酸化技术应用
采油三厂
陈　洪　张三辉　崔　峰　余国清
高美丽

2002355 特种抽油泵在文留油田的推广应用
采油一厂
黄学宾　唐玉成　董丽霞　李艳丽
杨　斌

2002356 电泵井遥控监测管理技术
采油一厂　采油二厂　采油五厂
宋　衍　牟明杲　杨　辉　綦兴龙
王金庆

2002357 试油井压裂前评估技术应用
井下特种作业处
刘长印　孔令飞　吴亚生　朱凤阁
鲁书银

2002358 抽油井智能监控系统的应用
采油四厂
陈爱仁　李成荣　鲁章成　李中华
王永伟

2002359 柴油非加氢精制技术的推广应用
石油化工总厂
王宏民　岳彩鹏　周广文　曹宝强
张道安

2002360 油田电网防止电压波动技术推广应用
采油一厂　采油二厂　采油五厂
胡启智　王朝旭　苗　辉　施锦华
夏晨红

2002361 环状低压供气模式在油田的推广应用
天然气管理中心
李保爱　孙晓群　曹再强　康万成
朱秀娇

2002362 超导节能加热器的推广应用
采油一厂　采油二厂
采油五厂　采油六厂

2002363 35kV六氟化硫断路器的推广应用
供电管理处
郝新领　李庆伟　张希峰　顾凤仙
王必平

2002364 催化裂化装置吸收稳定系统技术改造
石油化工总厂
李培鸿　冯　军　杨书忠　张清军
李克见

知识产权与保护

【专利与知识产权保护工作概述】 2002年，专利和知识产权保护工作着重开展了3项工作：(1)宣传普及新修改的《专利法》。深入特修厂、机械制造总厂、钻井四公司等单位宣讲新修改的《专利法》，提高了广大科技人员的知识产权保护意识和维权能力。(2)专利管理。年内共申请职务专利29件，其中局级申请5件，办理职务专利授权手续24件。(3)知识产权调解处理工作。对涉及油田的3起专利侵权纠纷案，配合有关部门采取了起诉和应诉等法律措施。其中：钻井四公司的两项职务与非职务专利的权属纠纷，经河南省高级人民法院二审胜诉；采油工程技术研究院的侵权纠纷以调解结案。

（尤　英）

2002年专利项目选介

【自封式水力锚】 由采油工程技术研究院完成。自封式水力锚由上接头、外套、锚体、锚爪、碟簧、内中心管、下接头组成。其构造特点是：外套与锚体螺纹连接，上接头套入锚体内，并由剪钉固定，内中心管套在锚体内，锚体下端开有圆孔，孔内设有单流阀，锚体与下接头螺纹连接，剪断环放入下接头内台肩上并由锚体压紧，内中心管下端面压在剪断环内台肩上。该专利在锚体上设定单流阀，可减少管柱发生位移导致的封隔器解封事故，减少了换封次数，降低了作业成本。

（尤　英）

【油田集输系统三相流多速腐蚀模拟测试装置】 由采油工程技术研究院完成。油田集输系统三相流多速腐蚀模拟测试装置由混合罐、气液分离罐、混输泵、气液混合器、腐蚀测试管、气体缓冲罐、高压气瓶组成，腐蚀测试管上装有腐蚀挂片。该装置可模拟现场生产实际，在室内完成油气生产、集输系统、污水处理系统的不同油气水介质特性、不同生产参数的腐蚀因素及相关腐蚀评价研究，满足了中原油田科研的要求。

（尤　英）

【高温高压变速多组缓蚀剂评价装置】 由采油工程技术研究院完成。高温高压变速多组缓蚀剂评价装置由齿轮传动箱、恒温烘箱、挂片筒和滚动轴组成。其构造特点是：挂片筒可承受高温高压；滚动轴最高转速可达28转/分。该装置可模拟油井、注水井的高温、高压、高流速状态，实现油井及注水井介质条件下的缓蚀剂评价，对油井及注水井介质的缓蚀剂优选提供了科学方法，节约了油水井因腐蚀增加的生产成本。

（尤　英）

【一种封隔器】 由采油一厂完成。一种封隔器由上接头、连接体、胶筒、内中心管、活塞、下接头组成。其构造特点是：内中心管上套有外中心管、卡簧座，外中心管与卡簧座通过工字销钉连接，卡簧座内设有卡簧，在外中心管和卡簧座的外面依次套有连接体、胶筒和外上行管，外上行管被剪钉紧固在卡簧座上，外上行管内开有卡簧槽。该封隔器具有结构简单、座封迅速、有效，容易解封等优点。

（尤　英）

【井下异相分离器】 由采油二厂完成。井下异相分离器由上接头、外管、内管组成。其构造特点是：外管与内管分别与上接头螺纹连接，上接头上开有出气孔，外管的管壁上开有激光割缝，外管的下端设有外螺纹，在外管和内管之间布有螺旋分离片，螺旋分离片点焊在内管上。该分离器由于在内、外管之间设有螺旋分离片，使环型空间截面积增大，提高了气体、砂及其他杂物的分离能力，提高了泵效，增加了原油产量。

（尤　英）

【管式抽油泵固定阀】 由采油二厂完成。管式抽油泵固定阀由上接头、外管、凡尔总成、连接头组成。其构造特点是：凡尔座下端螺纹连接导向体，导向体、连接头和下接头螺纹连接，在凡尔总成外套有封堵罩，封堵罩的下端螺纹连接有导向套，导向套上设有导向销钉，在导向套和连接头之间的导向体上套有弹簧和弹簧保护套。该专利具备作业时防喷和抽汲时不被井内异物堵塞的功能，防止了环境污染，延长了检泵周期。

（尤　英）

【新型抽油泵】 由采油三厂完成。新型抽油泵由上接头、上泵筒、上游动凡尔总成、上下柱塞、联结变扣、下泵筒、下游动凡尔总成、固定凡尔总成组成。其构造特点是：上柱塞的直径大于下柱塞的直径，联结变扣上开有连通孔。该专利采用双柱塞联结，在上下冲程过程中始终存在一个向下的附加力，帮助柱塞下行，减少了冲程损失，提高了泵效；下部抽油杆的工况得到改善，同时柱塞起出工作筒时即可实现油套连通，起到了泄油器的作用。

（尤　英）

【光杆防盗装置】 由采油三厂完成。光杆防盗装置由伸缩管节、钢板网组成，其中伸缩管节由不同尺寸的管材套接在一起，能够压缩和拉伸。其构造特点是：把伸缩管节套在光杆上，它的上端固定在悬绳器上，下端固定在井口大四通上，钢板网安装在井口以上的外围部分。该装置具有结构简单、防盗效果好的特点，可延长光杆使用寿命，节约生产成本。

（尤　英）

【封隔器地面试验装置】　由采油四厂完成。封隔器地面试验装置由加载液缸、提升液缸、活塞、三通、油管头、底法兰组成。其构造特点是：活塞与半空心堵头螺纹连接，半空心堵头与三通的一端通过接头连接，底法兰与套管连接，套管底端接有底堵，套管外缠有加热带并包有保温外套，油管头内设有油管挂，油管挂的一端接三通，另一端接有油管和封隔器。该装置全部在地面以上，节约了大量成本，装置中有温控系统、加压系统、加载系统，能够完成各类型封隔器在不同模拟井况条件下的性能试验。

（尤　英）

【油井定压放气阀】　由采油四厂完成。油井定压放气阀由堵头、阀体、单流阀组成。其构造特点是：阀体内螺纹连接有进气堵头，进气堵头的另一端与膨胀波纹管连接，进气堵头上开有进气孔和出气孔，进气堵头的前端由弹簧挡圈固定滤网，后端由弹簧挡圈固定阀座。该专利用膨胀波纹管代替了弹簧，解决了由弹簧造成的种种不利，提高了密封的安全系数，且在进液口设计了一个滤网，可过滤一些气体所携带的大颗粒固体，防止了各密封处的堵、卡现象。

（尤　英）

【防脱丝杠阀门】　由采油五厂完成。防脱丝杠阀门由阀体、丝杠、手轮、闸板、外套、丝母组成。其构造特点是：外套为加长外套，在加长外套的底部装有二道密封装置，丝母为加长全扣丝母，丝母的底部有大于丝杠外径3～5毫米的防脱台阶。该阀门具有结构简单、无浸漏，可实现丝扣防脱等优点。

（尤　英）

【抽油杆打捞爪】　由采油六厂完成。抽油杆打捞爪由上接头、打捞筒、打捞爪组成。其构造特点是：打捞筒的上端螺纹接有上接头，打捞筒内固定有2～4个打捞爪，打捞爪在打捞筒内呈圆周分布，设有定位键和带齿状的滑块，滑块可在打捞爪上移动。该专利具有结构简单、加工容易、操作方便等特点，可解决一般打捞工具不能打捞鱼顶弯曲程度较大的抽油杆等问题。

（尤　英）

【稳拱式油气井套管扶正器】　由钻井工程技术研究院完成。稳拱式油气井套管扶正器由固定环和弹簧钢片组成，其中弹簧钢片为“Y”形叉状，弹簧钢片的两头用铆钉铆接在固定环上。该装置的固定环与弹簧钢片之间采用铆钉固定，其综合抗拉力大幅度提高。弹簧钢片为“Y”形叉状结构，减少了弹簧钢片嵌入井壁的深度，降低了对井壁的破坏程度，提高了油气井的固井质量；并减小了套管串在井下的运动阻力，降低了出现卡套管事故及其他复杂情况的机率。

（尤　英）

【快装悬挂密封式单级套管头】　由钻井工程技术研究院完成。快装悬挂密封式单级套管头由底法兰壳体和悬挂体两部分组成。其构造特点是：底法兰壳体上设有联接口、顶丝、钢圈槽、螺栓孔，悬挂体与底法兰壳体接触的上部竖面上设有BT密封圈，悬挂体的顶端上开有与BT密封圈相通的注脂孔，在悬挂体与底法兰壳体接触的斜坡面顶部上设有软金属密封圈。该装置具有密封可靠性好、安装迅速、缩短钻井时间等优点。

（尤　英）

【钻井参数仪】　由地质录井处完成。钻井参数仪是通过信号拾取装置将所需拾取的钻井参数信号通过接线箱的信号总线连接到信号隔离与转换装置，经隔离转换后送到信号处理装置进行处理、计算、显示、存储，可计算派生参数上百个，且钻井数据界面采用可视化设计，可以多画面显示在钻井生产过程中所需的不同参数，又可进行参数组合选择，同时还可以利用计算机资源实施监控系统，使操作人员准确掌握钻井过程中的各种信息，并采用远程自动化技术，实现远程监测与控制，为安全、优质的钻井生产提供了依据。

（尤　英）

【一种改进的加热炉】　由特种车辆修造总厂完成。这种改进的加热炉由外壳、内壳、盘管、炉膛组成。其构造特点是：在外壳和内壳之间加有保温层，盘管在炉膛前部螺旋缠绕成密排的圆环形，圆环形的中央安装有稳燃套筒，稳燃套筒与燃烧器相接，盘管在炉膛中部螺旋缠绕成密排的圆柱形，在尾部螺旋缠绕成间隙排列的多层圆柱形，在盘管尾部圆柱形的中央设有烟气通道、吹灰套筒和防爆片。该加热炉提高了整体的换热强度和换热面的利用率，节约了制造成本，同时减少了运行中故障的发生率。

（尤　英）

中原油田2002年度授权专利项目

序号	项目名称	申请日	申请号	申请单位	设计人
1	二层台机械手	020129	02207113X	钻井四公司	任 俊 范智海 郭宝玉 刘宇峰 宋玉太
2	自冲洗盐水过滤器	020228	022065490	中原石油勘探局	王印忠 邢 亮 王彩良 刘春霞
3	千斤顶卸载替换装置	020312	022077227	建筑集团公司	徐 德 杨德景 陈永廷 叶胜利
4	预应力空心桥板成孔限位支架	020312	022077235	建筑集团公司	徐 德 杨德景 陈永廷 田玉倩
5	自封式水力锚	020312	022077243	采油工程技术研究院	韩 进 刘汝福 邓小伟 李洪春 杨会才
6	石墨轴承抽取器	020318	022298053	天然气化工厂	魏宏繁 解更存 惠学先 夏小军 李红军
7	一种改进的加热炉	020321	022083642	特种车辆修造总厂	徐文秀 戴相富 郑满圈 梁德权 罗煜琼 黄文明
8	抽油杆打捞爪	020326	02230178x	采油六厂	姜 泉 张学昌 卢文涛 侯培柱
9	井口配水器	020711	022431470	采油一厂	王 海 尹 明 陈宗林 孟志刚 李翠英
10	一种封隔器	020711	022431489	采油一厂	陈宗林 郭文军 郭清源 赵 继 黄学宾 李翠英
11	倒装单流阀	020711	022431497	采油四厂	赵志超 严长青 李现东 孙红兵 吕继阁
12	防脱丝杠阀门	020726	022426469	采油五厂	耿丙文 胡文革 陈宾雁 程如铁 贾建新
13	钻井参数仪	020813	022470859	中原石油勘探局	华学理 禹 荣 王佑宁 杨凌照 王志德 李安平 张德安 刘家刚
14	钻井参数采集及处理方法	020813	021287392	中原石油勘探局	华学理 孙清德 杨凌照 禹 荣 王佑宁 张德安
15	一种新型抽油泵	020909	02252651x	采油三厂	赵化廷 韩 信 史改芳 户贵华 李丽娜
16	稳拱式油气井套管扶正器	020909	022526528	钻井工程技术研究院	张兆盈 田绍臣 刘晏华 舒尚文
17	快装悬挂密封式单级套管头	020909	022526498	钻井工程技术研究院	张兆盈 田绍臣 刘晏华 舒尚文
18	一种井下异相分离器	020909	022526501	采油二厂	王 峰 苟天成 李 军 刘鸿方 张晓健
19	自控配压阀	020913	022545409	采油四厂	申锡民 赵红卫 王岱林 尚春芳 范彦峰 申 奎
20	一种管式抽油泵固定阀	020913	022545441	采油二厂	王 峰 韦登超 高君伟 胡东峰 叶菊英
21	一种光杆防盗装置	020925	022544739	采油三厂	崔 峰 郭清元 魏自广 赵 斌 张晓蓉 叶 瑛 陈自杰
22	一种增压注水泵	020928	022591370	采油三厂	韩 信 杨福成 史改芳 叶 瑛 李丽娜
23	油井定压放气阀	021018	022837388	采油四厂	赵志超 李现东 吕继阁 严长青 刘留栓 何福祥
24	铅锤防掉器	021018	022837396	采油一厂	龚忠瑞 何 平 熊国良 龚 涛
25	一种固井水泥车	021026	022837523	特种车辆修造总厂	李武幸 戴相富 郑满圈 谭劲松 徐文秀 罗煜琼
26	全自动燃烧机	021026	022837531	特种车辆修造总厂	徐文秀 梁德权 黄文明 迟建龙 谭劲松 别鹏飞
27	一种车载清蜡车	021026	022837507	特种车辆修造总厂	徐文秀 李武幸 黄文明 迟建龙 罗 平
28	油田集输系统三相流多速腐蚀模拟测试装置	021029	02283947x	采油工程技术研究院	郭学辉 黄雪松 靖朝强 侯 莹 唐祖友
29	高温高压变速多组缓蚀剂评价装置	021029	022839496	采油工程技术研究院	黄雪松 郭学辉 胡庆祥 王选奎 刘爱双

（尤　英）

学术交流

【科协工作概述】 2002年,中原油田科学技术协会针对全油田科研和新技术推广项目中存在的难点,结合国内外石油勘探开发与发展的现状,与国内各大油田、科研院所、大专院校及国内外专家开展了广泛的技术交流活动。年内,全油田共开展测井、钻井、采油、天然气及计算机等学术交流活动7次;参加石化集团公司及各油田组织的交流活动11次,参加交流人员486人,征集论文428篇,评出优秀论文93篇,其中获省部级奖励11篇,并有9篇论文在国家级刊物发表。先后邀请国内外专家来中原油田开展了"国内测井现状和水淹层测井技术"、"Wave Sonic交叉偶极子声波测井技术"、"HRAI高分辨率感应技术"、"生产测井技术的发展趋势"、"砂岩气藏描述技术"、"低渗砂岩气层识别技术"、"不同气藏开发技术"、"低孔低渗砂岩气藏气层的压裂改造技术"、"选择性堵水技术"、"油气井复合套管管柱优化设计理论和技术"等技术讲座,600余人听取了讲座。

(范青玉)

【牟书令到中原油田调研】 2002年5月26—31日,石化股份公司副总裁牟书令到中原油田调研,石化股份公司油田事业部副主任焦方正、发展计划部副主任刘岩,石化集团公司油田经营管理部副主任刘福顺等陪同调研。调研中,牟书令一行先后到油田16个科研、生产单位及20多个生产现场听取了工作汇报。5月31日,调研组召开总结座谈会。会上,牟书令对中原油田所做的工作给予了充分肯定,并就东濮凹陷勘探开发中的遇到的技术难题提出:要像油田开发初期那样,再进行一次科技攻关会战,为实现增储上产,丰富中国石油地质理论作出积极贡献。

(黄　琥)

【10位专家莅临中原油田作采油工程学术报告】 2002年5月18—19日,中国工程院院士、西安交通大学李鹤林教授、中国科学院国家纳米材料首席科学家张立德教授及石油大学(华东)、西南石油学院的张琪、赵福麟、李士伦等10余位专家、学者应采油工程技术研究院邀请,莅临中原油田举办了系列采油工程学术报告。专家们分别作了题为《石油工业与石油管工程》、《国际纳米技术最新动态与进展》以及采油新技术、凝析气藏开发、提高采收率、低渗油气藏压裂优化设计等方面的11场学术报告,油田相关部门及单位的近千人听取了报告。

(周　琦)

【建院20周年暨采油工程学术报告大会】 2002年5月20日,采油工程技术研究院建院20周年暨采油工程学术报告大会在中原文化宫召开。中国工程院院士李鹤林、中国地质大学(北京)副校长余际从,以及国内有关科研机构、大专院校的专家学者、国内各大油田工程技术研究院及中原油田生产单位的代表近千人参加了大会。会上宣读了全国人大环境和资源委员会副主任、原石油工业部部长王涛,原石油工业部副部长李敬,中国企业联合会主席、中国企业家协会主席张彦林,以及中原油田领导刘恩学、王献安、李春第等人的题辞;采油工程技术研究院建院人李宗田回顾了20年来的发展历程,介绍了该院制定的近期发展目标和长远发展规划;中国地质大学(北京)副校长余际从、中国石化集团公司科技部油田处处长薛承瑾及分公司副经理刘一江分别发表讲话;石油大学(华东)教授、博士生导师张琪作了题为《依靠科技进步,发展石油工业》的学术报告,回顾了石油科技的发展历程,分析了中国石油工业科技面临的挑战与采取的对策,介绍了提高油田采收率的技术决策定位情况。

(周　琦)

【勘探开发科学研究院举办"流动单元研究"讲座】 2002年11月7日,勘探开发科学研究院举办了"流动单元研究"知识讲座,由博士后流动站的尹太举博士主讲,内容包括研究单元的概念、研究方法及实际事例。该院40余名科研人员参加了学习。

(高秀田)

【勘探开发科学研究院召开学术交流会】 2002年8月30日,勘探开发科学研究院在储量研究室召开学术交流会。会上,针对油气藏的划分、油水界面的判别、寻找地层不整合等学术问题展开讨论,并邀请中石油研究院专家张志松,结合中原油田油藏类型介绍了地层精细对比在油气藏研究中的应用。该院30余名科研人员参加了交流。

(高秀田)

教　育

基础教育

【基础教育工作概述】　2001—2002学年,中原油田共有中小学、幼儿园、职业学校74所,其中中小学40所、幼儿园30所、职业学校4所;在校学生、在园幼儿52505人,其中中小学在校生43765人、在园幼儿8534人、职业学校在校生206人;教职工5155人(正式职工4631人、其他524人),其中专任教师3580人(含高级教师300人、中级教师1835人、初级教师1131人)。校园占地面积219万平方米,其中建筑面积52万平方米;固定资产原值(含教学用房)2.8亿元。2002年,全油田有7所学校被中国青少年研究中心、全国青少年研究会确定为全国素质教育实践基地;5所小学参与国家教育科学“九五”规划重点课题“科技教育与中小学生科技素质的提高”课题研究,并被评为优秀实验学校;教育中心在全国中小学生良好品德养成教育系列活动中,获集体组织一等奖,并被评为河南省教科研工作先进单位,同时有3所学校被评为河南省教科研工作先进集体,8所学校被确定为省部级教科研基地;教师在参加各类优质课竞赛和论文评比中,获省部级以上奖励的263人次,有69人分别被推荐为国家级、省级骨干教师和学科带头人培养对象。

(王纪宏　李殿峰)

【中小学教育】　2002年,中小学教育遵照“规范+特色”、“合格+特长”的办学思路,全面实施素质教育,加强教科研工作和教师队伍建设,改善办学条件,促进了教育教学质量稳步提高。年内,中小学生入学率和巩固率均为100%,辍学率为0;小学毕业生合格率98.8%,优秀率82%;中招考试各科平均及格率91.9%,优秀率45%。中小学生在各类学科竞赛中,获省部级以上奖励1024人次,其中一等奖60人次、二等奖270人次、三等奖694人次。(1)全面实施素质教育。以课堂教育为主渠道,广泛开展“争创文明班级、争当文明学生”、“小手拉大手”等活动,提高中小学生的思想道德素质。在教学工作中,重视学生在不同阶段的基础知识、基本技能和教学情感、态度的培养:在小学阶段注重培养学生良好的学习、生活习惯;在初中阶段注重培养学生掌握科学的学习方法;在高中阶段注重培养学生发现问题、探究问题、解决问题的能力。重视社会实践教育,先后组织开展了科技、环保、体育、消防等多种形式的夏令营和社会实践活动;注重开展艺术、体育等特长教育,先后举办了中小学生文化艺术节、田径运动会、体育节、“金色年华”文艺大赛等活动。2002年1月,在中央电视台、中国教育电视台、中央教科所联合举办的全国校园春节联欢晚会优秀节目评选中,教育中心选送的节目《绿色希望》、《龙乡小油娃》分获特等奖和一等奖,教育中心获优秀组织奖。(2)加强教科研工作。先后制定了《中原油田教科研发展规划》、《教科研管理办法》等系列规章制度,构建了中心、学校、教研组三级教科研网络。参与课程教材改革和教学实验,承担全国教育科学规划子课题5项、中国教育学会规划课题1项和河南省教育科学规划课题5项。开展学习科学和教育教学创新的研究,总结和推广适合中原油田教育实际的教学方法和学习模式。在石油石化系统和河南省教科研优秀成果评比中,共有82项科研成果获奖,其中一等奖12项,二等奖40项,三等奖30项。(3)加强教师队伍建设。以新课程培训为重点,开展继续教育和校本培训。结合青年教师多的特点,开展“拜师带教”、“创新课展示”等活动,促进了教师业务素质的提高。截至2002年底,全油田小学、初中、高中教师学历达标率分别达到99%、98%、96%,小学教师中具有大专以上学历的占教师总数的45%,初中教师中具有本科学历的占教师总数的39%。(4)加大资金投入,改善办学条件。投资700多万元购置了计算机、理化生实验设备、电教器材、音体美教学器材和图书;完成矿建投资1400多万元,其中建设面积共6070平方米的机关第一小学教学楼、第十八中学教学楼、第五中学宿舍楼竣工并投入使用,建设面积共8601.5平方米的第一中学学生食堂、第二高级中学图书科技楼开工建设;投资1320万元对37所学校进行了校舍维修、场地硬化,中小学办学条件明显改善。

(王纪宏　李殿峰)

【普通高校招生考试】　2002年,中原油田3所高中共有2912名考生参加高考,上省划第一批专科分数线2747人,上线率94.33%;上省划本科分数线1716人,上线率58.93%,比河南省普通本科上线率高出34.73

个百分点；上省划重点本科分数线596人，上线率22.91%，比河南省重点本科上线率高出15.31个百分点。共有2392人被高校录取，其中本科录取1524人、专科录取868人，录取总人数比历史最高纪录的2000年录取1707人增加685人。普通类本科录取率51.8%，比河南省本科平均录取率(23.6%)高出28.2个百分点；平均录取率79.1%，比河南省平均录取率(56.5%)高出22.6个百分点。在本年普通高校招生录取考试中，中原油田考生被全国重点院校录取651人，比历史最高纪录的2000年录取520人增加131人，其中被清华大学、北京大学录取15人。此外，另有106名职业学校学生参加对口升学考试，其中88人被高等院校录取(含本科16人，专科72人)。

(王纪宏　李殿峰)

【中小学创新教育被列为国家级课题项目】　2002年，由教育中心制定的重点教育科研课题——“中小学创新学习的理论与实践”，被确定为中国教育学会、河南省教育厅“十五”规划课题。该课题将“一切以学生发展为本”作为根本出发点，着眼于学生学习潜能的发挥，通过倡导自主学习、合作学习、探究学习的学习方式，培养学生的问题意识，对学生进行创新素质的培养。围绕课题实施，教育中心确定了钻井第一小学、机关第一小学、供应处小学、油建第一小学和油田第六中学、第五中学等6所学校为重点实验基地，成立了课题核心研究组及由各实验学校学科带头人组成的子课题研究组，所有课题组成员均经过北京大学著名教授的专题培训。课题实施采取定期研讨、观摩的方式进行。12月，在河南省教育厅组织的优秀课题成果评选中，教育中心申报的“区域性创新教育的基本理念、策略与实践”阶段性教育成果获一等奖，教育中心被评为河南省教科研先进集体，机关第一小学、油建第一小学、油田第六中学3所学校被评为河南省教科研先进学校。

(黄　琥)

【第十八中学加盟北京大学附中远程教育示范学校】　2002年7月11日，中原油田第十八中学举行了北京大学附中(以下简称北大附中)远程教育示范学校挂牌仪式。第十八中学组建于1983年，先后被确定为国家职业指导实验学校、素质教育与学校体育整体改革实验学校、河南省现代教育技术实验学校。双方联合办学后，北大附中同步教学通过卫星视频传输和互联网进入中原油田第十八中教学课堂，教师可分享一流教学成果，学生可聆听北大附中特级教师的讲课。至2002年底，北大附中远程教育网校在全国已建立100多所分校，第十八中学是中原油田惟一一所所属网校。

(黄　琥)

【幼儿教育】　2002年，幼儿教育以“促进幼儿全面、主动、富有个性的发展”为宗旨，以学习和贯彻《幼儿园教育发展纲要》为中心，注重培养幼儿良好的生活习惯、行为习惯、积极主动的探索兴趣，促进了幼儿情感、态度、能力、知识、技能等方面的发展。(1)加强幼儿伙食管理。制定《幼儿园伙食管理办法》，每月组织专职保健医生为幼儿统一安排营养均衡的食谱，提高幼儿的身体素质。(2)加强家园联系。通过家长学校、宣传栏等形式向家长进行科学育儿知识教育，免费发放幼儿教育资料8000多套；同时通过局域网发布幼儿教育的有关信息并解答家长的问题，接受家长的监督和评议。(3)树立服务意识。通过缩短寒暑假时间，解决家长在假期无人照顾孩子的难题；执行幼儿入离园接送卡制度，严格管理幼儿入园、离园，保障了幼儿人身安全。至年底，全油田共有7所幼儿园被评为河南省示范幼儿园，适龄幼儿入园率98%，出勤率达90%以上，幼儿健康检查合格率98%。在“双龙杯”和“世纪之星”全国少儿书画比赛中，获钻石奖17个、金奖92个、银奖550个、铜奖675个。

(王纪宏　李殿峰)

【河南省教育督导第二届年会在中原油田召开】　2002年1月24—26日，河南省教育学会教育督导专业委员会第二届年会在中原油田召开，河南省教育学会教育督导专业委员会理事长和各地市的60名代表出席了会议，中原油田老领导任宗声出席会议并讲话。会议总结并交流了河南省一年来的教育督导工作，提出了今后的工作思路，并对中原油田教育督导工作给予了充分肯定；拟定了“坚持以‘三个代表’重要思想为指导，充分发挥教育督导在基础教育改革与发展中的重要作用”等22个后两年的调研课题；公布了2001年度教育督导优秀论文43篇，其中中原油田教育中心督导室撰写的论文《评价方法是督导评估成功与否的关键》获一等奖。会议期间，与会人员参观了油田第六中学、第三高级中学等5所学校。

(王纪宏　李殿峰)

【“小手拉大手”活动】　2002年，教育中心在中原油田40个中小学、4万多名中小学生和8万多名家长中开展了“小手拉大手、公民道德共遵守”活动。活动中，学生与家长共同签订承诺书，家长承诺遵守社会公德，学生承诺养成良好的习惯，并在学生与家长中分别以“我向父母学什么”、“如何做孩子的表率”为主题，认真查找不良习惯，相互取长补短，共同进步。各学校还通过在班级、校园和矿区内建立流动监督岗、红领巾值勤小分队，创建红领巾文明路（绿地、楼道）等措施，开展体验教育，加强对学生和居民不文明行为的监督，促进了《公民道德实施纲要》的落实。

（王纪宏　李殿峰）

【职业教育】　2002年，中原油田继续保留中原石油学校、中原石油技工学校、商贸学校、服装工艺学校等4所职业学校的牌子，中原石油学校与中原石油技工学校、第四高级中学合并办学，商贸学校、服装工艺学校与艺术中学合并办学。年内，中原石油学校采油专业招生125人，商贸学校幼师专业招生61人。

（王纪宏　李殿峰）

学校、幼儿园选介

【中原油田第一中学】　中原油田第一中学（以下简称油田一中）位于濮阳市辽原路1号，始建于1980年，占地面积11.33万平方米，总建筑面积4.5万平方米，设有初中部和高中部。截至2002年底，油田一中共有教学班71个，在校学生5000多人；教职工392人，其中特级教师1人、高级教师95人、一级教师163人。学校分为教学区和运动区两部分，教学区有教学楼、办公楼、实验楼、图书楼、科技楼等13栋，运动区建有体训厅等符合国家标准的运动场地。学校配有先进的电化教学设备，计算机室、语音室、实验室、图书馆均达到国家一级标准。油田一中确立了注重培养学生的学习能力、实践能力和创新能力，造就品德优、基础厚、知识广、学业精、能力强、素质高的人才培养模式。建校20余年来，油田一中共为各类高等院校输送新生6000余人，其中重点院校2300人，考入北京大学、清华大学40多人。1997年河南省高考文科状元和2001年河南省高考状元均出自该校。在2002年高考中，濮阳市前10名考生中有9人出自该校。油田一中曾多次被评为中原油田先进学校、模范学校、文明学校和十佳学校，连续10年被河南省教育厅确定为具有保送资格的学校。1997年入选河南省名校，1998年被评为全国石油系统教育先进集体，并获河南省“千秋杯”管理先进学校、“三育人”先进学校等称号。

（王纪宏　李殿峰）

【中原油田第二高级中学】　中原油田第二高级中学（以下简称油田二高）位于濮阳市南海路中段，始建于1977年，占地面积8万平方米，总建筑面积2.1万平方米。截至2002年底，油田二高共有教学班41个，在校学生2000余人；教职工226人，其中高级教师55人、一级教师73人。学校拥有教学楼、办公楼、实验楼、图书楼，计算机室、语音室、音乐室及体育场馆均达到国家一级标准。油田二高以争创河南省一流高中为目标，以“科研兴校”为指导思想，促使教师由经验型逐步向科研型、学者型转变。建校20余年来，油田二高共为各类高等院校输送新生5000人，其中考入复旦大学、南开大学、中国科技大学等重点院校400多人。2002年，该校专科上线率95.5%，上线人数907人；本科上线率42.64%，上线人数405人。油田二高曾多次被评为中原油田先进学校、模范学校，2002年被命名为“河南省教育科研实验基地”。

（王纪宏　李殿峰）

【中原油田第三高级中学】　中原油田第三高级中学（以下简称油田三高）位于濮阳市五一路西段，始建于1987年，占地面积9.3万平方米，建筑面积近3万平方米。截至2002年底，油田三高共有教学班45个，在校学生2500余人；教职工260人，其中特级教师1人、高级教师96人、一级教师68人。学校建有教学楼、办公楼、实验楼、图书楼，计算机室、语音室、图书馆、音乐室及体育场馆均达到国家一级标准。油田三高确立了“一个差生都不放弃，使学生人人成才”的办学目标。建校10余年来，共为各类高等院校输送新生4000人，其中考入清华大学、北京大学等重点院校400多人。2002年，该校专科上线率98.57%，上线人数1035人；本科上线率51.24%，上线人数538人。油田三高曾多次被评为中原油田先进学校、文明学校、模范学校，2002年被确定为国家基础教育实验研究中心外语教学实验基地和河南省基础教育教学实验基地。

（王纪宏　李殿峰）

【中原油田第四高级中学】　中原油田第四高级中学（以下简称油田四高）位于濮阳市中原路东段，其前身是创建于1985年的中原石油学校和中原石油技工学校，2000年9月经中原石油勘探局批准改建为普通高中。学校占地面积20万平方米，建筑面积5.73万平方米。截至2002年底，油田四高共有教学班17个，其中高中班11个、职业教育班6个，在校学生607人；教职工159人，其中高级教师20人、一级教师28人。学校建有教学楼、办公楼、实验楼、图书楼，多功能电教室、计算机房、语音室、实验室、图书馆、运动场馆均达到国家一级标准。校内建有餐厅2个,建筑面积6000多平方米,可供4500名师生同时用餐;宿舍楼4栋,能容纳4000人住宿。油田四高确立了“育人为本,立足发展,不求人人升学,但求人人成材”的办学宗旨。建校以来,油田四高在河南省、濮阳市、油田教育中心组织的教育教学活动中,共取得100余个集体及个人奖项,学生会考及格率达到85%以上。同时,按照国家职业教育政策,加大对口升学工作力度,在2002年对口升学考试中,有41名考生参加高考,其中38人被高等院校录取,考入本科15人,升学率92.7%,居濮阳市同类学校之首。

(王纪宏　李殿峰)

【中原油田艺术中学】　中原油田艺术中学(以下简称艺术中学)位于濮阳市任丘路56号,其前身是创建于1984年的中原油田师范学校,2000年9月经中原石油勘探局批准改建为普通高中。学校占地面积10.4万平方米,建筑面积2.20万平方米。截至2002年底,艺术中学共有教学班10个,在校学生460人;教职工114人,其中高级教师25人、一级教师37人。学校拥有教学楼、公寓楼、音乐厅、报告厅、餐厅及标准的运动场,实验室、美术室、练功房、电教室、微机室、语音室、图书室均达到国家一级标准。艺术中学坚持“以质量取胜、以特色创优”的办学思想,以创建“规范+特色”的学校、培养“合格+特长”的学生为目标,两年来,有20余名教师在中原油田教育系统业务比赛中获一等奖。2001—2002年,艺术中学先后被评为中原油田教育管理先进单位、艺术管理先进单位。

(王纪宏　李殿峰)

【中原石油勘探局第五中学】　中原石油勘探局第五中学(以下简称第五中学)位于濮阳市京开大道中段,始建于1979年,占地面积5.23万平方米,建筑面积8822平方米。截至2002年底,第五中学共有教学班32个,在校学生2000多人;教职工126人,其中高级教师12人、一级教师78人。学校建有教学楼、实验楼、电教楼、宿舍楼、学生食堂,网络教室、语音室、体育训练厅均达到国家一级标准。

建校20余年来,第五中学坚持“播撒爱意、收获自信”的办学理念,确立了以创建特色学校为突破口、以教育科研为主攻方向的办学目标,遵循“以育人为主导、以创新为主线、以学生为主体、以质量为中心”的办学思路,加强了教育教学管理。第五中学曾多次被评为中原油田模范学校,1999年被评为全国学习实验指导先进学校,2000年被河南省教育厅命名为“现代技术教育先进学校”,2001年与清华大学附中结为联谊学校。2002年,高中升学考试升学率达到90%以上,在油田高中升学考试综合评估中名列前茅。

(王纪宏　李殿峰)

【中原石油勘探局第六中学】　中原石油勘探局第六中学(以下简称第六中学)位于濮阳市大庆路中段,始建于1982年,占地面积3.2万平方米,校舍面积1.2万平方米。截至2002年底,第六中学共有教学班34个,在校学生1900多人;教职工126人,其中高级教师21人、一级教师76人。学校建有教学楼、实验楼、电教楼、宿舍楼、学生食堂,网络教室、音乐教室、健身房、室内训练厅均达到国家一级标准,每个班级均配备了录音机、电视机、投影机、投影幕“三机一幕”。建校以来,第六中学坚持“德育为首,五育并举、重在素质、全面发展”的办学思路,先后实施了“名师工程”、“新秀工程”、“目标教学”、“分层递进教学”、“异步教学”等教学方法,办学质量稳步提高。第六中学曾多次被评为中原油田模范学校,1997年入选河南省百所名校,2001年被国家教育部评为劳动技术教育先进学校和全国优秀电教实验学校、国家现代技术教育先进学校。

(王纪宏　李殿峰)

【中原石油勘探局机关第一小学】　中原石油勘探局机关第一小学(以下简称机关一小)位于濮阳市辽原路,始建于1979年,占地面积2.6万平方米,建筑面积1.03万平方米。截至2002年底,机关一小共有教学班40个,在校学生2100人;教职工149人,其中中学高级教师1人、小学高级教师105人。学校建有教学楼、实验楼、电教楼、宿舍楼、学生食堂,网络教室、音乐教室、健身房、室内训练厅均达到国家一级标准。机关一小以“建立一流的师资队伍、创建一流的管理模式、创造一流的教育教学质量、营造一流的校园环境”为目标,加强教育教学管理,先后承担国家级、省级“九五”和“十五”等教科研课题20余项,撰写教科研论文40余篇;学校鼓号队、舞蹈队、体操队、绘画队在油田小学生艺术类比赛中多次获一等奖,个人获奖上千人次;在全国“双龙杯”、“金秋杯”、“小百花”、“世纪之星”等少儿书法、绘画、摄影大赛中,有400多名学生分别获一等奖和佳作奖;校航模队代表中原油田参加河南省航模比赛,男、女队均获团体总分前两名;2002年,该校8名教师代表中原油田录制的计算机网络教学课,由河南省音像出版社刻录成光盘出版发行;在全国小学生英语竞赛中,有近百名学生获奖。建校20

多年来，机关一小曾多次被评为中原油田模范学校，两次被评为全国石油系统教育先进单位，1997 年入选河南省名校，2001 年被国家教育部确定为全国现代教育技术实验学校，2002 年被确定为河南省基础教育教学实验基地、中国青少年素质教育研究实践基地。

（王纪宏　李殿峰）

【中原石油勘探局中心幼儿园】　中原石油勘探局中心幼儿园（以下简称中心幼儿园）位于科技新村小区院内，始建于 1984 年，占地面积 1.4 万平方米，建筑面积 4580 平方米。截至 2002 年底，中心幼儿园共有教学班 16 个，在园幼儿 600 多人；教职工 72 人，其中幼教高级教师 28 人、一级教师 11 人。园内拥有专门的音乐室、舞蹈室、小社会活动室、体操室、图书室和科学发现室，每个班级均有独立的活动室、寝室、卫生间，并配有闭路电视、投影仪、钢琴等现代化教学设备；户外有草坪和大型玩具。中心幼儿园围绕《幼儿园教育指导纲要》，以促进孩子全面发展为目标，以“教育无小事”为准则，不浪费孩子的每一分钟。建园 10 余年来，在历届局级以上保教质量和教学论文评比及保教基本功大赛中，多次名列前茅。中心幼儿园曾多次被评为省、局级先进单位，1998 年被河南省教育厅命名为首批“河南省示范幼儿园”，1998 年被国家教育部确定为“幼儿科技教育”和“幼儿问题行为游戏矫正”实验基地，2001 年在中央教育科学研究所“幼儿素质教育综合课程研究”验收评审中获一等奖。

（王纪宏　李殿峰）

【中原石油勘探局中心第一幼儿园】　中原石油勘探局中心第一幼儿园（以下简称中心一幼）位于濮阳市茂名路 35 号，始建于 1980 年，占地面积 9387 平方米，建筑面积 4600 平方米。截至 2002 年底，中心一幼共有教学班 15 个，在园幼儿 500 余人；教职工 66 人，其中幼教高级教师 14 人、一级教师 13 人。建园以来，中心一幼以“用全身的爱滋润孩子的心田，使他们在人生的起跑线上迈出最好的开端”为办园理念，促进幼儿全面、主动、和谐、富有个性的发展。先后承担“幼儿素质教育课程资源的开发和利用”等国家级、省级课题研究 10 余项，在各类杂志、报刊中发表幼教类文章 60 余篇，有 3 名教师被评为国家级先进个人，40 余名教师被评为局级先进个人。中心一幼曾多次被评为省、局级先进单位，2001 年在中央教科所“幼儿素质教育综合课程研究”验收评审中获二等奖，2002 年被河南省教育厅命名为“河南省示范幼儿园”。

（王纪宏　李殿峰）

【中原石油勘探局基地第一幼儿园】　中原石油勘探局基地第一幼儿园（以下简称基地一幼）位于任丘路东端光明小区院内，始建于 1986 年，占地面积 5192 平方米，建筑面积 3544 平方米。截至 2002 年底，基地一幼共有教学班 11 个，在园幼儿 500 余人；教职工 64 人，其中幼教高级教师 12 人、一级教师 17 人。基地一幼以“一切为了孩子”为宗旨，贯彻落实《幼儿园工作规程》，实行了开放式办园。自 1989 年以来，该园连续 10 年被评为中原油田先进幼儿园、文明幼儿园；1997 年，其总结出的“幼儿园程序化管理及各岗位工作常规和程序”经验，在中原油田幼教系统推广；1998 年被河南省教育厅命名为首批“河南省示范幼儿园”；2001 年，在中央教育科学研究所“幼儿素质教育综合课程研究”验收评审中获一等奖。

（王纪宏　李殿峰）

【中原石油勘探局钻井第三幼儿园】　中原石油勘探局钻井第三幼儿园（以下简称钻井三幼）位于兰考县中原油田第八矿区院内，始建于 1983 年，占地面积 9609 平方米，建筑面积 4172 平方米。截至 2002 年底，钻井三幼共有教学班 11 个，在园幼儿 360 人；教职工 48 人，其中幼教高级教师 7 人、一级教师 8 人。钻井三幼以“立足油田，服务社会，面向未来”为办园宗旨，坚持身心并重、保教结合的原则，注重幼儿的养成教育和艺术教育。建园以来，幼儿绘画作品多次在全国比赛中获金、银、铜奖，其中两幅作品入选日本第 30 届儿童画展；1998 年该园幼儿体操队获河南省幼儿体操比赛二等奖。钻井三幼曾多次被评为中原油田先进幼儿园、十佳幼儿园，1998 年被河南省教育厅命名为首批“河南省示范幼儿园”。

（王纪宏　李殿峰）

【中原石油勘探局登月新村幼儿园】　中原石油勘探局登月新村幼儿园（以下简称登月新村幼儿园）位于任丘路 108 号，始建于 1995 年，占地面积 6000 平方米，建筑面积 2300 平方米。截至 2002 年底，登月新村幼儿园共有教学班 10 个，在园幼儿 300 余人；教职工 46 人，其中幼教高级教师 12 人、一级教师 13 人。园内建有教学活动室、多功能厅、电教室、图书室、标本室，每个班级配有钢琴、彩电、音响、投影仪和各种玩教具，户外设有大型玩具和多功能活动器械。登月新村幼儿园坚持“开发智力、培养能力、强身健体、全面发展”的保教方针，倡导”尊重幼儿、分层教育、注重个性、超越发展“的教育理念，实施了名园战略，并与北京海娃幼儿园、蓝天幼儿园结成姊妹园，增强了办园实力。

建园以来,教师中有3人获省部级“优秀教师”称号,20余人在河南省幼儿教育活动比赛和幼儿教育论文评比中获奖。在全国“双龙杯”、“小百花”、“金秋杯”少儿书画大赛中,有560名幼儿分获金、银、铜奖;幼儿舞蹈《油城小画家》在石化集团公司获奖。登月新村幼儿园曾多次被评为中原油田先进幼儿园、文明幼儿园,2002年被河南省教育厅命名为“河南省示范幼儿园”。

(王纪宏　李殿峰)

【教师优质课评比和学生学科竞赛获奖名单】

(1)河南省小学教师优质课教学评比获奖情况:

语文:

一等奖:周　萌(机关一小)

三等奖:管向英(机关一小)

孟　芳(登月新村小学)

数学:

一等奖:宋海英(机关一小)

二等奖:李玲玲(采油三小)

三等奖:常丽霞(供应小学)　刘维青(机关二小)

英语:

一等奖:王爱霞(机关一小)

二等奖:李伟杰(采油四小)　梁秋莲(油建一小)

劳动:

一等奖:蔡鲁博(机关二小)

二等奖:许　波(十九中)

三等奖:王　玉(登月新村小学)　王　勇(供应小学)

自然:

一等奖:刘　明(机关一小)

二等奖:张洪景(运输小学)

三等奖:张生凤(油建一小)　徐增丹(十二中)

思想品德:

一等奖:陈丽萍(油建一小)

二等奖:黄小红(十中)

三等奖:张　霞(供应小学)

(2)河南省中学教师优质课教学评比获奖情况:

数学:

一等奖:张继鹤(十五中)

二等奖:刘怀胜(十八中)　马凡增(一中)

康献洲(三高)

三等奖:刘翠莲(一中)

英语:

一等奖:张道建(三高)　张美荣(十八中)

二等奖:刘淑英(六中)　文　波(一中)

张继莲(二高)

三等奖:陈传莲(四高)　郭　盘(艺术中学)

张连杰(二十一中)

思想政治:

一等奖:郭荷叶(八中)　张海燕(一中)

二等奖:邢代清(十八中)

三等奖:王洪杰(二高)

地理:

一等奖:孔令慧(五中)

二等奖:徐春芝(十九中)

物理:

一等奖:杨明珍(二高)　赵清秀(一中)

三等奖:齐学兵(一中)　周存昌(八中)

化学:

一等奖:孙彦青(十八中)

二等奖:王　岩(一中)　曹秀华(十中)

三等奖:李金强(三高)

生物:

一等奖:寻凤辛(十八中)

二等奖:马红灵(二高)　吉元嘉(六中)

三等奖:曲拥军(十七中)　卫秋霞(三中)

(3)河南省中小学教师信息技术优质课评比:

一等奖:陈海燕(十七中学)

二等奖:李　竹(十二中小学)　杨国喜(机关二小)

三等奖:明秀杰(六中)　马素玲(油建二小)

申存生(采油二小)

(4)第二届全国中学英语教师技能大赛:

初中组:

一等奖:骈留东(十八中)

二等奖:翟爱兰(一中)　邱新英(六中)

张怀起(五中)　张如意(三中)

何付国(十五中)

三等奖:李爱玲(一中)　李一民(二十中)

刘云霄(六中)　路海燕(十九中)

苗　青(十三中)

优胜奖:陈西良(八中)　冯军凯(一中)

刘亚娜(十八中)　陈运法(十中)

侯　云(八中)　贺新平(十七中)

刘常锁(一中)　郭训磊(七中)

刘淑英(六中)　郭俊立(十四中)

李改春(四中)　徐健美(十八中)

高中组:

三等奖:陈传莲(四高)　戴景燕(艺术中学)

赵　伟(四高)

优胜奖:王　敏(艺术中学)　朱晓丹(四高)

付全亮(艺术中学)

(5) 首届全国小学英语教师教学技能大赛：

二等奖：赵晓丽(采油二小)　徐维莉(供应小学)
梁秋莲(油建一小)　王兰凤(机关一小)

三等奖：李云仙(皇甫小学)　刘翠丽(二十中)
高海燕(十七中)　户小曼(运输小学)
李伟杰(采油四小)

优胜奖：贺　帅(油建一小)　苏立志(机关一小)
赵　琦(井下小学)　程瑞芝(井下小学)
陈华琼(钻井一小)

(6) 学生学科竞赛奖

全国小学数学奥林匹克竞赛：

二等奖：惠若云(登月小学)　魏万敬(十中)
李司琪(机关一小)　马蓓蓓(供应小学)
周　琳(油建二小)

三等奖：梁衣凡(井下小学)　露欣(井下小学)
王　倩(二十六中)　李　政(机关一小)
张宇儒(机关一小)　王帆宇(机关一小)
耿筱磊(机关一小)　郭　鑫(运输小学)
张　萌(机关一小)　文　婧(机关一小)
唐文琦(采油二小)　宋　晗(采油五小)

第十二届全国初中物理知识竞赛：

一等奖：刘慧楚(一中)　宋慎义(一中)
彭　辉(六中)

河南省初中物理竞赛：

一等奖：王　昊(一中)　岳　遥(一中)
郝斯嘉(十三中)　刘　阳(十三中)
李　智(一中)　梁　霄(五中)
廖聪颖(五中)　黄　顺(六中)
孙文彬(十九中)　刘炜娴(一中)
苏东鑫(八 中)　朱秋岩(十八中)
李　欢(二十一中)　厉征鑫(六中)
陈超(十九中)

二等奖：王　岩(一中)　陈东锁(一中)
贺　成(一中)　张　帅(六中)
章文娟(十七中)　郑亚雯(十八中)
闫　浩(一中)　赵元鹏(八中)
张　全(十八中)　郭大成(一中)
于文博(五中)　杨　林(七中)
荣　禄(八中)　杨　飞(十五中)
王震虎(十五中)　杜尚鑫(十八中)
胡金明(十八中)　邱　兴(二十一中)
李田宽(七中)　古鹏程(九中)

全国高中化学竞赛：

河南赛区二等奖：唐　超(一中)　段　涛(一中)
张天宵(一中)

河南赛区三等奖：梁凤琳(一中)　王　静(一中)
蓉　皓(一中)　左小敏(一中)
刘　涛(一中)　刘保平(一中)
高　岳(一中)　史勇立(三高)
宋　乐(三高)　沈　磊(二高)
李国锋(三高)　王德峰(二高)
刘光勇(二高)　刘振华(二高)
张昆仑(二高)　赵庆鑫(二高)
张　炀(一中)　王　健(三高)
李国利(三高)　朱　维(三高)
胡　彬(三高)

全国及河南省初中学生化学素质和实验能力竞赛：

全国一等奖：周瑞娜(十三中)　马　勇(十五中)
王　昊(一中)　朱泽群(十八中)

河南省一等奖：刘慧楚(一中)　张朝路(十七中)
赵　宇(十三中)　陈　超(十九中)
成晓洁(十三中)　陈　亮(一中)
孙文彬(十九中)　尹　冰(五中)
邓晓斌(八中)

河南省二等奖：章文娟(十七中)　梁　阳(十九中)
李日华(四中)　王　琼(六中)
杜　晶(六中)　张翠薇(六中)
张大伟(十中)　杨　旋(一中)
詹军峰(六中)

河南省三等奖：岳　遥(一中)　刘　峰(四中)
厉征鑫(六中)　朱秋岩(十八中)
李承威(五中)　王得凯(六中)
赵元鹏(八中)　古鹏程(九中)
李应文(十三中)　杨　飞(十五中)

全国高中数学联赛：

二等奖：柳亚鑫(一中)　李　睿(一中)
段　涛(一中)　邵东旭(一中)
刘　涛 (一中)　寇玉波(一中)
张伟建(一中)　张　峰(一中)
苏　洁(一中)　赵　炜(一中)
高　强(二高)　熊晓华(二高)
刘盼红(一中)

三等奖：闫　博(一中)　孙　超(一中)
张　炀(一中)　朱纪明(一中)
赵小涵(一中)　张　磊(一中)
白　磊(一中)　贾海滨(一中)
宋　乐(三高)　李英鹏(一中)

全国中学生英语能力竞赛：

高三组：

一等奖：潘　璇(一中)　杨　洋(一中)
姜　皓(一中)　张伟建(一中)
段　涛(一中)　刘小城(一中)
陈清波(一中)　张　波(一中)
宋向华(三高)　徐同银(二高)
二等奖：李　倩(一中)　张　炀(一中)
张留敏(一中)　陈　超(一中)
邵东旭(一中)　王　静(一中)
杜淑伟(一中)　杨海新(三高)
田英杰(二高)　肖　锴(二高)
宋达希(二高)　何　燕(三高)
徐　梅(三高)　祁白冰(一中)
王晓花(三高)　王艳婷(三高)
耿晓磊(艺术中学)
三等奖：张　铁(一中)　尹　菲(三高)
栾亚敏(二高)　乔慧霞(三高)
王瑞粉(二高)　班　诚(三高)
沈　磊(二高)　郑志军(二高)
王　涛(三高)　秦　英(三高)
鲁志明(二高)　李　慧(艺术高中)

高二组：

一等奖：刘　磊(一中)　王　晗(一中)
史亚冰(一中)　胡泽云(一中)
靳梦醒(一中)
二等奖：狄贞珍(一中)　李　谦(一中)
张　楠(一中)　黄　薇(一中)
张　翼(三高)　高　玥(三高)
苏春晖(二高)　单晓鹏(二高)
孙宏波(一中)　裴丽粉(二高)
孙燕燕(三高)　曾　晨(一中)
李　忠(四高)　张勇刚(二高)
胡莉婷(二高)　王　帆(三高)
三等奖：刘俊娟(一中)　韩里然(一中)
黄海军(一中)　林　琳(三高)
王　静(二高)　乔倩倩(四高)
何海燕(四高)　程　雁(一中)
邱　晓(三高)　解　娜(艺术高中)
詹大伟(艺术高中)　张丽丽(三高)
尹　璐(三高)　谢菡菡(三高)

高一组：

二等奖：宋晓夏(三高)
三等奖：姜　茜(三高)　石　楠(三高)
王　晶(艺术中学)　张　杰(艺术中学)

初四组：

一等奖：翟利宁(十八中)　孙　扬(五中)
申　洋(六中)　卢炳昊(一中)
李佳轩(一中)　孟庆龙(一中)
王　婧(一中)　段霖钰(六中)
二等奖：王庭祎(一中)　刘　韵(一中)
龙泓孜(十中)　雷姗姗(一中)
刘冠男(一中)　刘诗宇(一中)
叶　楠(一中)　张　萌(五中)
钱　晨(十五中)　石文烨(十三中)
王　晨(十八中)　于　沛(六中)
王　鹏(十二中)　甘　莹(十二中)
李丽彩(五中)　龙玉龙(五中)
巴晓静(五中)　郭凌娅(五中)
贾倩倩(三中)　李姗姗(一中)
姜　滟(一中)　王倩倩(十三中)
李笑宙(八中)　黄润来(四中)
三等奖：曹　倩(六中)　曹　耐(一中)
张　洋(一中)　段嘉希(十中)
温　星(十五中)　周绪翔(十七中)
段若晨(十三中)　罗　玮(六中)
李洪涛(三中)　赵　明(五中)
张　帆(五中)　张玉洁(七中)
张　鑫(十四中)　王丽娜(六中)
卓宁宁(六中)　付　裕(十九中)
汪雅琪(二十中)　曹瑞凯(一中)
万亚苗(十中)　韩聪聪(二十一中)
张　博(二十六中)　史　册(十七中)
南建业(十七中)　刘美娟(六中)
卢慧月(二十一中)

初三组：

一等奖：周慧中(一中)　胡莉娜(六中)
张英魁(五中)　蔡怡田(一中)
杨依非(一中)　陈冰华(三中)
余心乐(一中)　王希东(十八中)
二等奖：何　腾(六中)　陈而东(十三中)
张　洁(六中)　周　琦(六中)
郭　栋(六中)　刘梦源(十中)
郭　栋(十五中)　杨　栋(一中)
程雅琪(一中)　王浩屹(一中)
李斐然(一中)　白　杨(十七中)
宋晓寒(五中)　董泽元(十三中)
韩玉玺(三中)　薛　婧(九中)
李　力(十二中)　尹菲菲(十中)
张兴龙(十五中)　陈　苗(二十一中)
三等奖：孟凡平(八中)　杨　茜(三中)
张　扬(三中)　陈思源(六中)

魏雪蕾(一中)　梁　哲(十三中)
南　冰(一中)　黄淋珊(一中)
谭文龙(十九中)　闫永哲(十九中)
刘春晖(一中)　侯天骄(五中)
高　雪(五中)　李　翔(七中)
肖　昌(十八中)　董珍珍(八中)
赵　辰(十四中)　王　琦(十三中)
李蒙蒙(十四中)

初二组:

二等奖:焦　健(五中)　郑尔捷(十二中)
赵婧贤(十八中)　高　珊(十八中)
冯　超(十三中)　周飞航(五中)
栾　博(十三中)　郝　蕊(一中)
聂梦溪(五中)　靳亚娟(十八中)
彭　玮(十二中)　赵静雅(十八中)

三等奖:刘　博(十八中)　张　凡(十三中)
张　毅(十三中)　韩宁远(一中)
王馨冉(十二中)　孙一博(五中)
李　璠(十三中)　杨　帆(十三中)
崔　轩(十八中)　张润芝(三中)
周　豫(五中)　赵玮婧(五中)
栾　博(十三中)　王　真(五中)

初一组:

二等奖:逯斯炀(五中)　郭谨玉(十八中)
郑逸菲(五中)　张　晓(十三中)
郝　雨(十二中)　薛　宇(五中)

三等奖:陈　曦(十三中)　肖　雪(十二中)
袁　然(十二中)　孙明珠(十二中)
许云柯(一中)　王龙华(五中)
陈　婷(五中)　智　睿(十八中)
孙　博(五中)

全国初中数学竞赛:

全国一等奖:彭　辉(六中)　褚　刚(一中)
王　振(三中)　许一妮(一中)
杜　晶(六中)　詹军峰(六中)
胡静静(十三中)

河南赛区一等奖:陈　凯(一中)　杨　抑(一中)
张　帅(六中)　王　莹(六中)
王　琼(六中)　历征鑫(六中)
国林燕(六中)　聂　洋(一中)
靳　伟(七中)　王　捷(三中)
黄显刚(八中)　鲁继森(六中)
郝斯嘉(十三中)　邓晓彬(八中)
宗臣光(十三中)　李章红(九中)
赵　勇(十五中)　朱秋岩(十八中)
陈　赟(十八中)　岳　遥(一中)
窦　彪(十八中)　张　权(十八中)
姚文韬(一中)　刘会楚(一中)
赵　宇(十三中)　郭大成(一中)
王　滨(三中)　和丽真(二十一中)
李　赟(八中)　雷　坤(二十六中)
张大伟(十中)　刘　峰(四中)
李承威(五中)　叶如鹏(十七中)
张　晖(十九中)　周海霞(七中)
钟　丹(十二中)

河南赛区二等奖:陈　栋(十三中)　李元鹏(八中)
慕春雨(一中)　司　雯(十五中)
杨　飞(十五中)　黄甜甜(十五中)
罗　兰(六中)　杜尚金(十八中)
郑　敏(六中)　梁　阳(十九中)
杨　林(七中)　石　坚(十中)

(王纪宏　李殿峰)

职 工 培 训

【勘探局职工培训工作】 2002年,勘探局职工培训工作以适应岗位需要、符合市场需求为目标,进一步完善各项规章制度,加强培训的有效性和针对性,保证了培训质量。(1)开展基本功训练。制定了《开展基本功训练的实施意见》,编写《基本功训练手册》下发至基层班组;对92个工种的18106人进行了技能鉴定,对65个工种题库的715个鉴定项目进行了修订;对照操作岗位技术等级标准和兼岗等级标准,组织主要生产单位的千余名在岗技术工人制定《个人培训发展计划书》。(2)建立加快职工岗位成才的通道。组织开展第六届工人技术比赛,全油田共有41个单位的672名选手参加了27个工种的技术比赛;开展技术能手评比表彰活动,共评选出局级技术能手50人,其中7人被评为石化集团公司技术能手;组织开展"名师带徒"活动,各单位都制定了相应的措施和奖励办法,加快了后备人员的培养;开展技师评审工作,共有386人取得高级技师任职资格。(3)分层次开展技能培训。采取请进来、送出去的办法,举办管理人员培训班166期,培训2797人次;举办专业技术人员培训班53期,培训930人次;组织特殊工种、高技能工人、高级技师等培训班238期,培训2355人次;举办各类涉外人员培训班22期,培训1133人次。(4)继续开展职业化技能人才培训。对技术性强、岗位条件艰苦的钻井司钻、车工、焊工、管铆工、锻工等5个工种,按照培养大纲组织培训，对考核不合格的人员进行淘汰，保证了职业化技能人才的素质。年内，勘探局被评为全国企业职工培训先进单位；在全国石油石化行业职业技能竞赛中，勘探局选派的代表队获团体第四名，石油钻井工获团体第一名和个人第一名。

（马志建）

【分公司职工培训工作】 2002年，分公司职工培训工作以专业技术人才和紧缺工种培训为重点，结合生产和科技攻关的需要，引进先进的培训理念，努力培养高层次人才，完成了培训任务。(1)专业技术人员培训。举办油藏管理技术培训班5期，发放图书1000余册，培训196人；组织地质、采油等方面专家到基层授课39期，听众2000余人；聘请国内外专家、学者到油田进行新技术研讨和举办讲座25期，培训1476人次；选送业务骨干到高等院校、科研院所进行业务进修和新技术培训，共组织培训项目113个，培训536人次；选派112人参加石化集团公司组织的采油机械新技术、上市油气储量评估、油气储运等中原油田主干专业的培训；选派基层职工210人参加石油地质等8个专业的学习。(2)基层管理人员培训。采取集中办班、脱产培训等方式，举办基层队长培训班7期、培训417人；各单位自行开展班(组)长培训12期、培训637人，实现了两年内将分公司基层队长轮训一遍的目标。(3)操作服务人员培训。重点抓好采油、作业、集输等主体工种的培训，共举办各类高技能人才培训班14期，培训690人；组织电焊工、综合维修工等基层紧缺工种培训班2期，培训73人；组织安全、取证换证培训班26期，培训862人次；其他操作技能培训班17期，培训549人次。同时，分两次组织了30个单位、9176人的职业技能鉴定考核。(4)加强基本功训练。组织开展业务培训、知识竞赛、名师带徒等多种形式的岗位练兵活动。同时，加强师资队伍建设，建立了一支涉及20个单位(部门)、拥有142人的专业齐全、素质过硬的内部讲师队伍；加大对采油、作业等主体工种基地建设的投资力度，帮助采油厂等主业单位改造培训设施，完善训练基地10个；以社会保障部最新颁布的国家职业标准为主，编印《职业标准汇编》，内容包括采油、作业、集输等86个职业(工种)标准。(5)引进先进的培训管理理念。与国家经济贸易管理委员会合作，引入先进的ISO 10015国际培训管理体系，制定了11个程序、24个控制程序文件和支持性文件，并在采油五厂开展试点工作，初步建立了一套管理标准体系。

（康永华　苏照林）

【培训中心工作概述】 培训中心是集中原油田职工培训、成人继续教育和职业技能鉴定为一体的综合性培训教育基地。2002年，培训中心围绕中原油田工作的总体思路和勘探局“十五”发展的主要目标，坚持“质量第一、注重实效、服务企业”的原则，完成了各项培训任务。职工培训方面，举办各类培训班237期，培训9790人次，考核合格率92%，培训工作量与培训合格率分别高出计划考核指标94.5个百分点和7个百分点；成人教育方面，共有中原油田职工及子女2183人利用业余时间参加研究生及各类成人本、专科的教育，考核合格率85%，学年责任目标完成率181.92%；职业技能鉴定方面，共完成升级鉴定和岗位资格考核18106人次，组织修订工种鉴定试题库100个，鉴定计划完成率和修订工作完成率分别达到100%和92%，其中修订工作完成率超出年度考核指标2个百分点；职业技术教育方面，共培训学员184人，完成了职业司钻、车工、焊工、锻工等工种第三阶段的前期脱产培训任务，考核合格率达到规定标准。(1)全方位开展职工培训。年内，共举办管理干部培训班55期，培训2235人次；举办基层队(站)长及班(组)长培训班8期，培训403人次；举办涉外英语中、高级培训班5期，培训352人次；举办特种作业人员培训班46期，培训1778人次；举办高技能人才岗位培训班35期，培训1803人次；举办26个工种的油田技师、高级技师评聘前培训班46期，培训574人次。举办汽车驾驶员专业技师培训和从业资格及社会人员取证培训班14期，培训1404人；举办职业化技能人才培训班，培训中原油田职工子女184人；举办新分配大学生及新入厂员工上岗前培训班4期，培训267人；举办HSE、井控管理培训班24期，为中原油田及中石油、中石化等单位培训学员790人。(2)全面启动硬件环境及基础设施建设。按照石化集团公司“1253”培训基地建设规划要求，投资84万元对高级技师培训基地进行规划、实施，完成了焊接检测设备(焊机、探伤仪器)及检测设施(活动铅房)的购置、安装调试；从勘探局调剂教练用面包车等C型车20多辆，以适应汽车驾驶培训的需要。投资141万元对计算机培训项目的硬件环境进行了升级更新，年内新增计算机100多台，并购置了笔记本电脑、投影机、视频展示台、光电阅读器；建设了校园网和视频点播系统以及开放教育在线平台，构建了石油大学远程教育卫星接收小站系统。投资209.8万元对培训中心的学员公寓、澡堂、食堂、汽校大门及教学办公楼进行了维修改造。

（鲁隆祥　高　辉）

【培训中心加强内部基础管理】 2002年，培训中心进一步适应存续企业经营管理的总体要求，为开辟培训教育市场，加强内部基础管理。一是进行内部机构改革与调整，设立机关科室5个、培训教育业务部室7个、职业技能鉴定科(站)6个、培训基地4个、成人教育机构2个和综合服务机构2个。二是划分、明确了各部门(科室)职责，加强了部门目标责任。三是建立和完善培训管理规章制度。先后出台了《财务管理办法》、《员工绩效考核办法》、《培训教学质量管理办法》和《培训项目管理办法》，并实行了科级干部竞争上岗及薪酬制度改革。

(鲁隆祥　高　辉)

【培训中心资质情况】 截至2002年底，培训中心在职工培训、成人继续教育、职业技能鉴定方面已具备多项资质。职工培训：是国家外派劳务培训机构，具有国家外国专家管理局颁发的聘请外籍教师资质；国家计算机信息高新技术考试考点；中国焊接协会会员、石化集团公司焊工高级技师培训基地；河南省定点汽车驾驶培训学校、营运驾驶员指定培训基地；河南省特种作业培训单位。成人继续教育：是石油大学(华东)远程教育中原油田分院；西安石油学院和石油大学中原油田函授站；建立了中原油田广播电视大学远程教育教学方式。职业技能鉴定：是石化集团公司中原油田技能鉴定定点单位；河南省中原职业技能鉴定所(有22个社会工种的国家级鉴定权)；社会劳动保障部行业特有工种鉴定站(有46个行业工种鉴定权)；国家开展职业技能鉴定社会化示点单位；国家职业技能鉴定技术试验基地。

(鲁隆祥　高　辉)

【成人继续教育】 2002年，培训中心完成了成人继续教育的各项工作。(1)成人教育招生、报考与录取工作。完成成人招生报名1440人，成人自学报考1989人，石油大学网络学院、广播电视大学开放教育及北方交通大学网络教育学院共招录新生938人。(2)成人教育工作。设置函授及广播电视专业33个，开办教学班78个，完成2029人的教学任务。其中，石油大学(华东)函授和网络教育办班25个，开设本、专科专业11个，学员507人，毕业82人；西安石油学院函授办班18个，开设本、专科专业9个，学员306人，毕业56人；中原油田广播电视大学办班35个，开设开放教育本、专科和成人专科共13个专业，学员1216人，毕业231人。(3)与国内知名院校联合办学。与石油大学(北京)继续联合举办了油气井工程和油气田开发2个硕士研究生班，103人参加在职攻读；与河南省农业大学联办园林专业班2期，51名学员毕业；与北方交通大学网络教育学院联合，开办了工商管理本科网络教育。(4)基础工作。根据石油大学远程教育学院的要求，安装了卫星接收系统等基础设施，保障了网络教学工作的正常运行；中原油田广播电视通过了中央广播电视大学开展的项目评估，共规范基础资料台账89种，补充、完善了教学硬件及设施，建立了开放教育教学平台。

(鲁隆祥　高　辉)

【教育教学研究成果】 2002年，培训中心在教育教学研究中主要开展了3项工作。(1)围绕培训项目自编教材。组织专人编写完成了80万字的《涉外英语培训教程》(中英)双语教材和35万字的《中原油田基本功训练手册》，并编制了焊工高级技师培训教材；参与了河南省特种作业电工、焊工、起重及指挥、厂内机动车驾驶等工种考核试题库编写，获河南省试题库编写一等奖。(2)开展专题研究。承担了石化集团公司“人力资源开发培训模式”的专题研究，分析了中原油田及石油石化企业的培训工作，探索了全新的培训模式。开展“培训运作程序”研究，拟订了“开放教育管理模式和教学模式探索”的成人教育研究课题，并在勘探局重点科技项目中立项。结合研究实践，撰写的《创建一流的培训基地》、《培训的生命在于服务》、《培训发展中值得思考的几个问题》和《打造培训品牌的几点思考》等论文先后在国家相关专业刊物上发表。(3)开展优质教案评比。组织了培训中心优质课、优秀教案评比活动，12人获奖；参加了河南省广播电视大学组织的优秀教案评比活动，其中《计算机入门与操作训练》获教学成果二等奖，《面向对象程序设计》和《计算机数学基础》、《计算机组成原理》获教学优秀奖，培训中心被河南省广播电视大学授予优秀组织奖。

(鲁隆祥　高　辉)

党群工作

综　述

【党群工作概述】 2002年，油田各级党组织以党的十六大精神和“三个代表”重要思想为指导，为油田的改革、发展、稳定提供了强大的思想保证和精神动力，各项工作取得新发展，被评为河南省思想政治工作优秀企业，并连续5年获“河南省文明单位”称号。

深入开展群众性思想政治工作。以“抢抓机遇、应对挑战、团结一致求发展”为主题，深入开展形势任务教育，编印教育材料4期5000多份，发至基层单位供职工学习；安排政工干部深入基层，与一线职工同吃、同住、同劳动，面对面向职工宣讲形势与任务；在《中原石油报》、濮阳中原电视台开辟“形势任务教育”专版专栏，加强正确的舆论引导；组织青工1.98万人参加形势任务教育知识竞赛，增强青工的大局意识和整体观念。年内，围绕生产经营重点开展各类竞赛、活动480项，取得经济技术创新创效成果1490项。

扎实开展“四基”建设。油田党委组织开展了以加强基层班子建设、基本功训练、基础资料建设和基础设施建设为主要内容的“四基”工作。(1)制定了《关于切实加强基层领导班子建设的实施意见》，先后调整基层班子671个，调整、充实基层班子成员1100人。调整后基层单位班子成员的平均年龄由43岁降至38.4岁，中专以上文化程度由62.89%提高至72%。(2)以培养一专多能、一人多证的“全能员工”为重点，加强职工基本功训练，职工兼岗达标率达45%以上。在2002年度全国石油石化职业技能竞赛中，中原油田代表队获团体第四名、石化集团公司第一名，3名职工获“全国技术能手”称号。(3)以精简实用、真实准确为原则，开展“告别假资料签名”活动。并通过追究责任、奖优罚劣等措施，加强基础资料建设。(4)有计划地配备完善、更新改造各类基础设施，抓好“两堂一舍一室”建设。年内共新建、改造职工食堂287个、职工澡堂308个、职工活动室443个、职工宿舍1210间，改善了基层职工的生活条件。

继续实施“四有两促”党建工程。提高机关人员的办事效率，推行网上办公，实行首问负责制度和预约办事制度；建立基层联系点34个，解决基层实际问题230个。坚持基层评议机关制度，基层对机关的满意率达到95.6%；转变机关作风，开会、检查和要求基层上报的资料，同比分别减少58%、53%和24%。开展党支部“达标创先”活动，年内先进党支部和达标党支部分别占到党支部总数的26.1%和73.9%；继续开展以“觉悟高于群众、技能高于群众、业绩高于群众，争当优秀共产党员”的“三高一争”活动，规范了共性和个性目标。扩大党建工作覆盖面，印发《关于做好特殊群体党员管理工作的通知》和《关于做好离退休、协解人员等群体中党员教育管理工作的意见》，召开离退休系统党建工作会议，加强了特殊人群中党员的教育和管理工作。开展党风廉政教育，共有101个单位的党政主要领导和财务主管签订了不设“小金库”的承诺书，对清理出的62台账外车进行了处理。拓宽信访举报渠道，年内共查处违法违纪案件27起，有32人受到党纪政纪处分或组织处理。

不断加强社会主义精神文明建设。提高职工的政治业务素质，举办管理人员、专业技术人员、技术工人和涉外人员培训班521期，培训1.23万人次。开展绿化美化活动，共栽种树木3.8万棵、草坪3.1万平方米，并坚持生活区全天候保洁和环境治理，矿容矿貌有了较大改观。深入开展“严打”整治斗争，认真落实群防群治措施，共侦破各类刑事案件398起，抓获犯罪嫌疑人1348人，油区发案率同比下降11%。开展丰富多彩的群众性文艺活动，年内下基层送文艺演出和放电影305场次，组织广场文化活动23场次，观众7.5万余人；承办了首届中国职工艺术节“中原油田杯”舞蹈展演，全国38个省、自治区、直辖市和产业系统的800多名文艺工作者参赛，中原油田获特别贡献奖。

切实做好稳定工作。继续加强对协议解除劳动合同人员的思想教育，成立了就业服务站，年内共有4100人实现再就业，同比增加33%。实施“送温暖”工程，7万多名职工捐款189.84万元，增加了职工互助基金，加大了扶贫解困力度。推行厂务公开，自觉接受群众监督，中原油田被河南省推荐为全国厂务公开工作先进单位。妥善处理各类信访问题，年内到油田上访起数和人数同比分别下降32%和49.54%，信访结案率95%。坚持做好原“法轮功”练习者的跟踪帮教工作，加强防范控制和教育转化力度，实现了年内“零聚集、零进京、零插播”的目标。

（万卫东）

【建党81周年纪念活动】 2002年，油田党委下发了《关于开展纪念建党81周年活动的通知》，主要开展了2项活动：(1)选树表彰了一批在基层党支部“达标创先”活动和党员“三高一争”活动中取得突出成绩的先进基层党组织和优秀共产党员。年内，全油田共有2475个基层党支部开展了“达标创先”活动，共评出先进党支部408个、达标党支部2387个，选树党员先进典型2118名；抽查了69个直属单位党委（党总支）“三高一争”活动的开展情况，95分以上的有21个；157个基层党支部中，95分以上的有60个。优秀率分别达到30.4%、38.2%。(2)开展中原油田基层党建工作成就展。“七一”期间，以“知党、爱党、颂党”为主题，在中原文化宫展出40余个单位选送的103块展板，并评出一、二、三等奖30个。

（邢永华）

【采油五厂开展企业员工思想道德积分制活动】 2002年，采油五厂党委全面开展企业员工思想道德积分制活动。活动以累计员工思想道德积分的方式，对员工的职业道德、家庭美德、社会公德、个人品德等4个方面的15大项、100余小项进行考核，并评出优秀、合格、不合格等档次。为及时通报活动中好的做法和涌现出的先进典型，该厂在内部刊物《检查与通报》上开设“道德员工风采”专栏，发布信息200余条。至年底，采油五厂文明员工达标率97.8%，同比提高4%，涌现局级优秀文明员工6人、十大杰出青年1人、先进基层集体30个，并被石化集团公司评为管理先进单位。

（鲁利民）

【中原油田被评为河南省优秀思想政治工作企业】 2002年1月4日，在河南省企业思想政治工作会议暨省职工政研会第11次年会上，中原油田和钻井二公司同时被评为河南省优秀思想政治工作企业，采油一厂职工思想政治工作研究会被评为河南省优秀职工思想政治工作研究会，张明功和田崇亮分别被评为河南省优秀思想政治工作者和河南省优秀职工政研会工作者。会上，王献安代表油田党委作了题为《实施“大政工”，全面提高素质，建设过硬的石油职工队伍》的经验发言。

（黄　琥）

组织工作

【组织工作概述】 2002年，油田组织工作的重点是：以基层党支部达标创先和党员“三高一争”活动为载体，深入实施“四有两促”党建工程，着力抓好基层党组织和党员队伍建设。(1)坚持党组织与行政机构同步运作的原则，及时调整和改进基层党组织设置。年内，新建直属单位党委（党总支）20个、撤销49个，直属单位党委（党总支）数量由108个调整到79个，并规范改制企业、合资企业等党组织的设置形式，按照行业、产权关系成立了行业公司联合党委、投资管理中心党委；调整基层党支部书记983名，党支部委员2932名，党支部健全率100%。(2)深化基层党支部达标创先活动。先后对105个直属单位党委（党总支）、138个基层党支部进行调研，对17个基层党委（党总支）、32个基层党支部进行现场考察，并在《中原石油报》、组织部网站上开辟“党的建设”专栏，介绍各单位在达标创先活动中涌现出的好的做法和经验；加强基础资料建设，调整、完善了《党支部工作记录本》的相关内容，对规范填写提出了具体要求；开展信息建库工作，局党委组织部和79个单位党委（党总支）均建立了党内基本信息数据库，实现了利用微机进行党内统计综合分析。(3)加强党员队伍教育。结合油田阶段性的工作重点，分别以“积极投身‘三高一争’活动，以优异成绩向党的十六大献厚礼”、“在‘四基’建设中充分发挥先锋模范作用”和“学习‘5·31’重要讲话，以实际行动向党的十六大献礼”为主题，编发《党课参考》3期。督促、指导各单位党委（党总支）做好出席党的十六大代表候选人初步人选和河南省党代会代表的推选工作，全油田共有2478个基层党支部、200个基层单位党委（党总支）、108个直属单位党委（党总支）的40051名党员参加了推选工作(4)推进党员“三高一争”活动。下发了《关于开展“三高一争”活动、推进党员责任目标管理工作的通知》，印制了《党员目标管理责任书》，分系统确定了6个试点单位。开展民主评议党员工作，共有78个单位党委（党总支）开展了民主评议党员工作，参与评议党员40425人，评出优秀党员5131人、合格党员34961人、基本合格党员328人、基本不合格党员2人、不合格党员3人。(5)加强特殊群体中党员的教育管理。根据新矿区重组实际，加大对离退休和协议解除劳动合同等非在职职工党员的教育管理，先后下发了《关于做好特殊群体中党员管理工作的通知》、《关于做好离退休、协议解除劳动合同人员等群体中党员教育管理工作的意见（试行）》，对特殊群体中基层党组织的设置、党员教育的基本内容、党员管理的措施与方法、党员作用的发挥及其组织领导等提出了明确要求。根据油田宗教工作座谈会精神，印发了《关于做好信仰宗教党员教育与处理工作的通知》，督促、指导5个矿区党委做好信仰宗教党员的教育与处理工作，在参与宗教活动的15名党员中，有10人通过教育表示不再参与活动；对3名正式入教和2名继续参与宗教活动的人员按照规定劝其退党。(6)突出一线党员的发展工作。本着提高新党员质量、严格标准和程序、优中选优的原则，注重向生产一线班组倾斜，向科研、文教卫生等一线岗位倾斜。年内，共发展党员1484人，其中生产、科研及教育一线1028人、占发展党员总数的69.27%；大专以上(含大专)学历575人、占发展党员总数的38.75%；35岁以下1109人、占发展党员总数的94.73%。

(邢永华)

【基层党组织基本状况】 截至2002年底，中原油田共有直属单位党委、党总支79个，其中党委74个，党总支5个；基层单位党委75个，党总支151个；基层党支部2481个(其中离退休、协议解除劳动合同党员党支部455个)，党小组3187个。

(邢永华)

【党员队伍基本状况】 截至2002年底，中原油田共有党员41797人。其中：在岗职工党员24568人，占党员总数的58.78%，占在岗职工总数的29.64%；其中35岁及以下党员9636人，占在岗职工党员的39.22%。女党员5390人，占党员总数的12.90%；少数民族党员285人，占党员总数的0.68%；离退休职工党员14679人，占党员总数的35.12%；协议解除劳动合同职工党员2170人，占党员总数的5.19%；待安置、自谋职业党员378人，占党员总数的0.90%。党员学历层次：大学本科及以上学历的党员4339人，占在岗职工党员的17.66%；大学专科学历的党员6096人，占在岗职工党员的24.81%；中专、高中学历的党员10833人，占在岗职工党员的44.9%；初中及以下学历的2940人，占在岗职工党员的11.97%。

(邢永华)

【干部队伍建设】 2002年，组织部在加强干部队伍建设方面主要做了三方面的工作：(1)加强领导干部的思想政治建设。举办党的十六大精神培训班7期，组织607名领导干部学习了党的十六大报告和江泽民"5·31"重要讲话。对照中央企业工委、中组部《关于中央企业领导人员廉洁自律若干规定的实施办法(试行)》，党员领导干部围绕加强和改进思想作风、学风、工作作风、领导作风和生活作风等方面召开了专题民主生活会。(2)优化领导班子结构。制定《关于加强领导班子职数管理的暂行规定》，职数设置向外闯市场单位倾斜。开展干部考核工作，共考核直属单位136个、机关处室42个、领导干部484人，有6921人参与评价。坚持整体稳定、适度交流的原则，进行勘探局新一轮干部聘任(任用)，职务调整526人次，改任调研员34人、提拔52人。其中勘探局处级干部平均年龄降至45.9岁，其中大专及以上学历的89.2%、高级职称的76.1%。(3)调整干部的激励和约束机制。加强干部聘期管理，鉴定干部聘用合同，增强干部的压力和动力；完善监督约束机制，改总会计师制为委派财务总监制；试行干部竞争上岗，调动基层干部的工作积极性。

(沈中锋)

【干部培训】 2002年，组织部开展了三方面的干部培训工作：(1)管理知识培训。完成了与美国南哥伦比亚大学联合举办的高级MBA培训班的全部授课工作，获学位证书41人；与石化干部管理学院联合举办工商管理培训班1期，培训50人；选派36人参加石化集团公司人事教育部举办的各类管理培训班。(2)专业知识和外语培训。委托培养研究生6人；举办硕士研究生进修班2个，参加学习60人；选派23人到西安石油学院学习钻井、测录井等新工艺、新技术；选派39人到西南石油学院参加对外合作人才培训；选派74人出国参加外语和技术培训。(3)机关干部和基层班子成员的技能培训。举办局机关干部WTO知识短训班2期，培训420人；举办计算机应用知识培训班11期，培训386人；举办组织人事科长业务短训与研讨班1期，培训102人；举办"四基"建设党支部书记培训班2期，培训161人；举办基层队(站)长培训班3期，培训353人。

(马仁生)

【因公出国审查】 2002年，组织部把是否参与修炼"法轮功"作为出国人员审查的重点，并根据执行任务的不同情况，确定相应的审查重点，适当简化部分人员的审查手续，保证了对外合作工作的顺利开展。年内，共办理因公出国审查手续164个团组716人次。其中管理和专业技术人员233人次，操作服务人员483人次；参加业务技术培训68人次，执行项目考察、洽谈、设备验收任务80人次，执行工程施工(劳务)项目任务483人次，参加培训、调研、采集、学术技术会议(含展览会)85人次。出国任务涉及32个国家和地区，其中工程劳务项目分布在6个国家。

(易小华)

【思想政治工作先进集体和个人评选】 2002年，组织部根据油田党委《关于评选2001年度油田思想政治工作先进单位和优秀思想政治工作者的通知》,初审了103个单位党委(党总支)报送的62个自荐先进单位、144名先进个人的推荐材料,制定了《关于2001年度油田思想政治工作先进单位、优秀思想政治工作者推荐情况及评选工作建议方案》,在征求相关部门意见的基础上,组织召开党群部门评选会,确定了2001年度油田思想政治工作先进单位29个、优秀思想政治工作者142人,印发《光荣册》450份。

(邢永华)

宣传·统战

【宣传工作概述】 2002年,宣传工作以邓小平理论和“三个代表”重要思想为指导,全面完成了各项任务指标。

党员干部的理论学习。印发了《中共中原石油勘探局委员会宣传部、组织部关于油田所属单位党政领导班子中心组和职工2002年理论学习的安排意见》,对理论学习的时间、内容、考核方法作了部署安排;根据国内外不同形势的需要,提供了《入世对企业的影响及对策》、《学习江泽民5·31重要讲话专题讲座》、《马克思列宁主义、毛泽东思想、邓小平理论基本问题》等600多份(次)录像带、书籍等学习资料;利用中心组学习和党员活动日等时间,采取集中学习、分散自学、座谈讨论、收看录像等形式,开展了“学习十六大精神,贯彻落实‘三个代表’重要思想”讨论活动;定期调查了解各单位党政领导班子中心组和干部职工的政治学习情况,不断改进理论教育工作方法。

职工群众的思想政治工作。针对加强企业管理、调整原油产量、加强“四基”建设等热点问题,编印宣传教育材料4期5000多份,下发至基层单位学习。继续加强马克思主义唯物论和无神论教育,在《中原石油报》上开辟“深入揭批‘法轮功’邪教”专栏,在濮阳中原电视台反复播放批判“法轮功”邪教的录像,为“法轮功”练习者授课,使全油田“法轮功”人员基本得到转化。做好协议解除劳动合同人员的思想工作,在全国暨石化集团公司再就业工作会议召开之后,及时进行再就业工作宣传报道,引导协议解除劳动合同人员和内退职工树立正确的择业观念。组织召开外闯市场典型事迹报告会,开展巡回演讲11场,直接听众5000余人。召开思想道德建设表彰会,编印了《思想道德建设标兵风采录》,同时大力宣传安长印、郭士国等烈士的先进事迹,在油田掀起了向英雄学习的热潮。在中央电视台《新闻联播》及《人民日报》、《工人日报》等国家重点新闻媒体上,宣传中原油田外闯市场队伍的典型事迹。

政研工作。编印《政工研究》3期,刊登论文70余篇,下发1500份。向石化集团公司政研会、河南省政研会推荐了10篇优秀论文参加评选,其中《适应企业改革发展形势需要,切实提高党支部书记素质》、《关于做好网上思想政治工作的思考》、《国有企业开展思想道德教育思考》3篇论文获石化集团公司政研会优秀研究成果奖。组织开展企业文化专题研讨活动,上报论文153篇,评出一、二、三等奖45篇,优秀奖30篇。

新闻舆论工作。起草下发了《关于加强油田对外宣传管理工作的通知》、《关于做好2002年油田对外宣传工作的意见》、《关于做好迎接十六大暨第四季度宣传工作的意见》,对中原油田各个时期宣传工作的重点作出安排部署,并制定了《关于加强中原路、大庆路沿街宣传栏管理考核办法》,督促各单位及时更新内容,定期组织考核评比。向《工人日报》、《新华每日电讯》、《中国石化年鉴》、《政工研究动态》、《石化政工简讯》等省部级以上刊物报送新闻稿件9篇5万余字;向石化集团公司思想政治工作部、河南省精神文明委员会报送通讯稿件6篇1万余字;接待中央电视台、河南电视台、新华社、《人民日报》、《河南日报》、《中国企业报》、《中国石油》等新闻单位记者20批56人次。拟订了《中原油田展览馆筹建方案》。年内,举办摄影摄像、宣传骨干和基层通讯员培训班4期,培训150人。

(靳国伟　密德英)

【统战工作概述】 2002年,统战部认真贯彻落实党的统一战线方针,做好油田宗教、民主党派、少数民族、海外侨胞眷属的统战工作。

统战政策的宣传落实工作。召开由各民主党派、政协委员、宗教界人士、少数民族职工代表、侨胞及港澳台眷属参加的统战工作座谈会,听取了他们对油田改革与发展的意见和建议,并为归侨俞秋梅协调解决了住房问题。与濮阳市侨务办公室、中原石油勘探局局长办公室和外事办公室共同做好美国纽约州议员的亚裔顾问、中美友好协会副主席、美国纽约华人总商会常务理事郑祺榕来中原油田的接待工作。组织召开了由各民主党派、无党派知名人士、侨眷代表参加的党外人士学习贯彻十六大精神座谈会;印发《关于对油田统战对象进行调查统计的通知》和《统战知识手册》,并为14名归侨侨眷、澳眷属人员审核办理证件;组织油田政协委员参加濮阳市政协、市区政协四届五次会议,并撰写了题为《加强思想道德建设,树立河南新形象》河南省政协提案和《发挥油气资源辐射作用,促进油地经济共同发展》的市政协会议发言材料。

帮助民主党派搞好自身建设。年内与5个民主党派负责人谈话20多次,就民主党派成员的政治思想教育、组织发展和党内活动的正常化、规范化等交换了意见。对九三学社等部分民主党派改选、发展新成员等工作进行了指导帮助,并协同中共濮阳市委统战部做好油田九三学社换届工作。

加强对宗教、民族问题的管理。一是筹备召开了油田宗教工作座谈会,研究和分析油田宗教工作面临的新情况、新问题。二是针对近几年油田信教群众逐年增多的情况,就如何做好特殊人群和信教群众的稳定工作,起草下发了《矿区稳定工作管理办法》。三是加强与中共濮阳市委统战部、市区宗教局的联系,共同做好油田基地宗教、民族问题的处理工作,加大对教徒的教育管理力度。深入各矿区对职工群众信仰宗教的情况进行专题调查,就部分教徒私自聚会和私建活动场点问题进行了说服教育。四是对油田基地的基督教、佛教、真耶稣教教堂、伊斯兰教寺院进行走访,就共同做好油田稳定工作同有关宗教负责人进行了座谈。五是针对"六四"期间的敏感问题,及时与各民主党派和宗教负责人谈话,做好重点人物的思想教育工作。

(新国伟　密德英)

【宗教工作座谈会】 2002年6月17日,油田党委在中原文化宫召开宗教工作座谈会。油田各单位党委书记和统战(宗教)工作负责人及机关政工处室长近200人参加了会议。油田领导王献安、张召平、沙启军、张同冉及濮阳市宗教局局长刘培振出席会议。王献安作重要讲话。他就当前油田宗教工作面临的新情况、新问题进行了全面剖析,并要求各级党政组织要提高对做好宗教工作重要性的认识,统一思想,明确任务,扎实工作,努力开创宗教工作的新局面,进一步促进油田的改革发展稳定。会议传达了全国及河南省宗教工作会议精神,学习了有关宗教政策和宗教知识。工程建设总公司、特种车辆修造总厂、运输处、采油二厂等单位分别就本单位的宗教工作情况作了发言。

(新国伟　密德英)

精神文明建设

【精神文明建设工作概述】 2002年,中原油田精神文明建设工作以"三个代表"重要思想为指导,取得显著成效。

进一步修订完善精神文明创建达标办法。组织17个考核部门(单位)在广泛征求基层单位意见和建议的基础上,修改完善了《2002年度精神文明建设目标责任考核办法》,通过季度考核、半年综合、年终汇总的方法,对各单位精神文明建设目标完成情况进行考核验收,共考核单位73个,及格率100%。

继续开展精神文明创建达标活动。(1)抓好选树文明典型工作。组织召开了中原油田2001年度十佳文明单位、十佳文明员工、十佳文明家庭表彰大会;配合濮阳市文明委做好文明市民标兵的推荐工作,宋秋梅、赵全民等7人被推荐为文明市民标兵候选人;配合濮阳市文明办完成对14个省、市级文明单位的验收工作。(2)继续抓好绿化美化工作。各物业处坚持"高标准、高起点、高品味"的原则,大力开展义务植绿活动,共新植草坪1.2万平方米,植乔木、花灌木20万余株。(3)开展群众性文化活动。年内,共组织发行影片310部,放映电影3200场,举办舞会900场次,文艺演出130场次。(4)抓好文明小区的创建工作。进一步完善了派出所、居委会、物业保安的"三级联防"体制,形成多层次、立体式的治安防范网络。

继续抓好专项治理。定期召开城建监察、交警、巡警、卫生防疫4支专职执法队伍会议,集中开展整治"七不六乱"和交通秩序、占道经营、小吃摊点的专项治理活动。年内,共清查出各类违章行为8600余起;治理农贸市场4处,清洗基地主次干道、墙体广告5000多平方米,清除了五一路、苏北路等城乡结合部的建筑垃圾4000多吨。强行拆除新蕾公园"鬼城"、"恐趣洞"、"恐龙洞"等不健康娱乐设施,为广大青少年创造了文明健康向上的活动场所。公安处组织开展"公特场所清查整顿行动"、"严厉打击社会丑恶现象"等专项斗争,共清查公特场所5000余家(次),依法取缔14家,清查出租房屋1621间,查处黄赌毒案件23起。交警支队依法治理交通乱停现象,共纠正非机动车违章30余万人次、机动车违章5万余台次,清理家属区、街道乱停乱放、停车过夜车辆1412台次,整治交通乱点5处。组织公共事业管理处、房产处、物业管理处、卫生处及油田离退休老领导,对57个主业单位和13个矿区进行了年度环境工程大检查,共查出闲置院落、房屋、违章建筑、简易房、房屋租赁等问题150多个,并写出环境工程检查专题报告。

继续抓好精神文明建设督察工作。坚持日常督察和临时抽查相结合的方式,深入基地各小区、街道,对违章建筑、矿容矿貌、交通秩序、小区保安等问题进行督察，发现问题及时督促整改。同时，围绕中央精神文明建设指导委员会印发的《公民道德建设实施纲要》和油田党委开展的社会主义思想道德教育活动，成立了油田公民道德行为督察组，对基地的不文明、不道德行为进行重点督察。加大对城建、卫生防疫等4个专职执法队伍的考核力度，年内共督察42次，组织召开座谈会15次，协调解决问题120个。

（靳国伟　密德英）

【追认安长印为革命烈士】　2002年8月13日上午，油田党委在中原文化宫召开追认安长印为革命烈士大会。会议宣读了河南省人民政府下发的《关于追认安长印等14名同志为革命烈士的通知书》，并向安长印烈士的家属颁发了革命烈士证书。安长印烈士的爱人庞爱荣、安长印烈士生前所在单位同事代表、公安处民警代表、油田共青团员代表在会上作了发言。沙启军代表中原油田向安长印烈士的爱人颁发了一次性抚恤金，并向安长印烈士的女儿赠送了下学年学费。濮阳市民政局副局长李自勤，濮阳市区区长李建国、区委副书记郭德录，油田领导王献安、张召平、沙启军、蒋永富出席大会。

（靳国伟　密德英）

【“十佳”表彰会】　2003年4月1日上午，中原油田2002年度“十佳文明单位”、“十佳文明员工”、“十佳文明家庭”表彰会在濮阳中原电视台演播厅召开。会议宣读了《关于表彰2002年度十佳文明单位、十佳文明员工、十佳文明家庭和撤销部分局级文明单位称号的决定》、《关于2002年度精神文明建设考核结果的通报》；刘恩学代表油田党委与采油一厂、钻井四公司、特种车辆修造总厂等6个单位的党委书记签订了2003年度精神文明建设目标责任书，并发表重要讲话。李春第、张召平、王春江、刘一江等出席会议，并为“十佳”获得者颁发奖牌和证书。

（1）十佳文明单位：

技术监测中心　采油三厂　钻井三公司
教育中心　采油四厂　供水管理处
地质录井处　钻井二公司　天然气产销厂
钻井一公司

（2）十佳文明员工：

王中华　何　强　汪　洋　田纪民
李凤霞（女）　王长生　张秀娥（女）　马防修
王文利（女）　花清信

（3）十佳文明家庭：

杨明锋　李洪英　田锡选　张玉枝
吕锡德　王燕敏　肖　虹　逯泮清
唐安全　金　华

（靳国伟　密德英）

“四基”建设

【“四基”建设工作概述】　2002年，局党委、勘探局、分公司制定下发了《关于切实加强基层建设的意见》，把抓好“基层班子建设、基础资料建设、基础设施建设、基本功训练”作为年度重点工作。油田成立了由王献安任组长，张召平、张勤、刘一江任副组长的“四基”建设领导小组，组织部、人力资源部、人力资源处等12个处（部）室为“四基”建设成员处室，并抽调10人组成“四基”办公室，负责组织、协调、督促及验收工作。年内，“四基”办公室共编发《“四基”建设动态》38期，介绍了各个单位抓“四基”建设的做法和经验256次。同时，在局党委网站和中原石油报社、濮阳中原电视台上开辟“加强‘四基’建设、提高管理水平”专栏，刊（播）发新闻报道620篇（条）、各类新闻图片20组200余张。(1)基层班子建设得到加强。有73个单位先后调整基层领导班子671个，调整、充实基层班子成员1100人，基层班子健全率达到80%以上。在全油田1886个基层班子中，一类班子856个、占总数的45.39%，二类班子1027个、占总数的54.45%，三类班子3个、占总数的0.16%；基层干部平均年龄38.4岁，40岁以下的基层干部由调整前的59.47%提高到74%。(2)职工技能素质有所提高。全油田共举办各类培训班2057期，培训职工91250人次。先后有55个单位组织了工人技术比赛，参赛职工15300多人。与2001年相比，职工本岗持证率由86.4%升至93.0%，兼岗持证率由51.7%升至60.1%；高级工以上的职工由4988人增加到6868人，上升幅度37.6%；初级工晋升中级工的上升幅度达到17%。10月，在中国石油石化行业职业技能竞赛中，中原油田参赛的6个工种综合排名为团体第四名、石化集团公司排名第一名。(3)职工的工作和生活条件明显改善。新建、改建、修缮职工宿舍（公寓）2155间、职工食堂159个、澡堂237个、职工活动室519个。有484个基层单位完善了HSE（健康、安全、环保）设施，基本满足了职工生产、生活需求。(4)基础资料进一步精简规范。对基础资料进行合理分类，统一录取填写标准，制定、完善了59项使用管理制度，精简各类资料1918项，减轻了基层负担。

（赵荣峰）

【参观“四基”建设试点单位】 2002年7月23—25日，局党委组织油气开发、专业化公司和社会化服务等三大系统的党委书记、“四基”建设办公室主任及油田机关有关处室负责人共160人，分别到采油五厂作业培训基地、采油五厂采油六队、消防支队第五中队、采油四厂注水一队、采油四厂作业一大队等22个基层试点单位进行了现场参观，同时交流了经验与做法。

（赵荣峰　昝淑军）

【“四基”建设经验交流会】 2002年8月22日，中原油田“四基”建设经验交流会在中原文化宫召开，各单位“四基”建设办公室主任及油田机关有关处室负责人200人参加会议。王献安出席会议并讲话。王献安指出，加强“四基”建设，是实践江泽民同志“三个代表”重要思想的具体行动，是思想政治工作与生产经营紧密结合的有效载体，是提高企业管理水平和职工队伍素质、推进油田持续健康发展的重要举措。各单位要从推进油田持续发展的高度，增强责任感和自觉性，求真务实，开拓创新，扎扎实实抓好“四基”工作，不断提高基层管理水平，增强队伍整体实力。会上，采油四厂、钻井二公司、天然气处理厂等6个单位的党委书记就如何开展“四基”建设作了经验发言，并书面交流了19个单位的经验论文。

（赵荣峰　昝淑军）

【“四基”建设检查与考核】 2002年12月3—23日，油田“四基”建设工作领导小组与12个成员处室的30余人，组成油气生产、专业化公司和社会化服务3个检查考核组，对73个所属单位党委(党总支)进行检查，评出优秀单位25个、良好单位45个、较差单位3个，分别占被检查单位的34%、62%、4%。同时对269个基层单位进行了检查。

（赵荣峰　昝淑军）

【编写《基层建设工作手册》】 2002年10月22日，中原油田成立了《基层建设工作手册》编写指导委员会，刘恩学、张召平等任正、副主任，12个成员处室负责人任委员，同时抽调90多名专业人员着手《基层班子建设分册》、《基础资料建设分册》、《基础设施建设分册》、《基本功训练分册》4个分册的编写工作。至年底，《油田基层建设工作手册》编写完毕，全书共四册75万字，由企业管理出版社出版发行，张召平主编。

（赵荣峰）

信访·保密

【信访工作概述】 2002年，信访工作坚持“稳定压倒一切”的工作方针，推行逐级上访、分级受理制度和领导责任目标管理办法，使大量信访问题在基层得到及时妥善处理，信访总量和集体上访得到有效控制。年内，共受理群众来信245件，同比下降39.8%；接待群众来访628起、2045人次，同比分别下降44.3%和51.6%，其中集体访62起、1188人次，同比分别下降50.5%和58.9%。初信初访处结率在90%以上，年终结案率在98%以上。

加强信访工作薄弱环节的管理。(1)中原油田实行专业化管理后，家属、待业子女、失业集体工、协议解除劳动合同人员等特殊人群的管理出现空档，上访量有所增加，占信访总量的75%以上。4月，中原油田新组建13个矿区，并在3个大矿区成立稳定办公室，解决了管理中出现的空档问题。(2)坚持信访工作领导责任制。年内，共接待群众来访25起、120人次，其中集体访3起、89人次，所涉及的22个问题，处理终结21个，处结率95.5%；呈领导批示的178件群众来信，176件得到及时处理，处结率98.9%。(3)在重大节日和党的十六大召开期间，对排查出的不稳定人员落实帮教承包人，并制定了处置突发性事件预案，保证了全油田在特殊时期未发生一起到油田机关集体上访和个人赴省进京上访事件。(4)对涉及面广，处理难度大的信访问题，由分管领导协调处理。年内，共组织召开信访工作领导小组会议4次，专题协调会18次，解决疑难信访问题32个。

抓好信访基础工作。进一步建立和完善办信接访的登记、转办、交办、督查督办、统计归档等日常工作制度，制定了《关于信访工作实行分级负责、归口管理的暂行办法》，对油田各单位、机关各处室受理的群众来信来访的职责范围、处理要求、责任考核、奖惩办法作了明确规定。完成了协议解除劳动合同人员、内退职工、失业集体工、待业子女等特殊人群建库任务，对各类人员做到了底数清、情况明。建立了信访信息报送制度，各矿区每周五向油田信访办公室报告一次稳定工作情况。年内，信访总量和集体上访同比分别下降43.1%和50.4%，重信重访率控制在20%以内，信访结案率达95%以上。

发挥信息网络作用。发挥信访信息员的作用，坚持每周向各矿区收集一次信息，敏感时期每天收集一次，形成快速敏捷的信息反馈机制。开展信访调研，及时编写成《信访动态》和《信访工作日报》，供领导参考决策。年内,共编印《信访动态》47期,《信访工作日报》18期,提供各类有价值的信访信息158条,领导批示协调处理问题82个,其中处理终结78个、占95.2%。

严格信访考核制度。局党委将信访工作纳入精神文明建设责任目标管理,规定油田所属单位到局上访率不得超过职工总数的3‰,重访率控制在20%以内,上级部门转办、交办的信访件,年终结案率要达到95%以上,严格控制到局集体上访和赴省进京越级上访的发生,考核结果与文明单位评比、奖金分配和领导干部任用挂钩。信访办公室制定了量化考核细则,并将来信来访情况定期向各矿区反馈通报,把大量的矛盾和问题解决在基层。年内,初信初访一次性处结率达到80%以上,减少了"三访"问题的发生。

(吴思锋)

【避免协解人员集体上访】 2002年8月23日,信访办公室从基层得到信息,部分协议解除劳动合同人员(以下简称协解人员)由于受外地企业协解人员上访的影响,准备组织集体上访。局党委及时召开各矿区和油田机关有关部门党政负责人会议,研究制定了4项预防措施:一是由公安部门配合各矿区追查消息来源,对散布谣言的人员进行有效控制,防止事态扩大;二是将国务院和石化集团公司协议解除劳动合同的有关政策,以及中国石油天然气集团公司处理协解人员上访的态度和意见,印发给各矿区和油田所属单位,要求他们传达到每个协解人员,澄清协解人员的模糊认识;三是落实稳定工作责任制,把每个协解人员控制在矿区之内;四是对煽动、组织、串联上访的重点人员进行法制教育,并对组织者赵新建依法进行处理,避免了协解人员集体上访事件的发生。

(吴思锋)

【解决第十二矿区集体上访事件】 2002年11月25日,第十二矿区测井第三小区30余人到油田信访办公室就新建住宅楼将对老住户的生活、安全等方面造成影响一事进行上访,要求更改原计划,改建草坪和活动场所。油田领导王献安接待了上访群众,听取了上访人员的意见和要求。随后,组织召开了由油田党委副书记、信访工作领导小组和局党委办公室、规划处、房产处、基建处、勘察设计研究院等部门和单位负责人参加的专题会议,针对上访群众提出的问题进行了分析研究。会后,沙启军带领有关部门人员亲自到现场查看,经过多方面征求意见,在既考虑到老住户利益,又兼顾新购房户利益的前提下,确定了具体整改方案。11月29日下午,测井第三小区的20名家属再次到局上访,坚持要求取消原建房计划。针对这种情况,信访办公室分别召开居民中的党员和在职职工座谈会,教育他们顾大局,最终使这些居民放弃过高要求,使这起集体上访得以息访。

(吴思锋)

【保密工作概述】 2002年,保密工作以邓小平理论和"三个代表"重要思想为指导,贯彻落实《中共中央关于加强新形势下保密工作的决定》,完善规章制度,增强防范手段,年内未发生失泄密事件。(1)健全组织机构。调整、充实各单位保密委员会或保密工作领导小组,配备业务强、素质高的人员任保密员。各级保密委员会在工作中坚持做到机构设置与保密领导小组同步成立、思想政治工作规划与保密工作要点同步安排、思想政治工作检查考核与保密工作的检查考核同步进行的"三个同步"。(2)开展保密法制宣传教育。各单位围绕局保密委员会《"四五"普法期间保密法制宣传教育规划》,制定出本单位的保密法制宣传教育实施细则,有计划、有步骤地开展保密法制宣传教育活动。领导干部中心组主要通过学习法律法规,播放失泄密案例录像、开展座谈讨论等方式,增强保密意识和政治责任感;各级党政领导干部自觉执行保密制度,在传阅、学习密级文件和外事活动中,未出现失泄密事件和文件短缺现象;保密干部和涉密岗位人员主要通过外出参观学习、举办知识竞赛、召开座谈会等方式,增强防范能力;在职工群众中,主要利用宣传栏、宣传橱窗、计算机网络等工具,开展保密法普及活动。(3)计算机网络保密纳入规范化管理。组织各单位认真学习《中华人民共和国计算机信息系统保密管理暂行规定》和中原油田《计算机信息系统保密管理暂行规定》,并要求结合实际制定本单位《计算机人员操作管理规定》、《计算机网络数据库管理》和《计算机网络安全保密管理制度》,为计算机网络保密提供制度保障。同时,会同信息中心等有关部门,严格上网审批制度,保证了油田计算机网络信息的安全。(4)不断加大保密工作力度。及时修订、完善保密工作各项规章制度,坚持把保密工作纳入精神文明考核范围。针对油田对外商务洽谈、工程承揽活动增多的实际,严格出国人员政审和对外提供涉密资料审批制度,坚持对出国人员进行保密教育,保证了国家秘密、油田商业秘密和工作秘密的安全。

(李向阳)

【保密工作大检查】 2002年8月10日—9月30日,油田党委保密委员会在全油田组织开展了保密工作大检查。检查内容包括各单位保密机构建立、日常保密管理、保密法制宣传教育、定密、标密和计算机信息保密等,并查纠失泄密事件。8月5日,保密委员会向各单位印发了《关于开展2002年保密工作大检查的通知》,先后有75个单位和28个机关处(部)室上报了自查工作报告。9月初,检查组分4路对38个重点涉密单位和13个机关处室进行了抽查,共听取汇报51次,召开座谈会31次、260人参加,检查核对文件资料4500多份(次),问卷考核230多人,检查涉密办公室87间、涉密计算机160多台。9月底,检查组对各单位保密工作情况作出评定。在抽查的51个单位和机关处(部)室中,90分以上的有41个单位(部门),占被检查单位的80%。

(李向阳　王艳莅)

【机要工作概述】 2002年,机要工作以党的十六大精神为指导,深入贯彻江泽民"做好党的工作,确保绝对安全,确保绝对畅通"的重要题词精神,发挥密码工作生命线、保障线、指挥线的作用,提高了机要工作的服务水平和保障能力。局党委办公室机要科连续6年被中共河南省委办公厅授予"全省党政系统机要密码工作先进单位"称号。(1)做好密码电报特别是紧急重要电报的译传办理工作。按照"急事急办、特事特办"的原则,在规定时期内完成紧急重要电报的办理。办报人员坚持做到眼勤、手勤、腿勤、嘴勤、脑勤,机要科长严格落实电报办理"第一责任人"制度,保证了保密、快速、准确办理紧急电报。年内共收发办理密码电报1100份8000余页,各类内部传真电报1万多份5万余页,未发生压误、错办、漏办电报和失泄密事故。(2)严格规章制度,促进机要工作制度化、规范化。重新修订、完善了《值班值机制度》、《紧急重要电报译传办理制度》、《核心密码管理制度》等12项规章制度,并实行了目标管理考核机制。(3)做好密码安全检查整改工作。局党委办公室机要科把2002年定为密码安全整改年,对密码、密码机、通信设备、电源线路等逐项进行检查、整改,并更新了一套防盗监控系统,在密码机房和传真机房安装了两套高级防撬门。(4)加强全省党政系统油田机要网站建设。年内油田机要网站共添加机要信息、油田动态以及各类标题新闻1000余条,设立了在线学习英语、电脑、音乐欣赏等栏目。至2002年底,网站共发布工作信息90期,督查通报24期,党委文件76份,领导讲话55份,上情下达11份,"四基"动态36期,各类新闻图片40组、600余张,总访问量89180人次。在2002年度河南省党政机要系统网站评比中,油田机要网站获第六名。

(王艳莅　李向阳)

纪检·监察

【纪检监察组织情况】 2002年,根据中原油田部分单位整合和纪检监察工作的实际,对局纪委、监察处机关和下设在矿区的14个纪检监察室进行了整合:(1)局纪委、监察处。将原局纪委、监察处机关案件管理室、案件审理室、效能监察室、执法执纪监察室、教育调研室、办公室的职能进行调整,设立了案件审理室,纪检监察一室、二室、三室、四室和办公室,不再下设纪检监察室。干部队伍构成:共有专职纪检监察干部34人,其中处级干部9人、科级干部22人、一般干部3人;具备高级职称的10人、中级职称的19人、初级职称的5人;具备本科学历的15人,专科学历的18人,中专及以下学历的1人;党员34人;汉族32人,少数民族2人;30岁以下的1人、30~40岁的6人、40~50岁的22人、50岁以上的5人。(2)油田所属各单位。全油田79个设立党委的单位共设立纪委69个,纪委书记69人,纪检监察干部132人。其中,专职纪检监察干部60人、兼职纪检监察干部72人。年内,局纪委、监察处被评为石化集团公司2002年度效能监察先进单位。

(孙青春)

【领导干部廉洁自律情况】 2002年,局纪委、监察处认真贯彻执行中央关于国有企业领导人员廉洁自律的各项规定,督促各单位在重大决策、重要干部任免、重大项目安排和大额资金的使用等重大问题上,基本上做到集体研究,按规定程序决策。对利用公款吃喝和内部招待喝名酒、抽名烟等问题进行专项治理,共有75个单位的领导班子成员在禁止公款吃喝《承诺书》上签字。同时,局纪委组织检查组对部分单位内部餐厅、烟酒库房进行检查,大部分单位业务招待费控制在限额之内;对局、处级干部执行礼品登记、收入申报、业务招待费使用和重大事项报告等制度。局级干部的收入申报率100%,处级干部的收入申报率97%,有58人(次)将所收礼品、礼金和有价证券等按规定上缴登记。对各单位党政正职8小时以外的活动情况进行检查,为666名处级干部建立了廉政档案,与451名处级干部进行了廉政谈话。组织领导干部配偶100余人参加"廉内助"学习班,观看《石化反腐警示录》专题片 10 集。

（孙青春）

【案件查处】 2002 年，油田纪检监察部门共受理信访举报 212 件，其中立案 25 起、结案 25 起；处分 22 人，其中党纪处分 5 人（开除党籍 2 人、严重警告 3 人）、政纪处分 17 人（留用察看 4 人、记大过 2 人、记过 6 人、警告 5 人）。组织处理 10 人，其中解除劳动合同 2 人、解聘职务 5 人、通报批评 2 人、取消预备党员资格 1 人。

在案件查处和受理信访举报工作中，主要查处了 8 种违反纪律和中原油田规定的行为：(1)对私设“小金库”等严重违反生产经营管理规定的案件进行查处，解聘了涉案单位主要负责人的行政职务。(2)对盗窃油田物资的案件进行查处，解除了作案人的劳动合同。(3)对利用职务之便，买假文凭骗取荣誉、多长工资、多加工龄的案件进行查处，违纪人员受到党纪处分，并被解聘了行政职务，取消了荣誉称号，恢复到原工资级别，且调离了工作岗位。(4)对参与嫖娼的人员进行严肃查处，取消其预备党员资格。(5)对干部失职渎职，给中原油田造成重大经济损失，给职工生命安全造成严重危害的案件进行查处，事故责任人受到行政处分或被解聘职务。(6)对改制企业侵害油田利益，造成国有资产流失的案件进行查处，3 名领导干部受到了法律追究。(7)对关系职工群众切身利益的反映强烈的问题进行查处。在分（调）房工作中，受理职工群众举报 146 件，经查实取消 39 人的分（调）房资格。(8)在招聘劳务工工作中，严格监督检查，取消了 144 人的应聘资格。

（孙青春）

【效能监察】 2002 年，全油田共开展效能监察 69 项，挽回直接经济损失 2161 万元，提出改进建议 261 条，建立和完善规章制度 496 项，发现案件线索 14 条，处理和调整干部 9 人。(1)房屋租赁效能监察。查清了油田各单位和个人交纳租金的情况，查出拖欠房屋租赁费 6452 万元；解决了改制企业欠交或拒交租赁费的问题，个体工商户房屋租金每月增收 100 多万元。(2)私建“小金库”效能监察。共清理出 8 个单位的“小金库”金额 425 万元。(3)内部产品采购效能监察。发现未按规定程序、应该采购内部产品而采购外部产品的合同 91 份，合计金额 2449 万元，并对有关单位进行了通报批评。(4)账外车和租（借）车辆情况效能监察。共查出有账外车辆的单位 38 个，收缴账外小轿车 29 台、抵债车 22 台，分配到 24 个所属单位使用；清退 11 个单位的租（借）车 59 台。另外，完成了 2001 年度清理清退挂靠车辆专项监察的善后处理工作，为 21 台挂靠中原油田的车辆办理了过户手续。(5)机构整合单位资金、资产移交情况效能监察。在机构整合重组的 15 个单位中，未移交的单位公章 35 枚，有 8 个单位的 35 个合同未履行完，涉及金额 555 万元，建议有关部门和单位进行了处理和整改。(6)规范改制单位遗留问题效能监察。先后对万邦服务中心、天宇化工厂、伊莲制衣公司的遗留问题进行监察，处理了一些久拖未决的问题，为油田避免经济损失 341 万元。(7)公路修建工程项目效能监察。查出个别施工单位存在不按施工设计进行施工，工程资料管理不完善等问题，召开了由建设单位、施工单位、监理单位负责人参加的会议，通报了监察情况，监督有关单位进行整改。(8)中小学校生源情况调查。共查出 7 所学校中有 238 个班不同程度的存在学生超员问题，找出了超员的主要原因，为规范管理提供了依据。(9)油田部分单位对外提供服务及收费情况效能监察。查出在有偿提供电、暖、排污等服务项目中，存在欠交电费、排污费等问题，并提出了改进意见。(10)离退休人员经费使用情况专项监察。经核实，年内勘探局给 13 个矿区核拨的离退休人员经费全部到位，未发现有矿区违规使用的情况。(11)重点固定资产投资项目效能监察。对 69 个工程项目的计划、管理、质量、竣工结算等情况进行监察，查证实际结算比计划投资节约 623 万元。

（孙青春）

【推行党风廉政建设责任制】 2002 年，纪检监察部门在全油田推行了党风廉政建设责任制。主要内容：完善经营承包责任制，把遵章守纪、依法经营与经营目标一起考核，实行违法违纪一票否决权；实行财务总监委派制，加强了财务监督；建立物资市场供应网络，采取网上采购和招标采购等方式，使物资采购重点部位集中的权力分散化、隐蔽的权力公开化、权力的监督民主化；严格执行油田《药品采购招投标管理办法》，规范招投标采购程序，遏制了药品采购过程中的不正之风；制定《汽车修理统一管理暂行办法》，规范了车辆维修市场；制定《委托代理合同签订暂行办法》，规范了合同管理；进一步落实《党政领导干部选拔任用工作条例》，采取民主测评、公开选拔和任前公示等做法，避免了用人上的不正之风；实行内部审计与外部审计相结合的“双审制”，使各种违规违纪行为滋生的空间越来越小；局、处两级对涉及油田改革、发展和职工切身利益的重大事项，及时公开，接受职工群众监督；把治理难度较大的业务招待费使用、乘车标准执行等具体问题列入考核内容。年内,对 73 个二级单位和 58 个机关处室、事业单位进行了廉政考核。其中 54 个二级单位领导班子被评为优秀,占被考核二级单位的 74%;对 511 名党政领导班子成员进行考核,其中 3 名处级干部考核不合格。

(孙青春)

【党风廉政教育】 2002 年,纪检监察部门继续按照“突出一个重点,搞好两个延伸”的党风廉政教育格局,下发了《2002 年党风廉政建设宣传教育工作安排意见》,重点抓了三项工作。(1)开展警示教育。每月最后一周的周五晚上,在中原有线电视台播放反腐倡廉录像片,扩大宣传教育的覆盖面。组织科级及以上党员干部和重点岗位人员收看全国、集团公司和河南省公布的大案要案,并通过座谈、讨论等方式,使党员干部警钟长鸣。年内共播放专题片 252 场次,参加收看人员 1.59 万人次,其中局级干部收看率 100%、处级干部收看率 96.6%、科级干部收看率 95%。(2)开展党纪政纪条规教育。各单位坚持每月组织党政班子成员学习一次党纪政纪条规,每次学习不少于 2 小时;组织 610 名局、处级领导干部,分别参加了油田党纪政纪条规廉政教育闭卷测试,成绩优秀率在 95%以上;组织党员干部参加《中国监察》杂志社举办的党风廉政建设和反腐败斗争知识竞赛活动,542 名处级干部参加。(3)与油区检察机关联手,开展预防职务犯罪的教育活动。6 月,开展了法律知识宣传周活动,聘请濮阳市检察院工作人员分片给处级及以上干部授课,并到 37 个单位给科级干部举办法制讲座。

(孙青春)

【纪检监察理论研究】 2002 年,油田纪检监察干部围绕企业纪检工作面临的新情况、新形势和新问题,共撰写工作论文 80 篇,推荐参加河南省纪委、石化集团公司理论研讨论文 5 篇。其中,获河南省优秀论文奖 1 篇,获石化集团公司优秀论文一等奖 1 篇、三等奖 2 篇,获石化集团公司优秀调研报告 1 篇。中原油田被评为 2002 年度河南省纪检监察学会优秀团体会员单位。

(孙青春)

【局纪委第十二次全体(扩大)会议】 2002 年 3 月 21 日,中共中原石油勘探局纪律检查委员会第十二次全体(扩大)会议在中原文化宫召开。会议的主要议题是,深入贯彻中央纪委第七次全会、石化集团公司 2002 年纪检监察工作会议精神、河南省纪委第二次全会和中原油田 2002 年工作会议精神,总结 2001 年的党风廉政建设和反腐败工作,安排部署 2002 年的各项任务。局党委常委、局纪委常委、油田所属单位纪委书记、规范改制单位纪委书记(监事会主席)、油田机关处室长、事业单位主要负责人等 380 人参加会议,王献安出席会议并作重要讲话。2002 年油田党风廉政建设和反腐败斗争总的要求是:以邓小平理论和“三个代表”重要思想为指导,坚定不移地贯彻落实上级关于纪检监察工作的部署;进一步加大领导干部廉洁自律、查办案件、执法执纪监察和效能监察、党风廉政教育等各项工作力度,从源头上预防和解决腐败问题,努力把油田党风廉政建设和反腐败工作提高到一个新的水平,更好地维护油田改革、发展和稳定的大局。

(孙青春)

党校工作

【党校工作概述】 截至 2002 年底,中原油田党校共有职工 59 人。其中:专职教师 31 人,占职工总数的 53%;高级职称的 13 人,占职工总数的 22%;中级职称的 17 人,占职工总数的 29%。学校设有教务科、函授站等 8 个科室。

2002 年,党校以教学工作为中心,认真抓好干部培训、函授教育和科研工作,全面完成各项工作任务。(1)干部培训工作。共举办各类干部培训班 81 期,完成培训教学 1896 课时,培训干部 7263 人次。到油田各单位进行专题讲座、党课教育 51 次,听众 6952 人次。配合局党委中心工作,先后举办党的十六大精神培训班及党委书记、宣传科长、团委书记学习班 20 余期,培训干部 2000 余人。(2)函授教育工作。严把生源、教学和管理质量关,运用多媒体教学,开展领导、专家和学员三个层次的听课评教活动,提高了函授教学质量。年内,共完成 2809 个课时的教学任务,学员平均面授率 70%;新招收函授学员 231 人,输送合格毕业生 576 人,其中本科生 307 人、专科生 269 人。(3)科研工作。联系油田改革和发展的热点、难点问题及教学与管理中创新研究等课题,撰写科研论文 46 篇,其中在中原油田各类研讨会上获奖 5 篇;开发培训课题 50 余个,被河南省委党校选中 2 个课题。(3)管理工作。修订完善了人事、劳资、财务、党务、教学等 32 项管理制度,印制成《党校制度汇编手册》下发至教职工。制定机构改革方案,增设培训二科,配备培训项目经理;合并组建新的教研室,取消了创收任务指标。

至年底,全校8个基层科室和两个党支部全部通过油田“四基”建设检查验收;全校文明员工率、文明家庭率、文明单位率均达100%。

(路延武)

【党校函授教育开办15周年暨干部培训工作座谈会】 2002年8月28日,中原油田党校函授教育开办十五周年暨干部培训工作座谈会在中原油田党校召开。油田各单位及机关处室领导、党校函授毕业学员代表、党校教职工等160人参加会议。王献安出席会议并作重要讲话。会议总结了函授教育开办十五年来的工作成绩和干部培训工作,探讨了油田党校的建设和发展;特聘王亚均、李寿军、邵万钦、赵建平、徐胜贤、解建国等6人为党校兼职教授。油田党校第一副校长程兆民作工作报告。兼职教授代表、党校函授毕业学员代表、党校教师代表在座谈会上分别发言。

(路延武)

【杨晓林、刘新华获河南省党校函授教育授课竞赛二等奖】 2002年8月,中共河南省委党校组织开展了河南省党校函授教育竞赛活动,中原油田党校选派的青年教师杨晓林、刘新华双获授课竞赛二等奖,杨晓林的教案同时获优秀教案奖和优质课件奖。

(路延武)

工 会 工 作

【工会工作概述】 截至2002年底,局工会下辖直属单位工会79个、三级工会936个、四级工会1289个、工会小组6107个,会员77808人;工会干部261人,其中专职干部94人、兼职干部167人。局工会机关下设组织民管部、生产保障部、宣教部、女工部和局劳动争议调解办公室、综合办公室6个部室。

2002年,局工会工作以邓小平理论和“三个代表”重要思想为指导,认真学习新修改的《工会法》,切实履行维护职工合法权益的基本职责,在实现中原油田“十五”计划和年度生产经营目标方面取得新的成绩。一是广泛开展职工经济技术创新活动,调动广大职工为完成中原油田各项任务指标建功立业的积极性、创造性;二是抓好维权机制建设,维护职工的经济利益和政治民主权益;三是适应油田重组整合的新形势,不断完善新建企业工会组织;四是坚持服务宗旨,加大扶贫解困工作力度,为困难职工办实事;五是继续深入开展职工读书自学活动,培育“四有”职工队伍;六是注重调查研究,切实转变工作作风,进一步加强了工会自身建设。年内,共评选出模范职工之家37个、先进职工之家14个。

(孙　林)

【群众性经济技术创新活动】 2002年,各级工会组织围绕“增储上产、降本增效”工作重点,以劳动竞赛、合理化建议、技术革新、发明创造为载体,继续开展群众性经济技术创新活动,职工参与率达到90%以上。一是以完成生产经营任务为目标,开展形式多样的劳动竞赛。在油气生产单位开展“星级队”竞赛和油藏目标化管理竞赛,在勘探开发建设和施工作业单位开展金、银、铜牌队竞赛。各单位根据实际需要,共开展了744项(次)不同内容、不同形式的阶段性、小指标竞赛。年内,共有135个基层队达到星级队标准、288个基层队达到金、银、铜牌队标准,达标率同比分别提高31%和49%。二是以加强管理、降本增效为主要内容,开展提合理化建议活动。共提合理化建议3.63万条,组织实施1.85万条,创经济效益1.7亿元。三是以推进科技进步、增储稳产为重点,开展技术革新、发明创造活动。年内共取得并应用技术创新成果1559项,其中创效10万元以上的成果435项,创经济效益1.83亿元。四是以增强职工的安全生产意识为目的,开展“安康杯”竞赛。共开展检查1078次,查出并整改“三违”问题1123个;组织2.8万名职工参加工会劳动保护监督检查《三个条例》竞赛活动,局工会被全国总工会授予优秀组织奖。五是在女职工中深入开展争创巾帼文明示范岗、争当岗位明星活动。先后在开发系统举办了“人多油少怎么办,采油女工怎么干”大型座谈会;在钻井系统召开了“支持丈夫闯市场,营造温馨大后方”好油嫂座谈会;在采油四厂、销售公司等单位举办了“巾帼文明示范岗”现场经验交流会。年内,共评出巾帼文明示范岗40个、岗位明星10人、先进女职工80人。2002年5月,在中央企业工委召开的经济技术创新经验交流会上,中原油田作为全国石油、石化系统惟一的代表作了经验介绍。

(孙　林)

【扶贫解困】 2002年,各级工会组织以“不让一户困难职工家庭生活过不去,不让一名职工子女因经济困难上不起学,不让一名职工因经济困难看不起病”为目标,加大扶贫解困力度。(1)修订完善《中原油田送温暖责任区管理暂行规定》、《中原油田特困(困难)家庭管理规定》和《油田职工互助基金会章程》,健全送温暖工作管理体系和工作机制。(2)扩大特困救助范围。救助标准由人均月收入 143 元提高到 180 元，对 1627 户困难家庭发放救助金 39.5 万元，协助地方政府为 1227 户低保家庭发放低保金 84.73 万元；免除特困户家庭学生学杂费，对高中以下和大专以上学生的年助学金同比分别提高了 100 和 200 元；对在中原油田内部上学的孤儿，助学金标准比一般特困生再增加 100 元，考上大中专院校的孤儿，其学杂费由中原油田基金会全额承担。此外还增加了对特困户子女中招的扩招费按比例分摊的救助项目。年内，全油田共发放助学金 66.2 万元。其中，局工会为 675 名特困户学生缴纳学杂费 11.15 万元，对 776 名特困户学生发放助学金 42.05 万元，油田行政对考上大学的 26 名特困生发放一次性助学金 13 万元，其助学力度为历年之最。(3)完善职工大病医疗补充保险。将社会商业保险改为中原油田内部保险，至年底，全油田有 16 万人参加保险，为 423 名患大病职工赔付 920 万元。(4)做好特殊群体的解困工作。协调再就业服务中心，安置了 20 名特困家庭待业子女就业；为 214 户遗属家庭发放水、电、气补贴；与濮阳联华名品商场和中保人寿保险公司濮阳分公司协商，推荐安排了 181 名油田待业子女和下岗职工就业；组织职工开展救急解困献爱心捐款活动，共有 78957 名职工捐款 189.84 万元，使中原油田解困基金达到 1000 万元以上，保障了救急解困的资金需要。(5)各级女工组织开展"姐妹献爱心 1+1 帮扶"活动，72 个女工委员会与油田 15 名孤儿、3 名孤寡老人、308 个外闯市场家庭结成帮扶对子，定期帮扶活动。

（孙　林）

【平等协商签订集体合同】 2002 年，各级工会组织继续贯彻落实《河南省企业集体合同条例》，不断完善集体合同制度，全油田建会单位集体合同签约率达到 95.6%。年内，共有 10 个集体合同到期单位实行续签，14 个新建单位在建立工会组织的同时，建立了签订集体合同制度。各单位还认真落实集体合同监督检查制度，共检查合同履行情况 124 次，查出并整改问题 166 个，42 个单位将集体合同履行情况向职代会作了报告，促进了合同条款的履约兑现。

（孙　林）

【劳动争议调解】 2002 年，局工会设立了劳动争议调解办公室，配备工作人员 3 人，健全了有关工作制度和岗位职责。年内，共受理劳动争议 303 起，调解处理结案 283 起，调解结案率 93.4%；接待来信来访 357 件，解答处理 348 件，处理率 97.5%。10 月，局工会会同人事劳资部门，在全油田开展了劳动保障法律、法规的监督检查，依法纠正存在问题，规范了劳动用工管理。各级工会女工组织立足于维护女职工的合法权益和特殊利益，做好女职工的信访接待和处理工作。女工部共接待来信 23 封、来访 55 人次，调解处理家庭纠纷 27 起，为"三期"女工维权 13 起，协调解决女职工家庭困难 21 起。

（孙　林）

【加强"两堂一舍一室"建设】 2002 年，油田工会根据油田党委"四基"建设的要求，把食堂、澡堂、单身职工宿舍、职工活动室的建设与管理纳入工会工作的议事日程，成立了领导小组和工作小组，制定了钻井队、采油队、作业队、施工队以及社会化服务系统的"两堂一舍一室"的配备与管理标准，并督促协调各单位按标准抓好"两堂一舍一室"的建设。年内，通过行政投资和工会出资，新建、修缮或完善配套职工食堂 159 个、澡堂 237 个、职工宿舍 2155 间、文体活动室 519 个，使全油田近 800 个基层队基本做到了有食堂、澡堂、活动室、图书室，单身职工的生活、工作和学习条件得到较大改善。

（孙　林）

【职工读书自学活动】 2002 年，各级工会围绕实现油田读书自学三年规划目标，坚持把读书自学与职工岗位需要、与解决生产经营工作中的难题、与业务技能培训结合起来，通过采取加强指导、典型引路、考核激励等等方式，使职工读书自学活动取得明显效果。2001—2002 年，全油田先后有 5526 名职工取得了大专以上学历，25137 名职工的岗位技能达到了"精一、专二、会三"水平，有 7 名职工被评为省部级以上读书自学先进个人。

（孙　林）

【送温暖到一线】 2002 年，局工会以"把职工的冷暖挂在心头"为原则，开展了冬送温暖夏送清凉到一线活动。春节及元宵节前后，对节日期间坚守工作岗位的职工进行慰问，共慰问基层队 35 个，送去节日慰问品 3 万份、7 万余元。7—9 月，王献安、张召平、沙启军带领有关部门负责人，分 3 次到野外施工作业现场慰问油气生产和直接为油气生产服务的职工，共慰问基层队 49 个，购买防暑降温慰问品 11 万元。

（孙　林）

【工会工作理论研讨】 2002 年，局工会印发了《开展理论政策与实践研究的通知》和研究课题，落实重点课题承包责任制，有14个单位的工会开展了理论研讨。在局工会组织的论文征集评比中，共收到论文153篇，评出一等奖10篇、二等奖20篇、三等奖30篇、优秀奖20篇。在向河南省总工会报送的5篇参评论文中，有3篇获奖，2篇入选《河南省工会系统优秀调研成果汇编》。

（孙 林）

【工会干部培训】 2002年，局工会根据机构重组整合、工会干部变动较大的实际，制定了《2002—2005年中原油田工会干部教育培训规划》，明确了培训目标：局及各二级单位工会主席、副主席和其他工会干部轮训一遍；各二级单位工会干部持证上岗率在2005年力争达到95%以上；各基层单位工会干部由二级工会负责在2005年前轮训一遍。年内，共举办新任工会主席和新建单位工会干部业务培训班1期，培训41人；举办岗位资格培训班2期，培训185人；参加河南省总干校举办的通讯员、信息员及女工干部培训班2期，培训52人。至年底，全油田工会干部持证上岗率86%。

（孙 林）

【厂务公开经验交流会】 2002年11月4日，中原油田厂务公开经验交流会在中原文化宫召开，油田厂务公开领导小组、监督小组成员、厂务公开各专门工作小组组长、油田所属各单位党政领导及本单位厂务公开领导小组相关人员共370人参加会议。会上，采油一厂、人力资源处、销售公司豫东分公司、钻井二公司、采油二厂采油三矿5个单位和部门作了典型发言，教育中心、采油四厂、采油三厂马寨油矿、采油六厂采油三区4个单位作经验交流。王献安出席会议并作重要讲话，他对油田今后一个时期的厂务公开工作提出三点要求：(1)油田厂务公开工作要在加强规范管理、全面提高厂务公开质量上下功夫。要通过规范公开内容、规范公开程序、规范公开时间、规范公开范围、规范档案管理等工作，推动厂务公开工作向纵深推进。(2)油田厂务公开工作要加强制度建设。把厂务公开的好做法融入依靠职工办企业的体制、机制和制度中，把行之有效的好办法吸收到油田的财务管理、物资供应、干部人事管理、领导班子建设、党风廉政建设等各项工作中去。(3)要完善监督考核制度，健全厂务公开的制约和保证机制，对涉及职工切身利益的重大问题，对职工关注的热点、焦点问题，必须做到事前、事中、事后全过程公开，让厂务公开真正成为凝聚人心、推动油田全面发展的动力。

（孙 林）

【局工会三届九次全委会】 2002年4月29日，局工会三届九次全体委员会在中原文化宫召开。会议通过了白福民不再担任中原石油勘探局工会第三届委员会常务委员、副主席职务的决定，以无记名投票方式补选王心峰为中原石油勘探局第三届委员会委员、常务委员、副主席，增补王明亮为中原石油勘探局第三届工会委员会副主席。

（孙 林）

【马宪章到中原油田调研】 2002年7月2日上午，河南省人大常委会副主席、省总工会主席马宪章及省总工会副主席桑金科等人到中原油田调研工会工作，中共濮阳市委主要领导及濮阳市人大等有关部门的领导陪同调研。调研会上，李春第介绍了中原油田的勘探开发、生产经营、改革现状及近年来油田各级工会组织保持职工队伍稳定、推动油田各项工作开展的情况；沙启军汇报了油田工会组织在实践"三个代表"，发挥工会作用方面所做的工作。马宪章对中原油田在改革攻坚阶段稳定职工队伍、维护职工权益等方面所做的工作给予了高度评价，对新形势下如何抓好工会工作，提出四点要求：一要努力实践"三个代表"思想，按照党的全心全意依靠工人阶级的基本方针，从维护职工合法权益出发，把广大职工的积极性、创造性引导到企业改革、发展、稳定上来；二要认真研究在建立社会主义市场经济体制中，如何坚持党的依靠方针，切实维护工人阶级的主人翁地位，真正使职工的民主政治权利得到保障、经济利益得到维护、创造性劳动得到承认；三要认真加强职工队伍建设，使广大职工在思想上能够自觉地把认识水平提高到实践"三个代表"的高度上；四要注重机制建设，形成党委领导、行政支持、工会运作、以职代会为载体的运行机制，充分发挥职工在企业改革、发展、稳定中的作用。

（孙 林）

【唐克碧到中原油田调研】 2002年7月7日上午，全国总工会女工部部长唐克碧、河南省总工会女工部部长段秀莲到中原油田进行女工工作调研。调研会上，张召平介绍了中原油田的基本情况及今后的发展潜力。局工会女工部部长韩青代表局女职工委员会作了工作汇报。唐克碧指出，各级组织要重视女工的身心健康，为女职工的成长和成熟提供条件。企业女职工委员会应发挥妇联等部门的组织功能，从源头上、在宏观上维护女职工的合法权益，促进维权工作整体水平的提高；要进一步转变观念，增强学习的愿望，做到"精一招、会两门、学三门"。同时，她强调，只要每位女工适应新的发展形势，增强自我保护意识，牢固树立“四自”精神，为企业发展出谋划策，在岗位上尽心尽力，就一定能为油田的改革与发展做出新的贡献。油田领导张召平、局工会及机关有关处室的领导参加了调研会。

（孙　林）

【女职工健康查体和职工疗休养】 2002年，各级工会组织根据《女职工劳动保护规定》，于4—10月，对23257名女职工分批进行了健康查体，占女职工总数的88%；继续协调妇女安康保险工作，先后为72名女工办理索赔9.48万元。同时，按照统一计划、统一标准、分级运作的原则，切实做好职工疗休养工作。年内，共组织外出荣誉疗养3103人。

（孙　林）

【女职工家庭周末学校】 2002年，各级工会组织把创办女职工家庭周末学校，当作提高女职工素质，促进油田精神文明建设的重要纽带。至年底，全油田新建家庭周末学校7所，学校总数达到46所。各学校根据女职工特点和实际需要，定期开展裁剪、烹饪等教学活动，年内办班49期，参加培训女工1.4万人次。7月，开展了女职工家庭才艺展示比赛，有72个单位的912户家庭参赛。

（孙　林）

【局工会获省部级以上奖励14项】 2002年，局工会工作取得新进展，共获省部级以上奖励14项，其中国家级6项、省级8项。国家级称号有：全国厂务公开工作先进单位、全国送温暖工作先进单位、全国城镇妇女巾帼建功先进集体、全国财务竞赛工作先进集体、中国能源化学系统先进工会、全国职工学习工会劳动保护《三个条例》竞赛活动优秀组织单位；省级称号有：河南省工会干部教育先进单位、河南省合理化建议先进单位、河南省“安康杯”竞赛先进单位、河南省计算机技能大奖赛优秀组织奖、河南省财务工作竞赛特等奖、河南省职工读书自学活动先进单位、河南省女工维权先进集体、河南省实施“送温暖工程”先进单位。

（孙　林）

残疾人工作

【残疾人工作概述】 截至2002年12月底，中原油田持有《中华人民共和国残疾人证》和《革命伤残军人证》的残疾人共2538人，其中男性1825人、女性713人。按照残疾类别划分，肢体残疾1631人、智力残疾403人、听力残疾183人、视力残疾157人、精神残疾95人、言语残疾35人、革命伤残军人34人。

2002年，残疾人工作围绕中原油田深化改革、加快发展的大局，不断拓展工作领域，完善工作职能，维护了残疾人的合法权益。（1）按比例安排残疾人就业。依据《中华人民共和国残疾人保障法》和《河南省按比例安排残疾人就业办法》规定，中原油田通过按比例分散安置、办福利企业集中安置相结合的方式，基本实现了有劳动能力的待业残疾人的妥善安置。至年底，全油田共安置各类残疾人就业1399人，残疾人就业比例占油田用工总量的1.52%，达到了河南省人民政府规定的1.5%比例。（2）残疾人就业保障金征集工作。贯彻落实《残疾人保障法》和河南省人民政府《按比例安排残疾人就业办法》，把内部征集、返还残疾人就业保障金作为促进中原油田各单位按比例安排残疾人就业工作的重要经济手段，由残疾人联合办公室负责具体业务。年内，残疾人联合办公室根据中原油田每月用工总量统计表及各单位上报的残疾人就业统计表，及时征收、返还残疾人就业保障金，并对超比例安排残疾人就业的单位实施了残疾人就业经费补贴。

（郭　彬）

【第12个全国助残日】 2002年5月19日是第十二个全国助残日，主题是“关注基层残疾人工作，保障残疾人基本生活”。根据国务院残联工作委员会、中央宣传部、中国残联等16个部委、团体《关于开展第十二次“全国助残日”活动的通知》精神，油田残疾人联合办公室对助残日活动进行了统一布署。活动期间，各矿区共张贴、悬挂标语40幅，开设宣传橱窗9个，制作黑板报69块，开展就业政策咨询125人次，向残疾人及其家庭发放慰问信3000份；并为130户残疾人特困家庭发放救助金6.5万元，为67名残疾学生发放学费补助1.34万元。

（郭　彬）

【在职残疾职工年审工作】 2002年7—10月，濮阳市人民政府残疾人工作协调委员会对中原油田2001年度在职残疾职工工作进行了年审。审查内容包括残疾人证、劳动合同书、社会统筹本、革命伤残军人证等各项资料数据。经审查，中原油田安置残疾人就业距河南省人民政府规定的比例人数少101人。12月，中原油田按时向濮阳市上缴了差额人数的残疾人就业保障金。

（郭　彬）

【华苑实业有限公司集中安置残疾人就业】 华苑实业有限公司是由中原石油勘探局、中原油田分公司、中原油气高新股份有限公司于2001年共同投资创办的中原油田残疾人企业，其集中安置残疾人规模在石化集团公司和濮阳市均属首位。截至2002年底，华苑实业有限公司共集中安置残疾人就业402人，职工总数453人；下设基层生产单位6个，主要生产毛巾、手套、清洁用品、保温材料、化工产品等五大类35种产品。年生产能力：单防滑手套84万幅、线手套30万幅、棉防滑手套42万幅、毛巾100万条、拖把30万把、稀土5400吨、岩棉制品2400吨，年可实现利润11万元。2002年6月，华苑实业有限公司被河南省经济贸易委员会批准为省劳动防护用品定点生产单位和经营单位；8月，被河南省民政厅批准为社会福利企业。

（徐振良）

共青团工作

【共青团工作概述】 截至2002年底，中原油田共有35岁以下青年44771人，占职工总数的55%，其中共青团员28487人。局团委机关下设组织部、宣传部、青工学少部和办公室；基层团组织共有二级团委（团总支）65个、三级团委（团总支）135个、基层团支部1569个。

2002年，各级共青团组织深入学习贯彻“三个代表”重要思想和党的十六大精神，围绕油增气升、加快发展的工作大局，加强青少年形势任务教育和思想道德教育，开发青年人力资源，推进团建基础工程，开创了共青团工作新局面。年内，局团委被团河南省委推荐参加“全国五四红旗团委”的评选，教育中心团委和井下特种作业处工艺研究所团支部分别被评为河南省五四红旗团委和河南省五四红旗团支部。(1)加强青年思想政治教育。先后组织开展了形势任务教育、共青团知识和《公民道德建设实施纲要》知识竞赛、“面对原油生产，我们怎么办”辩论赛等活动，1.98万名青工参加了活动。建立“中原油田共青团”网站，内容包括文件信息、重点活动、近期工作动态、信息反馈等近10个栏目，年内共发布工作信息200余条。同时，25个基层单位团委也相继开通自已的网站，使互联网成为教育青年、维护油田稳定的重要阵地。(2)开展创建青年文明号活动。在基层班组、小队、车间广泛开展创建活动，并把原油生产的最基层单位——全油田500余座采油（注水）站作为创建重点，从经济效益、青工技能素质、管理水平、站容站貌等方面实施创建。在认定上，联合采油工程处、职业技能鉴定中心等单位及部门实行一年一考核、一年一挂牌，标准降低的予以摘牌。在此基础上，按照“重在实践、贵在示范”的原则，开展“青年文明号信用建设示范行动”，扩大了活动的社会影响面。年内，共涌现局级以上青年文明号206个，青年岗位能手100余人。(3)开展青工创新创效活动。以技术创新、降低生产成本、提高企业经济效益为目标，开展了“开发一项新产品、创造一项新工艺、推广一项新技术、转化一项新成果、创造一项新方法”的创新创效“五个一”活动。年内，全油田共上报创新创效成果1400余项，获局级以上奖励61项。局团委连续两年举办青工创新创效成果展示交易会，促进了科技成果向生产力转化。(4)不断拓展青年志愿者行动。成立青年志愿者外闯市场职工家庭服务总站，下设13个服务站，采取“一助一”结对服务的方式，为外出施工职工家庭提供优质服务。年内，共有1208个团支部的6000多名青年志愿者参加了志愿服务，中原油田青年志愿者服务队被评为河南省十大杰出志愿者服务集体，3人被评为河南省优秀青年志愿者。(5)加强团的自身建设。制定并印发了《基层团支部工作细则》、《团支部工作记录本》，修订并完善了《五四红旗团支部创建标准》和《共青团工作考核内容及标准》，对基层团支部的建设、组织生活、活动开展、考核方式进行了明确规范和要求。年内，共有8个直属单位团委（团总支）完成换届选举，15个二级单位重新成立了团委（团总支）；举办团委书记党的十六大精神学习班和基层团干部培训班3期，200余人参加学习；选送38名团干部到团河南省委、石化集团公司和胜利油田进行脱产培训或参观考察。

（朱世方）

【5500名青年志愿者注册成功】 2002年，油田团委对申请加入全国注册志愿者的油田青年进行严格审核，为每个符合条件的申请人申请全国统一使用的注册号。9月15日，5500名青年注册成功，他们拥有了全国范围内通用的志愿者身份证明——中国注册志愿者服务证，每名志愿者的注册号可永久使用。同时，中原油田团委也成为河南省首批青年志愿者注册成功的单位之一。

（陶　红）

【4个单位被命名为石化集团公司青年文明号】 2002

年12月，石化集团公司和共青团中央联合下发文件，命名钻井一公司32747钻井队、采油一厂17号计量站、采油五厂48号计量站、钻井三公司70101钻井队为石化集团公司青年文明号。

（陶　红）

【202个单位被命名为中原油田青年文明号】　2002年12月26—31日，由局团委、采油工程事业部、钻井工程处等部门及单位有关人员组成青年文明号考核小组，对全油田申报的230个青年文明号进行了考核认定，202个单位被命名为油田青年文明号，其中新命名的40个、复核认定的162个，并对降低标准的12个站实施摘牌。

（陶　红）

【61项成果获局级以上创新创效成果奖】　2002年，中原油田共有59项成果获局级以上创新创效成果奖。其中获石化集团公司创新创效成果奖16项，包括一等奖1项、二等奖1项、优秀奖14项；中原油田创新创效成果奖45项，包括一等奖10项、二等奖15项、三等奖20项。

（陶　红）

(1)获石化集团公司创新创效成果奖项目(16项)：

一等奖(1项)：

大中型企业物资管理信息系统的研制及应用　物探研究院

二等奖(1项)：

自动加盘根井口密封器　采油二厂

优秀奖(14项)：

油水井高温高压堵漏仪的研制　钻井工程技术研究院

泥浆泵高压管汇闸门组的工艺改造　钻井一公司

钻井液高效节能剪切混浆器　钻井二公司

远程无线遥控阀门的研制及应用　采油一厂

防沙防堵管式抽油泵　采油二厂

不同类型油藏射孔方式优选及应用　采油三厂

防窃电计量装置的研制与应用　采油五厂

小月牙可更换式新型油管吊卡的研制　采油六厂

固井自动计量监测系统暨涡轮流量计改造　固井工程处

自冲洗盐水过滤器在供水处理系统中的应用　供热管理处

多功能马鞍仪　工程建设总公司

砼管肩浇铸装置　建筑集团公司

7S现场管理在加油站管理中的应用　销售公司

砂泥岩薄互层多井多参数联合反演技术　物探研究院

（陶　红　陈玉国）

【庆祝建团80周年暨纪念“五四”运动文艺晚会】
2002年4月28日，局团委在濮阳中原电视台演播大厅举行了以“青春与石油”为主题的庆祝建团80周年暨纪念“五四”运动83周年文艺晚会。油田各单位的先进青年集体、个人及团员代表100余人参加了晚会。整台晚会以歌曲、舞蹈、诗朗诵为主，体现了团员青年为发展石油事业奉献青春的精神风貌。油田领导王献安、李春第、张召平、沙启军、王春江参加晚会，并为第九届中原油田十大杰出青年、五四红旗团委标兵、十佳团支部颁发了奖牌和证书。

（陶　红）

【重温入团誓词暨青少年思想道德教育基地揭牌仪式】　2002年4月22日，油田团委在中原油田发现井——濮参1井举行了重温入团誓词暨青少年思想道德教育基地揭牌仪式。油田所属31个单位的630名团员面对团旗庄严宣誓、重温誓词，并庆祝油田第一个青少年思想道德教育基地的建成。油田党委副书记张召平为青少年思想道德教育基地揭牌并作重要讲话。张召平要求，各级团组织和广大团员青年要牢记入团誓词，自觉履行团员义务，争做油田增储上产和增收节支的排头兵；要积极参与油田“四基”建设，制定出切实可行的实施方案，使基层管理工作和团的基础工作再上新台阶；要充分发挥思想道德教育基地的作用，组织团员青年定期到基地参观学习，把它真正建成教育青少年的重要阵地和展示油田精神文明建设成果的窗口。

（陶　红）

【青年安全生产示范岗创建活动】　2002年，局团委以“全员参与、降低风险”为主题，开展了青年安全生产示范岗创建活动。活动以每年创建20个青年安全生产示范岗，培养50名熟练掌握安全操作规程、具有实践经验的青年安全生产监督员为目标，旨在落实安全生产责任制，健全安全生产自我约束机制。年内，各级团组织与团员青年共签订安全生产责任目标书近万份，开展安全生产技能培训200余次，累计排除大小事故隐患1780起，制止违章操作1983次，提出安全合理化建议1294项。

（陶　红）

【青年创新创效大赛】 2002年10月9日,局团委在濮阳中原电视台演播大厅举办了中原油田青年创新创效大赛,油田共有10个单位的30名选手参赛。团中央青工部企业处副处长马兴民、团河南省委青工部副部长刘春晓、石化集团公司青工处副处长张昆应邀参加活动。经过现场讲解答辩、评委判分,输油管理处团委、采油二厂团委、采油四厂团委分获金、银、铜奖,采油二厂、采油四厂、输油管理处、采油一厂、钻井一公司、钻井二公司、钻井工程技术研究院、天然气处理厂、供热管理处、销售公司10个单位被授予"中原油田青工创新创效示范基地"称号。

(陶　红)

【"诚实守信、杜绝假资料"签字启动仪式】 2002年3月11日,局团委在采油四厂64号计量站举行了"诚实守信、杜绝假资料"签字启动仪式。油田开发系统、工程技术服务单位的160名团员青年代表参加了仪式。活动旨在要求广大团员青年从取全取准第一手资料做起,营造"精细管理、苦练本领、诚实劳动、重信守诺"的良好氛围,不断加强基础工作,为中原油田的发展贡献力量。会上,代表们在写有"诚实守信,杜绝假资料"的横幅上签字,并宣读了倡议书。

(陶　红)

【"我的团员时代"征文活动】 2002年,局团委与中原石油报社联合举办了"我的团员时代"征文活动。征文以纪念建团80周年,歌颂团组织及广大团员青年在党的领导下取得的光辉业绩,展现团员青年爱党、爱团、爱国、爱社会主义的真挚情怀为主题。各级团组织共上报稿件近千篇,评选出一、二、三等奖及优秀奖30篇。7月,局团委与中原石油报社联合出版《"我的团员时代"征文选》1000册,下发至各基层单位。

(陶　红)

【2002年共青团工作会议】 2002年3月13日,中原油田2002年共青团工作会议在油田第二招待所召开,油田所属各单位团组织负责人80余人参加了会议。张召平出席会议并讲话。会议传达了共青团河南省第十一届五次全委(扩大)会议精神,安排部署了2002年中原油田共青团工作;范锐代表油田团委与部分单位团委书记签订了共青团工作目标责任书。

(陶　红)

【李亚到中原油田调研】 2002年3月27日,由团河南省委书记李亚等5人组成的调研组来到中原油田,就油田共青团工作及落实团省委第十一届五次全委(扩大)会议精神进行了调查。油田团委副书记范锐向调研组汇报了油田"双争"工作、青工创新创效、青年志愿者等重点活动的开展情况,并与调研组成员就下一步共青团工作在企业中如何更好的发挥作用进行了交流。油田党委书记王献安、副书记张召平陪同李亚一行调研。

(陶　红)

【魏军源获河南省"青年创新标兵"称号】 2002年5月20日,共青团河南省委、河南省经贸委、河南省科技厅、河南省科协联合授予中原油田供电管理处青年职工魏军源"青年创新标兵"称号。魏军源是中原油田分公司供电管理处一名青年工人,在供电部门工作了10余年。工作中,他针对油田高压电路均在野外,高压电杆的拉线和铁塔的角铁时常被盗的情况,建议并实施将拉线的地面以下0.5米、地面以上1米和铁塔的地面以上8米部分,用石英砂、环氧树脂、玻璃丝布等包涂起来的办法,使不法分子无法开锯,每年为油田节约资金7万元;设计出悬挂式高空作业梯,取代升降车维修架空线路防震锤外侧故障,避免了油地纠纷;建立中原油田高压输配电线路明细技术档案,绘制了油田输电线路分布图和电力线路图集,开发出线路资料管理运用系统,为最短时间内处理电路缺陷、消除故障提供了准确的技术资料;完善管理制度,针对油田电路点多、面广,工作中易出现互相推诿责任的现象,将巡线、检修两道工序改为巡检复合制,提高了工作效率,节省了工作成本。

(黄　琥)

【赵普春连获两届河南省"青年岗位能手标兵"称号】 2002年1月9日,中原油田青年职工赵普春当选为河南省第二届青年岗位能手标兵。这是赵普春继1999年被评为河南省首届青年岗位能手标兵后,再次当选,成为全省惟一两度获此殊荣的青年。赵普春是中原油田分公司采油三厂工程技术大队副大队长,1991年毕业于西南石油学院应用化学系油田化学专业。十年来,他一直从事油田调剖、堵水、防沙、酸化、三次采油等工艺技术的研究与推广应用,先后取得局级以上科研成果28项,其中获省部级优秀成果8项、国家专利2项;在国家级学术刊物和美国权威石油期刊上发表科研论文51篇。赵普春曾多次获油田"优秀青年知识分子"、河南省"十大杰出青年"、河南省"新长征突击手"、石化集团公司"青年岗位能手"等称号。

(黄　琥)

【庆“六一”暨少先队工作总结表彰大会】 2002年5月31日，局团委在中原文化宫召开庆“六一”暨少先队工作总结表彰大会，全油田各小学的300余名少先队员和教师代表参加会议。会议回顾总结了上年油田少先队工作，表彰了54个先进集体和149名先进个人，安排部署了2002年少先队工作。油田领导张召平、张同冉出席大会，并参观了第六届中小学科技活动成果展。

（陶　红）

【2001年少先队工作获省级以上先进单位及个人】

(1) 全国红旗大队、红旗中队(2个)：

局机关第一小学少先大队　　运输小学四一中队

(2)河南省红旗大队、红旗中队(9个)：

油建第一小学少先大队
钻井第二小学少先大队
采油第一小学少先大队
第一中学少先大队
钻井第一小学少先大队
登月新村小学少先大队
局机关第二小学“爱心”中队
第十中学五二中队
第五中学初一四中队

(3) 河南省十佳少先队员(1人)：

李　菲　　第十七中学小学部

(4) 河南省优秀少先队员(1人)：

肖　遥　　油建第一小学

（陶　红）

公安·保卫

公安工作

【公安工作概述】 中原油田的公安保卫工作由油田公安处负责，隶属中原石油勘探局。截至2002年底，公安处共设10个机关科室、1个行政拘留所、1所油田公安培训学校及10个警察支队，其中警察支队下辖18个石油派出所。全处共有民警716人，其中全民合同工643人、劳务合同工73人；党员447人。在管理上实行公安处、警察支队、派出所三级管理体制。

2002年，公安处坚持“围绕大局、求实创新，重点突破、整体推进”的指导思想，以“三项教育”及“七好五不三保两满意”活动为载体，深化内部警务机制改革，开展“严打”整治斗争和油区治安秩序集中整治行动，发挥了油田公安机关的职能作用。年内，共侦破各类刑事案件498起，打掉犯罪团伙48个，依法处理违法犯罪嫌疑人2006人（其中刑事拘留633人、批准逮捕324人、抓获批捕在逃人员85人、劳动教养88人、判处刑罚398人、其他处罚478人），取缔土炼油炉386座，取缔寄生性厂点272家，处置阻挠施工生产案（事）件3273起，为中原油田挽回直接经济损失上亿元。基地、油区刑事案件发案率同比分别下降46%、34%，维护了油田治安大局的稳定。

（马庆文　魏刚跃）

【公安部门体制改革】 2002年2月，经河南省人民政府批准，中原油田公安处正式纳入河南省公安厅序列，全处近1400人先后于5月和7月赴郑州参加了人民警察录用的考试与体检。5月24日，河南省公安厅调研组来油田公安处调研、检查工作，对全处业务建设及政治建警、从严治警、科技强警、从优待警等方面的工作给予了充分肯定。体制改革期间，全处民警未出现队伍涣散、警心不稳、影响工作的现象，确保了改革、工作同步进行。

（马庆文　魏刚跃）

【国内安全保卫工作】 2002年，公安处根据“法轮功”邪教组织活动经常反复的情况，采取果断措施，对“法轮功”邪教组织开展的非法活动进行了严厉打击。一是加强情报信息网络建设，确定信息员、联络员461人，并对练过“法轮功”人员、宗教人员和协议解除劳动合同人员的信息进行微机化管理；二是层层落实防控工作责任制，保证了春节、“六四”及党的十六大召开等重大节日和敏感时期的安全稳定，实现了无一起“法轮功”人员进京滋事的目标；三是及时查处重点案件，共侦破散发、张贴“法轮功”反动传单案11起，依法处理“法轮功”人员29人；四是制定预案、超前部署，对协议解除劳动合同人员进行长期监控，妥善处置非法集会事件2起。

（马庆文　魏刚跃）

【打击刑事犯罪和经济犯罪活动】 2002年，公安处把打击严重刑事犯罪和经济犯罪作为工作重点，先后侦破了“4·5”张永创系列抢劫案、“8·29”绑架人质案、“8·29”轮奸案、“6·24”多人抢劫、抢夺案等重特大刑事案件221起，抓获犯罪嫌疑人316人，打掉犯罪团伙37个，批准逮捕152人。特别是成功侦破历时3年的“12·28”40多起系列抢劫、破坏井口案，抓获犯罪嫌疑人43人，是公安处自中原油田成立以来破获的犯罪手段最为恶劣、社会影响面最广的涉油案件。依法严肃查处了万邦服务公司、天宇化工厂2起涉嫌诈骗、渎职经济犯罪案件，避免了因民事诉讼给中原油田造成的数千万元的经济损失。同时，发挥破案追逃新机制的作用，先后将抢劫杀人犯罪嫌疑人董河等批捕在逃人员38人抓捕归案。

（马庆文　魏刚跃）

【油区治理】 2002年，公安处认真贯彻落实国家公安部、国家经济贸易委员会、国土资源部《油田区域治安秩序专项整治工作方案》和中共河南省委、省人民政府《关于大力整治企业经营环境的决定》，依法整治盗油、盗气、盗电、哄抢油田生产物资等重点治安问题，较好地完成了各项治安保卫任务。年内，共侦破各类刑事案件210起，查处治安案件212起，抓获各类违法犯罪嫌疑人835人（批捕在逃人员40人），刑事拘留292人，批准逮捕155人，劳动教养28人，治安拘留414人，取缔寄生性厂点272家，掐除盗电、盗气点4087处，平均每天为油田节气5万立方米、节电2万千瓦·时，累计减少原油损失3000余吨。（1）针对采油三厂山东油区土炼油活动猖獗的实际，调集500余名警力，在山东省莘县政府和政法机关的支持配合下，组织开展了3次大规模的取缔土炼油行动，采用定向爆破和切割破碎等现代化技术手段，对莘县樱桃园、观城、古云、大张等乡镇的386座土炼油炉进行依法取缔，挽回经济损失3000多万元。(2)开展油区治安秩序专项整治行动，依法整治盗油、盗气、盗电，哄抢油田资源、生产物资，非法占压输油、输气管道等突出治安问题。共破获各类案件197起，抓获犯罪嫌疑人233人，打掉犯罪团伙43个，挽回经济损失1720万元，保证了油区生产的顺利进行。(3)查处阻挠生产施工的案(事)件，维护采油、钻井、作业的正常施工秩序。采取跟车上路、现场保护等有效措施，妥善处置油区内挖沟断路、拦扣车辆、殴打职工等案(事)件1273起。

（马庆文　魏刚跃）

【治安管理与防范】 2002年，公安处在加强治安管理与防范上，建立“打、防、控”一体化的工作运行机制，深入开展争先创优活动，增强了驾驭中原油田治安局势的能力。(1)大力整治公共娱乐服务场所和特种行业秩序，净化油田社会环境。组织开展公特场所清查整顿行动、打击社会丑恶现象等专项斗争，共清查公特场所5000余家(次)，依法取缔14家，清查出租房屋1621间，清查、盘查流动暂住人口7432人次，为759人办理了暂住证，遣返“三无”人员100余人，查处黄赌毒案件23起，处理违法人员51人。年内，油田公安处被河南省公安厅评为公共娱乐服务场所治理整顿工作先进单位。(2)加强保安管理和督查工作，推动小区安全创建活动规范化开展。落实治安防范责任制，实行以住宅小区警务区民警、矿区保安队员为防范主力的24小时看护制度，完善了治安防范网络，降低了住宅小区的发案率。(3)针对流动人口管理难度大的实际情况，在每个社区建立一个基层流动人口管理站，负责办理流动人口的暂住证、计生证、就业证，并对流动人口开展法制培训，推动流动人口治安管理工作的规范化、制度化建设。

（马庆文　魏刚跃）

【“三基”、“三化”建设】 2002年，公安处按照河南省公安厅的部署，实施了“三基工程”，推进了“三化”建设。即抓好基层工作建设、基础业务建设和公安工作基本功训练，推进公安工作和公安队伍的规范化、正规化、法制化建设。(1)推行警力下沉，落实一区一警责任制。在全油田建立119个警务区，把全处80%的警力放在基层，使公安工作由打击型向防范型、服务型模式转变。在全处18个派出所、基地52个警务区设立了“四有四必”承诺警示牌，初步建立了社区民警、内保干部、保安队员、治安积极分子“四位一体”的社区警务工作模式，并为总部基地232名警务区民警配发了警务自行车。(2)按照河南省公安厅完善“五小工程”，建设100个优秀警务区的要求，为18个派出所筹建了小食堂、小澡堂、小阅览室、小娱乐室、小健身房，为52个警务区配备了资料柜、电话等必备的办公用品，统一了生活设施，实行了规范化管理。制定民警合法权益保障制度，成立了民警保健委员会、民警抚恤互助协会，开通了民警因工负伤紧急救治网络和绿色通道。(3)用高科技充实警力。刑事技术装备值由2001年的不足30万元达到200万元，先后购置了国内先进的刑事勘察车1台和其他警用车辆25台。(4)加强公安人员的业务培训。年内，中原油田公安培训学校共举办刑侦、治安、保安、交通、内保等各类专业培训班26期，培训学员2151人；派出8名民警赴中国刑警学院学习，组织150名民警到河南省高等公安专科学校学习，民警队伍素质明显提高。

（马庆文　魏刚跃）

【要害部门安全管理】 2002年，公安处加强对要害部位和涉爆物品的日常管理和专项检查，建立健全了各项配套规章制度，落实了安全责任制。年内，共对全油田128家甲、乙级要害单位及学校、医院等重点部位检查3970次(家)，发现、整改安全隐患581处，下达安全隐患通知书43份，因违反管理规定受到行政处罚14人，责令调离要害岗位1人。同时，还建立了危险化学品定量购买、定点存放、专人管理、严格审批、跟踪监管的动态管理机制，销毁了大批危险化学品。至年底，全油田未发生一起重大安全事故。

（马庆文　魏刚跃）

【110报警服务】 2002年，公安处“110”特勤大队切实履行“有警必接、有险必抢、有求必应、有难必帮”的承诺，积极为社会和辖区群众服务，实行24小时对辖区进行巡逻控制，及时处置突发性案(事)件，保证了油田基地社会治安的稳定。年内，共出警3960次，处置刑事警情1053起，治安警情1874起，当场处置突发性案(事)件40余起，抓获违法犯罪嫌疑人88人。

（马庆文　魏刚跃）

【交通管理】 2002年，公安处交通安全管理部门加强“严打”整治斗争，组织开展了交通安全百日竞赛、集中整治严重交通违章百日会战、交通安全基础工作上等级等活动，依法治理交通混乱的地点及路段，严肃查处酒后开车、无证驾驶、开私车、超速、超载及家属区内车辆乱停放等现象,减少了交通事故的发生。年内,共纠正机动车违章5.96万台次,纠正非机动车违章30余万人次,违章记分29900分;清理乱停放车辆及停车过夜车辆1412台次,整治交通混乱地点5处。全油田千台车死亡率1.4‰,低于石化集团公司控制指标,杜绝了一次死亡3人以上的特大恶性事故的发生。

(马庆文　魏刚跃)

【户籍管理】　2002年,公安处共设户籍室18个,专职户籍员18人。全油田共有常住人口81947户、222086人,其中男性115326人、女性106760人;暂住人口6931人,其中男性4739人、女性2192人。年内共迁入13253人、迁出9160人;出生1962人、死亡243人;暂住人口办证率达到95%以上。

(魏刚跃　陈　辉)

【社会治安综合治理工作概述】　2002年,社会治安综合治理办公室(以下简称"综治办")坚持"打防结合、预防为主"的方针,继续深入开展"严打"整治斗争,加大油区治理力度,确保了油田治安大局的稳定。(1)开展油区治安秩序专项整治行动。在配合河南省开展的企业周边环境整治工作中,中原油田被列入全省25个重点整治地区之一,濮阳县柳屯镇被定为全省挂牌重点督办点。综治办与濮阳市有关部门协调,成立了中原油田整治企业周边环境办公室,制定了《油区治安秩序专项整治行动方案》(中油局综治[2002]464号)和《专项整治行动实施细则》(局综治委[2002]7号),确定了整治目标及重点,并在大规模治理行动中,取得阶段性胜利。(2)依法取缔山东油区的土炼油炉,从源头上堵塞盗油、销售、炼油"一条龙"的违法犯罪活动。由综治办牵头组织,油地各有关部门、单位参加,开展了大规模的春季取缔土炼油炉活动,共出动警力和职工上千人,捣毁土炼油炉136座。(3)进一步规范转供电的使用管理工作。针对中原油田电量流失严重,会同电力管理部门先后印发了《中原油田分公司转供电体制调整方案》(中油人资[2002]84号文件)、《节电降耗计划指标及奖惩补充办法》(中油计经[2002]97号文件)及《关于规范油田电网农用电管理的通知》(中油局调度[2002]461号文件)等文件,对转供电和清理违章建筑工作从管理体制、考核办法及职责分工作了详细规定。经各方努力,濮阳市区的岳村乡、清丰县的瓦屋头乡、濮阳县的清河头乡和文留镇等64个村庄用电转入农网,电量流失明显减少,保证了油田生产的平稳供电。

(孙翼环)

【首届社会治安综合治理图片展】　2002年4月8日,社会治安综合治理办公室在中原文化宫广场举办了中原油田首次全局性的社会治安综合治理及"严打"整治斗争图片展。图片分为"法律知识"、"案例分析"、"'严打'斗争"、"普法帮教"4个方面,共有60多个二级单位选送了近百块展板参展。油田领导王献安、沙启军、王春江参观了图片展。本次图片展先后在油田总部及前线10多个矿区历时一个半月巡回展出,观看展览职工10余万人。

(孙翼环)

刑事案例选介

【"12·28"系列破坏抢劫案】　1998—2001年底,采油一厂、采油二厂、采油四厂、采油五厂、采油六厂油区连续发生破坏、抢劫井口系列大案,给油田造成直接经济损失600余万元。公安处于2001年12月28日抽调精干警力组成专案组,在地方公安、政法部门的大力配合下,经过8个月的奋战,深入数10个村庄进行排查和追踪调查,先后奔赴北京、邯郸、新乡、安阳等地调查取证,行程近10万千米,破获了包括河南省公安厅督办的持械抢劫采油二厂3.31V350井口在内的系列破坏抢劫井口案40余起,抓获犯罪团伙成员43人,打掉了以河南省濮阳县、山东省东明县农民为首的涉案60余人的5个犯罪团伙。2002年12月13日,濮阳市中级人民法院依法审理了"12·28"系列破坏、抢劫案件,涉案批捕的43名团伙成员中,21人被判处20年以下有期徒刑,其中6人被判处17年以上有期徒刑、9人被判处14年以下1年以上有期徒刑。此案是公安处自成立以来在油区内侦破的最大的破坏、抢劫系列案件,消除了一大社会隐患。

(马庆文　魏刚跃)

【测井公司射孔枪被盗案】　2002年5月4日凌晨4时,地球物理测井公司射孔十队在采油四厂88－21井射孔施工时,存放在车上的射孔枪被盗。案发后,公安处民警经现场走访、调查,确认射孔枪是被他人盗走。办案民警兵分5路深入村庄排查作案嫌疑人,并在濮阳县白罡乡派出所的配合下,于5月5日晨在白罡乡寺上村附近麦田里,将被盗的射孔枪及12发射孔弹全部追回,避免了重大恶性事故的发生。

（马庆文　魏刚跃）

【“5·21”盗抢原油案】　2002年4—5月,采油一厂、采油四厂、采油五厂油区连续发生盗抢原油案。犯罪分子的做案特征是手持器械,驾驶三马车、摩托车窜至偏远单井,挟持值班工人后盗抢原油。公安处于5月21日成立了“5·21”专案组。在侦破过程中,专案组民警昼夜排查、蹲坑守候,冒着生命危险孤身实施抓捕,经过两个多月的艰苦侦查,共侦破盗抢原油案件23起,依法逮捕犯罪嫌疑人4人。

（马庆文　魏刚跃）

【兴隆宾馆寻衅滋事案】　2002年10月12日晚11时,油田基地兴隆宾馆发生一起寻衅滋事案,宾馆保安樊红旗坠楼身亡。案发后,公安处民警通过侦查,于10月16日在濮阳市将犯罪嫌疑人张志勇(男,20岁,濮阳市区赵村人)、张恩邦(男,20岁,濮阳市区赵村人)、武照民(男,21岁,濮阳市国税局司机)抓获。10月18日凌晨,办案民警又将另1名主要犯罪嫌疑人管先培(男,22岁,濮阳市区赵村人)从安阳抓获。经审查,10月12日晚10时,犯罪嫌疑人管先培、武照民等人酒后在濮阳市大庆路草原兴发大酒店闹事,并与在酒店附近夜市吃饭的兴隆宾馆保安樊红旗(男,23岁)、苗小龙发生口角,樊红旗回到兴隆宾馆正欲打电话报警时,管先培纠集11人冲进宾馆大厅,对二人拳打脚踢,并拿起宾馆的木椅和成捆啤酒对二人打砸,樊红旗在被追打跑至宾馆六楼躲藏时不慎坠楼,经医院抢救无效死亡。4名犯罪嫌疑人被依法逮捕。

（马庆文　魏刚跃）

【王广伦预谋杀人未遂案】　2002年7月20日晚,在打击“街头双抢”犯罪行动中,公安处巡逻民警在油田基地新蕾公园附近,将预谋杀人的犯罪嫌疑人王广伦(男,34岁,濮阳县王称固乡孟楼村农民)当场抓获。经查,王广伦与濮阳县柳屯镇赵寨村农民赵子昌有冤仇,遂购买钢刀、生石粉等作案工具,寻找赵子昌,预谋将其杀死(未遂)。王广伦被依法逮捕。

（马庆文　魏刚跃）

【“9·15”持刀抢劫案】　2002年9月15日16时30分左右,供热管理处供热八大队女工路秀荣从盟东小区路口接儿子回家,行至盟东小区21号加油站南10余米处时,1名身穿夹克衫的青年男子窜至背后,将路秀荣挎在肩上的皮包(内装摩托罗拉手机1部、现金200余元、身份证及一些票据)抢走,并朝东逃窜,路秀荣大喊“抓贼”。此时,濮阳市中建实业中心机械运输处(油田改制企业)职工郭世国(男,38岁)听到后,迅速向歹徒追去,歹徒见有人追来,继续朝东逃窜,郭世国在接近歹徒后,用自行车链锁朝歹徒猛打,歹徒从裤袋里抽出一把10余厘米长的水果刀,朝郭世国前胸猛捅一刀,郭世国忍住剧痛手捂伤口,继续朝歹徒追去,持刀歹徒见郭世国仍紧追不舍,便把抢来的皮包向郭世国砸去,郭世国因大量失血昏倒在地。公安处第一油区警察支队胜利石油派出所副所长李洪波带领两名民警赶到,在过路群众的帮助下,将歹徒抓获。经公安处专案民警连夜突审,犯罪嫌疑人张书乾(男,19岁,山东省菏泽市鄄城县旧城镇屠庄村农民)对持刀抢劫的犯罪事实供认不讳,并交待了在中原油田多次实施犯罪的事实。张书乾被依法逮捕。

（马庆文　魏刚跃）

【中洛输油管线打孔盗油案】　2001年5月份以来,国家输油大动脉——中洛输油管线上柳屯至濮阳县城段连续发生17起打孔盗油案件,致使管线多次停输,数百吨原油外泄,大面积良田被污染,给油田造成了难以估量的经济损失。案发后,河南省政法委、公安厅,濮阳市政法委及油田领导高度重视,被省公安厅列入2002年督办案件。2001年12月初,油田公安处成立专案组进驻油区,根据发案规律和特点,专案组先后对沿线3个乡镇和12个村庄进行了调查摸排,初步认定这是一起有组织、有分工、专业性强、设施先进,从打孔、运输到销赃“一条龙”的集团性犯罪。12月16日,经调查取证,认定濮阳县柳屯镇农民苏顺青、马建甫、焦国花有打孔盗油重大嫌疑,专案民警连夜将3人抓获。经过两天两夜的调查、搜查和审讯,共缴获运赃油罐车1辆,微型面包车2台及手摇钻、阀门等作案工具。2002年2月,专案民警将团伙主要成员申红卫、赵芳修、焦美想、申新顺等人抓捕归案。6月,团伙主要成员马德伟和其姘头李某被抓获。至此,发生在中洛输油管线上的17起打孔窃油案件全部告破。7月24日,濮阳市中级人民法院依法审理了中洛输油管线打孔盗油特大犯罪团伙案件,涉案的30余名犯罪成员中,6人分别被从重判处15年、10年不等有期徒刑,19人被批准逮捕。

（马庆文　魏刚跃）

人民武装

【武装工作概述】　截至2002年底,中原油田共有基层武装部13个，分别设在第一至第十三矿区管理委员会，人员隶属矿区管理委员会管理，业务隶属油田武装部管理。全油田共有专职武装干部31人，其中油田武装部4人；民兵20726人，其中基干民兵2058人、普通民兵18668人，民兵干部1625人。设有民兵团13个，民兵营、连255个，其中基干民兵连20个、专业技术分队2个、对口专业分队4个，预备役警卫通信连1个，预备役运输连1个，预备役汽车修理所1个，民兵应急分队(连)2个。

2002年，油田民兵预备役工作以江泽民关于军队和后备力量的建设及“三个代表”重要思想为指导，以军事斗争准备为中心，以提高打赢能力为目标，以民兵应急分队和预备役建设为重点，围绕油田生产建设开展工作，较好地完成了各项工作任务。年内，油田武装部被濮阳军分区评为民兵军事训练先进单位和维护社会治安先进单位。

(师发祥)

【民兵组织建设】 2002年，武装部根据濮阳军分区认真搞好民兵组织调整整顿的指示精神，下发了《关于搞好2002年度民兵预备役整组工作的通知》，明确了民兵组织调整的任务和时间，规定了民兵团干部的配备指数。9月19日，召开了中原油田民兵团成立大会，宣读了《中原石油勘探局委员会关于成立矿区民兵团的通知》，并对油田民兵组织建设及民兵预备役工作提出了具体要求。在民兵组织整顿中，基干民兵、普通民兵及各类预备役人员的出队、转队、入队工作顺利完成；民兵编组配干、集合点验等工作，做到了组织和人员的落实。

(师发祥)

【防空工作】 2002年，中原油田民兵防空工作从实战要求出发，对2001年制定的《中原油田防空重要目标防护预案》进行了修改，4月通过了河南省军区专家组的验收。年内，中原油田共组建民兵防空专业分队104个，并与濮阳市防空办公室协调，在中原油田办公楼安装防空警报器1台，警报覆盖面5000米。

(师发祥)

【军事训练】 2002年，武装部根据濮阳军分区《2002年度民兵预备役军事训练工作的指示》，结合国际军事斗争形势和中原油田生产实际，以《民兵军事训练大纲》为依据，以军事战争需要为内容，于4月8—18日分别对民兵信息攻防分队、水电保障分队、医疗救护分队、通信分队共300人进行了共同课目和专业技术课目的训练。5月14—29日，组织160名应急分队队员在濮阳预备役防化团进行了为期15天的队列、高射机枪、盾牌操、刺杀、擒敌拳、射击、设置路障拦截逃犯等军事课目的训练，有4个单位被评为优胜单位，28人被评为先进个人。5月29日，濮阳军分区司令员王继烈、参谋长蔡海，中原油田党委副书记张召平以及各矿区领导参加了民兵军事训练汇报表演大会，濮阳军分区政委刘群以中国军队现代化建设概况及党管武装的工作原则为主题给各矿区领导上了一堂国防教育课，提高了矿区领导的国防意识。

(师发祥)

【防洪抢险准备工作】 2002年7月3日，武装部召开了油田民兵防汛排涝抢险救护工作会议，会上下发了《关于搞好2002年防汛抢险救护工作的通知》、《民兵防汛抢险救护预案》和《水上自救互救训练教程》，明确了民兵防洪抢险工作的指导思想和任务，成立了民兵防洪抢险救护指挥部，组建了2600人的民兵防汛抢险救护队。7月8－12日，油田13个矿区武装部分别对400名民兵骨干人员进行了水上自救互救、游泳技术、救生器材等使用技术和舟(船)操作技术等课目的训练。武装部对训练课目进行了现场验收，达到了预期目的。

(师发祥)

【学生军训】 2002年8月20日—9月4日，武装部聘请了济南军区162师50名教官，对2400多名高一新生进行了为期15天的军事训练。9月4日在中原文化宫广场举行了阅兵仪式，濮阳军分区司令员王继烈、参谋长蔡海，162师副政委李振领，油田领导刘恩学、张召平、蒋永富及有关部门的负责人参加了检阅。

(师发祥)

【征兵工作】 2002年，武装部根据濮阳市人民政府、濮阳军分区冬季征兵工作指示，依照《兵役法》和《征兵工作条例》，制定了中原油田《2002年征兵工作实施方案》。本着公开报名、平等竞争、群众监督、择优定兵的原则，于9月10—25日以矿区为单位进行了兵役登记工作。全油田共有486名适龄青年进行登记，经初步审核，体检符合征兵条件的有238人。10月29日，在油田纪委、监察处的监督下，培训中心对238名应征青年进行了文化考试，确定了195名青年参加体格检查。11月6—7日，聘请山东边防武警总队医院14名军医对新兵进行封闭式体检，经检查125人合格。按照公安部、总参谋部、总政治部颁发的《关于征集公民服现役的政治条件的规定》，油田武装部对这125人进行了严格的政治审查，并在五县一区进行联审，接兵部队还进行了家庭走访和调查。经油田武装部和接兵部队协商，油田征兵领导小组研究确定了120名新兵应征入伍（含在河南省兰考县应征的9名）。12月10—28日，油田分4批欢送新兵入伍。

（师发祥）

【拥军优属工作】 2002年，为搞好拥军优属工作，武装部积极开展宣传教育及形式多样的走访慰问活动。一是各矿区武装部组织人员深入到各单位，对落实优抚政策及重点优抚对象的生活保障情况进行全面检查，发现问题及时解决，维护了军人和优抚对象的合法权益。二是给从油田应征入伍的战士寄发慰问信600封；组织青年民兵进行“献爱心”活动，先后为军烈属做好事140余件（次）；召开军烈属、退伍军人代表座谈会60余次；到军烈属、伤残军人家中进行慰问并发放慰问金；给上年入伍的新兵家庭赠送“军属光荣”匾，并购买慰问品送至军属家中。三是春节前对济南军区、五十四集团军、一六二师和驻濮部队进行了走访慰问。

（师发祥）

【战备工作】 2002年，武装部为保证节日期间油田各项活动的顺利进行，维护濮阳地区的社会治安稳定，采取了一系列行之有效的措施。一是及时向各矿区武装部传达油田领导的要求和军分区指示，下发《关于做好民兵预备役节日期间战备值勤工作的通知》，安排节日期间的值班领导；二是明确各矿区武装部的战备值班时间、兵力和要求；三是安排战备值勤期间的国防教育内容，提高参加值勤民兵的国防意识；四是坚持勤务汇报和每日查勤制度；五是在油田基地组织了春节、“五一”、“十一”和党的十六大期间的民兵巡逻，共组织巡逻70天，出动民兵4200人次。同时，各矿区武装部组织民兵在本辖区范围内进行巡逻，共组织巡逻37天，出动民兵6100人次，保证了油田各项活动的顺利开展和社会的稳定。

（师发祥）

【退役士兵档案审查和预备役登记】 2002年，油田武装部根据国务院、中央军委关于妥善安置退役士兵的通知精神，从关系国防和军队建设、经济发展和社会稳定的大局出发，对油田122名退役士兵（不含河南省兰考县退役士兵）的档案进行了审查、登记造册，对不符合安置条件的档案，及时与部队及本人联系，妥善进行处理。7月，濮阳市民政局退伍军人安置办公室对油田退役士兵的档案进行了审查，全部符合安置条件。同时，根据国防部、总参谋部的指示，油田武装部对全油田135名（含河南省兰考县退役士兵13名）2001年退役士兵进行了预备役登记。

（师发祥）

消防工作

【消防工作概述】 截至2002年底，全油田共有消防干警565人，其中全民合同工284人，劳务合同工281人；油田消防支队下设职能科室10个、基层中队14个；各类机动车辆103台，其中消防车辆82台。

2002年，消防工作认真贯彻“预防为主，防消结合”的方针，按照“加强、完善、巩固、提高、创新”的工作思路，加强队伍正规化建设和消防监督管理，完成了油田消防安全保卫任务。（1）消防安全形势稳定。结合油田生产实际，认真查找隐患，重点抓好治理和整改，至年底，全油田连续累计44个月无工业火灾事故。（2）消防监督成效显著。集中力量对油田重点保卫单位和易燃易爆单位进行全方位、大力度检查12次，对2000家公共场所开展专项治理2次，发现火灾隐患6967处、督促当场整改5300处，下发火灾隐患通知书1430份，责令停业整顿8家、取缔2家；对柳屯油库消防系统完善工程等22个大型工程项目进行消防设计审核，提出整改意见56条。（3）职工消防安全意识普遍提高。对油田73家重点保卫单位成立的义务消防组织进行技能培训考核，组织指导开展消防演习292次，为万余名重点岗位职工讲授了消防业务知识；组织油田198个消防重点保卫单位的400余名专（兼）职消防人员、公共场所负责人学习了《公安部第61号令》；组织开展了全国第十一个“119”消防宣传日活动。（4）队伍整体实战能力进一步增强。年内共组织人员进行外部培训3次，内部培训8次，有460人取得岗位资格证书，216人取得兼岗资格证书，持证上岗率98.9%；消防支队被评为中原油田“执勤岗位练兵”先进单位，2人被河南省消防总队分别授予“业务技术能手”和“优秀指挥员”称号，1人被国家公安部消防局授予“业务技术能手”称号；组织实战演练396次，出动火警112次，车辆258台次，为油田和地方保护财产价值达8700余万元。（5）消防装备得到完善。投入资金1700余万元，对消防车辆装备进行更新换代，建立和完善了消防支队机关计算机网络工程；投入200万元建设现代化的消防通信指挥系统，提升了油田的消防安全保卫能力。

（李长庆）

【第11个“119消防宣传日”活动】 2002年11月9日是全国第11个“119消防宣传日”。油田消防支队以“预防火灾是全社会共同的责任”为主题，举办了义务消防组织技术比武，20个义务消防队参加了技术比赛；和中原石油报社联合开展了消防知识问答活动，收到答题卡6000余份；在中原路举办黑板报、横幅一条街展评活动，参赛黑板报300余块、横幅100余条；在中原文化宫等3个公共场所设立咨询点，发放宣传资料5000余份；组织15台消防车沿市区主要干道进行游行宣传；对油田中小学校5000余名中小学生讲授了自防自救、火场逃生等防火、灭火常识；联合濮阳中原电视台对消防重点保卫单位开展了消防安全夜查活动。

（李长庆）

【执勤岗位练兵】 2002年，油田消防支队认真贯彻河南省消防总队印发的《关于在全省消防部队开展执勤岗位练兵活动的通知》精神，坚持从难、从严、从实际出发的原则，采取全面展开、分段施训、重点突破、整体推进的方法，认真贯彻“练为战”的指导思想，建立和完善了训练奖惩机制，确保了执勤岗位练兵活动的正常开展。10月16日，河南省执勤岗位练兵达标验收小组对油田消防支队岗位练兵活动进行考核验收，消防支队在4个考核项目中全部取得优秀。年内，消防支队被河南省消防总队评为岗位练兵先进单位，干警李广强、于泳林分别被国家公安部消防局和河南省消防总队授予“业务技术能手”称号。

（李长庆）

【消防灭火演练】 2002年，消防支队按照国家公安部第61号令的有关规定，在油田重新确定了198个消防重点保卫单位，并对基本情况进行摸底，修订完善灭火预案341份。针对保卫对象的特点，开展灭火实战演练396次。9月，调集8个中队在柳屯油库进行了为期1个月的联合大型演习，参战干警600人次、车辆100台次，锻炼了指挥员的组织指挥能力、临场处置能力和队伍的实战能力。

（李长庆）

【消防装备建设】 2002年，消防支队加强装备建设，共配备空气呼吸器63具，消防移动炮44门，投资1700余万元引进大型多功能消防车3台，投资200万元建设了现代化的消防通信指挥系统，并建立完善了计算机网络系统。

（李长庆）

文化·卫生

文化·体育

【文化体育工作概述】 2002年,文化体育活动管理工作继续坚持为油田职工家属服务、为油田生产服务的方向,结合油田实际,开展了丰富多彩的群众性文体活动以及对外交流活动,使油田文化体育事业进一步蓬勃发展。年内,文化体育活动管理中心(以下简称文体中心)共开展各类文体活动46项2000余场次,参加人数120余万人次。

文化活动:举办了首届“中原油田杯”全国职工舞蹈展演、2002年大型社火表演、第八届元宵灯展、《五月的颂歌》文艺晚会、《春雨滴答》“六一”儿童专场晚会、中原油田《2002年高考庆祝演出》和《祖国颂》等大型文艺活动。组织开展了送文化下基层活动,行程18.9万千米,到黄河两岸百里油区和油田直属单位在外省的重点工程地进行文艺演出96场次、送图书2万册,送电影3000场次。利用双休日,在中原文化宫举办“油城广场文化活动”23场,演出节目244个,观众9.5万人次。组织参加各种音乐、舞蹈、摄影、书法等艺术交流活动,获奖91个,其中国家级11个、省部级10个。

体育活动:开展好基层日常性体育活动,举办元旦长跑比赛、庆“七一”健美操大赛、中原油田第十六届篮球赛、庆“五一”趣味体育运动会,组织基层体育赛事196场次,参加活动的职工家属达28万人次,在对外参赛中,中原油田体育代表队分别获得2002年中国新乡国际标准舞全国公开赛第二、第三、第四名,第六届全国历史文化名城乒乓球赛女子团体、女子单打、男子单打第一名和女子单打第三名,2002年丽江“古城杯”全国地掷球锦标赛第二名、第三名和河南省2002年高水平体育馆跆拳道锦标赛女子团体第三名。另外,中原油田选手高娜代表中国国家队获2002年世界金属地掷球比赛单打第三名。

(万　涛)

【“中原油田杯”全国职工舞蹈展演在中原油田举行】 2002年10月11—13日,首届中国职工艺术节“中原油田杯”全国职工舞蹈展演在中原油田举行,来自全国38个省、自治区、直辖市及产(企)业代表队的近千名职工文艺代表参加了开幕式、闭幕式和三场专场文艺演出。参加此次舞蹈展演的55个节目是从全国各省、自治区、直辖市和产业系统选送的169个节目中挑选出来的。经中国文学艺术界联合会、中国舞蹈家协会、北京舞蹈学院、北京军区战友歌舞团和国家文化部专家组成的评委会评定,中国工商银行河南省支行的《踏歌》、河南省郑州卷烟厂的《大河情愫》等13个节目分获最佳辅导奖和服装设计奖,广西壮族自治区柳州甲天下心连心艺术团的《奕彩飞扬——甲天下》、四川省泸天化(集团)公司的《忠诚与奉献》等14个节目分获最佳表演奖。云南航空公司的《水中月》、大庆石化公司的《我为祖国献石油》等15个节目获得展演金奖;新疆石油管理局的《克拉玛依姑娘》、湖北省电信公司的《俏皮姑娘》等20个节目获得展演银奖;长庆油田的《找油人》、山东省兖矿集团公司的《摆裙》等19个节目获得展演铜奖。其中,中原油田的《太阳花》、《祖国颂》、《情愫》、《黄河石油人》4个节目分获金、银、铜奖。同时中原油田还获得展演“特别贡献奖”。首届中国职工艺术节于2002年5月12日在北京人民大会堂开幕,共举行音乐、舞蹈、戏剧、曲艺、职业服装风采展示和摄影、美术书法等七项展演、展览活动,“中原油田杯”全国职工舞蹈展演是艺术节展演活动的一部分,由中华全国总工会、中国文学艺术界联合会、中国舞蹈家协会和中央电视台共同发起组织,中国石化集团公司中原油田、中国石化音乐舞蹈家协会承办。

(万　涛)

【石化音乐舞蹈家协会第一次会议在中原油田召开】 2002年5月18－19日,中国石化音乐舞蹈家协会第一次代表大会在中原油田宾馆召开,标志着中国石化音乐舞蹈家协会在中原油田正式成立。会上审议并通过了《石化音乐舞蹈家协会第一次代表大会工作报告》、《中国石化音乐舞蹈家协会章程》、《中国石化音乐舞蹈家协会第一届常务理事会成员名单》。截至2002年底,石化集团公司所属各单位共有音乐舞蹈协会24个、基层协会会员1400余名,省、部级音乐、舞蹈家协会会员198名,国家级音乐、舞蹈家协会会员19名,专业文工团3个、专业演职员200多名。2002年,发展会员230名。

(万　涛)

【第六届“金色年华”文艺大赛】 2002年7月20－25日，“百姓量贩杯”第六届中原油田“金色年华”文艺大赛在中原文化宫举行。本次比赛共分声乐、器乐、舞蹈、绘画、书法、摄影6个比赛项目，参赛人数770人，共有257个文艺节目和199件书画、摄影作品参赛。通过评选，任梦楠等89人获“金华奖”，冯美欣等171人获“新星奖”，任静等187人获“新苗奖”；油田机关第一小学等16个单位获“优秀单位组织奖”。

（万　涛）

【送文化下基层活动】 2002年，文体中心响应党中央“三下乡”活动号召，结合油田生产建设实际和职工家属实际需要，开展送文艺下基层、送图书下基层、送体育下基层、送电影下基层活动。组织人员深入基层井站，广泛征求群众意见，制定了《中原油田文体中心送文化下基层实施方案》，并根据这一方案，组成了50—80人的送文化下基层小分队。1—10月，送文化下基层小分队行程18.9万千米，往返于黄河两岸百里油区和油田直属单位在外省的重点工程地，文艺演出96场次，送图书2万多册，放电影3000多场次，义务送春联26000多幅，组织基层体育赛事196场次，体能测试6.8万人次，受益职工家属28万人次。

（万　涛）

【油城广场文化活动】 2002年5月1日—10月1日，中原油田在中原文化宫广场利用双休日先后开展“油城文化广场活动”专场演出23场，参演单位73个，参演人员3430名，演出节目244个，观众人数11.5万人次。“油城文化广场活动”是勘探局党委为了满足油田职工家属对精神文化的新需求，在“抓好重点、合理布局”的基础上，以局机关职能科室和周边矿区、单位为骨干，开展的具有示范性的群众文化活动。该活动由中原油田文体中心主办，公安处、公共事业管理处、中原石油报社等8个单位协办。在中原文化宫广场文化示范性展演的带动下，油田各矿区在辖区范围同期举办各类广场文化活动百余场次，观众达70万人次。

（万　涛）

【中原歌舞团】 2002年，中原歌舞团为了使文艺工作适应新形势的要求，立足基层，服务油田，完成了各项工作任务。创作编排了中原油田2002年元旦晚会、春节晚会和首届中国职工艺术节“中原油田杯”全国职工舞蹈展演开幕式晚会，参加了全国职工音乐展演和河南省文化厅、省舞蹈家协会主办的“郑州晚报杯”舞蹈大赛，均取得良好成绩。年内，共完成演出134场次，观众8.5万人，超额完成了年度演出任务。其中，赴基层演出20场，参加事务性演出22场，配合参加濮阳市演出活动5场，其他各类演出57场。

（万　涛）

【文联工作】 2002年，中原油田文学艺术界联合会贯彻中国文学艺术界联合会第七次全国代表大会精神，开展了多样化的文学艺术活动，取得了丰富的创作成果。成功承办了首届中国职工艺术节“中原油田杯”全国职工舞蹈展演，参加省部级以上文化活动26次，获各类奖项120个，其中国家级一等奖14个、二等奖4个、三等奖2个，省部级一等奖38个、二等奖28个、三等奖17个。年内，中原油田文学艺术界联合会作家协会编辑出版《中原》文学杂志4期50万字；中原石油摄影家协会对会员进行了重新登记，发展会员220人；书法家协会为油田职工家属义写春联2万幅；美术家协会参加中国美术家协会主办的第七届中国工业版画展，入选作品21件；舞蹈家协会深入基层辅导节目200个，并通过选派骨干出外学习和参加大赛等方式不断提高舞蹈编创和表现水平；音乐家协会通过辅导少年儿童参加“金色年华”文艺大赛培养音乐爱好者，并在石化集团公司首届职工文艺录像调演中获一等奖6项、在首届中国职工艺术节“中国石油杯”全国职工音乐展演中获金奖4项；集邮协会编辑、出版、发行《中濮集邮》3期，并有1人被评为全国石油职工第四次邮展工作者先进个人。

（张景智）

【武术学校】 截至2002年底，中原油田武校共有教职员工24人，在校学员150人，设有小学部和初中部，开设有文化课程9门和武术套路、散打、跆拳道、自由式摔跤等武术项目课程，教学运行机制和普通学校基本相同，实行9年制义务教育。2002年，武术学校学员进入高等院校学习4人、中等专业技术学校学习18人、到部队服役10人。7月中旬，代表石化集团公司参加在江西宜春举办的“金圣杯”全国青少年武术套路锦标赛，获集体基本功第四名、男子乙组规定南拳第四名、男子乙组棍术第六名、女子乙组规定拳第六名。11月下旬，在河南省2002年高水平体育馆校跆拳道锦标赛中，获女子团体、女子54公斤级第三名和女子38公斤级、46公斤级、50公斤级、男子46公斤级第五名，并被评为体育道德风尚奖运动队。12月中旬，在“养乐多杯”首届全国青少年跆拳道锦标赛中，获少年组男子63公斤级第一名、男子55公斤级第三名、女子55公斤级第五名和团体总分第六名。

（万　涛）

【中原油田女子地掷球选手高娜获世界锦标赛铜奖】

2002年8月28—31日，在意大利米兰市举办的第三届世界女子金属地掷球锦标赛上，中国国家女子地掷球队获得五个单项比赛中的两块铜牌，其中来自中原油田的选手高娜获单打铜牌。高娜也成为中国首位在该国际赛事中获得单打比赛奖牌的选手。世界女子金属地掷球锦标赛每两年举行一届，本届比赛共有来自中国、意大利、法国、德国、克罗地亚、斯洛文尼亚、澳大利亚、阿根廷、智利、摩洛哥、阿尔及利亚等12个国家的代表队参加。

（菅明华）

【文艺作品获奖】

(1) 首届中国职工艺术节“中原油田杯”全国职工舞蹈展演：歌舞团舞蹈《太阳花》、《祖国颂》获金奖，歌舞团乐器五重奏《滑稽演员》获金奖，歌舞团舞蹈《黄河石油人》、《情愫》获银奖。

(2) 第七届中国工业版画展：王铁山作品《协力》获金奖，宿青松作品《路遥》、王其中作品《丰收季节》、王玲玲作品《初探》获银奖，黄勇作品《构成》获铜奖。

(3) 庆祝建军75周年全国书画展：冯哲武书法作品获银奖。

(4) 首届全国职工艺术节“乐凯”摄影大奖赛：张玉平作品《层林尽染》获银奖。

(5) 首届中国艺术节书法大奖赛：张学成作品《高风翰诗抄》获铜奖。

(6) 第二届全国电视“希望之星”大赛：侯兆艺获全国十佳荣誉奖。

(7) 河南五四文艺奖：王育红书法作品、李亚敏摄影作品《窗》、韩明报告文学《石油魂》获金奖，胡庆明摄影作品《科技创新的青春楷模》获银奖，李春第散文《尼罗河上孤月明》、马献之绘画《太行朝辉》、赵奕松摄影《为勇士喝彩》获铜奖。

(8) 河南省“振兴中华，迎接十六大”书画展：仝相和作品获金奖。

(9) “郑州晚报杯”河南省舞蹈大赛：杜继平作品《太阳花》获银奖。

（万　涛）

报　　纸

【中原石油报社工作概述】　中原石油报社是负责主办中原油田企业报——《中原石油报》的单位，隶属于中原石油勘探局。该社每周出版《中原石油报》5期，其中正刊3期、《石油工程周刊》1期、《新周末》1期，面向全国公开发行。截至2002年底，中原石油报社共有采编、生产经营、机关后勤工作人员201人，其中采编人员45人、生产经营人员98人、管理人员36人，设有机关科室6个、采编部门8个、对外经营部门4个。2002年，中原石油报社以油田勘探开发为报道主体，以“四基”建设内容为宣传重点，专门成立报道小组，制定报道计划，定期研究确定选题，各种新闻体裁联动，报道领域和报道内容逐步拓宽和丰富，宣传效果和报道质量进一步提高。按照油田年度生产部署，分阶段、有重点地组织实施形势任务教育、贯彻油田工作会议精神、产量调整等专题报道，为统一广大职工的思想认识，坚定发展信心发挥了重要的导向作用。加强专业化公司外闯市场的报道，开辟“更新思想观念、转变机关职能采访录”和“外闯市场典型系列报道”专栏，撰写了《九万里风鹏正举》等评述文章，大力宣传了勘探局“走出去”的发展战略。在“来自国际市场的报道”专栏中，分别运用整版报道了中原油田山东天然气管道工程、“中国一号”钻机进军沙特、承钻亚洲第一口科探井、赴南极科考服务以及市场与企业管理系列报道，产生了较好的社会效果。在“加强四基建设，提高管理水平”专栏中，运用通讯和调查报告等形式，报道典型单位60个，有力地配合了勘探局、局党委的中心工作。年内，共出版《中原石油报》203期；先后共有77件作品在省部级好新闻评比中获得一、二、三等奖。在第三届全国企业报评比中，《中原石油报》被评为“先进报纸”；在全省企业报评比中，《中原石油报》连续第10次被评为河南省最佳企业报，并获河南省企业报特别优秀奖；在河南省首届十佳报纸评选中，《中原石油报》被河南省人民政府评为“河南省首届十佳报纸”；2002年，中原石油报社在全国石油石化所属50多家企业报首届先进单位评选中，被授予最高奖——“首届最佳新闻宣传单位”。

（王玉建）

【建立业务质量评价体系】　2002年，为了加强报纸基础工作管理，中原石油报社以制度建设为切入点，完善讲评考核机制，建立了办报人员业务质量评价体系。设立“创新奖”，鼓励采编人员在稿件采写、版面编排、选题策划、新闻攻关等方面大胆创新，推出体现工作量、职称、职务和业绩一致的工资改革考核配套方案，采编人员每人每月拿出岗位工资的60%参与浮动。业务评价体系建立后，考核结果显示，采编人员收入差距每月最多达到2000元,并促使记者创造了1个月发稿4万字的历史最高发稿纪录。

(王玉建)

【《中原石油报》获“今日捷成杯”金奖】 2002年4月下旬,第12届中国新闻奖新闻摄影作品初评暨第15届全国产业报、专业报“今日捷成杯”新闻摄影作品年赛评选结果在北京揭晓,《中原石油报》选送的8幅(组)新闻摄影作品分别获金奖1项、银奖4项和铜奖3项。其中,《孩子 你应该回课堂》获科教文体类金奖,《冰天雪地“铁人”魂》、《面对伤痛 选择坚强》、《盲女王敏香》、《铁拳痛击“油耗子”》分获重大新闻类、日常生活类、法制军事类银奖,《垃圾沟的春夏秋冬》、《无言的离别》、《高振民和他的京剧脸谱》分获自然环保类、日常生活类、现场人物肖像类铜奖。由中国产业报协会、中国专业报新闻摄影学会主办的本届“今日捷成杯”年赛共设重大新闻类、经济新闻类、新闻人物类等11项大奖,全国40余家产业报、专业报共选送了283幅(组)作品参评,其中有70幅(组)作品获奖,中原油田的获奖档次和获奖数量均名列前茅。

(菅明华)

【中原石油报社获中国石油首届新闻最高团体奖】 2002年11月,在中国石油首届新闻团体奖评选中,中原石油报社获中国石油首届新闻最高团体奖项——“最佳新闻宣传单位”称号。中国石油首届新闻团体奖评选,是由中国石油天然气集团公司政治思想工作部、中国石油化工集团公司政治思想工作部、中国海洋石油总公司思想政治工作部共同组织的大型评选活动,是对中国陆上、海洋石油和石化系统所有新闻媒体办报、办台(站)综合质量的整体检阅。此次参评的新闻单位包括隶属中国石油天然气集团公司、中国石油化工集团公司和中国海洋总公司三大系统的53家报社、90家电视台(站)。

(菅明华)

【中原石油报社获奖作品】

(1) 全国企业报(8个):

一等奖(2个):《思想道德教育系列谈》(言论)作者:李恒军、苏同生、杨冬梅、王新顺;《中原油田呈现新发展勃勃生机》(通讯)作者:徐书林、李恒军、欧治中、杨志涛。

二等奖(5个):《2001年12月15日一版》(版面)作者:孙咏梅;《从洞庭湖到波斯湾》(通讯)作者:张愿昌、欧治中;《探索神秘的地下世界》作者:沈青霞、胡庆明;《铁拳痛击“油耗子”》作者:马洪山、赵亦松、宋一平;《冰天雪地“铁人”魂》作者:贺德良、杨志涛。

三等奖(1个):《无言的离别》作者:贺德良、胡庆明、李丽平。

(2) 全国产业报奖(6个):

一等奖(1个):《孩子 你应该回课堂 》作者:胡庆明、贺国强。

二等奖(3个):《盲女王敏香》作者:仝江、胡庆明、李丽平;《冰天雪地“铁人”魂》作者:贺德良、杨志涛;《面对伤痛 选择坚强》作者:马洪山、李丽平。

三等奖(2个):《垃圾沟里的春夏秋冬》作者:仝江、胡庆明;《高振民和他的京剧脸谱》作者:胡庆明、祝广影。

(3) 中国地方报(1个):

三等奖:《南极 我们来了》(通讯)沈青霞、贺德敬。

(4) 石油石化系统(17个):

一等奖(4个):《全国首家液化气天然气工厂建成投产》(消息)作者:林信胜、李忠宇、杨志涛;《妙药一剂降本增效》(通讯)作者:张愿昌、杨冬梅;《2001年12月15日一版》(版面)编者:孙咏梅;《中原石油人奔赴南极》作者:沈青霞、贺国强。

二等奖(5个):《中国大陆科学钻探工程开工》(消息)作者:张愿昌、陈仲杰;《思想道德教育系列谈》(言论)作者:李恒军、苏同生、杨冬梅、王新顺;《坚强快乐的李菲》作者:马洪山、李丽平;《探寻神秘的地下世界》作者:胡庆明、沈青霞、孙咏梅;《铁拳痛击“油耗子”》作者:马洪山、赵亦松、宋一平。

三等奖(8个):《“老石油”谷炳学回村当支书》(消息)作者:张松才、贺国强;《原油产量13年来首次出现恢复性增长》(消息)作者:曹军、高海燕、孙咏梅;《中原油田跨国经营跨州连片》(消息)作者:苏同生、李忠宇、孟祥波、杨冬梅;《一个普通石油工人的执著信念》(通讯)作者:张愿昌、孟祥波、欧治中;《老树新枝迎春发》(专题)作者:罗良龙、曹军、杨冬梅;《打造京城绿色奥运》作者:赵亦松、李丽平;《无言的离别》作者:贺德良 、胡庆明、李丽平;《冰天雪地“铁人”魂》作者:贺德良、杨志涛。

(5) 河南省新闻奖(7个):

一等奖(1个):《为荣誉而战》(通讯)作者:李丽平、尹红玲、公会玲、贺国强、冯文孝。

二等奖(4个):《从洞庭湖到波斯湾》(通讯)作者:张愿昌、欧治中;《中原油田跻身全国涉外工程业30强》(消息)作者:张愿昌、林信胜、杨美恒;《东濮凹陷获十五年来最大油气勘探成果》(消息)作者:曹军、李忠宇、孙咏梅;《南极 我们来了》(通讯)作者:沈青霞、贺德敬。

三等奖(2个):《思想道德教育系列谈》(言论)作者:李恒军、苏同生、杨冬梅、王新顺;《大漠风 石油情》(通讯)作者:张愿昌、杨志涛。

(6) 河南省好新闻(4个):

二等奖(1个):《中原石油人奔赴南极》作者:沈青霞、贺国强。

三等奖(3个):《探索神秘的地下世界》作者:沈青霞、胡庆明;《孩子 你应该回课堂》作者:胡庆明、贺国强;《垃圾沟里的春夏秋冬》作者:仝江、胡庆明。

(7) 河南省企业报奖(26个):

一等奖(10个):《2001年12月15日一版》(版面)编者:孙咏梅;《思想道德教育系列谈》(言论)作者:李恒军、苏同生、杨冬梅、王新顺;《从洞庭湖到波斯湾》(通讯)作者:张愿昌、欧治中;《中国大陆科学钻探工程开工》(消息)作者:张愿昌、陈仲杰;《东濮凹陷获十五年来最大油气勘探成果》(消息)作者:曹军、李忠宇、孙咏梅;《为荣誉而战》(通讯)作者:李丽平、尹红玲、公会玲、贺国强、冯文孝 ;《2001年12月11日正刊一版》(版面)作者:杨冬梅;《夺油勇士战井喷》作者:马洪山、殷永正;《孩子 你应该回课堂》作者:胡庆明 、贺国强;《或许有一天》作者:宋文涛、祝广影。

二等奖(12个):《"老石油"谷炳学回村当支书》(消息)作者:张松才、贺国强;《中原油田跻身全国涉外工程业30强》(消息)作者:张愿昌、林信胜、杨美恒;《大漠风 石油情》(通讯)作者:张愿昌、杨志涛;《我悔悟 我控诉》(通讯)作者:张松才、贺国强;《贾府中的大锅饭》(随笔)作者:冯文孝、高利明;《荒野中的玫瑰》(记实)作者:尹红玲、高利明;《焦桐正是花季》(散文)作者:李广科、高利明;《2001年12月22日正刊三版》(版面)作者:宋一平;《2001年11月23日新周末一版》(版面)作者:贺国强;《盲女王敏香》作者:仝江、胡庆明、李丽平;《中原油田濮6-123井乱线缠身》作者:胡庆明;《梦萦魂牵石油情》作者:贺德良。

三等奖(4个):《全国首家液化气天然气工厂建成投产》(消息)作者:林信胜、李忠宇、杨志涛;《中原石油人起程赴南极》(消息)作者:李忠宇、樊长荣、杨冬梅;《"老石油"返乡领唱文明颂》(通讯)作者:张松才、贺国强;《机关干部下机关系列谈》(言论)作者:夏清秀、孙咏梅、陈忠杰。

(8) 河南省社会生活法制类奖(7个):

一等奖(3个):《爱心特别行动》(专栏)作者:李艳、贺国强;《油城青少年犯罪调查》(通讯)作者:刘伟民、贺国强;《坚强快乐的李菲》作者:马洪山、李丽平。

二等奖(1个):《全国人大代表被打伤》(消息)作者:尹红玲、贺国强。

三等奖(3个):《网友情牵花季孩子》(消息)作者:尹红玲、贺国强;《2001年11月9日一版》作者:贺国强;《2001年12月21日四版》作者:祝广影。

(9) 河南省副刊类奖(2个):

二等奖:《雪舞夜黄河》(散文)作者:张松才。

三等奖:《荒野中的玫瑰》(记实文学)作者:尹红玲、高利明。

(王玉建)

电　　视

【濮阳中原电视台工作概述】 2002年,濮阳中原电视台坚持团结、稳定、鼓劲和正面宣传为主的方针,围绕油田的中心工作搞好宣传报道,不断提高节目质量和社会化服务水平,全面完成经营承包指标,实现了收支平衡,全年安全无事故。年内,共制作播出《每日新闻》365期1690条,各类栏目288期,专题片(资料片)39部,各类文艺晚会、实况录像和知识竞赛47场(次),审查播出影视剧2700多部(集),累计播出8936小时。在《中国石化电视新闻》播发新闻和专题83条(部),在河南电视台和中央电视台播出新闻和专题33条(部),其中在中央电视台《新闻联播》播发头条新闻1条,制作的专题片《离开家的日子》在中央电视台《东方时空》中播出,新闻《老油田构建发展新篇章》、《ZPEB饮誉国际石油市场》、《中原油田勘探获重大突破》、《中原油田开拓国际市场》分别在中央电视台《新闻联播》、《财经报道》中播出。2002年,濮阳中原电视台获全国首届职工舞蹈展演突出贡献奖、全国第四届石油职工文化大赛组织奖、河南省广播电视技术维护先进台站三等奖,并被中国石油天然气集团公司、中国石油化工集团公司、中国海洋石油总公司评为"优秀电视台",同时获"中国石化集团公司优秀电视台"称号。

(黄　志　李孝成)

【电视宣传报道】 2002年,濮阳中原电视台根据油田改革发展的实际,切实搞好宣传报道工作。抽调业务骨干、购置先进的采编制作设备充实到新闻部,将《每日新闻》由每天12分钟增加到15分钟,加大了社教、经济、专题的报道力度,集中反映职工群众关注的热点问题。派出采编人员深入一线队站,全面报道勘探开发战线的新进展、新成绩,油藏管理、科技攻关的典型经验和油田一线职工夺油会战的动人事迹;先后派出记者160多人次,赴苏丹、也门、新疆、东北、陕北等国内外市场采访,推出了详细报道国内外施工队伍业绩的专题节目。在《每日新闻》、《经济12分》、《社会观察》栏目开辟专版报道了油田降本增效、增收节支的典型经验和突出成绩。制作了迎接党的十六大专题报道,并针对油田"四基"建设、党建、精神文明和思想政治工作等方面进行了宣传报道。录制了780分钟的全国首届职工舞蹈展演节目,保证了每场展演活动当日播出,圆满完成了展演节目的制作任务。

(黄 志 李孝成)

【电视栏目设置】 2002年,濮阳中原电视台修改完善了《节目调整改进的意见》和《节目管理规定》等规章制度,对自办节目的设置、定位和表现形式作出明确的规定,进一步规范了节目的制作、采购、审查、播出和管理等业务,确定了以新闻栏目为主导、社教与经济栏目为两翼、专题和文艺节目为补充的宣传报道格局。截至2002年底,开办的主要栏目有《每日新闻》、《社会观察》、《经济12分》、《综艺回旋》、《专题报道》、《电视导购》和《信息传真》等。

(黄 志 李孝成)

【有线电视系统管理】 2002年,濮阳中原电视台完成了安居工程2200多户有线电视安装任务和3kW发射机、发射机房冷却风机改造和中央电视台第12套节目接收设备的调试开通工作。针对基地光缆改造的实际,制定了有线电视光缆干线扩容方案;建立办公自动化系统,保证了计算机网络畅通和新闻上网。针对季节变化,及早搞好网络设施的检查、调试和防护处理,发现故障及时排除。尤其在重要节日和重要活动期间,提前对系统的器件进行检测、调试和更换,确保了全油田有线电视网络信号畅通。年内,共出动维修1.21万人次、维修更换线路3.4万米、更换调试各种元器件4990台(件)。

(黄 志 李孝成)

【濮阳中原电视台获奖作品】 2002年,濮阳中原电视台共有14件作品在国家、省(部)级评比中获奖25件次,其中,国家级奖1个,省(部)级一等奖8个(次),并在河南省优秀节目评比中取得5年来最好成绩。

(1) 全国第五届百家城市电视台电视文艺节目奖:

银奖(2个):电视散文《六爷》,创作人员:文艺制作部;音乐电视《黑玫瑰之恋》,创作人员:文艺制作部。

(2) 中国电视节目音乐音响奖:

三等奖(1个):专题片《守望》,创作人员:董庆水、郭剑、张军伟、李芳乾。

(3) 新时期全国优秀学术成果奖:

一等奖(1个):论文《对新形势下企业不稳定因素的思考》,作者:林滨、刘玉民。

(4) 中国管理科学研究院人文科学研究奖:

一等奖(1个):论文《公文核稿中的几点体会》,作者:黄志。

(5) 中国未来研究会奖:

二等奖(1个):论文《电视新闻标题赏析》,作者:李华新。

(6) 第三届重庆三峡学术交流研讨会优秀论文奖:

一等奖(1个):《关于电视节目创优问题的思考》,作者:刘景河。

(7) 全国新时期人文科学优秀成果奖:

二等奖(1个):论文《关于电视节目创优问题的思考》,作者:刘景河。

(8) 河南省"五个一工程奖":

电视散文《小路曲曲弯弯》,创作人员:张复员、韩伟东、张路平、李华新、贾隽陶、朱凌云。

(9) 河南省广电局电视文艺牡丹奖:

一等奖(1个):电视散文《小路曲曲弯弯》,创作人员:张复员、韩伟东、张路平、李华新、贾隽陶、朱凌云。

(10) 河南省2001年度好新闻奖:

三等奖(1个):栏目《经济周刊》,创作人员:经济部。

(11) 2002年河南省广播电影电视局科技创新奖:

二等奖(1个):项目《视频点播系统在局域网中的应用》,完成人员:李才猛、段宝松、曾治富、金晓敏、任世哲。

三等奖(1个):项目《电视发射机灯丝电源的改造》,完成人员:叶胜利、陈富宏、段宝松、曾治富、金晓敏。

(12) 2002年河南省广播电视技术维护先进台站和个人:

二等奖:获奖者:朱嗣刚。

三等奖(1个):获奖者:有线电视管理部。

(13) 2002年全省有线电视手法技术能手奖:

一等奖:获奖者:魏长木。

(14) 第四届全国石油职工文化大赛:

一等奖(1个):公益广告《创跨世纪辉煌》,创作人员:广告部。

二等奖(3个):《难忘老石油》和专题《中原钻井》,创作人员:张复员、韩伟东、张路平、朱凌云、赵杰;新闻专题《取缔土炼油炉净化油区环境》,创作人员:林晓英、余佳龙;新闻专题《岁月真情》,创作人员:杨红敏、余佳龙、钟建堂;回首20年特别节目《社会观察》,创作人员:社教部。

三等奖(1个):栏目《周末专递》,创作人员:社教部。

(15) 2001年度中国石油电视好新闻评比:

一等奖(1个):新闻《耕耘在希望的田野上》,创作人员:张乔峰。

二等奖(1个):新闻《国内首家商用LNG工厂建成投产》,创作人员:张斯均、张乔峰。

三等奖(2个):新闻《中原钻井进军沙特》,创作人员:杨善勇;系列报道《新思路、新技术、新突破》,创作人员:张新宏、赵伟、吴林。

(16) 中国企业电视协会专题片展评:

三等奖:专题片《人生》,创作人员:董庆水、桂春华、陈丽霞、张军伟、张悦峰、侯波。

(17) 2001年度石化优秀电视记者:

李鹏　韩迷英　张新宏。

(刘景河　李孝成)

医疗卫生

【医疗卫生工作概述】 截至2002年底,中原油田设有医疗卫生机构25个,统一归属中原油田总医院管理,共有员工2314人,其中全民合同制职工2088人、其他用工226人,卫生技术人员1739人。开放床位1683张,其中总院777张、分院906张。拥有固定资产原值1.84亿元[其中总院1.13亿元、分院(站)7136万元]、资产净值1.13亿元。2002年,油田总医院坚持为油田生产建设和经济发展服务,为油田职工家属和驻地周围人民群众健康服务的方针,积极实施科教兴医和科技兴院战略,医疗水平和服务质量稳步提高。一是充分发挥全行业集中统一管理的优势,以医疗安全管理、医疗质量管理和技术装备建设为重点,加强医院内涵建设,取得了一批医学科研和新技术成果,全年没有发生医疗事故,位居河南省医疗服务质量"百项指标"考评全省三级医院前列。二是认真贯彻预防为主的卫生工作方针,疾病控制、职业卫生、妇幼保健工作取得积极进展,全油田没有发生传染病暴发流行、集体性食物中毒和急性职业中毒事件,预防保健工作继续保持所在省市先进水平。三是贯彻社会效益与经济效益相统一的原则,重视和加强经营工作,坚持走优质、高效、低耗的发展之路。年内实现业务收入2.27亿元,与2001年相比增加2386万元,增长11.6%;管理费支出3890万元,同比下降1010万元,下降20.6%;在事业费补贴大幅度下降的情况下,实现了收支平衡。四是基本建设和设备更新投入2838万元。投入使用了总医院综合手术楼和洁净手术室,动工兴建了综合门诊楼,改造了第一病房楼;投入使用了动态脑电图、超声乳化仪等一批先进仪器,医疗条件进一步改善。五是坚持以病人为中心,积极开展文明优质服务活动。增加门诊收费窗口,取消医技检查划价,并在病区推出责任医生、责任护士挂牌,向病人赠送慰问卡、医生联系卡、免费复诊卡等服务项目,严格执行河南省医疗收费标准,完善住院费用一日清单制度,坚持医疗收费明码标价。加强医德医风建设,认真查处违犯医德规范和医疗服务纪律的行为,行业风气进一步好转。2002年,油田总医院先后被评为濮阳市社区卫生服务先进单位,中原油田优胜单位、文明单位及安全生产、环境保护、装备管理、计划生育先进单位和模范职工之家。

(马德英)

【医疗保健】 2002年,油田总医院坚持把医疗工作放在首位,对照国家卫生部医院管理标准和河南省医疗服务质量"百项指标"考评标准,加强业务建设,医疗服务质量稳步提高。年内,累计完成门诊工作量129.47万人次,其中急诊3.6万人次,危重病人抢救成功率91.8%,收住院人数2.83万人次,入院与出院诊断符合率99.5%,治愈好转率97.5%,平均病床使用率80.2%,平均住院日15.5天,全院没有发生医疗事故,医疗纠纷同比下降14.3%,并在河南省卫生厅"百项指标"考评中进入全省三级医院前5名。(1)坚持把医疗安全放在突出位置来抓。以国务院颁布实施《医疗事故处理条例》为契机,通过多种形式开展医疗安全教育,提高了全院职工特别是医务人员的医疗安全意识。参加了河南电视台《医疗事故处理条例》电视知识竞赛并获一等奖。(2)积极实施"科技兴院"战略,加强技术培训、人才培养、学科建设、临床科研和新技术推广应用工作。向省级以上医院派出医疗骨干进修25名,参加国内外短训和学术交流90余人次;科研和新技术立项42项,投入资金100多万元,获河南省科技进步奖2项、濮阳市科技进步奖8项、油田科技进步奖12项,开展新的诊疗项目34项。在总医院血液内分泌科设立濮阳市糖尿病研究所,儿科、眼科和第十三分院精神卫生专科加入河南省临床医疗网络。(3)加强病历质量管理、院内感染控制、药师查房与临床用药督导及病员营养工作,对照河南省医疗服务质量"百项指标"考评标准,采取有效措施进行服务质量控制,提高了工作效率。

2002 年油田总医院诊疗人次及入院人数

类　别	诊疗人次		入院人数	每百门急诊人次的入院人数
	合　计	其中门急诊		
总　计	1296663	1294717	28296	2.19
总　院	361535	361525	12163	3.36
各分院(站)	935128	933194	16133	1.73

2002 年油田总医院病床使用率情况

类　别	周转次数(次)	病床工作日(天)	病床使用率(%)	平均住院日(天)
全院	17.9	297	80.2	15.5
总院	18.7	355.9	96.2	18.7
分院(站)	17	256.7	69.3	13.2

2002 年油田总医院住院病人前 10 位疾病构成

序号	疾　病　名　称	发病人数	占住院总人数的构成比(%)
1	循环系统疾病	1911	17.7
2	呼吸系统疾病	1694	15.7
3	消化系统疾病	1458	13.5
4	妊娠、分娩病和产褥期并发症	1320	12.2
5	损伤和中毒	1068	9.9
6	肿瘤(包括恶性和良性)	744	6.9
7	传染病和寄生虫病	495	4.6
8	泌尿生殖系统疾病	448	4.1
9	神经系统和感觉器官疾病	366	3.4
10	内分泌、营养、代谢、免疫疾病	326	3
合计		9830	90.8

(马德英)

【油田总医院综合门诊楼动工】　2002 年 5 月 18 日，中原油田总医院综合门诊楼动工奠基仪式在油田总医院举行。中原油田油田协调委员会主任、分公司经理刘恩学，濮阳市副市长万士峰等领导参加了奠基仪式。综合门诊楼主楼 7 层，裙楼 3 层，总建设面积 18.52 万平方米，总投资 6000 万元，由中国建筑集团第七工程局承建。

(马德英)

【首例电子耳蜗植入术获成功】　2002 年 1 月 9 日，油田总医院用电子耳蜗植入术为一名 8 岁的小女孩治疗双耳神经性耳聋获得成功。这项技术不仅填补了油田总医院的技术空白，而且在豫北地区也属首例。手术患者为双耳神经性耳聋，但耳蜗结构和听神经正常，经过耳鼻喉科医生的反复会诊和全面检查，制定出电子耳蜗植入术治疗方案。此次手术专门聘请了北京同仁医院的赵啸天教授和该院的耳鼻喉科主任牛广宪共同主刀。患者在全麻醉状态下从左耳后面切开进入，打开内耳，成功插入电子耳蜗电极。2002 年 2 月下旬患者术后康复出院。

(菅明华)

【首例腹腔镜下肾囊肿切除手术获成功】　2002 年 3 月初，油田总医院泌尿外科成功为一位 80 岁高龄的女性患者实施了腹腔镜下肾囊肿切除术，该手术在濮阳地区尚属首例。通过腹腔镜设备手术，患者术后当天就可下床活动，术后 3～5 天即可出院，相对过去的治疗，具有无需做开放手术、病人痛苦小、住院时间减少一半的优点。该手术的成功，标志着中原油田总医院同类技术达到国内同级医院先进水平。

(菅明华)

【油田总医院被指定为“中国护足周”护足医院】　2002 年 5 月下旬，油田总医院被中华医学会皮肤病学分会指定为 2002 年“中国护足周”护足医院，成为河南省 13 家指定医院之一，是濮阳地区惟一一家指定医院。“中国护足周”是由中华医学会皮肤病学分会于 1998 年倡导并发起的，旨在预防和治疗足部疾病，提高临床皮肤科医生对足部疾病的诊断及治疗水平。

(菅明华)

【卫生防疫】　2002 年，油田各级医疗卫生机构认真贯彻“预防为主”的工作方针，以传染病防治、计划免疫、食品卫生、职业卫生等项工作为重点，积极做好疾病控制工作，进一步提高了油田职工家属和辖区内居民的健康水平。(1)年内收集疫情816次，上报疫情36次，进行疫源地处理401次；全油田共发生法定传染病12种478例，总发病率208.50/10万，同比下降20.64%，其中病毒性肝炎发病115例，发病率50.16/10万，同比下降41.8%。(2)计划免疫"四苗"全程覆盖率96.6%，加强免疫接种率95.12%；在0～4岁儿童2002—2003年度消灭脊髓灰质炎强化服苗活动中，全油田应服苗儿童8066人，实际服苗8009人，服苗率99.3%；在油田范围内开展了1～15岁适龄儿童普种乙肝疫苗活动，接种乙肝疫苗98012人次，接种率90.11%；并在适龄儿童中进行了乙脑、流脑疫苗的接种工作。(3)结核病防治网点覆盖率及防痨医生配合率100%，新生儿卡介苗接种后阳转率95.5%，新发病人全程督导化疗率100%。(4)辖区内食品从业人员健康体检2077人次，体检率95%，食品经营单位卫生许可证和食品从业人员健康证办证率95%以上；食品卫生监督检查101次，检查从业单位7124户次，取缔不符合卫生条件的经营单位5家，限期整改45家，销毁违法食品127kg，杜绝了集体性食物中毒事件。(5)发放公共场所从业单位卫生许可证56家，建档率和办证率均为100%；公共场所和饮用水供水人员体检712人，体检率100%；饮用水监测采样31份，合格率100%；学校卫生建档47所，建档率100%，健康教育落实率100%；中小学生健康体检19516人，体检率63.72%。

（马德英）

【妇幼保健】 2002年，妇幼保健工作贯彻落实"以保健为中心，以保障生殖健康为目的，保健与临床相结合，面向基层、面向群体和预防为主"的妇幼卫生工作方针，结合油田实际，做好妇女围产期保健、妇女病普查普治、儿童保健及婚前体检工作。年内，妇女孕12周建册率78%，孕20周建册率100%，产前检查8次以上的占孕妇91.5%，住院分娩率100%，科学接生率100%，产后访视率85%，高危妊娠管理率100%，孕产妇死亡率0，围产儿死亡率1.2‰。妇女病普查19829人，女工查体率69.73%。7岁以内儿童系统化管理11257人，管理率94.02%，其中集体儿童8846人、管理率100%。查出佝偻病患儿45人，贫血患儿648人，矫治率100%；查出体弱儿987人，专项管理率100%，弱儿转归率61%。开展ARI监测工作，监测覆盖率100%；开展儿童微量元素监测工作，监测发样1217个，治疗微量元素缺乏患儿798人。严格进行儿童入托前健康体检，托幼机构工作人员体检1045人次。年内，共婚检1290对2580人，举办婚、孕、育及有关卫生知识讲座65场。

（马德英）

【医政医药】 2002年，油田总医院继续加强医政医疗管理工作，取得了显著成效。继续推行药品采购公开招标，共集中招标6次、采购药品1.28亿元，药品平均降价10%；建立药师查房和临床用药督导制度，开展TDM、ADR监测报告工作，保证了用药安全；实行门诊药品外包装明码标价制度，药品收入占业务总收入的比例下降了2.5个百分点；坚持临床医师执证上岗制度，组织临床医师参加执业医师和助理执业医师资格考试；邀请省内外专家讲课及自行主办药物知识讲座22次，培训医务人员1800人次；开展公民无偿献血工作，组织义务献血19次，献血血量72.6万毫升。

（马德英）

【爱国卫生】 2002年，中原油田继续坚持"政府组织、地方负责、部门协调、群众动手、科学治理、社会监督"的爱国卫生工作方针，围绕环境卫生治理、健康教育、除"四害"及公共场所控烟等开展活动，爱国卫生工作水平不断提高。(1)加强环境卫生综合治理工作。全油田有4个单位被评为河南省省级卫生先进单位。(2)除"四害"工作。在春季灭鼠活动中，全油田共投放灭鼠毒饵9万包，并进行了灭鼠工作专项检查；4月，采取了大面积消杀和重点部位的措施，降低了夏秋季油区蚊蝇密度。(3)控烟工作。爱国卫生办公室认真落实油田《公共场所禁止吸烟暂行规定》，开展了各种控烟监督检查和控烟宣传活动，截至年底，油田各单位无吸烟会议室达标率89.8%，公共场所无吸烟达标率89%。组织油田2100名职工家属参加濮阳市国际戒烟竞赛活动，获优胜奖3人、获参与奖82人。

（申秀生　曹文庆）

【职业卫生】 2002年是《中华人民共和国职业病防治法》实施的第一年，中原油田职业卫生工作按照石化集团公司的整体部署，以贯彻落实《中华人民共和国职业病防治法》、《使用有毒物品作业场所劳动保护条例》和《中国石化集团公司职业卫生管理规定》为主线，坚持"预防为主、防治结合"的工作方针，建立健全了职业卫生管理网络，完善各种职业卫生规章制度，在有害作业人员健康体检、作业环境监测、职业卫生建档、职工健康监护、职业健康教育培训、职业卫生防护、职业病管理等方面取得了较好成绩。(1)建立健全机构，完善管理制度。全油田有60个单位成立了由单位主要领导或主管领导任组长的职业卫生领导小组,下设办公室,具体负责单位的职业卫生工作,初步形成了职业卫生三级管理网络。(2)加强健康监护和作业环境监测工作。有害作业人员健康体检5547人次,体检率80.5%,共发现阳性体征102人,发现疑似职业病患者2人;监测登记放射性测井作业人员246名,并全部进行了体检;按照石化集团公司规定的监测指标,对306个有害作业场所进行了监测,监测率82.47%。(3)开展健康宣传教育活动。举办职业卫生培训班2期,购置、印制职业卫生法律法规及宣传材料1.2万册。(4)各单位按照《职业病防治》和《中国石化集团公司职业卫生管理规定》的要求,加大了对职业卫生资金投入,完善各种职业卫生防护设施,配发个人防护用品,改善了职工的作业环境和劳动条件,有效降低了有害因素对职工健康的危害。(5)制定和实施《中原油田职业卫生档案规范》,全油田60个存在有害作业单位的建档率100%。年内,全油田共组织职业病体检11234人次,接诊职业病人1740人次,住院治疗78人次。

(申秀生　曹文庆)

【第14个爱国卫生月活动】 2002年4月,在全国第14个爱国卫生月活动期间,油田各矿区、各单位根据油田爱国卫生办公室的统一安排,共组织职工家属参加义务劳动24127人次,清除各类垃圾11624立方米,清掏污雨水沟11万米,拆除违章建筑29间,清除卫生死角200余个,办板报304块,悬挂横幅99条、贴标语120条,写广播稿140篇。

(申秀生　曹文庆)

【第15个世界无烟日活动】 2002年5月31日是第15个世界无烟日,油田各矿区、各单位采取办板报、悬挂横幅、发放宣传材料、举办控烟知识展览等形式开展宣传活动,共制作大型宣传版面64块,更换专题内容黑板报216块,悬挂横幅35条,写广播稿件29篇,发放宣传材料2168份,控烟检查314人次,处罚单位2个,处罚个人6人次。组织了由11个矿区和16个二级单位参加的控烟专题板面展览,其中第十二矿区、第十三矿区和教育中心获得一等奖。

(申秀生　曹文庆)

社会生活

综　　述

【社会生活工作综述】 中原油田的社会化服务工作主要包括计划生育、社会保险统筹、离退休职工管理、矿区和物业管理、公共事业管理、房产和房产租赁管理以及驻外接待服务等。2002年4月，勘探局下发了《关于矿区管理体制和机构设置调整方案的通知》(中油局劳资[2002]157号)，中原油田社会化服务单位进行了重组，原各物业管理处撤销，与各矿区管理委员会合并成立具有社区服务综合职能的新矿区，各离退休职工管理站、文体活动站、居民用气服务站、房产管理所等社会化服务基层单位分别从原离退休职工管理处、文化体育活动中心、液化气服务中心、房产管理处分离出来，根据原服务区域不变的原则分别划归新的矿区。改革后，中原油田的社会化服务工作更加统一协调，产业化发展的基础框架初步形成。2002年，计划生育部门大力宣传《人口与计划生育法》，进一步促进依法行政、依法管理和优质服务，第七矿区和教育中心分别获河南省"婚育新风进万家活动先进单位"称号。社会保险统筹中心连续第四年获得河南省劳动厅授予的"养老保险工作先进单位"称号，年内共换发医疗保险手册20万本，养老保险待遇按时足额发放率100%。离退休职工管理部门按照全国老干部局长会议和石化集团公司离退休工作部的要求，制定了《中原油田老龄工作发展"十五"计划纲要》、《中原油田离退休工作暂行规定》，保持了离退休职工队伍的稳定。公共事业管理处针对油田基地的环境卫生、绿化美化、城市监察、污水处理开展管理工作，负责实施了"明园"园林化工程以及长庆路改造工程，被河南省人民政府、濮阳市人民政府分别授予"河南省环境卫生先进单位"和"全国人居环境范例奖立功单位"。房产管理处配合油田机构改革和重组整合工作，及时完成了2002年经济适用房建设计划的编制、国有房屋资产划转工作和住宅维修基金、住房公积金归集任务。房产租赁中心出台了《房屋租赁管理办法》等15项管理办法，初步实现了国有房屋租赁制度化、规范化、程序化。各接待服务单位通过深化服务改革，完成了内外部接待任务，扭亏增盈工作取得较大进展；2002年1月，油田驻郑州办事处(金桥宾馆)正式挂牌为"国家四星级旅游饭店"。

(管明华)

计划生育

【计划生育工作概述】 2002年，油田各级计划生育部门围绕《中华人民共和国人口与计划生育法》颁布施行开展学习活动，建立了管理与优质服务相结合的管理机制，实现了工作思路、工作方法的"两个转变"，全面完成了计划生育各项指标和工作任务。截至2002年底，油田总人口227038人，其中已婚育龄妇女47915人、独生子女34701人。2002年全油田共发放生育指标1868个，其中一孩1810个、二孩58个，政策生育率100%，已婚育龄妇女避孕措施落实率和生殖健康检查率分别达到90%以上和96%以上，出生统计符合率和信访结案率均达到100%，男女出生性别比保持正常。同时，加强生殖健康检查工作的监督检查与指导，在全油田22个矿区和直属单位安装了"河南省计划生育网络管理软件"，使计划生育管理工作进一步规范化、经常化。年内共督促指导3547名已生育的已婚育龄妇女采取了长效避孕措施，免费发放各类药具130箱。2002年，第七矿区和教育中心分别获河南省"婚育新风进万家活动先进单位"称号，2名计划生育干部获河南省"婚育新风进万家活动先进个人"称号。

(曹文庆)

【普及计划生育知识】 2002年，油田计划生育办公室加大计划生育宣传教育力度，共编印、购买、自制各种宣传资料近8万份，组织计划生育干部到基层为育龄群众授课18次。在春季宣传活动中，举办各种座谈、演讲、讨论会60场，举办各种计划生育知识学习班40多个，制作各类宣传版面、标语1000块(幅)，现场解答各类疑难问题380个，在各级报纸、电视台、广播电台等播发各种宣传稿件130篇，并利用"5·29"、"7·11"、"9·25"等人口与计划生育宣传日，普及计划生育知识。在2002年河南省婚育新风进万家活动总结表彰会上，中原油田有2个二级单位获先进集体称号。

(曹文庆)

【《人口与计划生育法》宣传活动】 2002年，《中华人民共和国人口与计划生育法》正式颁布施行。油田各级计划生育部门、各矿区、各单位按照勘探局的要求,以印发宣传资料、举行板报图片展览、开办学习班、召开座谈会等形式,广泛宣传《人口与计划生育法》颁布实施的重大意义、基本精神和主要内容。8月9日,油田计划生育办公室和濮阳中原电视台联合举行了由6支代表队参加的中原油田《人口与计划生育法》电视知识竞赛,增强了油田职工群众的计划生育法制观念。

（曹文庆）

【优生服务】 2002年,油田各级计划生育部门贯彻落实《计划生育技术服务管理条例》,增强服务意识,提高了优生优育服务质量。继续把计划生育管理和生殖健康服务工作有机地结合起来,为优生优育提供技术支持与保障,积极向群众推广预防婴儿先天性神经管畸形的新药斯利安片(叶酸),共为准备生育的群众发放新药斯利安(叶酸)710份,向孕龄妇女建议孕前服用斯利安片880人,有效预防了新生儿神经管畸形的发生;为育龄群众做风疹、巨细胞、单纯疱疹、弓形体和乙肝五项病毒检测737例,共查出各类病毒携带者138人,并进行了对症治疗。年内,为不孕(育)症患者联系外出治疗72人次,为22对夫妇办理了二孩申请,为33名不孕(育)症患者进行了鉴定申请,为17名独生子女病残儿童进行鉴定申请。

（曹文庆）

【特殊人群管理】 2002年,油田计划生育办公室采取综合措施,加强特殊人群和流动人口计划生育工作。在新出台的《中原油田计划生育管理办法》中明确了各矿区居委会对特殊人群和流动人口计划生育管理责任,首次把居委会工作单列在年终考核中。将勘探局房产租赁中心流动人口计划生育工作纳入直接管理,严把流入人口计划生育证明查验关,坚持每季度对流入已婚育龄妇女的生殖健康检查。年内,与2600多名流入人口签订了计划生育合同书,开展生殖健康检查3200多人次。

（曹文庆）

【计划生育协会工作】 2002年,中原油田计划生育协会开展了一系列宣传服务活动。在“5·29”中国计划生育协会成立22周年纪念日活动中,举办计划生育板报展览16场、展出板报560块,召开座谈会14场、参加人员740人次,组织新婚学习班、育龄群众学习班和“三优”教育学习班8期、参加人员350人次;组织1200多人开展街头咨询宣传活动,发放各类宣传材料8000多份,接待咨询群众540人次。同时,指导科学育儿协会先后举办优生优育学习班3期,培训育龄妇女380人。8月,出版了《托起明天的太阳——中原油田科学育儿集锦》一书。

（曹文庆）

保险统筹

【社会保险统筹工作概述】 2002年,社会保险统筹中心加强管理,完成了各项社会保险工作,并升格为勘探局正处级事业单位。建成并投入使用社会保险专用网络系统,实现了数据的集中管理和集中调用;完成换发医疗手册20万本,实现了微机打卡,彻底解决了医疗费报销排队的问题;及时征集各项保险基金,征集率99.67%,高出规定指标4.67个百分点;优选银行储蓄所代发养老金,实行社会化发放,年内共支付养老金2.78亿元,及时足额发放率达到100%;医疗、工伤、生育、失业等保险以及职工补充养老、补充医疗保险工作顺利开展,协议解除劳动合同人员续保工作稳妥推进,各项事业经费支出控制在勘探局下达的指标之内。至2002年,社会保险统筹中心连续4年获得河南省劳动厅授予的“养老保险工作先进单位”称号。

（刘晓峰）

【基金征集工作】 2002年,社会保险统筹中心针对参保人员基础数据频繁变更、基金征集工作难度加大的不利因素,对油田所属340多个单位(含行业集团所属单位)逐一进行保险登记,建立了社会保险登记基础数据库,测算出每个参保员工年度个人缴费标准;对征缴难度较大的改制企业、合资企业,通过采取定期上门催缴、加罚滞纳金、中止享受保险待遇等手段进行基金征集,使全油田基金征集率保持在较高的水平。年内,共征集各项社会保险费7.18亿元,其中养老保险费4.25亿元、失业保险费4169.58万元、医疗保险费15882.41万元、工伤保险费1261.78万元、生育保险费1577.22万元。征集补充养老保险费5646.70万元,补充医疗保险费760.49万元。

（刘晓峰）

【建成社会保险专用网络系统】 2002年,社会保险统筹中心为提高服务质量、解决长期以来职工报销医疗费排长队问题和满足实行数据库集中管理的需要,投资100多万元开发了社会保险专用网络系统。3月,覆盖中原油田的内部专用网络系统在社会保险统筹中心正式投入运行。专用网络系统的使用，打破了多年来医疗费报销的区域限制，消除了单机操作、手工登记过程中存在的数据安全性差、工作强度大、效率低下、区域工作不平衡等弊端。

（刘晓峰）

【协议解除劳动合同人员续保工作】 2002年，针对协议解除劳动合同人员续保工作事关社会稳定的特点，社会保险统筹中心起草并印发续保政策宣传提纲1万份，把办理业务所需的资料、工作流程和办理方式明确通知到各有关单位，并开发了2002年失业人员保险缴纳微机应用程序，规范了缴费基数和缴费金额。年内，共办理续接养老保险6736人、续接医疗保险7296人，分别占协议解除劳动合同人员总数的73%和79%，办理集体工续保16347人。

（刘晓峰）

【养老保险】 中原油田养老保险管理自1998年纳入河南省社会统筹以来，缴费比例和退休政策未能根据油田行业变化进行相应调整，企业负担的保险缴费比例过高，养老金实际支出负担过重。2002年，为了维护油田利益，社会保险统筹中心向河南省劳动厅提出调整中原油田养老保险缴费比例的申请。6月，经国家财政部批复，河南省下发了调整中原油田养老保险缴费比例的通知，将中原油田养老保险费率由原来的21.97%下调至20%，缴费工资基数也相应下调。两项累计测算每年为中原油田减少养老保险费支出3000万元，减轻了油田成本负担。同时，社会保险统筹中心根据国家和河南省有关文件精神，按照勘探局的要求，开展了职工补充养老保险工作。制定《职工补充养老保险暂行办法》（中油局劳资[2002]10号），并规定：自2002年1月1日起，开始基金征集、建立职工补充养老保险个人账户工作；在职职工按个人的工资基数按比例逐月记入个人账户，逐年积累，退休后支付；1999年后退休的全民合同制职工可以领取补充养老金，每人每月养老金平均增加100元左右。2002年，发放全民退休职工养老金2.52亿元，发放补充养老保险金20.59万元，办理退休手续1456人，新建、恢复养老保险关系8083人，转移养老保险关系10476人，建立在职职工补充养老保险个人账户74420个。

（刘晓峰）

【医疗保险】 中原油田基本医疗保险自2000年执行濮阳市政策后，为了减少统筹基金执行最低起付线和最高支付限额制度给部分大病患者带来的负面影响，实行了大病补充医疗保险制度。2002年，社会保险统筹中心在接管补充医疗保险工作后，重新制定了管理办法，由平安保险公司承保改为由统筹中心管理，减少中间环节，保证了参保人员医疗费足额报销和基金不超支。同时，在各矿区设立补充医疗保险投保点，印发宣传品5万份，吸纳参保人员15.2万人。年内，共办理医疗费报销34.8万人、医疗费1.69亿元，其中全民职工医疗费1.05亿元，补充医疗316人、医疗费924万元。

（刘晓峰）

【生育工伤失业保险】 2002年，社会保险统筹中心共办理审批产假工资5137人次，发放产假工资480.91万元，报销生育医疗费326.60万元，独生子女医疗费1979.78万元；审核一次性工伤医疗费85人次，调查工伤事故71人次，支付工伤保险待遇1299.44万元；办理失业手续147人次，发放失业救济金19203人次16.1万元。

（刘晓峰）

离退休职工管理

【离退休职工管理工作概述】 截至2002年底，中原油田共有离退休（养）人员56481人。其中，离休干部144人（局级9人、处级92人、科级及以下43人），退休干部6538人（局级22人、处级428人、科级及以下6088人），退休工人13234人，退休集体工17317人，退养职工7248人（处级干部84人、科级及以下干部2258人、工人4906人），失业集体工1.2万人。2002年4月，根据油田机构调整方案，中原油田离退休职工管理工作实行了“统一领导、分级管理、区别待遇、矿区负责”的管理模式，勘探局设立了离退休职工管理委员会，统一协调全油田的离退休职工管理工作，同时设离退休职工管理处作为勘探局管理职能部门，并在13个矿区分设离退休职工管理部门和35个管理站，共有离退休工作人员473人。2002年，离退休职工管理处按照全国老干部局长会议和石化集团公司离退休工作部的要求，落实好离退休人员的生活和待遇问题，保持了离退休职工队伍的稳定。按照“包户上门服务要实、应急服务要快、日常服务要广、协调服务要细”的服务标准，全心全意为离退休老年人办实事、办好事。年内共走访慰问老同志11820人，发放慰问金137.2万元，为离休干部健康体检168人次，住院看望2960人次，举办医疗保健知识讲座87场次，组织义诊9500余人次，帮助住院、转院 234 人次，解决就医用车 389 人次，联系住院陪护 197 人次，料理老人后事 331 起，为年满 70 周岁老人生日祝寿 212 次，组织免费文艺观摩 12940 人次，处理突发事件 219 人次，协调解决问题 827 个，出具各种证明 7900 余份，办理大病统筹医疗保险 17342 人、老年优待证 987 个、死亡救助 276 户、特困救助 162 户，为从事特殊工种的退养职工办理提前退休有关手续 716 人。油田关心下一代工作、离退休党建工作和宣传工作，分别在全国和石化集团公司会议上作经验介绍，离退休职工管理处被评为石化集团公司群体工作先进单位。

（杨继超）

【老年人组织活动情况】 2002 年，离退休职工管理处组织离退休人员开展义务奉献活动 105 场次，开辟服务项目 28 个，累计提供便民服务 1.5 万人次，向灾区及油田的特困家庭捐献衣物 2.6 万余件、现金 3 万余元。一是围绕建党 81 周年开展庆祝活动，以“忆光辉历程，做合格党员”大讨论、“浓墨重彩绘党恩”书画展览、“颂歌献给党”歌咏比赛等 9 项活动为载体，增强广大老党员的组织纪律观念。二是围绕油田创建全国文明单位组织离退休人员开展义务执勤活动，组织义务执勤队 374 支，在油田主要街道和居民区维护环境卫生和治安、交通秩序。三是组织离退休人员带头参加社会公益活动。

（杨继超）

【老年文化建设】 《石化老年》编辑部、老年大学、老年敬托院、老年活动中心、常青艺术团是离退休职工管理处的下属单位，是中原油田离退休职工管理工作老年文化建设的“窗口”单位。2002 年，《石化老年》编辑部进一步完善了工作制度，制作刊物发行网络图、编辑工作流程图，建立通讯员队伍，并为首批 50 名特约通讯员颁发了聘书，增强了办刊力量。年内共编发杂志 6 期近 20 万册，刊登稿件 1300 篇约 40 万字。中原油田老年大学不断加强教学管理，新开设分校 2 所，新增学员 398 人，拥有总校 1 所、分校 9 所、18 个专业 55 个教学班的办学规模，在校学员 5138 人。年内组织师生文艺演出 4 次，举办书画展 3 次、展出作品 800 余幅，写春联 1500 余幅，参加省部级书画大赛 6 次、获奖作品 167 幅。老年敬托院入住老人 72 人，实现经营创收 55.68 万元。老年活动中心共接待老龄活动 4 万余人次，提供会务服务 600 余人次，承办各类文体比赛 13 场次，举办健身操培训班 3 期，组织为老人义诊 800 余人次。常青艺术团组建了歌舞分团、豫剧分团、京剧分团，创作编排节目 68 个、演出 57 场，观众 18 万人次。

（杨继超）

【老年文体活动】 2002 年，离退休职工管理处以丰富老年人晚年精神文化生活为目标，坚持定期开展门球、地掷球、乒乓球等小型比赛，围绕重大节日举办文艺演出、社火表演等，共组织体育比赛 380 多场次，举办文艺表演活动 87 场次、观众 1.74 万人次。为了推动群众性文体活动的深入开展，先后组织了“万名老石油奔向新纪元”健身长跑活动；举办了第八届元宵大型灯展，展出各类彩灯 1243 盏、书画宣传和科普展板 100 多块，并演出了 4 场文艺节目，观众近 10 万人次；举办了第三届离退休职工运动会，设立了地掷球、门球、台球、象棋、勾技（扑克）、健身秧歌 6 个比赛项目，全油田共有 14 个代表团、1 万多名离退休人员参加了比赛，有 156 个代表队、1058 名运动员进入决赛。年内，油田先后组织 11 个代表队参加了全国和河南省举办的地掷球、台球、健身秧歌比赛，共获得冠军 5 项、亚军 4 项。

（杨继超）

【关心下一代工作】 截至 2002 年底，全油田共有矿区、教育、公安等关心下一代工作委员会分会 15 个，分会委员 263 人。2002 年，关心下一代工作充分利用清明节、儿童节、党的生日等重大节日和纪念日，积极协助教育等部门开展革命传统、思想道德、法制、网络和暑期社会实践等主题教育活动。同时进一步发挥专业指导组织的作用，不断拓宽教育领域。一是职业指导教育研究会协助有关部门培训待业青年 1000 余名，举办“女工周末学习班” 20 期；二是家长学校教育学会以中小学校为依托，成立家长学校 40 所，年内共举办培训班 50 多期；三是科学育儿教育协会协助各单位计划生育部门举办科学育儿学习班 22 期，直接受教育人数 1500 余人。

（杨继超）

【离退休工作会议】 2002 年 5 月 20 日，中原油田在中原油田文化宫召开了离退休工作会议，总结了离退休职工系统化管理 8 年来的工作和成绩，部署了新体制下离退休工作的任务，明确了“统一领导、分级管理、区别待遇、矿区负责”的管理模式和管理要求。同时，勘探局党委对在离退休工作管理服务岗位上作出突出成绩的 100 名工作人员授予“老龄工作奉献奖”，对在离退休职工管理服务岗位上工作 8 年以上的 64 名工作人员给予了奖励。

（杨继超）

【河南省老年台球运动会在中原油田举行】 2002年9月2—5日，由河南省老年台球队委员会主办、濮阳市新世纪房地产开发有限公司承办的河南省老年台球运动会在中原油田举行，来自全省各地市的36支代表队、180名老年人参加了运动会。经过比赛，中原油田五队、郑州市一队、省直机关联队并列获得二十二彩球英式斯诺克比赛的前二名；中原油田五队、郑州三队获得九球比赛的前二名；河南省黄河河务局队、河南省金融七队获得十六彩球美式普尔比赛的前二名。

（杨继超）

【油田老年地掷球队创佳绩】 2002年9月9—14日，“电业杯”全国老年地掷球大赛在河南省鹤壁市举行，来自全国的35支男、女代表队参加了比赛。通过预赛和复赛，中原油田老年男、女地掷球代表队获得了男子团体冠军、女子团体第三名的佳绩。

（杨继超）

公 共 事 业

【公共事业管理工作概述】 2002年4月，勘探局对公共事业管理处的管理职能及管理范围进行了相应整合。整合后的公共事业管理处主要负责油田基地主次干道、公共场所的环境卫生、绿化美化、公共设施建设、污雨水排放、户外广告建设与管理、新蕾公园、昆吾园经营与管理和油田领导生活区院的物业管理工作。截至2002年底，公共事业管理处共有员工672人。其中全民职工449人，劳务工、集体工223人；大专以上文化程度91人。设有机关部室10个，基层单位16个。2002年，公共事业管理处先后组织力量清掏基地主次干道及生活区污雨水井3480个、污雨水管沟11.67万米，日处理污水3.5万立方米，并开展了油田基地及周边矿区垃圾处理工作、市容市貌的城建监察及油田绿化管理工作。年内，公共事业管理处先后被评为河南省环境卫生先进单位、全国人居环境范例奖立功单位、城市管理先进单位和城市环境卫生先进单位，其下属的城建监察大队连续五年获“河南省优秀城建监察队伍”称号。

（张连峰）

【绿化美化】 2002年，中原油田绿化美化工作继续本着“巩固、改造、完善、提高”的原则，坚持“高起点规划、高标准建设、高水平管理”的指导思想，大力加强绿化建设，逐步形成了以防护林为屏障，以公共绿地建设为龙头，以道路绿化为骨干，以居民小区为重点，以乔、灌、花、草相结合，点、线、面、环相衔接的绿化体系。一是对未名园草坪、模纹进行细致修剪，缩短了冬季休眠期，延长了草坪生长寿命；二是对主次干道、马颊河沿岸的树木、绿篱、黄杨球定期修剪；三是对行道树、花、灌木枯枝、断枝、萌芽、败花败果等随有随清；四是对中原路、胜利路蜀桧、黄杨球、绿篱、龙柏等乔灌木定期冲洗；五是对花草、树木病虫害及时发现、及时防治。年内，组织并参加义务植树活动人数6.7万人次，新种植树木3.8万株、花灌木30万株、草坪3.1万平方米，全油田绿化覆盖率7.6%。

（张连峰）

【城建监察】 2002年，中原油田城建监察工作以“规范、创新、突破”为主线，开展了文明执法竞赛活动。4月，公共事业管理处对城建监察管理体制进行了改革，建立了新的执法机制，将原有的城建监察大队一分为三，成立了3个副科级单位，分别管理油田基地的3个城建监察区域。年内，累计清理各类违章行为8000余起，查处无证施工26起，监督破路施工3000米，查处违章三轮车300余人次，清理小广告800余处计3000余张，治理农贸市场4处。公共事业管理城建监察大队连续5年获“河南省优秀城建监察队伍”称号。

（张连峰）

【污水处理】 中原油田基地污水处理厂始建于1989年，拥有污水提升站8个，设计日处理能力3万立方米，由公共事业管理处负责管理。2002年，污水处理厂充分利用生产间隙，加强设备保养，保证了70余台设备的正常运转和设计处理能力的实现。年内，污水处理排放1010万立方米，污水、污泥处理达标率98%以上。

（张连峰）

【污水处理厂改扩建工程开工】 2002年，油田基地实际污水日处理需求5万立方米，实际处理能力缺口2万立方米以上。为解决这一矛盾，公共事业管理处作为建设单位，投资3800万元，实施了设计污水处理能力4万立方米/天的污水处理厂改扩建工程。工程于4月20日正式开工，由勘探局工程建设总公司承包建设、油田矿区建设工程部实施监理。工程计划于2003

年5月完工,将使油田基地污水处理能力达到7万立方米/日。截至2002年底,污水处理厂改扩建工程的土建、设备安装、工艺管道工程全部完成。

（张连峰）

【"明园"园林化工程】 "明园"位于油田盟城住宅小区,其园林化工程是勘探局在小区建设上投资最大的一项场地绿化工程,总投资424.74万元,由公共事业管理处代表勘探局行使甲方监督管理职权。工程于2002年6月开工建设,土木工程设计建设花岗岩面层场地2286平方米、广场砖园路及场地4120平方米、各类花岗岩边石2800延长米、人行道彩砖685平方米,园林设计包括栽种各类树木1662株、花卉2.88万株、草花1.5万株、草坪1.1万平方米,以及桌、凳、庭院灯、草坪灯、花架、长廊、亭等配套设施。12月,"明园"园林化工程完工并正式投入使用。

（张连峰）

房 产 管 理

【房产管理工作概述】 2002年,中原油田房产管理部门进行了重组。4月,原房产管理处下属的商贸中心、基地土地管理中心下属的地租征收站和南方经济开发中心房产经营部门合并为房产租赁中心,负责油田基地房产的租赁经营业务。原房产管理处商业房开发和租赁经营职能被分离,下属的18个房管所资产、人员整体划归矿区。重组后的房产管理处主要职能是负责住房制度改革的组织实施、住房开发与管理、房屋资产管理、房屋维修管理、住房基金管理、房屋产权产籍管理、房屋装饰装修管理和市政监察管理。2002年,房产管理处完成住房集中出售、调整、分配近2万套;注册成立了新世纪房地产开发公司,并动工兴建了马庄桥商业房开发项目;完成了40余个单位共计8.09亿元房屋资产划转工作,实现房屋使用费收入5763万元;建立了住宅维修基金制度,累计归集房屋维修基金2.36亿元、住房资金4.84亿元、住房公积金2.87亿元,办理公积金支取及抵押贷款1.5亿元;编制完成了对新蕾公园、昆吾园经营与管理工作方案,并接管了油田领导生活区的物业管理工作。房产租赁中心实现房产租赁收入3050万元,确保了国有房产保值增值以及房产效益的最大化。

（赵　东）

【住房建设】 2002年是中原油田住房建设规模最大、投资总额最多的一年。勘探局审定下达的经济适用住房建设计划共240栋7454套,建设区域主要分布在世纪景苑、滨河花园、盟东小区、盟北小区、天运小区、建工南区、濮河里、建设新村等14个小区,总建筑面积69.98万平方米,计划投资总额4.59亿元。按照适度超前的原则,全部新建住房的房型、结构、面积、设计标准和使用功能均比以往有显著改进和提高,其中80平方米以上大户型占新建住房总数的80%以上。2002年,为保证住房建设计划的实施,房产管理处采取了四项措施:一是及时与地方主管部门协调联系,办理了各类工程建设规划批复手续和相关审批证件,为工程建设及时开工创造条件;二是完成了世纪景苑、添运小区等10多个小区内500多家住户和20多家生产厂点的拆迁安置工作;三是抓好施工协调监管工作,组织召开了各建设区域工地会议,保证施工顺利进行;四是推行项目管理制,采取派驻甲方代表的方式,加强施工现场监管,认真审查确认工程设计变更和工作量签认,确保工程按期完工和质量合格。年内,各建设区域全面动工,施工进展顺利。

（赵　东）

【住房出售分配工作】 2002年,中原油田直接参与申报购调房家庭近3万户。面对职工改善居住条件的迫切愿望、区域分调房矛盾突出的实际,房产管理处在售房方案中,扩大了售房范围,放宽了申报条件,提高了申购标准,调整改变了选房办法,增加了优秀人才选房和外围职工回迁购房的规定条款。为确保售房实施工作的成功,房产管理处以公开、公平、公正为原则,加强舆论宣传和政策解释工作,编写了《售房实施工作宣传提纲》和《文件汇编》,并印制4万余册发放到每一名申报购房住户手中;召开勘探局售房实施工作动员大会,设立售房咨询电话,安排专门人员负责受理群众咨询;制定了《售房实施工作运行程序》,下发了《关于经济适用住房出售工作有关问题的补充规定》、《关于做好申报经济适用住房资格审查工作的通知》等相关政策规定,做好从申报登记、资格审查、微机录入、计分排序、张榜公布到公开选房各环节的操作实施工作。截至2002年6月底,共有20195户家庭经过185场次的现场公开选房,购买到了经济适用住房,所有房源落实到户。

（赵　东）

【住房公积金管理】 房产管理处住房公积金管理中心负责中原油田8.9万名各类员工的住房公积金缴交、入账、支取、计息和贷款核算等工作。2002年,为配合年度售房实施工作的开展，中原油田调整了住房公积金贷款政策，贷款额度由60%提高到80%；延长了贷款期限，最长贷款期可达20年；允许职工预付房款时贷款，结算房款时仍可贷款；允许贷款人、担保人在提取住房公积金后，仍可办理贷款业务；简化贷款审批手续和办理环节，提高员工购房支付能力。为提高公积金规范化管理水平，开发新的住房公积金管理系统软件，提高了公积金数据管理的安全性和稳定性。为加强公积金监管工作，对个人公积金语音电话查询系统进行升级，向各单位发放公积金对账单据，并通过《中原石油报》向社会公布公积金归集、使用情况，提高了公积金管理工作透明度。年内，累计归集住房公积金2.87亿元，累计归集余额7.68亿元；办理公积金支取1.32亿元，办理公积金贷款349.3万元。

（赵　东）

【房屋资产管理】　2002年，根据勘探局房产管理体制改革和机构重组整合的统一部署，房产管理处向40多个二级单位划转了价值8.09亿元的房屋资产，并对改革后留存的5.8亿元存量房屋资产，开展了盘查清理工作。严格实行房屋有偿使用制度，累计收取房屋有偿使用费5763万元；组织人员对油田外单位长期占用油田房屋情况进行了调查摸底和统计汇总，收回油田外部单位及个体商户无偿使用的各类房屋37间，面积1110平方米。年内，共为21家单位调剂办公用房64728平方米。

（赵　东）

【新世纪房地产开发公司成立】　2002年9月19日，房产管理处在濮阳市工商局注册成立了濮阳市新世纪房地产开发有限公司(以下简称“新世纪公司”)，注册资本200万元，标志着中原油田商品房开发工作正式起步。9月30日，新世纪公司获河南省建设厅颁发的临时资质，公司经营范围包括房地产开发、物业管理、房屋维修、建筑材料及装饰装修等。10月25日，由新世纪公司首批开发的马庄桥商业房项目开工建设，预算投资800万元，建筑面积6700平方米，设计房型单元44套82间。12月，新世纪公司成为中国房地产协会会员单位。

（赵　东）

【房产租赁中心成立】　为适应房产体制改革需要，中原油田于2002年4月成立了房产租赁中心，主要负责基地商业出租房和改制企业商用、生产、办公、仓储房屋的专业化管理工作。2002年，房产租赁中心共清查固定资产608项，落实了全部房屋资产数据和坐落位置；投入房屋维修费用350万元，工程验收合格率100%；查出各类安全隐患354处，现场整改309处，拆除违章电源插座和闸刀30多个，掐除私拉乱接电线400米，下发整改通知书46份，复查合格率98%以上。同时，为了提高租金的回收率，房产租赁中心规范了租赁合同文本，采取“竞价出租、先交后租、堵塞漏租、挖潜增租、依法收租”的租金征收办法，对于不能按时缴纳租金的经营者，下发催缴通知书，对逾期仍不缴纳租金的经营者，及时向司法机关提起诉讼。截至2002年底，依法提起诉讼5起，挽回经济损失44万元。

（刘青山）

矿区管理

【矿区管理工作概述】　2002年4月，勘探局在原有的15个矿区管理委员会和21个物业管理处的基础上，将基层的各社会化服务单位合并，成立了13个矿区，各矿区机关设有主任办公室、党委办公室、生产协调科、计划经营科、人力资源科、财务资产科、群工部、武装部、计划生育办公室等科室；矿区下设环卫绿化、综合维修、治安保卫、房产管理、液化气服务、多种经营开发、离退休职工管理、文体活动、劳动就业、便民服务、居委会等三四级直属单位。至年底，全局各矿区共有员工8419人(含劳务工、集体工)；设有三级党委30个、党总支14个、基层党支部600个、党员18814人，其中离退休、协解职工党员15464人；居民家庭约8.2万户、居民23万人。

2002年，各矿区围绕油田工作的中心任务，发挥新型矿区的职能作用，共协调和解决矿区内各类矛盾和问题800多件次，调查、督促和落实勘探局、分公司、局党委有关事项300多件次，组织4万人次参加社会化服务质量考核工作，化解家庭矛盾2000多人次。严密控制“法轮功”练习者动向，维护油田的稳定；全面加强矿区基层班子、基础资料、基础设施建设，职工持证上岗率大幅度提高；切实搞好环境工程建设工作，提高小区环境档次，为濮阳市2002年获得“国际花园城市铜牌奖”作出了贡献；以“四个一”工程为载体，开展文化进小区和群众性体育活动，举办大型文艺活动，推进矿区精神文明建设；扶持弱势群体，开展帮扶活动，成立关心下一代工作委员会组织，通过开办就业技能培训班、提供就业信息服务、推荐就业单位等形式，为待业子女提供就业服务；加强离退休职工管理和计划生育工作,层层分解目标责任;在各矿区成立了13个民兵团,其中第十一矿区、第十三矿区按照濮阳军分区的要求,分别组建濮阳军分区预备役防化团运输连和警通连,并顺利通过验收。年内各矿区全部实现收支平衡。

(刘献功)

【矿区管理体制改革】 2002年4月,勘探局出台了《矿区管理体制和机构设置调整方案》,以优化配置为原则,采取属地管理、以块为主、条块结合的管理方式,对矿区管理体制进行了整合,在原有的15个矿区管理委员会的基础上,成立了13个矿区,将油田的服务、教育、稳定、文化、计划生育、环境、保障、卫生、就业、武装、党建、资产管理等12项社会化职能统一管理,具有社会化服务和经营两方面的职能。体制改革后,矿区按企业模式进行管理,以发展矿区经济为中心,确保矿区稳定为重点,建立经营与服务有机结合的管理体制和运行机制,有效整合和利用矿区资源,追求最大经济效益,实现了"以区养区、以业养业、自主经营、自我发展"的目标。

(刘献功)

【第一矿区】 中原石油勘探局第一矿区位于河南省濮阳县文留镇花园村。2002年4月,由原第一矿区管理委员会、物业管理一处、纪检一室、离退休职工管理一站和文化站整合成立,属勘探局正处级事业单位。截至2002年底,第一矿区共有员工288人,其中全民合同制职工163人、劳务合同工76人、集体工45人;设有8个机关科室和8个基层单位,主要负责辖区内的物业管理、教育、文化和稳定等工作。辖区总面积135万平方米,环卫清扫面积47.7万平方米,绿化养护面积18.9万平方米,常住居民3134户1.8万人、住宅楼183栋。拥有固定资产原值538.01万元、净值338.6万元。

2002年,第一矿区按照勘探局确定的"企业化经营、社会化服务、市场化运作"的整体要求,内抓管理,外创市场,完成了与勘探局签订的经营承包指标。(1)小区建设。新建1300平方米花岗岩广场1个、360平方米彩色步砖小广场1个,铺设彩色步行砖3750平方米,修复破损路沿石1400米,新铺楼间地面2100平方米,新修垃圾收集房2座,完成了"改造一园一路、完善两个小区"的目标。(2)绿化工作。新植14个品种的草花2.4万平方米,新植草坪600平方米,新种优良树木230棵,开辟苗圃2处,新育苗木8000株,达到了绿美并举。(3)外创市场。通过委托服务和外揽工程,在外部市场实现利润150万元,弥补了经费的不足。年内矿区实现经营收入1757.13万元,审定利润1.85万元。

(冉怀英)

【第二矿区】 中原石油勘探局第二矿区位于河南省濮阳市范县濮城镇军寨村南1500米处,负责濮城油田的矿区管理。2002年4月,由原第二矿区管理委员会、物业管理二处、纪检二室、房产管理二所、离退休职工管理二站等单位合并而成,属勘探局正处级事业单位。截至2002年底,第二矿区共有员工289人,其中全民合同制职工180人,专业技术人员47人;设有8个机关部(室)、7个三级单位和2个直属四级单位。主要职能是对矿区内14个居民生活区和6个生产区进行物业管理和协调服务,并负责辖区内2085名离(退)休职工和607名协议解除劳动合同人员、540名职工待业子女、264名失业人员的管理工作。辖区总面积133万平方米,环卫清扫面积65.1万平方米,绿化养护面积55.3万平方米。常住居民5600户1.6万人、居民住宅楼129栋、平房133栋和沿街商用房9000平方米。拥有环卫、绿化、维修、排污、运输等生产设备78台(套),各类设备完好率98%,综合利用率80%。固定资产原值1633.9万元、净值1057.5万元。

2002年,第二矿区围绕勘探局的工作部署,以"服从和服务于油田经济建设,努力满足职工家属的生活需要"为工作目标,坚持"自谋出路、自主经营、自求生存、自我发展"的经营理念,落实各项考核制度,实施"成本倒算"资金预算管理,加强了员工的技术培训和人力资源的合理配置,全面推行HSE管理体系,便于油气主业开展委托服务,各项经营承包指标均得到落实。年内累计环卫清扫面积23761.5万平方米,垃圾清运1.9万立方米;自育花苗2万余株,新增绿化面积4752平方米,绿化覆盖面积35%;污水排放225.7万立方米,疏通下水管线3.1万米,铺设步砖1.1万平方米,完成房屋维修项目20余项,完成维修资金44万元;出售新建住宅150余套、旧房300余套、计划房800余套。在成本承包指标下调30%的情况下,实现盈利2.16万元。2002年,第二矿区共获勘探局表彰8项,其管理的小区被评为河南省优秀居民住宅小区和濮阳市安全文明小区。

(侯兆卫)

【第三矿区】 中原石油勘探局第三矿区地处山东、河南两省交界地,东临山东省莘县古云镇约3000米,南距濮台公路小集路口4000米。2002年4月，由原第三矿区管理委员会、物业管理三处、纪检监察三室、房产三所、离退休职工管理三站等单位合并组建而成，属勘探局正处级事业单位。截至2002年底，第三矿区共有员工297人，其中全民合同制职工139人；设有9个机关科室和10个基层单位。主要承担着辖区内20个企事业单位和整个文卫小区的环卫、绿化、保安、公共设施、文体设施的维护管理以及各项委托服务工作，并负责辖区内126名失业人员、253名退养人员、540名退休职工、617名退休集体工、268名协议解除劳动合同职工和288名待业人员的管理工作。辖区总面积71.36万平方米，环卫清扫面积57万平方米，绿化面积43万平方米，绿化覆盖率60.4%，常住居民3208户1.34万人。拥有固定资产原值877.21万元、净值589.06万元。

2002年，第三矿区以“内抓管理挖潜节支、外闯市场创效增收”为工作主线，在承包费用减少26.43%的情况下，实现产值1909万元，实现内部考核利润11.52万元，全面完成勘探局下达的经营承包指标。(1)物业管理。新栽苗木38个品种3.2万株，自育草花2万盆，新增绿化面积2.64万平方米，平整场地1.8万平方米，外运生活垃圾4350立方米，清理建筑垃圾4827立方米，清掏污水沟3600米，消杀打药2.4吨。(2)人员管理。年内共有31名管理干部参加了勘探局的培训，有22名保安人员参加了勘探局保安培训班；组织绿化工业务知识学习260课时，培训人员52人次。(3)经营创效。实现了由社会服务向经营服务的企业模式转变，先后承揽了外围单位环卫绿化服务、公寓管理、边缘井看护、门卫保安、土建工程、房屋维修等服务项目，并开发了房屋租赁、沿街商品房、餐饮、维修等创收项目，对外承揽大小工程58项，创产值968万元。2002年，第三矿区被评为河南省省级卫生先进单位和中原石油勘探局企业管理先进单位。

（李志刚）

【第四矿区】 中原石油勘探局第四矿区位于河南省濮阳县徐镇乡北2千米处。2002年4月15日，由原第四矿区管理委员会、物业管理四处、纪检四室、离退休职工管理四站、第四房管所等5个单位合并成立，同时加挂“第四物业管理处”的牌子，属勘探局正处级事业单位。截至2002年底，第四矿区共有员工280人，其中全民合同制职工187人；设有9个机关科室和11个基层单位。主要承担着采油四厂基地院内的物业管理、绿化养护等多项社会化服务项目以及辖区的住宅、文化体育、离退休职工管理、计划生育等管理工作，同时负责403名离退休职工、294名待业青年和125名协解人员的管理工作。辖区总面积95万平方米，环卫面积52.63万平方米，绿化面积19.94万平方米，绿化覆盖率38%，常住居民2475户8231人。拥有固定资产原值1435.86万元、净值1088.98万元。

2002年，第四矿区以“服务求优、管理求新、效益求佳、小区求稳”为目标，突出行业特色，加强管理，实现了社会效益与经济效益同步提高的战略目标。年内累计创收1504.23万元，人均创收8.04万元，成本支出1493.25万元，实现盈利10.98万元，超额完成了勘探局下达的各项生产经营和服务指标。(1)以“建章立制、狠抓落实”为手段，做到了“三个到位”。即各基层班子和职工队伍配备到位，各项业务和各项资产交接到位，各项工作不留空档开展到位。先后从社会化服务考核、经营管理、人力资源管理等32个方面建立规章制度59种。(2)以“发挥专业优势、挖掘生存之源”为依托，一手抓服务质量，一手抓多种经营，拓展了创收渠道。一是对外承揽各项工程项目，累计创收524万元；二是通过挖掘油气主业单位潜在的服务需求，开展委托服务，创收380万元；三是充分发挥便民服务站的职能作用，不断拓展便民服务范围，年内共开展各类服务36171户(人)次，累计创收9万余元；四是加强小区商业用房的管理。(3)以“关爱小区、造福居民”为己任，繁荣矿区文化。抓好游泳池改造工程、老点商饮街工程、新点停车场搬迁、改造工程和离退休职工管理站休闲花园改造工程等四大民心工程，为稳定一线职工队伍发挥了积极作用。

（马进峰）

【第五矿区】 中原石油勘探局第五矿区位于河南省濮阳市东环路采油五厂基地院内。2002年4月22日，由原第五矿区管理委员会、物业管理五处、纪检五室、房产管理五所、离退休职工管理五站合并重组而成，属勘探局正处级事业单位。截至2002年底，第五矿区共有员工139人，其中全民合同制职工95人、集体工9人、劳务合同工35人；下设6个机关职能科室和11个基层单位。主要承担着采油五厂基地院内的环卫清扫、绿化养护、污水处理、治安保卫、便民服务等多项社会化服务项目以及矿区内的住宅、文化活动场所、计划生育、居民共建文明矿区管理工作，同时负责904名离退休职工、83名失业人员、282名退休集体工、328名协议解除劳动合同职工、159名待业人员和23个特困户的服务工作。辖区总面积71.36万平方米，环卫清扫面积57万平方米，绿化面积43万平方米，绿化覆盖率60.4%，常住居民2177户6799人。拥有固定资产原值1562.68万元、净值1133.84万元。

2002年,第五矿区面对勘探局压缩投资、内部市场竞争激烈、各项工作量大幅度减少的严峻形势,积极做好矿区内的物业管理、多种经营和增收节支工作,实现收入774.04万元,创利润3.95万元,全面完成了与勘探局签订的各项承包任务指标。实行班组核算和限额领料制度,开展修旧利废和增收节支活动;开拓外部市场,承揽了采油五厂、房产管理处、供应处等单位绿化美化、基建维修、运送垃圾和屋面防水等工程;以营造优美、舒适、安全、文明的生活小区为目标,实施精品战略,环境治理成绩显著。年内,第五矿区被勘探局评为环保达标单位和信访工作先进单位。

(王文东)

【第六矿区】 中原石油勘探局第六矿区地处黄河南岸,山东省东明县境内。2002年4月,由原第六矿区管理委员会、物业管理六处、纪检六室、房产管理六所、离退休职工管理六站等单位合并而成,属勘探局正处级事业单位。截至2002年底,第六矿区共有员工271人,其中管理人员46人、专业技术人员25人;下设6个机关科室和10个三级单位。主要担负着辖区内采油六厂等2个油田直属二级单位和14个专业化管理单位的分支机构以及明苑、祥苑、柳苑3个生活小区的环卫绿化、基建维修、公共设施管理、武装保安、计划生育、离退休职工管理、特殊人群管理、居民水电暖和液化气供应服务、计量收费和矿区的稳定工作。辖区总面积104万平方米,环卫面积44.53万平方米,绿化面积17.6万平方米,绿化覆盖率46%;常住居民2500余户近9000人,其中离退休人员1222人、退养和协议解除劳动合同人员511人、待业人员461人。拥有固定资产原值2250万元、净值1583万元。

2002年,第六矿区完成了各项工作任务。(1)拓展创收渠道。在勘探局补贴减少30%的情况下,积极开发花卉产业,建成花卉培育塑料大棚20个,年产花卉16万盆,创收40余万元;针对黄河南土壤含碱度高、地表层都为沙土地的地貌特点,利用大棚闲置的空地种植了2300多棵适合生长的优质银杏树和冬枣树,年创产值150万元。(2)加强员工培训。有69名操作人员参加了技能鉴定,及格率96%,员工持双证率62%。(3)供水管理工作。年内累计完成供水量90.1万立方米,水费回收率100%,收缴水费220.78万元。(4)供热服务。坚持科学供热,实现炉渣二次返烧,并组织人员查处了私接放水头和私拉乱接热水管线等行为。(5)加强对特殊人群的管理。矿区年内未发生一起集体上访事件和刑事案件,未出现一起原法轮功练习人员的反弹现象。

(郭艳秋)

【第七矿区】 中原石油勘探局第七矿区位于河南省濮阳县和清丰县交界处的马庄桥镇。2002年4月,由原第六矿区管理委员会、物业管理六处、纪检六室、房产管理六所、离退休职工管理六站等单位合并成立,属勘探局正处级事业单位。基地始建于1978年,属中原油田建设最早的钻井生活基地。截至2002年底,第七矿区共有员工396人,其中全民合同制职工225人、劳务用工171人;下设11个机关科室和11个基层单位。辖区内共有主业单位及专业化管理下属单位21个,所辖生活小区6个。辖区总面积143.15万平方米,环卫面积84.7万平方米,绿化面积33.88万平方米。共有常住居民4560户1.45万人,其中离退休职工及协议解除劳动合同人员4720人。主要承担物业管理、房屋维修、矿区教育、矿区服务、稳定工作、文化活动、矿区武装、党建、资产、计划生育管理、离退休职工管理、居民服务、劳动就业、液化气供应等工作。拥有固定资产原值1488.3万元、净值732.9万元。

2002年,第七矿区管理与服务实现了年度工作目标。(1)坚持一日两扫、全天保洁,在委托服务中,为主业单位提供从设计到管理的系列服务方案,设立"440"服务热线,成立便民服务站,提高了整体服务水平。(2)环境改造。以加强老区改造、提高新区起点为主线,实施了"3321"环境改造工程。年内深翻整平裸露地3.2万平方米,清理生活、矿建垃圾3900立方米,硬化地面8000平方米,修建花池152个,植树610棵,培育苗木花卉10万余株,栽绿篱790延长米,新增绿化面积1.9万平方米,小区绿化覆盖率40.1%。(3)综合治理。建立了保安大队、警务区、派出所、居民委员会四位一体的治安防范网络,完善了综合治理责、权、利相结合的管理机制,共制止车辆乱停乱行2000余台次,做好事200多件,为群众挽回经济损失2万余元。(4)多种经营。开展劳务输出、委托服务和出租沿街房等,实现创收928.82万元。(5)计划生育管理和武装工作。与辖区内各单位签订目标管理责任书,完善计划生育各项规章制度,规范了26项计划生育基础台账,在全局计划生育系统首先建立了计划生育工作软件共享和矿区楼栋长网络,全面推行网络化管理;健全了民兵组织,参加了油田民兵集体训练和防洪抢险训练,制定了《退伍军人待分配期间管理规定》,并为国家输送入伍青年15名。2002年,第七矿区获河南省"婚育新风进万家"称号;被濮阳市军分区评为国防教育先进单位；在勘探局社会化考核、精神文明建设考核、计划生育工作考核中均获第一名；被勘探局评为效能监察工作先进集体和矿区武装军事训练优胜单位。

（刘立才　申传高）

【第八矿区】　中原石油勘探局第八矿区位于河南省兰考县城北3000米处。2002年4月，由原物业管理八处、第八矿区管理委员会、第十离退休职工管理站、纪检监察八室、第八房产管理所和第四液化气站等单位合并成立，加挂“中原石油勘探局第八物业管理处”的牌子，属勘探局正处级事业单位。截至2002年底，第八矿区共有员工545人，下设7个机关科室和15个基层单位。主要承担着兰考石油基地的水电暖和液化气供应、环卫绿化、物业维修、小区保安及矿区稳定、离退休职工管理、文体活动管理、房产管理、劳动就业管理、计划生育管理等任务。辖区内有钻井三公司、试采一处等19个油气生产和服务单位。辖区总面积177万平方米，环卫清扫面积92万平方米，绿化面积87万平方米，绿化覆盖率45%，常住居民4312余户1.66万人。拥有固定资产原值3827.5万元、净值2236.17万元。

2002年，第八矿区继续开展基础设施改造和环境工程建设，实现收入4116.14万元，实现利润13.73万元，完成了“收支相抵、略有盈余”的经营目标。(1)基础设施改造。更新给排水设备，进行供水自动化改造；改造高低压电缆4860米，低压配电控制室3座，安装PGL－28型自动控制屏6面，实现了基地路灯“隔一亮一”智能化控制；供暖管网保温防腐1110米，住宅管线更换PPR管线4530米，使管线跑、冒、滴、漏现象减少了30%；更换液化气管道340米。(2)矿区环境工程建设。种植各类花木41200株，居民区更换麦冬、红花酢浆草及各类草花1.1万平方米，主干道硬化改造铺设亮步砖6900平方米、青石路1780米、小波浪砖1750米，新装飞碟式路灯35套；累计完成路面保洁6.7亿平方米、清运生活垃圾4000吨，新建成1座长200米、宽60米、深5米的垃圾场。(3)稳定工作。建立特殊人群基本情况信息库，加强人员管理，开展了小区综合治理专项整治。(4)发挥矿区职能。做好3000名离退休职工管理工作，开展了环境改造、敬老互助、文体娱乐和送暖解困等四大工程，组建了中原油田老年大学分校；成立矿区文体协会，组织了“周末广场舞会”、“迎新春”茶话歌舞晚会等大型文体活动；搞好计划生育服务，将在外地的协议解除劳动合同人员纳入矿区计生管理网络，晚婚率达到100%；组建矿区民兵团，做好2002年兵役登记工作，输送5名青年服役，年内慰问军、烈属23户和现役军人22名；为矿区内72名职工子女办理或换发了劳动证，向辖区生产单位推荐就业81人。2002年，第八矿区被勘探局党委、勘探局命名为优胜单位，被勘探局评为安全生产先进单位。

（范长建）

【第九矿区】　中原石油勘探局第九矿区位于河南省清丰县瓦屋头镇。2002年4月，由原第九矿区管理委员会、物业九处、供气三大队、会计九处、纪监九室、离退休职工管理十一站、房管九所7个单位合并而成，属勘探局事业单位。截至2002年底，第九矿区共有员工201人，下设6个科室和6个基层队(站)。主要承担着物业管理、房屋维修、矿区教育、矿区服务、稳定工作、文化活动、矿区武装、党建、资产、计划生育管理、离退休职工管理、居民服务、劳动就业、液化气供应等工作。辖区内共有主业单位及专业化管理下属单位21个、生活小区1个，总面积85万平方米，环卫面积43.33万平方米，绿化面积20.6万平方米，常住居民2913户1万人。拥有固定资产原值805.52万元、净值540.69万元。

2002年，第九矿区为提高小区物业管理水平，实行“一业为主、多种经营”，开展了房屋维修、房屋租赁等便民有偿服务，完成了生产经营和精神文明建设工作指标。(1)物业管理。房屋完好率100%，小区内公共配套服务设施完好，有32座垃圾房实现了一日两扫、全天保洁，小区绿化覆盖率45%。(2)社区服务。开展多样的社区活动和举办各种文体活动，加强物业职工队伍职业道德建设，对小区内的军烈属、孤寡老人、残疾人、困难家庭提供特殊服务，定期走访、慰问，服务到户，居民满意率98%。(3)环境治理。治理了影响环境的经营摊点，修建了1座停车场，解决了车辆乱停乱放问题。年内共清理乱搭乱建20多处，治理乱贴小广告600余处，换污水管线400米，修沉井8口，平整场地3562平方米，清除杂草1万平方米，修补花池24处，换沟盖板215块，办公区和住宅区的环境进一步改善。(4)离退休职工管理。成立离退休职工党支部21个，文体协会16个，加强了矿区稳定建设。

（周游清）

【第十矿区】　中原石油勘探局第十矿区位于河南省濮阳县柳屯镇北侧5000米处。2002年4月13日，由原物业管理十处、物业管理十二处、第十矿区管理委员会等9个单位合并而成，属勘探局正处级事业单位。截至2002年底,第十矿区共有员工486人,设有10个机关科室和14个基层单位。主要担负着物业管理、社会教育、社会稳定、文化建设、环境建设、社会保障、计划生育、劳动就业、民兵武装、党组织建设、矿区资产管理11项职能。辖区内有企事业单位36个、生活小区5个,总面积122.67万平方米,绿化面积45万平方米,环卫面积80万平方米,常住居民5240户2.1万人。拥有固定资产原值3731.49万元、净值2562.96万元。

2002年,第十矿区以"四基"建设为契机,加强经营管理,实现了收支平衡,盈利1.03万元。承揽了主业基建工程维修、房屋防水等21项工程,围绕居民开展便民便利家政服务、花卉出租服务,实现了以区养区、以业养业的目标;提升小区公共设施功能,分别投资300万元、150万元、53万元进行了天然小区基础设施改造、常青小区工人俱乐部、小区路灯改造以及柳香小区楼间绿化,并投资30万元建设了小区健身广场,公共设施维修率98%;以社会稳定为重点,以文化建设为纽带,开展"四进社区"活动,促进了精神文明建设的发展。年内,共组织2600人次清掏污雨水沟1.86万延长米,清除污泥2250立方米,清运垃圾9125立方米,平整绿化用地1.82万平方米,新植16个品种树木8180株,种植花卉84个品种8200株,新植草坪1.7万平方米,绿化覆盖率比2001年同期增长4.27%,绿化覆盖率39.86%。2002年,第十矿区被勘探局、局党委授予"安全生产先进单位"、"财务管理先进单位"、"信访工作先进单位"称号,并获得勘探局2002年度环境工程大检查第一名。

(张柏林)

【第十一矿区】 中原石油勘探局第十一矿区机关位于河南省濮阳市胜利路中段运输处写字楼西端。2002年4月,由原物业十三处、物业十五处、物业二十一处等34个社会化服务基层单位整合成立,属勘探局事业单位。截至2002年底,第十一矿区共有员工1148人。主要担负着物业管理、社会教育、社会稳定、文化建设、环境建设、社会保障、计划生育、劳动就业、民兵武装、党组织建设、矿区资产管理11项职能。所辖区域为中原油田基地马颊河以西、京开路以东、黄河路以南和物资供应处、特车修造总厂以北,总面积515.5万平方米,环卫面积481.1万平方米,绿化面积149.26万平方米,小区绿化覆盖率86.7%。辖区内有物资供应处、运输处等12个生产主业单位、10个居民小区以及学校、医院、派出所等社会化服务单位23个以及供水、供电、供暖、通讯等分支机构;共有居民住宅楼430栋,平房190栋,居民总户数1.56万户,常住人口5.11万人,是勘探局最大的一个矿区。拥有固定资产原值4008.84万元、净值2688.92万元。

2002年,第十一矿区坚持以稳定为重点、以效益为中心,用新思路建设新型矿区,探索矿区新的管理模式,开创了矿区发展的新局面。(1)创新小区管理机制。在10个居民小区成立了10个综合型居民管理委员会,综合行使原离退休职工管理站、文体站、居委会职能,实现了人力资源、办公场所、办公机具、活动器材等的统一集中管理,提高了工作效率和服务质量。同时,撤销了3个房管所,成立了房产管理科,使房屋管理更贴近小区,贴近居民。(2)提高服务管理水平。建立了值班联动机制,在10个居民小区和矿区机关设立了11部"440"热线值班电话,实行了24小时全天候值班制度,形成了覆盖面广、信息灵通、反应快捷的居民管理服务网络。(3)多种经营。通过房屋租赁、劳务输出等多渠道创收,实现多种经营收入168.7万元。(4)环境治理。通过"区块承包、分级负责、日产日清、全天保洁"提高小区环境卫生水平,共组织460人次、清除污泥1.64万立方米,新植树木5种5000株、花卉2.3万株、草坪340平方米,日清理垃圾957立方米。

(马文岭)

【第十二矿区】 中原石油勘探局第十二矿区机关位于河南省濮阳市中原路东段37号。2002年4月,由原第十七矿区管理委员会、物业管理十八处(大部分)、物业管理十七处、物业管理十九处、液化气服务中心机关、液化气供气二大队、液化气供气三大队、十七房管所、十八房管所、文体活动十三站、文体活动二十三站,以及光明离退休职工管理站等8个离退休职工管理站、2个液化气大队、13个居委会和多元开发中心、劳动就业站、综合服务站等31个基层单位合并组建而成,属勘探局事业单位。截至2002年底,第十二矿区共有员工1134人,其中全民职工883人,劳务工和集体工251人。所辖区域包括中原油田基地马颊河以东、黄河路以北,共有居民小区18个、副处级以上单位25个、科级单位21个、规范改制单位20个、专业化管理下属单位137个,总面积600万平方米,常住居民1.55万户5.3万人。主要负责物业管理、离退休职工管理、房产管理、液化气管理、劳动就业、武装保卫、文化体育、多元开发、计划生育以及辖区单位的稳定和协调工作。拥有固定资产原值2059万元、净值966万元。

2002年,第十二矿区围绕"一手抓生产经营、提高服务质量，一手抓治理整顿、促进矿区稳定”的中心工作，全面完成了勘探局下达的各项经营指标和承包任务。完善经营体制，加强预算管理，共节约各类成本120多万元；制定安全生产、环境保护、消防管理、交通管理、职业病防治等一系列规章制度，共查处各类事故隐患102个，实现了全年安全生产无事故；开展多种经营，创收645万元；生产经营收入5815万元，完成年计划的101.4%，收支相抵后盈利6万元。

（東绍俊　李　东）

【第十三矿区】　中原石油勘探局第十三矿区机关位于河南省濮阳市长庆北段钻井二公司院内。2002年4月13日，由原第十四矿区管理委员会、皇甫矿区管理委员会、物业管理十四处、物业管理十六处、物业管理十八处（部分）、物业管理十九处、物业管理二十一处以及2个文体站、2个房管所、4个离退休职工管理站、5个液化气服务单位合并组建而成，属勘探局正处级事业单位。截至2002年底，第十三矿区共有员工857人，其中全民合同工561人、劳务合同工296人；下设11个机关科室、17个基层单位、6个居委会。其具有物业管理、离退休职工管理、文体活动服务、液化气供应、房产管理、生活小区管理和服务等职能，担负着5650名离退休人员、1016名失业集体工、2101名家属的管理工作。管辖范围包括黄河路以北、马颊河支流以西地区和皇甫生活小区，总面积405.61万平方米。辖区内有二级单位18个、规范改制单位15个、生活小区8个，居民9853户4.5万人，住宅楼413栋。环卫面积155.3万平方米，可绿化面积70.6万平方米，绿地面积60万平方米，绿化覆盖率87%。拥有固定资产原值9004.94万元、净值5075.84万元。

2002年，第十三矿区围绕服务油田主业开展工作，全面完成了各项工作任务。(1)社会治安综合治理。制定了《第十三矿区2002年社会综合治理工作实施意见》、《第十三矿区综合治理承包考核细则》，对综合治理工作提出了明确的目标和要求，把综合治理工作与单位和个人的经济利益挂钩，使矿区内整体治安形势得到改善。(2)武装工作。一是建立健全民兵组织，在摸清基层民兵、普通民兵底数的基础上，成立了民兵团，下设3个民兵营、4个专业分队，并组织民兵参加了油田组织的训练；二是完成好看护油田武器库的任务，确保了武器库的安全及武器使用的万无一失。第十三矿区被济南军区评为武装部基层基础建设达标单位。(3)职工培训。年内组织班组长培训44人次，组织工人岗位技能培训4期160人次，工人持证上岗率75.8%，其中持双证上岗率24.8%。(4)小区管理。在各小区维修路沿石、步行砖，更换宣传栏、指示牌，硬化地面，开辟居民活动场所，清除环卫、绿化死角，进一步提高小区管理水平。2002年8月，由第十三矿区管理的登月小区受到了国际花园城市协会秘书长阿兰·史密斯先生的称赞。

（黄雪梅）

优秀住宅小区选介

【盟城小区】　盟城小区位于河南省濮阳市市区中心，南依濮水，西望戚邑，北靠蒯馈遗址，总占地面积29.3万平方米，建筑面积23.7万平方米，由中原石油勘探局第十一矿区负责管理。盟城小区始建于1995年11月，设有红梅、龙祥、古城、新盟、鹿原、桑濮、和平等7个“里”，是中原油田为改善一线离退休职工生活居住环境专门兴建的大型安居工程之一。截至2002年底，小区共有居民住宅楼128栋，其中已投入使用的111栋、正在建设的17栋；共有居民3266户，常住人口1.13万人。拥有公共设施和场所134处，占地面积5.8万平方米。

1996年以来，盟城小区采取因地造绿、见空插绿、拆墙透绿等措施，以绿造景，种植了高杆女贞、栾树、银杏、合欢、黑槐等多种树种，使小区一路一景、一处一景、里里不同、草木各异，呈现出绿草鲜花相互映衬，春季繁花似锦，夏天一片绿荫，秋日景色怡人，冬天绿意盎然的景色。小区设有专门的管理委员会，成立了棋、牌、音乐、舞蹈、门球、台球、钓鱼等12个协会，居民整体素质和生活质量不断提高。2002年，盟城小区被中央文明委、国家民政部评为全国创建文明社区示范点，并接待了全国110个团体1500多人次的参观。

（马文岭）

【文卫小区】　文卫小区位于山东省莘县古云镇与河南省清丰县瓦屋头镇交界地，始建于1984年，分为河东小区、河西小区及炼化小区3个区，由中原石油勘探局物业管理三处负责管理，2002年4月改由第三矿区管理。小区占地面积71.36万平方米，建筑面积17万平方米，环卫面积51万平方米，共有入住居民3208户1.3万人。截至2002年底，小区内各种乔、花、灌木共有71个品种，其中乔木2.17万棵、花灌木20多万株、草坪7个品种7.3万平方米，可绿化面积50.4万平方米，公园面积6.2万平方米，水面绿化面积1.12万平方米，绿化覆盖率60.3%，人均绿化面积40平方米。几年来,为了提高文卫小区环境档次,实施了绿化美化及基础设施改造工程。一是对俱乐部广场和同乐园进行整修改建,在俱乐部广场建起了喷泉、4组立式和地面彩灯以及1个高架照明灯等配套设施,并对同乐园进行了恢复修整,对园内绿化、仿古建筑、喷泉、灯饰进行维修,突出了小区休闲功能;二是对河西运动场进行配套设施建设,修建足球场、篮球场、羽毛球场、地掷球场、门球场和乒乓球场,添置20多套健身器材,满足居民健身运动的需要;三是改造小区内的徒骇河,实现排污和河水分流,在沿河地带建成一个曲间小道贯穿其中,设有石桌、石凳、花灌木点缀的2.1万平方米的沿河公园;并建立了一个集南北方树种面积1.9万平方米的植物园,形成了园林式景观。文卫小区先后被濮阳市和河南省评为卫生先进单位、花园式先进单位、安全文明小区,被石化集团公司评为优秀管理住宅小区,并连续六年被勘探局评为绿化先进单位和环境保护先进单位。

(李志刚)

【明苑、祥苑小区】 明苑、祥苑小区始建于1982年,位于山东省东明县境内,占地面积87.15万平方米,建筑面积12.48万平方米,建有住宅楼65栋1890套,平房35栋240套,入住居民2230户8061人。小区环卫面积41.53万平方米,绿化面积17万平方米,绿地面积46%。小区的物业管理工作由中原石油勘探局物业管理六处负责。1993年以来,通过加强环境工程建设,注重了绿化美化工作,明苑、祥苑小区已初步形成绿树成荫、景点别致、三季有花、四季常青的"园林式"格局。2002年,小区采用一批优质、富有观赏价值的树种取代了低档树种,新增室外活动广场4个,总面积5200平方米,主干道铺设彩色步砖5581平方米,建造大小花坛67个,更新路灯100多盏、果皮箱47个,设置垃圾筒64个,垃圾中转站3个,年内实现了垃圾袋装化。明苑、祥苑小区先后被命名为绿色社区、石油企业部级优秀管理住宅小区、中国石化集团公司最佳绿化小区,并连续六次被勘探局评为环境绿化先进单位。

(郭艳秋)

【玉兰小区】 玉兰小区位于河南省兰考石油基地,南临陇海铁路。小区始建于1982年,占地面积128万平方米,建筑面积21万平方米,建有住宅楼93栋3468套,正规平房27栋128套,临时平房59栋295套,共有居民4300户1.6万余人。小区绿化面积62万平方米,绿化覆盖率48%。玉兰小区由中原石油勘探局物业八处负责管理。小区拥有休闲、健身广场4个,安装健身器材4套56台。2002年,新建成了5000平方米的玉兰广场,并通过栽植花木,建造"西院成带,东院成网"的防风林体系,改造小区主干道以及草坪建设,使小区的林木覆盖率达到39%,草坪面积达12.32万平方米。1995年以来,玉兰小区先后被评为河南省城市物业管理优秀住宅小区、石油企业优秀管理住宅小区、石化集团公司最佳生活小区和全国城市物业管理优秀住宅小区。

(范长建)

【卫城小区】 卫城小区地处河南省清丰县瓦屋头镇,于1984年建成,占地面积84万平方米,总建筑面积18.62万平方米,其中住宅建筑面积14.71万平方米、附属配套面积12.3万平方米,供暖面积23.56万平方米,由勘探局物业管理九处负责管理。区内共有楼房67栋、平房48栋,入住居民2900户1万余人。种植各类树木1.4万棵、花木1000多株,绿化面积20.1万平方米,绿化覆盖率45%,达到了三季有花,四季常青的园林化小区标准。卫城小区先后被评为全国城市物业管理优秀住宅小区、河南省省级卫生先进单位、省级优秀管理示范住宅小区、全国石油系统十佳绿化小区、石化集团公司优秀住宅小区。

(周游清)

接待服务

【驻北京联络处】 2002年4月17日,根据中油局劳资[2002]年159号《关于局机关和部分单位机构设置调整的通知》的文件精神,中原油田原驻北京联络处与驻北京联络处新址筹建处合并成立了新的驻北京联络处。驻北京联络处有东城点和丰台点两处。东城点地处北京市东城区和平里东街民旺北胡同,占地面积3047.5平方米,建筑面积6402.3平方米,拥有83间客房160张床位,大小会议室各1个,可同时接待200人的住宿、就餐和小型会议;丰台点地处北京市丰台区小屯路甲10号,占地面积5410平方米,建筑面积7493平方米,拥有96间客房193张床位,大小会议室3个,可同时接待200人的住宿、就餐和小型会议。截至2002年底,驻北京联络处共有员工143人,其中全民合同制员工60人,大中专以上学历人员47人,高中级职称17人,平均年龄29岁。东城点和丰台点同时设置了6个职能科室和4个基层服务部门。拥有固定资产原值 4290.47 万元、净值 3402.76 万元，流动资金 772.74 万元。2002 年，驻北京联络处在完成机构整合工作的同时，实现了整体经营盈亏持平、略有盈余的经营工作目标，扭转了依靠中原油田补贴的经营局面，实现经营收入 811.21 万元。一是设置专职部门和人员进行外事保障、就医服务和旅游工作，使服务工作呈现特色化。年内共完成内外接待 45956 人次，其中局级领导 1566 人次、处级领导 2237 人次；接待来京就医人员 321 人次、来京旅游 49 批 2678 人次；承接会议 21 场次 630 人次；服务满意率 98%。二是通过增强自身对外联络协调能力，帮助油田工作人员顺利完成了办理资质、设计等工作，对外联络工作满意率 100%。三是通过制定相应的质量标准和考核措施，严格卫生、安全例查制度，卫生合格率达到 90%，年内没有发生安全责任事故。

（贺志刚）

【驻郑州办事处】 中原油田驻郑州办事处（亦称金桥宾馆）占地面积 1.3 万平方米，营业面积 2.1 万平方米，总资产 1.2 亿元。宾馆于 1994 年被河南省旅游局评定为二星级旅游饭店，2002 年 1 月 22 日晋升为国家四星级旅游饭店。截至 2002 年底，金桥宾馆拥有各类客房 169 间 290 张床位，各类餐厅 4 个 650 个餐位，大中小型会议室 10 个，室内游泳池、保龄球馆、棋牌室、歌舞厅等配套设施齐全；共有员工 577 人，其中正式员工 103 人。2002 年，金桥宾馆在服务上实行创新管理，实现了“从低层次向高层次，从低标准向高标准，从低星级向高星级”的三大转变。一是建立完善的制度管理体系，实行逐级负责的领导体制，根据工作职能划分，制定了各部门、各工种、各岗位的一整套近百条管理规范和工作程序；二是建立严密的质量检查体系，实行纵横交叉、上下结合的质量检查网络，设立质量检查部，以平时检查、重点抽查、定期复查的方式对宾馆所有部门的服务质量进行全过程监督；三是建立严格的财务管理办法，把重点放在经营核算与资金控制上，抓好资金入口关、票据发放关和营业收入结算，并在确保经营正常进行的前提下，严格控制资金流向，规范了经营过程中的财务管理行为；四是建立有效的设备管理办法，完善了设备的统计和登记造册工作，健全了设备维护保养制度，绘制了中央空调系统、锅炉、管网等实际走向流程图，并对主楼热水系统流程、中央空调冷凝水回收自动控制器等进行了技术改造；五是实施了成本控制管理办法，从节约一滴水、一度电、一张纸入手将成本控制落到了实处。在营销管理上，重点抓会议、商务客户、旅游团体和预订网络 4 个市场，年内签订长期住房协议 152 份，并与近 10 家大型旅游团体建立了合作关系，与 18 家公司签订了网络预订协议。在人员管理上，以市场需求为导向，抓好团队建设，将实施人性化管理与促进团队协作精神统一起来，建立新型的劳动工资管理制度，对非正式员工工资进行了调整，吸引和留住了业务骨干。2002 年，金桥宾馆实现营业收入 3374 万元，超额完成了勘探局下达的任务指标，并被郑州市人民政府评为省会实施夜景照明工程优秀单位和外地驻郑机构优秀单位。

（王志军　邓继民）

【威海职工教育培训中心】 2002 年，威海职工教育培训中心积极开拓疗养、旅游两个市场，取得了良好的经济效益和社会效益。年内共接待客人 2722 人，其中团体 41 个 2055 人、散客 677 人，实现产值 300 万元。4 月，中心领导班子进行了调整，机构重组为综合办公室、财务资产科、接待科、膳食科、旅行社、总务科、驻濮阳办事处 7 个科室，并实施了经营目标政绩考核。(1)开发外部市场。旅游旺季客房入住率达到 90%以上，共接待油田内部客人 799 人次、外部客人 1923 人次，接待会议 8 个，其中油田外部会议 5 个；旅行社组团数量大量增加，旅游线路增多。(2)开展修旧利废工作。年内修旧利废节约资金 6.4 万元。(3)盘活国有资产，依法定程序将不良资产变现。(4)实行严格的审批制度，严格控制各项成本支出，招待费、差旅费、办公费等费用未超标。2002 年，威海职工教育培训中心获“威海市花园式单位”称号。

（郝振海）

【中原油田宾馆】 中原油田宾馆位于河南省濮阳市兴业路 7 号，始建于 1980 年，1990 年投入使用，2000 年 7 月被国家旅游局评定为二星级涉外旅游饭店。中原油田宾馆共有接待楼 4 栋，标准客房、普通套房、豪华套房 150 间（套），中西宴会厅、风味餐厅、自助餐厅等各式餐厅 24 个，会议厅（室）12 个，并配备商务中心、美容美发、娱乐健身、干湿洗衣配套服务设施，建筑面积 2.33 万平方米。截至 2002 年底，宾馆共有员工 199 人。其中正式员工 71 人，管理人员 27 人，高级职称 1 人、中级职称 12 人，取得各类职业资格的操作服务人员 137 人。宾馆下设总经理办公室、财务资产部、经营管理部等 12 个部室，拥有固定资产原值 714.35 万元、净值 330 万元。2002 年，中原油田宾馆共接待宾客 16.8 万人次，其中入住宾客 5.8 万人次、就餐宾客 9.2

万人次;接待会议563次1.8万人次;接待省部级领导30余人次、局级领导100余人次、外宾100余人次,完成了石化集团公司、河南省委、济南军区主要领导和首届中国职工艺术节“中原油田杯”全国职工舞蹈展演活动组委会领导等重要客人的接待任务。年内,实现营业收入1261.42万元,勘探局补贴224.81万元,实现利润25.6万元。2002年,中原油田宾馆被濮阳市政府授予“旅游工作先进单位”称号,并连续两年被评为河南省优秀星级宾馆。

(赵新莉　程辉华)

企事业单位选介

塔里木中原钻井公司

中原石油勘探局塔里木中原钻井公司机关位于新疆维吾尔自治区库尔勒市塔里木勘探开发指挥部基地内，是中原油田在塔里木盆地石油勘探开发会战中设立的一个专业化钻井公司，于1988年7月由钻井二公司7012钻井队开赴新疆时成立。1989年10月、11月，钻井二公司7011钻井队、钻井一公司7013、7014钻井队分别进入塔里木中原钻井公司参加塔里木石油勘探开发会战；1990年12月，钻井三公司120人、钻井四公司60人在塔里木探区组建了60701、60702、60703钻井队，之后于1991年4－6月先后组建了60704、60705、60706钻井队，并于1992年7月组建了9001钻井队。1994年3月，塔里木中原钻井公司成为中原油田独立核算的二级专业化钻井公司，具有国家质量体系认证机构颁发的《质量体系认证证书》。拥有6000米以上大型钻机11台，其中9000米带顶驱电动钻机1台、7000米电动钻机4台、6000米机械钻机6台；共有钻井队11个，其中甲级钻井队(长城钻井队)5个，是塔里木探区率先通过ISO 9002质量体系认证的专业化钻井公司。截至2002年底，塔里木中原钻井公司共有员工776人，其中教授级高级工程师1人、高级专业技术职称30人、中级专业技术职称70人；设有机关科室10个、后勤单位2个、钻井队11个。拥有固定资产原值2.62亿元、净值0.52亿元。累计钻探超深井145口，平均井深5517米，累计进尺80万米，先后创出全国同行业新纪录140多项。

2002年，塔里木中原钻井公司共动用钻机11台，开钻16口，交井18口，钻井总进尺9.45万米，取心420米，心长402米，收获率95.5%，井身和固井质量全优，实现产值2.1亿元，盈利1000万元。(1)承钻两口重点预探井——庄1井和库1井。在库1井施工中，推广新工艺新技术，优化钻井参数和泥浆，克服了表层砾石巨厚、地层蠕变厉害、高压油气易喷、超深井眼钻井易卡钻等多种世界级难题，在超新层位发现良好油气显示。承钻的北疆准噶尔盆地庄1井，用146天完成4906米井深的钻探任务，并发现良好油气显示，实现了石化集团公司西部新区勘探零的突破。(2)以“三标管理”为突破口，进一步加强基础工作建设，并实行了平台经理年薪制、风险抵押金制、队务公开制、平台经理任职交流制，公司的基层班子建设、基础资料管理、基础设施建设得到全面提升。(3)职工培训。制定技术培训计划，不定期开展防喷演习，选送生产骨干外出培训，每月各班组上两次技术课，全面提高了职工的技能。1988年以来，塔里木中原钻井公司先后被新疆巴音郭楞蒙古自治州授予“民族团结进步模范单位”，被新疆维吾尔自治区评为“安康杯”竞赛活动优胜单位；有10个钻井队获中国石油天然气总公司“金牌队”称号，其中7011钻井队于1998年分获中石化、中石油两大集团公司“金牌队”称号。

(张盛文)

钻井一公司

中原石油勘探局钻井一公司基地位于河南省濮阳市清丰县马庄桥境内，组建于1983年，其前身为东濮石油勘探会战指挥部勘探指挥部。1994年改组为专业化钻井公司，是中原油田下属的二级国有经营单位。截至2002年底，钻井一公司共有员工2181人，其中，钻井专业技术人员267人，其他专业技术人员422人，平均年龄34岁。拥有大中型钻机14种38台(套)，固定资产原值2.75亿元、净值1.72亿元，设备新度系数0.69。

2002年，钻井一公司启动了以“名优工程、科技创新、装备更新、人才培养、市场开发、企业文化”为主题的企业发展战略，培养出一批熟悉国际市场运行规则的复合型人才，建立起深井钻井技术、水平井钻井技术、复杂压力调整井钻井技术、易漏易喷井钻井技术、大斜度多靶定向井技术等11项钻井技术，并通过了ISO 9002标准质量体系认证。年内，在油田内外部市场累计开钻288口，交井288口，进尺65万米，平均井深3262米，平均钻机月速2195米/台·月，同比增长10米/台·月，实现产值8.5亿元。(1)科技工作。一是掌握了优化复合钻井技术，改变了“小排量、低返速、中泵压”的单一喷射钻井模式，提高了排量和钻速；二是应用定向井钻井技术，具备了打大斜度、大位移、多目标定向井及救险井、水平井的能力；三是推广应用新型聚合物钻井液及高效防漏、堵漏技术，使易漏地区的平均漏失率降低了50%，单井平均漏失量降低了66%，实现了从单一堵漏向复合堵漏的转化。(2)安全工作。在新加坡诺卫技术咨询公司的指导下，健全和完善了HSE管理体系，年内无任何安全、环保等重大事故发生，成为石化集团公司HSE管理试点单位。(3)装备管理。新配置ZJ-50D电驱动钻机1台、ZJ30CZ型车装钻机1台。(4)员工培训。开办各类培训班32期，培训员工2158人次；同石油大学(华东)联合举办"石油油气工程硕士研究生班"，选派30名员工在岗学习，选派28名生产骨干进入大学学习。2002年，钻井一公司被石化集团公司评为"设备管理先进单位"、"体育工作先进单位"，并被河南省评为"送温暖工程先进单位"；有1人被授予"石化集团青年岗位能手"称号。

(李树林　胡胜春)

钻井二公司

中原石油勘探局钻井二公司基地位于河南省濮阳市五一路西段，是一个以中深井施工为主的专业化钻井公司。截至2002年底，钻井二公司共有员工1605人，其中，各类专业技术干部340人，具有高中级技术职称人员143人；拥有各类钻井队30个，其中，中原油田内部钻井市场13个、陕北钻井市场7个、吉林油田钻井市场3个、南阳油田钻井市场2个、贵州钻井市场1个、也门国际钻井市场4个；拥有大中型钻机30台(套)，固定资产原值2.69亿元、净值1.43亿元。

2002年，钻井二公司把积极开拓市场、实施精品工程和努力降本增效作为工作方向，钻井井身、固井质量和取心收获率指标均符合甲方要求，施工环保达标率100%。年内，在油田内外部市场共开钻238口，交井243口，进尺50万米，完成产值6亿元。(1)钻井技术取得进步。年内，在油田内部交井91口，总进尺27.56万米，平均井深3273米，比全油田平均井深深314米。承钻超过3500米的深井47口，占油田同类井的31.4%；承钻定向井67口，其中井斜超过40°的48口、位移超过500米的46口；承钻高难度超深水平井1口。通过科技创新，使取心收获率达到96.82 %，油气保护率和探井成功率均为100%。(2)装备实力进一步提升。年内累计投入装备配套改造资金3250万元，其中购置配套费用2650万元、改造修理资金600多万元，新配套45型、32型钻机各1套，新启动32型、650型、550型钻机各1台，完成设备改造和升级6台(套)。钻机总数由年初的27台增加到年底的32台，净增长18%。(3)加强安全管理工作。实施HSE管理，加强风险评估和消减预案制定工作的落实，通过了ISO 9001-2000版认证审核，建立起异体监督体制。(4)外部市场取得突破性进展。年内，外部市场累计动用钻机88台·月，开钻155口，交井153口，钻井进尺23万米，同比增加开钻78口、增加交井74口、增加进尺11万米，外部钻机总数由年初的9台增加到年底的17台。2002年，钻井二公司被中原油田评为"环境保护先进单位"、"群众性技术创新优秀单位"、"物资管理先进单位"、"绿化工作先进单位"、"油田思想政治工作优秀单位"，并获"濮阳市社会治安综合治理先进单位"、"河南省思想政治工作优秀企业"、"河南省重合同守信用企业"、"石化集团设备管理优秀单位"等称号；在2002年度勘探局钻井队资质认证检查中，钻井二公司综合评定分数位于勘探局第一名。

(马自法)

钻井三公司

中原石油勘探局钻井三公司基地位于河南省与山东省交界的兰考县城北关一号风沙口，于1982年组建成立。截至2002年底，钻井三公司共有员工3804人，其中全民合同工2541人，劳务合同工1263人；设有机关部室18个、后勤单位18个，下设中原、吐哈青海、陕北3个分公司和科探1井、南阳、厄瓜多尔3个项目组。拥有各类钻机9种46台(套)，固定资产原值5.66亿元、净值3.28亿元。

2002年，钻井三公司内抓管理，外闯市场，完成了各项生产经营任务，未发生重大工业、人身伤亡事故，实现了公司持续、稳定、快速发展。年内，在油田内外部钻井市场共开钻338口，交井341口，进尺76万米，完成产值8.2亿元，上缴勘探局利润指标6800万元。(1)外部市场。在巩固吐哈油田、青海油田、陕北钻井市场的同时，又开辟了南阳油田、西部新区及厄瓜多尔等新的钻井市场，外部市场钻机总数达到24台。年内，外部市场共开钻196口，交井188口，进尺31.7万米，比2001年增长100%。(2)管理机制。健全和完善了生产、安全、物资、财务、设备、分配、人力资源管理等各项制度，本着精简高效的原则，对机关进行了精简，对后勤单位进行了整合，建立了责权利相统一，严考核、硬兑现的激励与约束机制。(3)钻井技术。开发和推广新技术27项，投入经费480万元。在油田内部市场，完井平均井深3111米，钻机月速度达到2352米/台·月，机械钻速9.23米/时，建井周期42天1小时。(4)装备更新。完成了ZJ70D、ZJ50D两套钻机的配套更新,实现了对F-320钻机和45钻机的升级改造,新购置柴油机18台、发电机6台、泥浆泵2台及测井绞车、固井车、通井机、运输车辆生产等设备,累计投入费用1.24亿元。(5)员工培训。先后举办各类培训班63期,培训人员1866人次;组织外培47期,培训908人次。2002年,在中原油田第六届工人技术比赛中,钻井三公司被授予优胜单位;另有1名员工在全国石油石化行业职业技能大赛中获"钻井工"第一名,被评为全国技术能手。

(孙志华)

钻井四公司

中原石油勘探局钻井四公司基地位于河南省濮阳市清丰县城东南26千米处,组建于1984年8月。截至2002年底,钻井四公司共有员工1665人,其中全民合同工1258人、劳务合同工398人,平均年龄36岁;设有机关科室10个、基层单位9个,共有钻井队32个。拥有各类钻机7种27台(套)、各类施工机械19台、各类运输设备和机加工设备96台(套),设备新度系数0.53。拥有固定资产原值2.46亿元、净值1.29亿元。

2002年,钻井四公司制定了"实施五大战略,建立六大机制"的工作思路,即:实施人才战略、科技战略、品牌战略、市场战略、经营战略和建立人力资源开发机制、成本控制机制、项目管理机制、分配激励机制、后勤保障机制、监督约束机制,取得了显著成绩。年内,在油田内外部市场共开钻224口,交井192口,进尺48.17万米,完成产值5亿多元,实现税后利润4502.52万元。与2001年同期相比,增加开钻94口,增加交井75口,增加进尺9.56万米。(1)生产技术水平不断提高。平均钻机月速度2231米/台·月,机械钻速9.51米/时,同比分别提高407米/台·月和1.83米/时。生产时效98.33%,纯钻时效33.86%。(2)市场格局不断优化。努力构建中原、国内、国际三大市场,外部市场的规模由原来的6个钻井队增加到13个钻井队,国际市场实现了零的突破,进入了沙特阿拉伯钻井市场,形成了中原、陕北、东北、新疆、四川、冀东、沙特七大市场板块,基本实现了内外部市场份额各半的生产格局。2002年,钻井四公司共有10个钻井队分别被评为金、银、铜牌队,其中45152、70135、32959、45130钻井队被评为金牌队。

(张天云)

钻井管具工程处

中原石油勘探局钻井管具工程处是由原钻井管具工程一处、二处于2001年12月20日整合成立的,基地位于河南省清丰县马庄桥镇。主要承担钻具、工具、井控装备的租赁与检修,防喷器安装试压,欠平衡钻井设备租赁与技术服务,全新钻杆加工制造和钻具大修,井下工具制造等工作任务。截至2002年底,钻井管具工程处共有员工638人,其中专业技术人员134人(含高级职称7人),石油专用管材检测修理及技术服务工程师25人,全国石油专用管材标委会成员1名,井控装备维修及技术服务工程师18人,有20名专业技术人员具有国际合作经验;下设直属单位12个、业务科室10个。拥有各类技术装备400余台(套),设备新度系数0.67,资产总值2.7亿元,年产值1.86亿元。拥有固定资产原值5020万元、净值2734万元。

2002年,钻井管具工程处针对新组建单位的工作实际,抓好建章立制和队伍管理,并进行了人事制度和分配制度改革,实现了安全生产无事故。(1)实现劳务收入1.84亿元、利润960万元,分别完成年计划的120%和106%。一是继续完善承包政策,制定了经营承包办法,将承包指标层层分解,逐级落实;二是通过定期召开经营分析会、财务状况分析会和现场办公会等形式,加强经营工作的过程控制;三是加强财务管理,重点抓好预算管理和成本控制;四是严把物资采购关,年内共签订物资合同和协议7361.2万元,通过比价采购和招标采购,共节约采购资金528万元。(2)多元开发。新上项目10个,全部投入批量生产,其中,摩擦对焊钻杆、PDC钻头制造和表层套管加工制造创产值2000多万元,新的支柱产业初步形成。(3)外部市场。外部创收1900多万元,其中在陕北市场创收1100万元,并在新疆建立了轮台管具基地,把服务延伸到塔里木、克拉玛依、吐哈、青海等油田。(4)推进技术进步。完成科研项目11项,新技术推广项目46项,其中"钻杆摩擦焊工艺研究与应用"等3项成果通过局级鉴定。2002年,钻井管具工程处被勘探局评为"安全生产先进单位"、"设备管理先进单位"、"技术监督先进单位"、"人力资源管理先进单位"和"优胜单位"。

(宗德信)

地质调查处

中原石油勘探局地质调查处位于河南省濮阳市

市区中原路东段北侧，组建于1984年，原称中原石油勘探局地球物理勘探公司，1995年9月更为现名；1997年11月与计算中心合并，挂“中原石油勘探局地质调查处”牌子；2001年底又同计算中心分离，成为中原石油勘探局独立的正处级单位，是一个集石油天然气地震勘探资料采集、现场处理和科研技术服务于一体的工程专业化公司。截至2002年底，地质调查处共有全民合同员工862人，其中高级职称25人、中级职称161人、高级技师2人、工人技师14人、高级工289人、中级工220人；设有机关科室13个，基层单位10个，国内地震队5个、国外地震队3个；拥有各类生产勘探设备575台(套)，其中24位模数转换地震仪8套、各类测量仪器95台、各类钻机42台、各种车辆246台，设备新度系数为74.24%；拥有资产总额2.52亿元，其中固定资产1.47亿元。

2002年，地质调查处有7个地震队服务于国内外16个地质区块，共完成二维地震资料采集5880.99千米、三维地震资料651.96平方千米，完成VSP测井2口，野外采集资料优级品率91.98%、合格品率100%，资料优级品率比2001年提高了2.76个百分点，实现经营收入2.52亿元，赢利1455.86万元，产值和利润实现了连续5年增长。(1)外部市场。年内，地震勘探工程实现外部市场收入1.85亿元，占总收入的73.45%，形成了油田内部市场、国内市场、国际市场各占三分之一份额的良好格局；专门设立了国际项目工程部和西部勘探项目经理部，先后4次中标新疆塔里木和准噶尔二维地震勘探工程，2次中标苏丹6区二维地震勘探工程，1次中标苏丹6区三维地震勘探工程，10月又在厄瓜多尔亚马逊地区热带丛林629平方千米三维地震勘探工程中中标。(2)加强科研队伍建设。对科研项目实行了项目长负责制和项目津贴制，开展技术创新创效活动，购置沙驼钻机、测量仪、小折射仪和大小线等设备，增强外闯市场的竞争力。年内，共承担局级科研项目和新技术推广项目8项，其中“沙漠埋置检波器技术和风钻测潜水面施工方法”被石化集团公司西部项目部在新疆物探施工队伍中推广应用。(3)“四基”建设。对基层领导班子进行调整，使基层班子的年龄和知识结构得到明显改善；按照QHSE标准要求，对生产操作、安全防护、职工培训等资料的记录格式进行了统一规定，并将所有资料表格格式汇集成册，使基础资料实现了系统化、规范化管理；改善了地震队职工的“两堂一舍一室”条件，HSE管理设施得到加强，基础设施得到逐步完善；成立职工培训站，共举办各类培训班82期，培训人员2122人次，技术工人持证上岗率100%，兼岗资格取得率96.82%。(4)精神文明建设。围绕生产经营，开展了“满意杯”、“争先创优”等劳动竞赛和“五个一”技术创新活动，共征集合理化建议267条，组织实施152条，创经济效益250万元。

(张国军)

采油一厂

中原油田分公司采油一厂基地位于河南省濮阳县文留乡西北约3000米处，其前身为东濮石油会战指挥部采油第一指挥部。1976年负责濮参1井的管理工作，1977年扩编成立采油一队，1978年组建采输气队，1978年11月成立试采指挥部，1980年4月试采指挥部撤销，采油第一指挥部正式成立，1982年底更名为采油一厂，主要担负文留油田的开发管理工作，管理着文中油田和文东油田。截至2002年底，采油一厂共有员工4134人，其中全民合同工3447人、劳务合同工687人，下设三级单位29个，拥有固定资产净值9.45亿元。管理的油水井939口，其中油井579口、水井360口，油水计量站82座，联合站2座，污水处理站2座，国内最大的气举增压站1座。累计动用含油面积45.4平方千米、探明石油地质储量8581万吨、探明可采石油地质储量2972万吨，累计生产原油2265.64万吨、天然气56.34亿立方米，综合递减11.55%，自然递减27.17%，标定采收率34.63%。

2002年，采油一厂围绕“打好三个硬仗，搞好两个管理，实现一个改善、两个控制、三个提高”的工作思路，完成了生产指标。(1)对滚动勘探工作实行勘探开发一体化，把工作重点放在文西斜坡带和文中油田各断块的结合部，共研究落实区块8个，含油面积2.48平方千米，探明石油地质储量313万吨。(2)新老区产能建设超前研究。新老区共部署新井、侧钻井57口，新井年生产原油9.12万吨，单井平均初期日生产原油10.6吨，综合含水56.7%；老区技改部署新井、侧钻井、调整井17口，初期日生产原油能力29.4吨，平均单井日生产原油7.6吨。(3)注水结构调整。实施注水井措施178井次，日增加注水量6850立方米，增加水驱控制储量291万吨，增加水驱动用储量229万吨，有76口对应油井见到效果，日增产原油163吨。在文10块、文13西块、文203块等单元开展了降压增注试验，寻找解决水井欠注途径，平均注水油压由29.5兆帕下降为24.2兆帕，单井日注水量由68.7立方米增加到106立方米。(4)开展油藏注采状况大调查。实施油井措施296井次，年增产原油12.22万吨，措施单井增油量比2001年增加165吨,措施有效率比2001年提高了6.4个百分点。(5)推广应用和完善新工艺新技术。针对文25东块整体水淹程度较高的情况,开展了交联和预交联复合调驱试验,实施9个井组,见到明显效果。开展微生物吞吐采油实验,优选出了23口井进行微生物吞吐采油,有15口井不同程度见到效果,实施前后对比日生产原油由32.6吨增加到65.7吨。年内,采油一厂实施新工艺新技术9项762井次,措施有效率89.4%,累计增产原油9.56万立方米,减少注水10.75万立方米,增加有效注水21.82万立方米,节约天然气4474.4万立方米。

(孟国兵)

采油二厂

中原油田分公司采油二厂基地位于河南省濮阳市范县濮城镇军寨村南1500米处,组建于1980年3月,担负着濮城油田的开发生产和建设任务,所管辖的各油、气、水井及管网分布于河南省范县、濮阳县及山东省莘县等7个乡(镇)130多个自然村。截至2002年底,采油二厂共有员工5222人,其中全民合同工3977人、劳务合同工1245人,下设三级单位25个,拥有固定资产净值15.04亿元。管理的油水井1524口,其中油井905口、水井619口,油水计量站120座,联合站4座,污水处理站3座,高压增注站11座。累计动用含油面积73.7平方千米、探明石油地质储量1.6亿吨、探明可采地质储量4963亿吨,累计生产原油3981.21亿吨、天然气67.32亿立方米,综合递减18.74%,自然递减27.36%,标定采收率35.23%。

2002年,采油二厂共生产原油95万吨、天然气1.18亿立方米、轻烃1.72亿立方米。(1)滚动勘探开发。加快新井产能建设,共投产新井134口,完成新井产量10.56亿立方米,超配产0.91亿立方米;加强滚动目标评价,对濮65东块等有利目标区实施评价,部署滚动井6口,初步评价新增探明石油地质储量300万吨~400万吨。(2)注水结构调整。全面提高油藏水驱控制、动用程度,针对不同油藏的特点,以恢复和完善注采井网为中心,调整注水结构,提高了水驱控制和动用程度,共完成水井措施490井次。(3)措施增油。实施各类油井措施530井次,有效385井次,有效率72.6%,措施年累计增产原油8.71万吨。(4)天然气的开发与管理。通过对濮67块等气藏进行认真分析,实施气井措施37井次,累计增产天然气1678万立方米;同时,加强天然气的生产管理和气井维护工作,共计实施排液、气举等维护措施86井次,累计增产天然气182万立方米。(5)采油工艺的创新和应用。一是扩大以CDG、预交联深部调剖三次采油技术的应用规模;二是加大了卡堵、酸化、分注等常规工艺措施的实施;三是加大油井提液力度,共实施提液措施175口,累计增产原油2万吨;四是开展了浅层气配套防砂工艺技术攻关。(6)生产管理。一是抓好各项管理制度的落实,油井开井率由2001年的86.7%提高到90.3%,生产时率由2001年的96.5%提高到97.3%;二是加强电网管理,共检修线路8条次,及时发现处理线路缺陷170多处,未发生一起电力责任事故,保证了油气生产和居民生活的正常用电;三是加大工业、交通安全的考核力度,促进了安全管理水平的提高;四是开展各种形式的严打整治斗争和反窃电、窃气专项治理行动,破获各类案件62起,打掉犯罪团伙12个,打击处理各类违法犯罪分子235人,累计挽回经济损失2600万元。

(孙景华　吴方敏)

采油三厂

中原油田分公司采油三厂基地位于河南、山东两省交界的莘县、濮阳县、清丰县境内,其前身为1981年组建的东濮石油会战指挥部采油第三指挥部,1983年1月更名为采油三厂,主要负责开发管理文明寨、卫城、马寨、古云集4个小断块油田。截至2002年底,采油三厂共有员工4359人,下设三级单位27个,拥有各种设备1985台(套),固定资产净值10亿元。所管理的油水井945口,其中油井578口、注水井367口。总含油面积48.4平方千米,累计探明石油地质储量7891万吨、动用石油地质储量6666万吨,累计生产原油1757.17万吨、天然气25.64亿立方米。

2002年,采油三厂以稳定老区、突破新区为核心,进一步精细油藏管理,实现了储量、产量和效益的同步增长。(1)完成了柳屯环洼带、马寨断层上升盘和濮卫环洼带三个区带的滚动勘探目标评价,实施探井、滚动井7口,新增探明石油地质储量435万吨,落实可动用石油地质储量272万吨。(2)实施新老区产能建设,投产新井60口,生产原油7.77万吨。(3)坚持油田开发方案的整体研究、整体部署、整体实施、整体评价,使油田保持了良性开发。水驱控制储量增加229.8万吨,水驱动用储量增加194.9万吨,采油速度继续保持在1.2%的较高水平,自然递减控制在21.11%,综合递减控制在8.47%,70%的开发单元实现稳产、增产。(4)开展“踏步子”上产活动和两个“百日攻水增储”活动,实施注水结构调整工作量 325 井次,日增加注水能力 2000 立方米,增产原油 3.34 万吨。(5)加大停产井恢复、泵升级提液和深层压裂改造力度,实施油井措施 279 井次,累计增产原油 9.63 万吨,超产 2.5 万吨。(6)推广应用侧钻、压裂酸化、超正压射孔、排液等新的采气工艺,投产气井 4 口,实施气井措施 16 口,增加动用储量 2.6 亿立方米,日增加产能 26 万立方米,年增产气量 4864 万立方米。(7)实施天然气集输系统改造,高架集输管线,减少天然气损失 180 万立方米;开展油区综合治理,卡除管线窃气点 538 处,挖出窃气地道 8 条,减少天然气损失 600 万立方米。

(何留学)

采油四厂

中原油气高新股份有限公司采油四厂基地位于河南省濮阳县城东南 45 千米、徐镇镇北 2 千米处,其前身是 1984 年由玉门油田调入的千余名职工与原采油一厂文南采油大队合并组建而成的中原石油勘探局采油四厂,1999 年 10 月 25 日成为新成立的中原油气高新股份有限公司的下属企业,主要负责文南油田的开发管理。截至 2002 年底,采油四厂用工总量 3615 人,其中全民工 3030 人、劳务工 585 人;具有高中级职称 244 人。拥有固定资产原值 19.19 亿元。所管理的油水井 751 口,其中油井 516 口、水井 235 口。累计生产原油 1145.1 万吨、天然气 31.4 亿立方米、轻烃 10.4 万吨。

2002 年,采油四厂生产原油 65.65 万吨,完成年计划的 100.4%,超产 2508 吨;外输天然气 1.71 亿立方米,完成年计划的 100.1%,超输 20 万立方米;生产轻烃 1.30 万吨,完成年计划的 116.9%,超产 1537 吨;全年安全生产无事故。(1)油气勘探开发。部署滚动井 10 口,其中滚动评价井 4 口、滚动开发井 6 口,落实可动用石油地质储量 135 万吨,新增可采储量 27 万吨;新建产能区块文 179 东块实现了当年投产、当年注水、当年完善,培养见效井组 1 个,对应的 3 口油井已全部见到效果,日增产原油 30 吨,区块年生产原油 2.4 万吨,采油速度 2.0%。(2)油田开发管理。进一步加大老区产能建设力度,共完钻投产新井 85 口,年生产原油 13.3 万吨,平均日生产原油 364.4 吨;油藏目标化管理的 15 个单元的开发水平全部达到二类以上,其中 2 个单元的开发水平由二类升为一类;加强水质管理,加大水井措施工作量,共实施(投)转注措施 42 井次,增加水驱控制储量 300 万吨,增加水驱控制储量 200 万吨。(3)采油管理。进一步挖掘开井数、开井时率和产液量三个方面的潜力,年内油气综合单位成本比 2001 年每吨降低了 7.06 元。

(章大庆　陈坤鹏)

采油五厂

中原油田分公司采油五厂基地位于河南省濮阳市东环路西侧,组建于 1986 年 7 月,管理的胡状—庆祖油田分布于濮阳县、滑县境内,横跨 14 个乡(镇)116 个自然村。截至 2002 年底,采油五厂用工总量 3006 人,其中具有大中专以上学历 905 人;下属采油生产单位 4 个、生产辅助单位 17 个。管理着 58 座计量站、1 座联合站、2 座污水处理站、768 口油水井,拥有固定资产原值 26.936 亿元、净值 5.975 亿元。

2002 年,采油五厂以结构调整为主线,以科技进步为动力,完成了全年生产经营任务。生产原油 37.12 万吨,比 2001 年增加 2.52 万吨,增幅 7.28%;原油统销量完成 33.55 万吨,比 2001 年增加 1.16 万吨;轻烃销量完成 5250 吨,超计划 1250 吨;天然气销量完成 283 万立方米,超计划 183 万立方米,比 2001 年增加 106 万立方米。(1)新老区滚动勘探增加石油地质储量 552 万吨。其中:老区胡 19 块、胡 5 块 18 井区增加石油地质储量 102 万吨;新区刘庄地区、胡 10 东块、胡 105 块、胡 96 块等区块共完钻滚动井、探井 13 口,探明石油地质储量 450 万吨。(2)通过推行油藏经营网络化目标管理,油气综合直接成本 2.98 亿元,同比下降 2770.49 万元。(3)开发指标。油田年平均含水 88.14%、自然递减 24.46%、综合递减 9.35%,与 2001 年同期相比,油田含水上升了 0.14 个百分点、综合递减减缓 1.81 个百分点,自然递减减缓 2.85 个百分点。(4)科技创新。年内,科技项目立项 65 项,取得科研成果 55 项,其中 12 项成果通过局级评审验收,80 项小改小革应用于生产;实施地下、地面措施 356 井次,措施有效率 81%,科技创效 7000 万元,投入产出比 1:2.67。(5)职工培训。与国家经贸委合作建立 ISO 10015 培训管理体系,加强青工单项技能培训,开展导师带徒活动,合作办学培养在读研究生 31 人。

(崔士霆)

采油六厂

中原油田分公司采油六厂基地位于山东省东明

县境内，组建于1989年8月，生产区域包括马厂、桥口、徐集、白庙4个油气田。1997年12月，马厂油矿从采油六厂分离，成立采油七厂；2001年12月，采油七厂与采油六厂合并成立中原油田分公司采油六厂。截至2002年底，采油六厂共有员工1814人，下设基层单位21个；拥有各类设备468台(套)，固定资产原值18.68亿元、净值6.79亿元。所管理的计量站31座、集气站5座；油气水井361口，其中油井215口、气井41口、注水井105口。辖区动用含油面积17.1平方千米，动用石油地质储量1800万吨，累计生产原油379.90万吨、天然气3.36亿立方米。

2002年，采油六厂确立了"油增气升、加快发展"的兴厂战略，全面完成了各项生产任务。年内，生产原油18.23万吨，超产1988吨；生产天然气1.13亿立方米；外供天然气6768万立方米，超供268万立方米。新增探明石油地质储量395万吨，恢复石油地质储量40万吨；投产各类新井35口，日生产原油能力189吨，累计生产原油3.33万吨；新建计量站3座；完成各类油井措施68井次，有效率92.7%，累计增产原油2.28万吨；实施注水井措施48井次，实施注水井动态调配32井次，累计增加有效注水量14.59万立方米；自然递减和综合递减降为18.43%和3.68%，比年计划分别降低了4.73和9.67个百分点；采取投产新井、实施排液采气技术和各类气井措施，累计增产天然气2750万立方米；油井利用率95%，采油时率94.8%，检泵周期438天。加强星级队建设，三星级、二星级、一星级达标队(站)分别增加到3个，金、银、铜牌作业队增加到9个，实现了全年安全生产无事故。

(孟凡珍)

勘察设计研究院

中原石油勘探局勘察设计研究院位于河南省濮阳市中原路东段189号，成立于1980年11月，原称东濮油田规划设计处，其前身为胜利油田设计规划研究院东濮设计室；1982年12月更名为中原石油勘探局规划设计研究院，1992年4月更名为现名。主要承担中原油田地面建设的勘察设计工作，持有国家石油天然气行业甲级工程设计证书，建筑、市政跨行业甲级工程设计证书和电力、通信、环卫、道桥等跨行业乙级工程设计证书以及工程勘察综合甲级证书，拥有甲级工程咨询、总承包、监理资质和一、二、三类压力容器设计资质，具有消防工程专项设计甲级资质、环境工程专项设计乙级资质和压力管道设计资质，并于1996年通过ISO 9001质量体系认证。截至2002年底，勘察设计研究院共有员工387人。其中大、中专以上学历的331人，占总人数的89%；高级职称的79人，中级职称的145人；国家注册建筑师8人、注册结构师10人、压力容器和压力管道审批人员48人、监理工程师36人、造价工程师7人。拥有各类勘察、设计、科研装备440台(套)，固定资产原值3016万元、净值1773万元。设有油气集输、储运、油气处理、油气长输管道、炼油化工、天然气加工、油田注水、污水处理、工民建、道桥、热力、仪表及自动化设计、勘察、测量、岩土工程等27个专业，形成了油气集输全密闭输送技术、天然气集输及处理技术、高矿化度污水深度处理技术、超高压回注技术、油田地面建设自动控制技术、油田地面生产系统综合防腐技术、气举采油技术、油田矿区集中供热技术(也适用城市集中供热)、城市居民区液化气管道输送技术、城镇天然气应用技术等10项专利专有技术。

2002年，勘察设计研究院完成各类规划、勘察设计项目485项，共完成图纸折合1#图1.93万张；完成产值3544万元，其中外部收入357万元，上缴勘探局875.56万元，实现赢利184万元；共获得省部级优秀设计一等奖1项、二等奖2项、三等奖1项，获省部级优秀软件三等奖2项、优秀咨询三等奖3项、优秀QC成果奖6项。

(马凡勤)

勘探开发科学研究院

中原油田分公司勘探开发科学研究院位于河南省濮阳市中原路东段北侧157号，成立于1978年12月，其前身为东濮石油会战指挥部地质研究队(后称地质研究所)，1983年更名为勘探开发研究院，1996年1月改为勘探开发科学研究院，2000年由中原石油勘探局划归中原油田分公司管理。其主要承担中原油田勘探开发中长期规划及年度部署、方案的编制，储备性、超前性科研项目及基础研究，以及钻井工程设计和钻井液设计任务。截至2002年底，勘探开发科学研究院共有员工698人，其中教授级高工3人、高级工程师212人、工程师234人，博士及在读博士26人、硕士及在读硕士56人、大学本科生324人；下设机关科室6个、研究室37个、综合服务部门2个、车队1个；拥有仪器设备1500台(套)，固定资产原值7741万元。

勘探开发科学研究院主要从事5个方面的研究：勘探项目、开发项目、分析化验和开发试验、三次采油、钻井工程和钻井液设计。主要设备分为两大类：一类是德国莱兹厂生产的电子显微镜、美国麦克公司生产的自动孔隙结构分析仪等地质化验和开发实验仪器300多台(套)；另一类是以工作站为主的计算机网络体系，拥有工作站39台(套)，主要以SGI和SUN工作站为主，Origin2000、Sun5000服务器最高运算能力达到每秒钟浮点运算30亿次和12亿次。拥有地质构造解释、测井解释、储层预测、油藏描述、目标处理、三维可视化地质建模、油藏数值描述、目标处理、三维可视化地质建模、油藏数值模拟，覆盖勘探、开发各阶段的计算机应用技术软件4类23套，形成了复杂断块油藏精细勘探技术、储层预测技术、三维资料连片解释处理技术、煤层气选区评价技术、油藏精细描述技术、剩余油分布研究及挖潜技术、砂岩气藏开发技术、勘探开发经济评价技术的油气勘探开发研究八大特色技术。

2002年，勘探开发科学研究院围绕油田资源接替和科技进步，以实现增储稳产为目标，开展技术创新，有6项成果获石化集团公司科技进步奖，30项成果获中原油田分公司科技进步奖，120篇学术论文在国内外刊物发表，其中20余篇在核心期刊上发表。年内，勘探开发科学研究院获国家甲级工程咨询资格单位认证，石油地质分析测试中心整体通过国家计量认证，钻井工程设计通过ISO 9000质量体系认证。

（苏颂成）

采油工程技术研究院

中原油田分公司采油工程技术研究院位于河南省濮阳市中原路东段路北93号，其前身为1981年7月成立的东濮石油会战指挥部钻采工艺研究所，1982年12月更名为中原石油勘探局钻采工艺研究所；1985年7月20日，钻采工艺研究所撤销并划分为钻井工艺、采油工艺两部分，采油工艺技术研究所正式成立；1990年12月更名为采油工艺研究院；1996年1月，采油工艺研究院划分为采油工艺技术研究所、油层改造技术研究所、油田化学研究所、测试仪表研究所、电潜泵技术研究所，统一归属中原油田科技开发中心管理；2000年3月，科技开发中心解体，从事采油技术研究的5个科研所合并，成立了采油工程技术研究院。其主要负责中原油田分公司、中原油气高新股份有限公司整体开发部署，采油工程中长期发展规划的编制，重大生产、管理技术问题的调研分析，开发工程技术研究课题的攻关，开发工程方面新技术的引进、实验、推广以及消化吸收、改进提高和导向技术项目实施；负责油田采油采气工程方案编制和大型工艺技术措施的工程设计，并实施监督；负责井下工具、入井液和专用化学剂的检测，以及油田专用测试仪器的标定、校验；负责油田电潜泵开发生产、修理、检测和技术服务以及油田采收率技术的研究攻关、技术推广工作。截至2002年底，采油工程技术研究院共有员工630人，其中教授级高级职称2人、高级职称77人、中级职称163人；下设采油工程规划室、压裂工艺研究室、酸化工艺研究室(石油纳米技术研究中心)等12个研究室(所)，并建有博士后科研工作站点、西安交通大学和中国地质大学工程硕士教学培训站及油层改造、提高采收率、井下工具、腐蚀防治重点实验室；拥有各类科研仪器设备485台(套)，固定资产原值3565万元。

2002年，采油工程技术研究院以建院20周年为契机，针对油田开发生产中存在的重大技术难题，在深层油气藏压裂改造技术、分层注水技术、高含水油藏提高采收率技术、深层低渗难动用储量开发配套技术、井况损坏防治技术及深层天然气开采技术等方面开展了67项科研课题的研究，其中通过石化集团公司鉴定项目4项、分公司验收项目26项，并有23个项目获局级科技进步奖(一等奖3项、二等奖7项、三等奖13项)；推广项目60项，现场技术服务2273井次，累计增产原油21万吨，增产天然气6100万立方米；实现内部收入4780万元。(1)科技攻关。“白庙凝析气藏开发关键技术”、“濮城油田稳产上产技术”被列入2003—2005年石化集团公司“十条龙”科技攻关项目。(2)新技术现场应用。由采油工程技术研究院优化设计的大型压裂井文13-341井，日增产原油100吨；实施撬装式制氮气举排液技术，现场施工后增气效果明显，使停产井恢复了正常生产。(3)采油工艺技术。研制开发出新型油溶性破乳剂，成功设计出中原油田第一口双封分层压裂井压裂方案。

（周　琦）

钻井工程技术研究院

中原石油勘探局钻井工程技术研究院位于河南省濮阳市中原路东段路北59号，其前身为中原石油勘探局钻采工艺研究所的一部分，2000年12月由钻井工艺研究所、钻井机械仪表研究所、钻井泥浆技术研究所合并成立。主要承担着中原油田钻井工艺、矿场机械、仪器仪表、油田化学、计算机应用等方面的项目研究以及井控培训IADC资格认证、合成聚合物驱油剂生产等任务。截至2002年底,钻井工程技术研究院共有员工390人,其中研究生5人、大学本科生104人,具有高中级技术职称的160人;拥有全尺寸模拟试验井、岩石力学实验室、固定设备实验室、钻井液化学试验室和相应的科研精密仪器设备,以及用于钻井控制技术的MWD、随钻测斜仪、电子陀螺和高压密封套管检测、新型高效循环系统等设备及专用工程车辆,拥有固定资产原值9696万元、净值7459万元。其在减速器涡轮钻具配合高效钻头钻井技术、提高小井眼机械钻速的研究、ZJ50/70深井钻机钻井液循环净化系统、注水井作业屏蔽暂堵技术的研究、固相化学清洁技术研究、无机—有机单体聚合物钻井液与完井液处理剂研究、钻井和措施井作业污水处理技术研究、两性离子磺酸共聚物处理剂及钻井液体系研究、保护油气层新型射孔液技术研究等项目上均形成研究成果,并在实际运用中取得良好效果。2002年,钻井工程技术研究院共取得各类科研成果47项,通过中原油田科研项目验收16项,其中获局级科技进步一等奖2项、二等奖7项、三等奖4项。

(唐　燕　廖代平)

物探研究院

中原油田分公司物探研究院位于河南省濮阳市中原路庆山街3号,其前身为1994年10月由经济技术信息中心石油综合信息部和勘探开发研究院计算机服务中心合并成立的中原油田计算中心;1997年11月,计算中心与地质调查处合并,更名为地质调查处计算中心;2001年12月,从地质调查处分离,成立了物探研究院,为分公司正处级单位。其主要承担中原油田地震资料处理与解释、综合地质研究、地震采集方法设计、计算机软件、信息网络工程建设等方面的理论研究、技术开发及技术服务等任务。截至2002年底,物探研究院共有员工227人,其中高级工程师51人、研究生18人;设有机关科室4个、科研单位4个。拥有32个CPU的SGI origin 3400大型并行计算机和64个CPU的PC机群,配有世界先进的处理、解释软件,长期与美国、法国、以色列等国家的地球物理公司进行技术合作,其地震资料处理设备规模位居石化集团公司系统前列。

2002年,物探研究院共承担科研生产项目45项,其中勘探开发项目15项,实现经营收入4504万元,盈利521万元。完成了东濮凹陷马厂、白庙桥口南—徐集、三春集等地区三维地震资料处理,陕北富县、塔里木中原探区及苏丹5个区的二维地震资料处理工作;开展了东濮凹陷白庙、桥口、刘庄等地区和塔里木、陕北富县探区地质研究工作并取得重大突破;开展了计算机应用软件开发、网络技术研究,完成了网络维护与建设等多项研究项目。其中,《中原地震资料处理系统研制与应用》项目,针对原有地震资料处理系统的缺陷和不足,开发研制了27个应用软件模块,进一步提高资料处理的质量和工作效率,获2002年度"石化集团公司科技进步奖"二等奖;石化集团公司"十五"重点科技攻关项目——《中原油田深层三维地震勘探技术》项目,在东濮凹陷前梨园和白庙地区实际应用后,提高了深层三维地震资料的品质,新增探明石油地质储量719万吨,预测天然气地质储量23.55亿立方米。1998年以来,由物探研究院完成的科研项目共获得"石化集团公司科技进步奖"3项、"石化集团公司技术发明奖"1项,获局级以上科技进步奖36项。

(夏启禹)

天然气产销厂

中原油气高新股份有限公司天然气产销厂基地位于河南省濮阳市以东20千米柳屯镇工贸区内,成立于2000年9月26日,是中原油田集天然气勘探开发、石油伴生气集输、商品气外销为一体的专业化单位,担负着中原大化、中原乙烯、沧州大化、安阳玻壳等20多个大中型企业和郑州、济南、开封、安阳、濮阳、德州、聊城等10个大中城市的天然气供输任务。截至2002年底,天然气产销厂共有员工1353人,其中全民合同工1088人、劳务合同工265人;下设机关科室14个、生产单位28个;拥有固定资产原值9.69亿元、净值4.96亿元。管理着文23、文24、文96、户部寨、濮城5个气田70口气井、11座集气站、6座增压站、14座配气站及450千米的集输管线,其中已连续稳产12年的文23气田是中国东部最大的陆上砂岩气田。累计动用气田含气面积32.21平方千米,探明天然气地质储量222.8亿立方米。

2002年,天然气产销厂围绕"储量升、产量升、销量升、效益升"和"确保成本不超、确保安全生产"的工作目标,全面完成了各项生产经营任务。年内,生产气层气7.5亿立方米,比年计划超产9733万立方米;接收伴生气5.76亿立方米;生产凝析油1.12万吨,比年计划超产892吨;外销天然气10.18亿立方米,比年计划增销6716万立方米;实现销售收入8.52亿元,比年计划增加8117万元;外销天然气资金回收率

99.84%,比年计划增加1.34个百分点;千方气直接成本188.35元,比年计划节约6.65元;气层气日产量突破230万立方米,并实现了安全生产无事故。(1)完成了《户部寨气田整体开发方案》,加快了户部寨气田产能建设步伐,日产量达到30万立方米;在文23气田实施滚动挖潜,新增动用天然气地质储量8亿立方米,新增产能15万立方米/日。(2)对柳特线、中开线、柳屯工业配气站进行了大修,建成并投产了东明增压站、濮城4号集气站、文柳ϕ630管线、南气北输管线,天然气流通状况得到明显改善。(3)天然气大流量站通过了实验室国家认可,具备了参与国内、国际天然气市场竞争的资格。(4)天然气生产经营信息实现了厂、区两级联网,初步建立起企业信息化的平台。(5)开展6A级基层单位评比活动,内部经营管理进一步规范化,实现了天然气的增产、增销、增效。2002年,文23气田被评为石化集团公司"九五"期间惟一的"高效开发气田",户部寨气田产能建设项目被评为石化集团公司"九五"期间"高效产能建设项目",天然气产销厂被评为石化集团公司"九五"期间先进采气厂。

(李青海　马敬朝　吴红旗)

天然气处理厂

中原油气高新股份有限公司天然气处理厂位于河南省濮阳市以东20千米柳屯镇工贸区内,是中原油田以石油伴生气处理、轻烃和精细化工生产为主业的正处级单位,原名为天然气化工厂,2002年4月更为现名。截至2002年底,天然气处理厂共有全民合同制员工1109人,其中具有高中级职称的146人;设有生产、辅助单位18个。拥有固定资产原值7.01亿元、净值3.36亿元。管理着3套大型气体处理厂和4个轻烃深加工厂,生产以石油伴生气经加工处理后回收的液态乙烷、商品丙烷、商品丁烷、特种丙烷、特种丁烷、液化石油气和轻烃深加工产品两大类主导产品。先后建成了中国最大的以回收乙烷等单体烃为主要目的的天然气处理装置,日处理石油伴生气200万立方米;拥有国内最大的戊烷发泡剂生产基地,年轻烃深加工能力5万吨;建成了亚洲最大、中国首家的气雾剂级烃类抛射剂装置,年生产能力5万吨。天然气处理厂伴生气日处理能力300万立方米,年生产轻烃13万吨,年生产轻烃深加工产品百余种8万吨以上。

2002年,天然气处理厂围绕年度生产经营目标,不断提高产品的科技含量和质量档次,降低生产经营成本,扩大产品市场占有份额,完成了各项生产经营承包指标。年内,上缴内部利润9860万元,超额4402万元,完成年度利润承包指标的180%,总产值4.61亿元。(1)产能建设。轻烃罐区整体标准化改造项目竣工,实现了轻烃罐区远程自动控制;正己烷改造项目建成投用,进一步提升了轻烃深加工产品附加值;异戊烷降酸值技术改造项目建成投产,增加效益100余万元。(2)安全工作。利用IT平台建立起安全控保系统,实现了对天然气加工工业的全天候、不间断、全自动安全监控,全年安全生产无事故。(3)产品外销。"华大利"牌戊烷发泡剂系列产品批量销往台湾地区,创外汇30万美元;"华大利"牌轻烃深加工产品批量出口伊朗、巴基斯坦等国家,并畅销国内20多个省市。(4)职工培训。与辽宁石油化工大学联合开办研究生班,选送22名技术骨干在职学习,促进企业高新技术人才培养。年内,天然气处理厂获中原油田"十大全能员工"1人、厂级技术能手标兵14人,完成科技创新成果34项,员工岗位资格取证率达到99%以上。

(付　刚　王　刚)

天然气管输处

中原油田分公司天然气管输处基地位于河南省濮阳市市区大庆路122号,是中原油田根据石化集团公司气化山东、抢占山东天然气市场的战略部署,于2002年4月新成立的正处级企业单位,全面负责中原油田在山东市场的天然气管道建设、管网维护和天然气管输营运的管理工作。截至2002年底,天然气管输处共有员工490人,其中全民合同工192人、劳务合同工298人,专业技术人员79人,具有高中级职称的47人;设有机关科室9个、直属单位9个。拥有天然气长输管道658千米,其中中原油田—济南管线274千米、济南—淄博管线136千米、淄博—青岛管线248千米,沿线设有5个输气工区、1个巡线大队、12个分输站、24个阀室,固定资产总值6.2亿元。

2002年,天然气管输处按照现代化、规范化企业的管理模式,坚持高起点、高标准、高素质的工作方针,边组建、边运行、边完善,全面加强天然气管道建设,完成了各项生产经营建设任务。年内,建成淄博—青岛天然气长输管道248千米,向禹城、泰安、济南、青岛、齐鲁石化供气4184万立方米,年输差控制在−1.5%以下。(1)按照石化集团公司要求,成立了工程、资产、人员3个接收小组,接收了原由徐州管道储运公司管理的中原油田—济南天然气管道的管理工作;建成了济南至齐鲁石化公司天然气管道,向齐鲁石化公司日供天然气 10 万立方米；建设完成了 384 千米的济南—青岛天然气管道，并于 2002 年 12 月向青岛市供应天然气。(2)针对单位新成立的实际，全面开展职工技术培训，共举办计量、输气管理等培训班 10 期，培训员工 210 人，培训合格率 100%。

（刘　勤）

石油化工总厂

中原油田分公司石油化工总厂位于河南省濮阳市以东 20 千米柳屯镇工贸区内，始建于 1986 年 1 月，其前身为中原油田油气综合处理厂，1993 年 3 月更名为炼化总公司，1995 年 8 月改为炼油化工总厂，1998 年 7 月更为现名。主要担负着中原油田各种车辆、生产机具的自用油以及民用液化气、中原乙烯原料、濮阳周边市场用石油化工产品的生产供应任务。截至 2002 年底，石油化工总厂共有员工 1252 人，其中各类专业技术干部 571 人，具有高中级以上技术职称的 171 人；下设 17 个基层单位。主要生产装置有 120 万吨/年常压蒸馏、50 万吨/年催化裂化、4500 吨/年冷榨脱蜡、10 万吨/年干气 LPG 脱硫醇、6.4 万吨/年 LPG 脱总硫、20 万吨/年汽油脱硫醇、17 万吨/年酸性水汽提、2 万吨/年二氧化碳、5 万吨/年特种油处理等装置以及循环水系统、动力锅炉系统、油品储运系统和铁路专用线等公用配套设施，拥有各类设备 4124 台(套)，固定资产原值 2.62 亿元。主要产品有汽油、石脑油、化工轻油、聚丙烯系列、液化气、精制石蜡等八大类 21 种产品。

2002 年，石油化工总厂围绕“装置达标、增收节支、降本增效”开展工作，积极拓展企业生存空间。一是加快主业发展步伐，改造建设了二氧化碳、特种油处理等装置，为油田单井吞吐和三次采油提供优质气源，培育出新的经济增长点；二是及时调整产品结构，完成了 MGD 工艺技术改造，解决了柴油色度和氧化安定性问题，确保了出厂柴油全部达到国家新标准要求。年内，生产成品油 36.77 万吨(汽油 13.91 万吨、柴油 22.86 万吨)，液化气 4.45 万吨，石脑油 4.52 万吨，各种牌号溶剂油 1.41 万吨。另外，生产丙烯、聚丙烯、丙烷、混合芳烃、石蜡及燃料油等 2.35 万吨，上缴利润 2050.38 万元。截至 2002 年底，石油化工总厂已连续十年获中原油田安全生产先进单位，连续六年获濮阳市“产品质量信得过企业”，先后被评为中国石油化工集团公司最佳绿化工厂、河南省卫生先进单位、全国首批 500 家管理创新示范单位，并分别通过了 ISO 9002 质量体系认证和 ISO 9002 质量体系 2000 版转换认证，其产品远销河南、山东、山西、陕西、安徽、四川、内蒙等省。

（洪振贤　华静宇）

舒普凡化纤厂

中原石油勘探局舒普凡化纤厂位于河南省濮阳市大庆路南段，其前身是中国石油天然总公司、中原油田共同投资兴建的细旦丙纶项目，1999 年 7 月建成投产，2000 年改称舒普凡化纤厂；总投资 1.2 亿元，设计规模为年产细旦丙纶长丝 4000 吨，是集科研、开发、生产差别化、功能化纤维细旦丙纶长丝的专业化生产单位。截至 2002 年底，舒普凡化纤厂共有员工 159 人，其中具有高中级职称的 25 人，专业技术人员 53 人；设有机关科室 8 个、生产单位 5 个、科研单位 1 个。主要设备从德国巴马格公司和法国 ICBT 公司进口，拥有固定资产原值 1.1 亿元、净值 1 亿元。

舒普凡化纤厂自成立以来，面对国内化纤市场实际情况，先后与天津工业大学、华东理工大学等院校建立合作关系，承担了河南省科技厅、石化集团公司、濮阳市科技局和中原石油勘探局 11 项科研课题，成立了专门的技术研究所，重点开发差异化、功能化、高品位纤维新产品。截至 2002 年底，开发出远红外细旦丙纶长丝、超细旦丙纶长丝、异形细旦仿真丝等多个品种的功能纤维，年生产能力达到 2000 吨。其中，“远红外细旦丙纶长丝”被国家科技部评为 2001 年度国家重点新产品，“防紫外细旦丙纶长丝的研究”、“灭菌复合功能型纤维研究”2 个项目于 2002 年通过石化集团公司组织的技术鉴定。

（侯朝轩　刘鲁生）

房产租赁中心

中原石油勘探局房产租赁中心位于河南省濮阳市中原油田基地商贸中心市场东侧，是由原房产管理处商贸中心、基地土地管理中心地租征收站和南方经济开发中心房产开发部门于 2002 年 4 月合并成立的经济实体单位，主要负责油田基地租赁房屋和部分改制企业国有房产的管理、维修和租金收缴工作，管理着油田基地商业出租房和改制使用的商业、生产、办公、仓储房屋。截至 2002 年底，房产租赁中心共有员工 133 人，其中全民合同工 113 人；设有职能科室 5 个、基层租赁 9 站、计量维修站 1 个；拥有房屋资产原值1.8亿元。共接收房屋面积33万平方米,其中,个体商户承租房屋面积11.7万平方米、改制企业承租房屋面积9.65万平方米、分公司使用房屋面积1.65万平方米、勘探局内部单位使用房屋面积4万平方米、其他各类房屋面积6万平方米;所管辖的商户1347个,流动人口4863人。

2002年,房产租赁中心抓住规范管理和优质服务两条主线,以确保房产保值增值为中心,坚持"应收尽收、应得尽得"的原则,追求房产效益最大化,实现经营收入3050万元,上缴利润852万元,完成了勘探局下达的经营承包指标。(1)对房产资产进行拉网式的清查盘点,共清查固定资产608项,提高了租金回收率。(2)把建章立制作为加强基础工作的切入点,根据勘探局各项政策规定,出台了《房屋租赁管理办法》等15项管理办法,《房屋租赁管理工作运行程序》等12项工作运行程序,对全中心59个岗位重新核定了岗位职责。(3)开展签订房屋租赁合同和征收租金工作,对拒不缴纳租金的依法提起诉讼,挽回经济损失44万元。(4)加强安全基础管理,与商户签订了《治安、安全消防责任书》,出台了《安全管理办法》、《装饰装修管理办法》,查处安全隐患354处。(5)实行流动人口属地管理,与商户签订《流动人口计划生育责任书》,未出现一例流动人口违反计划生育政策的事件。(6)投资446万元兴建"都市家园"小吃城4734平方米,为下岗人员再就业提供经营场所。(7)加强职工培训。举办计算机操作应用培训班,培训员工96人;开展技术比武活动,在勘探局消防技能比赛中获得团体第三名。2002年,房产租赁中心被勘探局评为2002年度财务资产管理先进单位、企业管理先进单位和2002年度优胜单位,所管理的中原油田商贸中心被评为濮阳市最佳窗口服务单位。

(刘青山)

油田人物

2002年河南省“五一劳动奖章”获得者

马青印　男，汉族，1967年7月出生，河南省濮阳县人，1989年7月毕业于江汉石油学院并参加工作，大学学历，高级工程师，中共党员。时任中原油田分公司采油一厂采油一区经理。他积极倡导和参与文10块、文101块调剖及调驱先导试验，使其管理的采油区增加可采石油地质储量41万吨，采收率上升近4个百分点，并连续多年超额完成原油生产任务。他先后被评为1998年度中原油田“十大杰出青年”、1999年石化集团公司“青年岗位能手”、1999—2000年度油田“劳动模范”，2001年油田优秀人才。2002年获河南省五一劳动奖章。

赵全民　男，汉族，1966年10月出生，河南鄢陵人，1988年7月毕业于华东石油学院并参加工作，大学学历，工程师，中共党员。时任中原油田钻井二公司副总工程师、也门钻井项目部经理。2000年以来，在他的带领下，中原油田也门项目由小变大，共完钻13口、钻井进尺18357米，并创造了多项油田国际钻井项目工作量的新纪录。他曾被钻井二公司评为1995、1996、2000、2001年度的标兵和1996、2000、2001年度的优秀共产党员。2002年获河南省五一劳动奖章。

孙　森　男，汉族，1977年11月出生，山东省莘县人，大专学历，助理经济师，中共党员。1991年9月就读华北石油财经学校劳资班，参加工作后，一直从事人事劳资工作。1998年1月起任中原油田房产管理处人事劳资科助理经济师。他通过自学大专计算机专业，熟练掌握了计算机基础知识与操作技能，编制开发了房产管理处干部年度考核系统、干部报表自动生成程序等应用软件。他曾被评为中原油田1999、2000年度干部统计工作先进个人和2001年度劳资统计工作先进个人；2000年12月被评为中原油田职工读书自学积极分子；2001年12月被评为中原油田计算机操作能手；2000年10月19日被中国石油天然气集团总公司、中国石油化工集团公司、中国海洋石油总公司、中国石化医药工会联合授予“全国石油石化职工计算机技术能手”称号。2002年获河南省五一劳动奖章。

姬成敏　男，汉族，1954年12月出生，河南淅州县人，1972年10月参加工作，中共党员，曾任广东省南雄县823部队战士、玉门石油管理局水电厂车工、中原油田采油四厂作业大队班长、采油四厂作业队队长，1994年起任中原油气高新股份有限公司采油四厂采油八区党支部书记。在基层党支部书记岗位上，他深入细致开展思想政治工作，全心全意为职工服务，其所在的采油区连续六年获“王海式采油队”称号、连续四年被评为油田星级采油队、连续五年被评为油田安全标杆队，产量效益连年上台阶。他曾连续两年被评为中原油田十佳文明员工，连续四年被评为油田优秀基层通讯员，先后获1989年度濮阳市“五一劳动奖章”、2000年度中原油田“十佳基层党支部书记”和石化集团公司1998—2001年度“优秀政治思想工作者”称号。2002年获河南省五一劳动奖章。

（熊　伟）

2002年度“孙越崎青年科技奖”获得者

刘一江

2002年河南省新长征突击手

蓝刚华　男，汉族，1967年10月出生，广东省潮州市人，1990年毕业于江汉石油学院开发系采油工程专业并参加工作，中共党员。时任中原油田分公司采油工程技术研究院分层工艺研究室油井研究组组长、高级工程师。先后从事采油管理、油田开发动态管理、油藏数值模拟、油田开发规划等工作，负责中原油田分层工艺及井下工具的研究设计和推广应用。参加工作以来，先后取得科研成果20余项，其中通过石化集团公司鉴定4项，获石化集团公司科技进步奖二等奖、发明奖三等奖2项，获国家专利5项，获中原油田科技进步奖6项；先后在省部级以上学术刊物上发表论文30篇近60万字。曾获中原油田优秀科技工作者、青年科技标兵，采油工程技术研究院十大杰出青年、先进工作者、青年岗位能手、青年创新创效标兵等20余项称号。

2002年获河南省“新长征突击手”称号。

（陶　红）

2002年河南省青年岗位能手

李小庆　陈民岗

2002年石化集团公司突出贡献专家

一、中原石油勘探局(1人)：

李占英

二、中原油田分公司(3人)：

陈元华　吕延仓　史云清

（代万波　郭亚东）

2001—2002年度石化集团公司技术能手

一、中原石油勘探局(9人)

刘　涛　刘家福　胡宗波　赵厚民　郭同乐
王立峰　付　铭　李元化　姚　江

二、中原油田分公司(6人)

田纪民　张梅芳　陈　川　罗永红　强银花
陈建廷

（熊　伟）

2002年石化集团公司学术技术带头人

一、中原石油勘探局

第二层次(5人)：

李占英　华学理　刘大恕　杨全盛　赵伟卫

第三层次(19人)：

李午辰　邓卫东　闫光庆　蔡　元　王佑宁
徐永生　张献丰　郑满圈　赵开良　李　昭
黄奇源　李　飞　姜富刚　银永明　杨德景
程振华　刘学勤　聂保京　陈蔚茜

二、中原油田分公司

第二层次(12人)：

刘一江　冯建辉　陈元华　刘月臣　吕延仓
张志远　史云清　邓瑞健　贾连壁　张强德
曾大乾　刘秋生

第三层次(42人)：

苏玉山　张敬武　侯天江　纪云岭　徐卫东
范青玉　杨灵信　熊良淦　周和平　刘地渊
左代蓉　邢德敏　杨昌俊　吕新华　王铁林
呼舜兴　林　涛　贾宗贤　孙建国　尹琦岭
刘秋生　谈玉明　谷维成　王秀林　赵良金
吴应川　姜贻伟　焦存礼　毕建霞　李宗田
刘积松　吴信荣　李明志　李宜坤　韩　进
罗晓义　王选奎　陈业全　蔡其新　王立新
褚万泉　阴振亚

2002年石化集团公司优秀青年知识分子

一、中原石油勘探局(5人)：

孙清德　王富群　张献丰　杨凌照　郑满圈

二、中原油田分公司(6人)：

李现东　邢希春　王德仁　吴应川　罗晓义
褚万泉

（代万波　郭亚东）

2002年石化集团公司青年岗位能手

一、中原石油勘探局(5人)

韩志田　刘自广　汪　洋　王长生　李油建

二、中原油田分公司(3人)

赵玉臣　慕小水　汪衍磊

中原油田十大全能员工和十大智能员工

一、十大全能员工

韩志田　钻井一公司32747钻井队带班队长、国际司钻

李元化　钻井三公司45146钻井队司钻、工人技师

陈建廷　采油四厂采油十区大班班长

姚　江　供电管理处配电二工区医院配电所电工班长

胡海涛　特种车辆修造总厂机械制造厂钳工班班长、高级钳工

付　铭　钻井四公司32621钻井队钻井一班司钻
聂世超　地质调查处石油地震勘探工
刘泽峰　天然气处理厂一气二车间深冷岗运行班长
陆存昌　井下特种作业处苏丹工程部作业司机
刘建华　公共事业管理处绿化工

二、十大智能员工

何　强　采油二厂采油八队高级技师
田纪民　采油三厂文明寨油矿采油八队维修班班长、高级技师
汪　洋　工程建设总公司第一工程处管工班班长
汪衍磊　采油二厂采油二队34号站副站长
刘文忠　特种车辆修造总厂特车改装厂车间职工
杨高红　采油一厂测试大队技师
刘　涛　测井公司开发测井二队队长
王金江　采油六厂作业大队作业三队技师
赵厚民　钻井二公司50113钻井队机械动力技师
李炳全　采油五厂电讯管理总站高压供电队职工

中原油田 第十届十大杰出青年

王红卫　钻井一公司3286队平台经理
付天明　钻井三公司4513队平台经理
刘自广　钻井四公司45130队平台经理
任志宏　油田一中高中物理教师
朱彦群　采油五厂开发地质研究所开发二室主任
张立新　采油二厂采油二矿地质组组长
曹　峰　通信管理处技术安全科副科长
焦玉清　天然气化工厂第三气体处理厂厂长
谭文宁　采油三厂马寨油矿采油十六队队长
慕小水　勘探开发科学研究院东濮西部勘探室课题长

（陶　红）

2002年获高级专业技术职称任职资格人员

中原石油勘探局(348人)

一、教授级高级工程师(1人)

华学理

根据中国石化人技[2002]292号文件批准，以上1人任职资格资历时间从2002年11月11日算起。

二、教授级高级政工师(2人)

张召平　李中明

根据中国石化人技[2002]337号文件批准，以上2人任职资格资历时间从2002年9月6日算起。

三、主任医师(7人)

司定然　张保中　郭峰坤　王　勇　张长河
王恒亮　闫　稳

根据中国石化人技[2002]272号文件批准，以上7人任职资格资历时间从2002年9月25日算起。

四、高级工程师(87人)

尹念敏　张福英　乔大军　璩晓东　肖坤德
张　勇　杜黎君　郭金元　高新营　佟学君
张昌利　张传超　白运台　吴永清　陈　葳
胡双全　石苏伟　苏茂森　潘　玮　刘长军
孙　举　陈小明　张菊丽　胡延明　叶胜利
吴军锋　张志松　郭建军　宗照峰　王　松
韩兴华　李文田　张桂勤　程家富　王建国
田亿锋　吴学明　程娟霞　李付玉　张建强
杨秀莹　张　崎　郑志武　李　勃　王银舟
刘　伟　刘洪杰　邢　亮　李　括　杜清丽
尹洪生　高绍智　王新来　卢运周　刘匡晓
董泽军　王长生　王存才　王相磊　韩　敏
刘改河　何　平　黄新成　肖玉勇　秦强运
刁伟东　刘崇祥　牛有志　盖　峰　熊大军
张振生　杨海钧　高荣霞　董集斌　聂　军
吴会年　王兴朴　熊和志　林　荷　刘秋丰
苏安平　朱宇亭　宋士旗　罗廷才　张召锋
吴　锰　陈　飞

根据中油局职改[2002]14号文件批准，以上87人任职资格资历时间从2002年11月18日算起。

五、高级会计师(20人)

王　雪　程宏伟　王胜保　王绍鹏　李金钟
王启学　高锁华　孙福莉　王称意　唐俊峰
张金贤　陈文校　吴玉新　祝　燕　蔺宝英
方正民　孔庆杰　李　强　谢良文　朱俊华

根据中油局职改[2002]14号文件批准，以上20人任职资格资历时间从2002年11月27日算起。

六、高级经济师(21人)

李国祥　轩志东　田　野　周泳利　田江勇
高　俊　胡　涛　颜成亮　袁　超　王忠勇
程群爱　姜福耀　杜瑞兰　张庆国　张　伟
石书灿　韦旭升　周作成　汪春爱　邢卫民
丁学成

根据中油局职改[2002]14号文件批准，以上21人

任职资格资历时间从2002年11月27日算起。

七、副主任医师(32人)

马荣龙　陈兴民　付瑞锋　高福全　崔庆明
刘金淑　王淑贞　卢　刚　段　堃　陈春波
李继芳　李社军　侯鹏飞　史周印　薛居芝
张衍奇　石翠娥　尚孟学　刘　凌　吴建国
王根军　宋光临　冯志广　韦淑萍　裴改社
李建欣　薛瑞军　常新华　丁玉琴　高艳蕊
吉金钟　贾聚群

根据中国石化人技[2002]272号文件批准,以上32人任职资格资历时间从2002年9月25日算起。

八、副主任药师(1人)

李　东

根据中国石化人技[2002]272号文件批准,以上1人任职资格资历时间从2002年9月25日算起。

九、副主任护师(1人)

赵建荣

根据中国石化人技[2002]272号文件批准,以上1人任职资格资历时间从2002年9月25日算起。

十、主任编辑(1人)

李丽平

根据中国石化人技[2002]337号文件批准,以上1人任职资格资历时间从2002年9月6日算起。

十一、主任记者(2人)

徐先明　李　鹏

根据中国石化人技[2002]337号文件批准,以上2人任职资格资历时间从2002年9月6日算起。

十二、副教授(1人)

曹锦慧

根据中油局职改[2002]14号文件批准,以上1人任职资格资历时间从2002年12月16日算起。

十三、高级讲师(4人)

葛　红　周雄进　于　杰　易小珍

根据中油局职改[2002]14号文件批准,以上4人任职资格资历时间从2002年12月16日算起。

十四、中学高级教师(104人)

胡风华　李　琳　范在国　张变字　郭卫峰
孙智学　丁玉升　刘　红　郭淑玲　杜香娟
耿广亮　周存昌　张茹环　庞素清　刘福叶
郭爱民　史梅香　刘全法　杨亭杰　姚玉彩
李秋仲　刘用喜　李　勇　杨海堂　许炳刚
许素英　唐国超　卢庆彪　李培东　陈安平
罗光远　赵可勤　娄留喜　路明卓　任长兴
田志华　刘喜韧　刘　燕　刘宏志　杨　莉
杨俊鹏　王润峰　魏志杰　张　洪　卫　华
白向阳　李天运　王素玲　陈　东　靳春丽
肖保全　胡　斌　刘诗良　任志宏　李胜义
胡凤华　耿　莉　杨明珍　郭尊歌　韦世萍
刘康俊　徐海平　刘云峰　逯文霞　姜少丽
杨吉文　吴利芹　田玉培　陈志合　唐淑云
贾爱云　王冠仓　章晓峰　谷建军　王秋赋
盛红云　张连杰　陈自蕴　刘丽萍　陈西良
王洪杰　董慧敏　李学斌　马余宣　徐继红
黄勋良　翟顺民　王玲玲　白兴荣　白锦颖
鲁晓梅　李向阳　孔令惠　王富坤　杜洪君
王冀鸣　王连顺　常国胜　穆启运　王　浩
张文忠　童海燕　郑秋盈

根据中油局职改[2002]14号文件批准,以上104人任职资格资历时间从2002年12月16日算起。

十五、高级政工师(64人)

张恒军　李　强　李金乃　杜树林　袁守民
朱伯才　李随山　王崇石　曹应华　张润疆
刘光升　马红玉　郭继辉　刘宗宪　王　敏
刘洪斌　陈　杰　闵　学　刘保书　郭泰然
许庆文　王延年　李敏光　张合生　郑允长
王景询　赵才喜　刘宗志　陈春安　孙　锐
张顺昌　田松杰　吴焕军　范冠信　王勇俊
徐金莲　王玉山　高大鸣　朱长青　张学堂
王玉建　马洪芳　郭玉民　谭群升　马　英
吴思锋　陈　雨　滕洪香　孙景华　刘建华
杨云峰　田洪民　赵周科　郑　娟　张永刚
佟培珍　蔡克贤　张福生　杨占林　张玉科
许有吉　张　峰　王　发　张世远

根据中油局职改[2002]14号文件批准,以上64人任职资格资历时间从2002年12月12日算起。

(代万波)

中原油田分公司(131人)

一、教授级高级工程师(7人)

史云清　宋　明　曾大乾　郑鸿稳　盛兆顺
张强德　郭学辉

根据中国石化人技[2002]292号文件批准,以上7人任职资格资历时间从2002年11月12日算起。

二、高级工程师(95人)

王青涛　张学仓　汪勇章　李修文　吕清河
王维星　史晓贞　滕庆勇　刘社英　王红娟
颜　鑫　李家政　孙良田　武德宁　杨　建
李　瑛　李发科　郝艳丽　张中伟　李传乐

张光平　张爱国　李才学　司尚举　卫拥军
付长春　马洪涛　张国庆　曹延军　杨发堆
苑司军　李道亮　杨　龙　张　辉　王小山
陈合德　李西爱　熊廷柱　彭　妥　赵祥春
岳　华　赵其磊　刘俊霞　张　鹏　兰东海
张志全　王　峰　刘岳龙　张立举　夏　峰
段文胜　姜丙卫　刘　炬　刘爱竹　王清华
蒙玉平　梁宏志　陶常青　郭金舵　吴维德
李晓莉　栗广科　袁先春　段昕婷　李火车
孙明莉　张　虹　王广智　翟海洋　范迎风
王　英　胡玉杰　孙黎娟　田玲钰　李银花
洪秀娥　周　瑜　赵爱武　史振勤　曹玉珊
乔保林　张东荣　周　彤　秦广胜　潘文峰
罗凤芝　张国庆　苏建政　蓝钢华　程宝生
黄志平　李海营　孟　涛　梁　涛　唐祖友

根据中油职改[2002]7号文件批准，以上95名人高级专业技术职务任职资格资历时间从2002年11月8日算起。

三、高级经济师(15人)

韩文彪　郭　华　刘克志　石爱民　王克风
裴　辉　张之华　马石松　李寿军　贾克俭
路立学　贺桀桀　王景富　卢秀军　王建钧

根据中油职改[2002]7号文件批准，以上15人高级专业技术职务任职资格资历时间从2002年11月27日算起。

四、高级统计师(1人)

陈　丽

根据中油职改[2002]7号文件批准，以上1人高级专业技术职务任职资格资历时间从2002年11月27日算起。

五、高级会计师(13人)

孙中义　栾灿根　张学勤　李西锋　王召江
李淑芹　杨立志　裴德芳　陈光福　邢星发
董和春　马保童　姚　胜

根据中油职改[2002]7号文件批准，以上13人高级专业技术职务任职资格资历时间从2002年11月27日算起。

逝世人物

吴俊英　男，山西省寿阳县人，1931年出生，1949年3月参加工作，1951年9月加入中国共产党。历任中国人民解放军185师553团机枪连战士、副班长、班长，186师战车团修理连班长；玉门油田水电厂保卫员、人事科人事员、车间副指导员、工会主席、农场党支部书记。1975年3月任玉门油田行政处副处长、生活服务处副处长；1984年11月任中原石油勘探局采油四厂副处级干部、中原油田干部中等专业学校副处级干部；1990年10月任中原油田干部中等专业学校副处级调研员；1992年1月离休。2002年9月17日，因病医治无效，在中原油田总医院逝世，享年71岁。

林基昌　男，山东省文登县人，1928年11月出生，1947年2月参加革命，1948年3月加入中国共产党，曾先后参加过淮海战役和抗美援朝战争。历任中国人民解放军华东野战军一纵二师5团战士，步兵176团班长，59师通信营有线连连长、副政治指导员，步兵176团政治指导员、副政治教导员，步兵175团政治处副主任。1978年9月转业到中原油田，历任东濮石油勘探会战指挥部钻井指挥部人民武装部部长，东濮石油会战指挥部人民公安分处处长、中原油田公安分处处长；1988年11月离休(享受副处级干部待遇)。2002年3月15日，因病医治无效，在北京逝世，享年74岁。

(菅明华)

大　事　记

2002 年

1 月

2 日　勘探局投资 585 万元购置的 13 台豪华“黄海”、“金龙”牌大客车投入运营。新车运营仪式在中原文化宫广场举行，刘恩学、李春第等出席仪式并为新车运营剪彩，张勤主持运营仪式。

同日　钻井二公司 RIG905 钻井队在执行挪威 DNO 公司也门钻井合同中，以连续 2 个月服务优良、无任何事故、无停工时间的施工纪录，获得甲方 2.3 万美元的奖励。

同日　天然气产销厂老区挖潜获得重大发现，新投产的文 108－4 井日生产天然气 5 万立方米。

4 日　在河南省许昌市召开的河南省企业思想政治工作会议暨省职工政研会第 11 次年会上，中原油田被评为“河南省优秀思想政治工作企业”。

8 日　中原石油勘探局工程建设总公司更名为中原油田建筑集团公司。

9 日　中原油田总医院完成豫北地区首例电子耳蜗植入手术并获得成功。

10 日　中原油田并行计算处理解释系统和 2000 型压裂车组等 2 套重大装备投产，标志着中原油田的装备水平上了一个台阶。

同日　分公司批复同意建设濮 67 气藏开发项目，项目建成后每年将增产天然气 0.99 亿立方米。

11 日　中原油田发起并参与研制的中国第一台 ZJ50D 电动钻机在桥 58－2 井投入使用。

同日　由钻井三公司 70101 钻井队承钻的中国大陆科探 1 井顺利取心钻至 1346 米。4 月 6 日，经过 10 个月的施工，2000 米先导孔钻井顺利完成。

14 日　在中国美术家协会版画艺术委员会主办的第七届中国工业版画展览中，中原油田获金奖 1 人、银奖 3 人、铜奖 3 人。

15 日　中国石化文联决定：中国石化音乐舞蹈家协会挂靠中原油田。

16 日　局工会三届八次全委会召开。会议选举沙启军为中原石油勘探局第三届工会委员会委员、常务委员、工会主席。

同日　天然气管理中心、井下特种作业处、勘探开发科学研究院、物资供应处 4 个单位重组到分公司，为中国石油化工股份有限公司中原油田分公司直属单位。

同日　河南省旅游局批准：中原油田金桥宾馆由二星级旅游涉外饭店晋升为四星级旅游涉外饭店。22 日，中原油田金桥宾馆“四星级旅游涉外饭店”星级颁布仪式在郑州市举行，河南省旅游局局长孙光华、郑州市副市长康定军、石化集团公司百川经济贸易公司董事长赵俊山、中原油田党委书记王献安等出席颁布仪式。

17 日　经国家人事部批准：中原油田等 174 个单位获准设立博士后科研工作站（人发[2001]121 号）。

18 日　钻井管具工程一处与钻井管具工程二处合并，成立中原石油勘探局钻井管具工程处。

21 日　中原油田召开思想道德教育活动总结表彰大会，20 个先进单位、50 个先进基层单位、100 名思想道德建设标兵受到表彰。

23 日　承担沙特阿拉伯阿美石油公司钻井施工项目的中原油田 SINO－1 钻井队（中国一号）创 5000 米钻机 24 小时拆卸、搬迁、安装、开钻新纪录。

26 日　刘恩学主持召开中原油气高新股份有限公司第一届董事会第二十次会议，审议并通过《公司 2001 年年度报告及摘要》等 11 个报告和议案。

本月　在河南省外经贸会议上，中原油田被评为“河南省外经业务完成营业额状元企业”。

本月　中原油田盟城小区被中央文明办、国家民政部确定为全国创建文明社区示范点，这是全国石化系统惟一获此殊荣的单位。

本月　马厂油田天然气评价井——马 64 井获日生产天然气 2 万立方米的高产工业气流。

本月　在河北省天然气利用一期工程开标仪式上，中原石油勘探局工程建设总公司中标石（家庄）邯（郸）线 4 标段 40 千米管道工程。

2 月

1 日　勘探局川井勘探开发处重组到分公司，更名为中国石油化工股份有限公司中原油田分公司川井勘探开发处。6月8日,勘探局取消了中原石油勘探局川井勘探开发处名称。

3—4日 石化集团公司总经理、党组书记、石化股份有限公司董事长李毅中一行来中原油田调研。

4日 中原石油勘探局同意工程建设监理中心注册为独立法人。

8日 国土资源部副部长兼中国地质调查局局长、中国大陆科学钻探工程领导小组组长寿嘉华到科探1井慰问中原石油勘探局钻井三公司70101钻井队职工。中原油田党委书记王献安和江苏省、连云港市、东海县等有关部门领导陪同慰问。

同日 经中原油田逐级推选,确定王中华为中共十六大代表候选人初步人选,并上报中共河南省委。

15日 石化集团公司副总经理牟书令一行在中原石油勘探局副局长孙清德陪同下,到四川盆地川东断褶带普光1井施工现场慰问中原石油勘探局7019钻井队职工。

20—21日 中原油田召开2002年工作会议。王献安主持会议,刘恩学作中原油田2002年工作报告,李春第作中原石油勘探局工作报告。勘探局、分公司领导分别与所属单位签订了2002年经营承包合同。

27日 文留油田文90-42井经过压裂改造,获日生产原油75.7吨的高产工业油流。

本月 春节前夕,由中原油田施工的山东天然气市场重大工程——济南至齐鲁石化天然气管道焊接完毕;3月22日管道达到投产条件。

3月

1日 满载修井设备的20辆汽车开赴沙特阿拉伯石油市场。刘恩学、王献安等出席欢送仪式并向沙特3+1年修井项目经理授队旗。

13日 由钻井三公司、地球物理测井公司施工的中原油田第一口中曲率半径超深水平井——文92-平1井完井测井取得成功,为油田大规模开发水平井提供了技术参数。4月,文92-平1井完井,井深3680米,井底最大井斜95°,水平段长374米,横穿油层100多米。

14日 中原油田与淄博市公用事业管理局签订天然气供用协议。

15日 中原油田污水处理厂扩建工程开工。

18日 石化集团公司副总经理张耀仓率调研组来中原油田调研,刘恩学、王献安、李春第等陪同调研。

20日 勘探局供电管理处重组到分公司,更名为中国石油化工股份有限公司中原油田分公司供电管理处。

24日 中原油田首批赴南极中国长城站服务的2名工作人员凯旋,1人继续留在南极工作。

同日 中原油田SINO-1钻井队在沙特阿拉伯UIMN-1498井(设计井深2180.54米)施工中,仅用16天时间完成交井。这标志着中原油田的钻井水平进入沙特市场先进行列。

24—29日 石化集团公司副总经理陈同海一行到中原油田中东公司迪拜基地考察工作。

28—31日 在北京召开的石化集团公司油气田开发工作会议上,中原油田的文中油田、文明寨油田、马寨油田、桥口油田及文23气田等5个油气田被评为高效开发油气田,4个单位被评为先进管理单位,3个项目受到表彰。

4月

1日 中原油田户部寨气田部1-11井射孔后获日生产天然气3.8万立方米的高产气流。

同日 中原石油勘探局西部市场工作部成立。其为勘探局机关所属处级事业单位,主要负责西部市场开拓工作,协调和管理勘探局在西部的施工队伍。定员5人。

3日 河南省人大常委会副主任钟力生一行在濮阳市人大领导陪同下来中原油田调研。王献安、李春第等向调研组汇报了油田工作。

4日 由上海三高石油设备有限公司(中原油田为公司最大股东)设计生产的高等级电动钻机——3H-1500电动钻机首次在中原油田桥72井投入使用。

5日 刘恩学主持召开中原油气高新股份有限公司2001年度股东大会,审议并通过了董事会工作报告等文件。

6日 中原油田对外经济贸易总公司更名为中国石化集团中原石油勘探局对外经济贸易总公司。

8—12日 中原油田与石化集团公司管道储运分公司对中原油田—济南天然气管线各站点进行清点交接。至此,由管道储运分公司管理的"中济"管线转交中原油田管理。5月10日,中原油田—济南输气管线交接完毕并投产输气。

13日 勘探局印发矿区管理体制和机构设置调整方案:(1)全油田按区域划分13个矿区,即第一至第十三矿区;矿区纵向接受勘探局相关业务部门的管理,横向对所辖区域的社会服务实行综合管理和协调。(2)取消离退休管理中心名称,更名为离退休管理处并改为按照勘探局机关处室管理，负责指导各矿区离退休职工的管理和服务工作。同时，将离退休管理处所属小车队、老年大学、老年活动中心、老年艺术团、《石化老年》编辑部合并，成立老年服务站，同时加挂老年活动中心牌子，为勘探局机关所属科级事业单位；敬托院为勘探局机关所属科级单位；业务均归口离退休管理处管理。(3)将公共事业管理处、物业管理中心合并，使用公共事业管理处名称。(4)取消文化体育活动管理中心加挂的文化体育管理处的牌子，并将文化体育活动管理中心改为勘探局机关所属单位，业务归口局工会机关管理。(5)撤销液化气服务中心，各液化气站划归有关矿区管理。(6)取消第七、第八、第九、第十三、第十四、第十五矿区管理委员会及皇甫矿区管理委员会名称。(7)取消物业管理十八处名称。

同日　勘探局对部分机构进行调整：(1)撤销企业管理处，将其人员分别划归勘探局企业发展处和分公司计划经营部。(2)成立中原石油勘探局党委610办公室(中原油田处理“法轮功”问题领导小组办公室)，作为勘探局机关处室管理。(3)中原油田西部工作委员会在勘探局、局党委、分公司及石化集团公司西部新区勘探指挥部的领导下开展工作，内设勘探经理部、市场工作部、综合办公室。定员30人。

15日　天然气化工厂更名为天然气处理厂。

同日　分公司对部分单位机构进行调整：(1)撤销计划财务部，将计划财务部的财务、资产管理独立出来，成立财务资产部，为分公司机关职能部室。(2)将计划财务部的计划、统计业务与企业管理部、内部市场管理部合并，成立计划经营部，为分公司机关职能部室。(3)将煤层气事业部、川井勘探开发处、陕北勘探开发处合并，成立西北勘探开发处，加挂“中原油田分公司煤层气事业部”牌子，为分公司所属正处级单位。同时，取消“中原油田分公司陕北勘探开发处”和“中原油田分公司川井勘探开发处”名称。(4)成立天然气管输处，为分公司所属正处级单位。

同日　中共濮阳市委处理“法轮功”问题领导小组对2001年度全市同“法轮功”邪教组织斗争先进集体和先进个人进行了表彰，中原油田被评为“2001年度处理‘法轮功’问题实现‘零目标’单位”，中原油田离退休职工管理中心、机械制造总厂、地球物理测井公司分别被评为“同‘法轮功’邪教组织斗争先进集体”。

19日　勘探局销售公司重组到分公司，更名为中国石油化工股份有限公司中原油田分公司销售公司。10月22日，销售公司更名为中国石油化工股份有限公司中原油田销售分公司。

22日　重温誓词暨青少年思想道德教育基地揭牌仪式在中原油田发现井——濮参1井举行，中原油田31个单位的630余名团员参加宣誓。张召平为基地揭牌并讲话。

同日　由勘察设计研究院设计的齐鲁石化—青岛输气管道工程初步设计通过石化集团公司专家评审。

26日　勘探局对部分单位机构进行调整：(1)成立劳动争议调解委员会办公室，为中原油田劳动争议调解委员会日常办事机构，办公室设在局工会机关。(2)总调度室增加液化气管理和协调职能。(3)将法律事务处对外经营合同管理人员划归规划计划处。(4)将残疾人联合会办公室职能划归局工会机关，局工会机关生产劳保部加挂“残疾人联合会办公室”牌子。(5)将职业技能鉴定中心划归培训中心。

同日　位于山东省聊城市的中原油田第108加油站作为山东“地方名优企业”被山东省电视台邀请参加“宣传地方名优企业，推动全省经济发展”电视专场晚会。

29日　中原油田与石油大学(北京)在中原油田宾馆签订合作协议。油田领导刘恩学、王献安、李春第、石油大学党委书记李秀生、校长罗维东等出席签字仪式。协议规定，石油大学作为中原油田人才培养基地为油田培养高层次人才，并在油田设立研究生工作站参加中原油田科技项目研究和新技术推广。刘恩学、王献安、李春第等26名油田领导和专家被聘为石油大学兼职教授。

30日　中原石油勘探局勘探开发项目经理部成立，内设技术开发部、市场经营部、人事财务部、生产协调部、办公室。定员34人。

同日　中原油田职工姬成敏、马青印、赵全民、孙森4人获河南省“五一”劳动奖章，姬成敏同时还被授予河南省“十佳文明职工”称号。

5月

7日　勘探局印发会计核算中心机构调整实施方案：(1)撤销会计核算中心机关钻井地调、机械修造、水电信3个核算科；(2)撤销第七、第八、第九、第十一、第十二、第十三、第十四会计核算处，各处人员划归各核算处所在地区有关单位；(3)撤销兰考结算处；(4)会计核算中心机构调整后内部设立会计核算处、财务结算处2个副处级单位和综合科、财产保险科、电算管理科3个科级单位，定员107人。

11日 由塔里木中原钻井公司7013钻井队承钻的西部重点探井——库1井获重大油气发现。李春第致电祝贺。

16日 中原石油勘探局焊接培训中心和中原石油勘探局汽车驾驶培训学校成立,2个机构均隶属中原石油勘探局培训中心管理。

18日 中原油田总医院门诊楼工程举行开工典礼。刘恩学、张召平及濮阳市副市长万士峰等出席开工典礼并为工程奠基。

18—19日 中国石化音乐舞蹈家协会第一次代表大会在中原油田宾馆召开。

21日 全国人大民族委员会副主任尹克升、办公室主任郭廷栋在河南省、濮阳市人大及政府领导陪同下来中原油田调研。张召平等陪同调研。

同日 石化集团公司邀请世界著名的新加坡诺卫安全环境技术咨询有限公司总经理林玉程来中原油田举办HSE管理知识讲座。

同日 钻井四公司32958钻井队在濮85-21井施工时,发生一起高空坠落人身伤害事故,造成3人死亡,其中正式职工2人、临时工1人。

24日 中原油田举行民兵应急分队训练汇报表演。

26日 石化集团公司党组成员、副总经理、石化股份公司副总裁牟书令来中原油田调研。

同日 刘恩学在中原明珠大酒店会见俄罗斯秋明研究设计院副院长克留索夫一行5人,双方就共同搞好中原油田凝析气田的开发工作进行了交流。29日,刘恩学代表中原油田分公司与克留索夫、中介公司美国GCC公司签订了合作开发中原油田凝析气田的协议。

30日 出访印度尼西亚的石化集团公司副总经理陈同海专程到中原油田印尼项目部慰问干部职工。

本月 中原油田总医院指定为2002年"中国护足周"护足医院,濮阳地区仅此一家。

本月 由钻井二公司32938钻井队承钻的中原油田陕北自营区块首口探井——中丛1井开钻,这标志中原油田在陕北地区的自营区块进入实质性勘探开发阶段。

6月

3日 中原油田西部工作委员会在新疆维吾尔自治区乌鲁木齐市举行揭牌仪式。

4日 石化集团公司党组成员、副总经理、石化股份公司副总裁王基铭慰问中原油田塔里木中原钻井公司7012、7013钻井队职工。

6日 石化集团公司党组成员、副总经理、石化股份公司副总裁牟书令慰问塔里木中原钻井公司7012、7013钻井队职工。

同日 中共河南省委书记陈奎元在新华社河南分社社长赵德润、濮阳市领导吴灵臣等陪同下来中原油田调研。油田领导刘恩学、王献安、李春第等出席汇报会。

7日 勘探局颁布《钻井井身质量》等95项企业技术标准。

11日 济南—齐鲁石化输气管道竣工投产暨淄博—青岛输气管道开工仪式在山东省淄博市举行。石化集团公司党组成员、副总经理、石化股份公司副总裁牟书令宣布管道投产,中原油田分公司经理刘恩学同时宣布淄(博)青(岛)输气管道开工。8月17日,中原油田的天然气到达齐鲁石化第二化肥厂。10月10日,淄(博)青(岛)天然气输气管线主体工程完工;12月30日,淄博—青岛天然气输送管道投产点火仪式在青岛市城阳区天然气门站举行。石化股份公司发展计划部副主任刘岩、中原石油勘探局局长李春第、青岛市人大副主任李乃胜等出席点火仪式。

16—19日 在2002年石油工业质量管理小组成果发布会上,中原油田有3项质量管理成果获全国优秀QC小组成果奖。这是油田历年来获奖成果最多的一次,获奖数量和档次均居国内石油石化行业各油田企业之首。

24日 全国石油石化行业职业技能竞赛选拔赛暨中原油田第六届工人技术比赛开幕,9月29日比赛结束,共有1500多名选手先后参加了40个工种的技术理论考试和实际操作比赛。

本月 根据石化股份公司《关于山东天然气有限责任公司总体组建方案的批复》,中原油田完成了与山东省国际信托投资公司合资合同及公司章程的谈判工作,刘恩学代表石化股份公司与山东省国际信托投资公司履行了签约。经山东省工商局批准,山东天然气有限责任公司预留名称为"山东实华天然气有限公司",注册地为青岛市。

7月

2日 中原油田钻杆摩擦对焊等项目在钻井管具工程处正式投产,这标志着中原油田钻井管具行业由简单的维修型向加工制造型迈出了重要的一步。李春第等油田领导为新项目剪彩。

同日 河南省人大常委会副主任、河南省总工会主席马宪章一行来中原油田调研。

3日 淄博—青岛天然气管道工程潍坊段开工典礼在山东省潍坊市坊子区人民政府广场举行。中原油田山东天然气管道建设工程领导小组组长刘恩学、山东天然气管道建设指挥部副指挥涂人祥及潍坊市有关领导出席开工典礼。

同日 首批28吨戊烷发泡剂集装箱,从天然气处理厂第二气体处理厂运出,这是中原油田轻烃产品首次销往台湾。中原油田天然气处理厂与台湾明谛集团股份有限公司共签订了2000吨戊烷发泡剂供货协议。

20日 钻井工程技术研究院高分子材料实验车间投产。李春第等油田领导出席投产仪式并为车间投产剪彩。

22日 中原油田首位援藏干部——中原石油勘探局地质录井处录井二大队队长李一超启程前往北京参加中央组织部举办的援藏干部学习班,并于7月底赴西藏那曲地区任职2年。

28日 中原油田"南气北输"工程第一道焊口点火开焊。工程南起山东省东明县武胜桥,北到河南省濮阳市中原油田文二联增压站,全长36.2千米,管线直径377毫米,将把采油六厂生产的天然气输送到河南省内原有的天然气管网。

29日 中原油田分公司转供电管理处成立,加挂"转供电办公室"牌子,为分公司处级专业化经营管理单位。定员121人。

30日 中原石油勘探局技术检验服务中心成立。其为全民所有制企业,注册资金100万元。主要经营范围:锅炉压力容器、压力管道特种设备的无损检测;焊接培训和焊接实验;工程施工新技术、新工艺研究推广及工程技术服务等。技术检验服务中心具有企业法人资格,独立核算,自负盈亏,独立承担民事责任。

同日 勘探局决定:撤销氯化橡胶厂。氯化橡胶厂于1996年开工建设,1997年7月投产,1999年4月进行技术改造,但仍然扭亏无望;2002年7月23日氯化橡胶厂召开职工大会,宣布关闭停产。

同日 受宁夏回族自治区政府副主席马锡广委托,自治区人民政府副秘书长李双金主持会议,就合作勘探宁夏油气资源事宜与中原油田分公司经理刘恩学一行进行了会商,双方就加快银川盆地油气资源勘探开发、合作开发横城堡区块油气资源等事宜达成了一致意见。8月,中原油田与宁夏回族自治区政府达成共识并形成具体操作文本,中原油田将在宁夏横山堡地区开展油气勘探工作。

本月 中原油田高考成绩揭晓:油田三所高中2912名考生,上省划专科分数线的2747人,上线率94.33%。

8月

2日 由特种车辆修造总厂研制生产的6台"中油"牌特车开始运往格鲁吉亚、哈萨克斯坦,这是"中油"牌特车首次出口中亚国家。李春第等油田领导参加出口启运仪式并剪彩。

同日 勘探局决定:成立中原油田轮台管具工程处、中原油田轮台固井工程处。9月19日,管具工程处、固井工程处轮台基地建设开工剪彩仪式在新疆维吾尔自治区轮台县举行。

6日 河南省处理"法轮功"问题基层基础工作会议在濮阳市召开,中原油田作经验介绍。会议认为,油田"法轮功"转化工作经验值得全省学习和借鉴。

8日 中共河南省委常委、河南省军区政委张建中一行5人来中原油田检查指导武装工作。王献安等油田领导参加汇报会。

13日 局党委授权追认:5年前为保护人民群众生命财产安全勇斗歹徒而壮烈牺牲的中原油田职工安长印为革命烈士。

15日 中原油田第一口大型酸化压裂井——文古2井酸化压裂施工获得成功。

16—17日 石化股份公司物资采购电子商务工作会暨现场经验交流会在中原油田召开。

21日 中原油田首次通过国内外有关新闻媒体,面向全球招聘高层次人才。

25日 中原油田在中原文化宫召开油田2002年普通高考庆功大会。

26日 特种车辆修造厂所属"中原油田汽车驾驶员培训学校"与培训中心所属"中原石油勘探局汽车驾驶培训学校"合并,使用"中原油田汽车驾驶员培训学校"名称,隶属勘探局培训中心管理,同时取消"中原石油勘探局汽车驾驶培训学校"名称。

28—29日 河南上市公司协会在中原油田金桥宾馆召开成立大会,中原油气高新股份有限公司董事长刘恩学当选为第一任协会会长。

31日 第三届世界女子金属地掷球锦标赛于8月28—31日在意大利米兰市举行。中国国家女子地掷球队获铜牌2块。其中,中原油田选手高娜获单打铜牌,这也是中国选手首次在单打比赛中获得奖牌。

9月

4日 勘探局石油化工总厂重组到分公司,更名为中国石油化工股份有限公司中原油田分公司石油化工总厂。10月17日,勘探局决定:取消石油化工总厂名称。

5日 由中原油田中标并承钻的塔里木盆地中原探区第一口预探井——中1井开钻。

6日 济南军区司令员陈炳德一行7人来中原油田检查指导工作。刘恩学、李春第等油田领导向军区首长汇报了油田工作。

6—8日 首届中国职工艺术节"中原油田杯"全国职工舞蹈展演初评工作在中原油田举行,36个省(直辖市、自治区)工会、文联和产业文联等选送的153件作品参评。

7日 由机械制造总厂研制开发的泥浆泵部件、钻机井架、修井井架顺利通过API认证,这标志着中原油田钻井、采油、作业三大系统石油机械产品质量全部达到国际标准。

12日 中原油田黄河南天然气北输工程投产。刘恩学、沙启军等油田领导为工程投产剪彩。

14日 中原油田职工子女、女大学生石晓莉在1000多名选手参加的首届"河南形象大使"大赛中当选首位"河南形象大使"。

18日 中原油田第三气体处理厂改扩建工程环保设施通过河南省验收。

19日 中原油田召开民兵团成立大会。

22日 中原油田首次超正压射孔酸化联合作业新工艺在文279井应用并获得成功。

30日 中原油田隆重举行郭世国遗体告别仪式。张召平主持仪式,李春第及油田副总师以上领导和濮阳市政法、卫生、民政部门代表及各单位群众3000多人参加告别仪式。郭世国是在9月15日与劫匪搏斗中负伤的,经抢救无效,于9月29日牺牲。10月9日,局党委追授郭世国为"见义勇为英勇献身的好党员"称号。

10月

1日 宁夏回族自治区党委书记陈建国在中原石油勘探局副局长孙清德陪同下到位于宁夏海源县的海参1井慰问承担钻井任务的中原石油勘探局70113钻井队职工。

5日 由中原石油勘探局钻井三公司承钻的中国大陆科探1井正式开始主孔取心钻井,中国大陆科学钻探工程中心主任、现场总指挥部总指挥王达教授下达"开钻"命令。中国大陆科探1井的成功钻探,标志着中国的钻探技术和地学研究已经达到世界先进水平,被评为中国2002年度十大科技事件之一。

11—13日 首届中国职工艺术节"中原油田杯"全国职工舞蹈展演在中原油田文化宫广场举行,中国文联主席、首届中国职工艺术节组委会主席周巍峙宣布展演开幕。中国文联副主席、党组成员、书记处书记、中国舞蹈家协会分党组书记胡珍,中华全国总工会副主席、党组副书记、书记处书记李奇生,石化集团公司党组成员、纪检组长、中国石化文联主席王作然,中原油田领导刘恩学、王献安等出席展演活动。本次展演共评出金奖15个、银奖20个、铜奖19个。

11日 石化集团公司党组成员、纪检组长王作然一行来中原油田调研。刘恩学、张召平等陪同。

同日 刘恩学会见俄罗斯石油研究院院长沙哈维日杰耶夫院士、俄罗斯石油研究院采油所所长帕那湖霍夫教授一行,就中原油田引进俄罗斯的层内生气提高采收率项目问题进行了交流。

12日 中华全国总工会宣教部部长谷常生一行在中原石油勘探局调研员田庆鲁陪同下到采油厂、钻井公司等单位调研。

14日 中共中央企业工作委员会副书记王瑞祥一行在中原油田领导刘恩学等陪同下到采油厂、天然气处理厂等单位调研。

18日 胜利大酒店更名为胜利宾馆,隶属第十一矿区管理。

22日 中原石油勘探局化工产品质检站、劳保护具质检站、井下工具质检站、油气及防腐产品质检站、采油化学剂第一质检站、采油化学剂第二质检站、阀门第二质检站、机电产品质检站橡胶件监测站划归中原油田分公司。同时,化工产品质检站加挂"中国石化钻井液化学剂产品质量监督检验中心"牌子,井下工具质检站加挂"中国石化井下工具质量监督检验中心"牌子。

23日 石化股份公司副总裁、中国工程院院士曹湘洪率调研组来中原油田调研。

31日 西气东输工程豫南支线工程奠基。中原油田工程建设总公司中标2个标段,共计179.5千米管线主体工程。

本月 中国石油化工股份有限公司与山东省鲁信投资控股有限责任公司合资成立了山东天然气管道有限责任公司,中原油田分公司委派刘恩学为山东天然气管道有限责任公司董事长、王维顺为总经理。

11 月

7 日　中原油田召开十大全能员工、十大智能员工表彰会。

8 日　在中国石油和化学工业协会、中国化工学会、中国防腐蚀技术协会联合举办的新世纪首届中国国际防腐蚀大会上，来自十几个国家和地区的与会专家对中国 243 家有资质的防腐企业进行了评选。中原油田濮阳华油防腐集团有限公司跻身“全国二十强防腐蚀企业”，位居第三，成为石油石化系统惟一获此殊荣的企业；由该公司施工的山东临沂恒源热电有限公司热网改造工程获“全国十大防腐蚀优质工程”；公司董事长、总经理徐勤友获“全国十大防腐蚀优秀企业家”称号。

9 日　石化集团公司党组成员、副总经理、石化股份公司副董事长陈同海，副总裁牟书令，副总经理张耀仓一行到塔克拉玛干沙漠腹地的中 1 井慰问中原油田 7011 钻井队职工。

13—16 日　2002 年中国国际石油石化展览会在北京举行，14 个国家和地区近 200 家展商参展。中原油田作为中国石油石化行业参展的两大油田之一，有近百种产品和技术设备参展。

21 日　甬(宁波)—沪(上海)—宁(南京)进口原油长输管道工程开标，中原油田工程建设总公司中标第二、第五 2 个最长标段，总长 180 千米。

22 日　年产 2 万吨的液态二氧化碳生产装置在石油化工总厂建成并投产。这种利用炼油废气生产的液态二氧化碳是油田三次采油的最佳驱动剂。

12 月

6 日　局党委书记王献安为百姓量贩有限公司董事长程建颁发“全国优秀青年兴业带头人”的荣誉证书，以表彰他在自立创业、安置油田协议解除劳动合同人员和待业子女方面所做出的突出贡献。

10 日　河南省副省长张以祥一行来中原油田调研。

12 日　全国劳动保障系统先进集体先进个人、第六届“中华技能大奖”、“全国技术能手”表彰大会在北京召开，分获“全国技术能手”和“全国技能大奖”称号的中原油田采油三厂高级技师田纪民、采油二厂职工何强受到中共中央政治局常委、国务院副总理吴邦国的亲切接见。

同日　濮阳市万全石油机械修造有限公司党支部在第十三厂矿区成立，这是中原油田第一家私人企业党支部。该公司由中原油田协议解除劳动合同职工温兴平创办。

17 日　中原石油勘探局新疆运输处成立。

同日　第一、第二、第三、第四、第五、第六、第七、第八、第九、第十物业管理处更名为物业管理一处、二处、三处、四处、五处、六处、七处、八处、九处、十处。

24 日　勘探局调整部分机构：(1)将残疾人联合会办公室从局工会机关独立出来，作为勘探局机关所属事业单位，业务归口局工会管理；(2)将安阳接待站从中原油田宾馆独立出来，改为勘探局机关所属事业单位，业务归口局长办公室管理；(3)成立乌鲁木齐办事处，隶属西部工作委员会管理，与西部工作委员会综合办公室合署办公，一个机构两块牌子。

同日　中原油田分公司油藏监测研究中心成立。勘探开发科学研究院测井研究室和采油工程技术研究院的测试工艺研究室、仪表工程研究室、提高采收率技术研究所井间示踪业务及人员，建制划归油藏监测研究中心，定员 128 人。

是年　中原油田新增探明石油地质储量 2116 万吨，新增探明天然气地质储量 71.8 亿立方米，探明凝析油地质储量 259.5 万吨，探明溶解气地质储量 14.53 亿立方米，折合油气当量 3238.8 万吨，并顺利通过国家储量委员会验收。生产原油 380.04 万吨，生产天然气 16.21 亿立方米。

(孙安业　崔红伟)

文 件 选 编

中原石油勘探局
关于印发中原油田企业补充养老保险暂行办法的通知
（2002年1月9日）

油田所属各单位：

现将《中原油田企业补充养老保险暂行办法》印发给你们，望遵照执行。

中原油田
企业补充养老保险暂行办法

第一章 总 则

第一条 按照《劳动法》和《国务院关于深化企业职工养老保险制度改革的通知》（国发[1995]6号）及《劳动部关于建立企业补充养老保险制度的意见》（劳部发[1995]464号）精神，为进一步调动广大职工的积极性，增强企业凝聚力，对基本养老保险移交省直统筹后退休人员养老金进行适度补充，结合油田实际，特制定本办法。

第二章 实施范围与对象

第二条 本办法适用于油田所有参加基本养老保险的单位及其劳动合同制职工。

第三章 基金的筹集与分割

第三条 企业补充养老保险费从企业成本中列支，缴费比例暂按职工上年工资总额的4%提取，并根据生产经营情况适时调整，由参保单位按月向社会保险统筹中心缴纳。

第四条 企业补充养老保险基金暂划出30%作为调节基金，用于适度补充基本养老保险移交省直统筹后政策过渡期间退休的养老金；70%作为在职职工建立补充养老保险个人账户基金。

第四章 基金管理及帐户建立

第五条 社会保险统筹中心在国有商业银行开设补充养老保险基金专户，专户存储、专款专用，任何单位和个人均不得挪用。

第六条 社会保险统筹中心以职工居民身份证号码和劳动合同编号为准，为职工建立补充养老保险个人账户，补充养老保险个人账户中记录本金、利息收入、账户累计储存额等信息，每年公布一次，账户手册和账户清单由个人保管。

第七条 个人账户记账以职工上年度个人月平均工资收入为基数，账户利率每年确定一次。

第五章 基金的使用

第八条 职工办理退休手续后，凭退休证及补充养老保险个人账户手册到社会保险统筹中心办理补充养老金审批手续，到指定银行领取补充养老金。

第九条 为了保持基本养老保险移交省直统筹后养老金水平的平稳过渡，对1999年1月1日—2010年12月31日期间退休的，以如下两项之和为基准用补充养老保险基金中调节基金部分按比例补充。

（一）河南省劳动厅财政厅《关于核定中原石油勘探局等六个行业单位基本养老保险统筹项目的通知》（豫劳险[1999]32号）文件未纳入的原行业养老金统筹项目：野外津贴12元、退休生活补贴6元。

（二）豫劳险[1999]42号文件停止执行的国发[1992]29号文件规定的增发10%离退休金。即：[（1997年底技能工资＋岗位工资＋工龄工资）×退休费比例＋11]×10%。

具体补充办法如下：

1999年1月1日—2001年12月31日期间退休的补充100%。从2002年1月1日起实行10年过渡期，在过渡期内，2002年退休的补充90%；2003年退休的补充80%；2004年退休的补充70%；2005年退休的补充60%；2006年退休的补充50%，2007年退休的补充40%，2008年退休的补充30%，2009年退休的补充20%，2010年退休的补充10%；2011年及以后退休的，不再补充差额。

在调节基金余额为零时，暂时停止调节基金部分的补充。

第十条 建立企业补充养老保险以后退休的，其补充养老金月标准为：个人账户储存额除以120。

第十一条 职工出国定居或死亡的，个人账户累计储存额一次性支付给本人或法定继承人；退休职工死亡的，个人账户累计储存额余额一次性支付给其法定继承人。

第十二条 职工在油田内调动，不办理转移手续：职工调出油田，将个人账户累计储存额退还给本人，同时终止补充养老保险关系。

第十三条 对被开除、判刑、劳动教养或其他违法、违纪以及自动离职等情况而离开生产(工作)岗位的，其补充养老保险个人账户金并入补充养老保险基金中的调节基金。

第六章 组织机构

第十四条 油田社会保险管理委员会负责确定补充养老保险费的提取规模、账户记账利率公布及补充养老保险政策的调整；社会保险统筹中心为补充养老保险经办机构，成立补充养老保险管理科，设置基金征集、管理、待遇审批、个人账户管理等岗位，配备专职人员8人，负责企业补充养老保险基金的筹集、管理、支付及个人账户的建立工作。

第十五条 企业补充养老保险业务及基金运作接受财务、审计、工会等部门的监督。

第七章 附 则

第十六条 从油田建立企业补充养老保险制度起，连续缴纳补充养老保险费的单位，在过渡期间退休的人员才能享受调节金待遇。

第十七条 本办法实施后，如遇上级有新办法出台时，按新办法执行。

第十八条 本办法由社会保险统筹中心负责解释。

第十九条 本办法自2002年1月1日起施行。

中原石油勘探局 关于印发职工培训“十五”规划的通知

(2002年2月7日)

局属各单位：

现将《中原石油勘探局职工培训“十五”规划》印发给你们，望认真落实。

中原石油勘探局 职工培训“十五”规划

“十五”期间，是勘探局发展的关键时期。为实观发展目标，勘探局急需建立起数量充足、结构合理、素质优良的经营管理人才队伍、专业技术人才队伍和操作技能人才队伍。加强职工培训，全力开发人力资源，提高企业科技创新能力、市场竞争能力、抵御风险能力，对油田发展具有十分重要的战略意义。根据《中国石化集团公司“十五”职工教育培训计划》(中石化人教[443号])精神，结合勘探局职工培训实际，制定本规划。

一、指导思想和基本原则

(一) 指导思想

以邓小平理论和江泽民“三个代表”重要思想为指导，认真贯彻党的十五大精神，以提高职工队伍整体素质为根本，提升实践和创新能力为重点，以改革为动力，努力实现由知识补充型培训向智能增强型培训转变；由知识传授型教学向能力(技能)提高型教学转变；由重学历教育向高素质、高层次、复合型人才培养转变。按照普及与提高并举的培训方针，紧密结合勘探局生产、管理、科研开展培训。倡导终身教育理念，鼓励各类人才的职业生涯与企业发展相结合，为企业发展提供智力支持和人才保证。

(二) 基本原则

1. 前瞻性原则。要着眼于企业长远发展，着眼于人才的接替与储备，超前规划，提前运作，分析和预测企业对不同层次、不同专业人才的需求趋势，为企业可持续发展有计划、有目的地培养和储备各类高素质人才。

2. 效益原则。要以效益为中心，增强培训工作的针对性和实效性，注重培训工作的质量。把有利于提高队伍素质，有利于提升队伍资质水平，有利于增强企业竞争实力，作为衡量培训效益和质量的标准。

3. 创新原则。转变观念，深化改革，坚持培训体制创新、方法创新和内容创新，建立具有时代特征和石化行业特色的人才培养模式及与现代企业制度相适应的培训管理体制和运行机制。

4. 分级管理原则。按照“谁主管、谁培训”的原则，培训工作坚持分级管理，分层实施。

5. 育人用人一体化原则。坚持“先选拔后培训，先培训后上岗”，全面实行持证上岗。把培训与使用有机结合起来，坚持选拔、培养、考核、使用一体化。

二、总体目标和基本任务

(一) 总体目标

到 2005 年职工培训的总体目标是:在普遍提高职工队伍整体素质的基础上,加大对具有创新能力的高素质、高层次、复合型人才的培养力度,通过实施"2231"专家队伍建设工程、"3328"人才培养工程和高技能人才工程,造就数量充足、门类齐全、结构合理、素质优良的管理人才队伍、专业技术人才队伍和操作技能人才队伍。

(二) 基本任务

1. 实施人才培养工程。实施"2231"专家队伍建设工程,即建设一支 200 人左右的企业高级经营者队伍,20 人左右的集团公司(省、部)级专家队伍,300 人左右的局级学术技术带头人队伍,1000 人左右的局级优秀人才队伍。高级经营者队伍的人选,要从各单位经营管理干部中选拔,采取脱产培训、轮岗(挂职)锻炼、外出考察、研讨交流等方法,结合经营管理重大课题进行。专家、学术技术带头人人选,从专业技术骨干中选拔,主要采取学术交流、国外进修、考察、作导师、主持项目等方法进行锻炼,使其逐步成为专家和学术技术带头人。

实施"3328"人才工程,即培养 300 名高级技术人才,300 名高级管理人才(含政工),200 名左右的对外合作拔尖人才,800 名后备战略人才。博士、硕士研究生增加到 200 名。高级管理人才要从优秀中青年管理干部中选拔,通过培养,提高其政治理论水平、政策水平和经营管理水平,使其成为德才兼备的高级管理人才。高级技术人才、对外合作拔尖人才培养人选主要从专业技术骨干中选拔,采取聘请导师、学术交流、高级研修、国外进修、实践锻炼等方法进行培养。通过培养,在提高专业技术水平的同时,重点提高解决实际问题的能力。后备战略人才的培养人选主要从青年技术人才中选拔,以岗位锻炼、脱产培训、参与项目等方式进行培养。

培养 2000 名高技能工人。其中:培养高级技师 50 名,技师 200 名,职业化技能人才 450 名,骨干工种高级工达标培训 800 名,优秀高级工、技师、高级技师培训 500 名。高级技师、技师培养人选,主要从生产一线骨干工种的技师、高级工中选拔,采取导师带徒式的岗位培养和举办达标培训班等形式进行培养。对钻井司钻、焊工、车工等培养周期长、难度大的高技能人才,将按照职业化人才培养模式,采取理论学习与岗位锻炼相结合的办法进行培养,达到一专多能,一人多证的职业人才标准。人选主要从高中及以上文化程度的油田待业子女中择优选拔。

2. 管理人员培训。继续推行管理人员岗位资格证书制度,把管理人员取得岗位资格证书作为任职的必要条件。岗位资格培训的重点是专业课培训。培训中,可借鉴集团公司已开发、编写的有关岗位资格培训的考试大纲、教材,或结合勘探局实际自行开发编写培训教材。岗位培训由组织人事部门和培训部门共同组织,各业务部门积极配合,分系统有计划地组织开展,力争在 2003 年所有在岗的科级及以上管理人员,全部接受一次系统的专业知识培训,取得岗位资格证书。

岗位适应性培训要做到经常化、制度化,要与岗位资格培训相互衔接,管理人员每年都要参加不少于 7 天的岗位适应性培训。培训内容主要包括:勘探局经营发展战略和各类规章制度、知识经济、创新知识、WTO 知识、电子商务、金融、财会、法律、科技知识、人力资源知识等内容。以脱产轮训为主,专家讲座、电视教学为辅,拓宽管理人员专业知识面,从而提高管理人员整体业务水平,适应企业发展和国际国内市场的变化。

3. 专业技术人员继续教育。按照集团公司《关于加强专业技术人员继续教育的意见》,以工程技术人员继续工程教育为重点,以提高科技成果转化率和科技进步贡献率为目标,推动专业技术人员继续教育全面开展。按照初、中、高三个层次,有重点地培训,内容包括通用专业知识、相关专业知识和本专业新理论、新技术、新方法等。初级专业技术人员的培训方式主要采取导师指导、实践训练、专题培训和技术讲座、自学等形式培养;中级专业技术人员主要采取专题培训、专题研修、学术交流、导师培养、技术攻关、实践训练等形式培养;高级专业技术人员主要采取高级研修、技术研讨、国内外学术交流与研修、组织技术攻关、技术改造、课题开发、担任导师等形式培养。

4. 技术工人培训。继续坚持"先培训、后鉴定""先取证、后上岗"的原则,按照初级工、中级工、高级工、技师、高级技师五个等级,开展职业技术等级培训和职业技能鉴定。力争到"十五"末,在技术工人队伍中,中级工及以上人员的比例比"九五"末提高 3 个百分点。

大力开展兼岗培训、一专多能培训,提高工人的综合技能和适应岗位变化的能力。"十五"末,对勘探局骨干工种的技术工人,除取得本工种职业资格证书外,还要取得一至两个相关工种的职业资格证书。

继续加强特种作业人员安全操作取证、复审、换证培训,提高特种作业人员安全生产技能,确保特种作业人员全部持证上岗。

继续开展岗位技术练兵、名师(师傅)带徒、技术比赛、技术能手评比等多种行之有效的方式,促进工人岗位成才。

三、主要措施

（一）加强职工思想政治教育

对领导干部，要加强马列主义、毛泽东思想、邓小平理论和“三个代表”重要思想教育及全局观念、党性观念、遵纪守法、廉洁自律、求真务实和全心全意为职工服务教育，提高政治理论素养和政策水平。对广大职工，坚持用邓小平理论丰富头脑，进行理想信念、形势任务、组织纪律和民主法制教育，爱岗敬业、诚实守信、艰苦创业的职业道德和职业风尚教育，提倡科学，反对封建迷信。加强企业文化建设，进行以集体主义为核心的企业文化教育，形成蓬勃向上的职工精神状态，不断增强企业凝聚力。

改进思想政治教育的形式和方法，把思想政治教育寓于职工培训工作之中，与日常思想政治工作相结合，与企业文化建设相结合，使思想政治教育具有较强的针对性和时效性。

（二）加强领导，提高认识

各级领导要充分认识培训工作的重要性和紧迫性，要明确一名领导主管职工培训工作，局机关各部门和局属各单位要配备专兼职人员，负责本系统、本单位职工培训工作；在制定单位生产经营规划和计划的同时，要配套制定职工培训规划和计划；对培训规划、工作计划等工作，党政主要领导要亲自过问；要把职工培训的实绩作为对主要领导任期考核的重要内容之一；各单位每年都要向职工代表大会报告有关职工培训工作，接受广大职工的审议监督。

（三）加大培训工作考核力度，强化激励和约束机制

建立职工培训工作考核指标体系，严考核、硬兑现，切实保证培训工作按计划顺利完成。加大培训力度，将参培率、取证率、培训合格率等重要指标列入单位党政主要领导任期责任目标中，完不成的按局有关规定处罚。列入培训规划、计划中的培训项目，由局机关相应的部门负责协助完成，不得无故取消。将培训中心实际完成勘探局下达的培训计划、任务量，作为每年工作责任目标之一，勘探局严格按经营承包政策考核奖惩。对安排培训的个人，学习结束时，都要进行必要的考核，并将考核结果与个人待遇结合起来，达不到培训目标的，不得享受相应的待遇。

继续坚持“先培训取证、后上岗”的原则。转岗职工必须经过培训，取得新的职业资格证书后，才能从事新的岗位工作。勘探局和各单位在产业结构、队伍结构调整中组织的职工转岗，由勘探局和各单位负责组织培训。职工个人申请转岗，须具有新岗位的资格证书，才能转岗。凡是不经培训，没有取得相应职业（岗位）资格证书的，任何单位和个人不得安排上岗。

建立并完善教育培训登记制度和统计制度，连续记载职工接受培训的情况，作为对职工和单位考核的依据之一。

（四）深化教学改革，提高培训质量

要改变培训内容脱离实际，方法单一，忽视效果的倾向。要把满足岗位需要，适应岗位变化，推进科学管理和技术进步，提高职工素质和能力作为出发点和落脚点。要密切结合岗位需求、企业发展以及职工队伍的实际状况，设计培训内容，组织教学活动。

本着“少而精”、“管用”的原则，通过借用、选编、自编等形式，建立和完善培训教材。开发培训教材要体现适用性、新颖性和适度超前性，有利于创新能力和实践能力的培养与提高。加强电子教材、多媒体辅助教学软件教材、网上教材等多种类型教材的开发，形成独具特色、形式多样、内容新颖的教材体系。建立教材报核审批制度，对批准编写、选用的教材，才能在本系统培训中使用。

要改变过去只重课堂教学和知识传授的传统的教学方法，注重师生智能互补、学员潜能的发挥和经验的提炼与升华。充分运用专题研讨、案例分析、模拟操练等形式多样的教学方法，发挥学员的主动性和创造性，激发学员独立思考和创新意识，切实提高培训质量。

（五）加强师资队伍建设

加快建设一支以专职教师为骨干、兼职教师为主体的专兼职相结合的教师队伍。在专职培训教师队伍中，引入竞争机制，推行培训教师资格认证制度和竞争上岗制度，加强考核，精简富余人员，优化教师队伍。专职教师不仅懂教育理论，胜任教学，还要具有经营管理和生产实践经验，擅长担任课程协调员，具备“双师”资格。把专职教师进修和定期到生产一线实践锻炼制度化，平均每人每年到基层锻炼时间不少于15天。到2003年，专职教师要具有本科及以上学历，英语等基础课教师必须懂得石油类专业知识，实习指导教师必须取得技师职业资格。

要选聘一批既有丰富实践经验又适合做教学工作的管理人员、专业技术人员和工人技师担任兼职培训教师，通过举办培训班、专题研修班等多种形式，不断提高兼职教师的教学技能和施教水平，形成结构合理、相对稳定的兼职教师队伍。

（六）建立培训质量评估体系

引入ISO 10015培训质量管理标准，以提高解决实际问题的能力为核心，考评教育培训质量和效益。要从培训的需求调查、目标的确定、项目设计、内容和方式的选择、师资选聘、过程管理、效果评估等环节上，

设计出规范的运作程序及具体的执行步骤，每一步骤都明确客观的量化考核指标，做到运作有章可循，考核有法可依，力争通过国际 ISO 10015 质量认证。

建立培训质量检查和评估等制度。培训管理部门将组织有关人员定期检查培训规划、年度计划的落实情况，协调有关方面解决存在的问题。成立内部评估机构，聘请兼职评估人员，定期评估培训活动。要加强对培训教师(工作人员)工作量的考核，要对培训的实际效果进行跟踪调查、分析测评，避免培训与需求相脱节，理论与实践相脱离。

(七) 加强培训基地建设

勘探局重点建设培训中心和党校。到 2005 年，培训中心、党校要达到机构精干、设施完善、手段先进、师资雄厚、管理科学。完善图书馆、学员公寓、教学设备设施等配套建设，改善办学条件，保障教学需要；加快引进高职称、高水平专职教师，使教师素质明显提高，保证专职教师占职工总数的 80% 以上；加快教学改革，规范教学管理，提高教学水平；充分利用电化、多媒体、网络等现代化教学手段，推进教学信息化，节约培训成本，提高培训效率，发挥培训中心、党校的示范、辐射和龙头作用。

按照集团公司统一规划，建立勘探局远程教学站，并与集团公司和有关高校远程教育网相联接，实现跨时空的培训资源共享，使广大职工不受时间、空间的限制接受教育培训。与中原有线电视台教育频道一起，逐步在勘探局范围内建成开放式终身教育体系，使每位职工充分享有各种教育培训的机会。

各单位要根据本单位职工以及生产经营规模等实际情况，建立并完善本单位的职工培训基地，配备必要的设施设备和专兼职教师，为职工培训创造良好的环境和必要的条件。

(八) 加强培训经费管理，保证培训投入

要确保职工培训经费不低于职工工资总额的 1.5%，并使职工培训总投入随企业经济效益的增长而相应增加。加强培训经费管理，严格按培训经费的列支项目使用培训经费。各单位的培训经费必须由培训管理部门审核、审批、登记、统计；当年结余的培训经费，可结转到下年度继续使用。

中原油田分公司
关于印发勘探开发工程监督实施细则的通知

（2002 年 2 月 6 日）

分公司所属各单位：

现将《勘探开发工程监督实施细则》印发给你们，望认真遵照执行。

勘探开发工程监督实施细则

第一章 总 则

第一条 为认真贯彻执行中原油田分公司《勘探开发工程项目运行暂行管理办法》，规范勘探事业部、开发事业部、天然气事业部和采油(气)厂(以下简称为投资方)以及工程监督中心对监督人员的管理，规范投资方和监督人员的行为，特制定本细则。

第二条 本细则根据中原油田分公司《勘探开发工程项目运行暂行管理办法》和有关规定，结合中原油田的实际制定。

第三条 油田实施的勘探开发工程项目，全部实行工程监督。物探、探井的钻井、试油和重点井实行全过程监督，开发井可根据各厂情况实行巡井或住井等比较灵活的监督方式。未派监督人员的工程不得开工。

第四条 投资方的工程项目须从工程监督中心聘任监督人员。监督人员代表投资方对工程项目施工现场监督。投资方生产管理人员需要对施工现场的工作发指令时，应通过监督人员下达，由监督人员监督其实施。

第五条 投资方对工程项目过程质量和最终质量负责。监督人员对受聘单位负责，在受聘期间由受聘单位管理。

第六条 投资方和工程监督中心要建立工程监督的激励机制，充分调动监督人员的积极性和主动性，建立严格的考核制度，落实监督人员职责。

第七条 由设计或决策因素造成的质量事故由投资方负责；因投资方管理协调失误造成的质量事故由投资方负责；因监督责任心不强造成的质量事故由监督人员负责，现场监督人员承担相应的责任。

第八条 工程项目完工后，必须由现场监督人员出具《工程质量评价单》，投资方方可进行验收。

第二章 投资方对监督的管理

第九条 工程项目施工前，由投资方向工程监督中心提供施工设计两份。从工程监督中心聘请相关专业的监督人员。

第十条 负责为受聘监督人员提供必要的工作条件、食宿条件和交通工具。

第十一条 根据各专业监督工作职责对受聘监督人员进行日常管理。负责解决监督过程中需要处理和决策等事宜。各投资方应充分发挥监督的作用，对于施工中遇到的问题，应首先听取监督的意见后决策。

第十二条 对于不负责任造成重大质量事故的监督人员有权提出更换意见或辞退。

第十三条 每月对受聘监督人员进行考核，并将考核结果反馈到工程监督中心。

第十四条 工程项目完工后，对受聘监督人员进行评价，并将评价结果反馈到工程监督中心。

第十五条 工程项目在施工过程中，遇到阻碍监督人员行使正当职权，或对监督人员打击报复者，一经查实由投资方进行处理，必要时提请油田有关部门严肃处理。

第十六条 在接到工程监督中心《工程质量评价单》和《工程监督总结报告》后，投资方应及时组织对完工工程进行验收，结算工程监督费用。

第三章 工程监督中心对监督的管理

第十七条 负责贯彻执行国家和上级关于勘探开发工程质量监督工作的方针、政策、规定，制定勘探开发工程质量监督管理细则、工作程序，建立工程监督过程的质量控制体系。

第十八条 采取各种形式进行监督人员培训，建设一支思想好、专业精、懂管理、会协调的工程监督队伍。

第十九条 参加局投资方组织的工程质量评定工作。

第二十条 选派合格的监督人员进行工程监督。

第二十一条 成立督查组，对受聘监督的工作情况进行监督检查。

第二十二条 对投资方提出的撤换监督人员的意见及时调查落实。

第二十三条 每月根据投资方的考核结果和督查结果对受聘监督进行考核，与浮动工资挂钩。

第四章 监督人员职责

第二十四条 必须按“三个及时”即及时发现问题、及时解决问题、及时汇报的原则，对生产工作中发生的重大问题及时向投资方汇报，并根据投资方的指令及时进行处理。

第二十五条 必须依据施工设计、合同、质量标准、技术标准以及各种规定的要求，对工程项目的质量进行全过程的监督和控制，预防和减少各类质量事故的发生。

第二十六条 对工程项目施工过程中违反施工设计和合同的行为，依据有关规定，监督人员有权下达备忘录和扣款通知单，坚决杜绝无设计开钻、施工的现象。

第二十七条 监督人员要严于律己、奉公守法、办事公正、不得滥用职权。工程监督人员要掌握工程施工目的、任务及工程质量指标要求，尽职尽责地做好监督工作。

第二十八条 工程完工后，现场监督要按规定及时提交《工程质量评价单》、《工程监督总结报告》及有关监督现场基础资料，并参与工程质量验收。

第五章 专业监督工作职责

第二十九条 物探监督工作职责

（一）按合同和技术要求，监督地震队野外施工的全过程。

（二）参加地震队施工现场踏勘，审查施工测线调整方案。

（三）审查施工试验方案，检查试验实施情况，评价试验资料，报投资方审批。

（四）检查测线测量方法和精度。

（五）检查地震仪器定检记录和工作状态。

（六）检查地震检波器检修情况和工作状态。

（七）检查测量、放线、钻井、爆炸、仪器接收、资料整理工序质量。

（八）利用现场处理工具及时监控采集质量，分析记录品质，确定品质下降原因，及时签发人为缺陷整改意见或采集因素变更试验意见。监督施工方及时回填炮坑。

（九）进行地震记录质量、工作量评价审查。提交工程评价审查意见。

（十）写物探监督日志，提交物探监督工作总结。

第三十条 钻井监督工作职责

（一）设备安装做到平、稳、正、全、牢、灵、通，达不到开钻要求，不准开钻。

（二）检查一开井深是否达到设计要求。

（三）一开井口要正，井深超过200米，要进行井身质量的监测。

（四）监督井队做好封井器和管汇的试压工作，并验收合格签字。

（五）直井段控制井斜小于2.50°。定向井严格控制定向点，特殊情况需改变定向点位置，须与监督协商并得到监督同意。定向工具符合要求。

（六）按设计要求跟踪测斜，监测井身质量，并绘制井眼轨迹跟踪图。

（七）严格控制全角变化率、最大井斜、井底（目标点）位移及靶心半径。如有超标趋势，督促施工单位立即采取措施。

（八）检查技术套管是否符合设计要求，下深是否达到目的。

（九）做好三开后地破试验及进入目的层的低泵速试验。

（十）进入目的层前，进行钻开油气层前试压，监督检查井控工作落实情况，做好井控工作的物资准备及钻开油气层使用的钻井液密度和坐岗落实情况。

（十一）是否通过了有关单位对打开油气层前的批准验收。

（十二）按设计要求的规格、型号、钢级、壁厚，对送井套管及相应螺纹脂进行验收。不合格不准下井。

（十三）井口安装合格，检查固井质量结果。

（十四）试压符合设计要求。

第三十一条 固井监督职责

（一）参加固井协作会、施工前甲施工单位联席交底会、现场固井施工。

（二）对固井工具、附件的选择使用提出意见，并监督执行。

（三）对固井用油井水泥、外加剂的选择使用提出意见，并监督执行。

（四）固井监督依据固井设计及有关规定，在过程监督中现场发现问题，必须整改好，并下达整改备忘录和扣款通知单，及时向投资管理方和监督中心汇报。

（五）负责固井施工单位与钻井公司之间的协调工作。

（六）验收固井施工单位送交的各项技术资料。

（七）审核固井施工各项费用结算单。

（八）填写并提交固井施工评价单。

（九）填写并提交固井监督日志和监督工作总结。

第三十二条 泥浆监督工作职责

（一）负责钻井施工全过程的泥浆质量监督。

（二）对严重违反泥浆设计和行业标准、措施的施工单位有权下整改备忘录、停钻整改指令直至下扣款通知单的权利，并对整改结果进行验收。

（三）监督施工单位严格按照钻井合同配备齐全各级固控设备和泥浆检测仪器。

（四）监督施工单位在施工过程中严格按照泥浆设计中各井段泥浆体系、性能参数进行施工，对达不到设计要求的性能指标限期整改。

（五）监督施工单位按设计对泥浆进行维护和处理，并对其使用泥浆处理剂的质量和效果提出评价、指导意见。

（六）监督施工单位的泥浆性能检测是否及时、齐全、准确，真实，对存在问题的井提出整改或处罚意见。

（七）监督施工单位对设计为盐水或饱和盐水泥浆的井，在设计层段前50～100米及时转换泥浆体系，并使CL－达标后方可钻穿盐层。用相应的盐水维护直至完井监测盐含量应达到设计要求值。

（八）监督施工单位的油气层保护措施落实情况。目的层钻进的密度、中压滤失量、高温高压滤失量、低密度固含等重要性能参数符合设计要求。

（九）施工过程中有井下出水、油气侵、坍塌严重、井下缩径等原因，根据实际情况采取措施，事后要及时汇报给投资管理方。

（十）监督建议施工单位在完钻后采取必要的技术措施保证井眼畅通，为电测、固井等完井作业顺利打好基础。

（十一）泥浆监督有责任召集各钻井公司泥浆专业负责人就近期生产中存在较普遍或突出的问题进行通报，并讨论制定针对性措施。

第三十三条 地质监督工作职责

（一）检查施工单位邻井资料准备情况，检查图表是否上墙。

（二）按合同要求检查录井仪器、设备是否完好，录井条件是否符合合同要求。

（三）检查综合录井传感器是否齐全，样气能否满足仪器的校验需要。

（四）检查传感器、色谱分析仪、样品气是否有校验合格报告。重复器、井场电话是否安装齐全。

（五）按照设计要求检查录井资料是否齐全录取。

（六）抽查录井原始记录和录井草图。

（七）进入目的层前后督促施工单位及时复查岩屑，落实岩性及油气显示。

（八）有需要鉴定的岩屑或岩心，监督施工单位及时挑样并按规定送甲方化验室鉴定。

（九）监督施工单位及时进行地层对比和随钻分析，做好地质预告，发现油气显示时，要求施工单位及时进行钻井液循环和岩屑观察，结合气测和地化资料分析判断异常原因。

（十）监督施工单位按设计要求控制好钻井液密

度，做好油气层的保护工作。

（十一）监督施工单位卡准取心层位，收集落实有关数据。

（十二）检查实时打印资料，落实注样检查是否按标准进行，并有记录，误差小于10%。检查异常井段有无异常解释报告。

（十三）检查全脱分析记录，是否按标准进行取样分析。

（十四）遇井漏、井涌、井喷或井下钻具、套管、测井仪被卡等特殊作业时，及时督促施工单位收集有关资料，并检查实时打印资料，是否及时发现并进行了事故预报。

（十五）配合测井监督工作。中心未派测井监督时，代替监督工作。监督测井进度及原图质量，并验收签字。

（十六）监督井壁取心的层位、数量及质量，检查井壁取心收获率。

（十七）了解掌握完井方案，监督施工单位及时收集完井资料。完井后，及时提交地质监督总结和录井质量评价单。

第三十四条 测井监督工作职责

（一）测井合同要求，检查、落实测井队的人员、地面仪器情况、下井仪器的生产厂家及下井仪器的配备套数。

（二）监督检查各种下井仪器的定期及维修后的车间刻度情况。

（三）对施工单位新仪器投产实验，进行全过程监督，使其资料质量、技术指标达到行业标准后，方可投产。

（四）完井电测期间，负责协调各施工单位之间的配合。

（五）在完井讨论时对原始测井资料质量进行监督检查；监督测井队取全、取准测井通知单所要求的内容；对不符合操作规程和相关规定的或施工质量达不到合同要求的，及时提出整改措施意见直至返工，并下达整改备忘录和处罚通知单，同时向投资方和监督中心汇报。

对测井资料计算机处理和综合解释成果进行不定期的质量检查。

第三十五条 试油监督工作职责

（一）监督施工单位按设计规定和合同要求，配备合格、齐全的仪器、工具、设备和材料。

（二）检查落实施工单位施工作业队伍的资质、安全生产及环保措施。

（三）掌握井身结构、油（气）层特征、井史、试油工序及技术要求，并向施工单位交底。

（四）监督施工单位按《井架安装标准》；《井场布置和设计安装标准》做好井架的安装和井场布置工作。

（五）监督施工单位按设计要求进行施工，按相应标准进行质量控制和验收工作。

（六）监督施工单位按《试油操作规程》进行施工。

（七）监督射孔队按射孔通知单和操作规程进行射孔作业，达到设计要求。

（八）监督施工单位按《试油取资料操作标准》进行资料录取工作。

（九）监督施工单位按《常规钻杆测试器操作规程》，搞好地层测试器的下井与测试工作。

（十）监督施工单位按整改备忘录要求进行整改。

（十一）全井试油结束后，监督施工单位消除污染源，符合环保标准。

（十二）进行现场工程竣工验收工作，签署验收意见书，提交监督日志和有关资料报表，上报监督总结报告。

中原油田分公司
关于印发生产建设系统防腐管理实施细则的通知

（2002年4月10日）

分公司所属有关单位：

现将《生产建设系统防腐管理实施细则》印发给你们，望认真遵照执行。

生产建设系统防腐管理实施细则

第一章 总 则

第一条 为了适应中原油田生产形势的需要，加强分公司生产建设系统的防腐管理工作，进一步提高防腐管理水平，根据《中原石油勘探局生产建设系统防腐管理暂行规定》的有关精神，特制定本实施细则。

第二条 防腐工作是油田生产建设的重要组成部分，分公司及分公司所属各单位（含中原油气高新股份有限公司）要把油田生产建设系统防腐工作纳入正常的生产建设管理轨道，在编制油田发展规划和安排生产时，对系统防腐工作做出规划和安排。

第三条　本实施细则适用于涉及油田生产建设系统防腐的生产、设计、科研、管理等分公司所属单位（含中原油气高新股份有限公司）和在油田防腐市场上从事管道、容器内外防腐、管道清洗、更换、修复以及防腐化学药品、涂料、材料、设备生产经营活动的其他单位。

第二章　防腐管理机构及其职责

第四条　分公司防腐领导小组全面负责油田系统防腐工作，审 定分公司有关防腐的政策、规定、中长期规划、年度计划、经费计划以及重大防腐问题的决定等。

第五条　采油工程事业部是分公司防腐领导小组的办事机构，是油田系统防腐工作的归口管理部门。采油工程事业部有关防腐工作的主要职责：

（一）制定分公司系统防腐工作的政策、规定等，并监督其实施。

（二）编制油田系统防腐中长期规划、年度计划和经费计划，管好、用好防腐经费。

（三）负责防腐工程施工技术及油田防腐市场上使用的各种防腐化学药品、涂料、材料、设备等的管理。

（四）组织防腐项目（含防腐工程项目）的前期论证、方案审查、竣工验收。

（五）与科技部门共同组织防腐科研项目的攻关和新技术、新工艺的推广应用。

（六）督促检查分公司所属各单位（含中原油气高新股份有限公司）承担的防腐工作。

（七）组织油田生产系统腐蚀监测工作。

第六条　分公司所属各单位（含中原油气高新股份有限公司）在分公司防腐领导小组的领导下，结合本单位工作职责，确定防腐岗位人员，配合采油工程事业部组织开展与本部门有关的油田系统防腐工作。

第七条　各采油厂及输油管理处防腐领导小组负责本单位防腐的领导工作，并负责分公司有关防腐的政策、规定的执行和分公司有关防腐的措施、计划的实施。

第八条　各采油厂及输油管理处防腐办公室是厂（处）防腐领导小组的办事机构，是厂（处）系统防腐的归口管理部门。厂（处）防腐办公室的职责为：

（一）贯彻执行分公司有关防腐的政策、规定，负责本单位防腐管理规章制度和工作标准的制定。

（二）负责本单位系统防腐规划、年度计划的编制，并认真组织实施。

（三）参与本单位防腐工程项目的施工管理、质量监督和竣工验收。

（四）监督管理本单位防腐化学产品的购置和使用，组织防腐化学产品的现场质量检查。

（五）组织本单位系统腐蚀监测，建立腐蚀资料数据库。

（六）负责本单位防腐新技术、新工艺推广的组织实施。

（七）负责本单位防腐经费的使用和管理。

第九条　采油厂（输油管理处）各大队、各采油矿（区）、站、基层小队设立防腐管理岗。防腐管理岗的主要职责为：

（一）贯彻分公司、厂（处）有关防腐的政策、规定，组织开展本单位的各项防腐工作。

（二）根据分公司、厂（处）防腐工作安排要求，制定完善防腐岗位工作标准、考核办法、操作规程、技术标准等，并严格遵照执行。

（三）负责本单位防腐技术资料、档案、台账管理，取全取准各项数据，及时上报数据报表。

第三章　系统防腐工作管理范围及要求

第十条　系统防腐是指油田整个生产循环系统的防腐。可分为两大系统：

（一）油气生产系统，包括油井管柱及井下工具、集油干支线及单井管线、计量站、联合站、油气外输管线、油库；

（二）注水系统，包括水源井、回水管线、污水处理站、注水站、注水干支线及单井管线、配水间、注水井管柱及井下工具。

第十一条　油气生产系统的防腐要求：

（一）油气生产系统必须实行密闭处理，对输送中、高含水原油的钢质管线和容器必须进行内外防腐，或使用耐腐蚀材料。对于油井，应选用耐腐蚀的油管、抽油杆、抽油泵等或采取其他防腐措施。

（二）针对油田不同区块的特点，筛选出适用性强、与破乳剂等采油助剂配伍性好的缓蚀剂、阻垢剂、杀菌剂等高效防腐药剂，研究确定油井、集输干线防腐药剂的合理投加量、投加周期等，并逐步推广加药点前移技术。

第十二条　注水系统的防腐要求：

（一）注水系统的防腐工作以水质达标为中心，必须实现出站水100%达标；定期进行注水管线清洗，力争实现全面水质达标。

（二）污水及回水系统所使用的钢质管线、容器必须进行内外防腐，或使用耐腐蚀材料，容器内部钢构件必须进行防腐处理。

第四章　系统防腐计划管理

第十三条　防腐工作年度计划是油田生产计划的重要组成部分。分公司油气生产系统防腐工作年度计划由采油工程事业部根据各单位的生产需要和分公司的统一部署进行编制。

第十四条　防腐工作年度计划包括：油气生产系统防腐、注水系统防腐、防腐工程项目、防腐化学产品使用、区块防腐综合治理、系统腐蚀监测、防腐新技术新工艺试验及推广项目等。

第十五条　防腐工作年度计划的编制及下达程序：

（一）各采油厂、输油管理处及采油工程技术研究院根据生产需要，编制本单位防腐工作年度计划，经本单位领导批准后，报采油工程事业部（每年11月30日前报次年年度计划）。

（二）采油工程事业部根据各单位的防腐工作年度计划，结合分公司的整体生产情况，编制分公司油气生产系统防腐工作年度计划，并报分公司防腐领导小组审批。

（三）油气生产系统防腐工作年度计划，经分公司防腐领导小组审批后，按分公司生产计划下达。计财部根据分公司下达的防腐工作年度计划，结合分公司投资规模和成本费用总额，经综合平衡后，确定防腐费用总额。采油工程事业部同时制定防腐计划项目实施考核指标，并下达各有关单位。

第五章　防腐工程的技术管理

第十六条　防腐工程是指：新建、改建、扩建油田地面系统防腐工程；容器、管线内外防腐、修复工程；耐腐蚀材料试验及使用等。

第十七条　防腐工程项目的技术管理：

（一）对防腐工程项目的技术管理，实行技术准入制度，凡进入油田的工程防腐技术，必须先进、实用，经济合理，具有较好的防腐效果，并取得“中原油田生产系统工程防腐技术准入证”。

（二）“中原油田生产系统工程防腐技术准入证”的申办及审批程序：

1. 申请办理“中原油田生产系统工程防腐技术准入证”的施工队伍，首先到分公司防腐主管部门登记，并提交如下资料：

(1) 企业基本情况；

(2) 企业所具有的管道、容器清洗、修复、防腐技术（技术总结报告、鉴定证书、获奖证书、专利证书等）；

(3) 近三年来承担的主要防腐工程情况；

(4) 使用效果评价，用户意见。

要求提供上述资料复印件一式两份，并出示原件及有效证明材料，以备查验。

2. 采油工程事业部根据企业提供的上述资料，组织有关专家进行审查，并根据企业所具备的技术水平、技术范围等发给相应的“中原油田生产系统工程防腐技术准入证”证书。

3.“中原油田生产系统工程防腐技术准入证”证书有效期一年。防腐施工企业必须在规定的时间内持该证书原件和有关证件、资料到防腐主管部门进行年审，逾期未办理年审者按无证处理。

（三）企业承揽防腐工程项目时，必须持有“中原油田生产系统工程防腐技术准入证”证书，否则一律不得承揽工程防腐项目。

第十八条　防腐工程的设计、施工要求：

（一）采油工程事业部组织防腐工程项目的方案讨论和初步设计论证。工程项目的防腐部分施工设计图必须报采油工程事业部，采油工程事业部按技术标准对项目采用的技术、方法进行审查，签署意见后方可实施。

（二）设计单位必须按资质等级承担相应的设计任务，防腐工程设计应经过方案比较，提供的方案应技术先进、经济实用。

（三）建设单位必须按有关规定选择相应资质等级的设计、施工单位签订承包合同，并根据工程建设的特点，配备相应的、有资质的工程监理部门进行管理。在施工过程中，按其设计文件及质量标准进行检查，工程竣工后，及时报请主管部门组织竣工验收。

（四）施工单位在与建设单位或监理部门签订合同后，须在一星期内到采油工程事业部办理登记备案。未办理登记手续的，不予组织验收、结算。施工单位要建立、健全质量保证体系，落实质量责任制，在施工过程中接受建设单位或监理单位的监督检查。

（五）防腐工程项目必须进行验收，验收由工程建设主管部门组织，防腐管理部门参与，共同认定防腐工程的质量。防腐工程项目验收合格后方可进行结算。

第六章　防腐化学产品的管理

第十九条　防腐化学产品的范围：油井缓蚀剂、集油干线端点缓蚀剂、杀菌剂、阻垢剂、注水井环空保护液、污水处理药剂、防腐涂料以及其他可以减缓油气生产系统腐蚀的化学产品。

第二十条　对防腐化学产品的管理实行技术认

证制度，凡在油田从事防腐化学产品销售的生产厂家，必须持有采油工程事业部核发的“防腐化学产品技术认证”证书。无该证书的产品不得在生产中使用。

（一）“防腐化学产品技术认证”的申办及审批程序：

1. 申请办理“防腐化学产品技术认证”的防腐化学产品生产厂家，首先到采油工程事业部登记、填写“防腐化学产品技术认证资格审查表”，并提交如下资料：

（1）营业执照；

（2）税务登记证；

（3）产品质量认证；

（4）产品销售许可证；

（5）产品执行标准文本；

（6）产品使用说明书及检验标准；

（7）产品室内评价报告（新产品）；

（8）产品现场试验报告（新产品）；

（9）产品使用单位评价意见。

2. 采油工程事业部根据厂家提供的资料及防腐化学产品技术认证资格审查情况，组织有关部门到使用现场或生产厂家抽取产品大样，并委托有资质的技术部门进行技术评价。

3. 采油工程事业部根据产品技术评价报告所确认的适用范围，发给相应的“防腐化学产品技术认证”证书。

4. 使用新开发的防腐化学产品，须由生产厂家或使用单位向主管部门提出使用申请，批准后，由主管部门委托技术部门进行产品的技术评价，然后组织专家论证，确定现场试验规模。现场试验结束后，主管部门组织专家评审，评审合格，方可办理各种有关证件及“防腐化学产品技术认证”。

（二）“防腐化学产品技术认证”的年度审核：

1.“防腐化学产品技术认证”证书有效期为一年。

2. 持有“防腐化学产品技术认证”证书的生产厂家，必须在采油工程事业部通知的时间内向采油工程事业部提出书面年审申请，并持该证原件及有关证件、资料到采油工程事业部换领新证。过期不办者视为无证，超过规定期限办理者按初次办证处理。

3. 采油工程事业部根据不定期抽查结果及使用单位的现场使用、评价意见，对有关产品进行评议、审核，并根据结果换发新的“防腐化学产品技术认证”证书。

（三）防腐化学产品生产厂家申请办理“防腐化学产品技术认证”时发生的产品技术评价费用，经采油工程事业部核准后，由生产厂家按有关规定支付给有关技术部门。

（四）“防腐化学产品技术认证”签发或年审结束后，采油工程事业部应及时把有关信息提供给分公司物资供应部门备案。

第二十一条 有关化学防腐项目的管理：

（一）化学防腐项目是指“小区块防腐综合治理”、“污水处理总承包”、“端点加药总承包”等涉及使用防腐化学药品的“承揽”、“技术服务”等项目。

（二）采油工程事业部负责组织化学防腐项目的方案讨论和初步设计论证。化学防腐项目的技术方案必须报采油工程事业部，采油工程事业部按相关技术标准、技术要求等对项目采用的技术、方法进行审查，签署意见后方可正式签订合同并按合同要求开始实施。

（三）项目委托单位必须按有关规定选择各种证件齐全、具备一定实力的厂家承担项目。项目实施结束后，及时报请防腐主管部门组织项目验收。

（四）项目委托单位在与厂家签订合同后，须在一星期内到采油工程事业部办理登记备案。未办理登记手续的，不予组织验收、结算。承担项目的厂家要建立、健全质量保证体系，落实质量责任制，在项目实施过程中接受委托单位的监督检查。

（五）化学防腐项目都必须进行验收，验收由委托单位报请防腐管理部门，并由防腐管理部门组织与本项目有关的单位或部门参加，共同认定项目的实施效果、质量等。化学防腐项目验收合格后方可进行结算。

第二十二条 采油工程事业部负责组织对防腐化学药品的不定期抽样，进行技术性能及适用性检查，并将结果在分公司范围内进行通报。

第二十三条 采油工程事业部不定期组织对各油气生产单位防腐化学产品的使用情况和质量管理情况进行检查。

第二十四条 各使用单位负责产品质量的现场监督及管理，要严格把好质量关，保证在用产品的100%检测，并建立产品的质量检测台账。

第二十五条 产品不定期抽查以及各使用单位现场监督抽样，必须严格按有关标准抽取样品，必须严格实行 A、B 两瓶平行样检测制，即 A 瓶样品检测，B 瓶样品封存备用，若供需双方对检测结果发生争议，则将 B 瓶样品送至另一质检部门复检或送至上一级质检部门评判。

第二十六条 采油工程事业部组织的产品不定期抽查所发生的检测、评价费用，由采油工程事业部负责按技术评价单位完成的实际工作量从分公司防腐费用中支付。

第七章　生产系统腐蚀监测

第二十七条　腐蚀监测的原则：

腐蚀监测点的设立应满足“系统性、代表性”的要求，通过监测反映整个油田生产系统的腐蚀状况，为油田系统防腐提供科学依据。

第二十八条　腐蚀监测的内容及方法：

（一）以下生产环节必须进行腐蚀监测：

1. 具有代表性的油井环空及油管内部进行挂环监测；

2. 每个区块至少选择一个有代表性的计量站，在其原油外输管线进行挂片监测；

3. 每条集油干线的末端或每台分离器放水管线（联合站内）进行挂片监测；

4. 联合站大罐放水管线或分离器总放水管线进行挂片监测；

5. 污水站混合器进口管线、滤后水管线、注水泵进口管线进行挂片监测；

6. 每条注水管线的末端站至少选一口注水井进行高压挂片监测及井下挂环监测。

（二）各监测点重点监测腐蚀速率和结垢情况，同时测定介质中 H_2S、CO_2、SRB、O_2、$\sum Fe$ 含量及 pH 值、总矿化度等指标。

第二十九条　各单位应加强对防腐监测工作的领导，建立和完善各项腐蚀监测规章制度和岗位职责，及时编制腐蚀监测计划、工作方案、考核标准，并认真组织实施。对腐蚀严重的部位必须实行重点监测，对实施防腐措施的部位进行跟踪监测。

第三十条　油、水井作业过程中，如发现作业井腐蚀严重，作业监督人员必须及时报告矿（区）、厂防腐管理人员，厂、矿（区）防腐管理人员应对油管、井下工具的腐蚀情况、部位等作详细记录和描述，并摄制照片、留取实物作为资料。遇到腐蚀特别严重或异常的情况，应及时上报采油工程事业部。

第三十一条　各采油厂要建立生产系统腐蚀台账及腐蚀数据库，对各类管线、容器等的穿孔时间、部位及更换维修情况等进行详细记录。对具有代表性的腐蚀情况摄制照片、留取实物作为永久性资料。

第八章　防腐经费管理

第三十二条　为保证防腐计划的顺利实施，防止腐蚀抬头，分公司依据年度防腐计划单列防腐经费，下达到各有关单位，各有关单位的防腐经费必须专款专用。

第三十三条　为了确保防腐经费的专款专用，保证油田长期、稳定、健康发展，分公司每月对各有关单位所发生的防腐费用进行核实。防腐费用的核实工作由采油工程事业部负责，采油工程事业部每月将经核实的各单位防腐费用额通知计财部，计财部根据该数额对各单位的防腐费用逐月进行核销。年终成本考核时，若防腐费用超支，由超支单位从本单位成本总额中自行调剂；若防腐费用节余，分公司将节余部分从节余单位成本总额中全额扣回。

第三十四条　防腐费用的核实：

（一）申请核实防腐经费的单位必须每月向采油工程事业部提供以下资料：

1. 防腐工程项目：

(1) 防腐工程项目登记审查表；

(2) 立项报告；

(3) 合同文本；

(4) 竣工验收资料；

(5) 结算资料。

2. 通过物资系统结算的防腐化学产品：

(1) 物资入库通知单；

(2) 入库验收单；

(3) 发料单；

(4) 其他可以证明防腐化学产品实际发生量的单据。

3. 通过化学防腐项目结算的防腐化学产品及其他防腐项目：

(1) 合同立项；

(2) 合同文本；

(3) 项目验收资料；

(4) 化学防腐项目登记审查表；

(5) 合同反馈；

(6) 合同履约证明。

上述资料均可提供复印件，但必须查验原件。

（二）有下列情况之一者，所发生的费用将不计入单位防腐费用中：

1. 防腐工程项目所采用的技术未取得“中原油田生产系统工程防腐施工技术准入证”；

2. 使用未取得“防腐化学产品技术认证”证书或超出“防腐化学产品技术认证”证书界定范围的防腐化学产品；

3. 使用不合格的防腐化学产品；

4. 防腐项目签订合同后，未在规定时间内到采油工程事业部进行登记；

5. 工程防腐项目未经防腐主管部门参与验收；其

他防腐项目未报请防腐主管部门组织验收；

6. 防腐项目验收不合格；

7. 油井、油气集输、注水等已采取防腐措施的系统，腐蚀速率大于0.076毫米/年；

8. 污水处理站站内水质达标率小于100%。

（三）若提供资料的单位弄虚作假、虚报工作量，则该月所发生的所有防腐费用均不计入单位防腐费用中。

第九章　防腐工作的考核

第三十五条　采油工程事业部代表分公司防腐领导小组，每年对有关单位进行防腐工作考核。

考核的内容包括：

（一）生产系统腐蚀速率：每季度对生产系统进行一次现场挂片监测，主要考核内容为挂片腐蚀速率。要求挂片腐蚀速率必须小于0.076毫米/年。

（二）腐蚀监测点设置情况：腐蚀监测点的设置必须能够全面、真实地反映生产系统的腐蚀状况，不得有监测点缺损现象。

（三）处理后污水水质：主要考核污水站内滤后水和注水泵房两个点的水质情况。必须保持污水站内水质100%达标。

（四）防腐化学产品管理：必须使用"防腐化学产品技术认证"界定范围内的防腐化学产品，进货要100%检测，使用药品的合格率要达到100%。

（五）防腐工程项目管理：主要检查防腐工程项目的立项、技术方案审查、竣工质量验收等，要求资料齐全。防腐工程项目必须使用已取得"中原油田生产系统工程防腐技术准入证"的防腐技术。

（六）防腐工作日常管理：主要检查有关防腐的各种资料、台账的齐全、准确情况以及各种制度、规定的执行情况等。

第三十六条　考核采用综合评比的办法，对在油田防腐工作中做出显著成绩和突出贡献的分公司所属单位和个人给予一定奖励；对在油田防腐工作中管理松懈、工作开展不正常的分公司所属单位和单位领导处以通报批评并进行经济处罚。

第十章　责任与处罚

第三十七条　有下列情况之一者，立即吊销有关施工队伍的"中原油田生产系统工程防腐技术准入证"证书，一年内不允许再进入中原油田分公司防腐市场：

（一）因施工原因造成防腐工程质量事故的施工队伍；

（二）在施工过程中，被发现有偷工减料、欺骗建设单位行为的施工队伍；

（三）所施工的防腐工程项目竣工验收不合格的施工队伍。

第三十八条　有下列情况之一者，立即吊销相关产品的"防腐化学产品技术认证"证书，一年内不准再进入中原油田分公司防腐市场：

（一）发现厂家提供的防腐化学产品有以次充好、与技术评价产品质量不相符的行为；

（二）现场监督发现质量问题，经复检或评判确认为不合格的产品；

（三）所承担的化学防腐项目验收不合格的厂家的相关产品。

第三十九条　现场监督人员如发现产品质量问题，应立即停止使用或停止施工，并取样评价。如评价结果确认有质量问题，要及时上报采油工程事业部，采油工程事业部调查落实后，按有关规定处理。

第四十条　如发现现场质量监督人员弄虚作假、违反实事求是、认真负责的原则，立即取消其现场监督资格，并视情节轻重，交有关部门处理。

第四十一条　如发现负责产品检测、评价的质检部门弄虚作假、违反客观公正、实事求是的原则，则取消当事人的检测、评价资格，并视情节轻重，扣除当事单位部分或全部检测、评价费用，取消当事单位检测、评价资格以致将当事人移交有关部门处理。

第四十二条　对违反本细则规定，擅自使用未取得"中原油田生产系统工程防腐技术准入证"的防腐技术进行工程项目施工，或擅自使用未取得"防腐化学产品技术认证"的防腐化学产品的分公司所属单位，将视情节轻重处以1万元以上、5万元以下罚款；对单位领导和其他有关责任人分别处以200～500元罚款；情节严重并给油田生产造成重大损失的，将当事人移交有关部门处理，并追究单位领导的责任。

上述罚款从当事单位（或个人）奖金或工资中扣除。

第十一章　附　　则

第四十三条　本细则发布之后，与本细则相抵触的，以本细则为准。

第四十四条　本细则由采油工程事业部负责解释。

第四十五条　本细则自发布之日起执行。

局党委　勘探局　分公司
关于印发《关于切实加强基层建设的意见》的通知

（2002 年 3 月 21 日）

油田所属各单位党委(党总支)、油田所属各单位:

现将《关于切实加强基层建设的意见》印发给你们,望结合实际,认真贯彻执行,不断提高基层管理水平,推进油田的持续发展。

关于切实加强基层建设的意见

为了提高基层的管理水平,确保各项工作部署的落实,推进油田持续发展,局党委、勘探局、分公司决定把加强基层建设作为今年的一项重点工作来抓。加强基层建设的主要内容是,加强基层班子建设、基础资料建设、基础设施建设和职工基本功训练。为了推动这项工作的扎实开展,现提出如下意见:

一、充分认识加强基层建设的重要意义

基层是全部工作的基础,各项工作任务最终要靠基层来完成。基础不牢,地动山摇。加强基层建设,是石油石化企业的光荣传统,是思想政治工作的重要内容之一,对于夯实企业基础工作,激发基层活力,增强队伍的凝聚力和战斗力,促进生产经营的顺利进行具有积极的推动作用。

1. 加强基层建设,有利于提高基层班子的工作水平。基层队(站、车间)是油田生产经营的基本单元。基层队(站、车间)领导班子处在生产经营第一线的重要位置,担负着抓生产、带队伍的重要职责,其领导力量的强弱、作用发挥的大小,直接影响着生产经营任务能否落到实处。基层班子建设是加强基层建议的重要内容。要通过加强基层班子建设,进一步改善基层班子的年龄、文化和知识结构,提高基层干部的思想政治素质和业务工作能力,使基层班子成为团结带领职工敢打硬仗,战胜挑战、勇闯难关的战斗堡垒。

2. 加强基层建设,有利于提高企业管理水平。企业管理水平的高低,在很大程度上是由基层的管理工作来体现的。加强基层建设,将进一步建立和完善生产经营的各项规章制度,逐步推行符全国际惯例的管理和施工标准,促进基层在质量控制、成本管理、安全生产等方面提高工作水平。基础资料是生产经营决策的依据,是提高企业管理水平的重要要素。加强基层建设工作,能够促进基础资料的标准化、制度化建设,提高基础资料在生产经营管理中的效用。

3. 加强基层建设,有利于调动职工的积极性。一些职工的思想问想,相当一部分是由于实际问题得不到很好地解决而引起的。基础设施是保证职工正常工作、生活的重要条件。加强基层建设,搞好基础设施的配套和完善,改善职工的劳动安全保障、就餐、洗澡、住宿和文化娱乐等条件,创造一个良好的工作和生活环境,可以使职工安心一线工作,激发工作热情,以高昂的斗志和旺盛的精力投入生产经营之中。

4. 加强基层建设,有利于提高职工队伍的素质。参与市场竞争、加快企业发展,职工队伍的素质是关键。加强基层建设的重要目的之一,就是结合职工队伍的实际,多途径、全方位地强化职工的基本功训练,利用多种措施调动职工参加学习的积极性,打牢职工的业务技术根底,进一步提高队伍的整体实力,为确保分公司油增气升和勘探局跨越式发展提供有力的保证。

二、加强基层建设的主要内容

加强基层建设涉及的内容较广,要重点在加强基层班子建设、基础资料建设、基础设施建设、基本功训练“四基”方面下功夫,争取通过一年的努力,使基层的管理水平、队伍素质有明显的进步。

一是加强基层班子建设。各单位要按照德才兼备的原则,配齐配强基层领导班子,切实加强基层的领导力量。基层领导班子的职数,要根据各单位工作性质、生产规模、管理幅度和职工人数等实际情况进行配备。采油、作业、钻井等一线主体队种和专业性、科技含量比较高的队种,基层领导班子职数一般在 5 人左右;辅助生产、后勤服务队种,一般在 3 人左右。基层领导班子成员一般要具有中专(高中)以上文化程度,专业性较强的基层单位要具有大学专科以上文化程度。基层领导班子成员年龄一般要在 40 岁以下、具有 3 年以上工龄和 2 年以上本专业工作经历。要注意通过竞争上岗、公开选拔等措施,选拔那些思想素质高、工作能力强、群众基础好的 30 岁左右的青年干部,充实到基层班子中去。建立健全基层班子议事决策、工作考评等规章制度,使基层班子的工作逐步规范化、制度化。狠抓基层干部的政治业务学习,通过集中办班、外送培训、读书自学等形式,组织他们认真学习政治理论知识,学习专业技术、生产管理、质量管理、安全管理、财务管理、法律法规、微机网络等方面的知识,努力提高政治理论素养和实际工作能力。同时,要加强对基层干部的党纪政纪教育,使他们筑牢拒腐防变的思想防线。加强对基层领导班子工作的考核,促进其整体效能的发挥。

二是加强基础资料建设。各单位要根据不同工种、不同岗位的特点,建立健全基础资料管理责任制,明确取全取准基础资料的内容、时限、标准,对资料的录取、填写、整理和保存等环节都要制定具体的操作规程。资料的录取要真实、及时、全面;资料的填写要安要翔实、整洁;资料的整理要科学分类、规范有序;资料的保存要安全完好、便于应用。要加大对基础资料管理的检查力度,把基础资料建设同评先选优、奖金发放挂起钩来,严格考核奖惩,对造假资料者要追究责任。要搞好基础资料的整理和分析,提高利用率,让基础资料在油田生产建设中发挥应有的作用。

三是加强基础设施建设。各单位要严格执行 HSZ 健康安全环保标准,完善安全装备、消防设施、防护器材和急救器具,按要求配备劳动保护用品,确保职工安全生产,从源头上避免安全事故的发生。配备必要的环保设施,搞好污染控制和处理。切实搞好"两堂一舍",让职工吃上可口饭,洗上热水澡,睡上舒服觉。职工食堂要保持室内干净整齐,设备用具清洁,食品卫生合格,炊管人员健康证和岗位资格证齐全。职工澡堂要保持卫生,及时开放。职工公寓要保持地面墙壁整洁、物品摆放整齐。"两堂一舍"不能满足职工实际需要的,要从实际出发进行新建或改造。各单位要力所能及地为基层配备文化体育用品,丰富一线职工的业余文化生活。

四是强化基本功训练。对地质、工程、安全、设备、成本、监督监理等岗位上的基层管理人员,要开展岗位资格专业课培训,逐步实际持证上岗。对基层的技术人员,要根据不同专业,有针对性地开展新理论、新技术、新方法的培训,同时进行外语、微机等相关知识的培训。建立基层技术人员业余授课制度,各单位安排技术人员全年为职工讲授专业课不少于 30 个课时,授课情况要作为技术人员评聘职称的必要条件。充分发挥技师、高级技师的作用,对操作服务人员进行传帮带。各单位要加大对基层班组长的培训力度,力争今年对基层班组长培训一遍。技术工人要结合不同工种、不同岗位的实际,通过业务培训、岗位练兵、技术比赛、名师带徒等形式,强化应知应会训练,努力做到"六懂六会":懂基础知识、懂专业知识、懂相关知识、懂管理知识、懂操作规程、懂安全生产;会本岗操作、会兼岗操作、会设备维护、会成本核算、会质量控制、会事故处理。大力倡导名师带徒活动,师傅履行带徒协议期间,要给予一定的津贴;徒弟技术比武成绩突出或提前晋升高一级的技术等级,要对师傅进行奖励。要建立复合型技能人才资格证书制度,积极开展一人多岗、一专多能的兼岗训练及复合型技能操作训练,对关键生产技术岗位实行一人双证、一人多证,拓展职工的知识面和技能范围,增强其对未来岗位变化的适应能力。要完善正常化的职业技能鉴定制度,严格考核鉴定,以考促学,保证培训效果。对技术等级不达标、基本功不扎实的职工,要提出限期达标的要求和措施,对限期内仍不达标的要进行待岗培训或转岗。各单位每年要组织一次技术比武,对优胜者予以表彰奖励。连续两次在油田技术比武中取得名次的,可以破格推荐晋升高一级技术等级。要通过这些措施,大力营造学技术、练本领的浓厚氛围,引导职工钻研技术,苦练内功,努力做到人人出手过得硬。

三、切实加强对基层建设工作的组织领导

1. 各单位要加强对基层建设工作的领导,形成党组织牵头、行政支持参与、党政工团齐抓共管的工作格局。各单位党政组织要一起制定基层建设工作方案和目标,由党组织牵头抓落实。党组织书记要亲自抓,并明确一名行政副职协助工作。工会、共青团组织要发挥优势,主动配合,确保加强基层建设工作尽快开展起来。

2. 各单位要对基层建设工作精心组织,周密安排,稳步推进。要结合单位实际,开展"四基"建设情况摸底调查,明确工作内容,列出运行大表,确保这项工作有计划、有步骤地进行。要先进行试点,在取得试点工作经验后再全面推开。要掌握基层建设工作的进展情况,不断从中发现问题,加强具体指导,逐步予以完善。

3. 各单位要建立基层建设工作考核机制,细化、量化考核标准,把加强基层建设工作作为思想政治工作的一项重要内容进行考核,做到有检查、有考核、有评比,促进工作的落实。

4. 各单位要搞好对基层建设工作的宣传发动,通过召开会议、印发材料、制作宣传橱窗等多种形式,大力宣传加强基层建设的重要意义,动员职工积极行动起来,自觉参加基层建设工作。油田报社、电视台要加强对基层建设的宣传力度,营造浓厚的舆论氛围。

5. 各单位要注意发挥典型的示范带动作用,及时选树基层建设工作中涌现出来的典型,推广先进典型的经验,促进基层工作水平的提高。局党委将在下半年适当时候召开加强基层建设经验交流会，选树典型，总结经验，提出要求，把这项工作不断引向深入。

局党委　勘探局　分公司
关于印发修订后的《厂务公开实施细则》的通知
（2002 年 10 月 31 日）

油田所属各单位党委（党总支）、油田所属各单位：

根据上级关于厂务公开工作的有关文件要求，结合油田实际，油田厂务公开领导小组对《厂务公开实施细则》进行了修订，现印发给你们，望认真监督实施，并参照修订本单位厂务公开实施细则。

附件：1. 油田发展规划公开实施细则

2. 局发展规划及投资计划公开实施细则

3. 局生产经营重大决策公开实施细则

4. 分公司生产经营重大决策及油气销售公开实施细则

5. 局财务预决算及资产保值增值公开实施细则

6. 分公司财务预决算及资产保值增值公开实施细则

7. 局承包考核兑现、资本运营及市场管理公开实施细则

8. 分公司投资计划及承包考核兑现公开实施细则

9. 油田物资管理公开实施细则

10. 油田工程建设公开实施细则

11. 油田技术安全环保监督公开实施细则

12. 油田职工住房建设及出售公开实施细则

13. 油田普通教育招生公开实施细则

14. 局职工工资收入分配及人力资源管理公开实施细则

15. 分公司职工工资收入分配及人力资源管理公开实施细则

16. 局干部聘用、职称评定及毕业生分配公开实施细则

17. 分公司干部聘用及职称评定公开实施细则

18. 油田民主评议干部公开实施细则

19. 油田领导干部廉政建设公开实施细则

20. 油田业务招待费使用情况公开实施细则

21. 油田评选先进集体和个人公开实施细则

22. 局福利基金使用公开实施细则

23. 分公司福利基金使用公开实施细则

24. 油田社会保险统筹公开实施细则

25. 油田计划生育二孩指标公开实施细则

26. 油田集体合同履行情况公开实施细则

附件 1：

油田发展规划公开实施细则

一、公开小组

组　长：高爱华

副组长：方浩

成　员：蒲宏斌　付太森　胡启忠　周立博　贾立华

二、公开内容

1. 油田整体发展规划；

2. 分公司五年发展规划；

3. 分公司重点建设项目规划；

4. 油田建设规划；

5. 职工代表提案中涉及的规划建设项目落实情况。

三、公开的形式、时间、负责部门及责任人

1. 油田发展和建设规划，经油田规划委员会研究后，向职工代表大会报告。资料提供由油田规划委员会办公室负责；

2. 分公司五年发展规划，于规划期的第一年，在油田职工代表大会上公开，资料的提供工作由规划科科长负责；

3. 分公司重点建设项目规划，经经理办公会研究后，每年一次向油田职工代表大会报告，资料的提供工作由初步设计审查科科长负责；

4. 职工代表提案中涉及的规划建设项目落实情况，于下次职工代表大会召开前，向油田职工代表大会提案审查委员会报告，由提案审查委员会以报告形式向职工代表公开，材料的提供工作由规划事业部主管副主任负责。

四、公开程序

1. 每次公开前，由各责任部门提出准备公开的内容，提交公开小组及分公司主管领导审定；

2. 按油田职代会规定程序进行公开实施；

3. 根据监督小组收集的职工意见，进行答复处理；

4. 将每次公开情况整理建档，并报送油田厂务公开领导小组办公室备案。

五、联系电话：4821421

附件 2：

局发展规划及投资计划公开实施细则

一、公开小组

组　长：刘谦峰

副组长：庄明

成　员：张庆国　苌新宇　赵仕兵　温德鑫

二、公开内容

1. 局中长期发展规划；

2. 局重点建设项目规划；

3. 矿区建设规划；

4. 年度基本建设投资计划执行情况；

5. 职工代表提案中涉及的规划建设项目落实情况。

三、公开的形式、时间、负责部门及责任人

1. 企业中长期发展规划，于规划期的第一年，在油田职工代表大会上公开，资料的提供工作由规划计划科科长负责；

2. 局重点建设项目规划，经局务会研究后，每年一次向油田职工代表大会报告，资料的提供工作由规划计划科科长负责；

3. 矿区建设规划，经油田规划委员会决定后，每年一次向油田职工代表大会报告，资料提供工作由规划计划科科长负责；

4. 年度基本建设投资计划的执行情况，每年一次向油田职工代表大会报告，资料的提供工作由规划计划科科长负责；

5. 职工代表提案中涉及的规划计划建设项目落实情况，于下次职工代表大会召开前，向油田职工代表大会提案审查委员会报告，由油田提案审查委员会以报告形式向职工代表公开，材料的提供工作由规划计划处主管副处长负责。

四、公开程序

1. 每次公开前，由各责任部门提出准备公开的内容，提交公开小组及局主管领导审定；

2. 按油田职代会的规定程序进行公开实施；

3. 根据监督小组收集的职工意见，进行答复处理；

4. 将每次公开的情况整理建档，并报送油田厂务公开领导小组办公室备案。

五、联系电话：4816394

附件 3：

局生产经营重大决策公开实施细则

一、公开小组

组　长：邵万钦

副组长：石书灿　朱景川

成　员：汪功怀　王旭东　毛晓峰　孙顺敏

二、公开内容

1. 局产业发展战略；

2. 局改革方案、重大项目、对外投资等重大经营管理决策；

3. 勘探局重要制度及全局制度建设。

三、公开形式、时间、负责部门及责任人

1. 局产业发展战略以油田职工代表大会的形式进行公开，公开内容的准备工作由企业发展处处长负责；

2. 局改革方案、重大项目、对外投资等重大经营管理决策以油田职工代表大会的形式进行公开，职代会闭会期间，提请局职代会联席会议审议后，以勘探局文件形式予以公开，公开内容的准备工作由企业发展处处长负责；

3. 局重要制度及全局制度建设以油田职工代表大会的形式进行公开，职代会闭会期间，提请局职代会联席会议审议通过后，以勘探局文件形式予以公开，公开内容的准备工作由企业发展处战略法规部主任负责。

四、公开程序

1. 每次公开前，由各责任部门提出准备公开的内容，提交公开小组及局主管领导审定；

2. 按照规定形式进行公开实施，其中，需在局职代会或职代会联席会议上进行公开的，按局职代会的规定程序办理；

3. 根据监督小组收集的职工意见，进行答复处理；

4. 将每次公开情况整理建档，并报送油田厂务公开领导小组办公室备案。

五、联系电话:4823246

附件4:

分公司生产经营重大决策及油气销售公开实施细则

一、公开小组

组　长:顾顺元

副组长:唐远华

成　员:秦光春　刘中振

二、公开内容

1. 分公司年度主要生产经营指标;

2. 分公司重点工作部署;

3. 分公司年度生产经营重要部署的实施结果;

4. 分公司年度油气产品销售情况。

三、公开的形式、时间、负责部门及负责人

1. 在每年的油田职工代表大会上,以分公司工作报告形式将上述内容在职工代表大会上公开;

2. 公开内容的准备工作,由公开小组组长负责。

四、公开程序

1. 按照油田职代会的规定程序进行公开实施;

2. 根据监督小组收集的职工意见,进行答复处理;

3. 将每次的公开情况整理建档,并报油田厂务公开领导小组办公室备案。

五、联系电话:4819493

附件5:

局财务预决算及资产保值增值公开实施细则

一、公开小组

组　长:杨祥彬

副组长:崔红月

成　员:刘作庆　张伟潘　双　师　赵玉新
　　　　张金贤　吕庆武　方正民　张运英
　　　　范克东　张雅君

二、公开内容

1. 集团公司下达的局年度主要生产经营指标、预算收入及预算支出计划;

2. 局年度经营目标完成情况及年末财务状况等财务决算情况;

3. 局所属主要经营单位国有资产保值增值指标完成情况及说明;

4. 局所属单位固定资产折旧费提取、固定资产占用费或收益额上交情况;

5. 固定资产大修理资金支出情况。

三、公开的形式、时间、负责部门及责任人

1. 集团公司下达的局年度主要生产经营指标预算收入和预算支出情况,每年一次向油田职工代表大会报告,资料的提供工作由管理会计科科长负责;

2. 局年度经营目标完成情况及年末的财务状况等财务决算情况,每年一次向油田职工代表大会报告,资料的提供工作由成本会计科科长负责;

3. 国有资产保值增值指标完成情况及简要说明,每年一次(次年2月底以前),以公报形式向全局公开,资料提供由成本会计科科长和资产管理科科长负责,公开的具体实施工作由综合科科长负责;

4. 局所属单位固定资产折旧费及固定资产收益额或固定资产占用费上缴情况,每年一次(次年2月底以前)以公报形式向全局公开,数据提供由资产核算科科长负责,公开的具体实施工作由综合科科长负责;

5. 固定资产大修理资金支出情况,每年一次向油田职代会报告,资料的提供由成本会计科科长和资产管理科科长共同负责。

四、公开程序

1. 每次公开前,由各责任部门提出准备公开的内容,提交公开小组及局主管领导审定;

2. 按照规定形式进行公开实施,其中,需在油田职代会上进行公开的,按职代会的规定程序办理;

3. 根据监督小组收集的职工意见,进行答复处理;

4. 将每次公开情况整理建档,并报送油田厂务公开领导小组办公室备案。

五、联系电话:4810798

附件6:

分公司财务预决算及资产保值增值公开实施细则

一、公开小组

组　长:向谷峰

副组长:栾灿根

成　员:李国良　付　强　裴德芳　李军航
　　　　刘建军　姚　胜　李世路

二、公开内容

1. 中国石化股份公司下达的分公司年度主要生产经营指标、预算收入及预算支出计划;

2. 分公司年度经营目标完成情况及年末财务状

况等财务决算情况；

3. 分公司所属主要经营单位国有资产保值增值指标完成情况及说明；

4. 分公司所属单位固定资产折旧费提取、固定资产占用费或收益额上交情况；

5. 分公司固定资产大修理资金支出情况。

三、公开的形式、时间、负责部门及责任人

1. 中国石化股份公司下达的分公司年度主要生产经营指标预算收入和预算支出情况，每年一次向油田职工代表大会报告，资料的提供工作由成本会计科科长负责；

2. 分公司年度经营目标完成情况及年末的财务状况等财务决算情况，每年一次向油田职工代表大会报告，资料的提供工作由成本会计科科长负责；

3. 分公司国有资产保值增值指标完成情况及简要说明，每年一次(次年2月底以前)以公报形式进行公开，资料提供由成本会计科科长和资产装备科科长负责，公开的具体实施工作由综合科科长负责；

4. 分公司所属单位固定资产折旧费及固定资产收益额或固定资产占用费上缴情况，每年一次(次年2月底以前)以公报形式进行公开，数据提供由资产装备科科长负责，公开的具体实施工作由综合科科长负责；

5. 分公司固定资产大修理资金支出情况，每年一次向油田职代会报告，资料的提供由成本会计科科长和资产装备科科长共同负责。

四、公开程序

1. 每次公开前，由各责任部门提出准备公开的内容，提交公开小组及分公司主管领导审定；

2. 按照规定形式进行公开实施，其中，需在油田职代会上进行公开的，按职代会的规定程序办理；

3. 根据监督小组收集的职工意见，进行答复处理；

4. 将每次公开情况整理建档，并报送油田厂务公开领导小组办公室备案。

五、联系电话：4821618

附件7：

局承包考核兑现、资本运营及市场管理公开实施细则

一、公开小组

组　长：邵万钦

副组长：石书灿　朱景川

成　员：刘宗儒　高　俊　吴泽玲　李少勇
　　　　朱于清　徐向东　毕毅文

二、公开内容

1. 局年度承包方案；

2. 局经营承包考核兑现情况；

3. 局资本运营方案；

4. 局市场管理情况。

三、公开的形式、时间、负责部门及责任人

1. 局年度承包方案以油田职代会的形式进行公开，职代会闭会期间，提请职代会联席会议审议，公开的具体实施工作由企业发展处处长负责；

2. 局经营承包考核兑现情况每月以公报形式发局属各单位进行公开，公开的具体实施工作由企业发展处经营考核部主任负责；

3. 局资本运营方案及市场管理情况以征求意见稿的形式发局属各单位进行公开，公开的具体实施工作由企业发展处资本运营部主任与市场管理部主任共同负责。

四、公开程序

1. 每次公开前，由各责任部门提出准备公开的内容，提交公开小组及局主管领导审定；

2. 按照规定形式进行公开实施，其中，需在油田职代会或职代会联席会议上进行公开的，按油田职代会的规定程序办理；

3. 根据监督小组收集的职工意见，进行答复处理；

4. 将每次公开情况整理建档，并报送油田厂务公开领导小组办公室备案。

五、联系电话：4821653

附件8：

分公司投资计划及承包考核兑现公开实施细则

一、公开小组

组　长：顾顺元

副组长：李洪珍

成　员：秦光春　门全才　李　珉

二、公开内容

1. 分公司年度建设投资计划执行情况；

2. 股份公司下达的年度主要生产经营指标；

3. 分公司年度承包方案；

4. 分公司经营承包考核兑现情况。

三、公开的形式、时间、负责部门及责任人

1. 分公司年度建设投资计划的执行情况，每年一次向油田职工代表大会报告，资料的提供工作由计划

经营部投资计划科科长负责；

2. 股份公司下达的年度主要生产经营指标，每年一次向油田职工代表大会报告，资料的提供工作由计划经营部综合统计科科长负责；

3. 分公司年度承包方案以油田职代会的形式进行公开，职代会闭会期间，提请职代会联席会议审议后，年初以文件形式下发各单位，公开的具体实施工作由公开小组副组长负责；

4. 经营承包考核兑现情况每月以公报形式发分公司所属各单位进行公开，公开的具体实施工作由计划经营部经营管理科科长负责。

四、公开程序

1. 每次公开前，由各责任部门提出准备公开的内容，提交公开小组及分公司主管领导审定；

2. 按照规定形式进行公开实施，其中，需要在油田职代会或职代会联席会议上进行公开的，按油田职代会的规定程序办理；

3. 根据监督小组收集的职工意见，进行答复处理；

4. 将每次的公开情况整理建档，并报油田厂务公开领导小组办公室备案。

五、联系电话：4819493

附件9：

油田物资管理公开实施细则

一、公开小组

组　长：卢秀军

副组长：李　卫　王建利　李学民

成　员：林洪思　张学勤　段　华　王德仓　任继书　杨秀丽　张加军

二、公开内容

1. 物资采购计划；

2. 物资采购招标及采购结果；

3. 采购物资质量检测结果；

4. 供应商入网资质审查及考评结果；

5. 采购资金承付情况；

6. 积压物资销售信息。

三、公开的形式、时间、负责部门及责任人

1. 物资采购计划，根据物资需求情况不定期地以文件和电公布栏形式进行公开，公开的具体实施工作由物资供应办公室主任负责；

2. 物资采购招标的计划、项目、结果，及时以文件和电子公布栏形式进行公开，物资采购结果，每月以《考核公报》和电子公布栏形式进行公开，公开的具体实施工作由物资交易厅主任负责；

3. 采购物资质量检测结果，每月以《技监通报》和计算机网络形式进行公开，公开的具体实施工作由技术质量监测站主任负责；

4. 供应商资质审查及考评结果，每季度通过专业会议纪要和电子公布栏进行公开，公开的具体实施工作由物资供应管理科科长负责；

5. 采购资金承付情况，经处领导及有关部门研究决定后，每月通过电子公布栏进行公开，公开的具体实施工作由物资材料核算科科长负责；

6. 积压物资销售信息，每季度通过计算机网络进行公开，公开的具体实施工作由物资供应管理科科长负责。

四、公开程序

1. 每次公开前，由各责任部门提出准备公开的内容，提交公开小组及油田主管领导审定；

2. 按照规定形式进行公开实施；

3. 根据监督小组收集的职工意见，进行答复处理；

4. 将每次公开情况整理建档，并报送油田厂务公开领导小组办公室备案。

五、联系电话：4882127　4882146

附件10：

油田工程建设公开实施细则

一、公开小组

组　长：王广瑞

副组长：侯玉江

成　员：王　辉　张　超　冯刚云　唐　晖　赖恒亮

二、公开内容

1. 油田上年度工程建设项目投资计划实施情况；

2. 重点建设项目对外发包情况和中标单位；

3. 住宅等建筑工程质量评定结果；

4. 重大工程质量事故处理结果。

三、公开的形式、时间、负责部门及责任人

1. 油田年度工程建设项目投资计划实施情况，在油田职代会上公开，资料的收集整理工作由基建处综合科科长负责；

2. 重点建设项目的对外发包、招标过程及评定结果及时在中原油田建设网站、《中原油田建设信息》及油田厂务公开栏上进行公开，公开的具体实施工作由基建处综合科科长负责；

3. 住宅等建筑工程质量评定结果在中原油田建设网站、《中原油田建设信息》及油田厂务公开栏上进行公开，公开的具体实施工作由油田质量监督站站长负责；

4. 重大工程质量事故处理结果，以《中原石油报》内部专刊形式公开，公开的具体实施工作由油田质量监督站站长负责。

四、公开程序

1. 每次公开前，由各责任部门提出准备公开的内容，提交公开小组及油田主管领导审定；

2,按照规定形式进行公开实施，其中，需在油田职代会上进行公开的，按职代会的规定程序办理；

3. 根据监督小组收集的职工意见，进行答复处理；

4. 将每次公开的情况整理建档，并报送油田厂务公开领导小组办公室备案。

五、联系电话:4821691 4819454

附件 11：

油田技术安全环保监督公开实施细则

一、公开小组

组　长：肖永庆

副组长：徐海珍　周松景

成　员：曹天生　蒋芳均　郭学峰　朱宇亭　栗明选

二、公开内容

1. 重大伤亡事故处理结果；

2. 劳动保护措施及实施情况；

3. 产品质量监督抽查结果。

三、公开的形式、时间、负责部门及责任人

1. 重大伤亡事故处理结果，随时以安全生产委员会文件形式向全油田通报，并在油田厂务公开栏进行公开；劳动保护措施及实施情况，纳入勘探局局长和分公司经理工作报告，每年向职工代表大会报告一次。各项公开的具体实施工作由安全管理科科长负责；

2. 产品质量监督抽查结果，每两个月一次，以公报形式在《中原石油报》内部专刊公开，公开的具体实施工作由质量监督科科长负责。

四、公开程序

1. 每次公开前，由各责任部门提出准备公开的内容，报公开小组及油田主管领导审定；

2. 按照规定形式进行公开实施，其中，需以职代会形式进行公开的，按油田职代会的规定程序办理；以文件形式公开的，按公文处理程序办理；

3. 根据监督小组收集的职工意见，进行答复处理；

4. 将每次公开情况整理建档，并报油田厂务公开领导小组办公室备案。

五、联系电话:4821305

附件 12：

油田职工住房建设及出售公开实施细则

一、公开小组

组　长：李本昌

副组长：张环清

成　员：陈洪昌　李克敏　李兆宏　乔守忠　李新端　怀月庆

二、公开内容

1. 当年住房出售方案：

(1) 住房的出售范围、对象及住房面积控制标准；

(2) 售房当年价格及房价款的计算方法；

(3) 选择住房的具体方法。

2. 当年出售的房源情况，主要包括住房的座落位置、房型、套数、房屋建筑面积及房屋结构；

3. 申请购房人员的基本情况及选房结果：

(1) 申请购房人员的工作单位、职工类别、参加工作时间、结婚时间、户口类别及所在地、任职时间、职务；

(2) 所选房的建筑面积、坐落位置是否与本人身份、职务、单位相吻合。

4. 职工反映问题的调查处理结果；

5. 职工个人住房公积金缴纳、支取、使用情况。

三、公开的形式、时间、负责部门及责任人

1. 售房方案经油田职代会或职代会联席会议审议通过后，以文件形式下发各有关单位，并及时在《中原石油报》内部专刊和各公开栏上进行公开，公开的实施工作由房管处党群办主任及各矿区房管部门负责人负责；

2. 当年出售的房源情况，出售前在各矿区指定的公开栏上进行公开，公开的实施工作由各矿区房管部门负责人负责；

3. 申请购房人员的基本情况及选房结果，由各矿区房管部门按照规定要求进行审核后，在各矿区指定的公开栏上进行公开，公开的实施工作由各矿区房管部门负责人负责；

4. 对于在选房、售房过程中职工举报的各种违纪、舞弊行为和调查处理结果，及时在有关的公开栏上进行公开，公开的实施工作由房管处党群办（纪检办）主任、房产科科长及各矿区房管部门负责人共同负责；

5. 职工个人住房公积金缴纳、支取、使用情况，以对账单形式每年向职工公布一次，发至每个职工核对，公开的实施工作由住房公积金科科长负责。

四、公开程序

1. 每次公开前，由各责任部门提出准备公开的内容，提交公开小组及油田主管领导审定；

2. 按照规定形式进行公开实施，其中，需以职工代表大会形式进行公开的，按油田职代会的规定程序办理；

3. 根据监督小组收集的职工意见，进行答复处理；

4. 将每次公开情况整理建档，并报送油田厂务公开领导小组办公室备案。

五、联系电话：4823513

附件 13：

油田普通教育招生公开实施细则

一、公开小组

组　长：孙培山

副组长：褚衍席

成　员：魏伯臣　姜立平　杜石军　雷美丽　王忠彪

二、公开内容

1. 油田普通教育年度招生政策和计划；

2. 油田中招考试成绩；

3. 油田高中招生和高考录取结果；

4. 油田高中招生照顾对象。

三、公开的形式、时间、负责部门及责任人

1. 油田普通教育年度招生政策和计划，于每学年招生前一个月以文件形式向油田所属各单位公开，公开的实施工作由中学教育科、小学教育科及幼儿教育科科长共同负责；

2. 油田中招考试成绩，于每年中招考试结束后，先在各中学校长会议上公开，然后向考生及家长公开，公开的实施工作由招生办公室主任及各中学校长共同负责；

3. 油田高中招生和高考录取结果，于每学年开学前分别在有关公开栏上面向社会公开，公开的实施工作由中学教育科科长和招生办公室主任共同负责；

4. 油田高中招生照顾对象，于每年中招考试前一个月在教育中心及有关中学公开栏进行公开，公开的实施工作由招生办公室主任、中学教育科科长及有关中学校长共同负责。

四、公开程序

1. 每次公开前，由各责任部门提出准备公开的内容，提交公开小组及油田主管领导审定；

2. 按照规定程序进行公开实施；

3. 根据监督小组收集的职工意见，进行答复处理；

4. 将每次公开情况整理建档，并报送油田厂务公开领导小组办公室备案。

五、联系电话：4824935

附件 14：

局职工工资收入分配及人力资源管理公开实施细则

一、公开小组

组　长：王光兴

副组长：薛儒明　蔡东清

成　员：刘　兴　严春明　冉　新　韦旭升　黄宗凯

二、公开内容

1. 职工工资调整方案及收入情况；

2. 局属单位劳务用工情况；

3. 退伍军人安置情况；

4. 减员增效、下岗分流、再就业方案；

5. 工人技师的评聘情况；

6. 技术能手的评比情况。

三、公开的形式、时间、负责部门及责任人

1. 工资调整方案经油田职代会或职代会联席会议审议通过后以局文件形式下发，公开的实施工作由工资保险科科长负责；

2. 局属各单位劳务用工计划以文件形式进行公开，通过劳动力市场公开招收，公开的实施工作由劳动组织科科长负责；

3. 退伍军人安置政策、计划以文件形式及时进行公开，公开的实施工作由劳动组织科科长负责；

4. 勘探局减员增效、下岗分流和再就业方案，由油田职工代表大会或职代会联席会议审议通过后以局文件形式下发，公开的实施工作由劳动组织科科长负责；

5. 工人技师的评聘政策、程序、结果以文件形式及时公开，公开的实施工作由职工管理科科长负责；

6. 技术能手的评比政策、程序和结果以文件形式下发，公开的实施工作由培训科科长负责。

四、公开程序

1. 每次公开前，由各责任部门提出准备公开的内容，提交公开小组及局主管领导审定；

2. 以职工代表大会形式进行公开的，按油田职代会的规定程序办理；以文件形式公开的，按公文处理程序办理；

3. 根据监督小组收集的职工意见，进行答复处理；

4. 将每次公开情况整理建档，并报送油田厂务公开领导小组办公室备案。

五、联系电话：4823570

附件 15：

分公司职工工资收入分配及人力资源管理公开实施细则

一、公开小组

组　长：李寿军

副组长：郝景喜

成　员：李英庆　宋先明　郭东峰　王向东　董岚峰　杭广社

二、公开内容

1. 职工工资调整及收入情况；

2. 分公司用工情况；

3. 大中专毕业生分配情况；

4. 退伍军人安置情况；

5. 减员增效实施方案；

6. 工人技师评聘及技术能手评比情况。

三、公开的形式、时间、负责部门及责任人

1. 工资调整方案经油田职代会或职代会联席会议审议通过后以文件形式进行公开，公开的实施工作由工资保险科科长负责；

2. 根据各单位劳动力需求，分公司所属单位劳务用工年度计划以文件形式进行公开，公开的实施工作由劳动管理科科长负责；

3. 毕业生分配办法、步骤及分配计划于每年 7 月初之前，以文件形式进行公开，公开的实施工作由干部管理科科长负责；

4. 分公司退伍军人安置政策、计划以文件形式于安置前公开，公开的实施工作由劳动管理科科长负责；

5. 分公司减员增效实施方案，经党政领导联席会议研究并提交油田职代会或职代会联席会议审议通过后以文件形式进行公开，公开的实施工作由劳动管理科科长负责；

6. 工人技师及技术能手的评聘政策、程序和结果，以文件形式进行公开，公开的实施工作由培训科科长负责。

四、公开程序

1. 每次公开前，由各责任部门提出准备公开的内容，提交公开小组及分公司领导审定；

2. 以职代会形式进行公开的，按油田职代会的规定程序办理；以文件形式公开的，按公文处理程序办理；

3. 根据监督小组收集的职工意见，进行答复处理；

4. 将每次公开情况整理建档，并报送油田厂务公开领导小组办公室备案。

五、联系电话：4821330

附件 16：

局干部聘用、职称评定及毕业生分配公开实施细则

一、公开小组

组　长：王亚钧

副组长：李智信

成　员：姚泉河　丁学成　魏永军　陈　飞　杨　勇

二、公开内容

1. 拟提拔为副处级及以上领导干部的基本情况和岗位、职务情况；

2. 大中专毕业生分配情况；

3. 职称评定的申报范围、政策规定、申报条件、评审标准和方法程序；

4. 职称评定的高、中级限额指标和评审结果；

5. 局高、中级职称外语考试的范围、条件、参加考试人员情况和考试成绩。

三、公开的形式、时间、负责部门及责任人

1. 拟提拔为副处级及以上领导干部的基本情况和岗位、职务情况，经局党委常委（扩大）会议研究后，通过中原有线电视台、《中原石油报》以及相关单位厂务公开栏公开，公开的具体实施工作由干部管理科科长负责；

2. 毕业生分配的方法、步骤及分配就业计划以文件形式于每年6月底或7月初公开，公开的具体实施工作由技术干部管理科科长负责；

3. 职称评定的申报范围、政策规定、申报条件、评审标准、方法程序，以文件形式于每年7—8月份由各单位向专业技术人员传达并在各单位厂务公开栏进行公开，公开的具体实施工作由技术干部管理科科长负责；

4. 职称评定的高、中级限额指标，以文件形式在评委会召开会议前通知有关评委会；高、中级职称评审结果以文件形式于集团公司、勘探局批准后公开，并在局厂务公开栏和局域网上公布，公开的具体实施工作由技术干部管理科科长负责；

5. 高、中级职称外语考试的范围、条件以文件形式在报名前公开，参加考试人员情况，于考试当天在考点公开；外语考试成绩以文件形式在集团公司通知后公开，并在局域网上公布，公开的具体实施工作由技术干部管理科科长负责。

四、公开程序

1. 每次公开前，由各责任部门提出准备公开的内容，提交公开小组及局主管领导审定；

2. 按照规定形式进行公开实施；

3. 根据监督小组收集的职工意见，进行答复处理；

4. 将公开情况整理建档，并报油田厂务公开领导小组办公室备案。

五、联系电话：4824607　4821524

附件17：

分公司干部聘用及职称评定公开实施细则

一、公开小组

组　长：李寿军

副组长：郝景喜

成　员：范陆军　王向东　郭亚东　昝昭名

二、公开内容

1. 拟提拔为行政正、副处级领导干部的基本情况和岗位、职务情况；

2. 职称评定的申报范围、申报条件、政策规定、评审标准和方法程序；

3. 职称评定的教授级、高、中级评定限额指标和评审结果；

4. 分公司高、中级职称外语考试的报考范围、条件、参加考试人员情况和考试成绩。

三、公开的形式、时间、负责部门及责任人

1. 拟提拔为分公司行政正、副处级领导干部的基本情况和岗位、职务情况，经局党委常委（扩大）会议研究后，通过中原有线电视台、《中原石油报》以及相关单位厂务公开栏公开，公开的具体实施工作由人力资源部干部管理科科长负责；

2. 职称评定的申报范围、政策规定、申报条件、评审标准、方法程序和外语考试的范围条件，以文件形式发至直属各单位，并在人力资源部网站公布，由各单位向专业技术人员传达或在各厂务公开栏公开，公开的具体实施工作由人力资源部干部管理科科长负责；

3. 职称评定的教授级、高、中级评定限额指标，在评委会召开前，以文件形式通知各有关评委会，高、中级职称评审结果分别经股份公司、分公司审核同意后，以文件及厂务公开栏形式进行公开，公开的具体实施工作由人力资源部干部管理科科长负责；

4. 参加高、中级职称外语考试人员情况，考试当天在考点张贴，向考生公布；外语考试成绩经股份公司或分公司签发后，打印成绩通知单，向直属单位公布并在人力资源部网站公开，公开的具体实施工作由人力资源部干部管理科科长负责。

四、公开程序

1. 每次公开前，由责任部门提出准备公开的内容，干部任用的内容，提交分公司主管领导审定；职称评定的内容，提交油田职改领导小组或分公司主管领导审定；

2. 按照规定形式进行公开实施；

3. 根据监督小组收集的职工意见，进行答复处理；

4. 将公开情况整理建档，并报送油田厂务公开领导小组办公室备案。

五、联系电话：4821324　**传真：**4828334

附件18：

油田民主评议干部公开实施细则

一、公开小组

组　长：王亚钧

副组长：李寿军　王明亮

成　员：孔存柱　李智信　王世泉　林铭升
姚泉河　范陆军　何　强

二、公开内容

1. 民主评议领导干部工作指导意见；

2. 民主评议领导干部工作实施方案；

3. 职工(代表)对领导干部的综合评价结果。

三、公开的形式、时间、负责部门及责任人

1. 油田所属单位领导干部的民主评议指导意见由局党委组织部、分公司人力资源部、局工会联合起草，经油田协调委员会讨论、局党委常委(扩大)会议研究后，每年 2 月底以前，以文件形式下发各单位执行并由各单位分别在有关会议上进行传达，公开的协调实施工作由局工会组织部部长、局党委组织部干部管理科科长和分公司人力资源部干部管理科科长共同负责；

2. 领导干部的民主评议实施方案，由职代会民主评议干部委员会(专门小组)负责制定，经同级党组织审定同意后，在职工(代表)大会上公开。油田领导班子成员民主评议实施方案的具体公开工作由油田民主评议干部委员会主任负责；油田所属单位领导干部的民主评议实施方案的公开工作，由各单位职代会民主评议干部委员会(专门小组)主任(组长)负责；

3. 职工(代表)对领导干部的综合评价结果，在职工(代表)大会结束前公布。油田领导班子成员的综合评价结果由油田民主评议干部委员会主任在主席团会议上公布，再由各代表团团长向本团职工代表公布；油田所属单位领导干部的综合评价结果由各单位民主评议干部委员会(专门小组)主任(组长)负责向职工(代表)公布。

四、公开程序

1. 每次公开前，由各责任部门提出准备公开的内容，提交公开小组及党委审定；

2. 按照规定形式进行公开实施，其中，需以职代会形式进行公开的，按职代会的规定程序办理；

3. 根据监督小组收集的职工意见，进行答复处理；

4. 将公开情况整理建档，并报送厂务公开领导小组办公室备案。

五、联系电话：4819530　4821324　4819725

附件 19：

油田领导干部廉政建设公开实施细则

一、公开小组

组　长：李恩洲

副组长：陈绍华

成　员：牟新典　李永哲　可景阳

二、公开内容

1. 油田及所属单位领导干部(指副处级以上干部)廉洁自律情况；

2. 油田所属各单位领导干部任期和离任审计结果；

3. 发生在领导干部中的重大案件和违规违纪的处理情况。

三、公开的形式、时间、负责部门及责任人

1. 领导干部廉洁自律情况，包括领导干部的收入(工资、奖金及其他收入)情况，礼品登记情况，个人及亲属重大事项报告情况，租(用)车情况，通讯工具的使用和费用报销情况，购买本企业内部职工股票情况以及出国(境)费用支出情况，每年以领导干部，述职形式向职工(代表)大会公开。局级领导干部的材料汇总由局纪委、监察处执法执纪监察室副主任负责；油田所属单位领导干部的材料汇总由各单位厂务公开有关专门工作小组负责；

2. 油田所属单位领导干部任职期间的审计工作，每月审计一次，审计工作结束后，将审计结果每季度在被审计人所在单位公开栏进行公开；离任审计结果，及时在被审计人所在单位公开栏公开。公开的实施工作由审计中心项目管理科科长负责；

3. 领导干部重大案件和违规违纪的处理情况，经油田有关领导批准后，在《中原石油报》内部专刊公开。资料提供及公开的实施工作由局纪委、监察处执法执纪监察室正科级纪检监察员负责。

四、公开程序

1. 每次公开前，由各责任部门负责人提出准备公开的内容，提交公开小组及油田主管领导审定；

2. 按照规定形式进行公开实施，其中，需以职代会形式进行公开的，按职代会的规定程序办理；

3. 根据监督小组收集的职工意见，进行答复处理；

4. 油田和所属单位领导干部每次的公开情况，分别由局纪委、监察处执法执纪监察室副主任和各单位厂务公开有关专门工作小组整理建档，并报送油田厂务公开领导小组办公室备案。

五、联系电话：4819942

附件 20：

油田业务招待费使用情况公开实施细则

一、公开小组

组　长：黄艾华

副组长:魏国良

成　员:任孟坤　董玉斌

二、公开内容

全油田业务招待费使用情况。

三、公开的形式、时间、负责部门及责任人

1. 每季度一次将油田所属各单位业务招待费使用情况,于下季度的第一个月以处室文件形式发油田所属各单位进行公开,并向职工传达;

2. 每年向油田职工代表大会报告一次全油田业务招待费使用情况;

3. 公开内容的具体准备工作,由接待科科长负责。

四、公开程序

1. 每次公开前,由具体责任人提出准备公开的内容,提交公开小组及油田主管领导审定;

2. 以文件形式进行公开的,按公文处理程序办理;以职代会形式进行公开的,按职代会的规定程序办理;

3. 根据监督小组收集的职工意见,进行答复处理;

4. 将每次公开情况整理建档,并报送油田厂务公开领导小组办公室备案。

五、联系电话:4822843

附件 21:

油田评选先进集体和个人公开实施细则

一、公开小组

组　长:吕　杰

副组长:解建国

成　员:龚元学　王　俭　张宏伟　熊　伟

二、公开内容

1. 先进集体、个人的评选范围、条件、原则、评选比例及评选时间;

2. 先进集体、个人的评选程序;

3. 先进集体、个人的事迹;

4. 评选结果。

三、公开的形式、时间、负责部门及责任人

1. 先进集体、个人的评选范围、条件、原则、评选比例、评选时间及评选程序,在评选工作开始前以文件形式向职工传达,在全油田公开;

2. 按照油田年度评先文件要求,先进集体、个人评选的各项程序以不同形式及时公开;

3. 先进集体、个人的事迹以报纸、公开栏等形式公开;

4. 先进集体、个人的评选结果以文件和表彰大会的形式向全油田公开;

5. 先进集体、个人的评选公开工作由局工会主管副主席和局文明办主任负责。

四、公开程序

1. 每次公开前,由油田评选先进集体、个人公开小组提出准备公开的内容,提交油田主管领导审定;

2. 按照规定形式进行公开实施;

3. 根据监督小组收集的职工意见,进行答复处理;

4. 将每次公开情况整理建档,并报送油田厂务公开领导小组:办公室备案。

五、联系电话:4821536　4822153

附件 22:

局福利基金使用公开实施细则

一、公开小组

组　长:杨祥彬

副组长:崔红月

成　员:刘作庆　张　伟　潘双师　赵玉新　张敬辉

二、公开内容

局职工福利基金的提取、使用及结存情况。

三、公开的形式、时间、负责部门及责任人

局职工福利基金的提取、使用方案及结存情况,每年一次向油田职工代表大会报告,由职工代表大会审议决定,向全局职工公开。资料的提供工作由成本会计科科长负责。

四、公开程序

1. 按照油田职工代表大会的规定程序进行公开实施;

2. 根据监督小组收集的职工意见,进行答复处理;

3. 将公开情况整理建档,并报送油田厂务公开领导小组办公室备案。

五、联系电话:4810798

附件 23:

分公司福利基金使用公开实施细则

一、公开小组

组　长:向谷峰

副组长：栾灿根

成　员：李国良　付　强　裴德芳　李军航　刘建军　姚　胜　李世路

二、公开内容

分公司职工福利基金的提取、使用及结存情况。

三、公开的形式、时间、负责部门及责任人

分公司职工福利基金的提取、使用方案及结存情况，每年一次向油田职工代表大会报告，由职工代表大会审议决定，向分公司职工公开。资料的提供工作由成本会计科科长负责。

四、公开程序

1. 按照职工代表大会的规定程序进行公开实施；

2. 根据监督小组收集的职工意见，进行答复处理；

3. 将公开情况整理建档，并报送油田厂务公开领导小组办公室备案。

五、联系电话：4821618

附件 24：

油田社会保险统筹公开实施细则

一、公开小组

组　长：蔺义洲

副组长：李英姿

成　员：屈毓林　曾庆华　刘伟智　肖国华　刘晓峰　吕迎春

二、公开内容

1. 职工养老保险基金的收支情况；

2. 职工医疗保险基金的收支情况；

3. 职工基本养老保险个人账户的记载情况；

4. 协议解除劳动合同人员的续保情况。

三、公开形式、时间、负责部门及责任人

1. 职工养老保险基金的收支情况，每年向油田职工代表大会报告一次，资料的提供工作由基金征集科科长和养老保险科科长共同负责；

2. 职工医疗保险基金的收支情况，每年向油田职工代表大会报告一次，资料的提供工作由基金征集科科长和医疗保险科科长共同负责；

3. 职工养老保险个人账户卡每年公布一次，发至每个职工手中核对并签字认可，公开的具体实施工作由养老保险科科长负责；

4. 协议解除劳动合同人员和失业集体工保险续接工作，以个人账户卡的形式每年公开一次，公开的具体实施工作由协议解除劳动合同人员保险科科长负责。

四、公开程序

1. 每次公开前，由各责任部门提出准备公开的内容，提交公开小组及油田主管领导审定；

2. 按照规定形式进行公开实施，其中，需以职代会形式进行公开的，按职代会的规定程序办理；

3. 根据监督小组收集的职工意见，进行答复处理；

4. 将每次公开情况整理建档，并报送油田厂务公开领导小组办公室备案。

五、联系电话：4894583

附件 25：

油田计划生育二孩指标公开实施细则

一、公开小组

组　长：张保才

副组长：郗庆国

成　员：黄芝媛　张久长　曹文庆　郭新霞　顾　敏

二、公开内容

1. 可以照顾生育二孩的条件及申报二孩生育指标的人员名单；

2. 二孩生育指标的报批结果。

三、公开的形式、时间、负责部门及责任人

1. 可以照顾生育二孩的条件及申报二孩生育指标的人员名单，在向市计生委上报前，由申报人所在矿区（单位）计生办主任负责，在申报人所在单位公开栏进行公开，公开时间为 15 天，以便接受职工群众的监督；

2. 二孩生育指标的报批结果，在市计生委批准后，由局计划生育办公室主任负责，以公报形式发油田所属各单位及时进行公开。

四、公开程序

1. 每次公开前由局计划生育办公室提出准备公开的内容，报公开小组及局主管领导审定；

2. 按照规定形式进行公开实施；

3. 根据监督小组收集的职工意见，进行答复处理；

4. 将每次公开情况整理建档，并报送油田厂务公开领导小组办公室备案。

五、联系电话：4822265　4822160

附件 26：

油田集体合同履行情况公开实施细则

一、公开小组

组　长：王明亮

副组长：薛儒明　郝景喜　王世泉

成　员：彭昌礼　冉新段　连　民　左文平

二、公开内容

油田集体合同履行情况。

三、公开的形式、时间、负责部门及责任人

油田集体合同履行情况，每年一次向油田职工代表大会报告。公开的实施工作由局工会组织民管部部长和公开小组有关成员共同负责。

四、公开程序

1. 按照油田职工代表大会的规定程序进行公开实施；

2. 根据监督小组收集的职工意见，进行答复处理；

3. 将公开情况整理建档，并报送油田厂务公开领导小组办公室备案。

五、联系电话：4819725

统计资料

2002年中原石油勘探局企业基本情况

（截至2002年底）

序号	指标项目	计算单位	年末实际或历年累计
一	年末企业用工总量	人	41358
二	企业用工工资总额	万元	73232
三	年末局直属单位	个	
	1. 物　探	个/人	1/985
	2. 钻　井	个/人	5/7398
	3. 勘探辅助单位(测井、资料等)	个/人	3/1828
	4. 科研单位	个/人	2/758
	5. 油田建设	个/人	2/2489
	6. 设备、车辆修造	个/人	2/1617
	7. 运输及客运服务	个/人	1/567
	8. 水、热、讯、房产、物业	个/人	17/7324
	9. 教　育	个/人	3/4945
	10. 医疗卫生	个/人	1/2088
	11. 钻井服务单位	个/人	2/1003
	12. 多种经营单位	个/人	12/860
	13. 其他单位	个/人	7/2580
四	年末企业全部固定资产原值	万元	651079
	年末企业全部固定资产净值	万元	399498
五	累计实现利税总额	万元	-28646
	累计实现利润总额	万元	-53192
六	本年企业增加值全员劳动生产率	元/人·年	42335
七	文教、卫生		
	1. 年末已建各类学校	所	72
	各类学校在校学生人数	人	52505
	2. 年末各类医疗卫生单位	个	22
	年末实有病床(医院)	张	965

2002年中原油田分公司企业基本情况

序号	指标项目	计算单位	年末实际或历年累计	其中	
				分公司	中原油气
一	年末企业全部占地面积	平方千米	33.861	31.211	2.65
二	年末企业用工总量	人	32342	26990	5352
	其中：全民职工	人	32237	26885	5352
	其他从业人员	人	105	105	
三	企业用工工资总额	万元	69535	57951	11584
	其中：全民职工工资总额	万元	69459	57875	11584
四	年末企业党员人数	人	11062	9278	1784
	年末基层党组织数量	个	1037	892	145
	其中：基层党委	个	35	32	3
	党总支	个	85	70	15
	党支部	个	917	790	127
五	年末企业共青团员人数	人	6413	5506	907
	年末基层团组织数量	个	672	595	77
	其中：基层团委	个	18	15	3
	三级团委	个	8	8	
	团总支	个	38	32	6
	团支部	个	608	540	68
六	年末企业工会会员人数(包括劳务用工)	人	35162	29087	6075
	年末基层工会组织数量	个	1023	885	138
	其中：二级工会组织	个	27	23	4
	三级工会组织	个	361	293	68
	四级工会组织	个	635	569	66
七	年末油田直属单位	个	46	42	4
	1. 采油、采气	个/人	7/19199	5/15081	2/4118
	2. 油气集输	个/人	3/1289	3/1289	
	3. 井下作业	个/人	1/1862	1/1862	
	4. 科研单位	个/人	3/1543	3/1543	
	5. 原油炼制	个/人	1/1090	1/1090	
	6. 物资供应	个/人	1/884	1/884	
	7. 其他单位	个/人	30/7376	28/6142	2/1234
八	年末主要石油专业队数及人数				
	1. 采油队	队数/人数	89/4944	77/4106	12/838
	2. 采气队	队数/人数	8/428	5/221	3/207
	3. 酸化压裂队	队数/人数	6/183	6/183	
	4. 井下作业队	队数/人数	109/1962	90/1523	19/439

续表

序号	指 标 项 目	计算单位	年末实际或历年累计	其中	
				分公司	中原油气
八	5. 大修队	队数/人数	22/338	22/338	
	6. 输油(气)队	队数/人数	43/2503	33/1888	10/615
	7. 汽车运输队	队数/人数	29/919	21/688	8/231
九	年末主要石油专用设备总台数	台	13145	11453	1692
	1. 钻采特车	台	688	592	96
	2. 测井及物探设备	台	91	83	8
	3. 注采设备	台	3676	2966	710
	4. 运输车辆(不包括辅助专用车)	台	2816	2259	557
	其中：货运车	台	1544	1250	294
	大客运车	台	85	77	8
	5. 辅助专用车辆	台	111	103	8
	6. 金属切削机床	台	194	169	25
	7. 锻压设备	台	26	25	1
	8. 工程施工机械	台	304	279	25
十	年末主要生产能力				
	1. 原油生产能力	万吨/年	365.5	301.2	64.3
	油井口数	口	3897	3303	594
	2. 气层气综合配套能力		10.33	3.44	6.89
	气井口数		163	102	61
	3. 油田注水生产能力	万立方米/日	17.28	15.78	1.5
	注水井口数	口	2159	1891	268
	4. 原油脱水(电脱盐)生产能力	万吨/年	1260	1110	150
	5. 油田生活及生产供水能力	万立方米/日	6.44	5.24	1.20
	6. 油田生活及生产污水处理能力	万立方米/日	15.66	14.36	1.30
	7. 各种原油、成品油罐总容量	万立方米	76.27	73.27	3.00
	其中：原油罐	万立方米	62.65	59.65	3.00
	8. 发电设备总容量	万千瓦	9.49	9.49	
十一	油气勘探				
	1. 年末已累计探明石油含油面积	平方千米	403		
	年末已累计探明石油地质储量	万吨	54076		
	2. 年末已累计探明天然气含气面积	平方千米	127.8		
	年末已累计探明天然气地质储量	亿立方米	587.3		
	3. 年末动用剩余可采储量：原油	万吨	3496.45		
	天然气	亿立方米	210.37		
	4. 累计完成二维地震工作量	千米	54006		
	累计完成三维地震工作量	平方千米	4234		

续表

序号	指标项目	计算单位	年末实际或历年累计	其中	
				分公司	中原油气
十一	5. 累计完成钻井进尺及完成口数	万米/口	2348.69/7719		
	其中：探井	万米/口	421.42/1265		
	开发井[①]	万米/口	1927.27/6454		
	6. 累计完成试油层数	层	4289		
十二	油气田生产及原油加工				
	1. 累计完成工业总产值(不变价)	万元	3319587	341033	90291
	2. 累计完成工业总产值(现价)[②]	万元	7939986	1805875	521069
	3. 累计完成企业增加值[②]	万元	4962966	923964	378768
	4. 累计完成原油产量[②]	吨	104182115	9442052	1931168
	其中：凝析油(轻油)	吨	1703107	247000	82928
	5. 累计完成原油外输量(交管道局)	吨	88485422		
	6. 累计完成油田液化气产量	吨	858134	1636	203922
	7. 累计完成乙烷产量	吨	135941		71769
	8. 累计完成天然气工业产量[②]	万立方米	2252452	180491	264694
	其中：外供量	万立方米	1236116		
	沧州化肥厂	万立方米	419032		
	9. 累计完成原油加工量	吨	4459307	4459307	
	汽油产量	吨	1401340	1401340	
	柴油产量	吨	1792654	1792654	
十三	基本建设投资				
	累计完成勘探、开发建设投资合计[②]	万元	4250106	857165	264945
	1. 勘探投资	万元	824092	191468	202724
	其中：探井工程	万元	570011	155563	
	2. 开发投资	万元	3039679	559909	
	其中：开发井工程	万元	1925892	463898	167432
	3. 炼油投资	万元	49787	200	
	4. 其他投资	万元	336548	105588	62221
	其中：非安装设备购置	万元		29023	
十四	年末企业全部固定资产原值	万元	2972199	2380750	591449
	年末企业全部固定资产净值	万元	1002414	722895	279519
十五	累计实现利税总额[②]	万元	704469	281042	233762
	累计实现利润总额[②]	万元	93059	161387	195115
十六	本年企业增加值全员劳动生产率	元/人·年	121382	105059	221789

续表

序号	指标项目	计算单位	年末实际或历年累计	其中	
				分公司	中原油气
十七	物资供应				
	1. 全年钢材消耗量	吨	190687	186756	3931
	年末库存量	吨	28798	28694	104
	2. 全年木材消耗量	立方米	1241	1125	116
	年末库存量	立方米	111	102	9
	3. 全年水泥消耗量	吨	15669	15047	622
	年末库存量	吨	7656	7652	4
	4. 年末器材库存资金额	万元	49317	46321	2996

注：① 分公司、中原油气的开发井口数及进尺，从2000年起开始分别累计。
② 其中数从2000年起开始累计。

中原油田主要经济指标

单位：亿元

指标名称＼年份	2002	2001	2000	1999	1998	1997
工业总产值①		14.14	14.41	15.03	15.33	15.35
中原石油勘探局②(现价)	37.75					
中原油田分公司①	11.46	11.14	11.50			
中原油气①	3.12	3.00	2.91			
工业增加值	52.02	41.82	49.28	32.41	32.02	34.35
中原石油勘探局	11.86	1.95	1.79			
中原油田分公司	28.15	28.55	34.57			
中原油气	12.01	11.32	12.92			
资产总计	257.55	228.34	199.68	190.31	158.76	154.98
中原石油勘探局	102.61	91.66	88.30			
中原油田分公司	114.78	99.94	79.93			
中原油气	40.16	36.74	31.45			
其中：流动资产	92.27	73.46	83.43	56.44	52.86	49.06
中原石油勘探局	49.96	43.72	54.35			
中原油田分公司	32.18	18.85	16.59			
中原油气	10.13	10.89	12.49			
固定资产原值	362.45	327.19	279.78	226.43	225.02	216.95
中原石油勘探局	65.24	56.99	45.24			
中原油田分公司	238.07	218.86	193.99			
中原油气	59.14	51.34	40.55			
固定资产净值	140.39	133.45	101.50	85.59	84.26	87.01
中原石油勘探局	40.15	34.07	25.02			
中原油田分公司	72.29	76.07	60.93			
中原油气	27.95	23.31	15.55			
销售收入	132.19	121.98	123.40	55.31	56.15	55.60
中原石油勘探局	50.72	47.10	36.52			
中原油田分公司	63.53	57.48	67.76			
中原油气	17.94	17.40	19.12			

续表

指标名称 \ 年份	2002	2001	2000	1999	1998	1997
实现利税	6.94	10.82	26	5.16	5.21	5.46
中原石油勘探局	-3.77	-7.05	-1.87			
中原油田分公司	3.94	10.87	18.27			
中原油气	6.77	7.00	9.60			
其中：税金	6.88	9.97	12.85	4.96	4.89	4.87
中原石油勘探局	3.06	2.54	1.53			
中原油田分公司	1.73	5.52	9.70			
中原油气	2.09	1.91	1.62			

注：① 按1990年不变价计算。

② 包括机械制造、钻井、录井、测井(钻井、录井、测井由建筑业划为工业)。

中原油田主要生产建设指标

指标名称 \ 年份	2002	2001	2000	1999	1998	1997
原油产量(万吨)	380.04	380.16	377.12	375.40	400.17	402.07
中原石油勘探局	—	—	—			
中原油田分公司	314.39	316.20	313.62			
中原油气	65.65	63.96	63.50			
天然气产量(亿立方米)	16.21	15.03	13.28	12.43	11.90	11.57
中原石油勘探局	—	—	—			
中原油田分公司	6.70	6.10	5.25			
中原油气	9.51	8.93	8.03			
新增原油生产能力(万吨)	80.6	71.87	45.02	39.32	41.27	47.43
中原石油勘探局	—	—	—			
中原油田分公司	64	58.73	32.81			
中原油气	16.60	13.14	12.21			
新增天然气生产能力(亿立方米)	3.51	1.88	2.01	0.1	0.40	0.91
中原石油勘探局	—	—	—			
中原油田分公司	2.39	1.33	1.80			
中原油气	1.12	0.55	0.21			
新增探明石油地质储量(万吨)	2116	2618	859	1009	679	973
中原石油勘探局	—	—	—			
中原油田分公司	2116	2618	859			
中原油气	—	—	—			
新增探明天然气地质储量(亿立方米)	71.8	35.51	83.67	0.36	15.26	10.97
中原石油勘探局	—	—	—			
中原油田分公司	71.8	35.51	83.67			
中原油气	—	—	—			
二维地震(千米)	314	180	1322	777	381	933
中原石油勘探局	—	—	—			
中原油田分公司	314	180	1322			
中原油气	—	—	—			
三维地震(平方千米)	310	327	406	297	335	167
中原石油勘探局	—	—	—			

续表

年份 指标名称	2002	2001	2000	1999	1998	1997
中原油田分公司	310	327	406			
中原油气	—	—	—			
石油钻井(口)(不含侧钻)	964	808	373	216	269	185
中原石油勘探局	562	413				
中原油田分公司	317	309	291			
中原油气	85	86	82			
其中：探井(口)	123	54	41	29	40	26
中原石油勘探局	67					
中原油田分公司	56	54	41			
中原油气	—	—	—			
开发井(口)	346	341	332	187	229	159
中原石油勘探局	—	—	—			
中原油田分公司	261	255	250			
中原油气	85	86	82			
注水井(口)						
中原油田分公司						
中原油气						
钻井进尺(万米)	258.38	309.08	97.75	61.11	77.75	64.36
中原石油勘探局	130.93	172.48				
中原油田分公司	100.82	106.25	72.92			
中原油气	26.63	30.35	24.83			
勘探投资(亿元)	6.51	6.83	5.81	3.78	4.29	4.56
中原石油勘探局	—	—	—			
中原油田分公司	6.51	6.83	5.81			
中原油气	—	—	—			
开发投资(亿元)	27.64	27.90	20.70	13.11	15.69	18.31
中原石油勘探局	—	—	—			
中原油田分公司	20.93	20.11	14.93			
中原油气	6.71	7.79	5.77			

2002年中原石油勘探局主要经营指标表

单位：元

序号	项目	行次	上年同期数	本年数
一	利税总额	1	-286460315.78	290249023.40
	1. 利润总额	2	-531922806.21	
	2. 税金及附加	3	245462490.43	290249023.40
	其中：增值税	4	170213937.03	208195295.31
	消费税	5		
	营业税	6	32585298.48	35627099.33
	资源税	7		
	城建税	8	12527051.58	14998895.84
	“四小”税	9	23883595.19	24038770.87
	教育费附加	10	6252608.15	7388962.05
二	炼油专业主要考核指标			
	1. 炼油单位加工费(元/吨)	11		

续表

序号	项　　目	行次	上年同期数	本年数
二	2. 含期间费用的炼油单位加工费(元/吨)	12		
	3. 炼油加工费(不含期间费用)	13		
	4. 炼油加工费及期间费用	14		
	5. 外购原料油加工量(吨)	15		
	6. 原油加工量(吨)	16		
	其中：国内陆上加工量	17		
	进口原油加工量	18		
	海洋原油加工量	19		
	7. 炼油现金操作总成本	20		
	8. 单位现金操作成本(元/吨)	21		
三	烯烃装置考核指标			
	1. 烯烃装置现金操作总成本	22		
	2. 乙烯产量	23		
	3. 烯烃装置现金操作成本	24		
四	固定资产计提折旧情况：			
	1. 计提折旧的全年固定资产平均值	25	4770104584.99	6105107233.51
	其中：机器设备	26	2084648503.04	2773974444.53
	房屋建筑物	27	1838866917.95	1935709249.77
	2. 本年提取的累计折旧	28	267431078.78	252263649.69
	其中：机器设备	29	144695388.90	89216899.75
	房屋建筑物	30	79885012.62	46233720.27
	3. 综合折旧率	31	5.61	4.13
	4. 企业母公司口径本年计提的累计折旧	32	265092046.52	242349134.89
五	修理费：			
	1. 实际发生的修理费	33	169326037.23	327647846.00
	2. 计入成本费用的修理费	34	169326037.23	327647846.00
	其中：摊销修理费	35		
	预提修理费	36		
六	施工产值	37		
七	进出口情况	38		
	1. 出口产(商)品销售收入	39		
	2. 进口产(商)品销售收入	40		
	3. 出口产(商)品销售成本	41		
	4. 进口关税	42		
	5. 出口关税	43		
	6. 出口额(报关数)	44		
	7. 应收出口退税	45		
	其中：本期	46		
	以前年度结转	47		
	8. 实际已收出口退税	48		
	9. 期末应收出口退税	49		

（陈志坚）

2002年中原石油勘探局资产负债

单位：元

项　　目	行次	年初数	期末数
流动资产：			
货币资金	1	518053032.72	466194235.02
短期投资	2		—
应收票据	3	21444375.00	17970915.80
应收股利	4		—
应收利息	5		—
应收账款	6	1049892277.58	1938714404.76
其他应收款	7	1806998769.35	1552174799.13
预付账款	8	187567468.35	129593974.20
应收补贴款	9		—
存　货	10	763359692.53	877813525.17
待摊费用	11	16740410.23	29144919.25
一年内到期的长期债权投资	12		—
其他流动资产①	13	8686647.32	8244142.96
流动资产合计	14	4372742673.08	5019850916.29
长期投资：			
长期股权投资	15	459918587.92	438802732.20
长期债权投资	16		
长期投资合计	17	459918587.92	438802732.20
其中：合并价差(贷差“—”)*	18	90478.87	—
固定资产：			—
固定资产原值	19	5699427048.42	6510787418.60
减：累计折旧	20	2292095159.90	2515805773.71
固定资产净值	21	3407331888.52	3994981644.89
减：固定资产减值准备	22		
固定资产净额	23	3407331888.52	3994981644.89
工程物资	24		—
在建工程	25	548272799.10	266795269.97
固定资产清理	26		—
固定资产合计	27	3955604687.62	4261776914.86
无形资产及其他资产：			
无形资产	28		—
长期待摊费用	29	347289766.99	410119340.55
其他长期资产②	30	30863433.92	11358065.61
无形资产及其他资产合计	31	378153200.91	421477406.16
			—
递延税款：			—
递延税款借项	32		—
资产总计	33	9166419149.53	10141907969.51
流动负债：			
短期借款	34	1445000000.00	653000000.00
应付票据	35		67100000.00
应付账款	36	1258262018.41	1947781318.15
预收账款	37	342277192.33	326482612.86
应付工资	38	94140161.45	60810538.07

续表

项　　目	行次	年初数	期末数
应付福利费	39	157284712.05	200603335.47
应付股利	40	—	
应交税金	41	47954852.27	30010479.87
其他应交款	42	3768572.43	6168562.80
其他应付款	43	1108305207.33	1110886464.60
预提费用	44		—
预计负债	45		—
一年内到期的长期负债	46		—
其他流动负债	47		—
流动负债合计	48	4456992716.27	4402843311.82
长期负债：			
长期借款	49	544151323.00	1324760350.00
应付债券	50		—
长期应付款	51		100138253.54
专项应付款	52		—
其他长期负债	53		—
长期负债合计	54	544151323.00	1424898603.54
递延税款：			
递延税款贷项	55		
负债合计	56	5001144039.27	5827741915.36
少数股东权益*	57	46514613.45	45626511.37
所有者权益(或股东权益)：			
实收资本(或股本)	58	3678330538.34	3760980538.34
减：已归还投资(外商合作企业填)	59		—
实收资本(或股本)净额	60	3678330538.34	3760980538.34
资本公积	61	1329089648.39	1295802516.89
盈余公积	62		231634.77
其中：法定公益金	63		77211.59
未确认投资损失*	64		—
未分配利润	65	-888659689.92	-788475147.22
外币报表折算差额	66		—
所有者权益(或股东权益)合计	67	4118760496.81	4268539542.78
负债及所有者权益(或股东权益)总计	68	9166419149.53	10141907969.51

注："*"为编制合并报表的单位使用。

① 其他流动资产中待处理流动资产损失：8686647.32　　8244142.96

② 其他长期资产中待处理固定资产损失为：30863433.92　　11358065.61

（陈志坚）

2002 年中原油田分公司主要经营指标

单位：元

序号	项　　目	行次	上年同期数	本期累计数
一	利税总额	1	877790244.54	393888706.17
	1. 利润总额	2	535372771.04	221249023.39
	2. 税金及附加	3	342417473.50	172639682.78
	其中：增值税	4	218460002.66	62069384.01

续表

序号	项　　目	行次	上年同期数	本期累计数
	消费税	5	60370271.95	65570677.96
	资源税	6	25770570.77	25494918.45
	营业税	7	4733551.69	1456986.01
	城建税	8	19047442.70	8591566.21
	房产税、车船使用税、土地使用税、印花税	9	4981619.14	5707357.55
	教育费附加	10	9054014.59	3748792.59
二	综合折旧率(%)	11		
	(一)合并综合折旧率(%)	12	9.60	9.60
	1. 本期提取的折旧(耗)累计数	13	1132460868.88	1138737849.82
	其中：机器设备	14	217801804.50	
	房屋建筑物	15	73410692.97	
	2. 计提折旧的固定(油气)资产平均总值	16	11790380930.20	11861852602.20
	其中：机器设备	17	2268768796.88	
	房屋建筑物	18	764694718.44	
	(二)母公司综合折旧率(%)	19	9.60	9.60
	1. 本期提取的折旧(耗)累计数	20	1132460868.88	1138737849.82
	2. 计提折旧的固定(油气)资产平均总值	21	11790380930.20	11861852602.20
三	修理费列支数	22	244981859.13	148374879.38
四	期末预提费用	23		
	其中：预提借款利息	24		
五	存货	25	808234565.01	854964453.38
	其中：原材料	26	629731624.79	555552906.89
	库存商品	27	148182388.29	250678089.87
	在产品及自制半成品	28	8067045.49	42081465.88
	分期收款发出商品	29		
	委托加工物资	30		1277440.71
六	工程物资	31		
	1. 专用材料	32		
	2. 专用设备	33		
	3. 预付大型设备款	34		
	4. 为生产准备的工具及器具	36		
七	1. 油气单位完全成本(元/吨)	37	1183.19	1228.69
	2. 油气单位现金操作成本(元/桶)	38	80.12	93.98
	3. 原油商品量(吨)	39	2961432.00	2926288.00
	4. 原油产量(吨)	40	3081821.00	3053189.00
	5. 天然气商品量(千立方米)	41	461718.69	476942.80
	6. 天然气产量(千立方米)	42	609580.00	669970.00
八	1. 炼油单位完全费用(元/吨)	43	301.67	219.73
	2. 炼油单位现金操作费用(元/吨)	44	225.75	161.41
	3. 原油加工量(吨)	45		543283.00
	其中：国内陆上加工量	46		543283.00
	进口原油加工量	47		
	海洋原油加工量	48		
	4. 外购原料油加工量(吨)	49	471116.00	

续表

序号	项　　目	行次	上年同期数	本期累计数
九	1. 销售吨油完全费用(元/吨)	50		
	2. 销售吨油现金操作费用(元/吨)	51		
	3. 总经营量	52		
	4. 成品油经营量	53		
十	乙烯现金操作费用(元/吨)	54		
十一	应收出口退税情况	55		
	年初余额	56		
	本期增加	57		
	本期减少	58		
	期末余额	59		
十二	出口产品销售收入	60		
	出口产品销售成本	61		

（姚　胜）

2002年中原油田分公司合并资产负债

单位：元

项　　目	行次	年初余额	期末余额
流动资产：	1		
货币资金	2	117425019.94	365126499.75
其中：现金	3	1423513.13	3018319.22
银行存款	4	116001506.81	362108180.53
内部存款	5		
短期投资	6		
减：短期投资跌价准备	7		
短期投资净额	8		
应收票据	9	15110000.00	1000000.00
应收股利	10		
应收利息	11		
应收账款	12	296552214.50	532691576.80
其中：应收股份公司内部单位及并表单位款	13	90274919.78	101423689.98
减：坏账准备	14	74716449.83	70190688.50
应收账款净额	15	221835764.67	462500888.30
其他应收款	16	171325624.42	107499367.95
其中：其他应收股份公司内部单位及并表单位款	17		
减：坏账准备	18	119486710.44	87589121.27
其他应收款净额	19	51838913.98	19910246.68
应收内部单位款	20	2552878774.28	1467069908.15
预付账款	21	428053423.50	200403087.05
其中：预付股份公司内部单位及并表单位款	22	105000.00	2294949.80
应收补贴款	23		
其中：应收出口退税	24		
存　货	25	808234565.01	854964453.38

续表

项　　目	行次	年初余额	期末余额
其中：原材料	26	629731624.79	555552906.89
库存商品	27	148182388.29	250678089.87
减：存货跌价准备	28	128291039.35	79461663.83
存货净额	29	679943525.66	775502789.55
待摊费用	30	79140212.97	56668853.99
一年内到期的长期债权投资	31		
其他流动资产	32		
流动资产合计	33	4146225635.00	3348182273.47
内部拨出款	34		
长期投资：	35		
长期股权投资	36		
长期债权投资	37		
减：长期投资减值准备	38		
其中：长期股权投资减值准备	39		
长期债权投资减值准备	40		
长期投资合计	41		
其中：合并价差	42		
内部投资	43		
固定资产：	44		
固定资产原价	45	3126808913.98	3248024640.14
减：累计折旧	46	1565693926.50	1549358027.75
固定资产净值	47	1561114987.48	1698666612.39
减：固定资产减值准备	48		
固定资产净额	49	1561114987.48	1698666612.39
油气资产	50	17710570979.74	20559478630.07
减：油气资产折耗	51	14077982381.93	15029194025.61
油气资产净值	52	3632588597.81	5530284604.46
减：油气资产减值准备	53		
油气资产净额	54	3632588597.81	5530284604.46
工程物资	55		
在建工程	56	151993287.33	468575727.63
地质勘探支出	57	222856452.82	309064591.15
油气开发支出	58	13942571.36	29160805.59
减：在建工程减值准备	59		
在建工程净额	60	388792311.51	806801124.37
固定资产清理	61		
固定资产合计	62	5582495896.80	8035752341.22
无形资产及其他资产：	63		
无形资产	64	12137787.32	11004844.96
地质成果	65		

续表

项　　目	行次	年初余额	期末余额
减：无形资产减值准备	66		
无形资产净额	67	12137787.32	11004844.96
长期待摊费用	68		
其他长期资产	69	89266524.17	83001109.17
无形资产及其他资产合计	70	101404311.49	94005954.13
递延税项：	71		
递延税款借项	72		
资产总计	73	9830125843.29	11477940568.82
流动负债：	74		
短期借款	75	63300000.00	
应付票据	76	198500000.00	363655370.57
应付短期债券	77		
应付账款	78	1339097152.44	2386406617.57
其中：应付股份公司内部单位及并表单位款	79	106440424.78	233297807.43
其他应付款	80	259400341.42	243266271.74
其中：其他应付股份公司内部单位及并表单位款	81		
内部存入款	82		
应付内部单位款	83	1480166698.14	412273425.24
预收账款	84	39202867.10	16249082.65
其中：预收股份公司内部单位及并表单位款	85	13464.80	
应付工资	86	51586227.90	49460961.70
应付福利费	87	46428797.94	43921373.76
应付股利	88		
应付利息	89		
应交税金	90	55553342.54	-72749977.97
其中：应交企业所得税	91	66034774.75	61108520.18
其他应交款	92	-3225663.02	11251231.86
预提费用	93		
预计负债	94		
一年内到期的长期负债	95		
其他流动负债	96		
流动负债合计	97	3530009764.46	3453734357.12
	98		
内部拨入款	99	2933099131.17	3534296722.98
	100		
	101		
长期负债：	102		
长期借款	103		
应付债券	104		
长期应付款	105		

续表

项　　目	行次	年初余额	期末余额
专项应付款	106	31060799.68	48855040.68
其中：安保基金	107	1314000.00	8472000.00
技术开发费	108	28408099.68	34128099.68
环保返还款	109	1338700.00	2171701.00
其他长期负债	110		
长期负债合计	111	31060799.68	48855040.68
	112		
递延税项：	113		
递延税款贷项	114	9514000.00	8385000.00
负债合计	115	6503683695.31	7045271120.78
	116		
	117		
少数股东权益	118		
	119		
	120		
股东权益：	121		
股本	122		
其中：国家资本	123		
集体资本	124		
法人资本	125		
其中：国有法人资本	126		
集体法人资本	127		
个人资本	128		
外商资本	129		
减：已归还的投资	130		
股本净额	131		
内部资本	132	3078530000.00	4076780000.00
资本公积	133		647470.54
盈余公积	134		
其中：法定盈余公积	135		
任意盈余公积	136		
公益金	137		
未分配利润	138	247912147.98	355241977.50
外币报表折算差额	139		
未确认的投资损失	140		
股东权益合计	141	3326442147.98	4432669448.04
	142		
负债及股东权益总计	146	9830125843.29	11477940568.82

（姚　胜）

勘探、开发主要经济效益指标

项目 / 年份	本年新增可采储量		新增能力			累计已探明石油		本年新增探明石油		累计已探明天然气		本年新增探明天然气		累计石油地质控制储量(万吨)	累计天然气地质控制储量(亿立方米)
	石油(万吨)	天然气(亿立方米)	原油(万吨/年)	天然气(亿立方米/年)	百万吨油气能力	含油面积(平方千米)	地质储量(万吨)	含油面积(平方千米)	地质储量(万吨)	含油面积(平方千米)	地质储量(亿立方米)	含气面积(平方千米)	地质储量(亿立方米)		
1998	134.90	7.23	41.67	0.4000	0.46	300.30	47474	11.90	679	82.50	395.96	2.30	15.26	4585	168.60
1999	296.70	0.18	39.28	0.3800	0.43	315.20	48483	14.90	1009	82.80	369.32	0.30	0.36	4585	396.30
2000	304.00	10.59	45.02	2.0059	0.65	331.90	49342	16.70	859	107.50	479.99	24.7	83.67	3153	676.70
其中:分公司			32.81												
2001			73.02	2.6100	0.99	374.1	51960	42.2	2618	113.4	515.5	5.9	35.51	5092	151.40
2002	354	28.74	72.60	3.7400	1.10	403.0	54076	28.9	2116	127.8	587.30	14.40	71.80		

物探工作量及主要技术经济指标

年份	二维地震(千米)				三维地震工作量完成(平方千米)					年末队数			地震费用(万元)		当年地震成果		
	合计	其中外雇量	合计中		合计	其中外雇量	合计中			合计	其中		二维	三维	提供井位(个)	发现圈闭(个)	发现圈闭面积(平方千米)
			河南	山东			河南	山东	内蒙		二维	三维					
1998	381	—	357	—	335	—	131	—	204	7	5	2	1031	5803	36	11	74
1999	777	—	10	727	297	—	123	—	174	5	3	2	2477	4358	22	20	194
2000	1322	—	493	28	406	—	—	406	—	4	2	2	3247	7123	15	59	242
2001	180				327		327			4	2	2	771	7093	45	23	1263
2002	314				310		310			8	4	4	1639	7367	63	10	71

钻井工作量及单位投资

项目 / 年份	开钻口数			完井口数			钻井进尺(米)			单位进尺投资(元/米)		
	合计	探井	开发井	合计	探井	开发井	合计	探井	开发井	合计	探井	开发井
1998	269	40	229	234	40	194	777471	112734	664737	1866	3040	1729
1999	223	33	190	245	29	216	611062	94760	516302	1954	2339	1891
2000	311	35	276	292	25	267	1084114	111418	972696	2227	2989	2033
2001	502	31	471	413	42	371	1724809	143440	1581369	2500	3219	1943
2002	388	56	332	406	56	350	1274427	181519	1092908	2218	2945	2097

2002年地质调查处地震勘探年报

（完成工作量和主要经济指标）

工区	施工单位	地震		地震工作量				VSP	炮数和可控震源			总费用		地震成本			
		二维	三维	二维		三维			二维总炮数	三维总炮数	可控震源	二维	三维	二维		三维	
				工作量	其中可控	工作量	其中可控										
		队	队	千米	千米	平方千米	平方千米	口	炮	炮	次	万元	万元	元/千米	元/炮	元/千米	元/炮
白庙工区	2169队		V			152.42				13418			2826.05			185412.02	2106.16
胡状—文西	214队		V			40.01				3760			760.19			190000	2101.57
桥口—徐集	214队		V			118.8				5949			2126.68			179013.47	3574.85
卫城工区	214队		V			35.33				3212			696.9			179013	1939.6
富县黄土塬	2313队	V		287.56					6210			1586.66		55176.66	2555		
新疆青格里	2155队	V		927.04					12238			2846		30699.86	2325.54		
新疆柴窝堡	2155队	V		608.22					8191			2092.27		34399.89	2554.35		
新疆阿东	2172队	V		1764.84					23520			5381.54		30493.08	2288.07		
新疆卡塔尔	2172队	V		937.4					15103			3337.14		35599.96	2209.59		
苏丹6区	96169队	V		1355.93													
苏丹6区	96168队		V			305.4											
陕北富县	2509队							2									
合计				5880.99		651.96						15243.61	6409.82	186369.45	11932.55	733438.49	9722.18

（张国军）

附　录

中原油田2002年成立、调整的专业委员会及领导小组

中原油田 信访工作领导小组

组　长：沙启军
副组长：王春江　张　勤　佗文汉
成　员：于吉永　张明功　黄艾华　王亚钧
　　　　田崇亮　李恩洲　白福民　王光兴
　　　　李寿军　肖永庆　陈景志　刘代臣
　　　　刘继田　崔洪琦　孙培山　王德仁
　　　　向谷峰　蔺义洲　吴思锋
（2002年1月15日中油局发[2002]3号）

中原油田 密码工作领导小组

组　长：沙启军
副组长：张明功　黄艾华
成　员：高爱华　王亚钧　王光兴　李寿军
　　　　陈景志　李元江　庄　铭　徐金莲

密码工作领导小组下设办公室，办公室设在局党委办公室机要保密科。（2002年1月17日中油局发[2002]4号）

中原油田 保密委员会

主　任：沙启军
副主任：刘一江　张明功
委　员：潘生秦　刘月臣　高爱华　黄艾华
　　　　王亚钧　田崇亮　李恩洲　王光兴
　　　　李寿军　许文茂　陈景志　李士竹
　　　　崔洪琦　杨祥彬　唐远华　徐金莲

保密委员会办公室设在局党委办公室。（2002年1月17日中油局发[2002]5号）

中原石油勘探局 技术能手评选领导小组

组　长：佗文汉
成　员：郭升超　姚盛亚　刘谦渭　熊有全
　　　　于吉永　刘月臣　王光兴　黄艾华
　　　　陈绍华　陈景志　李占英　朱跃武
　　　　李恩洲　田崇亮　白福民　蔡东清

技术能手评选领导小组下设评选办公室和四个专业系列技术能手评选委员会。

一、评选办公室

主　任：王光兴
副主任：田崇亮　蔡东清

二、勘探类专业系列技术能手评选委员会：

主　任：熊有全
副主任：李占英

三、机械修造类专业系列技术能手评选委员会：

主　任：郭升超
副主任：黄艾华 陈绍华

四、工程建设类专业系列技术能手评选委员会：

主　任：姚盛亚
副主任：朱跃武

五、综合类专业系列技术能手评选委员会：

主　任：刘谦渭
副主任：陈景志
（2002年1月22日中油局组[2002]32号）

中原石油勘探局 钻井科学技术领导小组

组　长：李春第
副组长：刘一江　孙清德
成　员：贾文玉　熊有全　刘月臣　曹文忠
　　　　李占英　陈绍华　高绍智　王希民
　　　　秦强运　范智海　陈学仁　韩天英
　　　　石凤歧　张世同　刘子春

钻井科学技术领导小组下设办公室，办公室设在钻井处，李占英兼任办公室主任。

一、提高钻井速度课题组

组　长：熊有全

成　员：黄松伟　蔡　元　胡群爱　闫光庆　李　飞　徐相欣　茹　军　王德良　黄　强　舒尚文　何启贤

二、油气藏保护课题组

组　长：李占英

成　员：王中华　郭明贤　琚留柱　陈尚清　张献丰　陈道元　周友元

三、钻井质量课题组

组　长：刘子春

成　员：黄松伟　蔡　元　胡群爱　张克勤　何启贤　杨全盛　程广存　何　文

四、特殊工艺井钻井课题组

组　长：张世同

成　员：张建华　尹洪生　刘春文　任　俊　贾建贞　李社坤　杨传友　黄　强　翁行芳

五、钻井装备课题组

组　长：张文波

成　员：张超平　周梅谦　闫立信　刘崇祥　束长华　苏安平　胡荣金　余滨武

六、钻井队伍课题组

组　长：孙清德

成　员：高绍智　王希民　秦强运　范智海　陈学仁　韩天英　石凤歧　杜　君　张永杰

（2002年1月31日中油局组[2002]43号）

中原油田
绿化委员会

主　任：王献安

副主任：张召平　佗文汉　蒋永富　孔繁文

委　员：于吉永　黄艾华　张明功　田崇亮　白福民　高爱华　孙培山　左效爱　周长歧　张兴华　李忠良　王兴增　齐秀芳　范　锐　涂人祥　马振都　任宗声

绿化委员会办公室设在公共事业管理处，齐秀芳兼任办公室主任。（2002年2月28日中油局组[2002]72号）

中原油田
“四基”建设工作领导小组

组　长：王献安

副组长：张召平　张　勤　刘一江

成　员：张明功　王亚钧　田崇亮　李寿军　黄艾华　王光兴　白福民　肖永庆　郑鸿稳　史云清　李占英　阚庆山　范　锐　陈凤华

（2002年3月27日中油局发[2002]20号）

中原油田
博士后管理工作领导小组

组　长：刘恩学

副组长：王献安　李春第

成　员：刘一江　孙清德　刘月臣　黄艾华　王亚钧　李寿军　王光兴　崔红月　向谷峰　李本昌　孙培山

博士后管理工作领导小组下设办公室，办公室设在分公司人力资源部，范陆军任办公室主任。（2002年3月29日中油局组[2002]135号）

中原油田
西部工作委员会

主　任：张召平

委　员：吕延仓　李　健　韩保清　赵培兰　黄学锋　秦强运　陈学仁　滕树中　韩天英　石凤歧　国庆忠　华学理　朱跃武　周明非　刘广顺　时德兴　王荣亭

（2002年4月20日中油局组[2002]168号）

中原石油勘探局
工人培训考核委员会

主　任：李春第

副主任：沙启军　佗文汉

委　员：刘谦峰　黄艾华　王光兴　邵万钦　肖永庆　陈景志　杨祥彬　茹　军　李占英　王广瑞　解建国　李恩洲　吕　杰　刘怀忠　范　锐

委员会下设办公室，办公室设在人力资源处，王光兴兼任办公室主任，蔡东清任办公室副主任。(2002年5月9日中油局组[2002]189号)

中原油田
规划委员会

主　任：刘恩学
副主任：王献安　李春第　王春江　张　勤
　　　　佗文汉　刘一江　冯建辉　孙清德
　　　　杜广义　蒋永富　涂人祥　孔繁文
委　员：姚盛亚　潘生秦　王法轩　李学忠
　　　　贾文玉　滕和福　聂向东　陈元华
　　　　乜从风　熊有全　刘谦峰　姜福耀
　　　　王寿平　吕延仓　刘月臣　曹文忠
　　　　高爱华　赵伟卫　黄艾华　王光兴
　　　　杜　君　李　健　邵万钦

规划委员会下设办公室，办公室设在分公司规划事业部，高爱华兼任办公室主任。(2002年5月10日中油局组[2002]196号)

中原石油勘探局
井控管理领导小组成员

组　长：孙清德
副组长：熊有全
成　员：李占英　高绍智　王希民　秦强运
　　　　范智海　陈学仁　韩天英　石凤歧
　　　　李作宾

(2002年5月6日中油局组[2002]205号)

中原石油勘探局
改制分流工作领导小组

组　长：刘恩学
副组长：王献安　李春第
成　员：沙启军　张　勤　佗文汉　杜广义
　　　　刘谦峰　姜福耀　王光兴　邵万钦
　　　　王亚钧　解建国　吕　杰　杨祥彬
　　　　沈树成　刘代臣　张兴华　李忠良
　　　　李本昌　范　锐

改制分流工作领导小组下设办公室，张勤、佗文汉兼任办公室主任。(2002年6月5日中油局组[2002]246号)

中原油田
审计委员会

主　任：刘恩学
副主任：李春第　张召平　佗文汉　蒋永富
成　员：刘谦峰　王光兴　邵万钦　王亚钧
　　　　李寿军　顾顺元　杨祥彬　向谷峰
　　　　陈绍华

审计委员会办公室设在审计中心，陈绍华兼任办公室主任。(2002年6月22日中油局组[2002]268号)

中原油田
第六届工人技术比赛组织委员会

主　任：沙启军
副主任：佗文汉
委　员：王法轩　刘月臣　黄艾华　王光兴
　　　　李寿军　吕　杰　解建国　杨祥彬
　　　　陈景志　李占英　王广瑞　茹　军
　　　　向谷峰　石凤歧　华学理　国庆忠
　　　　刘大恕　吴海宁　李元江　刘怀忠
　　　　齐秀芳　史云清　周明非　张文宗
　　　　王锦明　王西超　盛兆顺　周　振
　　　　曾大乾　范　锐　郝景喜　蔡东清

第六届工人技术比赛组织委员会下设办公室。(2002年6月23日中油局组[2002]280号)

中原油田
防汛排涝总指挥部

总指挥长：刘恩学　李春第
政　　委：王献安
副 政 委：张召平　沙启军
副总指挥长：王春江　张　勤　佗文汉
　　　　　　刘一江　冯建辉　孙清德
　　　　　　杜广义　蒋永富
成　员：王法轩　曹文忠　黄艾华　陈景志
　　　　刘代臣　肖永庆　吕　杰　解建国
　　　　向谷峰　杨祥彬　李占英　王广瑞
　　　　张保才　崔洪琦　曾大乾　齐秀芳
　　　　段崇礼　范　锐　李　铎　李云志

防汛排涝总指挥部下设办公室，办公室设在勘探局总调度室和分公司生产管理部。(2002年6月28

日中油局组[2002]304号）

中原油田 史志编纂委员会

主　任：刘恩学
副主任：张召平　张　勤　刘一江
委　员：王法轩　刘谦峰　刘月臣　高爱华
黄艾华　王光兴　邵万钦　王亚钧
李寿军　张明功　解建国　李恩洲
吕　杰　段崇礼　肖永庆　刘代臣
陈景志　陈绍华　李占英　杨祥彬
茹　军　王广瑞　沈树成　张保才
左效爱　顾顺元　向谷峰　王光伦
郑鸿稳　史云清　吴佩芳　曾大乾
渠继铎　李士竹　王荣亭

史志编纂委员会下设办公室，加挂《中原油田年鉴》编辑部的牌子，李士竹兼任办公室主任、年鉴主编，崔红伟任办公室副主任、年鉴副主编。（2002年6月28日中油局组[2002]306号）

中原油田 密码工作领导小组

组　长：沙启军
副组长：黄艾华　张明功
成　员：刘谦峰　高爱华　王光兴　王亚钧
李寿军　陈景志　杨祥彬　顾顺元
向谷峰　李元江　崔洪琦　徐金莲

密码工作领导小组下设办公室，办公室设在局党委办公室机要保密科。（2002年8月22日中油局发[2002]75号）

中原油田 劳动竞赛委员会

主　任：王献安
副主任：张召平　沙启军　王春江　张　勤
佗文汉　刘一江　冯建辉　孙清德
杜广义　蒋永富
成　员：王法轩　刘月臣　黄艾华　王光兴
张明功　王亚钧　李寿军　陈景志
肖永庆　李占英　杨祥彬　王广瑞
吕　杰　解建国　张保才　向谷峰
郑鸿稳　史云清　曾大乾　范　锐
龚元学

劳动竞赛委员会办公室设在局工会，吕杰兼任办公室主任。（2002年8月31日中油局组[2002]394号）

中原油田 劳动争议调解委员会

主　任：沙启军
副主任：王光兴　李寿军　吕　杰
委　员：张明功　李恩洲　肖永庆　沈树成
蔺义洲　韩　青　杨祥彬　向谷峰
龚元学　王世泉　于存芳　盛春鹏
刘树清　彭昌礼　何海元　王占涛

劳动争议调解委员会办公室设在局工会，吕杰兼任办公室主任。（2002年8月31日中油局组[2002]395号）

中原油田 征兵领导小组

组　长：沙启军
成　员：黄艾华　王光兴　王亚钧　李寿军
张明功　解建国　李恩洲　杨祥彬
向谷峰　石庆泉　刘怀忠　周　振
段崇礼　刘延山

征兵领导小组下设办公室，办公室设在武装部，段崇礼兼任办公室主任。（2002年9月17日中油局组[2002]417号）

中原油田 厂务公开工作领导小组

组　长：王献安
副组长：张召平　沙启军　王春江　张　勤
成　员：刘谦峰　高爱华　黄艾华　王光兴
邵万钦　张明功　王亚钧　李寿军
解建国　李恩洲　王明亮

厂务公开工作领导小组办公室设在局工会，沙启军兼任办公室主任。（2002年10月31日中油局发[2002]90号）

中原油田 国防动员委员会

主　任：王献安

副主任：蔡　海　沙启军　王春江　张　勤
委　员：黄艾华　王光兴　张明功　王亚钧
李寿军　解建国　吕　杰　杨祥彬
向谷峰　崔洪琦　石庆泉　周　振
段崇礼　范　锐　李寿军　解建国
李恩洲　王明亮

国防动员委员会下设4个办公室：中原油田人民武装动员办公室设在武装部，段崇礼兼任办公室主任；中原油田经济动员办公室设在勘探局财务资产处、分公司财务资产部，杨祥彬、向谷峰兼任办公室主任；中原油田人民防空办公室设在武装部，段崇礼兼任办公室主任；中原油田交通战备办公室设在油田公安处，崔洪琦兼任办公室主任。（2002年11月18日中油局发[2002]95号）

中原油田
保密委员会

主　任：沙启军
副主任：张　勤　刘一江　张明功
委　员：刘谦峰　刘月臣　高爱华　黄艾华
王光兴　邵万钦　王亚钧　解建国
李恩洲　李寿军　顾顺元　杨祥彬
向谷峰　崔洪琦　李士竹　左新爱
李　铎　王德仁　李乐中　徐金莲
王少一

保密委员会办公室设在局党委办公室。（2002年11月21日中油局发[2002]96号）

索　引

说明：

一、本索引对年鉴刊登的专文、条目、表格，均采用主题分析索引的方法编制。

二、篇目、类目、专文标题用黑体字；条目名称用宋体字；表格名称用楷体字。

三、本索引基本上按汉语拼音字母顺序排列。具体如下：以数字开头的，排在最前面，以英文字母打头的，列于其次；汉字标目则按首字的音序、音调依次排列，首字相同的，则以第二个字排序，并依此类推。

四、在索引中，索引标目之后的数字，表示主题内容所在年鉴正文的页码；英文字母 a、b 表示左右两个栏别。

1～9

A～Z

A

G

H

J